Contraste insuffisant

NF Z 43-120-14

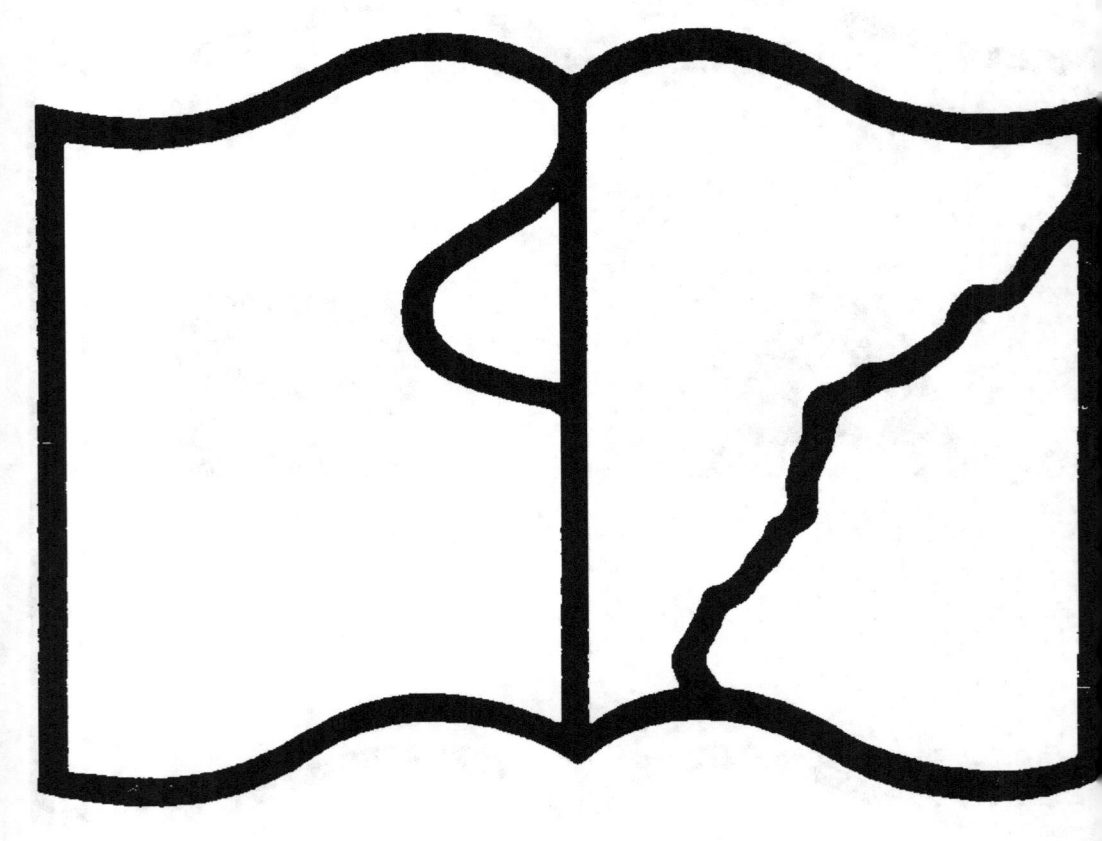

Texte détérioré — reliure défectueuse

NF Z 43-120-11

LES

POËTES FRANÇAIS

LES
POËTES FRANÇAIS

RECUEIL DES CHEFS-D'ŒUVRE

DE LA POÉSIE FRANÇAISE

depuis les origines jusqu'à nos jours

AVEC UNE

NOTICE LITTÉRAIRE SUR CHAQUE POËTE

PAR

MM. CHARLES ASSELINEAU — HIPPOLYTE BABOU
CHARLES BAUDELAIRE — THÉODORE DE BANVILLE — PHILOXÈNE BOYER
CHARLES D'HÉRICAULT — ÉDOUARD FOURNIER — THÉOPHILE GAUTIER
JULES JANIN — LOUIS MOLAND — A. DE MONTAIGLON
LÉON DE WAILLY, ETC.

PRÉCÉDÉ D'UNE

INTRODUCTION PAR M. SAINTE-BEUVE

DE L'ACADÉMIE FRANÇAISE

PUBLIÉ SOUS LA DIRECTION DE M. EUGÈNE CRÉPET

TOME PREMIER

PREMIÈRE PÉRIODE : DU XII° AU XVI° SIÈCLE

PARIS
GIDE, LIBRAIRE, 5, RUE BONAPARTE

1861

Tous droits réservés.

AVANT-PROPOS

Pour établir mes droits au rôle que m'attribue, dans la composition du présent recueil, le titre que l'on vient de lire, je n'eusse pu décemment me dispenser d'expliquer ici tout au long le *sens*, le *but* et la *portée* de la publication, ces trois points obligés de toute préface honnête, si la belle introduction que M. Sainte-Beuve a bien voulu écrire pour ce livre n'était venue, par bonheur, m'épargner cette lourde corvée.

Plan et division de l'ouvrage, enchaînement et caractère des quatre périodes auxquelles répondent ces quatre volumes, mérites divers et compétence des collaborateurs qui se sont partagé la vaste besogne des notices littéraires, rôle et caractère des principaux poëtes admis dans notre recueil ; enfin, profits et conseils qu'il faut tirer de cette encyclopédie de la poésie française : tout, dans les remarquables pages qui vont suivre, se trouve dit ou indiqué avec cette finesse et cette force, cette grâce et cette autorité qui n'appartiennent qu'au maître le plus éminent de la critique contemporaine. Je n'ai donc plus qu'à me renfermer, à ma grande joie, dans mon modeste rôle de directeur, ou, pour mieux dire, d'éditeur.

Nous croyons ne pas encourir le reproche de jugement téméraire en affirmant tout d'abord qu'il n'existe pas un seul recueil des chefs-d'œuvre de notre poésie dont l'exécution justifie pleinement ce titre. Presque tous sont conçus dans un but spécial, sur un plan restreint qui leur permettent de satisfaire à des exigences très-légitimes sans doute, mais très-opposées au véritable caractère d'une anthologie littéraire.

AVANT-PROPOS.

C'est à la fraction la plus nombreuse du public lettré, tranchons le mot, c'est aux écoliers qu'ils sont surtout destinés, et l'on sait au prix de quels sacrifices il est possible d'accommoder les œuvres littéraires aux besoins de l'éducation. La question d'utilité et surtout d'innocuité y prime constamment la question d'art et de beauté; de là, force mutilations arbitraires, force exclusions imméritées que des scrupules et des préjugés de professeurs expliquent sans les absoudre entièrement.

Nous nous sommes placés au point de vue opposé; c'est à l'universalité du public lettré, c'est aux esprits formés par l'étude et par le goût que notre livre s'adresse de préférence. N'est-ce pas, en fin de compte, le seul public pour qui ont été écrits tous ces chefs-d'œuvre qu'on peut bien apprendre par cœur, admirer, imiter même dès les bancs du collège, mais qu'on ne peut comprendre ni juger qu'après avoir reçu la double initiation de la vie et de l'art ? Il n'existait pas un seul recueil de poésie française digne de ce public d'élite; nous avons entrepris de le faire. Voilà en deux mots la raison d'être de cette publication.

Pour embrasser dans son ensemble le sujet de ce livre tel que nous le comprenons, ce n'était pas trop du concours de tous les éminents écrivains qui depuis trente ans ont fait, au point de vue du goût, l'éducation de ce public de lettrés et de gens du monde auquel nous nous adressons. Chacun d'eux a pris, dans la vaste tâche des notices littéraires, la part qui répondait le mieux à ses prédilections personnelles et à ses travaux antérieurs; de cette façon, les poëtes admis à figurer dans notre recueil ont pu être appréciés avec autant de compétence que d'impartialité par des intelligences douées de ce tact sympathique si nécessaire au critique pour bien comprendre ce qu'il doit juger.

Leur imagination, aussi vive que leur goût est sûr, leur a permis de rajeunir les sujets les plus rebattus et de donner sous une forme attrayante et sans pédantisme, les résultats définitifs de l'érudition contemporaine, et ses conclusions sur chaque poëte. Ce n'est pas que nous ayons prétendu offrir au lecteur des monographies complètes; nous avons dû, faute d'espace, sacrifier presque entièrement la partie biographique qui, d'ailleurs, se trouve traitée dans tant d'ouvrages spéciaux; nous n'en avons gardé que ce qu'il fallait pour accentuer la physionomie du portrait, avant tout littéraire. Ce ne sont quelquefois que des silhouettes légères présentées de profil plus que de face, mais où se retrouve dans son vrai jour, et sous son côté le plus saillant, la personnalité de chacun des poëtes admis dans notre galerie.

Nous ne pousserons pas plus loin l'éloge de nos collaborateurs; c'est une tâche délicate dont M. Sainte-Beuve s'est acquitté avec la compétence magistrale qui lui appartient; mais nous nous croyons en droit d'affirmer qu'aucun ouvrage du même genre n'a jamais présenté un aussi complet ensemble d'études consciencieuses, pleines de recherches neuves et d'aperçus ingénieux, où la variété du talent répond à la variété des sujets, sans rompre toutefois l'unité de ces doctrines qui font la force et, disons-le hardiment, l'infaillibilité de la critique moderne.

C'est de l'esprit de ces doctrines que nous nous sommes sans cesse inspiré pour remplir la partie de la tâche que nous avons cru pouvoir plus particulièrement nous réserver : nous voulons parler du choix des poëtes admis à figurer dans notre recueil et des citations à prendre dans leurs ouvrages.

Le choix seul des poëtes offrait plus d'une difficulté. Grâce au concours actif de nos collaborateurs, nous avons pu instruire à nouveau ce grand procès, toujours revisé et toujours pendant, des réputations littéraires. Nous n'avons eu le plus souvent, disons-le, qu'à enregistrer les décisions de l'élite de la critique contemporaine, véritable magistrature littéraire dont les arrêts ont force de loi.

Nous avons été, en revanche, amené à réformer un grand nombre de ces jugements tout faits, sorte de fausse monnaie qui, en l'absence d'un contrôle suffisant, a impunément cours depuis deux siècles. Plus d'un poëte injustement déprécié a été réhabilité; plus d'une réputation surfaite a été réduite à sa juste valeur. Les méprises ou les préventions de la critique des deux derniers siècles, les iniquités involontaires du public ont été relevées sans aucun ménagement. Il ne peut y avoir, en littérature, de prescription acquise en faveur des réputations usurpées : possession n'y vaut jamais titre.

Veut-on un double exemple de ces erreurs du public, erreurs aussi graves selon nous, que celles de la justice en matière criminelle, moins déplorables toutefois, puisqu'elles peuvent être plus aisément réparées?

Voici un poëte du commencement de ce siècle, Népomucène Lemercier, dont les principaux ouvrages ont été de hardies tentatives pour sortir des ornières de la tradition, pour ouvrir des voies nouvelles à la poésie. Il écrit une comédie d'un style original, *Pinto*, qui lui donne rang après Beaumarchais, parmi les créateurs du théâtre moderne. Par son poëme des *Quatre Métamorphoses*, il est, avant André Chénier, le restaurateur de la poésie antique, le rénovateur de la moderne; enfin, dans la plus importante de ses œuvres, l'épopée bizarre mais souvent sublime, qui a pour titre : la *Panhypocrisiade*, il fraye la route à ses successeurs immédiats en littérature : les *romantiques*. Eh bien! de tous ces courageux efforts il n'est récompensé que par l'insuccès. Il vise (et il en a le droit) à la gloire, il n'atteint qu'au scandale. De la disgrâce du maître d'alors, son ancien ami, le premier consul, il tombe dans la disgrâce de cet autre maître des poëtes, le public; enfin, pour comble d'infortune, son nom s'enfonce peu à peu dans l'oubli. Il meurt, et ses héritiers littéraires n'osent l'avouer hautement pour leur auteur; c'est à peine s'ils lui accordent, par la bouche de M. Victor Hugo, son successeur à l'Académie, une dédaigneuse oraison funèbre où les louanges obligées sont largement compensées par de sévères réserves. Et de nos jours, qui connaît, même de nom, hormis quelques lettrés, la *Panhypocrisiade* et les *Quatre Métamorphoses* ?

Voici maintenant un contemporain de Lemercier, Jacques Delille, qui a, lui, tout au contraire, épuisé, de son vivant, les ovations. Il succède à Voltaire dans la royauté poétique du xviiie siècle, et son avénement est acclamé par ses rivaux mêmes. Il est le poëte favori de la Cour, de la Ville, de la France, de l'Europe entière. Fortune, titres, honneurs, il obtient tout, sans contestations, sans efforts; la Révolution française, qui a tout renversé, laisse debout la gloire de l'heureux abbé. Ce contemporain de J.-J. Rousseau et de Bernardin de Saint-Pierre est regardé comme le maître suprême de la littérature descriptive. Sa traduction des *Géorgiques* lui avait valu le titre de Virgile français; le seul grand malheur qui le frappe dans sa longue carrière, la cécité, achève, aux yeux d'un public égaré par un fanatique engouement, la ressemblance de l'auteur des *Jardins* avec Homère et Milton, dont on le proclame l'émule. Les honneurs posthumes répondent à ceux dont sa vie a été, jusqu'à la fin, comblée; son corps embaumé est exposé au collége de France sur un lit de parade, la couronne de laurier au front!

Là s'arrête, il est vrai, l'apothéose; et l'inévitable réaction qui l'a depuis traîné aux pires des gémonies, à ce puits de l'oubli dont parle d'Aubigné, a fait durement expier à la mémoire du facile rimeur le crime d'avoir eu sa place au Panthéon de la poésie.

Nous avons dû rétablir ici, au sujet de ces deux poëtes, en n'ayant égard qu'au talent, l'équité de rétribution si étrangement méconnue par les contemporains. Nous n'avons eu que l'embarras du choix pour détacher quelques très-belles pages des deux poëmes de Lemercier, et c'est à peine si, dans le volumineux fatras de Delille, nous avons pu trouver quelques pièces fugitives dignes d'être citées. Nous ne donnons qu'à titre de curiosité un fragment des nombreux poëmes descriptifs qui ont fait sa gloire.

Il serait aussi aisé qu'inutile de multiplier ces exemples. Nous n'avons cité ceux qui précèdent que pour mettre dans tout son jour cette vérité banale qu'en France la médiocrité, par cela seul que ses œuvres sont plus accessibles à la foule, a souvent usurpé dans l'opinion le rang qui n'appartient qu'aux grands talents et au génie. Si nous nous sommes permis d'arrêter l'attention du lecteur sur un lieu commun aussi rebattu, c'est qu'il nous importait de démontrer que notre devoir le plus strict était de prêter tout notre concours à l'œuvre de réparation et de justice littéraire entreprise par nos collaborateurs à l'endroit d'un certain nombre de poëtes.

Les limites et la nature même de notre livre ne nous ont pas permis, à notre grand regret, d'entrer aussi avant que nous l'aurions voulu dans cette voie. Force nous a été de laisser à l'écart quelques poëtes à demi célèbres, mais dont les œuvres, pleines de charmants détails sans un seul morceau complet dans l'ensemble, ne répondaient pas aux conditions essentielles d'une anthologie. Tantôt c'est un poëte correct et pâle, comme Bertaut, dont on ne sait plus qu'un refrain heureux de chanson; tantôt ce sont des disciples de Malherbe, comme MM. de Touvant et de Montfuron, qui ont laissé quelques strophes d'une facture accomplie, d'un ton éclatant, disséminées dans des odes imparfaites. Rien n'est plus fréquent que de rencontrer chez les poëtes de l'école de la Renaissance et du siècle de Louis XIII ces membres bien venus d'un corps avorté. La loi que nous sommes faite d'éliminer de notre livre tout morceau d'un contour vague, d'un ton indécis, d'une couleur effacée, nous oblige à laisser de côté des fragments qui, dégagés de l'ensemble où ils sont perdus, enchâssés, par exemple, dans un article de Revue, y feraient une excellente figure.

Le lecteur peut être, du reste, bien persuadé que nous avons été très-sobre de ces omissions volontaires, et que nous n'avons jamais cédé sur ce point qu'à une absolue nécessité.

Est-il nécessaire d'ajouter que nous avons donné l'exclusion la plus rigoureuse à tous ces prétendus chefs-d'œuvre de salon, de boudoir et de ruelle, aussi factices, aussi éphémères que les modes littéraires dont ils sont nés, et que l'art n'a jamais avoués? Si nous n'avons pu nous dispenser d'en citer quelques-uns à titre de spécimens, nous en avons réduit le nombre aux plus strictes proportions. Pour que les vers de circonstance, les madrigaux à Chloris, tout ce que l'on comprend sous cette dénomination si juste de poésie fugitive, ait droit de survivre et d'être recueilli, il faut que ce soit au xviie siècle ; Racan, Théophile, Benserade, qui les écrivent : au xviiie, Piron, Lemierre ou Voltaire.

Le lecteur s'étonnera sans doute de ne pas rencontrer parmi les citations de certains poëtes des pièces mentionnées avec éloge dans la notice. La raison de ces omissions toujours volontaires est bien simple. Tel morceau qui a pu frapper nos collaborateurs par un trait saillant, ou même par un ensemble harmonieux, n'eût pas résisté à un minutieux contrôle. Un défaut grave, une tache grossière déparaient de brillantes qualités. Le ton faiblit, l'haleine a manqué au poëte, l'essor ne s'est pas soutenu jusqu'au bout. De là mille nuances dont il nous a fallu tenir compte. Nous n'avons pas hésité à user constamment, avec pleine indépendance, de la latitude que nous nous étions réservée sous ce rapport. Nous nous sommes attaché à rester fidèle à notre plan. Ce n'est pas une histoire de la poésie française que nous avons voulu faire, c'est une anthologie ; telle page, qui serait du plus haut intérêt comme monument d'une période de la langue, ou comme spécimen du goût et de l'esprit d'une époque, doit être éliminée d'un recueil où l'on n'a eu constamment en vue qu'un seul criterium : le beau dans ses diverses expressions.

Ce n'est pas à dire que nous n'ayons eu quelquefois à faire dans notre appréciation d'un morceau la part du goût et des idées de l'époque où vivait l'auteur, mais nous n'en avons été que plus exigeant sur les deux points qui constituent pour nous l'essence même de toute poésie : le caractère de l'inspiration première, et le style.

Ce n'est qu'à la condition d'être très-sévère sur le choix des poëtes cités et des citations, que nous avons pu faire entrer dans ces quatre volumes tous les chefs-d'œuvre de notre poésie, et leur réserver la place qui leur appartient. Ce n'est qu'à ce prix que nous avons pu y comprendre non-seulement toutes les époques, mais encore tous les genres. Tous s'y trouvent représentés, en effet, depuis les plus élevés jusqu'aux plus humbles, depuis l'ode jusqu'à la chanson, depuis l'épopée jusqu'à l'épigramme, tous, un seul excepté : la poésie dramatique, qui tient de plus près, dans notre littérature, à l'éloquence qu'à la poésie proprement dite, et cette raison eût suffi à la rigueur pour justifier le parti que nous avons pris ; mais il y en a une autre qui est, à notre avis, tout à fait péremptoire. Rien de plus simple et de plus légitime que de se permettre des suppressions ou des coupures dans un morceau dont on ne retranche un fragment que pour mieux faire ressortir la valeur de l'ensemble et dont on se garde d'altérer le sens général. Mais comment, sans risquer de les rendre inintelligibles, citer isolément des scènes séparées du tout harmonieux dont elles font partie intégrante? C'est là un droit que nous ne nous sommes pas reconnu. Cette lacune volontaire n'a d'ailleurs aucun inconvénient sérieux, puisque les seuls chefs-d'œuvre irréprochables, auxquels nous eussions emprunté nos citations, les tragédies de Corneille et de Racine et les comédies de Molière sont dans toutes les mains.

A part cette exception, nous croyons avoir rempli notre programme dans toute son étendue. Aucune recherche ne nous a coûté pour y parvenir. Partout où nous avons trouvé notre bien, nous l'avons pris. Dans les champs stériles où il n'y avait qu'à glaner, nous avons ramassé, un à un, les plus beaux épis, nous les avons vannés au besoin, pour séparer le bon grain de l'ivraie. Là où nous avons pu moissonner à pleine faucille, nous ne nous en sommes pas fait faute, et nous ne croyons pas avoir rien laissé derrière nous qui soit de la même valeur que le reste de notre récolte. Nous avons tenu à faire un livre aussi complet que possible. Nous avons voulu que le lecteur trouvât rassemblé dans notre recueil ce qu'il lui eût fallu chercher dans plus de mille volumes. Les chefs-d'œuvre les plus célèbres y figurent auprès de chefs-d'œuvre presque inconnus. Autant nous avons mesuré l'espace aux rimeurs médiocres, autant nous l'avons prodigué aux grands poëtes. Marot, Ronsard, Régnier, d'Aubigné, Voltaire occupent dans ce recueil toute la place à laquelle ils ont droit[1].

C'est que les grands poëtes, en effet, réunissent seuls ces deux conditions essentielles que nous avons demandées aux pièces que nous citons : le caractère poétique et le style. Il faut seulement bien s'entendre sur ces deux points. Il serait injuste et puéril de demander à l'esprit fran-

[1] Nous n'avons été limité dans notre choix que pour les contemporains. Là nous avons rencontré des convenances et des intérêts qu'il nous a fallu respecter ; ces exceptions ne portent, heureusement, que sur des œuvres célèbres qui sont dans toutes les mains et dans toutes les mémoires. Tout recueil du genre de celui-ci a bien un autre défaut, et celui-là est radical : c'est de devenir forcément incomplet le jour où il se produit quelque œuvre nouvelle qui mériterait d'y trouver place. Mais c'est là précisément notre plus vif désir et notre sincère espérance.

çais ce qu'il ne peut donner, et nous avons dû chercher, avant tout, dans nos poëtes, les qualités propres au génie national. Or, elles sont assez brillantes pour que nous ayons pu encore être très-difficile dans notre choix ainsi délimité. Si la France n'a produit aucun de ces grands poëtes, tels que Dante ou Shakspeare, dont les conceptions sont au nombre des chefs-d'œuvre de l'esprit humain; si elle n'a même ni un Milton, ni un Tasse, ni un Arioste, elle a de ces grands écrivains qui, ne venant par l'invention qu'au second rang, sont au premier par l'expression. De Marot à Ronsard, de Régnier à La Fontaine, de Racine à André Chénier, de d'Aubigné à Victor Hugo, elle a produit, dans les genres les plus divers, une succession presque ininterrompue de grands artistes, de maîtres incomparables dans l'art d'écrire. Nulle nation ne peut montrer un écrin plus riche en joyaux poétiques d'un travail exquis. Toutes les époques, même les plus ingrates, ont eu un groupe d'éminents écrivains en vers qui suppléaient aux défauts de l'esprit et de la langue de leur temps par des qualités personnelles ou propres au génie national. C'est ainsi qu'en dépit de la prosodie sèche et incolore du xviiie siècle Voltaire mérite le glorieux titre de poëte, sinon par le sentiment de l'idéal, ou la beauté de la forme, au moins par l'esprit, la verve, la clarté et la vivacité de l'expression. Il était donc de toute justice de lui réserver une large place dans notre anthologie, ainsi qu'au très-petit nombre de ceux qui, à cette même époque, ont eu un style personnel.

Nous ne donnerons pas plus de développement à des explications déjà trop longues, mais nécessaires peut-être à la pleine intelligence de l'économie de ce livre. Nous avons touché les points essentiels; sur les autres, le lecteur suppléera facilement à notre silence. Nous nous sommes déjà trop laissé entraîner par des considérations générales en dehors de notre humble cadre. Il est temps de céder la parole à celui dont elles sont le légitime domaine.

Eugène Crépet.

INTRODUCTION

L'idée d'une Anthologie française, d'un choix à faire dans le champ si vaste de notre poésie, est heureuse. Ceux qui l'avaient eue jusqu'ici ne l'avaient que très-imparfaitement mise à exécution. Sans vouloir blâmer nos prédécesseurs, on doit dire à leur décharge que le moment d'un semblable recueil n'était pas venu : comment choisir dans les œuvres de nos anciens poëtes, quand la plupart étaient ignorés, quand les textes n'étaient point mis en lumière, quand la langue du Moyen-Age ne se comprenait qu'à peine et qu'elle passait pour tout à fait grossière? L'histoire de notre poésie était contenue dans une vingtaine de vers de Boileau. On commençait à Villon comme au premier anneau de la chaîne; après Marot on traversait rapidement le xvie siècle, comme si l'on avait marché sur des charbons ardents, et l'on atteignait d'un bond au désiré Malherbe, comme au sauveur qui dispensait de toute autre recherche : une recherche par delà Malherbe, c'était un péril.

Dans le présent recueil notre poésie reprend son cours naturel historique, trop souvent brisé; car elle a eu sa perte du Rhône; elle l'a eue, par malheur, plus d'une fois et sans jamais en sortir tout entière. Quatre époques importantes font la matière et le sujet des quatre volumes que l'on publie, et dans lesquels tous les genres de poésie sont représentés, excepté la poésie dramatique. Le Moyen-Age, dans tout son développement, jusqu'au xvie siècle où il expire, remplit le premier volume ; le deuxième s'ouvre par Ronsard, lequel est véritablement le poëte inaugurateur de la Renaissance classique, et celui qui consomma la rupture avec la tradition du Moyen-Age, en la remplaçant par la tradition savante. Malherbe ne vient qu'à son rang dans ce volume ; car, s'il opéra une réforme, ce fut Ronsard qui fit la révolution. Boileau, le législateur de la poésie française régulière, préside à la seconde moitié du xviie siècle et à tout le xviiie, qui essaye bien, il est vrai, de se révolter à diverses reprises contre lui : Boileau ouvre donc le troisième volume ; mais le quatrième, qui appartient en entier aux modernes, présente à son frontispice le nom de Lamartine, de qui date, en effet, le renouvellement de notre muse moderne, son affranchissement éclatant, et par qui la lyre française a pour la première fois trouvé des cordes nouvelles, inouïes, *inaudita prius*...

Ces quatre divisions qui avaient, comme on voit, leur raison dans la nature des choses, ont dû être traitées un peu diversement. Le Moyen-Age, dans sa première partie, avec ses œuvres souvent anonymes ou au moins d'un caractère impersonnel, demandait à être exposé, à être analysé simplement, nettement, à être enseigné dans son fond même, au moment où l'on en présentait la fleur; et c'est ce qu'a fait tout d'abord la plume docte et sûre de M. Moland. Ses exposés précis, lumineux, sont plus que des notices; ce sont d'excellents chapitres d'une histoire littéraire qui est encore toute neuve. D'autres avec lui, M. Anatole de Montaiglon pour le xve siècle, M. d'Héricault pour l'entrée du xvie et même pour des branches et des séries antérieures, se sont partagé ce riche domaine et y ont porté leurs vues, leur courant d'études dès longtemps accumulées.

Il s'est créé depuis une douzaine d'années une jeune école d'érudits laborieux, appliqués, ardents, enthousiastes, qui se sont mis à fouiller, à défricher tous les cantons de notre ancienne littérature, à en creuser tous les replis, à rentrer jusque dans les portions les plus explorées et censées les plus connues, pour en extraire les moindres filons non encore exploités. Cette jeune école de travailleurs, plus épris de l'étude et de l'honneur que du profit, s'était groupée autour de l'estimable éditeur M. Jannet, dont la Bibliothèque elzévirienne restera comme un monument de cet effort de régénération littéraire érudite. Quelque chose du souffle de l'antique Pléiade avait passé sur eux tous. De même qu'alors chacun, selon le mot du vieil Étienne Pasquier, avait sa maîtresse qu'il célébrait et magnifiait par ses vers, chacun ici avait son auteur qu'il épousait, qu'il poussait de son mieux et faisait valoir avec feu, avec science. C'était une ruche active où il n'y avait pas de reine, et où chaque abeille s'espaçait dans son rayon. Oh! qu'il y ait eu dans l'ensemble de l'œuvre, et par suite même de cette division à l'infini, bien des noms surfaits, des auteurs enflés et poussés trop haut, je le sais trop bien, et un critique qui est obligé, comme je l'ai été souvent, d'embrasser dans toute son étendue le cadre entier de notre littérature, sent plus vivement qu'un autre ces disproportions, qui choquent moins quand on prend chaque sujet isolément. Et toutefois, que de services rendus par ce concert et cette émulation de travaux, par cette mise en œuvre incessante, par ces résurrections imprévues! et comme, en fin de compte, toutes contradictions vidées, on se trouvait avoir plus gagné, plus appris qu'on ne l'eût jamais fait en s'en tenant au procédé négatif, répulsif et commodément paresseux de l'ancienne école, dite l'école du goût! — Non pas au moins que je veuille sacrifier une école à l'autre : mon désir et mon vœu serait de les associer et de les combiner.

J'ai parlé de ces jeunes travailleurs, qui pendant quelques années firent groupe, parce qu'on en retrouve un bon nombre ici. L'homme d'intelligence et de sympathie littéraire élevée, qui a conçu l'idée de cette Anthologie et qui en a dirigé l'exécution, a pensé qu'entre ces deux écueils, le trop d'unité ou l'extrême diversité, il y avait pour une œuvre de ce genre bien plus d'inconvénients d'un côté que de l'autre. On n'a donc pas craint, à mesure qu'on avançait dans les siècles plus à découvert, d'assembler un nombre plus grand d'explorateurs et d'amateurs. On est allé, pour la récolte et la vendange, chercher les plus entendus et les mieux préparés sur chaque production du pays, sur chaque cru ; on a demandé à chacun ce qu'on savait à l'avance de son goût, ce qu'il préférait, au risque de le voir un peu se délecter et abonder dans son propre sens. Ainsi s'est étendue indéfiniment la prairie des Muses ; on n'a rien tiré au cordeau ; quelques herbes folles ont pu, comme dans un champ naturel, se mêler agréablement aux fleurs. Ce n'est point ici dans le jardin régulier de Le Nôtre qu'on se promène, ce n'est pas non plus dans un jardin dit anglais ; ne prenons point hors de chez nous nos images : c'est dans le jardin français de nos pères, dans le libre et riant enclos du *Roman de la Rose*, avec ses détours sinueux, ses doubles haies et ses labyrinthes.

Je ne puis, après tant de collaborateurs autorisés et curieux qui ont tout dit, qui ont dit plus et même autrement que je n'aurais su trouver pour mon compte sur chaque sujet en particulier, je ne puis faire ici qu'une chose : présenter une vue générale et, en me tenant au point de vue du goût, qui doit se combiner avec le point de vue historique et non s'y confondre, indiquer les belles saisons, les bons siècles, les vraiment heureux moments de cette poésie française qui a si souvent brisé avec son passé, qui s'est si peu souvenue d'elle-même, et à qui il était bon d'offrir une fois ses titres au complet, pour lui rendre tout son orgueil et son courage.

Dans un grand concours des poésies européennes, si on le suppose ouvert depuis le Moyen-Age, quel serait, quel aurait été le rang de la Poésie française, tant dédaignée de quelques-uns de nos voisins ? Sans nous faire juges nous-mêmes dans notre propre cause, il nous semble que, rien qu'à y regarder simplement, il est plus d'un siècle, souverain pour elle, où elle aurait eu incontestablement le prix, où elle aurait, d'un consentement unanime, gagné la couronne ; et, lors même qu'elle est primée par de plus grandes et de plus hautes productions étrangères, elle a encore de quoi consoler et honorer sa défaite par bien des grâces qui sont à elle et à elle seule.

Le Moyen-Age, on le sait et on l'ose dire aujourd'hui, fut pour elle une grande époque ; je le répète après tant d'autres, mais avec une conviction d'autant plus profonde que j'y ai été amené avec lenteur et presque à mon corps défendant. Chaque esprit a, pour ainsi dire, son climat natal ; le mien était plutôt celui des époques civilisées, cultivées, dans le sens classique et de la Renaissance. J'ai dû me forcer un peu pour remonter plus haut et m'enfoncer dans des régions d'apparence inculte et âpre. Je continue sans doute de faire mes réserves, et je demeure récalcitrant ou, si l'on veut, classique sur quelques points; mais en lisant certaines Chansons de geste, en étant obligé par profession de les étudier, de les analyser et de les démontrer à d'autres, comment n'en pas venir à en apprécier la matière, à en admirer le jet et la séve? La *Chanson de Roland* d'abord, si grandiose dans sa rudesse, si héroïque de souffle, si impériale et nationale, si admirablement fraternelle dans l'union des deux amis, si sincèrement magnanime par elle-même, et à laquelle il n'a manqué qu'un digne metteur en œuvre, un meilleur Turold; le Roman de *Raoul de Cambrai*, que je place à côté, non pour l'imagination, mais pour le cachet historique sévère, franchement féodal, et pour l'intérêt sérieux du sujet. Il s'agit de l'effort qu'un jeune vassal et frère d'armes a à faire pour se détacher du seigneur envers qui il s'est lié, même quand ce seigneur est brutal, emporté, cruel, et qu'il veut mener son jeune vassal au pillage et à la guerre contre les proches parents de celui-ci. Quel cours de droit féodal nous en apprendrait davantage sur la sainteté du lien de vassal à seigneur-lige? Avec quelle peine, par quels degrés de déchirement douloureux le loyal jeune homme en vient, d'offense en offense, à se décider à rompre, jusqu'au duel final et vengeur auquel il est contraint! avec quel scrupule! et comme il est attentif à mettre jusqu'à la fin ses motifs d'excuse, ses raisons trop légitimes en pleine évidence, à avoir pour lui l'opinion et le cri public de ses anciens et de ses pairs! Au milieu de la grossièreté des mœurs, nous comprenons par là l'une des délicatesses de l'honneur féodal; nous en sentons les nuances, et nous mesurons la force du nœud mieux que nous ne l'aurions pu par toutes les définitions ; nous saisissons aussi des accents de nature profonde et d'humanité : ces hommes à la rude écorce et au cœur de chêne avaient des fibres tendres et savaient pleurer. Quel dommage, s'écrie-t-on malgré soi au milieu de son hommage sincère, que la langue ici fasse défaut (j'en demande pardon à nos amis plus enthousiastes ou mieux édifiés) ! Pourquoi faut-il que le texte, du moins, soit si sauvage, si mal digéré, et qu'un poëte définitif n'ait pas mis la dernière main à une si belle matière !

Il y a, entre autres, une mémorable scène, c'est quand Bernier, le loyal vassal, qui a retrouvé sa mère religieuse dans un couvent de ce même pays du Vermandois qu'on va ravager, est tout d'un coup surpris par l'incendie de l'abbaye, à laquelle Raoul, le fougueux baron, avait pourtant la veille accordé la paix ; mais un incident survenu a retourné soudainement sa volonté aveugle et enflammé sa colère ; il a commandé qu'on mît le feu, et il a été trop bien obéi :

> Brûlent les cellules, s'effondrent les planchers ;
> Les vins s'épandent, s'enfoncent les celliers ;
> Les jambons brûlent et tombent les lardiers ;
> Le sain-doux fait le grand feu redoubler ;
> Il (le feu) s'attache aux tours et au maître-clocher
> Force est bien aux couvertures de trébucher ;
> Entre deux murs est si grand le brasier,
> Que toutes cent (les nonnains) brûlent écrasées ;
> Marcens y brûle, qui fut mère à Bernier,
> Et Clamados, la fille au duc Renier...
> De pitié pleurent les hardis chevaliers.
> Quand Bernier voit la chose si empirer,
> Tel deuil en a qu'il pense perdre le sens :
> Là on l'eût vu saisir son écu ;
> L'épée nue, (il) est venu au moutier ;
> A travers l'huis vit la flamme rayonner.
> De tant que peut un homme un dard lancer,
> Pas un ne peut vers le feu approcher.
> Bernier regarde tout près d'un pilier ;
> Là vit sa mère étendue et couchée,
> Sa tendre face étendue et couchée ;
> Sur sa poitrine vit brûler son psautier.

INTRODUCTION.

Et il s'écrie avec désespoir : *Il est trop tard! elle n'a plus besoin de secours :*

> Ah! douce mère, vous me baisâtes hier.
> En moi avez très-mauvais héritier,
> Je ne vous puis secourir ni aider, etc.

Nous qui sommes dès l'enfance accoutumés à admirer les grands incendies admirablement décrits, cet incendie de Troie et du palais de Priam qui se réfléchit aux flancs de l'Ida, aux flots de la mer de Sigée, et qui est comme un fanal éclairant glorieusement à nos yeux toutes les hauteurs de l'Antiquité classique :

> . . . . Jam Deiphobi dedit ampla ruinam,
> Volcano superante, domus; jam proximus ardet
> Ucalegon; Sigea igni freta lata relucent;

mettons-y du nôtre, cette fois, puisqu'il s'agit des nôtres; soyons humains et indulgents; laissons-nous toucher par cet affreux incendie d'une abbaye en Vermandois. Il est décrit comme l'a pu faire le trouvère de Laon : grâce pour nos jambons et nos lardiers! Mais si l'on se reporte au fond de la situation, que de pathétique, que de passions et d'émotions naturelles en présence, dans ce déchirant spectacle! Cette mère qui avait obtenu merci, la veille, et promesse de sauvegarde pour son abbaye; ce serment violé; ce double sacrilège commis par un féroce baron sur des nonnes innocentes; ce fils pieux enchaîné par l'honneur à son seigneur indigne; approuvé, la veille encore, pour son effort de loyauté, par sa mère, et qui voit brûler cette mère qu'il vient seulement de retrouver, d'embrasser, — qui arrive trop tard pour la sauver, et qui, pour consommation dernière, voit *son psautier brûler sur sa poitrine*; image admirable et sainte! le livre de prières d'une mère! Si un Dante français avait décrit cette scène en une cinquantaine de vers, simples, énergiques, frappés, elle serait dans toutes les mémoires, et chacun saurait ce vers touchant :

> Sur sa poitrine vit brûler son psautier.

Prenons du moins ce tableau comme il est, pareil aux tableaux des plus anciens maîtres en peinture : il y manque le dessin ; il y manque la couleur, la perspective ; il y manque tout ce que vous voudrez : — il n'y manque pas *l'expression*, d'autant plus sensible qu'elle y est toute seule et plus naïve. Ce sont là des traits à retenir et à emporter avec nous de notre Moyen-Age épique.

La mort de Bègues ou Bégon, dans la Chanson des *Loherains*, est une grande scène de chevalerie première. Toute cette histoire suprême de Bégon, partant de son château, sur la marche de Gascogne, où lui, homme du Nord, il s'ennuie, et s'arrachant de sa belle et riante famille pour s'en aller mourir dans une forêt, près de Valenciennes, au pied d'un tremble, de la main d'un misérable archer, est d'une haute fierté et d'un effet des plus dramatiques. On a là un fort bel et fort distinct épisode de la vie féodale dans les premiers siècles : une scène de famille d'abord, dans le grand salon du château ; un départ pour un lointain voyage, d'après un vague désir, sur une idée brute et simple de chasseur en quête d'un merveilleux exploit, d'un monstrueux sanglier ; — une chasse en pleine forêt ; une grande et noble figure de gentilhomme, de *franc* homme, séparé de sa suite, debout sous un arbre, le pied sur sa bête tuée, son cheval à ses côtés, ses chiens couchés devant lui, son cor d'ivoire au col, et là se défendant contre une bande de gens de rien enhardis par l'espoir du butin et d'une riche proie. Ce noble Lorrain, à la haute taille, au visage balafré et resté beau, au geste dominant, à la parole courtoise, est bien un ancêtre des illustres Guises, de celui qui, à la veille d'être massacré, répondait aux donneurs d'avis : « On n'oserait ! » Il y a là un tableau à faire, il y a un tableau tout fait, et le vieux trouvère, cette fois, a été peintre.

Mais le poëte n'est que passager. Le propre de ces vieux récits, en général, est de se dessiner comme de soi et de marcher indépendamment presque d'un guide, d'un ouvrier, d'un poëte. Les poëtes connus viendront dans l'âge suivant ; mais le plus souvent, au lieu de s'appliquer à de dignes et sévères sujets, ils s'amuseront alors à des inventions purement romanesques, aux romans dits d'*aventures*. Quand l'art ou la main-d'œuvre se perfectionne, on est déjà en décadence ou en déclin pour l'inspiration et le choix des sujets.

Lorsqu'aujourd'hui l'on repasse avec quelque attention sur ces anciens âges, sur cette verte époque première du xiiie siècle, où la palme épique, si flétrie depuis et si morte, appartenait à la France, on se prend à regretter amèrement que cette séve vigoureuse ait été perdue, ait été comme non avenue, qu'elle n'ait eu en rien son effet et sa vertu de nutrition dans la végétation finale du grand arbre! Car tout cela (il faut bien nous le dire) s'est perdu, s'est dissipé, s'est oublié, et il n'en est rien entré dans la formation définitive, je ne dis pas de la langue, mais certainement de la poésie française. Prenons les plus beaux rameaux de notre poésie classique depuis Malherbe; rien, absolument rien n'y est passé, rien ne s'y reconnaît de cette verte séve qui tenait aux racines mêmes de la vieille France.

J'ai entendu regretter que lorsque cette poésie française rajeunissante essaya, vers les années 1820-1830, de remonter par delà Malherbe, de regarder à son passé, de se rattacher aux ancêtres et de ressaisir un souffle de la Renaissance ou du Moyen-Age, nos poëtes modernes aient négligé ces vieux monuments, et ne s'y soient pas directement inspirés et ralliés, au lieu de se borner à des poëtes du xvie siècle, à Ronsard et à ses contemporains de la Pléiade, et de s'arrêter ainsi à mi-chemin, — au quart du chemin.

Jamais on n'a pensé à s'inspirer de Ronsard et de ses contemporains poëtes, mais seulement à leur emprunter quelques expressions heureuses, quelques couleurs neuves et fraîches, et des formes habiles de rhythme. Certes, si on les avait alors connues, il y aurait eu mieux à faire avec ces vieilles épopées. Il en sort un souffle parfois puissant, il y court une source d'âpre fraîcheur, et aussi elles renferment bien des traits saillants de vérité pittoresque, pris sur nature, des beautés éparses, franches, et dont un grand poëte s'attachant à peindre et à ressusciter le Moyen-Age eût fait son profit.

Par exemple, dans la *Chanson de Roland*, ces chevaux si las, si recrus le soir d'une bataille, qu'ils mangent l'herbe *couchés par terre et étendus*.

Dans *Raoul de Cambrai*, au commencement et le matin d'une bataille, ces barons qui chevauchent si serrés que, si l'on jetait un gant sur les heaumes, il ne tomberait pas à terre *d'une grande lieue*. « Sur les croupes des destriers gris de fer reposent les têtes de ceux qui suivent. » — Il faudrait voir dans l'*Iliade* (chant XVI, vers 212 et suivants) la manière, également admirable, dont Homère exprime la jointure serrée des rangs des guerriers; et, dans la course des chars (*Iliade*, XXIII, 380), comment l'un des coureurs presse si fort son devancier, que les chevaux de l'un ont l'air à tout moment de monter dans le char de l'autre : « Et le dos et les larges épaules d'Eumèle sont toutes moites de l'haleine de ces coursiers, qui posent sur lui leur tête en volant. » La même réalité, rendue avec une vérité expresse, a donné les mêmes images.

Et dans l'épisode de la mort de Bégon, ces limiers fidèles qui s'acharnent éperdument au cadavre de leur maître, léchant ses plaies, brayant, hurlant et menant grand deuil; ce qui fait dire aux assistants attendris : « Il faut que ce soit un bien gentil homme, puisque ses chiens l'aimaient tant! »

Voilà de belles et sincères images, bien guerrières, bien féodales : il n'a manqué qu'un poëte pour les recueillir et les enchâsser dans un ferme tissu.

Et les traits moraux non plus ne manquent pas. Ainsi, dans la bouche de Bégon, qui, tout fort et redouté qu'il est en Gascogne, ne s'y sent pas chez lui, cette belle réponse à ceux qui lui vantent et lui énumèrent ses richesses :

Le cœur d'un homme vaut tout l'or d'un pays.

Beau vers, belle pensée, et qui a dû naître bien des fois au cœur d'un baron féodal isolé, gardien d'une marche, d'une frontière, investi d'un fief éloigné où il n'était pas avec des gens de sa race, où il se sentait dépaysé et sans racines; vers qui respire tout l'esprit de la féodalité, c'est-à-dire de la *féalité* au seigneur, du dévouement absolu, et qui exprime au vif la moralité cordiale de ces temps : c'est un vers *d'or*.

La matière épique y est donc, dans ces vieux poëmes, et très-abondante, à moitié brute, à moitié travaillée, mais des plus riches. On y marche sur de beaux endroits, sur des images de prix. Un poëte moderne, amoureux du Moyen-Age, aurait pu les encadrer comme l'eût fait Walter Scott, comme Gœthe l'a fait pour le *Roman de Renart*. Au lieu de se créer un Moyen-Age de fantaisie et presque tout d'imagination, on aurait pu, par une érudition précise combinée avec une vue d'imagination ferme et nette, sauver, ressaisir, reproduire et remettre en circulation bien des beautés caractéristiques, sobres et mâles.

On l'a tenté depuis, mais trop tard. Il est à jamais à regretter que la connaissance précise de nos vieux textes n'ait pas coïncidé avec le premier essor de notre poésie moderne refleurissante il y a trente-cinq ans. Car, je le répète, au lieu d'un Moyen-Age inventé, improvisé, et mi-parti de vision ou de système, on aurait eu un fond solide et des éléments poétiques vrais. Mais l'excuse est dans les dates mêmes : comment, de 1825 à 1830, les poëtes, même les plus doués de seconde vue, auraient-ils pu savoir et lire couramment ce que les érudits alors déchiffraient, épelaient à peine, et qui ne devait sortir que quelques années plus tard de la poussière des bibliothèques?

Le duel d'Olivier et de Roland dans l'île du Rhône est un autre admirable épisode, qu'il faut détacher d'un poëme (*Girard de Viane*) où manque l'art comme dans presque tous les poëmes de ce temps. L'épisode était fait pour tenter l'un de nos puissants poëtes romantiques, et, bien que tard, il y a eu rencontre sur ce point. On a vu là une autre espèce de duel en champ clos entre un glorieux moderne et l'ancien trouvère. C'est à ceux qui liront *le Duel d'Olivier et de Roland* dans ce recueil, et qui compareront avec *le Mariage de Roland* dans *la Légende des Siècles* à prononcer et à donner la palme. M'est-il permis de dire que je crois qu'après examen attentif personne n'hésitera? Et M. Victor Hugo lui-même, qui aime si sincèrement le Moyen-Age, et qui est habitué à être si souvent vainqueur dans l'arène lyrique, ne m'en voudra certainement pas si j'estime que, pour cette fois, sur le terrain d'une épopée limitée, l'avantage reste du côté du vieux trouvère sans renom, Bertrand de Bar-le-Duc, à qui échoit cet honneur insigne dans le concours ouvert à l'improviste après six cents ans. Quel astrologue lisant dans l'avenir aurait pu lui promettre une pareille chance?

C'était un si beau siècle et si fécond pour la poésie française que ce xiiie siècle (car c'est en général au xiiie qu'il faut se reporter, sans fixer d'ailleurs de date trop précise) qu'à côté et au-dessous de cette vaste et forte végétation épique, il y eut là, dans un tout autre genre, une moisson naturelle et non moins ample qui se produisit spontanément; il y eut une branche, — que dis-je? tout un verger riche et fertile, et qui ploie sous l'abondance des fruits, fruits de toute sorte, mais bien gaulois de séve et de saveur. Je veux parler des Fabliaux, qui ont eu assez longtemps le pas sur les grands poëmes primitifs dans la mémoire d'une postérité légère; poésie légère aussi et à l'avenant, qui n'en est pas une et qui est même le contraire de la poésie proprement dite, puisqu'elle est toute de bon sens, de gaieté, de moquerie, de gausserie, d'expérience pratique et de malice; poésie qui n'est plus du tout celle des grands et des nobles, des fiers Garin et des Bégon; où plus rien ne respire du génie des Francs d'Austrasie; de laquelle parlaient avec dédain les grands trouvères, les trouvères sérieux, et qui n'en était que plus populaire; tout à l'usage des vilains, des bourgeois, des marchands et des écoliers.

Mais admirez le hasard des choses et leur ironie! tandis que les grands poëmes chevaleresques et les nobles sujets qu'ils traitaient se sont perdus avec le temps, ont été oubliés et n'ont laissé de souvenir que ce qu'il en fallait pour être parodiés, tandis que la grande et hautaine branche des Chansons de geste s'est desséchée et a péri, la branche plus humble des Fabliaux, et plus voisine de terre, n'a cessé de verdoyer, de bourgeonner et de fleurir; ces vieux récits n'ont cessé de vivre, de se réciter, de se transmettre, et les auteurs connus, qui ont eu l'honneur de nous les conserver en les variant à leur guise, n'ont fait le plus souvent qu'hériter des inconnus qui leur en ont fourni la matière et soufflé l'esprit. Un de nos maîtres [1] l'a dit : « Ce qui était chez nous au Moyen-Age comme l'héritage commun de tout un peuple, est devenu (en passant surtout chez les Italiens, chez Boccace et ses continuateurs) la propriété de quelques noms restés célèbres. » Qu'importe? il n'y a pas eu interruption. La Fontaine empruntait et reprenait à Boccace ce que Boccace, qui était fils d'une Parisienne, avait emprunté à nos vieux conteurs. Le conte, après avoir fait le voyage d'Italie, repassait en France et n'en paraissait que meilleur; la circulation ne cessait pas. Et, même sans sortir de chez nous, du Moyen-Age à ce temps-ci, de Rutebeuf à Béranger, par Villon, Rabelais, Marguerite de Navarre, Bonaventure Des Périers, etc., la veine est visible et continue ; la race gauloise est demeurée en ce sens fidèle à elle-même, — plus fidèle dans ces choses de la malice et du rire que dans la poésie élevée et généreuse.

Que si du xiiie siècle nous passons à l'âge suivant, nous trouvons un déclin notable dans la poésie. L'avénement et le succès disproportionné du *Roman de la Rose*, quelque indulgence et quelque estime qu'on ait pour certains détails énergiques ou gracieux de cette œuvre bizarre, marquent une déviation, une fausse route, malheureusement décisive, dans le courant de l'imagination poétique. L'ingénieux et le concerté remplacent la verve naturelle et brisent la bonne veine en des milliers de petits canaux artificiels et de compartiments scolastiques. Mais au xive siècle on a, pour se consoler de ce faux triomphe allégorique, une autre allégorie bien supérieure, la vraie satire transparente, emblématique à peine et toute parlante, sous le couvert du *Roman de Renart*, dont les meilleures branches et les plus légères remontent au xiiie siècle, mais dont l'entier accomplissement et le couronnement hardi appartiennent au siècle suivant. Il semble que dans le *Renart* on pourrait distinguer ce qui est d'avant et d'après Philippe-le-Bel. C'est pourtant au xiiie siècle

---

[1] M. J.-Victor Le Clerc.

seulement, ce siècle de génie, de véritable et universelle invention, qu'il convient, ne l'oublions pas, de rapporter les plus jolies branches et rapsodies de cette libre épopée satirique, celles qui ont encore naïveté et grâce dans l'ironie, une sorte de candeur, et en qui ne percent pas trop outrageusement l'allégorie et la satire tout intentionnelle qui sera l'esprit du *Renart* final. Car le caractère du *Renart* finissant, comme celui du *Roman de la Rose* à sa conclusion, est le cynisme et l'impudeur. Tout est robuste au Moyen-Age; la corruption elle-même y est plus épaisse qu'ailleurs.

Quoi qu'il en soit de ces meilleures veines entremêlées et persistantes, et de quelques honorables exceptions qui retardent sur le siècle, telles que la *Chronique* rimée *de Du Guesclin* et le *Combat des Trente*, ce fragment épique du plus rude et du plus grand caractère, ce poëme d'honneur qui nous rappelle le ton de la *Chanson de Roland,* la décadence durant tout le xive siècle se continue et, qui pis est, elle s'ignore, elle s'applaudit, elle foisonne et se diversifie à plaisir en toute sorte de subtilités et de fausses gentillesses. L'imagination poétique française est prise désormais et enchevêtrée dans le réseau d'une logique étroite et pédantesque. De menus genres, d'un agrément fragile et bien vite épuisé, ne font qu'éparpiller la méthode et le goût compassé du *Roman de la Rose;* et un génie individuel, passionné ou tendre, ne vient pas y porter le correctif, y mettre son cachet à part, et les relever ou les consacrer. — Je prends Froissart : il semble que ce ne soit pas au sujet de Froissart qu'on doive exprimer un regret; il avait en effet sa vocation expresse de chroniqueur pittoresque, et il l'a merveilleusement remplie. Cependant je n'ai pu lire Froissart poëte sans éprouver un regret, qui aura tout lieu de se renouveler quand j'en serai un peu après à Alain Chartier, ou même à Charles d'Orléans dans le xve siècle : c'est que, de même que dans le genre épique, narratif, sévère, loyal, enflammé, nous n'avons pas eu notre Homère; — de même que, pour le genre satirique sérieux, amer, élevé, traversé de sublimes tendresses, nous n'avons pas eu un Dante, un poëte qui correspondît à Dante pour le génie, et qui gravât pour l'immortalité ; — de même, dans le genre tendre, amoureux, dans la poésie courte, légère, élégiaque, nous n'ayons pas eu un Passionné délicat et accompli, qui ait produit, dans l'esprit de cette fin ornée et perlée du Moyen-Age, de ces immortelles chansons et ballades, telles que celles de Pétrarque. Les mignardises de Froissart n'y répondent pas; il a la mélancolie joyeuse et flamande. Mais, encore une fois, il faut prendre les dédommagements où on les trouve : la poésie de Froissart est dans sa chronique, dans le pittoresque qu'il y a déployé et où il excelle. Combien de fois en France la plus grande poésie, à une époque donnée, a-t-elle ainsi passé avec armes et bagages, et à la rime près, du côté de la prose !

Eustache Morel, dit Deschamps, mort après 1403, à plus de 90 ans, et qui fleurissait dans la seconde moitié du xive siècle, poëte moral, didactique, gnomique, patriotique, est un de ceux qu'on a essayé de faire valoir dans ces derniers temps. On a vu en lui « le type, le représentant de la poésie bourgeoise et nationale au xive siècle, comme Rutebeuf était le type du poëte populaire et vagabond, du jongleur de talent au xiiie. » On lui a prêté un peu plus de physionomie qu'il n'en a eu peut-être, selon le spirituel et périlleux conseil de M. Macaulay, qui est fort suivi aujourd'hui : « Les meilleurs portraits, a dit ce grand peintre historique, sont peut-être ceux dans lesquels il y a un léger mélange de charge... Quelque chose est perdu pour l'exactitude, mais beaucoup est gagné pour l'effet... Les lignes moins importantes sont négligées, mais les grands traits caractéristiques s'impriment pour toujours dans l'esprit. » C'est ainsi qu'on raccommode après des siècles et qu'on refait bien des personnages. Au milieu de vers graves, moraux, un peu ennuyeux, il y a, je le sais, de fort jolies choses dans Eustache Deschamps, notamment un Virelai bien gai et bien chantant : Eustache Deschamps n'a pas toujours eu 90 ans en poésie. Pourtant, quand on l'a beaucoup lu ou feuilleté, il faut convenir qu'il fait désirer Villon.

Ce sont des orateurs et des moralistes plutôt que des poëtes qu'Alain Chartier et Christine de Pisan. L'esprit du règne de Charles V, réagissant en littérature et en poésie, avait créé toute une école ayant son cachet à part de science, de prudence, d'enseignement et de conseil. Tous les auteurs qui se rattachent à l'esprit du règne de Charles V, soit pour le célébrer, soit pour le regretter, sont des écrivains de sagesse et de restauration, des écrivains conservateurs. La vraie poésie n'a guère à faire avec eux.

Le xve siècle n'est pas à mépriser à tous égards pour la poésie. Si l'inévitable décadence, si la vieillesse du Moyen-Age se poursuit, elle est parfois bien ornée, et elle cache ses rides sous des fleurs. Comment ne prendrions-nous pas plaisir un moment au gracieux recueil de Charles d'Orléans, à ses vivacités de désir, à ses regrets d'une mélancolie encore riante, à ses plaintes doucement philosophiques? On noterait, sous cette forme gauloise de rondeau et dans plus d'un refrain heureux, quelques-uns des mêmes accents qui nous charment dans les odes épicuriennes d'Horace : charmant esprit que le sien, délicat, vif, naturel, léger, rendant avec fraîcheur toutes les impressions de jeunesse, de printemps, d'amour, de joie, — puis d'ennui, de déclin, d'hiver, de vieillesse! il mérite tous les éloges qu'on est accoutumé à lui donner depuis l'abbé Sallier, — moins celui de l'originalité. Il n'est que le plus gracieux et le plus parfait des menus trouvères de son temps, dans le goût à la mode.

Tout à côté, un autre prince poëte, le bon roi René, nous présente, dans l'exubérance et l'anachronisme déjà sensible de certains de ses goûts, une espèce de caricature amusante et toute débonnaire du Moyen-Age finissant. On le voit en rassembler avec passion et manie les richesses et déjà les reliques, si bien qu'on pourrait le définir avec exactitude le premier en date des antiquaires. Pour mesurer toute l'étendue de la chute depuis le haut Moyen-Age jusqu'au dernier tiers du xve siècle, on n'a qu'à se rappeler le point de départ, cette noble figure du Lohérain Bégon le balafré, debout, adossé à son arbre et le pied sur son sanglier tué, entouré de ses chiens, défendant sa vie contre de misérables forestiers; et, comme pendant, cet autre Lorrain manqué, le bon René, se promenant à Aix dans sa *cheminée* pour se réchauffer au soleil, — dans sa *cheminée*, c'est-à-dire sur un étroit parapet exposé au midi et abrité de tous les autres côtés (*aprici senes*). — Voilà le contraste, et il ne saurait être plus frappant, entre la force adulte et virile de ce puissant régime féodal et son extrême caducité et sénilité. Le roi René, c'est le Moyen-Age traduit déjà en opéra-comique.

Pour avoir affaire à ce qui vit, il faut en revenir à Villon. — Villon était-il un novateur ? innova-t-il dans la forme ? créa-t-il un genre de poésie ? a-t-il eu l'idée d'une réaction littéraire, comme nous dirions aujourd'hui ? Ce qui est certain, c'est qu'il possédait un talent original ; c'est qu'au milieu des polissonneries et des tours pendables où il se gaudissait et où il était maître, il avait l'étincelle sacrée. Quelques pièces de lui se liront toujours. Il a trouvé pour quelques-uns de ces regrets naturels qui reviennent sans cesse, sur la beauté évanouie, sur la fuite des ans, l'expression la meilleure et définitive, une expression vraie, charmante, légère, et qui chante à jamais au cœur et à l'oreille de celui qui l'a une fois entendue. Il a des éclairs de mélancolie, — rien que des éclairs, n'exagérons pas. La critique de nos jours a trouvé à s'évertuer sur Villon ; en général, elle aime les auteurs à moitié obscurs, elle n'est pas fâchée d'avoir à pêcher en eau trouble. Les critiques, s'ils n'y prennent garde, sont de plus en plus portés à admirer dans un auteur moins encore ce qui y est que ce qu'ils y mettent. Ne mettons dans Villon rien de plus qu'il n'y a, et il y aura encore assez pour le maintenir à son rang. Trop loué et surtout loué à faux par Boileau, ce qui reste vrai, c'est que lorsque l'on remonte à la poésie du Moyen-Age (non pas lorsqu'on en descend en la prenant dès l'origine, mais lorsqu'on y remonte degré par degré), Villon est l'anneau le plus lointain auquel les modernes trouvent à se rattacher un peu commodément. L'abbé Sallier, au xviiie siècle, en découvrant Charles d'Orléans, en remettant en lumière les poésies de ce prince poëte, essaya de le substituer à Villon et de le porter au trône de la poésie du xve siècle. Cette opinion avait fait du chemin depuis ; mais je crois qu'elle ne résiste pas à l'examen et que Villon gardera son rang, qui est le premier.

Pour tenir tête à Villon, Charles d'Orléans a un premier défaut :

il est trop clair, et il n'y a pas moyen de lui prêter plus qu'il n'a. Et puis (à parler sans épigramme) Charles d'Orléans nous offre en effet, à travers son onde cristalline, les plus jolis poissons à écailles d'argent, mais c'est dans un bassin ou dans un bocal. Villon est une source franche, épaisse, abondante, très-boueuse, mais poissonneuse et fertile.

On n'a pas eu, dans ce recueil, à s'occuper du théâtre et de la poésie dramatique, sans quoi c'eût été, au xv⁰ siècle, la branche de poésie à laquelle il eût fallu le plus emprunter. Le xv⁰ siècle est le triomphe du Mystère et de la Farce, et il y a des chefs-d'œuvre dans ce dernier genre. On veut faire, je le sais, de la farce de *Patelin* quelque chose de beaucoup plus ancien ; mais c'est au quinzième siècle que la représentation de *Patelin* a dû devenir fréquente et populaire. De Villon à *Patelin* il n'y a que la main, comme on dit ; on sent qu'on a affaire à des poètes qui exploitent un même fonds de friponnerie et de gaieté. Le *Franc-Archer de Bagnolet,* une autre perle de ces petits théâtres, une parade très-spirituelle à un seul personnage, a été attribué à Villon.

Après Villon, la poésie française, engagée dans de fausses voies, reprend et poursuit son train de laborieuse décadence. Les formes compliquées de cette poésie mènent très-vite à une sorte de grimoire. Les savants critiques qui ont essayé de frayer un sentier et de tracer une voie dans la presse des détestables rimeurs et rhétoriqueurs qui encombrent la fin du xv⁰ siècle ont bien du mérite, et il ne faut pas moins que leur autorité pour que je me sente la force de les y suivre. Pour moi, je l'avoue, je me sauve de ce mauvais pas (fin du xv⁰ siècle) dès que je le puis, et, à travers ronces et broussailles, j'arrive tant bien que mal à Marot ; trop heureux d'atteindre enfin un lieu de repos et de plaisance où je respire.

Ce serait être injuste cependant que de ne pas reconnaître dans le règne de Louis XII une saison propice de malice gauloise enhardie et de satire politique assez piquante. Tout en concevant le dédain qu'auront tout à l'heure les hommes de la Renaissance, et nourris des pures grâces d'Aristophane, pour cette poésie domestique de coin du feu et de cuisine, poésie de ménage et digne du voisinage des Halles, nous ne devons pas le partager. Gringoire notamment, aux beaux jours de sa jeunesse, paraît avoir été un très-spirituel vaudevilliste, et dans un temps où le genre était neuf et supposait plus d'invention qu'aujourd'hui.

En lisant les vers de Marot, on a pour la première fois, ce me semble, le sentiment bien vif et bien net qu'on est sorti des amphigouris de la vieille langue, si mal employée par les derniers rimeurs, qu'on est sorti des broussailles gauloises ; nous sommes en France, en terre et en langue françaises, et en plein esprit français, non plus rustique, non plus écolier, non plus bourgeois, mais de Cour et de bonne compagnie. La bonne compagnie est née avec Marot, François Ier et sa sœur Marguerite, avec la Renaissance ; il y aura encore bien à faire pour la perfectionner, mais elle existe et ne cessera plus. C'est bien de François Ier, de l'avénement du jeune roi vainqueur à Marignan, que date chez nous la vraie Renaissance, cette espèce d'aurore soudaine qui se leva sur les esprits et les intelligences, sur le goût public. Des nuages arrivèrent bien vite et s'amassèrent pour gâter la suite d'un si beau matin ; mais à travers tout, il en paraît de loin de beaux rayons encore, et nulle part ce premier jet d'une lumière nette et vive n'est plus sensible que dans les poésies de l'aimable Clément. Poëte d'esprit plutôt que de génie et de grand talent, mais tout plein de grâce et de gentillesse, qui n'a point la passion, mais qui n'est pas dénué de sensibilité, il a des manières à lui de conter et de dire, il a *le tour;* c'est déjà l'homme aimable, l'honnête homme obligé de plaire et d'amuser, et qui s'en acquitte d'un air dégagé, tout à fait galamment. Qu'on relise ses deux ou trois charmantes Épîtres, il n'y a pas d'ode, d'épopée, de grands et sublimes vers qui puissent empêcher cela d'être agréable et joli, et de plaire à des Français. Aussi c'est un point lumineux, c'est un renouveau dans notre poésie que l'heure où parut Marot. Il y eut groupe, il y eut action et influence visible autour de lui, et il brille dans le cercle de la royale et indulgente Marguerite, au milieu d'émules et de disciples qui lui ressemblent, les Bonaventure Des Périers, les Brodeau.

Ce qui manquait à Marot et à sa gentille école, c'est la force, la vigueur, la couleur, l'élévation, la grande imagination. Le *Roman de la Rose*, je l'ai dit, avait jeté l'esprit français dans une route de traverse, où il était empêché depuis près de deux siècles. Cet esprit poétique s'était embarrassé, de gaieté de cœur et jusqu'à épuisement, dans une forme artificielle, dans un labyrinthe de subtilités d'où il avait toutes les peines du monde à se tirer, et d'où il ne se tirait même pas, s'il n'avait reçu un *heurt* violent et un vigoureux coup de coude venu d'ailleurs. Malgré l'épuration sensible qui s'était faite dans la poésie française depuis Marot, et l'aisance aimable qu'il y avait introduite, on n'était point encore sorti de la fausse voie qui avait ramené notre langue à une sorte d'enfance, à une puérilité laborieuse. Pour remettre les choses de l'esprit, dans notre idiome vulgaire, en digne et haute posture, il était besoin d'un sursaut, d'un assaut, d'un coup de main vaillant dont Marot et ses amis n'étaient pas capables, d'un coup de collier vigoureux; car c'est ainsi que j'envisage, c'est par ces termes expressifs que j'aime à caractériser la Poétique de Du Bellay et de Ronsard, Poétique toute de circonstance, mais qui fut d'une extrême utilité. La littérature et la poésie française avait perdu la voie haute et directe du Moyen-Age; elle avait donné à gauche dans un labyrinthe et un fouillis scolastique; il fallait une grande machine un peu artificielle pour la remettre dans une large voie classique régulière, pour la reporter *en masse* dans une carrière pleine et ouverte, qui pût avoir une bonne issue.

C'est à ce point de vue qu'il convient, pour être juste, de considérer l'œuvre de Ronsard et de ses principaux amis. M. Guizot a très-bien dit, et au sujet même de ce généreux poëte si méprisé par Malherbe : « Les hommes qui font les Révolutions sont toujours méprisés par ceux qui en profitent. » Il fut très-aisé ensuite, à ceux qui rabattirent de l'effort premier de Ronsard, de faire fi de lui et de lui reprocher la violence même de cet effort devenu, après lui et grâce à lui, inutile.

Au lendemain de Marot et dans le court intervalle qui le sépare de Ronsard et de Du Bellay, une nouvelle décadence d'école (car les écoles se succèdent vite en France) se faisait déjà sentir. Il se tentait de rudes efforts incomplets, insuffisants, de la part de Maurice Sève, et dans la petite et docte école de Lyon, pour atteindre aux parties élevées de la poésie : on avait perdu les qualités premières sans acquérir, pour cela, les autres. Louise Labé ne triomphait de ces duretés de ses maîtres et modèles que par deux ou trois éclairs d'une admirable flamme.

Ronsard et Du Bellay firent donc ce qui était à faire, et virent où il fallait planter le drapeau. On peut, entre le programme tracé au début par Du Bellay et le résultat final, entre ce qui a été promis et ce qui a été tenu, établir une balance très-inégale et se prévaloir de la différence; il n'en est pas moins vrai que des qualités essentielles et neuves furent conférées à la langue poétique; de beaux et charmants exemples furent donnés. Ce qui est le plus à priser de Ronsard et de Du Bellay, c'est surtout ce que j'appelle leur seconde manière. Du Bellay, dans son séjour à Rome, et déjà découragé, a fait d'excellentes et de savoureuses poésies; Ronsard déjà lassé, et sur une corde un peu détendue, a trouvé ses meilleurs accents; il a composé après 1555 mainte pièce qui échappe presque entièrement à tous les reproches que l'on continue de lui adresser et qu'il ne mérita qu'à ses débuts. Et même vieux et cassé avant l'âge, il ne cessa d'avoir, jusqu'au bout, de ces retours et de ces assauts de verve qu'il a rendus avec feu.

Le dernier mot sur Ronsard a été dit, et par ceux mêmes qui l'appréciaient encore d'assez près. « Ce n'est pas un poëte bien entier, c'est le commencement et la matière d'un poëte, » a dit Balzac. — « Ce n'est qu'un maçon de poésie; il n'en fut jamais architecte, » a dit Chapelain. — « Il n'avait pas tort, a dit Fénelon, de tenter quelque voie nouvelle pour enrichir notre langue, pour enhardir notre poésie et pour dénouer notre versification naissante. » Son tort, ce fut de tenter trop de choses d'un seul coup : « on ne doit pas faire deux pas à la fois. » Mais, tout cela dit et accordé, que de beaux et bons endroits, quel riche fonds d'expressions et même de pensées pour quiconque aime à se renouveler dans les vieilles lectures! Pellisson, qui s'était mis un jour à le relire, disait qu'il ne s'en était point repenti, « y ayant trouvé, ajoutait-il, une infinité de choses qui valent bien mieux, à mon avis, que *la politesse stérile et rampante* de ceux qui sont venus depuis. » Ronsard et ses amis ont droit en particulier à notre reconnaissance, à nous qui avons tenté une œuvre qui n'était pas sans quelque rapport avec la leur, et on ne dépassera pas d'un mot la stricte vérité lorsqu'on dira :

« En échouant manifestement sur bien des points, ils avaient réussi sur d'autres, beaucoup plus qu'on n'a daigné s'en souvenir et le reconnaître depuis. Traducteurs libres et imitateurs des Anciens (car ce fut leur principale fonction), ils n'ont pas été surpassés dans quelques parties de cette œuvre ; ils avaient *trempé* la langue poétique, en avaient *coloré* la diction, en avaient *assoupli* la marche, relevé le ton et multiplié les développements. Il est à déplorer que ces qualités acquises et conquises par tant d'efforts n'aient pu se transmettre insensiblement par voie de tradition et d'hérédité, qu'il y ait eu bientôt après perte, interruption, ruine, et qu'il ait fallu bien plus tard, de nos jours, un autre effort et une exhumation tout artificielle pour les retrouver et y revenir en étendant la main par-dessus deux siècles. »

Cependant l'école de Ronsard avait fait son temps, avait suivi et accompli son cours ; elle avait eu très-vite ses trois saisons, et après Des Portes, avec Bertaut et Du Perron, elle finissait par s'allanguir. Des Portes a, en effet, du Quinault pour la tendresse et la mollesse des accents ; il est à la fois le Racine et le Quinault de cette école si hâtive de Ronsard. Les guerres civiles survenant avaient coupé encore une fois le train des choses et mis la tradition en défaut. Une nouvelle impulsion se faisait attendre, lorsque Malherbe parut. Je crois qu'un Malherbe était nécessaire, quoique Régnier s'en soit très-bien passé ; je crois qu'il était urgent qu'un nouveau chef d'école redonnât un coup d'archet décisif, et marquât sévèrement la mesure. Il n'en est pas moins à regretter que l'élément négatif, répulsif du passé, soit entré pour une si grande part dans la disposition du réformateur. En France, le procédé invariable de chaque école poétique à son début est de rompre net avec celle qui précède, de réagir contre et de n'en pas vouloir hériter.

Régnier, au reste (et on ne l'en saurait louer), fut aussi négatif de l'avenir que Malherbe l'était du passé. Neveu de Des Portes, il se croyait de son école et de celle de Ronsard : il était surtout de la famille de Rabelais, de Villon et des bons vieux Gaulois, — de cette famille modifiée toutefois et fortifiée par le régime et la nourriture de Ronsard. Grâce à ces qualités complexes et naturelles, Régnier nous représente l'un des moments, une *époque* de notre poésie. Omettre Régnier ou ne le nommer qu'en courant, ce serait négliger une des formes les plus pleines et les plus essentielles de notre langue poétique. De nos jours, la réaction anti-classique l'a porté très-haut; il a profité de tout ce que, dans un temps, on a prétendu retirer à Boileau et aux réguliers. S'étant mis en opposition déclarée avec Malherbe, et s'étant fait le défenseur des vieux poëtes, il est devenu le premier nom auquel s'est rattaché volontiers le mouvement moderne quand on est allé rechercher ces vieux chefs par-dessus la tête de Malherbe.

Il ne faut rien s'exagérer. Toutes les satires de Régnier sont bien loin d'être égales en mérite, en intérêt. Il y a de la rondeur, de bons vers (oh! des vers charmants), de bonnes tirades, une veine riche, une séve courante, mais aussi bien des solutions de continuité, bien des inégalités, bien des troubles de diction ; après quelque chose de neuf et de vif, il rentre tout à coup dans le lieu commun, dans la copie des Anciens; il divague. Deux de ses satires, pour nous, se détachent entre toutes : l'une littéraire, l'autre morale; la satire contre Malherbe et celle de *Macette*. La satire toute littéraire à l'adresse de Malherbe est excellente, non en totalité, mais dans toute sa partie critique. Sachons pourtant qu'en parlant si plaisamment de Malherbe et en traçant le portrait du poëte-grammairien auquel il oppose celui d'un libre et naïf génie, c'est-à-dire le sien propre, Régnier jugeait bien plus son adversaire d'après ses propos que sur ses écrits et ses œuvres mêmes. Malherbe avait très-peu publié du vivant de Régnier. Celui-ci n'a pas vécu assez pour connaître le vrai, le grand et royal Malherbe, pour assister à son entier développement et à son triomphe. Hélas! il faut tout dire : tandis que Régnier mourait de débauche à moins de quarante ans, Malherbe, lui, ne cessait de grandir, de mûrir, de rajeunir jusqu'à l'âge de soixante-douze ans, alors que terminant une de ses plus belles odes, il pouvait s'écrier dans un juste orgueil :

> Je suis vaincu du Temps, je cède à ses outrages :
> Mon esprit seulement, exempt de sa rigueur,
> A de quoi témoigner, en ses derniers ouvrages,
> Sa première vigueur.
>
> Les puissantes faveurs dont Parnasse m'honore
> Non loin de mon berceau commencèrent leur cours ;
> Je les possédai jeune, et les possède encore
> A la fin de mes jours.

Voilà ce qui est à opposer au portrait si séduisant, si chaud de verve, et si charmant de nonchaloir, que Régnier a tracé de lui-même. Pour nous, ne sacrifions ni Malherbe à Régnier, ni Régnier à Malherbe. Régnier, vis-à-vis de Malherbe, n'a rien perdu, mais il ne gagne pas tout. Ce sont deux théories, deux tempéraments en présence : d'une part, la théorie de la veine libre et du premier jet, du laisser-aller, de la verve pure et simple quand elle vient et comme elle vient (Régnier ou Alfred de Musset); et d'autre part, celle de la verve contenue, élaborée, resserrée et fortifiée par l'art (Malherbe ou André Chénier). Selon Malherbe, il ne suffit pas de cueillir à pleines mains et de ramasser dans un pré de belles fleurs, il faut savoir encore les *tresser*.

Mais dans la satire de *Macette*, contre la Dévote hypocrite, Régnier a fait un chef-d'œuvre. Cette pièce, admirable d'un bout à l'autre, prouve tout ce qu'avec du travail et une conduite meilleure de son talent il aurait pu être, et le rang qu'il pouvait tenir entre les plus mâles génies. Tout coup porte; ce sont à tout moment des vers nés proverbes, et qui, s'ils ne l'étaient déjà, le sont aussitôt devenus ; le texte en est semé. Il y coule une verve ardente, généreuse, une verve sans fin. Le poëte a atteint la plénitude de son style. C'est tout à fait le ton de Molière avec plus de pureté, et sans rien de ces étrangetés qui nous déroutent ailleurs chez Régnier et nous font perdre la trace. C'est son *Tartufe,* à lui, et son *École des Femmes* à la fois. On a par là l'idée de tout ce que Régnier aurait pu faire. C'est le meilleur exemple de cette poésie de pure race, franche du collier, gauloise de suc et de séve, qui s'est trop perdue. Rien n'est plus propre à nous faire comprendre ce qu'aurait été la poésie française, si elle avait su échapper au trop de politesse du xviie siècle, et si, avant de tant chercher à se clarifier au risque de s'affaiblir, elle avait pu arriver, dans un tel génie, ou dans des génies tournés vers d'autres genres, à son entière maturité.

Régnier, pas plus que d'autres génies nés gaulois, n'était incapable de tendresse, bien qu'il n'y ait pas abondé habituellement ; mais, comme Villon, il a eu des accents rares et sentis, ses éclairs de mélancolie d'autant plus à remarquer et plus touchants : ainsi dans ces Stances qui ont pour refrain ce vers plaintif retourné et modulé sur tous les tons :

Hélas ! répondez-moi, qu'est-elle devenue ?

C'est singulier à dire d'un poëte aussi libertin que l'était Régnier ; mais dans l'accent ému et pénétré de ces Stances, il y a de l'Orphée qui a perdu son Eurydice.

Je m'arrête, n'ayant voulu que louer Régnier de ses fiertés de style, de ses aimables nonchalances, de tous ses dons heureux, sans faire de son éloge une injure à Malherbe. Regrettons ces séparations de beaux génies, ne les aggravons pas ! Concilions-les du moins dans notre critique ouverte, équitable, nous gardant de les imiter dans leur mutuelle injustice, et de rendre, à notre tour, la pareille au rigoureux Malherbe pour s'être donné le tort de rebuter une telle poésie et de s'aliéner un tel *compère!*

Ce regret exprimé, nous n'avons plus qu'à suivre : Malherbe et ses disciples immédiats, Racan, Maynard, tous deux élevés dans la crainte du maître, et par lui initiés à tout leur talent, forment un groupe bien complet en soi, et introduisent un bien beau moment, le plus classique dans le passé, pour notre poésie lyrique. Quelques-unes de leurs odes, en très-petit nombre, il est vrai, mais exquises en qualité, nous offrent réunies toutes les conditions de la muse lyrique modérée, harmonie, douceur, élégance, maturité, la perfection enfin.

Ces deux rivaux d'Horace, héritiers de sa lyre,

a dit La Fontaine, parlant de Malherbe et de Racan; il l'aurait pu dire également de Maynard, à moins qu'on n'aime mieux croire que Maynard a eu cet insigne bonheur de faire une ode et quelques stances plus fortes que son talent.

Il n'y a que des instants dans la poésie. Le bel esprit et le faux goût des salons régnants avaient dès longtemps corrompu cette veine unique et si heureuse, quand le règne de Louis XIV s'inaugura. D'autres genres plus amples, plus majestueux, plus sévères, occupèrent la scène et éclipsèrent cette poésie qui va s'inspirer plus librement à l'écart, au gré de la fantaisie et du rêve. Ce n'est point en présence des grands monuments de l'art qu'on s'amuse à se baisser pour cueillir des fleurs. Ceux pourtant à qui la grâce est surtout chère et paraît *plus belle encore que la beauté*, ne sauraient se plaindre du trop de grandeur et de pompe de ce règne auguste, quand ils ont La Fontaine pour faire toute la semaine, s'ils le veulent, l'école buissonnière, et Racine pour maître de chant, aux jours solennels, avec les chœurs d'*Esther* et d'*Athalie*.

Après Louis XIV les monuments cessent; nous recommençons à errer et à butiner. — La polémique qui s'est élevée, il y a plus de trente ans, au sujet de Jean-Baptiste Rousseau, de celui que des classiques de seconde main s'obstinaient à nommer *le grand Lyrique*, est dès longtemps épuisée; il est facile aujourd'hui d'être juste et de ne lui dénier aucun de ses mérites. Il était assurément un bon, un habile ouvrier lyrique; il a de belles strophes, des parties d'éclat et d'harmonie, il a du talent; mais tout cela sonne creux et sent le plaqué. Par je ne sais quel secret défaut de l'imagination ou du cœur, il nous laisse froids, même là où il a le mieux réussi. Il a parfois le labeur heureux; mais il ne charme pas, il ne ravit jamais. Il est des poëtes dont la personne achève les œuvres inégales et incomplètes; la personne de Rousseau réfutait et contrariait plutôt les siennes en ce qu'elles ont de noble et d'élevé. Triste, ingrat, jaloux, même vénéneux, on ne trouvait rien en lui qui répondît à l'enthousiasme factice dont il animait quelques-unes de ses élucubrations lyriques. Villon, Marot, Ronsard, Malherbe, ont tous eu une grande action personnelle, et dans le sens de leur poésie; Rousseau n'en a eu aucune, et, sans son exil, il l'aurait eue plutôt en sens inverse.

C'était le contraire pour Voltaire, le seul vrai, le seul grand poëte du xviiie siècle. Son imagination est toujours présente. Chez Voltaire, les œuvres font défaut souvent; mais tant que la personne est là, là aussi est le poëte. Il l'est dans tout ce qui vient de source et qui sort involontairement de sa plume, pièces légères, satires, boutades, débuts de chants, vers saillants nés proverbes, qui lui échappent en tout sujet, et qui courent le monde. Il l'est, poëte, dans la conversation, par le jet petillant de l'esprit, par l'étincelle perpétuelle, par le tour vif et charmant qu'il donne à toute chose. Mais quand il n'est pas soutenu par ce jet immédiat, dès qu'il compose, il faiblit; le style fait défaut; dans l'épopée et dans la tragédie, il s'est contenté de ce qui suffisait à son temps, c'est-à-dire à la moins poétique des époques.

Ce xviiie siècle, si spirituel en effet, et malgré une ou deux rares exceptions, pèche tout à fait par le style en poésie : en général, il ne s'en doute pas. Un petit exemple, entre beaucoup d'autres, m'a frappé et me servira à rendre ma pensée. La jolie épigramme ou élégie de Claudien, *le Vieillard de Vérone*, a été imitée par quatre poëtes, à quatre moments de la langue : par Mellin de Saint-Gelais, par Ronsard, par Racan, et enfin par le chevalier de Boufflers. Examinez et comparez; vous avez tout un concours. Chez Mellin de Saint-Gelais, c'est à la fois délayé et rude; il n'y a guère qu'un ou deux bons vers; le traducteur ne lutte pas d'expression, il n'essaye pas; sa langue n'est pas faite, son instrument n'est pas sûr; l'art est absent: il ne fait, en quelque sorte, que *dégrossir* son Ancien. Chez Ronsard, on sent du mieux; il suit son texte de plus près, il serait de force à lutter, et il l'a fait avantageusement ailleurs; mais cette fois, tout considéré, il n'a que médiocrement réussi. Celui qui réussit, c'est Racan, qui développe et déploie l'épigramme ancienne, et en fait tout un tableau étendu, équivalent ou supérieur, avec une touche aisée d'originalité et comme une large teinte de soleil couchant répandue sur l'ensemble. Que si, après cela, on passe à Boufflers, à cet abbé-chevalier, qui était en son temps un auteur de vers à la mode, comme Mellin de Saint-Gelais l'était dans le sien, on croit revenir en arrière, ou plutôt on se sent déjà en décadence. Lisez, si vous êtes curieux. Voici le début :

> Heureux qui dans son champ, demeurant à l'écart,
> Sans crainte, sans désirs, sans éclat, sans envie,
> Dans *l'uniformité* passa toute sa vie,
> Et que le même toit vit enfant et vieillard.
>
> Jadis il a *bondi* sur ce même rivage,
> Où son *corps épuisé se repose* aujourd'hui ;
> Il *folâtrait* dans son jeune âge
> *Sur* ce même bâton qui devient son appui...

Est-ce assez prosaïque et sec? Est-ce assez inexact de ton? Les expressions ne correspondent pas entre elles; l'analogie est violée; on ne *folâtre* pas *sur un bâton* : il faudrait *chevauchait, cavalcadait*. A Mellin de Saint-Gelais, il semble qu'il n'y avait pas encore de style poétique d'un tissu ferme et suivi; et, à Boufflers, il semble qu'il n'y en a plus. — Je sais qu'à côté de

Boufflers on m'opposera le gracieux, l'élégant Parny, réputé racinien en son temps dans l'élégie amoureuse ; mais, de ma remarque, l'essentiel et le principal restent vrais.

Au xviiie siècle, il n'y a de tout à fait poëte que Voltaire dans la poésie railleuse et légère, et ensuite André Chénier dans la poésie sérieuse et renouvelée.

Il serait trop aisé de louer les modernes devant les modernes, et je n'en ferai rien. On aura d'ailleurs, dans ce recueil, assez de preuves de la richesse de la dernière Flore française ; les plus grands noms, les plus connus, ont été ceux qu'on a le moins mis à contribution ; c'est dans les autres, chez les seconds (*poetæ minores*), qu'on a le plus abondamment puisé. Rien ne montre mieux à quel point le mouvement poétique du xixe siècle a été général, spontané, fécond ; toutes natures, aussitôt averties, ont donné ce qui était en elles. Quelques-uns des critiques qui ont travaillé au choix, et qui en ont pris l'occasion de juger, sont poëtes eux-mêmes : on a ainsi une image des théories et des œuvres à la fois. On a cru pouvoir laisser chacun aller assez librement à sa sympathie, à sa prédilection : en telle matière un peu de fantaisie ne messied pas. L'amour de la poésie et de tout ce qui a la flamme, la haine du prosaïsme et de tout ce qui est commun, ont paru le meilleur des liens et donner au livre une suffisante unité. Voilà donc la récolte faite ; les greniers sont pleins, les vergers sont dépouillés ; glaneurs et moissonneurs sont assis à regarder, comme sur la fin d'une journée de labeur. Jouissons tous ensemble de la saison passée, mais que ce soit encore pour en tirer bon conseil, et en vue de la saison à venir.

Poésie du xixe siècle qui fus l'espérance et l'orgueil de notre jeunesse, qui fus notre plus chère ambition aux heures brillantes, qui depuis as fait bien souvent notre soin, notre sollicitude, notre tristesse même et notre mécompte, nous n'avons pas en définitive à rougir de toi! Ce ne sont pas seulement les plus grands qui ont excellé dans quelques-unes de tes parties les plus hautes et les plus heureusement renouvelées, ce sont des poëtes moindres, mais poëtes encore par le cœur, par la fantaisie, par l'art, par une vocation sincère ! Que de fleurs on verra ici, moissonnées ou glanées dans ce riche domaine de récente et dernière culture, et par la main de ceux même qui en ont quelquefois fait naître ! Mais le danger, depuis quelques années, est celui-ci : les maîtres ont fait des disciples, ne nous en plaignons pas, mais les disciples sont nés trop au hasard. Tous ont voulu toute chose ; nul n'a douté de rien. Il en est résulté que les novices et les inexperts se mettant à l'œuvre sans se douter de la difficulté de l'art, toutes les manières ont été imitées presque à la fois et bien souvent confondues. Les distinctions délicates, mais essentielles, qui séparent les genres, qui limitent et déterminent les styles, ont été méconnues et mêlées. Les fils les plus divers ont été brouillés dans une même trame. Le prosaïque, avec son amalgame, est ainsi rentré dans la poésie. Ce style poétique si éclatant, si savant naguère, si ferme aux bons endroits sous la main des jeunes maîtres, s'est trouvé compromis de nouveau et remis en question, au moment même où il venait d'être reformé et recréé. La tradition, même si courte, a déjà fait défaut. J'ai souvent regretté qu'une Poétique large et moderne, tenant compte de tout dans le passé, ne définissant que ce qui est possible et laissant le reste au génie, ne fût pas venue à temps consacrer quelques préceptes, poser quelques interdictions, rappeler les vrais et immortels exemples. Et ce qui vaudrait mieux que toutes les Poétiques, ce serait un exemple nouveau et vivant. La Nature seule peut créer le génie : à celui qui doit venir et en qui nous avons espérance, nous dirions : « Il n'y a plus de théories factices, de défenses étroites et convenues ; le champ entier de la langue et de la poésie est ouvert devant vous, depuis l'âpre simplicité des premiers trouvères jusqu'à l'habile hardiesse des plus modernes, depuis la *Chanson de Roland* jusqu'à Musset : langue de Villon, langue de Ronsard, langue de Régnier, langue de Voltaire, quand il est en verve, langue de Chénier (je ne parle pas des vivants), tout cela est votre bien, votre instrument ; le clavier est immense. Couleur, vérité, expression, elle est partout où vous la voudrez prendre. Votre palette est la plus riche, la plus diverse, la plus variée ; vous n'avez qu'à puiser au gré de vos inspirations, suivant votre habileté et votre audace; mais vous ne confondrez rien, vous unirez tout; vous fondrez tout à la flamme de votre génie; vous remettrez chaque chose à son point dans la trame du bel art, ô grand poëte qui naîtrez! »

Sainte-Beuve.

LES
POËTES FRANÇAIS

DOUZIÈME SIÈCLE

PRÉLIMINAIRES

C'est au IXe siècle que nous découvrons dans ses premiers documents authentiques, dans les fameux serments de 842, l'idiome vulgaire qui se formait à côté, et pour ainsi dire au-dessous du latin. C'est au XIIe siècle seulement que nous pouvons faire commencer l'histoire de notre littérature nationale. Dans le long intervalle qui sépare ces deux époques, l'idiome populaire qui s'appelait le *roman* n'a pas été complétement stérile, mais les rares productions qui sont parvenues jusqu'à nous suffisent à peine à nous faire connaître les destinées diverses qu'il subit et les progrès qu'il accomplit avec lenteur. A mesure qu'il s'éloigne davantage du latin, qu'il revêt des formes plus distinctes, des caractères plus tranchés, il se divise en un grand nombre de dialectes. Parmi ces dialectes, il en est deux principaux : l'un qu'on a nommé la *langue d'oïl*, règne au nord de la

Loire jusqu'à Tournai et aux frontières de Flandre, et il conquiert l'Angleterre avec les Normands; l'autre, qu'on a nommé la *langue d'oc*, règne au midi de la Loire, depuis le Maine et l'Anjou jusqu'à la Provence. La différence entre le roman du nord et le roman du midi, entre la langue d'oïl et la langue d'oc est très-nettement marquée dans les monuments que nous a transmis le Xe siècle : la cantilène en l'honneur de sainte Eulalie retrouvée dans le manuscrit de Valenciennes, les complaintes sur la passion de N.-S. et sur la passion de saint Léger retrouvées dans le manuscrit de Clermont [1]. Jusqu'à la fin du moyen âge, c'est-à-dire jusqu'au XVe siècle, ces deux dialectes ont deux histoires, présentent deux littératures qu'on ne saurait confondre, malgré leur parenté étroite. La langue d'oc, peu à peu supplantée par la langue d'oïl, tombe enfin à l'état de patois. La langue d'oïl, la langue romane du nord, devient la langue française. C'est cette dernière seule, par conséquent, qui nous offre les véritables origines de notre littérature : c'est elle seule qui doit avoir place dans le tableau que nous essayons de tracer de notre ancienne poésie.

Un seul document en prose, les *Lois de Guillaume le Conquérant* [2], témoigne des progrès de la langue romane au XIe siècle. Aucun autre texte (nous ne nous occupons plus que de la langue d'oïl), ne peut être, du moins jusqu'à de nouvelles découvertes, attribué à cette époque avec vraisemblance. La poésie, en particulier, présente donc une lacune d'un siècle. Il n'est pas douteux, cependant, qu'un mouvement assez vif d'activité intellectuelle n'ait eu lieu pendant cette période; c'est là ce que prouvent suffisamment les grands faits historiques du temps, le réveil de l'esprit communal, les événements qui agitent le monde, les conquêtes des Normands, les croisades qui commencent. Il est certain qu'à ce moment, où une sève nouvelle semble rajeunir l'humanité, la verve populaire ne fut pas muette. On doit en effet rapporter à cette époque le germe de beaucoup de productions qui ne nous apparaitront que plus tard. Les poëmes héroïques, les *chansons de geste*, pour nous servir du terme consacré, que nous trouverons au XIIe et au XIIIe siècle, portent presque toujours en elles la trace de transformations successives qui nous obligent à reculer jusqu'à une époque bien antérieure la date de leur origine. De l'absence de tout

---

[1] *Collection des documents inédits relatifs à l'histoire de France*, tome IV des Mélanges.

[2] *Origine et formation de la langue française*, par M. A. de Chevallet.

texte, de tout manuscrit au xi° siècle, il faut seulement conclure que la littérature populaire fut à son principe très-rarement écrite, presque exclusivement *orale*. Ceux qui écrivaient alors écrivaient en latin. Mais bientôt lorsque les compositions colportées par les chanteurs ambulants acquirent, avec une étendue qui rendait plus difficile leur transmission par la mémoire, une faveur et une renommée croissantes qui attachèrent un plus grand intérêt à leur conservation, lorsque aussi des hommes instruits, animés du désir de se faire entendre de la foule, ne dédaignèrent plus d'employer le langage qui lui était seul familier, un peu du parchemin réservé jusque-là à la langue officielle et classique fut mis à la disposition de l'idiome vulgaire. Les jongleurs eurent leur memorandum portatif qu'ils avaient soin de rédiger eux-mêmes. Les seigneurs, dont les chansons de geste célébraient les ancêtres, voulurent aussi posséder ces poëmes, et s'en firent faire de somptueuses copies. Nous voyons enfin apparaître ces chants dont l'existence, dont l'influence étaient depuis longtemps déjà indiquées et constatées par les historiens.

A cette première heure de notre littérature, nous avons sous les yeux une phase de la civilisation, un âge de l'esprit humain, qu'on n'est à même d'observer de près que depuis ces dernières années où le moyen âge est devenu l'objet des recherches les plus curieuses, les plus actives et les plus fécondes. La France en est alors au temps des *aèdes* et des *rhapsodes* de la Grèce antique; mais tandis que la Grèce antique demeure enveloppée pour nous d'une obscurité à peu près impénétrable, le moyen âge, dont une partie des monuments subsiste encore, se révèle de jour en jour plus distinctement. Les poëmes populaires, avons-nous dit, étaient déclamés de vive voix, étaient chantés. Une classe d'hommes, qu'on nomma jongleurs (*joculatores*), puis trouvères et ménestrels, avait pour fonction et métier de réciter ces poëmes, de ville en ville, de château en château, dans les chambres seigneuriales et sur les places publiques. Ces jongleurs ou trouvères se transmettaient de l'un à l'autre, de génération en génération, les grandes données historiques et poétiques qui formaient comme le trésor commun; ils se les transmettaient toujours les mêmes dans leur thème essentiel, toujours renouvelées dans leur forme et leurs détails. Chacun ajoutait aux œuvres qu'il avait reçues de ses prédécesseurs les embellissements, les amplifications que sa propre imagination lui inspirait : chacun y introduisait les variantes qu'il savait devoir être applaudies, les épisodes qu'exigeaient les tendances nouvelles, les besoins nouveaux des intelligences.

On voit combien cette lente et infinie métamorphose d'une composition littéraire, dont la première origine est toujours insaisissable, nous offre un mode de création, de vie et de développement qui diffère des procédés de la littérature actuelle et de toutes les littératures savantes. La force productrice, c'était alors la tradition bien plutôt que l'art individuel. Aussi, dans cet enfantement collectif, l'individu compte bien peu. Sans doute, tel poëte remaniant les éléments que la tradition lui livrait, selon qu'il avait plus ou moins de verve, en faisait une œuvre plus ou moins puissante. Mais en somme son rôle était très-effacé, très-transitoire, pour ainsi dire; il le sentait si bien qu'il ne jugeait presque jamais à propos d'attacher son nom à cette œuvre qui avait déjà eu et qui devait avoir encore tant d'autres ouvriers. Si parfois le nom d'un trouvère nous est livré, presque jamais il n'est possible de démêler la part qui lui revient dans le travail accompli; quand on y réussit, on découvre d'ordinaire que cette part est des plus minces et qu'on a affaire à l'un de ces ouvriers de la dernière heure qui doivent toute leur fortune aux labeurs de leurs devanciers. Aussi, on n'aperçoit aucune personnalité dans ces poëmes: l'auteur n'y apparaît jamais avec son caractère, avec sa vie propre. Il n'y règne que les idées universelles, les sentiments généraux, l'âme et l'esprit du temps.

A la tradition orale qui paraît avoir existé à peu près seule pour la littérature vulgaire au xie siècle, le xiie siècle fit succéder la tradition écrite. Quelques manuscrits de cette époque sont arrivés jusqu'à nous. Les conditions dans lesquelles se produisaient les chants populaires n'en furent pas sensiblement modifiées. Ils continuèrent à se rajeunir à chaque transcription, à peu près comme précédemment à chaque récitation. La première copie qui s'est conservée sera suivie par un grand nombre d'autres, dont aucune ne lui ressemblera. Nous avons entre les mains plusieurs anneaux d'une longue chaîne. Il ne s'agit donc presque jamais, lorsqu'on étudie la poésie du moyen âge, de déterminer l'époque de la composition primitive, qui nous échappe; il faut se borner à constater la date de la première leçon écrite que nous possédons; nous prenons les œuvres, bien loin déjà de leur naissance, à un certain point de leur développement dont il sera facile ensuite de suivre les progrès.

Quoique rares encore, les manuscrits que nous a légués le xiie siècle sont en nombre suffisant pour que nous puissions nous rendre compte du changement remarquable qui s'opère pendant cette période dans la littérature et le langage. Le XII⁰ siècle est une véritable époque de renaissance intellectuelle. Au lieu du rude idiome qu'il a reçu, et que nous offrent ses premières productions, le XII⁰ siècle transmettra à l'âge suivant une langue faite, régulière, assouplie. La littérature, avant qu'il s'achève, aura pris possession de tout son domaine. Montrer, à l'aide des documents que nous possédons, cette marche rapide du commencement du siècle à la fin, et tracer en même temps les principales divisions qui dès lors se dessinent, et qui formeront comme les grandes familles de la poésie du moyen âge, tel est le but que nous nous sommes proposé dans cette première partie de notre travail.

Mais, avant tout, il nous faut transcrire, comme point de départ, le plus ancien document poétique en langue française qui soit connu aujourd'hui, la cantilène en l'honneur de sainte Eulalie. Cette pièce appartient, avons-nous dit, au X⁰ siècle. A défaut de valeur littéraire, elle offre du moins le plus grand intérêt sous le rapport linguistique. C'est dans ces vers, très-pauvres à coup sûr, que la langue française, sortant du latin dont elle n'est pas encore complétement dégagée, fait pour la première fois son apparition sur la scène du monde. Dans les serments de Louis le Germanique et des soldats de Charles le Chauve, on la pressent, on devine qu'elle va naître. Dans la pièce suivante, on peut dire qu'elle est née, elle existe avec les traits essentiels de sa physionomie, avec ses instincts, avec les lois qui présideront à son long développement. On peut saluer d'un *noel* cet idiome enfantin qu'attend un si vaste avenir.

CANTILÈNE
EN L'HONNEUR DE SAINTE EULALIE

Buona pulcella fut Eulalia ;
Bel avret corps, bellezour anima.
Voldrent la veintre li Deo inimi,
Voldrent la faire diavle servir.
   Elle n'out eskoltet les mals consselliers,
Qu'elle Deo raneiet chi maent sus en ciel,
Ne por or ned argent ne paramenz,
Por manatce regiel ne preiement ;
Ne ule cose non la pouret omque pleier,
La polle[1] sempre non amast lo Deo menestier.
   E por o fut presentede Maximiien
Chi rex eret à cels dis sovre pagiens.
Il li enortet dont lei nonque chielt[2]
Qued elle fuiet lo nom christien.
   Ell ent a[3] dunet lo suon element ;
Melz sostendreiet les empedementz
Qu'elle perdesse sa virginitet ;
Por o s' furet morte à grand honestet.
   Enz en l' fou la getterent, c'om arde tost.
Elle colpes non avret, per o no s' coist[4].
A czo[5] no s' voldret concreidre li rex pagiens ;
Ad une spede li roveret tolir lo chief.
   La domnizelle celle kose non contredist ;
Volt lo seule lazsier, si ruovet Krist ;
In figure de colomb volat à ciel.
   Tuit oram que por nos degnet preier
Qued avuisset de nos Christus mercit
Post la mort, et à lui nos laist venir
   Par souue clementia.

---

[1] *Puella*. — [2] Du verbe chaloir. — [3] On devrait lire sans doute : ell en at. — [4] Du verbe coire, cuire, *coquere*. — [5] Il faudrait probablement : ceo.

TRADUCTION

Eulalie fut une bonne jeune fille;
Elle avoit beau corps et plus belle âme.
Voulurent la vaincre les ennemis de Dieu,
Voulurent lui faire servir le diable.
 Elle n'eût écouté les mauvais conseillers,
Qu'elle reniât Dieu qui habite là-haut dans le ciel,
Ni pour or, ni pour argent, ni pour parures,
Ni par menace de roi, ni par prière;
Nulle chose ne la put jamais faire plier,
L'enfant, qu'elle n'aimât pas toujours le service de Dieu.
 Aussi fut-elle traduite devant Maximien
Qui était, en ces jours-là, roi des païens.
Il l'exhorte à faire ce dont elle ne se soucie pas,
A fuir le nom chrétien.
 Elle a préféré donner sa vie [1];
Elle supporterait les tortures
Plutôt que de perdre sa virginité.
Pour cela elle mourut avec grande honnêteté.
 Ils la jetèrent dans le feu, qu'elle brûle en un instant.
Elle n'avait aucun péché; c'est pourquoi elle ne brûla pas.
Le roi païen, malgré cela, ne voulut pas se convertir;
Il commanda de lui couper la tête avec une épée.
 La demoiselle n'y contredit pas.
Elle consent à laisser le siècle, si Christ l'ordonne.
Sous la figure d'une colombe elle s'envola au ciel.
 Nous prions tous qu'elle daigne prier pour nous,
Afin que Christ ait pitié de nous
Après la mort, et nous laisse venir à lui
 Par sa clémence.

---

[1] Elle en a donné *lo suon element*, très-probablement, sa substance, sa vie; peut être ses biens, tout ce qu'elle possédait.

Nous laissons au lecteur le soin de faire toutes les observations philologiques dont ce document peut être l'objet. Nous ferons remarquer seulement combien la langue vulgaire est encore à cette époque incertaine, inculte, pénible et embarrassée dans la latinité. On comprend sans peine qu'un certain laps de temps s'écoule avant qu'elle soit capable de porter un poëme d'un certain souffle, d'une certaine dimension. Le XI° siècle lui donnera cette force. Au commencement du XII°, nous trouvons une œuvre importante, capitale, qui nous révèle combien l'idiome populaire a mystérieusement grandi dans cet espace de temps pour nous silencieux; nous trouvons un monument littéraire qui ouvre dignement l'histoire de la poésie française : la chanson de geste de Roland ou de Roncevaux.

LES CHANSONS DE GESTE[1]

Les chansons de geste, ces poëmes qui célèbrent les héros et les événements des guerres nationales, sont certainement les premières productions de la poésie populaire. De tout temps les soldats, dans la Germanie et dans la Gaule plus encore que chez tous les autres peuples, paraissent avoir eu cette coutume de chanter les victoires qu'ils avaient remportées, d'exalter et déplorer les chefs qu'ils avaient perdus. Les poëtes héritèrent tout d'abord des légendes des soldats. On peut suivre, par des indices certains, la filiation de la chanson de geste remontant jusqu'à la cantate militaire. Les témoignages des chroniqueurs, depuis Jornandès, Éginhard, jusqu'à Orderic Vital et Albéric des Trois-Fontaines, les fragments des cantilènes, franques ou latines, qui nous sont connus, nous permettent d'apprécier par quel développement continu, logique, ces chants primitifs ont passé d'une langue dans une autre, et s'agrandissant, s'enrichissant sans cesse à mesure que les faits qu'ils rappelaient s'éloignaient davantage, nous sont arrivés enfin à l'état de poëmes chevaleresques. Toutes les traditions demi-historiques, demi-fabuleuses, conservées dans la mémoire des peuples, formèrent le riche domaine de cette poésie. Chaque province avait sa chronique glorieuse, ses triomphes, ses revers, ses personnages légendaires, sa famille héroïque. Les Bourguignons chantaient le duc *Aubri* ou *Gérard de Roussillon;* les Provençaux, *Guillaume*

---

[1] Le mot *gesta* exprimait l'ensemble des hauts faits accomplis par un peuple; on disait la geste des Bretons, la geste des Normands.

d'*Orange*; les Lorrains, *Garin* ou *Ogier*; les Wallons, *Raoul de Cambrai*, etc. Il en était de même, dans chaque contrée, des noms qui, pour une cause ou pour une autre, étaient restés chers aux populations. Mais un souvenir dominait tous ceux-là, celui de l'empereur Charlemagne, de sa puissance, de sa grandeur; il dominait toutes les traditions locales; il les reliait en dépit de la différence des temps ou des circonstances; il reconstituait dans le monde de la fiction une sorte d'unité qui rappelait l'unité impériale. Tous les héros provinciaux : lorrains, picards, bourguignons, provençaux, aquitains, mayençais, à quelque époque qu'ils eussent vécu réellement, devenaient, ou les compagnons du grand empereur des Francs, ou ses adversaires. C'est ainsi que se forma le vaste cycle des chansons de geste qui porte le nom de cycle carlovingien et qui se divise lui-même en cycles secondaires : celui de Charlemagne proprement dit, celui de Gérard de Roussillon, celui de Guillaume d'Orange, celui des Lorrains, etc. Le plus ancien monument qui nous reste de toute cette poésie héroïque, c'est la chanson de Roland.

La chanson de Roland appartient au cycle de Charlemagne proprement dit, à l'inspiration purement française, étrangère à l'esprit provincial. Le héros, ce neveu de Charles, ce préfet des marches de Bretagne, que l'histoire se borne à mentionner, paraît avoir été un des types, créés par l'influence centrale, les plus généralement adoptés dans les légendes guerrières de toute la race gallo-franque : « *Quem Hrolandum joculatores in suis preferebant cantilenis*, » dit un écrivain du XIe siècle. On sait qu'à la bataille d'Hastings les Normands s'animaient au récit des exploits de Roncevaux; on a souvent cité les vers de Gaimar et de Wace racontant comment le jongleur Taillefer, précédant les soldats de Guillaume le Bâtard, chantait :

> De Karlemane et de Rolant,
> Et d'Olivier, et des vassaus,
> Qui moururent à Rainscevaux.

Le poème que nous offre le XIIe siècle n'était donc pas une œuvre sans précédents; on peut affirmer au contraire qu'il fut une leçon nouvelle d'une composition plus ancienne, peut-être de celle-là même que chantait le jongleur Taillefer. On y distingue aisément quelques traces d'amplification; on reconnaît surtout dans la dernière partie plus d'un épisode qui a dû s'ajouter au thème primitif. Disons tout de suite que, pour cette chanson de geste comme pour celles qui viendront après, le travail suivra son cours. Des manuscrits du XIIIe et du XIVe siècle nous la montreront singulièrement augmentée ; un seul de ses vers en aura produit cent ; de quatre mille vers dont elle se compose, elle sera portée plus tard à huit et dix mille. Mais tel qu'il est, ce poëme est incontestablement, de tous ceux que nous possédons, celui qui se rapproche le plus de son origine.

Il est remarquable que ce soit aussi l'œuvre la plus parfaite, la plus complète qui nous soit parvenue en ce genre. Il n'est pas douteux que, dans cette mobile existence à travers les siècles, le moment où ces poëmes ont atteint leur plus grande vigueur, leur plus forte originalité, n'est pas très-éloigné de leur point de départ. Cette heure favorable se présenta sans doute aussitôt que la langue fut assez façonnée pour se prêter à l'inspiration et lui donner une certaine ampleur. Ces compositions, en perdant ce qu'elles avaient jusqu'alors d'écourté, d'étroit et de contraint, conservaient leurs qualités primitives : la simplicité, l'unité, l'énergie, un sentiment fier, un sérieux enthousiasme. Plus tard, à mesure qu'on voulut les orner, on les gâta. On étouffa la pensée, on arrêta l'élan par des digressions inopportunes, par des détails inutiles. On brisa les proportions de l'œuvre. Aussi, dans tous les poëmes du cycle carlovingien, les parties, les *branches* les plus anciennes sont-elles toujours de beaucoup préférables aux parties modernes. L'antiquité est, en règle générale, pour cette poésie un titre de supériorité. La chanson de Roland est ainsi à la fois la première et la meilleure de nos chansons de geste. Lorsqu'elle fut mise au jour, elle produisit dans le public lettré une vive sensation ; elle fut considérée unanimement comme une de ces œuvres qui honorent la littérature d'une nation. Deux fois publiée, une première fois par M. F. Michel, en 1837, une seconde fois par M. F. Génin, en 1850, elle fut l'objet de nombreuses études critiques. Nous signalons particulièrement celle que M. L. Vitet lui a consacrée dans la *Revue des Deux Mondes* (juin 1852). Cet écrivain, qui ne saurait être soupçonné d'exagération, y fait ressortir avec force toute la beauté et toute la grandeur de ce poëme du XIIe siècle, auquel il ne croit pas qu'on puisse contester le titre d'épopée. Voici sur ce point en quels termes il s'exprime :
« Cette unité d'action, cette concise et simple exposition d'un sujet historique, national et religieux, cette façon grandiose et sérieuse d'évoquer les souvenirs, de traduire les sentiments, d'exalter les croyances de tout un peuple, ne sont-ce pas les conditions premières, les fondements

mêmes du genre épique? Et si de l'ensemble du poëme nous passons aux détails, par combien d'autres signes le caractère épique ne se trahit-il pas! Ces descriptions à grands traits, rapides, saisissantes, sobres de mots, à vol d'oiseau pour ainsi dire; cette naïveté toujours unie à la grandeur, ce merveilleux mêlé et fondu dans l'action avec tant de franchise et si sincèrement que son intervention semble toute naturelle; c'est là de l'épopée, ou jamais il n'en fut; non de l'épopée faite à plaisir, avec art, avec intention, par des lettrés dans un siècle littéraire, mais de la vraie, de la primitive épopée. »

Le manuscrit de la chanson de Roland est à la bibliothèque Bodléienne d'Oxford. Le langage, beaucoup plus avancé sans doute que celui de la cantilène que nous avons citée tout à l'heure, est cependant rude encore; sa marche est monotone, empesée; on dirait un des héros du temps chargé d'une pesante armure. Le mode de versification, quoique le rhythme se fasse très-bien sentir, n'est nullement conforme aux règles qu'adopta beaucoup plus tard la prosodie française. Le vers est de dix syllabes, mais il y règne une très-grande liberté quant à l'élision des syllabes muettes; à la césure cette élision a lieu aussi constamment qu'à la fin. La rime n'est qu'une simple et vague assonance; le son de la dernière voyelle, ou de l'avant-dernière voyelle dans les vers qui se terminent par une syllabe muette, est seul important, quels que soient le nombre et l'espèce des consonnes qui la suivent. *Justes, cure, vaincues* riment ensemble; *France* rime avec *demande*, et *péril* avec *chérubin*. Les vers riment ainsi, non pas deux à deux, mais par *laisses* ou tirades d'une longueur indéterminée. Ce mode de versification est celui que présentent ordinairement nos anciennes chansons de geste.

Le poëme se termine par ce vers:

Ci falt la geste que Turoldus declinet.
(Ici finit la chanson que Turold ou Théroulde récite.)

M. Génin, le dernier éditeur du poëme, s'est efforcé de déterminer quel pouvait être ce Théroulde: « A force de bonne volonté, a dit M. Sainte-Beuve, il en a presque fait quelqu'un, l'abbé Théroulde ou le père de cet abbé [1]. » Mais il n'y a point lieu de s'arrêter à des con-

---

[1] *Du point de départ et des origines de la langue et de la littérature françaises*, par M. Sainte-Beuve, *Revue contemporaine*, 30 novembre 1858.

jectures trop peu fondées et qui n'aboutissent à rien. Ce nom peut seulement nous servir à désigner le texte du xiie siècle.

Nous placerons sous les yeux du lecteur un fragment étendu de ce poème. Quelques mots, au préalable, pour faire comprendre le sujet et la situation : Charlemagne a conquis l'Espagne sur les Sarrasins. Le roi Marsille feint de se soumettre; une paix menteuse est conclue par l'entremise du traître Ganelon. L'armée française reprend alors le chemin des Pyrénées. Lorsqu'il s'agit de traverser les étroits défilés des montagnes, Charlemagne laisse à l'arrière-garde son neveu Roland, Olivier, Anséis, Gérard de Roussillon, l'archevêque Turpin et vingt mille combattants. Les Sarrasins, au nombre de quatre cent mille, attaquent cette arrière-garde dans le val de Roncevaux. Avant que l'empereur, rappelé trop tard par les sons du cor de Roland, ait pu arriver à leur secours, les Français sont écrasés. Ils périssent tous. Cependant, terrifiés par l'héroïque résistance des compagnons de Roland, redoutant d'ailleurs l'approche de Charles, les païens s'enfuient en déroute. Nous allons laisser raconter au poëte ce qui se passe alors sur ce champ de bataille où il ne reste plus que des mourants.

LA MORT DE ROLAND

Païen s'en fuient curuçus et irez ;
Envers Espaigne tendent del espleiter.
Li quens Rollans n' es ad dunc encalcez ;
Perdut i a Veillantif sun destrer,
Voellet o nun, remés i est à piet.
Al arcevesque Turpin alat aider,
Sun elme d'or li deslaçat del chef,
Si li tolit le blanc osberc leger
Et sun blialt li ad tut detranchet,
En ses granz plaies les pans li ad butet ;
Contre sun piz puis si l' ad enbracet,
Sur l' erbe verte puis l' at suef culchet.
Mult dulcement li ad Rollans preiet :
« E ! gentilz hom, car me dunez cunget :
Nos compaignons que tant oümes chers
Or sunt il mors, n' es i devuns laiser.
Jo es voell aler porquerre e entercer,
De devant vos juster e enrenger. »
Dist l' arcevesque : « Alez et repairez,
Cist camp est vostre, mercit Deu, e le mien ! »
Rollans s' en turnet, par le camp vait tut suls
Cercet les vals e si cercet les munz,
Truvat Gerer e Gerin sun cumpaignun,
E si truvat Berenger e Otun.
Iloec truvat Anséis et Sansun,
Truvat Gerard le veill de Russillun,
Par uns e uns les ad pris le barun,
Al arcevesque en est venuz atut,
Si 's mist en reng de devant ses genuilz.
Li arcevesque ne poet muer n'en plurt,
Lievet sa main, fait sa benéiçun,

TRADUCTION

Les païens s'enfuient courroucés et pleins de rage,
Ils ont hâte de s'éloigner vers l'Espagne.
Le comte Roland ne peut les poursuivre ;
Il a perdu son cheval Veillantif ;
Qu'il veuille ou non, il est demeuré à pied.
A l'archevêque Turpin il alla donc aider,
Il lui délaça de la tête son heaume d'or,
Il lui retira son blanc haubert léger,
Il lui déchira toute sa tunique,
Et avec les morceaux lui banda ses larges blessures.
Contre sa poitrine il l'a ensuite embrassé,
Puis l'a couché mollement sur l'herbe verte.
Roland le prie alors doucement :
« Ah ! gentil homme, donnez-moi un moment congé :
Nos compagnons que tant nous eumes chers
Sont morts, nous ne devons pas les abandonner.
Je veux aller chercher et reconnaître leurs corps,
Et les apporter et les ranger devant vous. »
L'archevêque répondit : « Allez et revenez,
Le champ est vôtre, par la grâce de Dieu, et mien. »
  Roland s'éloigne ; par le champ il va seul,
Il cherche dans les vallons, il cherche sur les montagnes ;
Il trouva Gérer et son compagnon Gérin,
Et trouva Bérenger et Othon,
Il trouva Anséis et Sanson,
Et aussi le vieux Gérard de Roussillon.
Un à un le baron les a pris,
Il les a apportés à l'archevêque,
Et les a déposés en rang à ses genoux.
L'archevêque ne peut se tenir de pleurer,
Il lève la main, donne sa bénédiction.

Après a dit : « Mare fustes, seignurs !
Tutes voz anmes ait Deus li glorius !
En paréis les metet en seintes flurs !
La meie mort me rent si anguissus,
Jà ne verrai le riche emperéur ! »
    Rollans s' en turnet, le camp va recercer;
Son cumpaignun ad truvet Oliver,
Cuntre sun piz estreit l' ad enbracet,
Si cum il poet al arcevesque en vent,
Sur un escut l' ad as altres culchet,
E l' arcevesques les a asols et seignet.
Idunc agreget le doel e la pitet.
Ço dit Rollans : « Bels cumpainz Oliver,
Vos fustes filz al vaillant duc Reiner
Ki tint la marche dusqu' al val de Runers.
Pur hanste freindre, pur escuz pecéier,
Por orgoillos e veintre e esmaier,
E pur prozdomes loiaument cunseiller
En nule tere n' ot meillor chevaler ! »
    Li quens Rollans, quant il veit mort ses pers
E Oliver qu' il tant poeit amer,
Tendrur en out, cumencet à plurer,
En sun visage fut mult desculuret.
Si grant doel out que mais ne pout ester :
Voeillet o nun à tere chet pasmet.
Dist l' arcevesques : « Tant mare fustes ber ! »
    Li arcevesques, quant vit pasmer Rollant,
Dunc out tel doel, unkes mais n'out si grant;
Tendit sa main, si ad pris l'olifan.
En Rencevals ad un ewe curant ;
Aler i volt, si 'n durrat à Rollant ;
Sun petit pas s' en turnet cancelant ;
Il est si fieble qu'il ne poet en avant,
N' en ad vertut, trop ad perdut del sanc.
Einz que om alast un sul arpent de camp
Falt li le coer, si est chacit avant ;

Puis il dit : « Mal vous est venu, seigneurs !
Que Dieu le glorieux ait toutes vos âmes
Et les mette au paradis en saintes fleurs !
La mort me remplit moi-même d'angoisses,
Jamais plus je ne verrai le riche empereur !

Roland s'éloigne, il parcourt de nouveau le champ,
Il a trouvé son compagnon Olivier,
Contre sa poitrine il l'a pressé étroitement.
Comme il peut il revient ainsi vers l'archevêque;
Il a couché Olivier auprès des autres sur un écu,
Et l'archevêque les a absous et bénis.
Alors augmente le deuil et la pitié.
Roland dit : « Beau compagnon Olivier,
Vous étiez fils du vaillant duc Régnier
Qui tenait toute la frontière jusqu'au val de Runers.
Pour briser les lances, pour mettre en pièces les boucliers,
Pour vaincre et confondre les orgueilleux,
Et pour conseiller loyalement les gens de bien,
En nulle terre il n'y eut meilleur chevalier ! »

Le comte Roland, quant il vit morts ses pairs
Et Olivier qu'il pouvait tant aimer,
Fut attendri; il commença à pleurer,
Son visage perdit toute sa couleur.
Il eut si grande douleur qu'il ne put rester debout;
Qu'il veuille ou non, à terre il tombe pâmé.
L'archevêque dit : « Pour votre malheur vous fûtes preux ! »

L'archevêque, lorsqu'il vit tomber Roland,
Eut telle douleur que jamais il n'eut une aussi grande;
Il étendit la main, il prit le cor d'ivoire.
Dans ce val de Roncevaux, il est une eau courante;
Turpin y veut aller, il en donnera à Roland;
A petits pas il se traîne chancelant,
Mais il est si faible qu'il ne peut avancer;
Il n'en a la force, il a perdu trop de sang !
Avant d'avoir franchi la longueur d'un arpent
Le cœur lui manque, il tombe en avant.

La sue mort le vait mult angoissant!
　　Li quens Rollans revient de pasmeisuns,
Sur piez se drecet, mais il ad grant dulur!
Guardet aval e si guardet amunt :
Sur l' erbe verte ultre ses cumpaignuns
Là veit gesir le nobilie barun,
Ço est l' arcevesques que Deus mist en sun num.
Cleimet sa culpe, si reguardet amunt,
Cuntre le ciel amsdous ses mains ad juinz,
Si priet Deu que paréis lui duinst.
Morz est Turpins le guerreier Karlun;
Par granz batailles e par mult bels sermons
Cuntre paiens fut tuz tens campiuns,
Deus li otreit seinte benéiçun! Aoi.
　　Li quens Rollans veit l'arcevesque à tere,
Defors sun cors veit gesir la buele,
Desuz le frunt li buillit la cervele;
Desur sun piz, entre les dous furceles,
Crusiedes ad ses blanches mains, les beles.
Forment le pleignet à la lei de sa tere :
« E! gentilz hom, chevaler de bone aire,
Hoi te cumant al glorius celeste!
Jamais n' ert hume plus volenters le serve;
Dès les Apostles ne fut on tel prophete
Pur lei tenir e pur humes atraire.
Jà la vostre anme n' en ait mal ne sufraite!
De paréis li seit la porte uverte! »
　　Ço sent Rollans que la mort li est près.
Par les oreilles fors s' en ist la cervel.
Dunc de ses pers priet à Deu qu' es apelt
E pois de lui al angle Gabriel.
Prist l' olifan, que reproche n' en ait,
E Durendal s' espée en l' altre main.
Plu c' arbaleste ne poet traire un quarrel,
Devers Espaigne en vait en un guaret,
Muntet un tertre ; desuz un arbre bel,

La mort lui fait sentir ses dernières angoisses.
　Le comte Roland sort de son évanouissement,
Sur pied il se dresse, mais il a grande douleur!
Il regarde en bas, il regarde en haut.
Sur l'herbe verte, par delà les autres compagnons
Il voit gisant le noble baron,
L'archevêque que Dieu mit en son nom.
Roland bat sa poitrine, il lève les yeux,
Contre le ciel il joint ses deux mains
Et prie Dieu qu'il donne au prélat son paradis.
Mort est Turpin, le soldat de Charles;
Par de grands combats et par de beaux sermons
Contre les païens il a toujours été champion.
Dieu lui octroie sainte bénédiction!
　Le comte Roland voit l'archevêque à terre,
Hors de son corps voit les entrailles gisantes;
Sur son front la cervelle palpite;
Sur sa poitrine, entre les deux épaules,
Il a croisé ses mains blanches et belles.
Roland le plaint suivant l'usage de sa nation:
« Ah! gentil homme, chevalier de bonne race,
Aujourd'hui je vous recommande au glorieux Père céleste!
Jamais homme ne le servira de meilleure volonté;
Depuis les Apôtres il n'y eut un tel prophète
Pour maintenir la loi et pour attirer les hommes.
Que votre âme n'ait mal ni souffrance,
Du paradis lui soit la porte ouverte! »
　Roland sent à son tour que la mort lui est près;
Par les oreilles sa cervelle sort.
Alors il prie Dieu pour ses pairs, afin qu'il les appelle,
Et invoque pour lui-même l'ange Gabriel.
Il prend le cor, qu'il n'en ait reproche,
Et Durandal son épée en l'autre main.
Plus loin qu'une arbalète ne peut lancer un trait,
Il marche vers l'Espagne, atteint un guéret,
Gravit un tertre. Sous un bel arbre

Quatre perruns i ad de marbre faits.
Sur l' erbe verte si en caiet envers,
Là s' est pasmet, car la mort li est près.
    Halt sunt li pui e mult halt sunt les arbres!
Quatre perruns i ad luisant de marbre ;
Sur l' erbe verte li quens Rollans se pasmet.
Uns sarrazins tute veie l' esguardet,
Si se feinst mort, si gist entre les altres,
Del sanc luat sun cors e sun visage ;
Met sei en piez e de curre s' aastet.
Bels fut e fors e de grant vasselage.
Par sun orgoill cumencet mortel rage :
Rollant saisit e sun cors e ses armes
E dist un mot. « Vencut est li niés Carles!
Iceste espée porterai en Arabe. »
En cel tirer li quens s' aperçut alques.
    Ço sent Rollans que s' espée li tolt,
Uverit les oilz, si li ad dit un mot :
« Men escientre tu n' ies mie des noz. »
Tient l'olifan que unkes perdre ne volt,
Si l' fiert en l' elme ki gemmet fut ad or,
Fruisset l' acer e la teste e les os ;
Amsdous les oilz del chef li ad mis fors,
Jus à ses piez si l' ad tresturnet mort.
Après li dit : « Culvert! cum fus si os
Que me saisis nen à dreit nen à tort?
Ne l' orrat hume ne t'en tienget por fol!
Fenduz en est mis olifans el gros :
Çà juz en est li cristal e li ors. »
    Ço sent Rollans la veue ad perdue ;
Met sei sur piez, quanqu'il poet s' esvertuet.
En sun visage sa culur ad perdue.
De devant lui ot une perre brune :
X. colps i fiert par doel e par rancune.
Cruist li acers, mais ne freint ne n' esgruignet.
« E! dist li quens, saucte Marie, aiue!

Sont quatre degrés de marbre ;
Là, sur l'herbe verte, Roland tombe à la renverse,
Il s'est pâmé, tant la mort lui est proche.
  Hauts sont les pics et très-hauts sont les arbres ;
Il y a à cette place quatre degrés de marbre luisant,
Sur le gazon vert le comte Roland s'évanouit.
Un Sarrasin cependant le guette ;
Il contrefait le mort, couché au milieu des autres,
Il a souillé de sang son corps et son visage ;
Il se met sur pied et court en hâte.
Il était beau, robuste et de grande vaillance ;
Son orgueil le pousse à une action insensée.
Il saisit Roland et son corps et ses armes,
Et s'écrie : « Vaincu, le neveu de Charles !
Cette épée, je la porterai en Arabie ! »
Comme il la tirait, le comte sentit quelque chose.
  Roland s'aperçoit qu'on lui dérobe son épée,
Ouvre les yeux, et ne dit que ce mot :
« A ce que je puis voir, tu n'es pas des nôtres. »
Il a à la main le cor qu'il craint de perdre,
Il en frappe le heaume doré du païen,
Brise l'acier et la tête et les os ;
Il lui a fait jaillir les deux yeux du front,
A ses pieds il l'a abattu mort.
Puis il lui dit : « Traître, comment fus-tu si hardi
Que de mettre la main sur moi, à droit ni à tort ?
Nul ne l'apprendra, qui ne te tienne pour fou !
J'en ai pourtant fendu le pavillon de mon cor ;
L'or et les pierreries en sont tombés du coup. »
  Roland s'aperçoit que sa vue se trouble,
Il se dresse sur les pieds, tant qu'il peut s'évertue,
Mais son visage est sans couleur.
Devant lui était une pierre brune,
Dix coups il y frappe par deuil et par rancune.
L'acier grince, mais ne rompt ni ne s'ébrèche.
« Ah ! dit le comte : sainte Marie, à l'aide !

E! Durendal bone, si mare fustes!
Quant jo n'ai prod de vos, n'en ai mescure!
Tantes batailles en camp en ai vencues,
E tantes teres larges escumbatues
Que Carles tient ki la barbe ad canue!
Ne vos ait hume ki pur altre se fuiet!
Mult bon vassal vos ad lung tens tenue,
Jamais n'ert tel en France la solue! »
   Rollans ferit el perrun de sardonie;
Cruist li acer, ne briset ne n'esgrunie.
Quant il ço vit que n'en pout mie freindre,
A sei meisme la cumencet à pleindre:
« E! Durendal, cum es e clere e blanche!
Cuntre soleill si luises e reflambes!
Carles esteit es vals de Moriane
Quant Deus del cel li mandat par sun angle
Qu'il te dunast à un cunte cataigne;
Dunc la me ceinst li gentilz reis, li magnes.
Jo l'en cunquis Normandie e Bretaigne,
Si l'en cunquis e Peitou e le Maine.
Jo l'en cunquis Burguigne e Loheraine,
Si l'en cunquis Provence e Equitaigne
E Lumbardie e trestute Romaine.
Jo l'en cunquis Baivere e tute Flandres
E Alemaigne e trestute Puillanie,
Cunstantinoble dunt il out la fiance,
E en Saisonie fait il ço qu'il demandet.
Jo l'en cunquis Escoce, Guale, Islande
E Engleterre que il teneit sa cambre [1].
Cunquis l'en ai païs et teres tantes
Que Carles tient ki ad la barbe blanche.
Pur ceste espée ai dulor e pesance!
Mielz voeill murir qu'entre paiens remaigne!

---

[1] Les localités faisant partie du domaine privé recevaient quelquefois le nom de chambre du roi, *camera regis*.

Ah! Durandal, bonne épée, pour vous quel malheur!
Quoique vous ne me servirez plus, j'ai pourtant souci de vous,
J'ai par vous gagné tant de batailles,
Et conquis tant de vastes contrées
Que tient Charles à la barbe chenue.
Ne vous ait homme qui pour un autre fuie!
Un bon chevalier vous a tenue longtemps;
Jamais il n'y aura son pareil en France la terre libre! »
    Roland frappe le roc de sardoine;
L'acier grince, sans rompre ni s'ébrécher.
Voyant qu'il ne pourra briser l'épée,
Il recommence à la plaindre:
« Ah! Durandal, que tu es claire et blanche!
Au soleil comme tu reluis et flamboies!
Charles était aux vallons de Maurienne
Quand Dieu lui manda du ciel par son ange
De te donner à un comte capitaine;
Alors me la ceignit le noble roi, le grand.
Par elle je lui ai conquis Normandie et Bretagne,
Je lui ai conquis le Poitou et le Maine,
Je lui ai conquis la Bourgogne et la Lorraine,
Je lui ai conquis la Provence et l'Aquitaine,
Et la Lombardie et toute la Romagne;
Je lui ai conquis la Bavière et les Flandres,
Et l'Allemagne et la Pouille entière[1];
Constantinople dont il reçut l'hommage,
Et le pays des Saxons où il fait ce qu'il veut;
Par elle je lui ai conquis l'Écosse, les Galles, l'Islande,
Et l'Angleterre qu'il s'est réservée pour sa chambre;
Par elle enfin j'ai conquis tant de terres et de contrées
Où règne Charles à la barbe blanche!
Aussi pour cette épée j'ai pesante douleur,
Plutôt mourir que de la laisser aux païens!

---

[1] C'est ainsi qu'il faut traduire, et non la Pologne, comme l'ont fait MM. Génin et Vitet.

Damnes Deus pere n'en laiset hunir France! »
    Rollans ferit en une perre bise,
Plus en abat que jo ne vos sai dire.
L'espée cruist, ne fruisset ne ne brise,
Cuntre le ciel amunt est resortie.
Quant veit li quens que ne la freindrat mie,
Mult dulcement la pleinst à sei meisme :
« E! Durendal, cum es bele e seintisme!
En l'oriet punt asez i ad reliques :
La dent seint Pere e del sanc seint Basilie,
E des chevels mun seignor seint Denise ;
Del vestement i ad seinte Marie ;
Il n'en est dreit que paiens te baillisent.
De chrestiens devez estre servie.
Ne vos ait hume ki facet cuardie!
Mult larges teres de vus auerai cunquises
Que Carles tient ki la barbe ad flurie ;
E li empereres en est e ber e riches! »
    Ço sent Rollans que la mort le tresprent,
De vers la teste sur le quer li descent.
Desuz un pin i est alet curant,
Sur l'erbe verte si est culchet adenz.
Desuz lui met s'espée et l'olifan;
Turnat sa teste vers la paiene gent :
Pur ço l'at fait que il voet veirement
Que Carles diet e trestute sa gent,
Li gentilz quens, qu'il fut mort cunquerant!
Cleimet sa culpe e menut e suvent,
Por sés pecchez en puroffrit le guant. Aoi.
    Ço sent Rollans de sun tens n'i ad plus!
Devers Espaigne est en un pui agut,
A l'une main si ad sun piz batud :
« Deus! meie culpe vers les tues vertuz,
De mes pecchez, des granz e des menuz,
Que jo ai fait dès l'ure que nez fui
Tresqu'à cest jur que ci sui consoüt! »

Que Dieu notre père n'en laisse honnir la France ! »
  Roland frappe une pierre bise,
Il en abat plus que je ne vous sais dire.
L'épée résonne, elle n'est ni brisée ni froissée,
Contre le ciel elle rebondit.
Quand le comte voit qu'il ne la brisera pas,
Bien doucement il se lamente sur elle :
« Ah ! Durandal, que tu es belle et sainte ;
Dans ta garde dorée il y a beaucoup de reliques :
Une dent de saint Pierre, du sang de saint Basile,
Et des cheveux de monseigneur saint Denis,
Et du vêtement de la vierge Marie.
Il n'est pas droit que des païens te possèdent ;
Par des chrétiens tu dois être servie.
Ne vous ait homme qui commette lâcheté !
J'aurai gagné avec vous de vastes royaumes
Pour mon seigneur Charles à la barbe fleurie ;
L'empereur en est plus puissant et plus riche ! »
  Roland sent bien que la mort le prend tout entier ;
De la tête elle lui descend sur le cœur.
Sous un pin il s'en est allé courant,
Sur l'herbe verte il s'est couché la face contre terre,
Il a placé sous lui son épée et son cor,
Et a tourné la tête du côté des païens ;
Il fait ainsi parce qu'il veut vraiment
Que Charles et tous ses barons disent,
Le gentil comte, qu'il est mort conquérant.
Il dit sa coulpe et menu et souvent,
Pour ses péchés il tend au ciel son gant.
  Roland sent bien que son temps est fini.
Couché sur un rocher aigu qui regarde l'Espagne,
Il bat d'une main sa poitrine :
« Seigneur ! *Mea culpa* à tes vertus
Pour mes péchés, les grands et les petits,
Que j'ai commis depuis l'heure où je naquis
Jusqu'à ce jour où me voici arrivé ! »

Sun destre guant en ad vers Deu tendut;
Angles del ciel i descendent à lui. Aoi [1].

   Li quens Rollans se jut desuz un pin,
Envers Espaigne en ad turnet sun vis;
De plusurs choses à remembrer li prist,
De tantes teres cume li bers cunquist,
De dulce France, des humes de sun lign,
De Carlemagne sun seignor ki l' nurrit.
Ne poet muer n'en plurt e ne suspirt!
Mais lui meisme ne volt mettre en ubli,
Cleimet sa culpe, si priet Deu mercit :
« Veire paterne, ki unkes ne mentis,
Seint Lazaron de mort resurrexis
E Daniel des lions guaresis,
Guaris de mei l'anme de tuz perilz
Pur les pecchez que en ma vie fis! »
Sun destre guant à Deu en puroffrit,
Seint Gabriel de sa main li ad pris.
Desur sun braz teneit le chef enclin,
Juntes ses mains est alet à sa fin.
Deus i tramist sun angle Cherubin
E seint Michel qu'on cleimet del peril,
Ensemble od els seint Gabriel i vint,
L'anme del cunte portent en paréis.
   Mors est Rollans : Deus en ad l'anme es cels.

---

[1] Ces trois lettres *aoi* qui se trouvent à la fin de quelques laisses de la chanson de Roland et que nous n'avons pas traduites, seraient, suivant les éditeurs de cette chanson, un cri de guerre, un hourra. L'exclamation *avoi!* en avant! *away*, existe en effet dans la langue du moyen âge. Mais il nous parait douteux que le poëme, tel que nous le possédons, ait pu remplir le rôle d'une *marche guerrière*; et nous sommes porté à croire que ces trois lettres forment simplement quelque indication musicale à l'usage du jongleur.

Il élève son gant vers Dieu (comme pour se rendre à lui).
Les anges du ciel descendent à ses côtés.

 Le comte Roland est couché sous un pin,
Vers l'Espagne il a le visage tourné ;
De maintes choses lui vient la souvenance :
De tant de pays soumis par sa valeur,
De douce France, des hommes de son lignage,
De Charlemagne, son seigneur, qui l'a nourri ;
Il ne peut s'empêcher de soupirer et de pleurer !
Mais lui-même il ne veut pas se mettre en oubli :
Il dit sa coulpe et implore la merci de Dieu.
« Notre vrai père, qui jamais ne mentis,
Qui as ressuscité saint Lazare d'entre les morts
Et protégé Daniel contre les lions,
Délivre mon âme de tous les périls
Que lui font courir les péchés que j'ai commis ! »
A Dieu il tendit le gant de sa main droite,
Saint Gabriel le lui a pris de sa main ;
Dessus son bras Roland tenait la tête inclinée,
Les mains jointes, il s'en est allé à sa fin.
Dieu envoya son ange chérubin
Et saint Michel qu'on nomme *du péril ;*
En même temps qu'eux saint Gabriel y vient,
Ils emportent l'âme du comte en paradis.
 Mort est Roland : Dieu a son âme au ciel.

On peut se rendre compte de l'impression que devait produire sur un auditoire du XIIe siècle une telle poésie si puissante, si élevée malgré sa rudesse, si vibrante d'un vigoureux enthousiasme religieux et guerrier. Telles sont nos anciennes chansons de geste ; c'est là l'inspiration qui règne dans tous ces poëmes, surtout dans ceux qui paraissent appartenir à la même époque que la chanson de Roland, quoique les textes qui nous les ont conservés aient une date plus récente : certaines branches de Guillaume d'Orange, par exemple, de Raoul de Cambrai, d'Ogier le Danois, d'Aubery le Bourgoing, de Garin le Loherain, etc. Lorsque nous aurons à faire connaître à leur tour ces autres compositions du grand cycle carlovingien, nous verrons éclater avec la même énergie ce génie épique qu'on s'était habitué, aux XVIIe et XVIIIe siècles, à dénier si gratuitement à notre race et à notre littérature.

LES BESTIAIRES

La langue vulgaire, devenue d'un usage universel, ne devait plus se borner à célébrer les héros de la patrie. Tous les genres d'ouvrages allaient se produire dans cet idiome qui empiétait chaque jour davantage sur le latin. A peu près à la même date où l'on rencontre le poëme de Théroulde, nous voyons un trouvère normand, Philippe de Thaun, rimer les premiers traités de science et de morale que possède la langue française. Philippe de Thaun (Thaun, selon l'abbé Gervais Delarue, serait un manoir situé à trois lieues de Caen) composa deux ouvrages, l'un intitulé : *Le livre des créatures;* c'est un résumé des connaissances du temps sur le *compost* ou calendrier, compilé d'après les traités latins de Bède, de Gerland, etc. L'autre est un *bestiaire,* c'est-à-dire une sorte d'histoire naturelle moralisée. Les bestiaires forment au moyen âge une suite de compositions très-nombreuses. Ils procèdent tous d'un livre original qui paraît avoir été grec et que les auteurs s'accordent à appeler *Physiologus.* Les versions latines abondent : on en a signalé du VIIIe et du IXe siècle dans la bibliothèque de Berne, du Xe siècle dans la bibliothèque de Bruxelles; au XIIe siècle, il en existe une très-célèbre attribuée à Hugues de Saint-Victor. Mais antérieurement à cette dernière, Philippe de Thaun avait déjà fait passer pour la première fois le Physiologus du latin scolastique dans l'idiome populaire. Ces traités de zoologie fantastique semblent avoir été très-goûtés au moyen âge; ils se multiplieront au commencement du XIIIe siècle, où Philippe de Thaun aura beaucoup d'imitateurs en vers et en prose. Pour nous, ces traités ont l'intérêt de nous faire connaître toutes ces fables bizarres dont les règnes animal, végétal et minéral étaient alors peuplés et qui prouvent une si complète prédominance de l'imagination sur l'observation. Ils ont surtout l'utilité de nous enseigner la signification de la plupart des emblèmes employés par l'architecture, la sculpture et la peinture ; ce sont des textes essentiels à consulter pour tous ceux qui se livrent à l'étude de l'art pendant cette période. Ils ont été, à ce point de vue spécial, l'objet d'un travail remarquable des PP. Cahier et Martin, dans leur grande publication : *Mélanges d'archéologie, d'histoire et de littérature*, Paris, Poussielgue-Rusand, tome II, 1851, grand in-folio.

Philippe de Thaun écrivit pendant les quelques années qui suivirent le mariage de Henri Ier, roi d'Angleterre, avec Adélaïde de Louvain en 1121. C'est à cette reine qu'il dédie son bestiaire dans les vers suivants :

> Philippe de Taun en franceise raisun
> Ad estrait Bestiaire, un livere de gramaire,
> Pur l'onur d' une gemme ki mult est bele femme :
> Aliz est numée ; reïne est corunée,
> Reine est de Engleterre. Sa ame n'ait jà guerre!
> En Ebreu en verté est Aliz : laus de Dé.
> Un livere voil traiter, Des sait al cumencer!

« Philippe de Thaun en langue française a traduit le bestiaire, un livre latin, en l'honneur d'une femme qui est une perle de beauté ; on la nomme Alix ; elle est reine couronnée, reine d'Angleterre, que rien ne trouble son âme! Alix, en vérité, signifie en Hébreu : louange de Dieu. Que Dieu soit au commencement du livre que je veux faire! »

Une leçon des deux ouvrages, leçon unique pour le bestiaire, conservée dans un manuscrit du Musée britannique (mss. Cottonien Nero A. V.) paraît remonter à peu près à l'époque de la rédaction première. M. Th. Wright l'a imprimée pour la *Historical Society of sciences*, dans le volume intitulé : *Popular treatises on science written during the middle ages in Anglo-Saxon, Anglo-Normand and English*, London, 1841, in-8°. — Nous allons extraire deux pages du bestiaire de Philippe de Thaun. Le langage de ce versificateur est plus âpre et d'un tour plus pénible que celui de Théroulde. On s'aperçoit qu'à la différence de ce dernier,

Philippe de Thaun emploie l'idiome roman à un usage nouveau et le force à exprimer des idées que le latin avait eu seul jusques-là le privilége de rendre. On remarquera aussi le mode de versification adopté par Philippe de Thaun : il écrit en vers de douze syllabes dans lesquels la césure rime avec la fin du vers. Ce mode primitif, calqué sur le vers léonin de la basse latinité, ne fit point fortune. Le vers de douze syllabes fut conservé, mais la rime ou l'assonance se porta uniquement à la fin, et d'un vers à l'autre.

LA SIRÈNE

Serena en mer ante, cuntre tempeste cante,
E plure en bel tens, itels est sis talens;
E de femme ad faiture entresque la ceinture,
E les pez de falcun e cue de peissun.
Quant se volt dejuer, dunc chante alt e cler.
Si dunc l'ot notuners ki naiant vat par mers,
La nef met en ubli, senes est endormi.
Aiez en remembrance, ceo est signefiance.

Sereines ki sunt? Richeises sunt del mund.
La mer mustre cest mund, la nef : gent ki i sunt,
E l'aneme est notuner, e la nef : cors, que dait nager.
Sacez maintes faiez funt li riche ki sunt el mund
L'anme el cors pecher — ceo est nef e notuner —
L'anme en pechet dormir, ensurquetut perir.

Les richeises del munt mult grant merveil funt,
Esparolent e volent, par pez prennent, e noent;
Par ceo del falcun les sereines peignum.
Li riches hom parole, de lui la fame vole,
E les poveres destreint, e noe quant le faint.

Sereine est de itel estre, qu'il cante en tempeste;
Ceo fait richeise el mund, quant riche hom ceo funt.
Ceo est canter en tempestes quant riches est sis maistres
Que hum pur li se pent e oet à turement.
La Sereine en bel tens plure et plaint tut tens;
Quant hume dune richeise et pur Deu la depreise,
Lores est bel ore, e la richeise plure.
Sacez ceo signefie richeise en ceste vie.

TRADUCTION.

La sirène hante la mer, elle chante dans la tempête,
Et pleure pendant le beau temps, tel est son instinct.
Elle a la forme d'une femme jusqu'à la ceinture
Et les pieds de faucon, et la queue de poisson.
Quand elle veut se réjouir, elle chante haut et clair.
Si alors le nautonier qui navigue sur la mer l'entend,
Il met en oubli son vaisseau, bientôt il est endormi.
Gardez-en la mémoire, ceci est un enseignement.

Que sont les sirènes? Ce sont les richesses de ce monde.
La mer représente ce monde, la nef les hommes qui y sont.
Le nautonier, c'est l'âme; la nef qui vogue, c'est le corps.
Sachez donc que mainte fois les riches de ce monde font
Pécher l'âme dans le corps, — le nautonier dans la nef,
L'âme dormir en son péché et par suite périr.

Les richesses terrestres opèrent de grandes merveilles;
Elles parlent, elles volent, elles prennent par les pieds, elles noient.
C'est pourquoi nous peignons les sirènes avec des pieds de faucon.
L'homme riche parle; autour de lui se répand sa renommée;
Il opprime les pauvres; il les noie, quand il les fascine.

La sirène est de telle nature qu'elle chante dans la tempête.
Ainsi fait la richesse au monde, ainsi font les riches hommes;
C'est chanter dans la tempête, quand un riche est tellement maître
Que pour lui on se pend ou on se tue de désespoir.
La sirène pleure et se plaint toujours pendant le beau temps :
Quand on répand ses trésors et que pour Dieu on les méprise,
Alors le ciel est serein et la richesse pleure.
La sirène, sachez-le bien, signifie donc richesse en cette vie.

LA MANDRAGORE

De mandragora et ejus natura et quid valet et quomodo cognoscitur.

Cil [1] dit de mandragora, que tels dous racines ad
K' itels faitures unt cum hume e femme sunt.
La femele racine a femme e meschine,
La femele est fuillue cum fuille de laitue.
Li male fuilluz rest si cum la beste est.
Par engin est cuillie, oez en quel baillie.

Homo qui eam vult colligere.

Hom ki la deit cuillir, entur la deit fuir
Suavet, belement, qu'il ne l' atuchet neut;
Puis prenge un chen lied, à li sait atachet,
Ki ben seit afermée, treis jurs ait junée,
E pain li seit mustrez, de luinz seit apelez.
Li chens à sei trarat, la racine rumperat.
E un cri geterat, li chens mort encharat
Pur le cri qu'il orat. Tel vertu cel herbe ad
Que nuls ne la pot oir, sempres n'estoce murrir.
E se li hom le oait, enes le pas murreit.
Pur ceo deit estuper ses orailes e guarder
Que il ne oi le cri, qu'il ne morge altresi
Cum li chens ferat ki le cri en orat.

Radix mandragoræ contra omnes infirmitates valet.

Ki ad ceste racine, mult valt à medecine,
De trestut enfermeté pur trametre sainté,
Fors sulement de mort ù il n' ad nul resort.
N' en voil ore plus traiter, altre vol cumencer.

---

[1] ISIDORUS HISPALENSIS, *de Originum sive Etymologiarum, libri* XX. Cet évêque, qui vivait au commencement du VIe siècle, est un des écrivains les plus féconds de la basse latinité. V. *Fabricius*, tome IV.

TRADUCTION.

Isidore dit de la mandragore qu'elle a deux racines
Qui ont la forme d'homme et de femme.
La racine femelle a toute la ressemblance d'une jeune fille,
Sa feuille est la même que celle de la laitue.
La racine mâle porte seule la feuille propre à la plante;
Il faut de l'adresse pour la cueillir; écoutez comment on s'y prend.

L'homme qui la doit cueillir doit tourner autour
Doucement, prudemment, de manière à ne pas la toucher;
Qu'il prenne un chien lié, qu'il l'attache à la plante;
Que ce chien ait été enfermé et ait jeûné pendant trois jours,
Qu'on lui montre du pain, que de loin on l'appelle.
Le chien tirera à soi et arrachera la racine.
Celle-ci jettera un cri, et le chien tombera mort
Pour avoir entendu ce cri. Telle est en effet la vertu de cette herbe,
Que personne ne peut l'entendre sans mourir aussitôt.
Si l'homme l'entendait, il mourrait sur-le-champ;
Aussi doit-il boucher ses oreilles et prendre bien garde
De ne pas ouïr le cri, afin qu'il ne meure pas ainsi
Que fera le chien qui ce cri entendra.

Qui possède cette racine a une précieuse médecine
Pour rendre la santé et guérir de toute infirmité,
Excepté de la mort contre laquelle il n'y a aucun recours.
Je n'en veux plus parler; je veux commencer un autre sujet [1].

---

[1] Cette croyance superstitieuse eut cours pendant tout le moyen âge; elle pourra expliquer jusqu'à un certain point la mystification grossière sur laquelle est fondée la comédie de Machiavel intitulée : *la Mandragore*.

Les trois textes que nous venons de faire connaître au lecteur, ceux de la cantilène en l'honneur de sainte Eulalie, de la chanson de Roland et du Bestiaire de Philippe de Thaun sont les plus anciens que puisse citer, jusqu'à présent, l'histoire de la poésie française. La prose, du reste, ne fournit à la même époque qu'un document qui pour l'antiquité rivalise avec ceux-là : c'est la traduction des Quatre livres des Rois[1]. La prose française paraît avoir commencé un peu plus tard que la poésie; et cela s'explique aisément : les écrivains qui daignaient se servir de la langue vulgaire voulaient au moins se donner le mérite de la mesure et de la rime, mérite facile, si l'on songe combien celles-ci étaient soumises à des règles peu sévères. On sait d'ailleurs que, pour des raisons plus générales, la poésie est la forme naturelle des littératures primitives. Nous allons maintenant, en avançant dans le siècle, trouver de nouvelles œuvres qui témoigneront du progrès de la pensée et de l'expression.

---

[1] Voyez les Quatre livres des Rois, traduits en français du XIIe siècle, suivis d'un fragment de moralités sur Job et d'un choix de sermons de saint Bernard, publiés par M. Leroux de Lincy, 1841, dans la collection des *Documents inédits relatifs à l'histoire de France*, in-4.

LES CHANSONS

Un genre de poésie qui ne manque à aucune époque, barbare ou civilisée, c'est la chanson proprement dite : pieuse, amoureuse, satirique, plaisante, traduisant enfin toutes les émotions de l'âme humaine. Au moment où nous sommes, au milieu du XIIe siècle, ce genre nous fournira les trois pièces qui vont suivre. La première offre surtout un grand intérêt au point de vue historique : c'est une exhortation à la croisade; c'est le premier en date des chants nombreux inspirés par les grandes expéditions religieuses qui précipitaient l'Occident vers l'Orient. On s'accorde à présumer que cette chanson a été composée au moment où se croisa le roi Louis le Jeune, vers 1145-1147. L'auteur est inconnu. Le texte se trouve dans le manuscrit 1717 de la *Bibliothèque harléienne*, à la suite de la *Chronique rimée des ducs de Normandie* par Benoît[1]; il a été imprimé dans l'édition que M. F. Michel a donnée de cette chronique, et qui fait partie de la collection des *Documents inédits relatifs à l'histoire de France*.

---

[1] Voyez plus loin la mention de ce trouvère sous la rubrique des *Chroniques et Légendes*.

CHANSON POUR LA CROISADE

Parti de mal e à bien aturné
Voil ma chançun à la gent faire oïr,
K'à sun besuing nus ad Deus apelé ;
Si ne li deit nul prosdome faillir,
Kar en la cruz deignat pur nus murir.
Mult li deit bien estre gueredoné
Kar par sa mort sumes tuz rachaté.

Cunte ne duc ne li roi coruné
Ne se poent de la mort destolir,
Kar quant il unt grant tresor amassé,
Plus lur covient à grant dolur guerpir.
Mielz lur venist en bon vis departir ;
Kar quant il sunt en la terre buté,
Ne lur valt puis ne chastel ne cité.

Allas! cheitif, tant nus sumes pené
Pur les deliz de nos cors acumplir,
Ki mult sunt tost failli et trespassé,
Kar adès voi le plus joefne envieslir.
Pur ço fet bon paraïs deservir,
Kar là sunt tuit li gueredon dublé ;
Mult en fait mal estre desherité.

Mult ad le quoer de bien enluminé
Ki la cruiz prent pur aler Deu servir.
K' al jugement ki tant iert reduté,
U Deus vendrat les bons des mals partir,
Dunt tut le mund deit trembler e fremir,
Mult iert huni ke i serat rebuté ;
Ki ne verad Deu en sa maesté.

TRADUCTION.

Détaché du mal et tourné vers le bien,
Je veux faire entendre au peuple ma chanson :
Dieu dans son besoin nous a appelés;
Aucun homme de cœur ne lui fera défaut,
Car sur la croix il a daigné mourir pour nous;
Il doit lui être donné beaucoup en retour,
Puisque par sa mort nous sommes tous rachetés.

Les comtes, les ducs ni les rois couronnés
Ne se peuvent dérober à la mort;
Plus ils ont amassé de grands trésors,
Plus il leur faut à grand regret les quitter.
Mieux leur vaudrait les employer pour une bonne cause;
Car lorsqu'ils sont mis en terre,
Ne leur servent plus de rien ni châteaux, ni cités.

Hélas! chétifs, nous nous donnons tant de peine
Pour satisfaire les plaisirs de nos corps,
Qui sont si vite épuisés et passés;
Ne voyons-nous pas toujours le plus jeune devenir **vieux**?
C'est pourquoi il est bon de mériter le paradis,
Car là toutes les récompenses sont doublées.
Grand mal en prend d'être déshérité!

Celui-là a le cœur de bien illuminé
Qui prend la croix pour aller servir Dieu.
Au jour du jugement qui sera si redouté,
Où Dieu viendra séparer les bons d'avec les méchants,
Dont tout le monde doit trembler et frémir,
Celui-là sera bien honni, qui sera repoussé :
Il ne verra pas Dieu dans sa majesté.

Si m'aït Deus! trop avons demuré
D'aler à Deu pur sa terre seisir,
Dunt li Turc l'unt eissieslié et gelé
Pur nos pechiez ke trop devons haïr.
Là deit chascun aveir tut sun desir,
Kar ki pur lui lerad la richeté,
Pur voir aurad paraïs conquesté.

Mult iert celui en cest siecle honuré
Ki Deus dorat ke il puisse revenir :
Ki bien aurad en sun païs amé
Par tut l'en deit menbrer et suvenir.
E Deus me doinst de la meillure joïr
Que jo la truisse en vie e en santé
Quant Deus aurad sun afaire achevé !

Qu'il otroit à sa merci venir [1]
Mes bons seigneurs, qe jo ai tant amé
K'à bien petit n'en oi Deu oblié.

---

[1] Il manque à ce vers une syllabe qui pourrait modifier le sens.

Que Dieu m'aide! nous avons trop tardé
D'aller reconquérir à Dieu sa terre,
Dont les Turcs l'ont exilé et chassé,
A cause de nos péchés que nous devons tant haïr.
Là doit chacun avoir tout son désir,
Car celui qui pour Dieu laissera ses richesses,
En vérité, aura acquis le paradis.

En ce monde aussi celui-là sera bien honoré
A qui Dieu accordera de pouvoir revenir;
Qui dans son pays aura bien aimé
Doit toujours avoir cela présent à sa mémoire.
Que Dieu m'accorde de jouir de la meilleure des dames,
Et que je la retrouve en vie et en santé,
Quand la cause de Dieu sera gagnée.

Qu'il ait également en sa merci
Mes bons seigneurs, que j'ai tant aimés,
Qu'il n'a tenu qu'à peu que je n'aie oublié Dieu.

La seconde chanson que nous allons transcrire est une chanson amoureuse, ce qu'on appellerait une *romance* aujourd'hui. Par sa conception elle est très-probablement plus ancienne que la précédente; mais elle offre quelques traces de rajeunissement. La simplicité, la franchise, la brusquerie même du sentiment, certains tours du langage fixent sa date au commencement du xiie siècle. L'expression : *les Francs de France* qu'on trouve dans la chanson de Roland et qui ne se rencontre plus dans les productions postérieures, l'allusion aux assises royales du mois de mai, le serment solennel offert par la jeune femme, sont des traits significatifs qui achèvent de donner à cette pièce son cachet d'origine. De toutes les compositions du même genre qui nous sont parvenues, il n'en est aucune, sans contredit, qui présente un plus frappant caractère d'antiquité, et qui puisse mieux montrer ce qu'était cette sorte de poésie à sa période primitive.

BELLE ÉREMBOR

Quant vient en mai que l'on dit as lons jors,
Que Franc de France repairent de roi cort,
Reynauz repaire devant el premier front ;
Si s'en passa lez lo meis Erembor,
Ainz n'en dengna le chief drecier amont.
      E! Reynaut amis!

Bele Erembors à la fenestre au jor
Sor ses genolz tient paile de color.
Voit Frans de France qui repairent de cort
Et voit Reynaut devant el premier front.
En haut parole, si a dit sa raison :
      « E! Reynaut amis!

« Amis Reynaut, j'ai jà véu cel jor
Se passisoiz selon mon pere tor,
Dolans fussiez se ne parlasse à vos.
— Jel mesfaistes, fille d'empereor.
Autrui amastes, si obliastes nos.
      — E! Reynaut amis!

« Sire Reynaut, je m'en escondirai ;
A cent puceles sor sainz vos jurerai,
A trente dames que auvec moi menrai,
C' onques nul home fors vostre cors n'amai.
Prennez l'emmende, et je vos baiserai.
      E! Reynaut amis! »

Li cuens Reynauz en monta lo degré.
Gros par espaules, greles par lo baudré,
Blonde ot lo poil menu recercelé,
En nule terre n'ot si biau bacheler.
Voit l' Erembors, si comence à plorer.
      E! Reynaut amis!

TRADUCTION.

Quand arrive mai que l'on appelle aux longs jours,
Et que les Francs de France retournent de la cour du roi,
Reinaut revient au premier rang.
Il passa devant la maison d'Érembor,
Mais il ne daigna lever la tête.
  Eh ! Reinaut ami !

Belle Érembor près de la fenêtre, au jour,
Sur ses genoux tient une étoffe de couleur.
Elle voit les Francs de France qui reviennent de la cour,
Et voit Reinaut au premier rang.
Elle élève la voix et dit ces paroles :
  « Eh! Reinaut ami !

« Ami Renaut, j'ai vu le temps
Que, passant auprès de la tour de mon père,
Vous auriez été bien affligé, si je ne vous avais parlé.
— La faute en est à vous, fille d'empereur,
Vous en avez aimé un autre et m'avez oublié.
  — Eh ! Reinaut ami !

« Sire Reinaut, je m'en justifierai :
Avec cent pucelles sur les Saints je vous jurerai,
Avec trente dames que j'amènerai,
Que jamais nul homme hors vous je n'ai aimé.
Prenez le gage et je vous baiserai.
  Eh! Reinaut ami ! »

Le comte Reinaut monta les degrés.
Large des épaules, mince de la ceinture,
Les cheveux blonds frisés en boucles menues,
Il n'y avait en aucun pays un si beau bachelier.
Érembor le voit et commence à pleurer.
  Eh! Reinaut ami!

Li cuens Reynauz est montez en la tor,
Si s'est asis en un lit point à flors,
Dejoste lui se siet bele Erembors;
Lors recomencent lor premieres amors.
    E! Reynaut, amis!

Le comte Reinaut est entré dans la tour,
Il s'est assis sur un lit peint à fleurs,
A son côté s'assied la belle Érembor.
Alors recommencent leurs premières amours.
   Eh! Reinaut ami!

 La romance suivante présente tout à fait le même caractère, la même simplicité d'action, la même franchise de sentiment. Elle est extraite, comme la précédente, du manuscrit n° 1989, *Fonds de Saint-Germain*, de la Bibliothèque impériale de Paris, et peut être estimée une des plus anciennes qui soient dans ce précieux recueil.

L'ENFANT GÉRARD

Lou samedi à soir fat la semainne,
Gaiete et Oriour serors germainne
Main et main vont bagnier à la fontainne.
    Vante l'ore et li rainme crollet,
    Ki s'entrainmet soweif dormet.

L'anfes Gerairs revient de la cuitainne,
S'ait choisit Gaiete sor la fontainne,
Antre ses bras l'ait pris, soueif l'a strainte
    Vante l'ore...

« Quant aurés, Oriour, de l'ague prise,
Reva toi an arriere, bien scis la ville.
Je remainrai Gerairt ke bien me priset.
    Vante l'ore...

Or s'en va Orious descinte et marrie,
Des euls s'en vat plorant, de cuer sospire,
Cant Gaiete sa suer n' anmoinet mie.
    Vante l'ore...

« Laise! fait Oriour, com mar fui née!
J'ai laixiet ma serour en la vallée,
L'anfes Gerairs l'anmoine an sa contrée »
    Vante l'ore...

L'anfes Gerairs et Gaie s'an sont torneit.
Lor droit chemin ont pris vers sa citeit ;
Tantost com il i vint, l'ait espouseit.
    Vante l'ore et li rainme crollet
    Ki s'antrainme soueif dormet.

TRADUCTION.

Le samedi soir, quand finit la semaine,
Gaiete et Oriour, sœurs germaines,
La main dans la main vont baigner à la fontaine.
    Que le vent souffle et que les rameaux bruissent,
    Ceux qui s'entr'aiment dorment doucement.

L'enfant Gérard revient de la quintaine,
Il a aperçu Gaiete au bord de la fontaine ;
Entre ses bras l'a prise, doucement l'a étreinte.
    Que le vent souffle...

« Quand vous aurez, Oriour, pris de l'eau,
Vous vous en retournerez : vous savez bien le chemin de la ville.
Moi, je resterai avec Gérard à qui je suis chère. »
    Que le vent souffle...

Oriour s'en va défaite et désolée,
Elle s'en va pleurant, de cœur elle soupire
Parce qu'elle ne ramène pas sa sœur Gaiete.
    Que le vent souffle...

« Hélas ! fait Oriour, maudite l'heure où je suis née !
J'ai laissé ma sœur dans la vallée,
L'enfant Gérard l'emmène en sa contrée. »
    Que le vent souffle...

L'enfant Gérard et Gaiete sont partis ensemble ;
Ils se sont dirigés tout droit vers la cité de Gérard.
Aussitôt qu'il y est arrivé, il a épousé Gaiete.
    Que le vent souffle et que les rameaux bruissent
    Ceux qui s'entr'aiment dorment doucement.

La chanson a été un des genres les plus cultivés au moyen âge. Déjà au moment où nous sommes, elle fleurissait avec éclat dans la langue d'oc qui s'y prêtait mieux, qui était plus sonore, plus nuancée, plus *artiste*, pour ainsi dire. On a souvent cité les paroles du troubadour Raymond Vidal : « La parladura francesca val mais et es plus avinenz à far romanz et pasturellas; mas cella de Lemosin val mais per far vers et cansons et serventes; et per totas las terras de nostre langage so de maior autoritat li cantar de la lenga lemosina que de neguna autra parladura. » « Le parler français vaut mieux et est plus convenable pour faire romans et pastourelles; mais celui de limousin (le roman du midi en général) est préférable pour faire vers, chansons et sirventes; dans tous les pays où l'on parle notre langue, les chansons en langue limousine jouissent d'une plus grande faveur que celles écrites dans aucun autre idiome. »

Les troubadours nous ont, en effet, laissé en ce genre, dès le milieu du XIIe siècle, de nombreuses et brillantes productions. Les trouvères du nord, quoiqu'un peu en retard sous ce rapport, rivaliseront bientôt avec les poëtes du midi. C'est à la fin du XIIe siècle que commence, dans la poésie française, cette grande école de chansonniers, qui mêlera aux noms de simples jongleurs les noms des rois, des princes et des seigneurs les plus illustres. Les premiers qui se présentent sont : le trouvère *Audefroy le bâtard*, auteur de ces gracieuses idylles héroïques qui s'intitulent : *Belle Argentine*, *Belle Idoine*, *Belle Ysabeau*, etc.; *Coènes de Béthune*, qui joua un rôle si glorieux dans les événements de son temps, guerrier, ambassadeur célèbre, et poëte très-spirituel; *Hugues d'Oisy*, qui a une grande verve satirique; d'autres encore se pressent dans l'espace du règne de Philippe-Auguste; ils ouvrent une veine féconde qui ne tarira plus. Mais ces poëtes, placés sur la limite du XIIe et du XIIIe siècle, appartiennent au second bien plutôt qu'au premier. Il en est de même du *Châtelain de Coucy* ou du trouvère qui écrivit sous ce nom et sous celui de la *dame du Fayel*. Tous ces chansonniers doivent être reportés au deuxième âge de notre poésie. Disons tout de suite que ce genre littéraire qui offre des caractères très-distincts, des qualités très-appréciables, s'est recommandé particulièrement à l'attention de l'érudition moderne, qu'il a été plus qu'aucun autre l'objet de curieuses et intéressantes recherches, et signalons en première ligne les travaux de M. P. Paris : son *Romancero français* publié chez Techener en 1833, 1 vol. in-12, et l'article presque complet inséré dans le XXIIIe volume de l'*Histoire littéraire de la France*.

LES ROMANS D'AVENTURES

Nous arrivons maintenant à la seconde des grandes familles qu'il faut établir dans la poésie du moyen âge. La première, c'est, nous l'avons vu, la chanson de geste; la seconde, c'est le roman d'aventures. La chanson de geste, quoiqu'elle s'efforce de se modifier peu à peu et de se conformer au goût du temps, est surtout l'expression des mœurs antiques. Elle célèbre presque exclusivement la guerre, les passions et les vertus de la guerre : l'orgueil, la vengeance, le dévouement, l'honneur. Le roman d'aventures est surtout l'expression des mœurs nouvelles. Son principal, presque son unique ressort, c'est l'amour.

> Oyez, signor, tout li amant,
> Cil qui d' amors se vont penant,
> Li chevalier et les puceles,
> Li damoisel, les damoiselles :
> Se mon conte volez entendre,
> Moult i porrez d' amors aprendre.

C'est ainsi que débute l'un d'eux, c'est ainsi qu'ils pourraient débuter tous. Les combats y abondent sans doute, mais ils ne sont plus une nécessité sociale, un devoir patriotique ou religieux; ils sont une recherche, un art, un moyen de glorification individuelle; ils n'ont d'autre objet que de faire briller les personnages mis en scène par le conteur, et de montrer quels travaux ils accomplissent, quels périls ils bravent pour toucher le cœur de leurs dames. La chanson de geste est œuvre grave et de bonne foi, elle prétend raconter des événements historiques, elle veut exalter les esprits en leur représentant les grands exemples des siècles passés. Le roman d'aventures n'ignore pas qu'il invente à plaisir : son principal dessein est de charmer les imaginations, de délasser les esprits par d'agréables fictions :

> Ils ostent et jettent penser,
> Doel, ennui font oublier.

Dans la forme, les différences ne sont pas moins profondes : la chanson de geste conserve bien mieux et plus longtemps le caractère des rhapsodies primitives. Le roman d'aventures, quoique le plus souvent récité suivant l'usage général, est œuvre nécessairement écrite ; l'improvisation est possible pour la première, presque impossible pour l'autre. La chanson de geste fait exclusivement usage des vers de dix ou de douze syllabes qu'elle déroule en longues tirades monorimes. Le roman d'aventures se sert toujours de vers de huit syllabes rimés seulement deux à deux, mode leste, cursif, mais bien moins mesuré et cadencé.

Le roman d'aventures qui naissait des sentiments et des besoins de la civilisation croissante rencontra partout le souvenir d'événements touchants ou tragiques, perpétué par les complaintes populaires dont il s'empara, de même que la chanson de geste héritait des légendes guerrières. En même temps, plus lettré dès son origine, il sut emprunter à toutes les littératures antérieures, à toutes les littératures voisines les fables qui étaient les plus propres à captiver l'attention publique. Ainsi, il y eut pour ces sortes de compositions un foyer particulièrement actif, d'où un certain nombre des plus remarquables rayonnèrent de bonne heure sur toute l'Europe ; nous voulons parler de la cour anglo-normande des rois d'Angleterre successeurs de Guillaume le Conquérant. Les trouvères normands, qui tiennent, on ne saurait le nier, le premier rang au XIIe siècle, rencontrèrent là une riche matière, un élément admirablement préparé dans les fictions poétiques auxquelles s'était plu de tout temps l'imagination des peuples bretons féconde, brillante, avide du merveilleux et de l'inconnu. Ils recueillirent vraisemblablement aussi les fruits d'une culture qui avait immédiatement précédé la renaissance française du XIIe siècle, car on sait qu'un grand mouvement intellectuel avait eu lieu aux VIIe et VIIIe siècles dans la Grande-Bretagne, que les écoles anglo-saxonnes furent célèbres à cette époque, et que la Grèce et Alexandrie eurent leurs premiers disciples dans l'extrême Occident. Le groupe principal des romans d'aventures se forma là. Les trouvères s'inspirèrent des fables celtiques mêlées à des légendes orientales. Ils prirent pour personnages de prédilection les héros des traditions galloises, déjà transformés probablement par l'imagination des écrivains monastiques, mais qu'ils achevèrent de défigurer, de dénationaliser complétement, et dont ils firent les personnifications idéales des tendances nouvelles, les types de la jeune chevalerie. Ces romans d'aventures, dont le sujet a été puisé dans les légendes de la Bretagne, ont reçu le nom de Romans de la Table ronde. On les trouve à peu près à la même époque, dans la seconde moitié du XII° siècle, rédigés les uns en prose, les autres en vers. Les poëmes sont moins nombreux, moins importants que les compositions en prose. C'est en prose qu'existe véritablement le cycle de la Table ronde; les vastes romans dont il est formé ont été écrits presque entièrement, si on en croit le témoignage des auteurs eux-mêmes, sous le règne de Henri II Plantagenet, 1154-1189; leurs rédacteurs principaux se nomment Gautier Map, Robert de Borron, Luce de Gast. Seuls, ces romans en prose présentent un ensemble dont les parties se rattachent les unes aux autres par un lien logique, ont un sens général, s'expliquent et se complètent mutuellement. Les poëmes ne constituent pas, à beaucoup près, un corps aussi compacte. Ils ne se rapprochent que par la communauté d'origine; ils ont la même physionomie, les mêmes mœurs, les mêmes noms, le même théâtre, le même merveilleux qu'ils communiquent bientôt du reste à toutes les compositions analogues et presqu'à la littérature entière. De ces poëmes, l'élément mystique et religieux, qui prédomine dans les romans en prose, est, sauf une exception, tout à fait absent; ce sont en général des contes fantastiques qu'on pourrait assez justement nommer les *Mille et une Nuits* de la poésie chevaleresque. Ils ont pour inspiration principale, ils prêchent pour nouvelle religion, une générosité élégante, la tendresse et la grâce unies à la bravoure, la *courtoisie*, cette fleur précoce et brillante de la civilisation féodale. Il faut bien se garder d'appliquer à ces poëmes, comme on s'est accoutumé à le faire, la qualification d'épopée; de parler de l'épopée d'Arthur, de l'épopée de la Table ronde. Il n'est pas de terme plus inexact, plus capable de donner une idée fausse des productions qu'il désigne. Si ce mot est souvent applicable aux chansons de geste du cycle carlovingien, il a précisément pour avantage de distinguer celles-ci des fictions romanesques avec lesquelles, dans le principe surtout, elles présentent un contraste presque absolu.

Le XII° siècle nous offre, dans ce genre auquel il convient de conserver le titre général de Romans d'aventures, les premiers documents que le temps ait épargnés. Tel est le lai d'*Haveloc*, par Geoffroi Gaimar[1]. Le *lai*, c'est le roman d'aventures dans sa plus simple expression, réduit à un épisode ou du moins racontant une légende amoureuse, dramatique, attendrissante, peu compliquée, peu développée, à mi-chemin pour ainsi dire entre la complainte et le poëme. Tel est encore le lai d'*Ignaurès*, par Renaut[2]. Tels sont les lais et les poëmes relatifs aux amours de *Tristan* et d'*Yseult*[3]. Ces derniers méritent de fixer particulièrement notre attention. Ils appartiennent essentiellement à la matière de Bretagne, comme on disait alors, et inaugurent dans notre langue une des données poétiques, empruntées à la chronique bretonne, qui ont eu le plus de vogue pendant tout le moyen âge et qui se sont le plus universellement répandues dans les littératures de l'Europe. M. F. Michel a recueilli et publié tout ce qui reste de ces poëmes relatifs aux amours de Tristan et d'Yseult. Deux des fragments qui composent ce recueil ont un caractère incontestable d'antiquité. Dans ces morceaux, en effet, le travail de fusion qui doit réunir et mêler toutes les fables celtiques n'est pas opéré. La Table ronde, qui servira de point de jonction, pour ainsi dire, de lieu d'assemblée, y figure à peine. Les aventures de Tristan, du roi Marc, d'Yseult, y sont encore indépendantes, isolées. Bien plus on n'y aperçoit encore que de faibles traces des idées chevaleresques qui s'empareront de ce mythe comme de tous les autres. On est en droit de présumer, par conséquent, que ces poëmes ont précédé la rédaction en prose commencée sous le règne de Henri II d'Angleterre par le chevalier Luce de Gast; ils ne se ressentent en rien de l'influence qu'elle paraît avoir exercée presque immédiatement sur l'esprit public; c'est encore purement et simplement la fable bretonne, mais la fable bretonne mise en œuvre par des trouvères normands, c'est-à-dire altérée, sinon par la prédominance d'un goût artificiel, au moins par les penchants naturels à ces conteurs.

[1] *Lai d'Havelok*, publié par F. Michel. Paris, 1833.
[2] *Lai d'Ignaures*, publié par F. Michel et de Monmerqué. Paris, 1832.
[3] *The poetical romances of Tristan*, in French, in Anglo Norman, and in Greek, composed in the XIIth and XIIIth centuries, edited by F. Michel. London, Will. Pickering, 3 vol. in-12. 1835-1839.

POËMES SUR TRISTAN ET YSEULT.

Le premier fragment est reproduit d'après un manuscrit de la Bibliothèque impériale de Paris, coté n° 7989.5 f. français (ancien f. Baluze.) On y lit un nom qui peut au moins servir à le désigner : celui d'un trouvère nommé Berox. Cette *branche* des aventures de Tristan montre à merveille combien l'esprit normand prosaïque, positif, peu crédule, était un perfide interprète des fictions poétiques, souvent nuageuses, presque toujours symboliques du génie breton. Il s'en amuse, mais il ne les prend pas trop au sérieux ; il en aperçoit, en quelque sorte, la superficie plutôt que la profondeur. C'est ainsi que Berox a été touché particulièrement par le côté joyeux des aventures des amants infortunés. En maint endroit on sent l'ironie ; on surprend le fabliau usurpant la place du *laï* breton. Mais, avant d'aller plus loin, il est nécessaire de rappeler en quelques mots la fable qui sert de thème à tous les romans de Tristan. Tristan est chargé par son oncle le roi Marc de demander pour lui en mariage et de lui ramener Yseult la blonde, fille d'un roi d'Irlande. La mère d'Yseult, savante dans les secrets de la magie, a composé un philtre qui liera d'un amour invincible celui et celle qui le boiront. Elle remet ce philtre à la suivante Brangien, afin qu'elle le fasse boire au roi Marc et à Yseult après les épousailles. Tristan emmène Yseult sur son vaisseau. Pendant la traversée, par un temps très-chaud, ils jouaient aux échecs ; ils eurent soif et demandèrent à boire. Brangien leur versa par méprise le breuvage amoureux. Tristan but la coupe pleine ; Yseult la vida à son tour. Un trouble soudain s'empare de leurs âmes. Ils se regardent l'un l'autre et se voient tout autres qu'auparavant ; ils demeurent pensifs, et ils devinent leur pensée mutuelle ; ils sentent leur cœur inondé d'une joie infinie. Le breuvage funeste a produit son effet. Ils arrivent à la cour du roi Marc qui épouse la jeune princesse. Mais Yseult et Tristan restent enchaînés par une tyrannique passion. Les ruses, les périls, les souffrances des deux amants, leur mort commune, tel est le sujet qui a souri à tant de conteurs et de poëtes, dont le plus ancien que nous connaissions est Berox. Le trouvère normand fait subir à cette tragique histoire une modification qui trahit curieusement l'esprit de sa race. Dans son poëme, le breuvage enchanté n'a de pouvoir que pour trois ans. Au bout de ces trois ans, les deux amants, qui se trouvent ensemble au fond des bois, sentent venir la désillusion. La passion s'éteint, les yeux se dessillent, les regrets éclatent : Ha Dex! fait Tristan,

> Or déuse estre à cort à roi
> Et cent danzeaus avoques moi
> Qui servisent por armes prendre
> Et à moi lor servise rendre.
> Aler déuse en autres terres
> Soudoier et soudées querre.
> Et poise moi de la roine
> Que je doins loge por cortine.
> En bois est et si péust estre
> En beles chambres, o son estre,
> Portendues de dras de soie.
> Por moi a prise male voie...

« Ah Dieu! je devrais être maintenant à la cour du roi, j'aurais avec moi cent jeunes seigneurs qui me serviraient pour apprendre le métier des armes et pour s'acquitter de leurs devoirs envers moi. Je devrais aller en d'autres terres guerroyer et gagner de riches soldes. (Trait essentiellement normand.) Je m'afflige aussi pour la reine à qui je donne une cabane au lieu d'un palais. Elle habite les bois, tandis qu'elle pourrait être entourée de ses compagnes dans de belles chambres tendues d'étoffes de soie. A cause de moi elle a suivi un mauvais chemin... »

Yseult, de son côté, est agitée des mêmes pensées; ils se communiquent leurs remords, ils s'avouent le peu de goût qu'ils ont à continuer cette existence que maintenant ils trouvent misérable. Bref, Tristan rend la reine au roi Marc son époux. C'est dans cette variante curieuse que consiste la principale originalité du conte qu'a rimé le trouvère Berox.

Le second poëme est plus fidèle au sens de la fiction primitive; il a déjà aussi une couleur un peu plus chevaleresque. L'auteur se nomme Thomas, on n'en sait point davantage. Deux manuscrits en ont conservé des fragments importants publiés par M. F. Michel, tomes II et III de son recueil. Tristan demeure ici le type de l'amour fatal, insurmontable et éternel. Suivant d'ailleurs assez exactement le thème qu'il a reçu de la tradition, le trouvère Thomas nous donne une version tout à fait distincte de la mort des deux amants. Tristan s'est réfugié dans la

Petite-Bretagne, où il a épousé la sœur de son ami Kaërdin, Yseult aux blanches mains. Il l'a épousée à cause de ce nom d'Yseult, espérant en quelque sorte tromper son amour. Mais c'est en vain ; il souffre et il languit. Une blessure qu'il reçoit dans une expédition achève de l'abattre et le mène aux portes de la mort. Kaërdin, plutôt que de laisser mourir son ami, se décide à aller chercher Yseult la blonde, dont la présence pourrait seule sauver Tristan. Ils conviennent ensemble que si Kaërdin ramène Yseult, il arborera au mât de son vaisseau une voile blanche ; que si au contraire il ne réussit pas dans son entreprise et revient seul, il arborera une voile noire. Mais la femme de Tristan, la seconde Yseult, a tout entendu. Elle est jalouse et vindicative ;

> Ire de femme est à duter,
> Mult s'en deit chascun hom garder ;
> Car là u plus amé aura
> Iluec plus tost se vengera.
> Cum de leger vient lur amur,
> De leger revient lur haür....

« Colère de femme est redoutable, dit le trouvère du XIIe siècle, chacun doit bien s'en garder, car c'est lorsqu'elle aura plus aimé qu'elle sera plus prompte à la vengeance. Comme légèrement vient leur amour, légèrement revient leur haine. » Voici comment Yseult aux blanches mains se vengea :

LA MORT DE TRISTAN ET D'YSEULT

Tristrans en est dolenz e las;
Sovent se plaint, sovent suspire
Pur Ysolt que tant il desire;
Plure des oilz, sun cors detuert,
A poi que del desir ne muert.
En cel anguise, en cel ennui,
Vent sa femme Ysolt devant lui,
Purpense sei de grant engin,
Dit : « Amis, ore vent Kaërdin ;
Sa nef ai véue en la mer,
A grant peine l'ai veu sigler;
Nequedent je l'ai si véue
Que pur la sue l'ai conéue.
Deus duinst que tel novel aport
Dunt vus al quer aiez confort ! »
Tristrans tresalt de la novele,
Dit à Ysolt : « Amie bele,
Savez pur veir que c'est sa nef?
Or me dites quel est le tref. »
Ço dit Ysolt : « Jo l'sai pur veir.
Sachez que le sigle est tut neir.
Trait l'unt amunt e levé halt
Pur ço que li venz lur defalt. »
Dunt ad Tristrans si grant dolur,
Unques n'od u aurad maür,
E turne sei vers la parei;
Dunc dit : « Deus salt Ysolt e mei !
Quant à moi ne volez venir
Pur vostre amur m'estuet murrir,
Jo ne puis plus tenir ma vie.
Pur vus muer, Ysolt, bele amie.
N'avez pité de ma langur.

TRADUCTION.

Tristan est affligé et abattu.
Souvent il se plaint, souvent il soupire
Pour Yseult que tant il désire.
Il verse des larmes, il tord ses membres ;
Peu s'en faut que de désir il ne meure.
Dans cette angoisse, dans cet ennui,
Sa femme Yseult (aux blanches mains) vient devant lui ;
Elle médite en elle-même une grande ruse :
« Ami, dit-elle, voici que Kaërdin arrive,
J'ai vu son vaisseau en la mer.
A grand' peine je l'ai vu cingler,
Et cependant je l'ai vu assez distinctement
Pour être sûre de le bien reconnaître.
Plaise à Dieu qu'il apporte telle nouvelle
Dont vous ayez au cœur soulagement. »
Tristan tressaille à ces paroles.
Il dit à Yseult : « Belle amie,
Êtes-vous assurée que c'est son vaisseau ?
Dites-moi donc quel est le pavillon. »
Yseult répond : « Je le sais pour vrai ;
Sachez que la voile est toute noire ;
Ils l'ont levée au plus haut du mât,
Sans doute parce que le vent leur manque. »
Tristan ressent si grande douleur,
Il n'en a jamais eu, il n'en aura jamais de plus cruelle.
Il se tourne vers la paroi,
Et murmure : « Dieu sauve Yseult et moi !
Puisque à moi vous ne voulez venir,
Pour votre amour il faut que je meure :
Je ne puis plus retenir ma vie.
Pour vous je meurs, Yseult, belle amie ;
Vous n'avez pas eu pitié de ma langueur,

Mais de ma mort aurez dolur.
Ço m'est, amie, grant confort
Que pité aurez de ma mort. »
« Amie Ysolt! » trei feiz dit,
A la quarte rent l'espirit.

Idunc plurent par la maisun
Li chevaler, li compaingnun.
Li criz est halt, la plainte grant.
Saillent chevaler e serjanz
E portent le cors de sun lit,
Puis le culchent en un samit,
Covrent le d'un plaie roié.

Li venz est en la mer levé
Et fiert sei en mi liu del tref,
A terre fait venir la nef.
Ysolt est de la nef issue,
Ot les granz plaintes en la rue,
Les seinz as musters, as chapeles;
Demande as humes quels noveles,
Pur quei il funt tel sonéiz
E de quei seit li pluréiz.
Uns anciens dunques li a dit :
« Bele dame, si Deu m'aït!
Nus avum issi grant dolur
Que unques genz n'orent maür!
Tristrans li pruz, li francs, est mort.
A tuz ceus del rengne ert confort;
Larges estoit as bosungius,
E grant aïe as dolerus.
D'une plaie que al cors ut
En sun lit ore endreit murut.
Unques si grant chetivesun
N'avint à ceste regiun. »
Tresque Ysolt la novele sot

Mais ma mort vous affligera ;
Ce m'est, amie, une dernière consolation
De croire que vous aurez pitié de ma mort. »
« Amie Yseult ! » trois fois il dit ;
A la quatrième il rend l'esprit.

Alors se lamentent par la maison
Les chevaliers, les compagnons.
Les cris sont hauts, les plaintes grandes.
Les chevaliers et les serviteurs accourent,
Ils lèvent le corps de son lit,
Puis le couchent sur un drap d'or,
Et le couvrent d'un plaid rayé.

Le vent s'est levé sur la mer,
Il gonfle les voiles
Et fait aborder le vaisseau à la côte.
Yseult (la blonde) est descendue du navire.
Elle entend les gémissements dans les rues,
Et les cloches qui sonnent aux églises et aux chapelles.
Elle demande aux gens quelles nouvelles,
Pourquoi ils font telles sonneries,
Et quel est celui qu'on pleure.
Un ancien lui répond :
« Belle dame, que Dieu m'assiste !
Nous avons ici grande douleur,
Nulles gens n'en eurent jamais de plus grande !
Tristan le preux, le franc, est mort ;
Pour tous ceux du royaume il était un soutien.
Il était libéral aux besoigneux,
Et secourable aux affligés.
D'une blessure qu'il avait au corps,
En son lit il vient de mourir.
Jamais plus grande calamité
N'advint à cette contrée. »
Yseult, quand elle sait la nouvelle,

De dolur ne puet suner mot,
De sa mort est si adolée!
La rue vait, desafublée,
Devant les altres el palès.
Bretun ne virent unques mès
Femme de la sue bealté.
Mervellent sei par la cité
Dunt ele vent, ki ele seit.
Ysolt vait là ù le cors veit,
Si se turne vers orient,
Pur lui prie pitusement:
« Amis Tristran, quant mort vus vei,
Par raisun vivre puis ne dei.
Mort estes pur la meie amur
E jo muer, amis, de tendrur
Quant jo à tens ne poi venir. »
Dejuste lui va dunc gesir,
Embrace li e si s'estent:
*Sun espirit aïtant rent.

De douleur demeure muette,
Tant la mort de Tristan lui déchire le cœur.
Elle va à travers la rue, les vêtements en désordre,
Et devance les autres au palais.
Les Bretons n'avaient jamais vu
Femme d'une telle beauté ;
Ils s'émerveillent par la cité,
D'où elle vient, qui elle est.
Yseult court à la salle où elle voit le corps.
Elle se tourne alors vers l'Orient,
Et prie pour lui pieusement :
« Ami Tristan, quand je vous vois mort,
Il est juste que je cesse de vivre ;
Vous êtes mort pour mon amour,
Et je meurs, ami, de regret
De n'avoir pu venir à temps. »
A côté de lui elle se couche,
L'embrasse, et s'étend,
Et aussitôt elle rend l'esprit.

Ce tableau est d'un ton sobre et d'un sentiment vrai. Le trouvère termine par ces vers :

> *Tumas* fine ci sun escrit,
> A tuz amans saluz i dit,
> As pensis e as amerus,
> As envieus, as desirus,
> As enveisiez...
> A tuz ces ki orunt ces vers...
> Aveir em poissent grant confort,
> Encuntre change, encuntre tort,
> Encuntre paine, encuntre dolur,
> Encuntre tuit engins d'amur!

« Thomas finit ici son écrit; il le dédie à tous amants, aux pensifs, aux passionnés, aux désireux, à ceux qui sont rebutés, à ceux qui sont réjouis..... Que tous ceux qui entendront ces vers y puisent quelque consolation contre l'inconstance, contre les torts, contre les déceptions, contre les tourments, contre les trahisons d'amour! »

Deux *lais* qui ont le même sujet : l'épisode de la folie simulée de Tristan, complètent ce qui nous reste des poésies françaises inspirées par la fable celtique. Quoi qu'il en soit des passages intéressants et des traits heureux qu'on rencontre dans ces divers poëmes, il n'était pas réservé à notre littérature de donner à cette fiction sa forme la plus brillante. Cet honneur devait revenir à un *minnesinger*, à un de ces chantres d'amour qui dès le commencement du XIIIe siècle allaient se faire entendre sur les bords du Rhin. L'œuvre de Gottfried de Strasbourg surpassera de beaucoup ces rudes ébauches des trouvères. Mais restons dans le domaine déjà bien vaste de la poésie française.

CHRÉTIEN DE TROYES

Le roman d'aventures, grandissant avec rapidité, parvient dès la fin du xııe siècle à son entier développement. Un trouvère de Troyes, nommé Chrétien, attaché à la cour des comtes de Flandre, Philippe d'Alsace et Beaudoin IX, composa les plus célèbres des contes rimés de la Table ronde : *Le Chevalier au lion*, *Erec et Enide*, *Cligès*, *Lancelot en la charrette*, *Perceval le gallois*. Conteur facile, abondant, disert, il introduisit dans ces récits une recherche, un art jusqu'alors inconnus. Chrétien de Troyes n'était pas un génie créateur ; il n'a point inventé les fictions qu'il a mises en œuvre ; il n'a fait que broder avec élégance les thèmes que lui fournissait la littérature bretonne ; il a puisé tous ses matériaux à cette mine si riche qui déjà s'exploitait de toutes parts. Mais nul ne personnifie mieux cette civilisation précoce qui adopte et transforme les légendes celtiques et qui leur crée une influence universelle. Il contribue plus qu'aucun autre poëte de son temps à propager les sentiments de la chevalerie nouvelle, à précipiter la révolution qui tend à s'opérer dans les mœurs féodales. Nous ne reproduirons qu'une page de ce conteur pour donner une idée de sa manière et de son style : voici comment débute le roman du *Chevalier au lion* [1].

---

[1]. Nous transcrivons les vers suivants d'après les manuscrits nᵒˢ 27 et 73 ancien fonds de Cangé, de la Bibliothèque impériale. Le second de ces manuscrits est l'œuvre d'un copiste de profession, dont voici la signature :

> Explicit li chevaliers au lyeon,
> Cil qui l'escrit Guioz a nom;
> Devant Nostre-Dame de Val
> Est ses ostex tot à estal.

LE PRÉSENT ET LE PASSÉ, AU XIIᵉ SIÈCLE

Li bons rois Artus de Bretagne,
La qui proece nous ensagne
Que nous soions prou et courtois,
Tint cort si rice come rois
A une feste qui tant coste
Qu'on doit clamer li Pentecoste.
La cors fu à Cardoel en Gales.
Après mangier, parmi les sales
Li chevalier s'atropelerent
Là où dames les apelerent
Ou damoiseles ou puceles.
Li un racontoient noveles,
Li un parloient d'amors,
Des angoisses et des dolors
Et des grans max qu'en ont souvent
Li desiple de son couvent
Qui lors estoit rices et boens.
Mais or i a molt poi des soens,
Car bien près l'ont jà tuit laissie,
S'en est amors molt abaissie.
Car cil qui soloient amer
Se faisoient cortois clamer
Et prou et large et honorable.
Or est amors tornée à fable
Pour ce que cil qui rien n'en sentent
Dient qu'il aiment et si mentent;
Et cil fable et mensonge en font
Qui s'en vantent et droit n'y ont.
Mais por parler de cels qui furent
Laisson çaus qui en vie durent;
Qu'encor vaut mieus, ce m'est avis,
Uns cortois mort qu'un vilains vis.

TRADUCTION.

Le bon roi Artus de Bretagne,
Dont la prouesse nous enseigne
Que nous soyons preux et courtois,
Tint sa cour si riche comme roi
A une fête qui coûte tant,
Qu'on doit la nommer la Pentecôte.
La cour était à Cardueil en Galles;
Après manger, parmi les salles,
Les chevaliers se groupèrent
Là où les appelaient les dames,
Les demoiselles ou les suivantes.
Les uns racontaient des nouvelles,
Les autres parlaient d'amour,
Des angoisses et des douleurs,
Et des grands maux qu'endurent souvent
Les disciples de son couvent
Qui alors était riche et bon.
Mais aujourd'hui il n'y a plus guère des siens,
Presque tous l'ont délaissé,
De sorte qu'amour en est fort abaissé.
Car ceux qui jadis aimaient
Acquéraient le renom d'être courtois,
Et preux, et généreux, et honorables.
A présent l'amour est tourné à fable
Parce que ceux qui rien n'en sentent
Disent qu'ils aiment, et ils mentent;
Ceux-là en font fables et mensonges
Qui s'en vantent, et n'y ont droit.
Mais pour parler de ceux qui furent,
Laissons ceux qui sont en vie;
Car mieux vaut encore, à mon avis,
Un courtois mort qu'un vilain vivant.

Ces vers suffisent à faire apprécier la langue claire, le style net et franc de Chrétien de Troyes. Quant à l'intérêt que présentent ses récits, on n'en saurait juger par de courts extraits. Quelques mots d'analyse atteindront mieux le but que nous nous proposons. Le roman du Chevalier au lion, c'est l'histoire d'un chevalier marié qui, trop amoureux d'aventures, oublie la promesse qu'il a faite à sa femme de rentrer dans un délai fixé par elle, et qui pour réparer sa faute et mériter son pardon entreprend les travaux les plus extraordinaires, accomplit les exploits les plus insensés. Dans le roman d'Érec et d'Énide, un chevalier également marié s'endort au contraire dans les douceurs de la vie conjugale, si bien que sa femme elle-même est la première à s'en indigner. Érec, pour prouver à Énide l'injustice de ses reproches, l'emmène à travers une odyssée impossible où se pressent les merveilles, où se succèdent les périls, et dont tous deux se tirent à leur plus grand honneur. Les deux contes forment contre-partie, comme on le voit. Le roman de *Cligès* procède moins des traditions bretonnes que de fables de la Grèce de la décadence : le héros, fils de l'empereur de Constantinople, armé chevalier par le roi Artus, reprend à son oncle l'usurpateur : d'abord la princesse qu'il aime et que celui-ci lui avait enlevée, puis ses états et sa couronne. On y apprend comment les empereurs de Constantinople contractèrent l'habitude d'enfermer leurs femmes,

<blockquote>Plus por paor que por le halle.</blockquote>

Le roman de *Lancelot*, dédié à Marie de Champagne, femme du comte Baudouin IX, traite le même sujet que la deuxième branche du grand roman en prose : celle intitulée *la Charrette ;* c'est un épisode détaché dans l'immense histoire des amours du brillant chevalier et de la reine Genièvre. Genièvre a été enlevée par le fils du roi de Gorre; Lancelot se met à la poursuite du ravisseur. Son cheval s'abat; le héros se trouve à pied, chargé de son armure. Il rencontre une charrette conduite par un nain. Il paraît qu'en ce temps-là les charrettes servaient de pilori ambulant; c'était se déshonorer que de s'y asseoir. Le nain promet de conduire Lancelot sur les traces de la reine s'il veut monter dans sa charrette; et le chevalier, à qui nul sacrifice ne coûte pour l'amour de Genièvre, n'hésite pas à braver la honte. Il s'en va ainsi livré à une sorte d'exposition ignominieuse, supportant d'un cœur ferme les moqueries et les huées, et ne se laissant pas détourner de son but. Les conséquences de cet incomparable dévouement, combien d'outrages à subir, combien de combats pour laver les affronts, la mort du traître, la délivrance de la reine, enfin Artus, Genièvre, tous les chevaliers de la Table Ronde se faisant traîner en charrettes par la ville et relevant à jamais les charrettes de l'opprobre qui leur était attaché, tel est le sujet du conte rimé par Chrétien de Troyes et Godefroy de Lagny; ce conte a été édité deux fois dans ces dernières années, par M. Tarbé, à Reims, dans la *Collection des poetes champenois;* par M. Jonckbloet, en Hollande (S Gravenhage, 1846); ce dernier, en publiant le récit en prose en regard du récit en vers, permet au lecteur une comparaison instructive.

Tous ces récits nous transportent également dans un monde de convention, trop fertile en prodiges, uniquement peuplé de chevaliers errants et de demoiselles errantes, de nains et de géants, d'ermites et d'enchanteurs, où la fantaisie du conteur est souveraine absolue. Ce sont œuvres agréables et légères. L'idée mystique, la pensée religieuse, qui avait inspiré le grand livre latin du saint Graal, et qui règne encore dans le cycle en prose française, est tout à fait absente de ces poëmes. On la retrouve dans l'ouvrage le plus important de Chrétien, dans le roman de Perceval le Gallois. Le roman de Perceval nous offre, à côté de la leçon principale développée par les romans en prose et du poëme de *Titurel* composé plus tard par l'allemand Wolfram d'Eschenbach, une des trois grandes applications qui ont été faites au moyen âge de la fameuse légende du saint Graal. Le vase symbolique qui dans les romans en prose est le but suprême proposé à toute la chevalerie de l'univers, et qui dans le poëme de Wolfram servira de principe à une corporation militaire et monastique, devient dans le roman de Perceval un moyen et un instrument d'éducation personnelle. La recherche du Graal est ici entreprise par un personnage unique qui, pour obtenir ce prix de la perfection chevaleresque, subit un noviciat progressif, une initiation graduelle et prolongée. Le conteur nous montre d'abord son héros adolescent, élevé au fond des bois, simple, ignorant, rustique, élève aussi inculte qu'aurait pu le souhaiter J.-J. Rousseau. Il lui fait acquérir successivement dans une suite d'aventures brillantes toutes les qualités, toutes les vertus mondaines de la chevalerie. Puis, parvenu au plus haut degré de vaillance, de courtoisie et d'honneur, admis à la Table Ronde, Perceval apprend qu'il n'est qu'à moitié de sa tâche, qu'il lui reste de nouvelles épreuves à supporter, de nouveaux progrès à accomplir. Le chevalier, à qui un but plus élevé est révélé, entre dans la voie où l'attendent de plus rudes travaux, et fait l'apprentissage des vertus morales et religieuses qui constituent une chevalerie sacrée bien supérieure à la chevalerie profane. Lorsqu'enfin purifié, sanctifié, il a été aussi loin dans cette seconde route que dans la première, il obtient la couronne royale, et, ce qui est bien au-dessus de toutes les couronnes, la garde du saint Graal. Il règne pendant sept années; puis, se retirant dans un ermitage, il reçoit la prêtrise et meurt. C'est la conclusion suprême : le sacerdoce après la royauté, après les grandeurs humaines les grandeurs divines, et au delà les récompenses célestes. La conception était belle et grandiose sans doute; mais, il faut le reconnaître, l'exécution est défectueuse. On entrevoit à peine le dessin général, tant les lignes en ont été effacées et troublées par des surcharges maladroites. Le roman de Perceval, que Chrétien de Troyes laissa inachevé, fut continué par d'autres trouvères et terminé par Manecier de Lille. Le tout ne forme pas moins de cinquante mille vers. Nous n'oserions en conseiller la lecture, d'autant qu'il est encore inédit. Mais à qui voudrait lier plus étroite connaissance avec Chrétien de Troyes, nous indiquerions le plus court de ses récits intitulé : *Guillaume d'Angleterre*. Celui-ci ne compte que trois mille vers environ, et il a été imprimé par M. F. Michel dans le *Recueil des Chroniques anglo-normandes* publié à Rouen, 1840, tome III. Ce conte, imité de la légende de saint Eustache, offre autant de coups de théâtre, d'étonnantes catastrophes, d'enlèvements, de reconnaissances, de péripéties extraordinaires, que le plus compliqué des mélodrames du XIXe siècle.

Chrétien de Troyes avait composé d'autres ouvrages qui ne nous sont point parvenus, entre autres un poëme sur Tristan et Yseult. Il avait traduit l'*Art d'aimer* d'Ovide et quelques Métamorphoses. C'est une des physionomies les plus accusées, une des personnalités les plus saillantes du moyen âge; c'est un lettré, presque un écrivain à la moderne. Il va même jusqu'à promettre l'immortalité à ses œuvres, comme ferait un classique; il dit au début du roman d'Érec et d'Énide :

> Dés or commencerai l'istoire
> Qui tos jors mais ert en memo're
> Tant com dura crestientés ;
> De çou s' est Crestiens vantés.

On a peine à se persuader qu'il appartienne au même siècle que le Normand Théroulde et bien d'autres auteurs de chansons de geste ses contemporains, tant ces types de la première époque de notre poésie diffèrent profondément entre eux.

LES CHRONIQUES

ET

LES LÉGENDES DES SAINTS

Les chroniques en langue vulgaire que nous a laissées le xiiᵉ siècle sont toutes versifiées, et appartiennent par conséquent à l'histoire de la poésie. Ces chroniques rimées n'ont pas, en général, les qualités qui recommanderont la chronique en prose; elles se rapprochent trop, pour le fond et pour la forme, des romans d'aventures. Le plus ancien des poëtes historiens du xiiᵉ siècle est *Geoffroy Gaimar*, qui a raconté la conquête de la Grande-Bretagne par Guillaume le Bâtard [1]. Le plus fécond et le plus célèbre est *Wace*, l'auteur des romans [2] de *Brut* et de *Rou*. Wace florissait sous le règne de Henri II Plantagenet, duc de Normandie et roi d'Angleterre. Il nous a donné quelques renseignements sur lui-même, sur sa naissance, son éducation et sa vie, dans les vers que nous transcrivons [3] :

> Lunge est la geste des Normanz
> Et à metre est grieve en romanz.
> Si l' en demande ki ço dist,
> Ki ceste estoire en romant mist,

[1] V. *Recueil des Chroniques anglo-normandes*, publié à Rouen en 1836 par M. F. Michel, tom. I.
[2] Le mot roman n'a pas du tout au moyen âge l'acception moderne; il signifie seulement une œuvre écrite en langue vulgaire, en *roman*, quel que soit d'ailleurs le caractère de cette œuvre.
[3] *Roman de Rou*, tom. II, p. 94 et 95.

Jo di e dirai ke jo sui
Wace, de l' isle de Gersui
Ki est en mer vers Occident,
Al fieu de Normendie apent.
En l' isle de Gersui fu nez,
A Caem fu petiz portez,
Iluec fu à leitres mis,
Puis fu lunges en France apri-.
Quant de France jo repairai,
A Caen lunges conversai.
De romanz faire m' entremis,
Mult en escris e mult en fis.
Par Deu aïe e par li rei
(Altre fors li servir ne dei)
Me fu donée, Dex li rende !
A Baieues une provende ;
Del rei Henri segunt vos di
Nevou Henri, pere Henri.

« Longue est la chronique des Normands, et difficile à mettre en roman. Si l'on demande qui parle ainsi et qui écrivit cette histoire en roman, je dis et dirai que je suis Wace, de l'île de Jersey, située en mer vers l'Occident et relevant du fief de Normandie. En l'île de Jersey je naquis ; bien petit je fus porté à Caen, et là, mis à l'école. Plus tard, j'étudiai longtemps en France. Quand de France je revins, je demeurai longtemps à Caen, où je m'occupai à écrire des romans. J'en ai composé et écrit un grand nombre. Par la grâce de Dieu, et par la bonté du roi (je n'ai pas d'autre seigneur), me fut donnée, Dieu lui rende ! une prébende à Bayeux ; je parle du roi Henri second, neveu d'Henri, père d'Henri. »

Le roman de Brut, composé par Wace, en 1155, est un recueil des traditions celtiques, presque entièrement fabuleuses dans leur origine, défigurées et transformées encore par l'influence de l'esprit chevaleresque. Wace imitait l'*Historia Britonum* de Geoffroi de Monmouth qui, lui-même, suivait une rédaction galloise intitulée : *Brut y Brenhined* (la Légende des Rois), dont l'auteur se nommait Gautier Calenius, archidiacre d'Oxford. Le roman de Brut ne compte pas moins de dix-huit mille vers octosyllabiques ; il a été publié par M. Leroux de Lincy, chez Techener, à Paris, en 1838. Le roman de Rou, composé vers 1170, se rapproche un peu plus de la chronique véritable ; il retrace l'histoire des Normands et de la Normandie depuis le premier duc Rou, Roll ou Rollon, jusqu'à Henri Ier (1106). Il contient à peu près dix-sept mille vers, octosyllabiques dans la première et la dernière branche, alexandrins dans la troisième et la quatrième. M. Pluquet l'a publié à Rouen, en 1827. Le roman de Rou se termine par ces vers, où l'auteur laisse percer une secrète amertume :

> Die en avant ki dire en deit.
> Jo ai dit por maistre Beneit
> Ki cest ovre à dire a empuise
> Com li reis l'a desor li mise.
> Quant li reis li a rové faire,
> Laissier la dei, si m'en dei taire.
> Li reis jadis maint bien me fist.
> Mult me duna, plus me pramist;
> E se il tot duné m'éust
> Co k' il me pramist, mielx me fust.
> Nel poiz aveir, ne plout al rei,
> Maiz n' est mie remez en mei.

« Disc plus avant qui doit en dire, je veux parler de maître Benoit qui a entrepris d'achever cette œuvre par l'ordre du roi. Puisque le roi l'a chargé de ce travail, moi je dois le laisser et me taire. Le roi jadis me fit beaucoup de bien. Beaucoup me donna, plus me promit. S'il avait tenu tout ce qu'il avait promis, je m'en trouverais mieux. Je ne l'ai pu avoir; il n'a plu au roi. Mais il n'a pas dépendu de moi. »

Ce *maître Benoit*, qui avait succédé à Wace dans la faveur d'Henri II, est l'auteur de l'énorme *Chronique des ducs de Normandie*, publiée par M. F. Michel, dans la Collection des documents inédits relatifs à l'histoire de France, 1836, 3 vol. in-4°. On s'est accoutumé à identifier ce chroniqueur avec *Benoît de Sainte-More*, l'auteur du *Roman de Troie*, vaste composition qui appartient au cycle de l'antiquité, et que nous retrouverons au XIII° siècle. Rien ne prouve cette identité. Un témoignage, un peu tardif, il est vrai, celui d'Eustache Deschamps, à la fin du XIV° siècle, semble indiquer au contraire que l'auteur du *Roman de Troie* était Champenois, tandis que le chroniqueur, selon toute vraisemblance, était Normand.

Parmi les chroniques rimées, il nous reste à citer celle de *Jordan Fantosme*, publiée par M. F. Michel, à la suite de la Chronique des ducs de Normandie. Enfin, *la Vie de saint Thomas Becket*, archevêque de Cantorbéry, par *Garnier de Pont-Sainte-Maxence*, écrite peu de temps après la mort du fameux prélat, texte important édité par M. Hippeau chez Aubry, en 1859, appartient autant à l'histoire qu'à l'hagiographie.

et nous sert de transition entre les chroniques et les légendes des saints.

Les *légendes des Saints* en vers, qui forment une des branches les plus considérables de la poésie du moyen âge, sont déjà nombreuses au XIIe siècle. La première en date, c'est la fameuse *légende de saint Brandaines*, qui fut mise en roman par l'ordre de cette reine Adélaïde de Brabant à qui nous avons vu Philippe de Thaun dédier son bestiaire. Elle a été composée, par conséquent, peu après 1121, mais elle ne nous a été conservée que par des copies d'une époque plus récente. C'est une belle et poétique conception que cette légende : ce voyage vers l'inconnu, à la recherche du paradis terrestre, de la contrée fortunée qu'on supposait exister dans les espaces de l'occident. Saint Brandaines quittant, avec les moines ses compagnons, les bords de l'Irlande, s'avance hardiment, comme plus tard Christophe Colomb, dans l'immensité, dans l'infini. Les merveilles se multiplient autour de sa barque protégée par Dieu. Il rencontre une île remplie d'oiseaux blancs qui chantent, avec des voix humaines d'une incomparable douceur, les psaumes de David ; ces oiseaux sont des anges déchus qui ne furent ni fidèles ni rebelles à Dieu, qui demeurèrent neutres entre Dieu et Satan. Saint Brandaines aperçoit les abords de l'enfer ; il entend le bruit des forgerons qui martellent à coups redoublés les damnés sur leurs enclumes. Il trouve là un homme velu et difforme assis sur un rocher au milieu des flots ; un pan de voile agité par le vent, lui battant les yeux, cache son visage. Cet homme est Judas. La clémence divine lui permet de se reposer là les jours de fête des tortures qu'il souffre le reste du temps en enfer. Bien d'autres spectacles étranges et mystérieux s'offrent au saint navigateur. Une brillante imagination éclate dans cette légende, dont l'auteur ignoré a pu être considéré, avec raison, comme un des précurseurs de Dante. M. A. Jubinal a publié la légende latine de saint Brandaines avec les versions françaises en vers et en prose, à Paris, chez Techener, en 1836, in-8.

Wace, l'auteur des romans de Brut et de Rou, a écrit plusieurs légendes en vers : *la Vie de saint Nicolas*, publiée par M. de Monmerqué ; *la Vie de la Vierge Marie*, conservée dans un manuscrit précieux de la bibliothèque de Tours ; *la Vie de saint Georges ; la Vie de sainte Marguerite*, qui se trouvent dans le même manuscrit ; *la Feste aus Normans* ou *la Conception N. D.* On voit que ce n'était pas sans motif que Wace se vantait du nombre de ses ouvrages :

Mult en escris et mult en fis.

L'extrême fécondité paraît être également commune dans l'enfance des littératures et dans leur déclin.

Pour compléter le tableau que nous esquissons de ce premier âge de notre poésie, il nous reste à signaler une belle pièce théâtrale, un *mystère* du XIIe siècle, *Adam*, publié d'après le manuscrit de la bibliothèque de Tours, par M. V. Luzarche, 1854. Nous aurions dû accorder la plus grande attention à ce monument remarquable, si tout ce qui concerne la poésie dramatique n'avait été, dans le plan de ce recueil, expressément écarté.

TREIZIÈME SIÈCLE

PRÉLIMINAIRES

La période la plus belle, la plus féconde du moyen âge, c'est le xiiie siècle. La société féodale est arrivée au plus haut point d'unité et d'harmonie qu'il lui soit donné d'atteindre. Il y a alors, à cette heure favorable, comme un épanouissement du génie national, jeune, hardi et libre. On dirait une précoce et brillante floraison, sur laquelle, avant même que le siècle s'achève, soufflera tout à coup comme un vent de ruine, de stérilité et de mort. Courage sublime, grandeur et grâce naïves, simplicité de cœur, passion sincère, toutes ces qualités de la jeunesse respirent dans les œuvres innombrables que nous offre la littérature française à cette époque. Il leur manque presque toujours, il est vrai, ces autres qualités que la maturité donne seule et tardivement : l'ordre, la mesure, le goût. L'imagination s'élançant à la fois dans mille carrières ne songe guère à se maîtriser ni à se gouverner elle-même. Elle semble pressée de produire, comme si elle pressentait que l'heure lui échappera rapidement. Elle a hâte de mettre en œuvre les matériaux qui lui viennent de toutes parts, de satisfaire une curiosité dévorante. L'activité qu'elle déploie est prodigieuse. C'est une difficile entreprise que d'embrasser dans leur vaste ensemble les productions de la poésie française au xiiie siècle, et pourtant, une partie seulement, et la moindre, sans doute, a survécu aux ravages du temps.

Cette poésie de la France au xiiie siècle, si fertile et si riche, est en même temps plus universellement répandue en Europe, plus influente qu'elle ne l'a été à aucun autre moment de notre histoire. Ni au XVIIIe ni au XIXe siècle l'esprit français n'a régné aussi souverainement d'un bout du monde à l'autre. L'Angleterre est encore normande ; elle parle la même langue que nous ; l'anglo-saxon est relégué dans les basses classes, et l'anglais ne naîtra que plus tard. Nous sommes maîtres dans les Deux-Siciles, soumises à la maison d'Anjou. La Grèce est une principauté française depuis la quatrième croisade ; les Villehardouin règnent en Morée ; les héritiers du comte Baudouin, à Constantinople. Les contrées où la France ne porte pas sa langue et ses lois avec ses armes, elle les envahit par sa littérature. La brillante pléiade des *minnesinger* de l'Allemagne nous a emprunté presque tous ses poëmes : Gottfried, de Strasbourg, l'auteur du *Tristan*, Ulrich de Zazichoven, l'auteur du *Lancelot*, Wolfram d'Eschenbach, Conrad Fleck, et les plus célèbres de ces chanteurs d'outre-Rhin imitent des compositions françaises qu'ils ont soin de citer et d'invoquer, afin d'obtenir une autorité et une faveur plus grandes. Le Florentin Brunetto Latini, le maître de Dante, écrit son *Trésor* en français plutôt qu'en italien, parce que le français, dit-il, « est plus delitable langage et plus commun à toute gent. » Les peuples du Nord adoptent avec un égal empressement les créations de notre poésie. Une reine de Suède fait traduire nos romans[1]. Les Danois s'enorgueillissent d'un héros que nos trouvères leur ont gratuitement prêté, et se hâtent d'introduire Ogier dans leurs légendes. Les Gallois adoptent les fictions de nos conteurs ; un certain nombre d'entre elles, dont ils avaient fourni les premiers éléments, leur reviennent ainsi complétement transformées, avec la physionomie nouvelle, avec le caractère et les noms nouveaux qu'elles ont reçus dans leur pèlerinage à l'étranger ; le chef Maël, le compagnon et le rival d'Artur, autrefois célébré par les bardes au fond des deux Bretagnes, rentre dans sa patrie sous le nom français de Lancelot (*l'ancelot*, le jeune garçon) ; les Gallois oublient Maël, et composent des triades en l'honneur de Lawncelot di Lac. En Islande, la saga *Karla Magnusar og Kappa Hans* reproduit un certain nombre de nos chansons de geste. Partout, dans les régions les plus lointaines, pénètre la poésie française, propageant l'urbanité, la galanterie, les mœurs polies et élégantes, qui sont dès lors, et par elle, définitivement acquises à la civilisation. A aucune autre époque de notre histoire, nous le répétons, la suprématie morale et intellectuelle

---

[1] *V.* les travaux de M. Geffroy, dans les *Archives des missions scientifiques*.

de la France ne fut plus universellement établie et acceptée en Europe. Elle-même avait du reste parfaitement conscience du rôle qui lui appartenait parmi les nations. Elle revendiquait fièrement l'héritage de la Grèce et de Rome. C'est là une des pensées les plus fréquemment exprimées par les écrivains du temps; Chrétien de Troyes disait dans le roman de Cligès :

> Or vous ert par ce livre apris
> Que Gresse ot de chevalerie
> Le premier los et de clergie ;
> Puis vint chevalerie à Rome
> Et de la clergie la some
> Qui ore est en France venue.
> Diex doinst qu' ele i soit retenue
> Et que li lius li abelisse
> Tant que de France n' isse
> L' onor qui s'i est arestée!

« Il vous sera appris par ce livre que la Grèce eut le premier renom de chevalerie et de savoir. Savoir et chevalerie vinrent ensuite à Rome ; maintenant le savoir est venu en France. Dieu fasse qu'il y soit retenu, et que le lieu lui plaise tant que jamais de France ne sorte l'honneur qui s'y est arrêté! »

La langue qui était appelée à une pareille fortune ne pouvait être, comme on l'a supposé longtemps, un patois informe et barbare. Le contraire est, en effet, reconnu et démontré aujourd'hui. On a étudié les règles de la grammaire du XIIIe siècle, de la syntaxe primitive de la langue française. Elles présentent avec celles de la grammaire et de la syntaxe modernes des différences caractéristiques. La langue du XIIe et du XIIIe siècle n'est pas, comme la nôtre, purement analytique. Née du latin, sous l'influence de ses lois et de ses analogies, elle conserve quelques traces du système des langues synthétiques, et forme la transition du principe antique au principe actuel. Sa tendance principale et dominante, tendance qui se manifestait déjà du reste dans la basse latinité, est bien d'arriver à la clarté par le seul ordre des mots, par la seule construction de la phrase, mais elle garde en même temps l'usage d'inflexions et de désinences qui rappellent les déclinaisons latines et qui lui permettent quelques inversions, sans que le sens devienne pour cela obscur et ambigu. Nous n'avons pas l'intention de retracer ici les règles grammaticales de la langue du xiii° siècle. Si on voulait voir exposée la partie essentielle de la syntaxe romane, nous renverrions à l'introduction des *Nouvelles françaises en prose du* xiii° *siècle*, éditées dans la *Bibliothèque elzévirienne*. Si, enfin, on ne redoutait pas d'aborder un ouvrage plus spécial et plus compliqué, nous indiquerions la *Grammaire de la langue d'oïl* publiée par M. Burguy, à Berlin, en 3 volumes. Ce que nous voulons ici, c'est surtout avertir le lecteur, s'il n'est déjà prévenu, que tout n'est point caprice et irrégularité dans cette orthographe de nos anciens manuscrits, en apparence si arbitraire et si fantasque. Des lois, de jour en jour mieux observées, la régissent au contraire; le xiii° siècle est une première période organique dans la lente et laborieuse formation de la langue française.

Louis MOLAND.

LES CHANSONS DE GESTE

POÈMES EMPRUNTÉS A L'HISTOIRE DE FRANCE

« Ne sont que trois matières à nul homme entendant :
De France, de Bretagne et de Rome la grant. »

Ces deux vers, par lesquels Jean Bodel, d'Arras, poëte du XIIIe siècle, commence sa Chanson des Saxons, nous donnent une division claire des poëmes épiques français. Jean Bodel ajoute immédiatement une définition curieuse des principales qualités de ces divers poëmes : « Entre ces trois matières il n'y a nulle ressemblance; les contes de Bretagne sont agréables, mais de pure invention; ceux de Rome nous donnent l'instruction et de bons conseils; quant aux poëmes de France, il est facile de voir qu'ils sont les plus historiques des trois. D'ailleurs, les chants qui célèbrent la couronne de France sont préférables aux autres, car tous les princes doivent lui être soumis. »

L'étude des documents démontre la vérité du caractère historique que le poëte du XIIIe siècle attribue aux chants de France, connus, la plupart, sous le nom de Romans du cycle carlovingien. Il est en effet certain que la très-grande partie de ces poëmes doit sa naissance à des *cantilènes* contemporaines des faits, à des chants guerriers, revêtus, dans le principe, du langage, du génie de la race franque, et confiés, de génération en génération, à la mémoire des nobles, des soldats, des jongleurs.

Les cantilènes célébraient les événements importants qui s'étaient passés du VIIIe au XIe siècle; et ces évenements se divisaient en deux séries. La première comprenait les faits qui regardaient plus particulièrement l'histoire générale du pays, c'est-à-dire, les incidents relatifs à l'avénement des Carlovingiens, aux guerres de Pepin, aux expéditions de Charlemagne, aux querelles intestines de leurs successeurs, et aux efforts de ceux-ci contre les Normands. La seconde série contenait les événements intéressant l'histoire de chaque province, les querelles des seigneurs, les luttes des diverses races non encore complétement mélangées, les rébellions contre l'autorité impériale ou royale, les guerres sur la frontière du nord, contre les Germains, dans les marches du midi, contre les Mahométans.

Comment ces chants guerriers sortirent-ils de l'état de documents historiques pour arriver à prendre l'apparence de légendes épiques? On le comprend aisément quand on songe que ces cantilènes ne furent jamais écrites. Elles passèrent durant plusieurs siècles à travers les imaginations de maintes générations de jongleurs, dont l'intérêt, le métier, le devoir étaient de les changer, de les embellir, de les rendre conformes au goût de chaque nouveau groupe, de chaque nouvelle génération d'auditeurs. Elles revêtirent toutes les nuances d'idées, de style, de dialecte qui dominèrent tour à tour, et qui durent se succéder fréquemment pendant ces siècles si troubles du moyen âge. Les liens de la chronologie se relâchèrent, les personnages perdirent leur physionomie propre, et les événements s'éloignant de plus en plus, elles tombèrent dans le vague. Les poètes, se voyant débarrassés des entraves de la réalité, purent se livrer à leur imagination, préférer la vraisemblance à la vérité, grouper les événements au gré de leur inspiration, élever ou abaisser les caractères selon les nécessités d'un cadre de pure invention. C'est alors que l'épopée dut remplacer le chant strictement historique, car alors elle se trouva en possession du droit qui assure son existence, du droit de généraliser, de créer des symboles, de construire son idéal en inventant ce qui manque à la réalité pour être grandiose et typique.

Le poème épique français nous montre, bien nettement caractérisé, un double idéal : l'idéal du héros, et l'idéal de l'héroïsme. Les événements de notre histoire du VIIIe au XIe siècle avaient concentré sur les Sarrasins l'attention craintive de la race française. Ils représentaient toutes les menaces, étaient devenus le but de toutes les haines, et les autres ennemis que les peuples de la Gaule avaient pu redouter durant cette période avaient été oubliés. Toutes les souffrances, les angoisses, les guerres et les défaites qui avaient signalé le règne des Carlovingiens, furent, par une curieuse préoccupation de la mémoire populaire, attribuées aux mahométans. Lutter contre eux, les maudire et s'en venger, c'était le sentiment vraiment national, et ce fut l'inspiration que les poëtes durent accepter pour plaire à leurs auditeurs. La guerre contre les Sarrasins devint donc le ressort de l'activité épique, et c'est au milieu d'une telle guerre que l'épopée plaça l'idéal des actions héroïques.

Charlemagne, à qui l'imagination populaire avait octroyé toute la gloire de ses ancêtres et de ses successeurs; Charlemagne, que l'éloignement avait toujours grandi, et dont les conquêtes, la puissance, le génie, la bravoure, la sainteté, avaient été développés par l'admiration de tous jusqu'à une grandeur surhumaine; Charlemagne était devenu l'acteur légendaire de toutes les luttes qui eurent lieu sous les Carlovingiens. L'épopée continuant une généralisation commencée et imposée par l'opinion, fut amenée à en faire son type de héros, comme elle avait été poussée à faire de la guerre contre les Sarrasins son idéal d'actions héroïques. Il devint le chef grandiose de la guerre sainte, l'homme épique nécessaire à la guerre épique.

A la fin du XII° siècle nous trouvons donc dans l'épopée trois éléments : la trame, le cadre, le personnage; la trame à demi-effacée, mais qu'on aperçoit toujours malgré le vague qui l'entoure et les mutilations qu'elle a subies, c'est ce fond de vérité historique léguée par la cantilène à la chanson de geste; le cadre, c'est, nous venons de le voir, la lutte contre les soldats de Mahomet; le personnage, c'est l'empereur *Magne*, entouré de ses barons fidèles et faisant face aux ennemis que lui ont cédés Charles-Martel, son aïeul, et les empereurs fainéants, ses successeurs.

Au XIII° siècle deux influences s'emparent de ce trésor épique et l'enrichissent de nuances nouvelles, nombreuses et variées : l'influence politique d'abord, puis l'influence cyclique.

INFLUENCE POLITIQUE : LA CROISADE, LA BOURGEOISIE, LA FÉODALITÉ, LA ROYAUTÉ.

L'influence politique mit l'actualité à la place de l'histoire, elle poussa les trouvères à combiner une sorte de mélange des idées du XIII° siècle avec les idées des temps carlovingiens qui leur étaient transmises par les traditions épiques. Ils donnèrent ainsi aux héros du temps passé, qu'ils conservaient, les préjugés et les instincts du xiii⁰ siècle; aux événements d'autrefois, qui continuaient de former le fond de l'épopée, ils imposèrent les mobiles et le but des accidents qu'ils voyaient se dérouler sous leurs yeux.

La politique extérieure produisit, au xii⁰ et au xiii⁰ siècle, un mouvement singulièrement important, la croisade, et la croisade devint l'inspiration de l'épopée presque tout entière; un grand nombre de héros épiques empruntèrent leurs hauts faits aux exploits des croisés, et les poëtes en vinrent bientôt jusqu'à mener Charlemagne et ses pairs à la conquête du Saint-Sépulcre.

L'influence de la croisade, en dehors des mauvais traitements qu'elle fit subir à la chronologie, exerça sur la poésie épique une grande et utile action en lui conservant l'enthousiasme, l'inspiration féconde; en lui fournissant des caractères énergiques, en la jetant dans un milieu à la fois élevé, large et vague.

Les expéditions d'outre-mer, de plus, donnèrent naissance à une série de romans qui sont, en suivant, non la date de la composition, mais l'ordre généalogique[1].

Le roman de la vieille Matabrune;
Le roman d'Élias, le chevalier au Cygne;
(Ce roman est divisé en deux branches).
Le roman de l'enfance de Godefroid de Bouillon;

La chanson des chétifs;
La chanson d'Antioche;
La chanson de la prise de Jérusalem,
La chanson de la mort de Godefroid;
La chanson de Baudouin de Sebourg;
La chanson du bâtard de Bouillon.

La chanson d'Antioche, la plus remarquable et la plus ancienne de tout ce cycle, fut composée par un trouvère, probablement picard, Richard, qui avait assisté à la première croisade. Graindor de Douai, d'autres disent de Dijon, rajeunit cette œuvre à l'extrême fin du xii⁰ siècle, et lui donna la forme propre aux chansons de geste de cette époque.

Nous allons en citer un passage qui donnera une idée de la manière dont la guerre religieuse est comprise dans notre épopée nationale, ainsi que de la mâle et vigoureuse simplicité qui caractérise au commencement du xiii⁰ siècle l'éloquence épique.

---

[1] Dans cette énumération, comme dans celles que nous ferons par la suite, nous serons obligé, pour être complet, d'indiquer parfois des poëmes dont l'origine est de beaucoup antérieure au xiii⁰ siècle, ou dont la composition n'eut lieu qu'au xiv⁰. Ces derniers sont en fort petit nombre.

L'armée des croisés est arrivée devant Nicée. Soliman est sorti de la ville pour surprendre les chrétiens; ceux-ci à leur tour lui en ferment l'entrée; un combat est imminent, combat d'où dépend le sort de Nicée. Les chefs de la croisade, et particulièrement le légat Aymer de Monteil, évêque du Puy, comprennent la nécessité de signaler par une victoire le début réel de l'entreprise.

DISCOURS DE L'ÉVÊQUE DU PUY
AUX CROISÉS.

Li jors est aprociés et li aube esclairie,
As très et as herberges est li os estormie ;
Primerains s'adouba li dus de Normendie,
Li quens Robers de Flandres o se grant compaignie ;
Bauduins Cauderons a le broingne vestie
Et lacé le vert elme, çaint l'espée forbie ;
Et pendi à son col le fort targe roïe,
Et a pris en son poing une lance enroidie,
A un filet d'argent un gonfanon i lie ;
Et monta el ceval ch' à estrié ne se plie.
Vint au conte de Flandres, molt forment s'umelie
« Sire, por Deu merci qui tot a en baillie !
« Quant jou fui à Arras, à vo cité garnie,
« Voyans toz, me vantai, de molt grand legerie,
« Le premier colp ferroie sor la gent paienie ! »
Quant li quens l'entendi, si li fist cière lie,
Et parla hautement, oyant le baronnie :
« Amis, et vos l'arés, el non sainte Marie,
« Li honor en soit vostre, et lor gent soit honie. »
Quant l'entent Bauduins, Damedeu en gracie,
Puis broce le destrier, s'a le hanste brandie.
A haute voix escrie : « Saint Sepulcres, aïe ! »
Tot sont amont monté, s' ont l'angarde saisie.
Cinquante mile furent d'une conestablie,
N'i a cel n'ait clavain et destrier d'Orkenie
Et grant espiel trançant et espée brunie.
N'i a cel qui ne jure, le uns l'autre l'afie,
Que mort sont Sarrazin et livré à martire.
Quant or voient François qu'esmus est li païs,
Des Turs voient couvers les monts et les lairis.

CHANSONS DE GESTE. 85

TRADUCTION

Le jour s'approche, l'aube répand ses lueurs,
Dans les tentes et dans les pavillons l'armée s'agite ;
Le premier qui s'arme c'est le duc de Normandie,
Puis le comte de Flandres, et avec lui ses nombreux compagnons ;
Baudouin Cauderon a vêtu sa cuirasse,
Lacé le heaume brillant d'émeraudes, ceint l'épée affilée ;
Il a pendu à son col le fort écu rayé,
Et a pris en son poing une lance éprouvée
A laquelle un fil d'argent tient lié un gonfanon ;
Puis il sauta à cheval sans se servir des étriers.
Il vient au comte de Flandres, devant lui il s'incline humblement :
« Seigneur, pardonnez, au nom de Dieu qui tient tout sous sa garde !
« Quand j'étais à Arras, en votre riche cité,
« Devant tous, je me vantai, avec grande légèreté,
« Que le premier coup, c'est moi qui le frapperai sur la nation païenne. »
Quand le comte l'entendit, il lui fit bon accueil
Et dit à voix haute, devant tous ses barons :
« Ami, eh bien ! tu le feras, par le nom de sainte Marie !
« Que pour toi en soit l'honneur, et pour cette nation, la honte ! »
Quand Baudouin l'entend, il en remercie le Seigneur Dieu,
Puis pique son destrier, brandit sa lance,
Et s'écrie d'une voix forte : « A l'aide, Saint-Sépulcre ! »
    Tous montent la colline, se précipitant à l'avant-garde ;
Ils sont cinquante mille en un corps de bataille,
Il n'en est point qui n'ait un cheval d'Orcanie bardé de fer,
Et un grand épieu tranchant et une épée solide.
Il n'en est point qui n'ait juré, en s'en faisant l'un à l'autre serment,
Que les Sarrasins sont perdus, et promis aux tortures.
    Mais quand les Français voient le pays au loin s'agiter,
Quand ils voient les Turcs couvrir les monts et les plaines,

Ne vos esmervelliés s'il i a d'esbahis.
Esmaiés en sont tot, et couart et hardis,
Mais li corages monte as preus et as jentis,
Es cevals sont monté qui ains ains, à estris.
Li envesques del Pui les a à raison mis :
« Seigneur, oiés vers moi que Dieu vos a promis ;
Çou dist Diex nostre père, qui en la crois fu mis,
Si fil le vengeroient as brans d'acier forbis.
Sus el mont de Tabor, si com dist li Escris,
Sonneront quatre cor droit al jor del Juis,
Li mons ert suscités et li pules toz vis,
Dont dira Nostre Sire, qui ça vos a tramis :
« Or, viens avant, mes pules, qui mes commans fesis ;
« Quant tu me véis mort et tu m'ensevelis
« Et dont quant je fui nus me cauças et vestis,
« Et tu me herbregas sains ostel me véis,
« Vos tornerés à destre dedens mon Paradis. »
Là troverés saint Jorge et saint Domitre ausis
Et tels cent mile cors que Dex ara saisis.
Véés ci Sarrazin, les cuvers maléis ;
Oiés com il demainent grans noises et grans cris,
Gardés que del ferir soit çascuns manevis!
El nom Saint Esperit soient li escus pris,
Sor moi prens les peciés, d'els, s'es arés ocis
Et cil qui mort sera, de ço soit il tos fis,
L'arme de lui ira la sus en Paradis ;
El renc as innocens aront lor siege eslis. »
Quant Crestien oïrent Aïmer le vaillent
Dont n'i a si couart ne presist hardement.
Bauduins Cauderons l'avangarde pourprent ;
Uns Sarrazin de Nique li torna fierement,
Fius estoit Soliman, si ot à nom Hident ;
. . . .
Bauduins refiert lui trestot delivrement
Que l'escu li perça et l'auberc li desment,
Qu'il li trence le pis, li cuer parmi li fent,

Ne vous étonnez pas s'il y en a d'effrayés ;
Tous en sont émus, les lâches et les hardis,
Mais le courage grandit au cœur des preux et des nobles,
Et ils montent à cheval à qui mieux, à l'envi.
L'évêque du Puy leur a ainsi parlé :
« Seigneurs, écoutez de moi ce que Dieu vous a promis :
Il a dit, ce Dieu, notre Père, qui fut attaché à la croix,
Que ses fils le vengeraient avec leurs brillantes épées d'acier.
Puis sur le mont du Thabor, ainsi l'annonce l'Écriture,
Quatre cors sonneront, oui, au jour du Jugement,
Le monde se lèvera, les peuples revivront,
Alors dira Notre-Seigneur, qui vous a ici envoyés :
« Maintenant viens, mon peuple, toi qui as suivi mes commandements ;
« Quand tu m'as vu mort, tu m'as enseveli ;
« Quand encore tu m'as vu nu, tu m'as chaussé et vêtu,
« Et tu m'as hébergé quand tu m'as vu sans demeure ;
« Passe donc à ma droite, dans mon Paradis. »
Là vous trouverez saint Georges et aussi saint Démétrius,
Et cent mille autres semblables à eux, qui possèderont Dieu.
Voilà les Sarrasins, ces esclaves maudits,
Écoutez comme ils mènent grand et insolent tumulte,
Prenez garde qu'à les frapper quelqu'un de vous soit paresseux !
Au nom du Saint-Esprit, prenez vos boucliers ;
Je prends sur moi le péché, s'il y en a à les tuer ;
Et celui qui mourra, il peut être bien sûr
Que son âme ira là-haut, en Paradis,
Et que parmi les justes sa place est préparée. »
Quand les chrétiens entendirent ainsi parler Aimer le vaillant,
Alors il n'y eut si couard qui ne prît hardiesse.
Baudouin Cauderon se jette à l'avant-garde ;
Un Sarrasin de Nicée lui fait face fièrement,
Il était fils de Soliman, on l'appelait Hident.
. . . .
Baudouin le frappe avec si grande adresse
Qu'il lui perce l'écu et lui brise le haubert,
Il lui tranche l'estomac, il lui fend le cœur par le milieu,

88 TREIZIÈME SIÈCLE.

Tote plaine sa lance l'abati mort sanglent.
Puis a traite l'espée, d'un autre le chief prent.
« Saint Sepulcre, escria ! Dieux, Pere omnipotent,
« Sire, secore nos hui, par ton commandement ! »
Ci a de la bataille molt bel commencement.

A côté des éléments que la politique extérieure avait apportés dans l'épopée, la politique intérieure développa trois nouvelles influences : l'influence bourgeoise, l'influence féodale et l'influence royale.

L'influence bourgeoise occupe dans les romans la même place qu'elle prend dans l'histoire au xiiie siècle, elle prouve son existence, jette çà et là quelques traces de son génie et de ses inspirations, sans dominer complétement aucune branche de l'épopée. C'est elle qui parle des Communes, qui apporte la préoccupation de la vie vulgaire, qui sème les proverbes, elle surtout qui amène les personnages moins roides, plus nuancés, grivois et malicieux.

L'influence féodale s'empare de ces événements que l'histoire provinciale avait légués à la poésie épique, change ces luttes provinciales du temps des Carlovingiens en querelles féodales. Les trouvères à la solde des grands barons, les jongleurs des provinces mal soumises à l'autorité royale, soit pour aider leurs patrons, soit pour flatter l'opinion de leurs compatriotes, exaltent la grandeur et la loyauté de ces chefs, de ces maires du palais, de ces leudes de Neustrie, de ces grands officiers impériaux dont la légende épique avait fait les ennemis de Charlemagne.

L'influence royale travailla aussi à son point de vue nos romans de chevalerie ; elle s'appropria ceux où Charlemagne jouait le plus grand rôle et fit de ce héros le symbole et l'honneur de la royauté capétienne. Les trouvères de l'Ile de France obéirent dans la poésie à ce mouvement de centralisation qui se faisait sentir alors dans l'histoire ; comme les poëmes inspirés par la féodalité ne voient plus dans Charlemagne qu'un seigneur suzerain d'une puissance contestable, d'une autorité douteuse, d'un caractère parfois faible ou ridicule, à leur tour les poëmes du parti contraire font de l'idée royale le synonyme de toute grandeur, de toute noblesse, de toute puissance utile et généreuse. Il

Il le perce de toute sa lance, l'abat mort et sanglant.
Puis il a tiré son épée, il a enlevé la tête à un autre.
« Saint-Sépulcre, crie-t-il, Dieu, Père tout-puissant,
« Seigneur, secours-nous aujourd'hui, au nom de ta loi respectée! »
Tel est de la bataille le beau commencement.

---

est aisé de deviner que la poésie contemporaine de saint Louis devait traduire avec élévation, avec un sentiment de patriotisme à la fois énergique et doux, ses idées sur les droits et les devoirs de la royauté; on en va pouvoir juger par le morceau que nous citons. C'est le début du Couronnement du roi Louis, poëme dont nous parlerons encore quand nous aurons à nous occuper de la geste de Guillaume au court nez. Outre l'idée qu'il renferme et qui caractérise assez bien un des plus énergiques instincts politiques du temps, ce passage nous offrira un spécimen de cette méthode très simple, de cet art naïf, expressif et varié qui donne à nos poëmes une apparence si originale.

PRÉPARATIFS DU SACRE
DE LOUIS LE DÉBONNAIRE.

Quant Dex eslut nonnante et dix roiaumes
Tot le meillor torna en doce France ;
Li maine rois ot à nom Charlemaine.
Cil aleva volentiers douce France,
Dex ne fist terre qui envers lui n'apende.
Il ala prendre Baviere et Alemaigne,
Et Normandie, et Anjou, et Bretaigne,
Et Lombardie, et Navarre, et Toscane.

Rois qui de France porte corone d'or
Preudom doit estre et vaillant de son cors,
Et s'il est hom qui li face nul tort
Ne doit garir ne à plain, ne à bois
De ci qu'il ait ou recreant ou mort.
S'ainsi nel fet, dont pert France son los,
Ce dit l'estoire, coronés est à tort.

Quant la chapele fu beneoite à Es,
Et li mostier fu dediez et fez.
Cort i ot bone, tele ne verroiz més ;
Por la justice la pauvre gent i vet,
Nus ne se claime que très bon droit n'en ait.
Lors fest l'en droit, més or nel fet l'en més,
A cortoisie l'ont torné li mauvés,
Par faus loiers remainent li droit plait.
Dex est preudom qui nos gouverne et pest,
Si conquerront anfer qui est punés
Les mavés princes, dont ne resordront més.

Cel jor i ot bien dix et huit evesques
Et si i ot dix et huit arcevesques ;
Là Apostoiles de Rome chanta messe.
Cel jor i ot offerande molt bele

TRADUCTION.

Quand Dieu choisit quatre-vingt-dix royaumes,
Il prit le meilleur pour en faire la douce France ;
Le roi, grand entre tous, fut nommé Charlemagne;
Celui-ci accrut courageusement la douce France,
Et Dieu n'a pas créé de terre qui ne relevât de lui.
Il alla conquérir Bavière et Allemagne,
Et Normandie, et Anjou, et Bretagne,
Et Lombardie, et Navarre, et Toscane.
   Le roi qui de France porte la couronne d'or
Doit être sage en son âme et vaillant de son corps;
Et s'il est un homme qui lui fasse quelque tort,
Il ne doit se reposer ni dans la plaine, ni dans la forêt
Jusqu'à ce qu'il ait un vaincu ou un mort.
S'il ne fait ainsi, alors la France perd sa gloire,
Et, l'histoire le dit, c'est à tort qu'il porte la couronne.
   Quand la chapelle d'Aix fut consacrée,
Quand l'église fut faite et dédiée,
Il s'y tint une cour telle que vous n'en verrez jamais;
Pour avoir justice les pauvres gens y allèrent,
Et nul ne s'y plaignit qu'on ne fît droit à sa plainte ;
Alors on faisait justice, maintenant on ne la fait plus;
Les méchants ont changé la loi en courtisane,
Par des présents corrupteurs les procès légitimes sont arrêtés.
Mais il est sage, le Dieu qui nous gouverne et nous nourrit ;
Aussi tomberont-ils dans le puant enfer
Les mauvais princes, et ils n'en sortiront pas.
   En ce jour, à Aix, il y avait bien dix-huit évêques,
Il y avait aussi dix-huit archevêques;
Le pape de Rome y chanta la messe.
On y fit une si belle offrande,

Que puis cele heure n'ot en France plus bele;
Qui la reçut il dut bon preudom estre.
   Cel jor i ot bien vingt et six abez,
Et si i ot quatre rois coronez,
Cel jor i fut Looys alevez.
Et la corone mise desus l'autel;
Li rois, ses pères, li ot le jor doné.
Uns arcevesques est el letrin montez
Et sermona à la crestienté.
« Baron, dit-il, à moi en entendez
« Karle, li maines, a molt son tems usé
« Que ne puet plus ceste vie mener;
« Il a un fil, à qui la velt doner. »
Quant l'entendirent grant joie en ont mené;
Toutes lors mains en tendirent vers Dé,
« Peres de gloire en soiés mercié
« Qu'estranges rois n'est sor nos devalé. »
   Nostre empereres a son fill apelé :
« Par tel covent la te veil je doner :
Tort, ne luxure, ne pechié ne menez,
Ne trahisons vers nelui ne ferés,
Ne orphelin son fié ne li todrez.
S'ainsi le fés, je loorai Damedé,
Prens la corone, si seras coroné
Ou se ce non, fils, lessiez la ester
Je vos deffens que vos n'i adesez.
   « Fils Looys, vez ici la corone;
Se tu la prens, emperere es de Rome,
Bien puez mener en ost mil et cent homes,
Passer par force les eves de Gironde;
Paienne gent craventer et confondre,
Et la lor terre dois à la nostre joindre.
S'ainsi veux fere, je te doins la corone,
Ou se ce non, ne la bailles tu onques.
   « Se tu doiz prendre, beau filz, mauvés loier,
Ne desmesure de neant alever,

Que jamais depuis il n'y en eut en France de plus belle ;
Celui qui la reçut devait être un bien vénérable homme.
    En ce jour il y eut bien vingt-six abbés;
Il y avait aussi quatre rois couronnés;
En ce jour Louis fut mis au plus haut rang
Et la couronne déposée sur l'autel;
Le roi, son père, avait désigné ce jour.
Un archevêque monta en chaire
Et il parla à l'assemblée chrétienne :
« Barons, dit-il, écoutez-moi :
« Charles le Grand a usé ses forces,
« Si bien qu'il ne peut plus continuer une telle vie;
« Il a un fils; cette vie, il veut la lui céder. »
Quand les barons l'entendirent ils témoignèrent une grande joie,
Puis haussant les mains, ils les levèrent vers Dieu :
« Père de gloire, nous vous rendons grâces
« De ne nous pas avoir imposé un roi étranger ! »
    Notre empereur a appelé son fils :
« Cette couronne, je te la donnerai à ces conditions :
Vous ne ferez ni injustice, ni débauche, ni péché;
Vous ne commettrez de trahison envers personne,
Vous ne prendrez pas son fief à l'orphelin.
Si tu agis ainsi, j'en louerai le Seigneur Dieu,
Prends la couronne, tu seras couronné;
Sinon, fils, laissez cette couronne où elle est,
Je vous défends d'y toucher.
    « Mon fils Louis, tu vois ici la couronne,
Si tu la prends, tu es empereur romain;
Tu peux mener en guerre des cent et des mille hommes,
Traverser par force d'armes les eaux de la Gironde,
Abattre, exterminer la nation païenne,
Et joindre son pays à notre domaine.
Si tu veux faire ainsi, je te donne la couronne,
Sinon, ne la prends jamais.
    « Si tu dois prendre, cher fils, une mauvaise voie,
Tirer de néant des chefs oppresseurs,

Fere luxure ne alever pechié,
Ne oir enfant à retolir son fié,
Aucune femme tolir seul un denier;
Ceste corone, de Jhesu, la te vié
Fils Looys, que tu ne la baillier. »
　　Ot le li enfes, onques ne mut le pié,
Esbahi fu de ce qu'il entendié,
N'osa aler la corone baillier.
Por lui plorèrent maint vaillant chevalier
Et l'empereres fut molt grains et iriez.
« Ha las ! dist-il, com or sui engigniez,
De lez ma femme se coucha pautoniers
Qui engendra cest coart heritiez.
Jà en sa vie n'iert de moi avanciez.
Qui en feroit roi, ce seroit pechier.
Or li fezons toz li cheveuz tranchier;
Moines sera à Es, en cel mostier,
Tirra les cordes et sera marreglier,
S'aura provende. qu'il ne puist mandier. »

T'adonner à luxure, ou mettre le péché en honneur,
Enlever son fief à l'héritier enfant,
Voler à une femme même un seul denier,
Cette couronne, au nom de Jésus, je te défends,
Mon fils Louis, de la toucher jamais. »
    L'enfant l'entendit, il ne remua pas le pied ;
Il était étonné de ce qu'il entendait,
Il n'osa pas aller toucher la couronne.
Sur lui, pleurèrent maints vaillants chevaliers,
Et l'empereur fut fort triste et irrité.
« Hélas! dit-il, combien j'ai été dupé !
Aux côtés de ma femme un gueux s'est couché
Qui m'a engendré ce couard héritier !
Mais de sa vie il n'aura de moi nulle faveur,
Car en faire un roi ce serait grand péché.
Nous allons lui faire couper les cheveux ;
Il sera moine en ce monastère d'Aix,
Il tirera les cordes et sera marguillier ;
Il aura un bénéfice pour qu'il ne puisse mendier. »

INFLUENCE CYCLIQUE : LA GESTE DU ROI, LA GESTE DE DOON DE MAYENCE, LA GESTE DE GARIN DE MONTGLANE.

A la suite de l'influence politique dont nous venons d'indiquer sommairement les résultats, nous rencontrons dans l'histoire de la chanson de geste une influence que nous pourrions appeler sociale, c'est-à-dire qui développa les romans de chevalerie d'après une idée empruntée aux mœurs de la société au XIII° siècle. Le principe de l'hérédité des charges et des devoirs féodaux amena les trouvères à faire prédominer dans l'épopée l'idée d'hérédité de certaines missions providentielles, la succession, de génération en génération, de devoirs héroïques, de nécessités criminelles. Il leur proposa ainsi pour but la formation de plusieurs cycles chevaleresques, dont le point fondamental et le développement reposeront sur l'idée de famille et d'hérédité. La famille héroïque s'appellera la Geste, et elle comprendra non pas tous ceux qui sont unis par les liens du sang, mais ceux qui accomplissent les exploits propres à une race, qui obéissent à une même mission symbolique, qui partagent en un mot l'activité héroïque, chrétienne ou politique imposée aux chefs d'une famille épique.

Cette théorie de la geste fournit aux trouvères une méthode poétique et en même temps un système de philosophie historique. Nous parlerons bientôt de la méthode; quant au système historique, il offre dans son ensemble un caractère de grandeur, d'unité et de simplicité qui indique une conception puissante, large et vraiment féconde ; dans ses détails, il est à la fois ingénieux et absurde: il laisse échapper quelques lueurs brillantes de vérité, il montre une connaissance réelle de divers faits, une appréciation fine de certaines positions, à côté des plus bizarres jugements et des plus étonnantes crédulités. Là, de même que dans toute l'histoire des romans de chevalerie, on devine, comme origine, des notions précieuses, exactes, contemporaines, mais fortement maltraitées par les légendes successives, et devenues vagues, incohérentes et incomprises à force de s'être pliées à une foule de théories poétiques et politiques. On comprend aisément enfin comment la méthode cyclique, après avoir aidé l'épopée à s'épanouir glorieusement, la poussera invinciblement vers la décadence.

Cette philosophie historique, les trouvères du xiii° siècle en avaient emprunté le côté vrai aux cantilènes, le côté faux aux poëmes épiques qui s'étaient succédé depuis le xi° siècle. En mélangeant ces éléments, ils étaient arrivés à se persuader qu'il y avait au temps de Charlemagne une royauté défendue par sa propre majesté, par la valeur du roi et celle de ses pairs, mais énergiquement attaquée par les ennemis extérieurs, par une famille particulière de héros et obligée de s'appuyer, pour ne pas périr, sur une autre famille non moins héroïque. Il ne nous est pas possible de nous arrêter ici pour montrer comment l'histoire réelle vient appuyer plusieurs côtés de cette théorie.

Quelle qu'elle fût, elle était admise par tous les poëtes. « Il n'y eut que trois gestes au royaume de France, dit le trouvère inconnu à qui nous devons le roman de Doon de Mayence, la première, celle de Pepin (autrement dite la geste du Roi), la seconde, celle de Garin de Montglane (ou des Méridionaux), la troisième, celle de Doon de Mayence (ou des hommes du Nord). » Bertrand de Bar-sur-Aube, dans son roman de Girard de Viane, détermine la signification poétique de chacune de ces races. « Il a trouvé à Saint-Denis, dit-il, dans un livre de grande antiquité, qu'il y a trois gestes en France : la geste du Roi de France, qui est la plus riche en prouesses et en chevalerie, la mieux fournie de richesses et de châteaux ; la geste de Doon de Mayence, à la barbe florie, lignée fière et hardie qui eût conquis la seigneurie de toute la France, si quelques-uns de ses membres, Ganelon, par exemple, n'eussent montré tant de félonie et de ruse ; enfin celle de Garin de Montglane, dans laquelle il n'y eut ni lâche ni traître ; tous furent sages, nobles guerriers et hardis chevaliers, jamais ils ne trompèrent le roi de France ; ils travaillèrent sans repos à aider leur légitime seigneur en même temps qu'à augmenter honorablement le nombre de leurs fiefs, mais ils mirent constamment par-dessus tout l'intérêt de la chrétienté en confondant et détruisant les Sarrasins. »

La formation et l'achèvement de toutes les branches qui devaient former l'arbre généalogique des héros ne furent bien définitifs qu'au xiv° siècle, mais à la fin du xiii° il y restait peu à ajouter ; ce dernier siècle est sans conteste le grand ouvrier de l'œuvre cyclique, et nous pouvons, dès maintenant, présenter l'ensemble complet de cette œuvre.

Nous trouvons dans le dernier inventaire des richesses de notre épopée les romans suivants :

1° Dans la geste du Roi, et toujours en suivant l'ordre des faits ou de descendance :

Berte au grand pied ;	Anseis de Carthage ;
Jean de Lanson ;	Roland ;
Acquin ;	Conquête de l'Espagne ;
Aspremont ;	Gaydon ;
Fierabras ;	Les Saxons ;
Otinel ;	Simon de Pouille ;
Guy de Bourgogne ;	Huon de Bordeaux ;
Prise de Pampelune ;	Lion de Bourges.

2° Dans la geste de Doon de Mayence :

Doon de Mayence ;	Maugis d'Aigremont ;
Gaufrey ;	Vivien ;
L'enfance d'Ogier ;	Renaut de Montauban ;
La chevalerie d'Ogier ;	Doon de Nanteuil ;
Guy de Nanteuil ;	Aye d'Avignon.

Parise la Duchesse.

3° Dans la geste de Garin de Montglane :

Garin de Montglane ;	Guy d'Andrenas ;
Gérard de Vienne ;	Mort d'Aymeri ;
Gérard de Roussillon ;	Enfance de Vivien ;
Aymeri de Narbonne ;	Bataille d'Aleschamps ;
Enfance de Guillaume ;	Moiniage de Guillaume ;
Couronnement du roi Louis ;	Raynouard ;
Charroi de Nîmes ;	Loquifer ;
Beuves de Commarchis ;	Moiniage de Raynouard ;
La prise d'Orange ;	Renier.

Foulques de Candie.

Deux romans, le *Voyage à Jérusalem*, l'*Histoire de Charlemagne*, — ce dernier, par Gérard d'Amiens — pourraient rigoureusement être rangés dans la geste du Roi, il faut reconnaître pourtant que le premier est plutôt un roman satirique, le second, une chronique rimée. Deux autres poëmes celui de Valentin et Orson, et celui du Chien de Montargis, ne nous sont pas assez connus pour que nous puissions leur donner une place dans notre classification.

Quelques romans, par suite de diverses circonstances de l'histoire littéraire et politique, échappèrent aux efforts du travail cyclique et restèrent en dehors des trois grandes gestes. Ce sont : les poëmes du cycle lorrain, ils sont au nombre de quatre : Hervis de Metz, Garin le

Lorrain, Girbert, Gerbiers; le poëme d'Amis et Amiles, et sa suite Jourdain de Blayes; le cycle de Julien de Saint-Gilles, qui contient deux romans, Élie de Saint-Gilles, Aiol et Mirabel; enfin trois autres romans détachés, Raoul de Cambrai, Aubery le Bourguignon, Beuves de Hanstone.

En ajoutant à cette nomenclature les poëmes du cycle de la croisade, les chansons de Charles le Chauve et de Hugues Capet, puis quelques autres romans qui se rangent bien nettement parmi les romans d'aventures, nous aurons, si je ne me trompe, la série complète des poëmes rentrant dans la *matière de France*.

La méthode par laquelle les poëtes de la période cyclique arrivèrent à former, à compléter les gestes, est simple, accessible aux esprits médiocres, tyrannique pour les intelligences élevées, et, par là même, je veux dire par sa facilité comme par sa tyrannie, elle tendait à éloigner de l'épopée tout effort de spontanéité et d'enthousiasme.

Prenons, à titre d'exemple qui fera comprendre les procédés de cette méthode, le cycle de Garin de Montglane, le plus complet et le plus travaillé des trois.

Parmi les plus illustres compagnons de guerre de Charlemagne, l'histoire nous montre Guillaume de Gellone, autrement appelé Guillaume d'Orange, Guillaume Fière Brace; les hagiographes lui donnent volontiers le premier de ces noms, les poëtes le connaissent mieux sous les deux autres. L'histoire encore nous le montre gouverneur d'Aquitaine, et premier porte-étendard de l'armée envoyée par Louis le Débonnaire contre les mahométans d'Espagne. La dignité et la sainteté de sa vie, le nombre et la nature de ses exploits sont célébrés par les cantilènes, et si l'on veut bien se rappeler dans quelle classe de prouesses les jongleurs aimaient à chercher leurs modèles d'héroïsme, on comprendra combien aisément ce puissant ennemi des Sarrasins devint un personnage cher à l'épopée. La poésie généralisa ses exploits et fit de lui la personnification d'une idée nationale et religieuse. Il représenta tout d'abord la conquête du Midi par les Francs septentrionaux, c'est-à-dire, la vertu germaine, la force, la loyauté, la fidélité pénétrant dans les races méridionales, les rattachant à la royauté et à la patrie commune. Ce fut la première généralisation et la plus rapprochée de la vérité historique. Il représenta encore la vocation providentielle octroyée à la France méridionale ainsi fortifiée, et il fut, à ce titre, chargé symboliquement de combattre sans trêve à la frontière de la civilisation européenne et de la religion du Christ. Ce fut la seconde généralisation, la généralisation poétique, c'est-à-dire, celle où l'épopée ne conserve de la vérité historique que ce qui n'apporte nul obstacle à son libre développement. Après quoi intervient cette influence féodale que j'ai indiquée, la nécessité de donner à Guillaume une race chargée de défendre les mêmes intérêts que lui, de suivre la même mission, d'accomplir des exploits, de lutter contre des ennemis poétiquement attribués au premier porte-étendard de la chrétienté. Ici l'histoire se fond complétement dans le vague de la légende, la chronologie n'existe plus, on ne sent plus chez les trouvères d'autre préoccupation que de faire à Guillaume *un sang*, une lignée héroïque, un cercle d'épées vaillantes et de saintes vertus, au milieu duquel il brille d'un éclat impersonnel, emprunté et reçu à titre d'héritage. Il ne sera que le premier entre ses pairs, et paraîtra surtout glorieux au nom de ce principe féodal: que la vertu morte du père saisit et agrandit la vertu vivante du fils. On commencera par lui créer des ancêtres, il aura un père, Aymeri de Narbonne, le preux et le vaillant, un grand-père, Gérard de Vienne, le fidèle et le noble, un bisaïeul, Garin de Montglane, le sage et le saint. On lui donnera ensuite six frères, tous rudes aux Sarrasins et pleins de prud'homie, et cinq sœurs, toutes alliées à des héros qui soutiendront le drapeau symbolique que Guillaume a planté à la frontière d'Espagne. Les enfants et les petits-enfants de ceux-là viendront ensuite et tous jusqu'au dernier, Galien le Restauré, seront les inévitables défenseurs de la patrie française et de la patrie chrétienne.

Ainsi se formera et se complétera la geste; elle sera savamment charpentée, mathématiquement ordonnée, mais, il faut le redire, bien souvent elle se développera au détriment de la poésie, de l'originalité, de la liberté d'inspiration. Les trouvères cycliques ne songeront pas, en effet, à chercher en eux-mêmes la donnée et les détails de ces romans d'ascendants ou de descendants, ils en emprunteront le fond et les épisodes soit à des chants oubliés, mais qui chantaient d'autres personnages, soit aux événements les plus caractérisés de l'histoire contemporaine; puis, avec de tels éléments, ils s'abandonneront aux plus étranges invraisemblances, aux inventions les plus contradictoires, aux imaginations les plus fantasques. Ils remplaceront l'histoire par une véritable mythologie; bientôt ils ne songeront plus qu'à imiter servilement les poëmes précédents. Enfin ils ne chanteront plus en l'honneur de la poésie, pour célébrer les héros défenseurs de la patrie, pour récompenser les nobles victimes de la guerre sainte, pour donner un écho au grand choc des épées d'acier; ils ne chanteront plus même pour honorer les gracieuses et généreuses amours des vaillants hommes, ils voudront rappeler fructueusement à leurs auditeurs des aventures connues, des personnages stéréotypés, des idées vulgaires.

Le xiii° siècle ne nous montre pas ces derniers excès de la méthode cyclique : il conserve toujours, même dans les plus pâles de ses créations, quelques élans de la première vigueur épique.

L'influence des romans de la Table Ronde devait, dans les siècles suivants, se joindre à l'influence cyclique pour détruire notre épopée et la pousser tout entière dans le roman d'aventures ; mais à cette époque elle présenta au contraire des modèles d'un art nouveau qui arrêtèrent la chanson de geste sur la pente de la décadence, et l'encouragèrent à perfectionner ses qualités poétiques.

Les mœurs du xiii° siècle, qui contrastaient avec les habitudes sociales du temps où la chanson de geste était née, contribuèrent aussi à imposer de nouveaux développements artistiques. La rudesse majestueuse, le sublime puissant, mais un peu sauvage, des premiers poëmes, ne pouvaient convenir à une société relativement polie, à des instincts plus raffinés, à des auditeurs qui commençaient à s'habituer au luxe et à la vie de loisir. Les inventions simplement martiales, le ton solennel, l'art naturel, naif et sans recherche durent paraître monotones; et les types uniquement guerriers, les caractères barbares et grandioses, les personnalités roides et sans nuances firent place à des personnages plus flexibles, plus variés, plus travaillés. L'imagination devint plus active, l'analyse plus fine ; le drame s'anima; la richesse des détails, la grâce des sentiments préoccupèrent l'esprit du poëte; les idées se complétèrent, et le poëme épique se mélangea du roman de mœurs.

Le soldat, cependant, en devenant chevalier, ne perdit pas sa grandeur. Il touche plus à la terre, il laisse parler plus souvent son cœur, et ses instincts héroïques se parent de courtoisie. Mais sa voix reste sonore, sa tête fière et son bras vigoureux. Son epée est toujours lourde; son casque, orné de pierreries, soutient les coups comme le casque des premiers compagnons de l'empereur Charles, et les nobles pensées, la loyauté généreuse, la foi ardente n'ont point encore disparu.

Entre tous les poëmes à qui nous pourrions demander la preuve de la vérité de ces idées, le roman de Gérard de Vienne nous paraît le mieux fait pour montrer ce qu'étaient la guerre, l'héroïsme et l'art épique au xiii⁰ siècle. Nous le rangeons parmi ceux qui ont le moins subi les influences des siècles précédents; il est complétement et exclusivement de son temps; on peut le considérer comme un des plus remarquables monuments de l'épopée à l'époque que nous étudions.

Nous ne savons rien de l'auteur de ce poëme que son nom qu'il donne au commencement de son œuvre : « Ce fut en mai, dit-il, au temps où il fait chaud et doux, où l'herbe est verte, où les prés sont fleuris, à Bar-sur-Aube, châtellenie puissante, Bertrand, le gentil clerc qui fit cette chanson, était assis pensif en un verger; il sortait alors de l'église, un jeudi, il venait d'écouter un vaillant pèlerin qui lui avait raconté les grandes souffrances que le seigneur Gérard eut à endurer. »

Nous laissons de côté les développements de la première partie du poëme, pour arriver au morceau capital qui est le combat de Roland et d'Olivier.

Charlemagne est devant Vienne qu'il assiége. La ville se défend bravement; Roland provoque Olivier, fils de Renier de Gênes, et neveu de Gérard, seigneur de la ville assiégée. Olivier accepte le combat; les conditions sont réglées : si Roland est vainqueur, Gérard se soumettra; si Olivier triomphe, le siége sera levé.

Préparatifs du combat. Un juif, Joachim, donne à Olivier des armes merveilleuses, un archevêque les bénit. La belle Aude, sœur d'Olivier et amante de Roland, pleure; elle embrasse son frère tandis que le duc Gérard donne de sages conseils. Un messager va avertir Roland, qui s'arme et se met en chemin après avoir écouté les énergiques paroles que lui adresse Charlemagne. Il s'approche du Rhône, le traverse pour arriver à une île située au milieu du fleuve et qui offre un terrain découvert, à la vue des deux armées. Olivier l'y attendait. Ils s'approchent l'un de l'autre. « Qui es-tu? dit Roland, es-tu homme libre? viens-tu d'Allemagne ou de Bavière, de Normandie, du Berry ou de Flandre? — Sire Roland, vous me connaissez. Je suis le fils du preux comte Renier, le neveu du seigneur Gérard, le guerrier, le cousin d'Aymeri, au fier courage. Je viens venger son injure et celle que vous fîtes à la belle Aude, ma sœur, que vous avez voulu enlever. Vous savez comme je vous ai fait fuir, et cependant je vous prie de ramener la paix entre mon oncle Gérard et l'empereur Charles. » Roland le

raille. Olivier insiste noblement, car il sait bien que nul homme de son lignage ne lui pardonnera jamais d'avoir tué le neveu de l'empereur. Roland l'insulte. « Sire Roland, puisqu'il en est ainsi, dit le fils de Renier, puisque je ne puis trouver en vous nulle bienveillance, ne dites jamais que je vous ai trahi. Gardez-vous bien, je vous défie; mais avant de vous toucher, je vous ai averti. — Je vous ai écouté, » répond Roland. Et le combat commence.

COMBAT DE ROLAND ET D'OLIVIER

. Chacuns d'auz broche le destrier arabi.
Si s'antresloignent un arpan et demi ;
Au repairier ont les espiez brandi
Et anbracèrent les fors escus votis,
Puis esperonèrent parmi le pré flori
    Li uns encontre l'autre.
  Qui donc véist l'un vers l'autre adrescier,
Et les espiez brandir et pamoier,
Et les destriers as esperons coitier,
As deus meillors les poïst on prisier
De tot le monde. Por lor droit desranier,
Grans colz se donent es escus de quartier,
Desoz les boucles les font frainde et brizier,
Les groces lances font troer et brisier,
Fors haubers ont, n'es porent anpeirier.
Si s'antrehurtent li vaillant chevalier
Ke desoz auz archoient li destrier,
Et tot par force les font angenoilier.
Outre s'en passent li dui vassal ligier
Et puis retornent, comme faucon muier,
    Li uns encontre l'autre.
  Li dus Rollons fu el destrier gascon,
Trait Durandart ke li pant à giron,
Fiert Olivier desus son elme anson
Ke flors et pieres en abait de randon.
Li colz dessant contreval à bandon,
Derrier l'arson consui l'Aragon,
Tranche li fautre du vermoil siglaton
Et parmi coupe le boin destrier gascon
Tot contreval reiz à reiz dou roignon ;
Tote la boucle dou doré esperon

TRADUCTION

Chacun d'eux pique son cheval arabe,
Et ils s'éloignent à la distance d'un arpent et demi;
Au retour, ils brandissent leurs épieux,
Ils ramènent du bras leurs forts écus circulaires;
Puis ils éperonnent, au milieu du pré fleuri,
    Pour arriver l'un contre l'autre.
Qui les eût vus se diriger l'un vers l'autre,
Et manier, et brandir leurs épieux,
Et piquer leurs chevaux de l'éperon,
Celui-là les eût bien pu estimer les deux plus braves
Du monde entier. Pour défendre leur droit,
Grands coups ils se donnent sur leurs écus écartelés,
Au-dessous du centre ils les faussent et les brisent,
Leurs grosses lances se fendent et se rompent,
Mais ils ont des hauberts si solides qu'ils ne peuvent les entamer.
Tellement s'entre-heurtent les vaillants chevaliers
Que sous eux leurs coursiers se courbent
Et tombent, par la violence du choc, sur leurs genoux.
Ensuite ils se dépassent, les deux braves et lestes guerriers,
Et puis retournent, comme des faucons vigoureux,
    L'un contre l'autre.
Le duc Roland monte un destrier gascon,
Il tire Durandart qui pend à sa ceinture,
Il frappe Olivier sur le haut de son casque,
Si bien que les émaux et les pierres fines en tombent violemment;
Le coup glisse en bas avec vigueur,
Derrière l'arçon il atteint le cheval d'Aragon;
Il tranche l'étoffe de la tunique vermeille,
Et coupe par le milieu le bon destrier gascon;
Le coup descend en rasant les rognons;
Et la boucle de l'éperon doré,

Li ait copé reiz à reiz dou talon ;
En deus moitiez li mist son Aragon
Desci qu'en terre cort l'espée à bandon.
Donc véissiez tot à pied le baron.
Rollons escrie : « Montjoie, l'ai Karlon !
« Hue iert Viane mise à destruction
« Ke Girars tient à guise de felon ;
« Il en aurait molt aspre gueredon
« De pandre as forches comme forsier lairon. »
Dist Oliviers : « Or oi plaist de bricon !
« Tot est en Deu qui souffri passion,
« Car Deus me puet, par sa benéison,
« Faire vers voz secors et guarison.
« De la bataille suis vers vous à bandon
« Por bien deffandre Viane et le donjon ;
« Jài n'en aurois vaillant un esperon
« Ke ne voz coste cent livres de mangon. »
Lors trait l'espée, iriez comme lieon,
Et passe avant à guise de bairon.

    Li dus Girars fut en grant souspeçon
Sus au palais de son maistre donjon ;
Ke li donaist trestot l'or Salemon,
D'une luée ne déist o ne nom ;
Kant il parlait, ce dist fière raison,
Deu reclamait par son saintime non :
« Gloriouz Peires, ke souffris passion
« Et suscitais de mort saint Lazaron,
« La Madelaine féistes vrai pardon,
« Jonas guaris el vantre del poison,
« Si com c'est voirs et nos bien le créon,
« Guarisciz hue de mort mon champion
« Ke ne l'ocie Rollons li niés Karlon.
    « Trop seroit grans domaiges. »
Aude s'estuet à une fenestrelle
Ploure et sospire, sa main à sa maisele.
Kant vit son frere desus l'erbe novele

Il la tranche à ras du talon.
En deux moitiés il lui met son coursier d'Aragon,
Si bien que dans la terre son épée entre violemment ;
Alors on put voir le héros sauter sur ses pieds.
Roland s'écrie : « Montjoie ! Charles l'emporte !
« Aujourd'hui sera Vienne mise à destruction,
« Cette ville que Gérard tient malgré son légitime seigneur ;
« Il aura de sa félonie une âpre récompense,
« On le pendra aux fourches comme un larron impie ! »
Olivier dit : « J'entends le bavardage d'un fanfaron !
« Tout pouvoir est à Dieu qui souffrit passion,
« Car Dieu me peut, par sa bénédiction,
« Donner contre vous secours et protection.
« Je suis toujours aussi prêt à lutter contre vous
« Pour défendre vigoureusement Vienne et son donjon ;
« Vous n'en prendrez jamais grand comme un éperon,
« Qu'il ne vous en coûte cent livres d'or ! »
Alors il tire son épée, furieux comme un lion,
Et se jette devant son ennemi, comme il convient à un baron.
   Le duc Gérard était en grande inquiétude
A la fenêtre de la grande salle de son maître donjon ;
On lui aurait donné tout l'or de Salomon,
Qu'avant une heure il n'eût pu répondre oui ou non.
Mais il parla pour dire une sage parole,
Pour implorer Dieu par son très-saint nom :
« Glorieux Père, qui souffris passion,
« Et réveillas de la mort saint Lazare,
« Tu as donné à la Magdeleine un complet pardon,
« Tu as protégé Jonas dans le ventre du poisson,
« C'est bien la vérité, et certes nous le croyons ;
« Viens garantir de mort aujourd'hui mon champion,
« De peur que ne le tue Roland, le neveu du roi Charles !
      « Ce serait une trop grande perte. »
   Aude se tient à une petite fenêtre ;
Elle pleure et soupire, la joue appuyée sur la main.
Quand elle vit son frère à pied sur l'herbe nouvelle,

Ke fuit à pié dou destrier de Castele,
Dou boin destrier don veudie est la sele,
Tel duel en ot la cortoise pucele,
A poc li cuers ne li part sous l'axele.
Tot descendi devers une chapele.
. . . .

D'Audain lairrons ki le cuer ot irié,
Si redirons de Rollon le proisié
Et d'Olivier, au coraige esforcié,
Ki se conbait à Rollon, tot à pié.
Il tint l'espée a poig d'or entaillié
Et fiert Rollon sor l'elme qu'est vergié
Ke flors et pieres en ait toz trabuchié;
Tot contreval li boins brans descendié,
Le boin destrier par devant consivé,
Par les espaules si l'ait parmi tranchié,
Desci el pré est li boins branz glaicié;
Tot ait à terre en un molt trabuchié.
Voit l'Oliviers, si s'est esléissié.
Ke li donaist de France la moitié
Et Orlenois et Rains l'arceveschié,
Mien essiant n'eut le cuer si lié
Comme dou conte qu'il ait jus trabuchié
   En l'ile soz Viane.

 Se lài fuisiez soz Viane la grant
Où se combait Oliviers à Rollon!
Ainz dui bairons ne furent si vaillans
Ne si hardi, ne si fier conbattant;
A lors espées si vont bien justisant,
Grans colz se donent sor les escus devant,
Des elmes vont les pieres cravantant,
Li feus en vole ke la place en respant.
Ainz tel bataille ne vit nuz hom vivant
Com ceste fu don je voz di et chant;
Et ke vit ceu, jài ne vairait maix tant
De deux barons qu'il voient enpressant.

Après avoir été jeté à bas du destrier de Castille,
Du bon destrier dont la selle est maintenant vide,
Elle en a tel deuil, la gracieuse pucelle,
Que son cœur est bien près d'éclater dans sa poitrine.
Elle descend dans une chapelle.
. . . .
Nous laisserons Aude, dont le cœur est bien triste,
Pour parler de Roland, le renommé,
Et d'Olivier à la volonté puissante,
Qui se bat, quoiqu'à pied, contre Roland.
Il tient son épée à la poignée d'or ciselée,
Il frappe Roland sur son casque émaillé,
Tellement qu'il brise les pierreries de toute sorte;
Jusqu'au bas descend la solide épée,
Elle atteint par devant le bon cheval
Et le coupe par le milieu des épaules,
Si bien que l'épée glisse jusqu'à la terre,
Et que le cheval tombe lourdement.
Olivier le voit, il en est si réjoui
Lui eût-on donné la moitié de la France,
L'Orléanais, et Reims l'archevêché,
A mon avis, il n'aurait pas le cœur aussi joyeux,
Qu'en voyant le comte tomber
  Dans l'île, sous Vienne.
 Oh! si vous aviez été là sous Vienne la grande,
Dans l'île où se bat Olivier contre Roland!
Jamais deux barons ne furent si vaillants,
Ni si hardis, ni si fièrement combattant!
Avec leurs épées ils luttent également,
Ils se donnent grands coups sur les écus dont ils se couvrent;
Des casques toutes les pierreries tombent,
Il en sort une telle lueur que la place en resplendit.
Jamais nul homme vivant n'a vu bataille telle
Que celle que je raconte et chante,
Et ceux qui la virent jamais n'ont plus revu
Deux barons se battant comme ils le faisaient là.

Li dus Girars est as murs en estant,
Et dans Hernaus de Biaulande la grant,
Et Aymeris li preuz et li vaillans.
Reniers de Gênes vait grant duel demenant
Por Olivier son fil qu'il amoit tant :
« Sainte Marie, dit Reniers en plorant,
« Guariseiz hue Olivier le vaillant
« Ke il ne soit vaincu ne recréanz ! »
Et Karlemaine reprie escorcement :
« Sainte Marie, guarissez moi Rollon,
   « J'en ferai roi de France. »
   En la grant ille soz Viane ou sablon,
Là se conbattent ambedui li bairon
Et escremisent comme dui champion
Ke l'uns de l'autre n'ait merci ne pardon ;
Car plus sont fier ke liepée ne lieon
Ke l' un por l'autre, le lonc d'un esperon,
Ne fuiront pais, por le tresor Sanson.
Des branz toz nus se fierent à bandon.
Lor escus tranchent et lor elmes anson ;
Li cercle d'or i ont poc de foison,
Ausi les tranchent com panz de ciglaton.
Des aciers est li feus à grant foison,
Les estinceles en volent en viron.
Si sont andui et amer et felon
Ke li uns l'autre ne redoute un bouton,
Ainz se requièrent par tel aïrison
Et si forment, n'est si merveille non.
Tuit sont fanduit li escus à lieon
Et desrompu li hauberc fremilon
Si que desouz percent li aqueton.
Se Dex ne fust et son saintime non,
Jà de la mort n'éussent guarison.
   Dedans Viane sus ou maistre donjo
Dame Guibors en fait grant marison
O lui belle Aude à la cleire facon.

Le duc Gérard est debout sur les remparts,
Auprès de lui Hernaut, seigneur de Beaulande la grande,
Et Aymeri le preux et le vaillant.
Regnier de Gênes va menant grand deuil
Pour Olivier son fils, qu'il aimait tant.
 « Sainte Marie, dit Regnier en pleurant,
 « Protégez à cette heure Olivier le vaillant,
 « Afin qu'il ne soit pas obligé de se reconnaître vaincu. »
Charlemagne, de son côté, dit au fond de son âme :
« Sainte Marie, protégez-moi Roland,
    « J'en ferai le roi de France. »
    Dans la grande île, sous Vienne aux terres sablonneuses,
Se battent les deux barons,
Ils s'escriment comme deux champions.
Ni l'un, ni l'autre, n'a pitié ni miséricorde,
Car ils sont plus fiers que léopards ou lions ;
Et l'un en face de l'autre, de la longueur d'un éperon,
Ils ne fuiront pas pour le trésor de Samson.
Avec leurs épées nues ils se frappent rudement ;
Ils tranchent leurs écus et le sommet des casques ;
Les cercles d'or ne peuvent résister,
Ils les coupent comme un pan de tunique ;
Du choc des aciers le feu jaillit fréquemment,
Les étincelles en volent tout à l'entour.
Ils sont tous deux âpres et pleins de fiel,
Ils ne se craignent pas plus qu'un bouton,
Mais ils se cherchent avec une telle colère,
Et si vivement, qu'on peut s'en émerveiller.
Ils sont fendus les écus au lion,
Et rompus les hauberts aux mailles serrées,
Si bien que par-dessous percent les hoquetons ;
N'eût été Dieu et son très-saint nom qu'ils ont invoqué,
Ils n'eussent pu se garantir de la mort.
    Dans Vienne, sur la terrasse du maître donjon,
Dame Guibor est plongée en grande tristesse,
Et à côté d'elle la belle Aude au frais visage ;

Lors crins desrompent et detortent lor poinz :
« Hai ! Viane, mal feuz et mal charbon
« Voz éust arse entor et an viron,
« N'i remansist ne savle ne donjon
« Kant se conbatent por vos tel dui bairon !
« Se uns en muert, de verté le savon,
« Gastée en serait France et trestot le roion,
« Et cist païs mis à destruction. »
    Aude la bele n'i mist arestison,
Cil de Biaulande ke fut de grant renon
La damoisele l'en ait mis à raison :
« Biau sires oncles, dittes kel là feron,
« Preneiz consoil, ke blame n'en aion,
« Que acordé fuissent cil dui bairon
— Je n'en puis maix, dit Hernaus li frans hon ;
« Se fait Girars, il et le roi Karlon
« Por lor orgoil et por lor mesprison.
« Ainz nostre ancestre, de verté le savon,
« Li boins dains Bueves, o le flori grenon,
« N'en randit onkes valisant un bouton
« Ne tréusage l'emperéor Karlon.
    « Por l'onor de Viane. »
    En l'île furent li dui vasal armé,
Tot pié à pié sans destrier abrivé,
C'au branc d'acier les orent decopé.
Rollans parlait au coraige aduré :
« Olivier, sire, par la foi ke doi Dé
« Ne vi mès home de la vostre bonté,
« Desi cele ore ke fui de meire né.
« C'andui ensamble sommes si ajosté,
« Ceste bataille ferons en champ mellé,
« Tant ke l'uns soit ou vaincu ou maté.
« Jài n'i arons aide de home né,
« Foi ke doi Deu, le roi de majesté.
« Deus dames voi en cel palais listé
« Qui pour nous ont forment brait et crié. »

Elles s'arrachent les cheveux, se tordent les poings:
« Ha! Vienne! plût à Dieu que le feu cruel et les charbons maudits
« Vous eussent consumée vous et vos faubourgs,
« Si bien qu'il n'y restât ni muraille, ni donjon,
« Avant que se batissent pour vous deux si braves barons.
« Si l'un meurt, nous le savons bien,
« Le royaume de France éprouvera grande perte,
« Et tout ce pays-ci sera mis à ruine. »
La belle Aude ne s'arrête pas
Avant que le seigneur de Beaulande, le renommé,
N'ait été interpellé par elle :
« Cher seigneur, mon oncle, dites ce qu'il nous faut faire,
« Réfléchissez, afin que, sans encourir nul blâme,
« Nous mettions la paix entre ces deux barons.
« — Je n'en puis mais, dit Hernaut, le libre seigneur,
« Ils l'ont ainsi voulu, Girard et le roi Charles,
« Pour satisfaire leur orgueil et leur inimitié.
« Il est vrai pourtant que notre ancêtre,
« Le bon duc Beuves à la moustache blanche,
« Ne paya jamais la valeur d'un bouton
« En tribut à l'empereur Charles,
        « Pour le domaine de Vienne. »
Dans l'île sont les deux héros armés,
Ils sont à pied sans leurs rapides coursiers
Qu'ils ont coupés avec leurs épées d'acier.
Ainsi parla Roland, au courage éprouvé :
« Sire Olivier, par la foi que je dois à Dieu,
« Je n'ai jamais vu un homme aussi solide que vous
« Depuis l'heure où ma mère m'a mis au monde.
« Puisque nous nous trouvons de si bons compagnons
« Nous continuerons ce combat singulier
« Jusqu'à ce que l'un de nous soit abattu ou vaincu;
« Et nul homme vivant ne nous séparera,
« Par la foi que je dois à Dieu, le roi de majesté.
« Mais je vois deux dames dans ce palais crénelé,
« Qui, à cause de nous, ont jeté cris et pleurs. »

Et Oliviers out formant regraté :
« Si m'aïst Deus, il m'an prant grant pitié,
« Dist Oliviers, vos dittes verité :
« Ce est Guibors, ma dame au cors sené,
« Et ma suer Aude à gent cors onoré
« Ki por moi ont li grant duel demené.
« Se Deus ceu donc, ki le monde ait formé,
« K'ariers m'en aile en vie et en santé,
« Tant lui cuit dire ainz demain l'avespré
« Si à vos n'est à seignor espousé,
« N'aurait marit en tres tot son aé,
    « Ançois Deu aurait nonc. »
Li dui bairon sont andui en la prée,
Lài se combattent par molt grant aïrée.
Li dus Rollans, à la chière membrée,
Cel jor ferit, li quens, maint cop d'espée
De Durandart ke bien fut esprovée
En Rincevals, en la male jornée
Quant de Rollan i fuit la desevrée.
Et Oliviers tint la soie enroisée,
Et fiert Rollan sor la targe roée ;
Jusc'an meileu de la voucle est colée.
Quant il la saiche si la trova serrée,
Deleiz le heuz brise la bone espée ;
Devant Viane en l'iave l'ait getée.
A dan Girart en vint la renommée
Ke Oliviers, à la chière membrée,
Ait jài l'espée brixiée et troncenée ;
Aude l'entant, c'est chaüe pamée.
Kant se redresce si c'est molt dementée,
Sainte Marie ait formant reclamée :
« Olivier, freire, com pesant destinée !
« Si je vous pert bien m'ait Deuls obliée ;
« Jài de Rollan n'iere mais espousée,
« Le millor home ke ainz tainsist l'espée ;
« Ançoiz serai laisé nonc velée.

Olivier en ressent une grande douleur :
« Et que Dieu m'aide, il m'en prend grand' pitié,
« Dit Olivier ; car vous avez dit vrai :
« C'est Guibor, ma dame, au corps en bon point,
« Et ma sœur Aude, au corps gracieux et respecté,
« Qui pour moi ont mené si grand deuil.
« Si Dieu m'accorde, lui qui a fait le monde,
« De sortir d'ici en vie et en santé,
« Je lui promets qu'avant demain soir,
« Aude, si elle ne vous épouse comme son seigneur,
« N'aura jamais de mari jusqu'à la fin de son âge,
   « Mais elle sera à lui comme nonne. »
Les deux barons sont tous deux dans la prairie ;
Là ils se battent avec grande fureur.
Le duc Roland, aux membres vigoureux,
Frappa en ce jour, le héros, maint coup d'épée
Avec Durandart qui fut bien éprouvée
A Roncevaux, dans la maudite journée
Où de Roland eut lieu la mort.
Olivier tient son épée la pointe en avant,
Il en frappe Roland sur son écu orné de cercles
Si bien qu'elle enfonce jusqu'à ce que la garde touche le bouclier.
Il la tire, mais elle se trouve prise ;
A ras de la garde il brise la bonne épée ;
Dans la rivière devant Vienne il l'a jetée.

Jusqu'au seigneur Gérard vient le bruit
Qu'Olivier, aux membres vigoureux,
A brisé son épée, dont il ne lui reste qu'un tronçon ;
Aude l'apprend, elle est tombée pâmée.
Quand elle s'est relevée, elle s'est bien lamentée,
Et avec angoisse elle a invoqué l'aide de sainte Marie :
« Olivier, frère, quelle destinée pesante !
« Si je vous perds, Dieu m'aura bien oubliée,
« Car jamais je ne serai l'épouse de Roland,
« Le meilleur homme qui ait jamais tenu l'épée ;
« Je serai obligée de me faire nonne voilée.

« Sainte Marie, dame, dist Aude la senée,
« Je voi combatre mon freire en cele prée
« Et mon amin ke m'avoit anamée.
« Li kels ke muere, je serai forcenée;
« Desparteiz les, roïne coronée! »
Girars l'entant s'ait la color muée;
Isnelemant l'en ait sus relevée,
Au mostier l'ait et conduite et menée;
A molt grant poine l'avoit reconfortée.
Cele novele fuit à Karlon contée;
Mil chevalier en font duel par la prée,
Li rois moieme en ploure à recelée
  Desoz ses piax de marte.

 Quant Oliviers ait son branc troncené
Ki en deus pieces gisait emmi le prey,
Et d'autre part voit son cheval copé,
Et son escu fandu et estroé,
Savoir poeiz molt ot le cuer iré
Car ne vit arme où il ait recouré.
Si regardait tot entor lui ou pré,
De toutes pars se vit si anserré,
En nule guise ne puet estre eschapé :
Lors ot tel duel a poc qu'il n'est iré;
Grant hardemant ait en son cuer pansé :
Miex veut morir à onor en cel pré,
K'ai couardie li soit jài atorné
Ke dou foïr ait jài sanblant mostré.
Tout maintenant éust Rollan coubré
A ses deus poinz, voiant tot le barné.
Mais Rollans voit ceu k'il ot enpansé,
Se li ai dit à loi d'ome menbré :
« Sire Olivier, molt aveiz grant fierté !
« Brisié aveiz votre branc aceré,
« Et j'en ai un ki est de grant bonté,
« Ke ne puet estre nochiés ne n'agravé.
« Niez suix ou roi de France le raigné,

« Sainte Marie, dame, dit Aude la sage,
« Je vois combattre mon frère dans cette prairie
« Et mon ami, qui me donnait tant d'amour.
« Quel que soit celui qui meure, j'en serai folle,
« Séparez-les, reine couronnée!... »
Girard l'entend, il change de couleur,
En grande hâte il la relève,
Et la conduit à l'église;
Mais c'est à grand' peine qu'il la fait revenir à elle.
On en porte à Charles la nouvelle;
Mille chevaliers dans le camp s'en attristent,
Le roi lui-même en pleure en cachette
      Sous ses fourrures de martre.

  Quand Olivier a brisé son épée
Qui gist en deux morceaux sur l'herbe,
Quand d'autre part il voit son cheval coupé,
Et son écu fendu et troué,
Vous pouvez croire qu'il eut le cœur serré,
Car il ne voit arme qui puisse lui servir.
Il a regardé autour de lui dans le pré;
De toutes parts il se voit si pressé,
Que de nulle façon il ne peut échapper.
Alors il éprouve une telle douleur qu'il en devient presque fou;
Mais une pensée grandement hardie naît dans son cœur :
Mieux vaut mourir avec honneur en cette prairie,
Que de s'entendre jamais reprocher la couardise
D'avoir montré même un semblant de fuite.
Aussitôt il a saisi Roland
Avec ses deux poings, à la vue de toute l'armée.
Mais Roland voit ce qu'il a pensé,
Et il lui dit, comme il convient à un homme vigoureux :
« Sire Olivier, vous êtes de grande fierté,
« Vous avez brisé votre épée acérée,
« Moi j'en ai une excellente
« Qu'on ne peut ni fausser, ni casser;
« Je suis neveu du roi du royaume de France,

« Si or t'avoie vaincu ne n'affolé,
« A toz jors mais me seroit reprové
« K'ossis auroie un home desarmé.
« Kier une espée tot à ta volonté,
« Et un boucel de vin ou de claré,
« Car j'ai grant soif, jài ne te soit celé. »
   Olivier l'ot, si l'en ait mercié :
« Sire Rolans, je vos en sai boin gré
« Puis ke m'aveiz ausi aséuré ;
« Se il vos plaist, par la vostre bonté,
« Reposeiz vos un petit en cel pré
« Tant que je aie au maronier parlé
« Ke m'ait issi en ceste ille amené. »
Et dist Rollans : « A vostre volonté. »
Et Oliviers, au couraige aduré,
Vient à la rive, n'i ait plus demoré,
    Le maronier apele.

. . . .
. . . .
. . . .
. . . .
. . . .

   Des barons fu la bataille fornie
Et fiers li chaples et ruste l'envaïe ;
Ains de deus homes ne fut plus fiere oïe.
Et la bataille ne fust jài defenie
Ains en éust li uns perdu la vie
Quant Dex i mist si ruste compaignie
Que puis durait toz les jors de lor vie,
Jusqu'à un jor qu'ele fut despartie
En Roncevals, en la lande follie,
Par Guenelon, que le cors Deu maudie,
Qui les vendit à la gent païenie,
Au roi Marsile, que Jhesu maléis.
Onques mès jor en France la garnie
    N'avint si grant demaiges !

« Et si je t'avais jamais vaincu ou blessé,
« A toujours il me serait reproché
« Que j'ai tué un homme désarmé ;
« Envoie chercher une épée, prends le temps qui te plaît,
« Fais aussi venir un vase plein de vin ou de clairet,
« Car j'ai grand' soif, je ne veux pas te le cacher. »
    Olivier l'entend, il l'en a remercié :
« Sire Roland, je vous sais bon gré
« De m'avoir dit de telles paroles ;
« Et si cela convient à votre bienveillance,
« Reposez-vous un peu dans cette prairie
« Jusqu'à ce que j'aie parlé au marinier
« Qui m'a amené dans cette île. »
Et Roland dit : « A votre volonté. »
Et Olivier, au courage éprouvé,
Vient à la rive, et sans tarder
        Il appelle le marinier.

On apporte une nouvelle épée à Olivier, la célèbre Haute-Claire, et après un échange de paroles et de procédés courtois, le combat continue avec des accidents variés. La lutte a duré tout le jour, et aucun des deux chevaliers n'a remporté sur l'autre un avantage marqué.

    Entre les deux barons la lutte s'engage encore,
Leurs épées sont fières, leur choc impétueux ;
Jamais entre deux hommes on ne vit si violent assaut.
Le combat ne se fût pas terminé
Avant que l'un d'eux n'y eût perdu la vie,
Si Dieu n'avait voulu les réunir par une énergique amitié
Qui depuis persista tous les jours de leur vie,
Jusqu'à ce jour où elle fut brisée
A Roncevaux, dans la lande feuillue ;
Ganelon en fut cause, que le corps de Dieu le maudisse !
Il les vendit alors à la nation païenne,
Au roi Marsile, que Jésus confonde !
Jamais depuis à la féconde France
        Il n'advint si grand dommage.

Cele bataille orent tant maintenue
Que jài lor fu près de la nuit venue;
Mais n'ont talent de faire recréue,
Car mautalans les semont et argue;
Si tient chascuns s'espée tote nue.
Li uns vers l'autre l'eust jài chier vendue
Quant entr'aus deus descendit une nue
Qui as barons ait tolu la véue.
Trestuit sont coi, nus d'aus ne se remue.
A plus hardi est tel paour venue
Qu'il ne porent dire nes : « Dex, aüe ! »
  Evoz uns angle qui par Deu les salue :
« Franc chevalier, honor vos est créue !
« Ceste bataille avés trop maintenue ;
« Gardés par vos ne soit mais esméuc,
« Que Damedex la vos ait deffandue ;
« Mais en Espaigne sur la gent mescréue
« Soit vostre force et provée et connue.
« Lài sera bien vo proesce esméue
  « Por l'amor Deu conquerre. »
  Li dui baron furent en grant friçon
Quant il oïrent de Deu la nuntion;
Et dist li angles : « N'aiés paour, baron ;
« Dex le vos mande de son ciel là amont,
« Laissiez ester icelle aïrison.
« Mais en Espagne, sor cel pueple felon,
« Là esprovés qui est hardis ou non ;
« Parmi la terre le roi Marsilion.
« Là conquerez par force le roïon
« Sor Sarrazin à force et à bandon. »
. . . .
Vait s'en li angle, n'i a plus demoré ;
Et li baron ne se sont aresté,
Repouser vont soz un arbre ramé ;
Lài sont andui plevi et afié
De compaignie en trestot lor aé.

Ils continuèrent si longtemps leur combat
Que déjà la nuit descendait sur eux ;
Mais aucun n'a vouloir de s'avouer vaincu,
Car la colère les conseille et les persuade.
L'un et l'autre agitent encore leur épée nue,
Et à tous deux il allait en coûter cher,
Quand entre eux vint descendre un nuage
Qui enlève à chacun la vue de son ennemi.
Ils deviennent immobiles, ils n'osent pas remuer ;
Si hardis qu'ils soient, une telle peur leur est venue
Qu'ils ne peuvent même pas dire : « Seigneur, à l'aide ! »
 Voici un ange qui de par Dieu les salue :
« Francs chevaliers, votre honneur est sauf !
« Vous avez assez longtemps maintenu cette lutte,
« Gardez-vous bien de la recommencer jamais,
« Car le Seigneur Dieu vous le défend ;
« Mais en Espagne, sur la nation impie,
« Allez prouver votre valeur et la rendez célèbre ;
« Votre prouesse pourra là légitimement s'agiter
  « Pour conquérir l'amour de Dieu. »
Les deux barons se sentirent frissonner
Quand ils entendirent l'ordre de Dieu.
L'ange dit encore : « Ne craignez pas, barons,
« C'est Dieu qui vous commande du haut du ciel
« D'apaiser désormais votre haine ;
« Mais en Espagne, sur ce peuple sans foi
« Allez prouver lequel est le plus brave.
« Au milieu des domaines du roi Marsile,
« Vous conquerrez par force d'armes un royaume
« Sur les Sarrasins, oui, par force et avec courage. »
. . . .
L'ange s'en va sans plus tarder,
Et les barons n'hésitent point ;
Ils vont se reposer sous un arbre touffu ;
Là, tous deux, ils se jurent sur leur foi
Qu'ils seront compagnons tout le reste de leur âge.

Rollans parlait, au corage aduré :
« Sire Olivier, jài ne vos iert celé,
« Je vos plevis la moie loialté
« Que plus vos aim que home qui soit né,
« Fors Karlemain, li fort roi coroné ;
« Puis que Dex veut que soions acordé
« Jamais n'arai ne chastel, ne cité,
« Ne bosc, ne ville, ne tor, ne fermeté
« Que n'i partiez, foi que je doi à Dé ;
« Aude panrai, se il vos vient à gré. »
. . . .
Olivier l'ot, si l'en a mercié,
Andeus ses mains en tent vers Damedé.
« Glorious sire, vos soies aoré,
« Que vers cet home m'avés hue acordé !
« Sire Rolans, ne vos soit pas celé,
« Je vos aim plus que home qui soit né.
« Ma suer vos doing volantiers et de gré.
« Or delasciez le vert elme gemmé
« Tant que soions baisié et acolé. »
Et dit li dus : « Volantiers et de gré. »
   Tot maintenant ont lor chief desarmé ;
Si s'entrebaisent par bone volenté.
Puis sont assis sur la verde erbe ou pré,
Lors fois plevissent par bonne volenté,
Et compaignie en trestot lor aé.
     Ainsi fut la pais fete.

Ainsi parla Roland, au courage éprouvé :
« Sire Olivier, je ne veux pas vous le cacher,
« Je vous le jure sur ma loyauté,
« Je vous aime plus que tout homme vivant,
« Sauf Charlemagne, le puissant roi couronné.
« Puisque Dieu veut que nous soyons amis,
« Jamais je n'aurai ni château, ni cité,
« Ni bois, ni ville, ni tour, ni fort rempart,
« Sans que nous partagions, je le jure par ma croyance en Dieu ;
« J'épouserai Aude, si vous y consentez. »
. . . .
Olivier l'entend, il l'a remercié,
Il lève ses deux mains vers le seigneur Dieu :
« Glorieux seigneur, soyez béni
« Pour avoir fait ma paix avec cet homme !
« Sire Roland, je ne vous le cache pas non plus,
« Je vous aime mieux que tout homme vivant.
« Je vous donne ma sœur volontiers et de grand cœur.
« Maintenant délacez votre casque orné d'émeraudes,
« Afin que nous puissions nous embrasser et nous baiser. »
Et le duc dit : « Volontiers et de grand cœur. »
   Tout aussitôt ils désarment leur tête
Et s'entre-baisent avec une amitié sincère ;
Puis ils s'assoient sur l'herbe verte dans le pré,
Ils se jurent l'un à l'autre, sans aucune contrainte,
Qu'ils seront compagnons jusqu'à la fin de leur vie.
      Ainsi fut la paix faite.

Outre les qualités purement poétiques de ce morceau, en dehors de cette habileté de composition qui développe le combat des deux héros d'une façon si saisissante, à la vue des deux armées, et de telle sorte que tous les personnages des deux partis prennent part à l'action; en dehors même de la simplicité héroïque du ton, de la vérité, de la noblesse des sentiments, et de cette exposition vive et émouvante des instincts, soit guerriers, soit religieux du XIIIe siècle, le lecteur a dû remarquer plusieurs traits fortement caractérisés.

C'est d'abord l'énergique et touchant patriotisme d'Olivier, son respect inaltérable pour la dignité du roi Charles; il devait en être ainsi, on se le rappelle, pour tout guerrier appartenant à la race de Guillaume Fière-Brace. C'est ensuite ce sentiment de courtoisie qui, sans affaiblir la vigueur du bras, le danger de la lutte ou l'âpre désir d'un triomphe sanglant, vient cependant ennoblir la personne des deux héros en les ornant de générosité, de fine loyauté et de grandeur d'âme; nous avons dit encore que tel était en effet le nouveau développement artistique et moral donné à l'épopée par les poëtes chevaleresques du XIIIe siècle. Mais ce qu'il faut remarquer par-dessus tout, c'est le rôle octroyé à la belle Aude: sa présence domine pour ainsi dire toute la scène; sa voix s'élève à chaque moment en même temps que la voix des épées d'acier; ses sentiments, ses pleurs, ses craintes, sa tendresse, viennent en quelque sorte donner la réplique au cri de douleur poussé par Olivier désarçonné, à la clameur joyeuse jetée par Roland triomphant; et la belle fille au frais visage, qui gémit sur son frère et puis sur son amant, l'emporte comme importance dramatique sur Charlemagne, le symbole grandiose de la royauté, sur Gérard de Vienne, le type illustre de la féodalité.

Cette importance accordée à la femme est bien, en effet, un des plus originaux et des plus apparents côtés de la poésie épique à l'époque qui nous occupe: l'intervention fréquente d'abord, puis constante de l'élément féminin, est un des signes en même temps qu'un des éléments de la révolution qui eut lieu alors dans l'épopée.

La femme apparaissait peu jusque-là, elle n'avait à jouer qu'un rôle fort secondaire pendant la période historique de la chanson de geste; la guerre était sérieuse, les combats incessants; les douces voix ne pouvaient guère se faire entendre au milieu du bruit continuel des batailles. La dame se tenait simple, modeste et voilée à l'arrière-plan, elle était à peine un accessoire. On la voyait dans les rares occasions où le foyer domestique s'avançait timidement sur la scène de l'épopée;

la mère jetait un cri de douleur sur son fils mourant ; la fiancée tendait en souriant sa main blanche vers la rude main du héros, quand le mariage se faisait, entre deux batailles; un baron dont le sang coulait à flots s'écriait : Ah! combien va gémir mon épouse au corps gracieux ! C'était toute la part d'activité et de souvenir que les premiers jongleurs accordaient aux dames et aux demoiselles. Le Seigneur Dieu, père de justice, le puissant roi couronné, Charles, l'empereur à la barbe blanche, et la lutte contre les ennemis du nom chrétien, préoccupaient tous les poëtes.

Au XIIIe siècle la femme devient un élément plus actif des combinaisons dramatiques ; elle amène dans l'action son cortége habituel de vertus, de passions, de faiblesses. Elle a séduit les trouvères, et elle introduit dans l'art la finesse, la recherche, l'analyse minutieuse, toutes les couleurs délicates déliées, douces et variées, qui étaient nécessaires à un art si souvent occupé à analyser des instincts compliqués, à peindre des portraits gracieux.

Le plus célèbre de tous les poëtes épiques du XIIIe siècles, et celui chez qui domine surtout la préoccupation artistique de la femme, est incontestablement Adam de Brabant, plus connu sous le nom d'Adènes ou d'Adam le Roi. Il naquit vers 1240, en Brabant, où il fut élevé et nourri, comme il le dit en son Cléomadès, par le bon duc Henri III. Ce prince, qui nous a laissé plusieurs chansons assez vivement écrites, fit apprendre à Adam le *mestier de menestrel*, et le jeune poëte lui garda une reconnaissance dont ses œuvres nous donnent souvent la preuve. Après la mort du bon duc, arrivée en 1261, Adènes s'attacha aux deux enfants de son protecteur Jean, duc de Brabant, et Godefroi, seigneur d'Aerschot. En 1270 et 1271 nous le trouvons en Italie et en Sicile, à la suite de Guy de Dampierre, comte de Flandre, auprès duquel il resta jusqu'en 1296. C'est à la cour de ce prince qu'il obtint vraisemblablement le titre de roi des ménestrels, et qu'il prit, en cet honneur, le nom d'Adènes le Roi. Ses fonctions en Flandre ne l'empêchèrent pas de faire à Paris de nombreux et de longs voyages. Marie de Brabant, fille de son premier protecteur et épouse de Philippe III, successeur de saint Louis, l'attira sans doute à la cour de France, où il sut plaire tout particulièrement à Robert d'Artois, l'ami, l'illustre et intelligent protecteur d'un autre poëte célèbre du XIIIe siècle, Adam de La Halle.

Quoi qu'il en soit, l'influence du dialecte et du génie de l'Ile-de-France l'emporte de beaucoup, dans les œuvres d'Adènes, sur l'inspiration flamande. Son style pur, sa forme recherchée, sa poésie polie et courtoise, pour ainsi dire, le soin extrême de sa composition, la minutie, la délicatesse un peu languissante de son observation, toutes ces qualités de fine rhétorique qui le distinguent, n'ont rien de brabançon. Elles offrent un contraste complet avec les produits contemporains de la muse flamande et wallonne.

La richesse et la recherche de sa phrase poétique attirèrent sur lui l'attention de tous ces princes amoureux des lettres, qui firent du xiiie siècle la plus brillante époque littéraire du moyen âge. Il sut, à l'aide d'une délicate et habile flatterie, conserver cette faveur des grands seigneurs. Il devint célèbre ; et comme il ne négligea aucune occasion de se nommer, il fut un de ceux dont le nom séduisit les premiers érudits qui songèrent à s'occuper de notre vieille poésie. On lui attribua un grand nombre d'ouvrages. Nous nous contenterons de citer les quatre poëmes suivants, les seuls qui lui appartiennent bien authentiquement : l'*Enfance d'Ogier*, *Beuves de Comarchis*, *Cléomadès*, *Berte aux grands pieds*.

C'est à cette dernière œuvre que nous allons emprunter une citation qui donnera, avons-nous dit, l'exemple de cet art plus fin, moins vigoureux, plus minutieux, et aussi plus psychologique, introduit dans l'épopée par l'emploi fréquent de l'élément féminin.

Pepin le Bref trompé par les artifices de Margiste, fait chasser Berte, sa jeune épouse, et donne ordre qu'on la tue. Les trois domestiques chargés d'exécuter cet ordre se laissent attendrir, et, au lieu de lui couper la tête, l'abandonnent dans une immense forêt.

Berte est au milieu du bois, elle entend les hurlements des loups, le cri des chats-huants, il fait grand vent, la pluie tombe et l'orage s'avance. C'est un temps *hideux*. La dame prie. Elle ne sait où aller. Elle regarde à droite et à gauche, et devant et derrière, puis elle s'arrête et elle pleure ; elle s'agenouille encore sur la terre et s'étend désespérée dans l'herbe épaisse, pour baiser le sol avec humilité. Elle pense à Blanchefleur, sa mère bien-aimée : « Ah! Madame, si vous saviez où je suis maintenant, le cœur vous sauterait de la poitrine. Seigneur Dieu ! menez-moi en un lieu où mon corps ne soit pas honni. » Puis elle s'assied sous un arbre, son cœur devient de plus en plus douloureux ; elle tord ses très-belles mains blanches, car elle est belle, vermeille comme la rose, et blanche comme fleur de lis. Il faut cependant qu'elle cherche à sortir du bois, les épines déchirent sa robe, les branches atteignent son visage délicat : « Ah ! Fortune, comme vous me faites la moue, dit-elle d'une voix si basse qu'à peine on peut l'entendre. D'un si haut honneur me voici tombée dans la boue; je suis presque au même point que le pinson ou l'alouette qu'un épervier affamé tiendrait en ses serres ! » Et la reine pleure, car elle souffre et a souffert grande douleur; elle l'endure au nom de Dieu pour gagner paradis, et pourtant toujours elle se dit : « Pourquoi ne le sait-elle pas, ma mère, que sa fille Berte est perdue dans cette forêt? »

BERTE ÉGARÉE DANS LA FORÊT DU MANS.

Li jours va à declin, si aproche la nuit ;
Quant ce voit la royne, el parfons bois s'enfuit,
En un lieu que bestailles orent fait et estruit.
Grant poor ot du vent qui menoit trop grant bruit ;
Souvent s'est commandée au Damedeu conduit.
Riens c'on peust manger n'i ot ne cru ne cuit,
Ne pain, ne char, ne vin, ne gastiax ne buef cuit.
Un pou s'est aclinée, qu'elle avoit le chief nuit.
Sachiez que n'i ot gaires ne joie ne deduit
La roïne qui puis porta le noble fruit
De quoy maint Sarrazin furent mort et destruit.
    Quant ores voit la Dame que el bois li anuite
Et que la vesprée iert felonnesse et recuite,
Contre vent fet escu d'arbroissiaus, moult ï luite :
« Dieu, fet elle, comme sui engigniée et soζduite !
« Ris et solas et joie m'a bien clamée quite,
« Dedens cette forest sui povrement deduite !
« Je croi ceste murete que bestes l'ont estruite
« Car ele est, ce me semble, moult diversement duite. »
Damedieu reclama, le Pere droiturier.
Un moncelet a fet de feuilles d'olivier,
Qu'elle se cuida un petitet cluignier.
Mès se Jhesu n'en pense, qui tout a à baillier,
Ele aura jà molt tost douloreus encombrier.
Car dui larron venoient des marchéans gaitier ;
Il regardent, si voient le bliaut blanchoier ;
Li uns d'euls passe avant, si le courut sachier,
La royne saut sus, si prent à formoier,
Cuida que ce fust beste qui la vosist mengier.
Quant cil la vit si gente, si la court embracier,
Et l'autre li escrie : « Lai l'ester, pautonier,
Elle sera m'a mie, par le cors St Richier.

TRADUCTION.

Le jour décline, la nuit s'approche,
Quand la reine voit cela, elle s'enfuit au plus profond du bois,
Sous un couvert que les bêtes s'étaient ménagé ;
Elle eut peur du vent qui faisait très-grand bruit,
Et souvent elle s'est recommandée à la providence du Seigneur.
Elle n'avait nulle chose, soit crue, soit cuite, à manger,
Ni pain, ni chair, ni vin, ni gâteaux, ni bœuf cuit.
Elle se baissa un peu, car les branches lui blessaient la tête ;
Vous voyez qu'elle n'y eut guère de joie ni de repos,
Cette reine qui depuis porta le noble enfant
Par lequel maints Sarrasins furent exterminés.
Bientôt, quand la dame voit que la nuit s'empare de la forêt,
Que la soirée est perfide et dangereuse,   [travail.
Elle se fait contre le vent un rempart d'arbrisseaux, c'est un grand
« Dieu, s'écrie-t-elle, comme j'ai été trompée !
« Rire, repos et joie, m'ont quittée sans retour,
« Et dans cette forêt je suis pauvrement réjouie ;
« Ce repaire, je le crains bien, a été fait par les bêtes sauvages,
« Car il a, ce me semble, un étrange aspect. »
Elle invoque encore le Seigneur Dieu, le Père toujours juste,
Puis elle arrange un petit tas de feuilles d'olivier ;
Elle espère pouvoir se reposer un instant.
Mais, si Jésus n'y veille, le maître souverain,
Il va lui survenir un douloureux accident,
Car voici deux voleurs qui viennent de guetter les marchands !
Ils regardent, ils voient la robe aux blancs reflets ;
L'un d'eux s'avance, il tire le vêtement ;
La reine saute sur pied, elle se prend à frémir,
Pensant que c'était bête qui la voulait manger.
Celui-ci, quand il la voit si gracieuse, court pour l'embrasser,
Et l'autre lui crie : « Laisse-la, misérable !
« Elle sera ma mie, par les reliques de saint Riquier.

I.   9

« — Voire, sire, car vous la féistes forgier !
« Se plus en parliez, vous le compariez chier. »
Cil oï sa menace, le sens cuide changier.
Un grant coutel a trait, à cors li va fichier.
Cil sache s'espée, tel coup l'en va paier
Qu'ambedui s'entrabatent tuit senglant en l'erbier.
   La Royne Berte s'est tost mise au frapier
Et por le mieulz foïr se prist à escourcier,
Tant a foï, la lasse, tot un estroit sentier,
Que là l'ame li faut ; ou bois se va lancier,
En un buisson espés s'est alée mucier,
Durement en son cuer a pris à lermoier :
« Ha ! nuis ! Com serez longue ! moult vous doi resoigner !
« Et quant il sera jor, si me puist Dex eidier,
« Ne saurai où aler, ou avant ou arrier ;
« Dont i a bien de quoi je me doi esmaier.
« De trois choses à l'une me convient apoier :
« Ou je morrai de faim, ou de froit, sans targier,
« Ou je serai mengiée ains qu'il doie esclerier.
« C'est povre partison, selon mon desirier.
« Mere Dieu, car vueillez vostre doz Filz proier
« Qu'à cest besoing me veuille, s'il li plest, conseillier,
« Dame, si vraiement com j'en ai grant mestier. »
Lors se met à genoz, la terre va besier.
« Saint Julian, fet ele, vueilliez moi herbergier ! »
Sa pater nostre a dite, que n'i volt detrier.
Sus son destre costé s'est alée couchier ;
De Dieu et de sa Mère se comence à saingnier ;
Pleurant s'est endormie. Dex la gart d'encombrier !
   En un moult divers leu de coste une bruière,
En el pendant d'un tertre, de coste une rivière,
Dort la roïne Berte, son chief sor une pierre.
A Dieu s'est commandée et au baron saint Pierre,
Et à la Mère Dieu, la benoite et la chière,
Et à saint Julian qui fut vraiz herbergière.
A ses mains avoit trait un petit de feugière,

« — Vraiment, seigneur ; sans doute on l'a faite exprès pour vous !
« Si vous en dites un mot de plus, vous le paierez cher. »
Le premier entend la menace, il pense en enrager ;
Il tire un grand couteau et l'en frappe en plein corps.
L'autre tire son épée et en donne un tel coup,
Que tous deux s'entr'abattent sanglants sur le gazon.
    La reine Berte aussitôt prend la fuite
En retroussant sa robe pour courir plus vite.
Elle a suivi si longtemps, la malheureuse, un sentier étroit,
Que le cœur lui manque. Elle se jette dans le bois,
En un buisson épais elle va se cacher,
Et douloureusement, en son cœur, elle se met à pleurer :
« Ah ! nuit, que vous serez longue ! Comme je dois vous redouter,
« Et quand le jour viendra, si Dieu veut que je le voie,
« Où devrai-je aller ? est-ce en avant ? est-ce en arrière ?
« Je ne le sais, et j'en dois bien trembler,
« Car je ne vois que trois choses qui me puissent arriver :
« Ou bien je vais bientôt mourir de faim ou de froid,
« Ou je serai dévorée avant que la lumière revienne ;
« Je suis pauvrement partagée, et c'est un triste choix !
« Mère de Dieu, ah ! veuillez demander à votre doux Fils
« Que dans cette nécessité il consente à me guider,
« Madame, dans une voie aussi sûre que mon besoin est grand ! »
A ce moment elle se jette à genoux et baise la terre :
« Saint Julien, s'écrie-t-elle, daignez être mon hôte ! »
Elle dit son Pater, car elle n'y veut manquer,
Elle s'étend sur son côté droit,
Puis au nom de Dieu et de sa Mère elle commence à se signer.
En pleurant elle s'est endormie. Que Dieu la garde du danger !
    Dans un lieu sauvage, dominé par une bruyère,
Sur la pente d'une colline au bas de laquelle coule une rivière,
La reine Berte dort, la tête sur une pierre.
Elle s'est recommandée à Dieu et au seigneur saint Pierre,
Et à la Mère de Dieu, la bénie, la bien-aimée,
Et à saint Julien, le grand hospitalier.
De ses mains elle avait arraché un peu de fougère,

Si en avoit couvert et son vis et sa chière
Au mieulz qu'elle pooit et devant et derrière,
Que moult doutoit la bise qui est tranchant et fière,
Ne les ronces n'ont pas leissié sa robe entière ;
Et s'estoit jone et tendre et rousée en herbière ;
Moult ert sage et cortoise et de bonne manière,
N'ot pas plus de seize ans.

 Devant la mienuit le tems un peu s'escure
Et la lune est levée et bele et clère et pure
Et li venz est chéus et li tens s'aséure,
Il laissa le plouvoir, s'amanri la froidure.

 En droit la mienuit laissa il le venter ;
La royne s'esveille, si prent à sopirer,
De la paor qu'ele ot commença à trembler
A destre et à senestre commence à regarder ;
Cuida que il fust jor pour ce que fesoit cler :
« Ha, sire Diex, fet ele, quel part porrai aler
« Où à menger péusse un petitet trouver,
« Que j'ai si très grant fain que ne sai que penser. »
Lors commence la dame tendrement à plorer
Et son père et sa mère forment à regretter :
« Ahi ! ma douce mere ! tant me solez aimer,
« Et vous, biau très douz pere, baisier et acoler !
« Jamés ne me verrez, ce puis je bien jurer ! »
A genoz et à coutes vet la terre acliner :
« Ha ! sire Diex, fet ele, tu te leissas pener,
« Suz en la sainte croiz por le pueple sauver,
« Dont vous doi bien chacun servir et hennorer ;
« Qui plus a à souffrir plus vous doit aorer,
« Car vous le povez, sire, si bien guerredonner !
« Ceus qui ainsi le font, ce saige, sans douter,
« Qu'en vostre Paradis les ferés coroner ;
« Puis qu'il vous plaist, biau sire, que j'aie à endurer,
« Ge vueil por vous mon cors travailler et pener. »

Elle en avait couvert son visage et ses épaules,
Par devant et par derrière, du mieux qu'elle avait pu,
Car elle redoutait la bise qui était piquante et vive,
Et les ronces ne lui avaient pas laissé sa robe entière.
Puis elle était jeune, délicate, fraîche comme l'herbe sous la rosée,
Et sage et courtoise, et de douces manières ;
Elle n'avait pas plus de seize ans.
  Avant la minuit le ciel s'éclaircit un peu,
La lune se leva belle, claire et pure,
Le vent tomba, le temps devint plus sûr,
La pluie cessa, et le froid diminua.
  Quand vint la minuit on n'entendit plus le vent ;
La reine s'éveille, elle se prend à soupirer ;
De la peur qu'elle a elle commence à trembler,
A droite et à gauche se met à regarder,
Et, voyant une petite lueur, elle pense qu'il va faire jour :
« Ah ! sire Dieu, fait-elle, de quel côté dois-je aller
« Pour trouver un peu, bien peu de nourriture ?
« Car j'ai si faim que ma raison se perd. »
Alors la dame s'abandonne entièrement à ses larmes,
Elle regrette durement son père et sa mère :
« Ah ! ma douce mère ! vous saviez tant m'aimer,
« Et vous, cher très-doux père, m'embrasser et me baiser !
« Jamais vous ne me verrez plus, cela je puis bien le jurer ! »
Elle se jette à genoux, les coudes appuyés sur la terre :
« Ah ! sire Dieu, fait-elle, tu te laissas martyriser
« Sur la sainte croix pour sauver le monde,
« Pour cela chacun doit bien te servir et t'honorer ;
« Et celui qui souffre le plus doit le plus t'adorer,
« Car, vous le pouvez, sire, si bien récompenser !
« Ceux qui agissent ainsi, je le sais, je n'en doute pas,
« En votre Paradis vous les ferez couronner.
« Puisqu'il vous plaît, cher Seigneur, que j'aie à souffrir,
« Bien volontiers, pour vous, je martyriserai mon corps. »

Nous bornerons là nos emprunts à la chanson de geste du xiiie siècle. Dans cette étude très-sommaire, nous ne pouvions espérer donner une idée complète et avantageuse de la grandeur de l'ensemble et de la richesse des détails; détacher un fragment d'une masse compacte, découper une citation dans une œuvre ferme, unie, harmonieuse et large, c'est s'exposer à faire confondre l'œuvre avec le lambeau, à abaisser le monument à la petitesse du spécimen, à donner au poëme l'apparence nécessairement anguleuse et incorrecte de l'extrait. L'art du moyen âge, plus naïf que perfectionné, plutôt honorable par la vigueur du caractère, la droiture et l'élévation de l'idée, que gracieux par la finesse recherchée de la forme, cet art se prête moins que tout autre à un travail de mosaïque; il fournit un bloc imposant, non des pierreries ciselées; pour qu'il soit admirable, il faut regarder le bas-relief entier, non étudier le jeu des muscles dans chaque personnage sculpté. Nous avouons donc humblement, à l'honneur de notre épopée nationale, que nous n'avons pu donner d'elle qu'une idée incomplète; nous avons été surtout préoccupé du désir de montrer, dans nos citations, quelle activité le xiiie siècle avait imprimée aux quatre ressorts de la poésie épique : Dieu, la Royauté, la Guerre et la Femme.

POËMES TIRÉS DE L'ANTIQUITÉ SACRÉE ET PROFANE.

La plupart de ces poëmes ne sont que des imitations des chansons carlovingiennes ou des romans d'aventures. Les trouvères lettrés, les clercs, amoureux de poésie, découvrirent aisément, dans la Bible, dans l'histoire ecclésiastique ou politique de l'antiquité, des événements analogues à ceux qui étaient développés dans les romans de chevalerie, des héros à peu près semblables à ceux qui étaient en possession de la faveur populaire ; ils pensèrent qu'il manquait uniquement une formule à ces actes de bravoure, à ces nobles et généreux soldats des grandes guerres d'autrefois, pour pouvoir lutter d'intérêt avec les douze Pairs et avec la croisade contre les Sarrasins. Cette formule, ils l'empruntèrent soit à la chanson de geste, soit aux romans d'aventures, selon le temps, selon le caractère héroïque ou aventureux des faits et des héros qu'ils voulaient produire sur la scène de l'épopée. Ils arrivèrent ainsi à satisfaire leur amour pour la poésie et ce respect de la science historique que leur imposait leur qualité de lettrés ; ils espérèrent encore pouvoir gagner la faveur populaire sans descendre au niveau des jongleurs, et, comme nous l'indique Jean Bodel, donner de graves conseils, faire plus facilement admettre d'utiles leçons.

Il ne faut pas prendre dans un sens très-littéral ce mot de science historique, que je viens de prononcer : les poëtes épiques de cette classe se croyaient très-sincèrement des historiens ; mais à l'ombre de l'histoire, ils se livraient aux ébats de leur imagination, bouleversant les événements au gré de leurs théories artistiques, et inventant tout ce qui pouvait rehausser l'intérêt de la narration. L'originalité et l'invention l'emportaient sur la science ; ils cherchaient avant tout la vie, le drame, le développement des caractères, la création des types généraux ; le sentiment de l'humanité, enfin, leur faisait dédaigner la chronologie, la couleur locale et la froide appréciation du temps passé. Ils changeaient en homme la statue livrée par l'histoire, en homme héroïque, en homme dramatique, en homme utile, c'est-à-dire, pouvant plaire et faire la leçon aux auditeurs du xiiie siècle. Pour en arriver là, il fallait rapprocher les héros antiques de la vie intime, les vêtir à la mode du moyen âge et dramatiser l'histoire soit par des péripéties plus nombreuses, soit par des épisodes où la passion vint animer ces physionomies glacées par le temps. Il faut ajouter que ce travail de galvanisation, si je puis dire, avait été déjà commencé par de fausses chroniques auxquelles les trouvères ajoutaient foi entière ; et l'Evangile de Nicodème, le Callisthène, le journal de Dictys de Crète et de Darès le Phrygien, peuvent être considérés comme des espèces de traits d'union entre la véritable histoire de l'antiquité et cette série de poëmes épiques dont nous nous occupons ici.

Le plus connu de tous ces monuments, c'est le roman d'Alexandre, composé à la fin du XII° siècle par Lambert *li Tors* et Alexandre de Bernay, ou de Paris. Cette œuvre jouit d'une telle réputation, qu'un grand nombre de poëtes travaillèrent à y ajouter de nouvelles branches en exposant le roi de Macédoine aux plus merveilleuses aventures. Parmi ces poëtes, nous citerons Thomas de Kent, Jean le Nivellois, Guy de Cambrai, Pierre de Saint-Cloud, Jean de Longuyon, Jean Motelee, Jean Brisebarre, Huon de Villeneuve. Jacques Forest s'empara d'un autre héros, Jules-César. L'antiquité sacrée fournit le sujet du roman de Vespasien, ou la destruction de Jérusalem.

Les autres poëmes qui furent empruntés à cette source rejetèrent la formule des chansons de geste et rentrèrent dans le cadre des romans d'aventures.

C.-D. D'HÉRICAULT.

LES ROMANS D'AVENTURES

Le roman d'aventures devient, au XIIIe siècle, la branche la plus féconde et la plus riche de la poësie française. Tel nous l'avons caractérisé à sa naissance, tel il persiste sans transformations importantes pendant cette seconde période. C'est toujours le domaine de l'imagination pure, de la fantaisie souveraine, du merveilleux et de l'invraisemblance. L'amour continue d'y régner presque sans partage; cette maîtresse passion de l'humanité y est peinte, du reste, avec les plus vives couleurs, dans toutes ses nuances les plus délicates et les plus variées. C'est surtout par l'étude de ce sentiment tel que l'expriment nos trouvères qu'on pourrait se rendre compte de la différence qui existe entre l'antiquité et le moyen âge, et du progrès accompli par l'âme humaine. Les trouvères du XIIIe siècle ont produit un nombre incroyable de ces fictions chevaleresques et amoureuses; nous sommes bien loin de les posséder toutes; nous verrons ce qui nous en reste encore. Ils puisaient les sujets de leurs fables aux sources les plus diverses et les plus lointaines; il n'est pas de langue mystérieuse de l'antique Asie, il n'est pas de mythologie obscure des peuples du Nord qui n'ait apporté son tribut à nos conteurs. La tradition possédait évidemment à cette époque un immense trésor formé et transmis par les civilisations antérieures; les siècles barbares de la décadence latine ne l'avaient pas dissipé; nos poëtes le monnayèrent une dernière fois, pour ainsi dire, à l'effigie française; c'est plus tard, aux XIVe et XVe siècles, que ce trésor s'est perdu.

Les variétés d'origine qu'on remarque dans les romans d'aventures peuvent servir à établir entre eux une division; il est permis d'appliquer à ce genre en particulier les trois grandes catégories indiquées d'une manière plus générale par Jean Bodel : « de France, de Bretagne ou de Rome la grant. » De ces romans, en effet, les uns empruntent leur donnée première à l'antiquité soit latine, soit grecque, soit orientale. Les autres dérivent des traditions celtiques ou des légendes du Nord. Les autres, enfin, paraissent être nés sur le sol, s'être inspirés de souvenirs plus ou moins historiques, et représentent l'élément indigène et national. Cette distinction ne saurait impliquer, d'ailleurs, entre les productions rangées dans ces catégories, des caractères bien tranchés, des différences bien profondes. Le moyen âge donnait à toutes ses créations, quels que fussent les matériaux dont il s'était servi, son empreinte, sa physionomie et sa couleur. Qu'il traduise des poëmes de l'Inde ou de Rome, il ne trace jamais que le tableau de la société féodale et chevaleresque ; les héros de tous les âges, les patriarches de la Bible et les demi-dieux de la Grèce, il les revêt également de son costume, de ses armes et de ses mœurs. Et jamais peut-être il n'est si original ou du moins d'une originalité si frappante que dans ses imitations, précisément parce que nous pouvons alors comparer les types primitifs aux types si naïvement transformés par les trouvères. Les romans d'aventures se ressemblent donc tous, quelle que soit leur origine ; ils tracent tous le même idéal, ils révèlent les mêmes goûts et les mêmes tendances, ils sont tout entiers et uniquement du moyen âge. La distinction que nous établissons entre eux repose, par conséquent, moins sur des traits essentiels que sur des circonstances accessoires, telles que le rapprochement de la fable employée par les conteurs avec des fables existant dans les anciennes littératures, les moyens que le poëte met en œuvre, le théâtre où il place son action, la patrie qu'il donne à ses personnages. Mais cette distinction est utile et nécessaire pour mettre un certain ordre dans la longue énumération à laquelle nous serons obligé. Nous passerons premièrement en revue les contes qui se rapportent à la matière de Bretagne.

MARIE DE FRANCE

Parmi les nombreux poëtes qui marchent au xiiie siècle sur les traces de Chrétien de Troyes un nom nous arrête d'abord, celui de Marie de France. Sa biographie est tout à fait incertaine, comme toutes les biographies des siècles où nous sommes. On sait seulement que Marie vivait et écrivait en Angleterre sous le règne de Henri III, et l'on présume qu'elle se nommait Marie de France parce qu'elle était née sur le continent. M. B. de Roquefort a édité un recueil des poésies de Marie de France[1]. Il a réuni quatorze *lais* dont la plupart appartiennent avec certitude à cette femme poëte, dont quelques autres lui sont attribués avec vraisemblance. En voici les titres : le lai de *Gugemer*, le lai d'*Équitan*, le lai du *Fresne*, le lai de *Bisclavaret*, le lai de *Lanval*, le lai des *Deux amants*, le lai d'*Yvenec*, le lai du *Laustic* ou du rossignol, le lai de *Milun*, le lai du *Chativel*, le lai du *Chèvrefeuille*, le lai d'*Éliduc*, le lai de *Graalent*, le lai de l'*Espine*. Le sujet de presque tous ces récits est emprunté aux fables bretonnes ; Marie le déclare elle-même au commencement ou à la fin de chacun d'eux. Ils jouirent d'une grande faveur au XIIIe siècle. Denys Piramus, l'auteur du roman de *Partonopeus de Blois*, nous apprend qu'ils plaisaient aux comtes, barons et chevaliers, et surtout aux dames, « car ils flattent leurs volontés. » Ce que nous remarquons particulièrement dans les poëmes de Marie de France, c'est un sentiment de tendresse vague et mélancolique qui a été rarement exprimé par les trouvères, et que celle-ci devait probablement aux contes originaux qu'elle traduisait ou imitait. Elle dit, en parlant de Tristan et d'Yseult, dans le lai du *Chèvrefeuille*.

> D' euls deus fu il tut autresi,
> Cume del chevrefoil esteit,
> Ki à la codre se preneit :
> Quant il est si laciez et pris
> E tut entur le fust s' est mis,
> Ensemble poient bien durer.
> Mais ki puis les volt desevrer
> Li codres muert hastivement
> E chevrefoil ensemblement.
> — Bele amie, si est de nus :
> Ne vus sanz mei, ne mei sanz vus.

« D'eux il en fut ainsi que du chèvrefeuille qui s'était pris au coudrier. Lorsqu'il y est bien enlacé et roulé autour du bois, ensemble ils peuvent bien durer ; mais si on les sépare, le coudrier meurt bientôt et le chèvrefeuille également. — Belle amie, il en est de même de nous : ni vous sans moi, ni moi sans vous. »

Nous reproduirons quelques vers du lai du *Laustic* (*l'eostik*, c'est le mot breton qui désigne le rossignol). Deux amants habitent des maisons voisines. Mais la dame est mariée ; les amants n'ont guère d'autre joie que de s'apercevoir et de se parler de temps en temps d'une fenêtre à l'autre. Le rossignol est leur complice. Laissons raconter par Marie de France la catastrophe dont l'infortuné chantre des nuits fut victime.

[1] A Paris, 1832, 2 vol. in-8º.

LE LAI DU ROSSIGNOL

. . . .
Lungement se sont entreamé
Tant que ceo vint à un esté
Que bois e prés sunt reverdi
E li vergier ierent fluri.
Cil oiselez par grant duçur
Mainent lur joie ensum la flur.
Ki amer ad à sun talent
N'est merveille s'il i entent.
Del chevalier vus dirai veir,
Il i entent à sun poeir,
E la dame del autre part,
E de parler e de regart.
Les nuits quant la lune luseit
E ses sires cuché esteit,
Dejuste li sovent levot
E de sun mantel s'afublot ;
A la fenestre ester veneit
Pur sun ami qu' el i saveit,
Qui autre teu vie demenot
E le plus de la nuit veillot.
Delit aveient à veer
Quant plus ne poeient aver.
Tant i estut, tant i leva,
Que ses sires se curuça
E meintefeiz li demanda
Pur quoi levot e ù ala ?
« Sire, la dame li respunt,
Il n'en ad joie en cest mund
Ki n' en ot le laustic chanter.
Pur ceo me vois ici ester :
Tant ducement le oi la nuit
Que mut me semble grant deduit ;

TRADUCTION

Longuement ils se sont entr'aimés
Tant que ce vint à un été,
Que les bois et les prés furent reverdis
Et les vergers furent fleuris.
Les oiselets par grand douceur
Mènent leur joie dessus les fleurs.
Celui qui a un amour selon ses vœux,
Ce n'est pas merveille qu'il s'y livre;
Du chevalier je vous dirai vraiment
Qu'il s'y livre de tout son pouvoir,
Et la dame, d'autre part,
Et du parler et du regard.
Les nuits, quand la lune luisait,
Et que son mari était couché,
D'auprès de lui souvent elle se levait,
Et de son manteau se couvrant,
A la fenêtre venait se placer
Pour apercevoir son ami qu'elle savait là,
Car de son côté il menait pareille vie,
Et veillait la plus grande partie de la nuit.
Ils avaient plaisir à se voir,
Puisqu'ils ne pouvaient avoir davantage.
Tant fut debout, tant se leva la dame
Que son mari se courrouça.
Et mainte fois il lui demanda
Pourquoi elle se levait et où elle allait :
« Seigneur, lui répondait-elle,
Il n'a joie en ce monde
Celui qui n'entend le rossignol chanter;
C'est pour cela que je viens ici :
Je l'écoute chanter si doucement la nuit,
Que j'en suis comme toute ravie.

Tant me delit e tant le voil,
Que je ne puis dormir del oil. »
Quant li sires ot que ele dist,
De ire e maltalent en rist;
De une chose purpensa
Que le laustic enginnera.
Il n'ot vallet en sa meisun
Ne face engin, reis u lasçun,
Puis le mettent par le vergier.
N'i ot codre ne chastainier
U il ne mettent laz u glu,
Tant que pris l'unt e retenu.
Quant le laustic éurent pris,
Al seignur fu rendu tut vis.
Mut en fut liez quant il le tient.
As chambres la dame s'en vient :
« Dame, fet il, ù estes vus?
Venez avant, parlez à nus.
Jeo ai le laustic englué
Pur qui vus avez tant veillé.
Des or poez gesir en peis,
Il ne vus esveillerat meis. »
Quant la dame l' ot entendu,
Dolente e cureçuse fu :
A sun seignur l' a demandé.
E il l' ocist par ongresté,
Le col li rumpt à ses deus meins.
De ceo fist il ke trop vileins.
Sur la dame le cors jeta,
Si que sun chainse ensanglanta,
Un poi desur le piz devant.
De la chambre s' en ist atent.
La dame prent le cors petit,
Durement plure e si maudit
Tuz ceus qui le laustic traïrent.

. . . .

Il me charme tellement, je désire tant l'entendre,
Que je ne puis fermer les yeux. »
Quand le mari entendit cette réponse,
Il rit de dépit et de méchanceté.
Il médite une chose,
C'est qu'il prendra le rossignol.
Il n'y eut dès lors valet en sa maison
Qui ne fît des piéges, des rets et des lacs;
Ils les mettent par tout le verger.
Il n'y a coudrier ni châtaignier
Où ils ne placent des lacs ou de la glu,
Si bien qu'ils l'ont attrapé et retenu.
Lorsqu'ils eurent pris le rossignol,
Au seigneur ils le remirent tout vif.
Celui-ci fut joyeux de le tenir.
Il s'en vint aux chambres de la dame :
« Dame, fait-il, où êtes-vous?
Venez vite parler à nous.
J'ai pris à la glu le rossignol
Qui vous a fait si souvent veiller.
Désormais vous pouvez reposer en paix,
Il ne vous éveillera plus. »
Quand la dame l'entendit,
Elle en fut affligée et fâchée.
Elle l'a demandé à son seigneur,
Mais lui le tua par cruauté,
Il lui tordit le col de ses deux mains.
En cela il agit comme un vilain.
A la dame il jeta le corps de l'oiseau,
De sorte qu'elle eut son corsage taché de sang
Un peu à l'endroit de la poitrine.
Sur ce, il sortit de la chambre.
La dame prend alors le corps petit,
Durement pleure et maudit
Tous ceux qui ont trahi le rossignol.

La dame envoie l'oiseau mort à son ami, qui l'enferme précieusement dans une boîte d'or. Le conteur laisse deviner que le rossignol fut bien vengé. La morale est assez souvent compromise ou du moins oubliée dans les lais de Marie de France, comme dans tous les romans d'aventures. Il paraît que, pour ce motif, Marie fut exposée aux attaques et aux calomnies. Voici ce qu'elle dit au commencement du lai de *Guyemer* :

> Mais quant oent en un païs
> Humme u femme de grant pris,
> Cil ki de sun bien unt envie
> Suvent en dient vileinie ;
> Sun pris li volent abeisier.
> Por ceo commencent le mestier
> Del malveis chien coart, felun,
> Ki mort la gent par traïsun.
> Nel voil mie pur ceo laissier,
> Se jangleur u se losengier
> Le me volent à mal turner:
> Ceo est lur dreit de mesparler.

« Quand ils savent en un pays homme ou femme de grand mérite, ceux qui de son bien sont envieux s'empressent d'en dire vilenies. Ils cherchent à abaisser son prix. Pour cela, ils commencent le métier de mauvais chien couard, félon, qui mord les gens par trahison. Je ne veux pas laisser mon œuvre parce que railleurs ou médisants le veulent tourner à mal. Les méchantes paroles sont leur droit. »

Marie de France, en outre de ses *lais*, a composé un recueil de fables, un *ysopet*, comme on disait alors, dont nous parlerons plus loin.

Les compositions qui doivent se classer encore dans la matière de Bretagne sont les suivantes :

Le roman du *Saint Graal*, abrégé en vers, publié par MM. F. Michel et G. Brunet, à Bordeaux, 1841.

Le roman de *Merlin*, fragment conservé au Musée britannique, publié dans les Archives des missions scientifiques, par M. Hersart de la Villemarqué, 1856.

Le conte de l'*Atre périlleux*, le conte du *Chevalier à l'épée*, publiés dans le recueil de Barbazan et Méon.

Le roman des *Aventures de Frejus*, édité par M. F. Michel, 1840.

Le roman de *Jaufre* (provençal), édité et traduit par M. Mary Lafon.

Le lai d'*Ille et Galleron*, composé par Gautier d'Arras, et dédié à Béatrix de Bourgogne, femme de l'empereur Frédéric Barberousse, œuvre par conséquent de la seconde moitié du XIIe siècle, mais dont il ne nous reste plus qu'une copie datée de 1288. — Inédit.

Le roman de *Beaudous* « qui fu fiz le prou Gawein, » par Robert de Blois. — Inédit.

Le roman de *Cristal et Larie*. — Inédit.

Le roman de *la Dame à la licorne*. — Inédit.

Le roman de *Meraugis de Porlesguez*, par Raoul de Houdanc. — Inédit.

Le roman de *Guy de Warwike*. — Inédit.

Enfin, nous devons ranger dans cette classe le roman de *Horn*, composé par le trouvère *Thomas*, d'après un lai écossais ou breton. Ce poëme, à la différence de tous ceux que nous comprenons dans cette série, est écrit en vers de douze syllabes; c'est une œuvre hybride, par conséquent, mixte entre les chansons de geste et les romans d'aventures [1].

La matière de France n'est pas moins riche que la matière de Bretagne. S'il fallait chercher entre ces deux espèces du même genre littéraire quelques traits distinctifs, nous dirions que les contes d'origine bretonne décèlent une humeur plus inquiète et plus errante; les contes d'origine française ont un caractère plus intime. Pour les uns, les courses aventureuses sont le principal, la passion le prétexte. Pour les autres, la passion est le principal et les aventures l'accessoire; le trouvère s'attache avant tout aux drames du cœur. Les héros des romans bretons, si amoureux qu'ils soient, semblent toujours tourmentés par je ne sais quelle curiosité non satisfaite; ils paraissent chercher la femme plutôt que l'avoir trouvée. Les héros des contes français, au contraire, l'ont trouvée, non point parfaite, non pas idéale; mais telle qu'elle est, ils s'y tiennent. Ils ne s'abusent pas, ils savent que l'objet de leur culte est décevant et fragile. On aperçoit dans ces contes une double inspiration, une contradiction, une lutte singulière : d'une part, cette idolâtrie amoureuse qui est devenue le principe de la chevalerie, et, d'autre part, cette vieille et profonde défiance de la nature féminine dont le conteur ne saurait se dépouiller. Il y a de ce duel entre deux tendances contradictoires un curieux exemple dans un des plus remarquables romans dus à l'imagination de nos trouvères, le roman d'*Amadas et Idoine*. Le poëte inconnu

---

[1] V. *Horn et Rimenhild*, recueil de poèmes relatifs à leurs aventures, publiés par M. F. Michel, Paris, 1845, in-4º.

qui a écrit cette histoire d'amour cède avec une égale bonne foi à l'une
et à l'autre influence. Pour faire valoir la loyauté et la constance de la
belle Idoine, il n'imagine rien mieux que d'écrire d'abord quatre-vingts
vers contre la tricherie, la frivolité et la variabilité de la femme en
général :

> Volages sunt et poi estaules
> Et sans mesure enfin canjaules.
> Fols est qui en nule se fie...
> Encontre raison et droiture
> C'est de femme droite nature
> D'ouvrer toujours...
> Por ce si est de femme fine
> Boine, loial, enterine,
> Une des mervelles du mont...

« Elles sont volages et peu constantes, et sans mesure enfin changeantes; fol est qui en nulle se fie. C'est de la femme la vraie nature d'agir toujours contre raison et droiture. Aussi une femme fidèle, bonne, loyale et sûre, est-elle une des merveilles du monde. »

Il en conclut fort justement que celles qui font exception à la règle en ont d'autant plus de prix, et de ce nombre infiniment restreint, « pas une sur mille, » est, comme on le pense bien, la belle Idoine, son héroïne,

> De ces bones est Ydome une,
> Hors est de la fosse commune.

Nous aurons plus d'une fois encore l'occasion de constater cette double impulsion à laquelle obéissent alternativement nos conteurs. Le sentiment l'emporte de beaucoup dans les romans d'aventures; l'ironie n'y fait qu'apparaître çà et là et par échappées, mais elle prend une large revanche dans les fabliaux. Continuons à relever quelques traits de ce roman d'*Amadas et Idoine* qui mérite d'être distingué parmi les compositions d'origine purement française. Amadas est fils du sénéchal du duc de Bourgogne; Idoine est fille de ce duc; il s'agit, comme dans la plupart de ces contes, d'un jeune chevalier qui, à force de dévouement et d'héroïsme, obtient l'amour de sa souveraine; c'est là l'éternel rêve des poëmes chevaleresques. Le conteur, pour expliquer la passion irrésistible qui naît entre Amadas et Idoine, dédaigne de recourir à ces mythes que les légendes bretonnes avaient mis en honneur; il n'a besoin d'invoquer d'autres sortiléges que la jeunesse et la nature; il prend soin de le dire lui-même :

> Dou fu d' amor l' uns l' autre esprent.
> Natureument leur est venus
> Cis dous fus es cuers, et créus.
> Ne leur vint pas por mangier fruit
> Ne por boire, ce sachiés tuit,
> Par coi li pluseur destruit sunt
> Qui ça arrieres amé ont,
> Com de Tristran dont vous avés
> Oï, et de pluseurs assés.
> Mais cist sunt de fine amistié
> Natureument entreplaié.

« Du feu d'amour l'un pour l'autre ils s'éprennent. Naturellement, ce doux feu leur est venu aux cœurs et s'est accru. Il ne leur vint pas pour avoir mangé un fruit ni pour avoir bu un philtre, sachez-le bien, par quoi plusieurs ont été détruits de ceux qui, au temps passé, ont aimé, tels que Tristan, dont vous avez entendu parler, et bien d'autres. Ceux-ci tout naturellement sont de fine amitié entre-blessés. » Autant le génie breton se complaît aux symboles et s'en enveloppe, autant l'esprit français, au contraire, a hâte de s'en dégager et de s'en débarrasser.

Pendant qu'Amadas voyage loin de la Bourgogne pour acquérir de la renommée et dans l'espoir de se rendre digne de la jeune duchesse, Idoine est contrainte d'épouser le comte de Nevers. Amadas, lorsqu'il apprend cette nouvelle, perd la raison. Il s'enfuit au loin, il se réfugie dans une grotte située à peu de distance d'une bourgade où il vient de temps en temps chercher à manger; il y est le jouet des enfants et de la populace. Idoine finit par découvrir la retraite où s'est caché son malheureux amant. Elle vient, accompagnée de Garin et de deux autres serviteurs, l'arracher à cette misérable existence. Il y a là une jolie scène que nous voulons reproduire, au moins en partie.

AMADAS GUÉRI DE SA FOLIE PAR IDOINE

La voie acoellent aïtant.
Garines s' en vait primes avant
Qu' es maine droit à Amadas
En la vaute où gisoit li las,
Et dort en paine et en dolour
Qui molt ot travillié le jour...
Idoine voit le damoisel
Qui dort si souef et si bel
Com se il fust sains et haitiés.
Prise l' en est molt grans pitiés
Qu' ele en pleure molt tenrement
Et dist as suens molt doucement
Comme dame de grant savoir :
« Jà quant il se vaura mouvoir
Et s' en quidera fuir,
Penés vous molt dou retenir
Si com volés garir ma vie.
S' il vous escape par folie,
Tout sans faille morrai après,
Ne me verrés mangier jamès. »
Cil dient bien qu' il feront
Dou retenir quanque il poront.
Idoine s'est desafublée,
A tere a sa cape jetée,
En cainse remest seulement...
Mais tant est avenans et bele
Qu' il n' est dame ne pucele
D' iloec à Nevers la cité
Une seule de sa biauté.
Come loiaus amans et fine
Plorant à la terre s' acline,
Descoulourée, pale et tainte;

TRADUCTION.

Alors ils se mettent en chemin.
Garin va tout le premier
Et les mène droit à Amadas,
En la grotte où gît l'infortuné
Et où il dort en peine et en douleur
Après avoir été tourmenté tout le jour.
Idoine aperçoit le jeune homme
Qui dort aussi doucement et aussi gracieusement
Que s'il était bien portant et sain d'esprit.
Elle est saisie, à sa vue, de grand'pitié,
Elle pleure bien tendrement
Et parle à ses serviteurs de sa voix douce
Comme dame très-prudente :
« Quand il va se lever
Et qu'il voudra fuir,
Efforcez-vous de le retenir,
Si vous avez à cœur de me sauver la vie ;
Car si, dans sa folie, il vous échappe,
Sans faute je mourrai après ;
Vous ne me verrez plus prendre aucune nourriture. »
Ils lui répondent qu'ils feront
Pour le tenir tout ce qu'ils pourront.
Idoine s'est désaffublée,
A terre elle a jeté son manteau,
En surcot elle est restée seulement.
Mais elle est si avenante et si belle
Qu'il n'est dame ni jeune fille,
De là jusqu'à la ville de Nevers,
Qui soit de sa beauté.
Comme loyale et tendre amante,
Pleurant à la terre elle s'incline,
Décolorée, pâle et défaite ;

Comme cele qui ne s'est fainte,
Se met molt tost à terre nue
Par dalés lui toute estendue.
Molt souef et molt coiement,
Par grant douceur et simplement,
Tout erramment un de ses bras,
Qui vestus ert estroit à las,
Desous le col soef li met;
L'autre desus molt souavet;
Sa bouche à la soie tout droit,
Si le baise et embrace estroit.
Par les dous baisers que li fait
S'esveille cil, et entresait
S'effroie molt et joint les piés
Et fait com s'il fust esragiés.
Fuir s'en veut, car molt se crient...
Mais li trois salent maintenant
Qui l'ont saisi hastivement
Tuit ensamble por mix tenir.
Et il s'estort de grant aïr...
Idoine est en molt grant fréeur.
A douce voix simplete et basse,
Comme dolante, triste et lasse,
Piteusement merci li crie,
Et dist : « Amis, la vostre amie,
La fille au bon duc de Bourgoigne
Qui pour ceste fiere besongne
Est venue comme dolente
Qui pleure et souspire et demente,
Par grant amor merci vous prie,
Com à ami puet faire amie;
Ce est Idoine vostre drue
Qui tante angoisse aura éue
Por vous et tant maus endurés... »
Le nom d'Idoine ot Amadas
Et de s'amie, isnel le pas

Elle ne veut pas s'épargner,
Elle se met sur le sol nu
Tout étendue à côté de lui.
Bien délicatement, avec précaution,
Par grand' douceur, bien simplement,
Elle glisse alors un de ses bras,
Vêtu d'une manche étroite à lacs,
Sous le cou d'Amadas.
Elle place l'autre bras dessus lui.
Elle pose ses lèvres contre les siennes,
Et le baise et l'embrasse étroitement.
Par les doux baisers qu'elle lui donne,
Amadas s'éveille, et, aussitôt,
Il s'effarouche, saute sur ses pieds,
Et semble pris d'un accès de rage.
Il veut fuir, car la crainte s'empare de lui.
Mais les trois serviteurs s'élancent
Et le saisissent hâtivement
Tous ensemble pour le mieux tenir ;
Et lui se tord de grand courroux.
Idoine est en grande frayeur.
A voix douce, simplette et basse,
Comme dolente, triste, accablée,
Idoine plaintivement lui crie merci.
Et dit : « Ami, votre amie,
La fille au bon duc de Bourgogne,
Qui pour accomplir ce pénible devoir
Est venue, comme une infortunée
Qui pleure, soupire et se lamente,
Par grand amour vous demande grâce
Autant qu'une amie peut le faire à son ami !
C'est Idoine, votre maîtresse,
Qui pour vous a eu tant d'angoisses
Et a enduré tant de maux ! »
Amadas entend le nom d'Idoine
Et d'amie ; subitement,

Est comméus tout son forsens ;
Si entre en un nouvel porpens.
Pour le nom d'Idoine s' amie
Li trespasse la derverie
Dont a esté cargiés maint jor.
Son cuer commuet de grant doçor.
Si a jeté un grant souspir.
Molt li semble dous à oïr
Li noms dont tant mal a soufert.
Tel joie en a que tous s'espert.
Le nom d'Idoine à cascun mot
Ausi com songe entent et ot...
Et si tost com ele aperçoit
Que il entent ; et ele voit
Que li noms si grant rage vaint,
De ses biaus bras souef l'estraint
Et nomme à cascun mot son nom.
Cent fois le nomme d'un randon,
Nomme Amadas, Idoine après,
Et ami et amie adès ;
Et dist à vois piteuse et basse :
« Amadas ! jà sui je la lasse
Idoine, vostre douce amie
Qui plus vous aime ke sa vie.
Je suis la vostre amie fine
Que tant amastes jà mescine,
Idoine, vostre fine drue ;
Por vous secorre sui venue
En cest païs et por garir.
Ne vous laissiés issi morir ;
Amis, aiiés de vous merci,
Por Dieu, et de moi autresi.
Je sui por vous si adolée
Que jà ne m'ert joie donée... »
Atant fait un traitif soupir,
S' el baise à bone volenté,

Toute sa fureur est dissipée.
Il entre dans une préoccupation nouvelle.
Par le nom de son amie Idoine
Lui passe la démence
Dont il a porté maints jours le fardeau.
Ce nom émeut son cœur délicieusement.
Amadas pousse un profond soupir.
Bien doux lui semble à ouïr
Le nom dont il a tant souffert.
Il en a telle joie qu'on le dirait hors de lui.
Le nom d'Idoine à chaque mot
Comme en songe il entend et écoute.
Sitôt qu'Idoine s'aperçoit
Qu'il l'entend, et qu'elle voit
Que ce nom vainc sa folie,
De ses beaux bras tendrement elle l'étreint
Et à chaque parole elle se nomme,
Cent fois de suite elle répète son nom,
Elle nomme Amadas, Idoine ensuite,
Et ami et amie toujours ;
Et à voix plaintive et basse :
« Amadas, dit-elle, je suis la malheureuse
Idoine, votre douce amie,
Qui plus vous aime que sa vie ;
Je suis votre amie loyale,
Que vous aimiez tant lorsqu'elle était jeune fille,
Idoine, votre fidèle maîtresse.
Je suis, pour vous secourir
Et pour vous guérir, venue en ce pays.
Ne vous laissez pas mourir ici.
Ami, ayez pitié de vous,
Pour Dieu ! et de moi-même.
Je suis à cause de vous si désolée,
Que jamais joie ne me serait donnée ! »
Elle exhale un long soupir,
Et le baise de bon vouloir,

De tresbon cuer, à simpleté ;
Et li recorde doucement,
Plourant à lermes francement,
Les grans joies et les deduis
De l'amor dont il est destruis.
Mais à cascune des raisons
Apertement nomme leur noms.
Çou est la miudre medecine,
La plus aidans et la plus fine,
Car autretant li fait d'aïe
Li noms d'Idoine et d'amie
Com uns des noms Nostre Signour
Que nous tenons à creatour.

Nous bornons là cet extrait qui suffira à donner le ton du récit. Un peu diffus de style, le roman d'*Amadas et Idoine* est animé d'une passion très-énergique et nous semble comparable, sous ce rapport, aux plus chaudes créations de la littérature moderne. Nous recommandons au lecteur curieux un épisode trop étendu pour qu'il puisse avoir place dans ce recueil : la veille d'armes d'Amadas dans le cimetière, sur le tombeau d'Idoine, lorsque le chevalier, troublé par les fausses confidences que celle-ci lui a faites avant de mourir, est tourmenté par des apparitions funestes et combat corps à corps les ennemis d'enfer qui veulent enlever Idoine au cercueil. Dans le genre fantastique, on trouverait peu de conceptions plus fortes et plus saisissantes. Le roman d'*Amadas et Idoine* est encore inédit.

Nous rangeons dans la matière de France le conte de *Flore et Blanchefleur*. M. E. du Méril, qui l'a édité[1], a cherché à démontrer, par des arguments qui ne sont pas tous sans valeur, que cette histoire est venue primitivement de la Grèce. Cela n'est pas impossible, mais demeure à l'état de pure hypothèse. De l'original grec que l'on suppose, il n'existe aucune trace, aucun indice. Une considération nous touche davantage,

[1] *Bibliothèque elzévirienne*, 1856.

De bon cœur, avec abandon.
Puis elle lui rappelle doucement,
Pleurant à larmes franchement,
Les grandes joies et les délices
De l'amour dont il est détruit.
Mais à chacune de ses phrases,
Distinctement elle prononce leurs noms.
C'est la meilleure médecine,
La plus puissante et la plus efficace,
Car autant lui fait de bien
Le nom d'Idoine et d'amie
Qu'un des noms de Notre-Seigneur
Que nous croyons notre créateur.

---

c'est que Flore et Blanchefleur appartiennent, au moins par la généalogie, à la grande famille de Charlemagne. Blanchefleur, selon nos trouvères, est la mère de Berthe aux grands pieds ;

> Çou est du roi Floire l'enfant
> Et de Blauceflor la vaillant
> De cui Berte as grans piez fu née,
> Puis fu en France couronnée :
> Fame fu au gentil baron
> Pepin le roi pere Charlon.

Ainsi cette Blanchefleur est la même qui figure dans le roman d'*Adenez le roi* [1]. A ce titre, Blanchefleur, pour les aventures de sa jeunesse captive aussi bien que pour les épreuves de son amour maternel, doit être maintenue dans le cycle français. Les jolies scènes abondent dans le conte de *Flore et de Blanchefleur*. Nous donnons ici celle où les deux amants, traduits devant l'émir de Babylone, cherchent à se disculper l'un l'autre et luttent à qui s'offrira le premier au bourreau.

---

[1] Le roman de *Berte aus grans piés*, dont un passage a été cité précédemment. Édité par M. P. Paris, 1836.

FLORE ET BLANCHEFLEUR
DEVANT LEUR JUGE.

Floire li enfes fut molt biaus
De son eage damoisiaus,
Et ne por quant assés fu grans,
Ses eages fu de xv ans...
Robe porprine vestue ot,
Si fu laciés au mius qu'il pot.
Deffublés fu jouste s'amie
Qui de biauté nel passoit mie.
Elle ert deffublée ensement,
Plorant atent son jugement.
Chief a reont et blonde crine,
Plus blanc le front que n'est hermine...
Suercils brunés, iex vairs, rians,
Plus que gemme resplendissans...
Les levres por baisier grossetes,
Si les avoit un peu rougetes.
Li dent sont petit et seré
Et plus blanc d'argent esmeré.
De sa bouche ist si douce alaine,
Vivre en puet on une semaine;
Qui au lundi la sentiroit
En la semaine mal n'aroit...
De lor biauté tot s'esbahirent
Quant u palais entrer les virent.
N'a si felon home en la cort
Qui de pitié por eus ne plort...
Li rois les a fait apeler
Por çou qu'es veut oïr parler.
Andeus les a mis à raison :
Flore demande com a non.
Cil li respont : « J'ai à non Floire ;

TRADUCTION.

Flore l'enfant était très-beau
Damoiseau pour son âge,
Et déjà même d'assez haute taille;
Il était âgé de quinze ans.
Il portait une robe de pourpre,
Lacée au mieux qu'il avait pu.
La tête découverte il se tenait près de son amie
Qui ne le surpassait pas en beauté.
Elle aussi elle était sans chape ni manteau.
En pleurant, elle attend son arrêt.
Elle a la tête ronde, les cheveux blonds,
Le front plus blanc que n'est hermine;
Les sourcils bruns, les yeux verts, riants,
Plus que perles resplendissants;
Des lèvres faites pour les baisers, un peu grosses
Et un peu rouges.
Les dents sont petites et serrées,
Plus blanches qu'argent épuré.
De sa bouche il sort si douce haleine,
Qu'on en peut vivre une semaine;
Celui qui au lundi la sentirait,
De toute la semaine mal n'aurait.
De leur beauté tous s'émerveillèrent
Quand ils les virent entrer au palais.
Il n'y a si cruel homme en la cour
Qui de pitié pour eux ne pleure.
Le roi les a fait appeler,
Parce qu'il veut les entendre parler.
Il les a interrogés tous les deux.
A Flore, il demande quel est son nom.
Celui-ci lui répond : « Je me nomme Flore;

Aprendre ere alés à Montoire,
Quant Blanceflors me fu emblée;
Or l' ai en cest païs trovée.
Sor sains jurrai que Blanceflor
Ne sot quant j' entrai en la tor.
Et se vous venoit à plaisir,
Quant nel sot n' en devroit morir.
Por moi et por li m' ociois,
Saciés de fi que çou est drois.
Tote en ai le coupe et le tort;
Por moi est el jugie à mort. »
Blanceflors en est molt marie :
« Sire, fait ele, je sui s' amie
Et je sui, par foi, l' oquison
Por coi il monta el doignon.
Se il n' i séust Blanceflor,
Jà ne montast en vostre tor.
Grans dolors ert s' il muert por moi :
Il est d'Espaigne, fius de roi.
Par droit doit vivre et jou morir,
Sire, s' il vous vient à plaisir. »
Floires li dist : « Nel créés mie,
Ociés moi, laissiés m'amie ! »
Il lor dist : « Ambedoi morrés.
Sans demorer, jà n'i faurés.
Jou meismes vous ocirrai
Et de vous deus les chiés prendrai. »
S'espée tote nue a prise.
Blanceflors saut, avant s'est mise,
Et Floires le reboute arrière :
« N' i morrés pas, fait il, première.
Hom sui; si ne doi pas soffrir
Que avant moi doiés morir. »
Devant se met, le col estent.
Blanceflors par le main le prent :
« Grant tort avés, » met soi avant,

J'étais allé étudier à Montoire,
Lorsque Blanchefleur me fut enlevée.
J'ai fini par la retrouver en ce pays.
Sur les saints je jurerai que Blanchefleur
Ne sut pas quand j'entrai en la tour.
Si tel était votre bon plaisir,
Puisqu'elle l'ignorait, elle ne devrait pas mourir.
Pour moi et pour elle tuez-moi.
Sachez vraiment que c'est justice.
A moi en est toute la faute et tout le tort,
C'est pour moi qu'elle est condamnée à mort. »
Blanchefleur de ces paroles est très-marrie :
« Seigneur, fait-elle, je suis son amie,
Et sur ma foi ! j'ai été l'occasion
Qui l'a fait monter dans le donjon.
S'il n'avait su que Blanchefleur y était,
Il n'aurait pas monté en votre tour.
Ce sera grande douleur, s'il meurt pour moi :
Il est fils d'un roi d'Espagne;
Il est juste qu'il vive et que je meure,
Seigneur, s'il vous vient à plaisir. »
Flore reprit : « Ne la croyez pas,
Tuez-moi, laissez vivre mon amie ! »
Le roi leur dit : « Tous les deux vous mourrez,
Sans retard, vous n'y manquerez pas.
Moi-même je vous mettrai à mort
Et ferai tomber vos deux têtes. »
Il a pris son épée toute nue.
Blanchefleur s'élance et se jette en avant.
Flore la repousse en arrière :
« Vous ne mourrez pas, dit-il, la première.
Je suis homme, je ne dois pas souffrir
Que avant moi vous voie mourir. »
Il se met devant elle et tend le cou.
Blanchefleur le prend par la main :
«Vous avez grand tort, » dit-elle, et elle le devance encore,

Son col estent tot en plorant.
Cascuns voloit avant morir;
Li autres nel voloit soffrir.
Li baron qui les esgardoient
Par la sale molt en ploroient.
Jà n' ert mais fais nus jugemens
Dont aient pitié tant de gens.

Cette pitié est telle que l'émir est attendri et qu'il pardonne aux deux amants; bien plus, il les marie, ce qui permet à Blanchefleur de devenir, comme nous l'avons dit, la grand'mère de Charlemagne.

Au cycle français appartiennent encore : le roman de la *Violette* ou de *Gérard de Nevers*, par Gibert de Montreuil, édité par M. F. Michel, en 1834.

Le roman du *Comte de Poitiers*, édité par M. F. Michel en 1831. Le sujet de ces deux poëmes est le même que celui qui a inspiré, vers la même époque, le joli conte en prose du *Roi Flore et de la belle Jehanne*, et dont Shakspeare a fait *Cymbeline*.

Le roman de *Gabrielle de Vergy*, qui enseigne les dangers de l'indiscrétion en amour, publié dans le Recueil de Barbazan et Méon.

Le roman du *Châtelain de Coucy et de la dame du Faël*, édité par M. F. Michel, 1829.

Le roman de la *Manekine*, le roman de *Jean de Dammartin et de Blonde d'Oxford*, (édités tous deux pour une société anglaise, le Bannatyne-Club, l'un par M. F. Michel, l'autre par M. Leroux de Lincy). Ils sont l'œuvre d'un même auteur nommé dans le manuscrit Philippe de Remi, que des présomptions assez fortes autorisent à confondre avec le célèbre jurisconsulte Philippe de Beaumanoir, auteur des *Coutumes de Beauvoisis* [1].

Le roman de *Ham*, par Jean Sarrasin, édité par M. F. Michel.

Le roman de la *Comtesse d'Anjou*, par Alart Peschott. Inédit.

Le roman de l'*Escoufle* (du milan). Inédit.

Le roman d'*Eustache le Moine*, (édité par M. F. Michel, 1834). Celui-

---

[1] V. *Journal général de l'Instruction publique*, 21 novembre 1855.

Elle présente son cou tout en pleurant.
Chacun d'eux voulait mourir le premier,
Et l'autre ne le voulait pas souffrir.
Les barons qui les regardaient
Par la salle en pleuraient tous.
On n'avait jamais rendu un jugement
Qui eût excité une telle pitié.

---

ci s'écarte tout à fait du genre sentimental ; il raconte les exploits hardis et les bons tours joués aux Anglais par un fameux pirate du XIII° siècle. C'est une sorte de poëme héroï-comique qui offre du reste le plus grand intérêt.

Le roman de *Mahomet*, par Alexandre du Pont (édité par MM. Reinaud et F. Michel, Paris, 1831), nous fait connaître l'opinion qu'on se formait alors en France de la religion et de la personne du législateur arabe.

Enfin, ajoutons encore les romans inédits de : *Guillaume de Dole*, attribué à Raoul de Houdanc, *Guillaume de Palerme*, *Eledus et Serena*, *Blancandin et Orgueilleuse d'amour*, *Cleomadés ou le Cheval de fust* dont l'auteur est le roi Adenez, longs et nombreux poëmes où s'est épanchée sans mesure la fantaisie exubérante de nos aïeux, et dont plusieurs, sans doute, nous échappent encore.

Les romans d'aventures qui se rattachent au cycle de l'antiquité ne le cèdent ni pour le nombre, ni pour l'importance, aux deux catégories que nous venons de passer en revue. Un premier groupe se présente d'abord : il se compose des trois grands romans de *Thèbes*, de *Troie* et d'*Eneas*. Ces trois compositions ont entre elles une frappante analogie. Elles se rattachent l'une à l'autre et se font suite. On ne sait cependant si elles ont eu le même auteur. Un seul nom se lit au début du roman de *Troie*, c'est celui de Benoît de Sainte-More. Ce poëte paraît avoir vécu soit à la fin du XII°, soit au commencement du XIII° siècle. Eustache Deschamps l'a cité parmi les écrivains dont a droit de s'honorer la Champagne. On n'a aucun autre renseignement à son sujet. Il est même impossible de fixer la part qui lui revient dans cette immense série de vers. Le roman de *Thèbes* imite avec une grande liberté la *Thébaïde* de Stace ; il transporte hardiment la lutte d'Étéocle et de Polynice dans le monde chevaleresque, et les frères ennemis sont deux princes féodaux entourés de leurs barons. Il débute par une réflexion qui remplace chez nos conteurs l'invocation classique à Apollon et aux Muses :

> Qui sages est nel doit celer,
> Ains doit pour çou son sens mostrer
> Que, quant il ert du siecle alés,
> Tos jours en soit plus remembrés...

« Celui qui est instruit ne doit pas garder pour lui son savoir, il doit le publier au contraire, afin que, lorsqu'il sera sorti de ce monde, on garde sa mémoire. » Le roman de *Troie* imite, non pas Homère, que le trouvère tient pour suspect, parce qu'il a fait combattre les hommes avec les dieux, mais la courte histoire attribuée à Darès le Phrygien, qu'il développe en trente mille vers. C'est dans ce roman que se trouve l'épisode de Troïlus et de Briseïda qui eut un si grand succès au moyen âge, qui fut traité ensuite tant de fois et par les écrivains les plus illustres, dont Boccace et Chaucer ont fait des poëmes et Shakspeare un drame[1]. Le roman d'*Eneas* imite, toujours aussi librement, l'*Énéide* de Virgile. Un excellent essai sur ce roman par M. Alexandre Pey mérite d'être recommandé à nos lecteurs[2]. A la suite, il faut placer immédiatement, comme le font plusieurs manuscrits, le roman d'*Athis et Porphilias* ou du *Siége d'Athènes*, qui paraît avoir eu l'intention de compléter la série précédente. Le trouvère se nomme au début :

> Oez del savoir Alixandre,

On suppose que c'est le même qu'Alexandre de Bernai, à qui l'on doit quelques branches de la chanson de geste d'*Alexandre le Grand*.

Nous arrivons maintenant au roman de *Partonopeus de Blois*, une des œuvres les plus remarquables que ce genre littéraire ait produites.

---

[1] V. *Nouvelles françaises en prose du* XIVe *siècle*, publiées par MM. L. Moland et C. d'Héricault, Paris, 1858, *Bibliothèque elzévirienne*.
[2] Librairie Durand, 1857.

DENYS PIRAMUS

Le roman de *Partonopeus de Blois* renouvelle avec la plus grande originalité la fable de *Psyché et l'Amour*. Les rôles sont intervertis : dans le poëme du xiiie siècle, c'est la femme qui fait promettre à son amant de ne pas chercher à la voir ; elle se nomme Melior, elle est fée, c'est-à-dire instruite dans les secrets de la magie. C'est le jeune homme qui, cédant au désir de voir sa maîtresse, viole ses serments ; l'auteur a fait de Partonopeus, son héros, le neveu de Clovis, premier roi de France chrétien, quoiqu'il n'y ait d'ailleurs dans sa fable absolument rien d'historique. L'auteur se nommait Denys Piramus, et vivait à la cour du roi d'Angleterre, Henri III. Denys Piramus, dont le nom a été découvert nouvellement, mérite une place d'honneur parmi les poëtes du xiiie siècle. Il a la grâce, l'élégance, la sensibilité unie à l'enjouement. Son style ne manque ni de couleur, ni d'harmonie. On s'en convaincra en lisant la description du printemps que nous allons transcrire. La description du printemps était un lieu commun par lequel les conteurs du moyen âge entraient volontiers en matière. Il était convenable de reproduire ici un de ces exordes coutumiers qui semblaient avoir pour but de jeter immédiatement l'imagination du lecteur ou de l'auditeur dans un milieu riant et favorable. Nous en avons vu déjà quelques traits indiqués par Marie de France dans le lai du *Laustic*; nous allons montrer quel parti a su tirer du même thème Denys Piramus.

DESCRIPTION DU PRINTEMPS

Li solaus se torne al serain
Et s' enbielist et soir et main ;
Li ciels est clers, li airs est purs.
Adiés s 'en vait li tans oscurs.
L' ore est et soef et serie ;
La terre esmuet de mort à vie;
L' erbe verdoie et la flors nest,
Vie et verdors ces bos revest.
L' aloéte cante d' amor,
Si estrine l' aube del jor ;
Le sien cant éussons moult chier
S' ele en séust faire dangier,
Mais ele en fait si grant marchié
Que tot l' en a desparagié.
Et nonporquant ço senefie
Que qui a bele et buene amie,
Del tot s' i doit abandoner ;
Tos jors li doit de li menbrer.
   Li rosegniols ses lais organe
Qui del canter adiés s' ahane.
Li rosegniols dist sa cançon
Et nuis et jors en sa saisson.
Cil nos semont d' amer adés
Et d' entendre i del tot asés
Et nuit et jor, tot à bataille.
Et jo li tieng ceste enviaille.
Mais il devise en sa cançon
Por ço qu' il garde sa saison
Et se taist fors dont seulement,
C' on doit pourveir cointemen'
S' aise et son lius de dosnoier.

TRADUCTION.

Le soleil se tourne au serein
Et s'embellit soir et matin ;
Le ciel est clair, l'air est pur ;
Enfin s'en va le temps obscur.
Le vent est doux et caressant,
La terre s'émeut de mort à vie ;
L'herbe verdoie et la fleur naît,
Vie et verdeur revêtent ces bois.
L'alouette chante d'amour,
Elle étrenne l'aube du jour ;
Son chant, nous l'aurions très-cher,
Si elle en était plus avare ;
Mais elle le prodigue tellement,
Qu'elle lui a ôté tout son prix.
Il n'en faut pas moins tirer de là cette leçon :
Que celui qui a belle et bonne amie
Doit entièrement s'y abandonner ;
Toujours il doit être occupé de sa pensée.
Le rossignol module ses lais,
A chanter il met toute son ardeur ;
Le rossignol dit sa chanson,
Et nuit et jour en sa saison.
Il nous invite à aimer toujours,
A nous y appliquer de notre mieux
Et nuit et jour, sans cesse à la bataille,
Et je lui tiens cette gageure.
Mais il devise en sa chanson,
Par cela même qu'il garde sa saison
Et hors d'elle seulement se tait,
Qu'on doit préparer gentiment
L'aise et le lieu pour ses amours.

Et tosjors adiés d' esploitier
Tot sains repos et sains sejor
C' on ne s' en anuit nuit ne jor;
Et quant il n' est lius de dosnoi,
Si s' en tiegne on taisant et coi.
    Euriels cante dous et bas;
Teus l' escoute et ne l' entend pas.
Soef flahute et seri
Soutivement et coi sains cry.
Cil cante de lointaine amor
Et ramentoit douce dolor,
Soutif aler, soutif venir,
Parfont penser et lonc sospir.
Ceste cançon aim jo et has;
Car anui me fait et solas :
Solas de m' amor ramenbrer,
Anui quant pens de consirrer.
    Toute verdors se raverdist
Et tos li mons rajouvenist.
Por la saison qui tant est bele,
Joie et jovente renovele.
Et je sui jouenes et engignos,
Sains et delivres et joios;
Si me semont joie et jovens
Que je ne soie oiseus ne lens.
Por ço voel par envoiséure
En escrit metre une aventure
Et bone et bele et mervillouse,
Quanque ce soit chose grevouse.
Bel loisir ai et bon sejor,
La merci Deu et nos segnor.
Se je me geu sans vilonie
Nel m' atornez pas à folie.

Toujours il faut être à l'œuvre,
Et sans repos et sans loisir,
Sans se rebuter ni nuit, ni jour ;
Puis, quand le moment n'est plus favorable,
Chut ! paix ! qu'on s'abstienne !
   Loriot chante doux et bas ;
Tel l'écoute et ne l'entend pas.
Il siffle suavement, comme la flûte,
Délicatement et sans notes aiguës :
Celui-ci chante d'amour lointaine,
Il vous rappelle douce douleur,
Subtil aller, subtil venir,
Profond penser et long soupir.
Cette chanson, je l'aime et la hais,
Car elle me fait peine et plaisir ;
Plaisir en me rappelant mon amour,
Peine, quand je pense que j'en suis séparé.
   Toute verdure reverdit,
Et le monde rajeunit.
Pour la saison qui tant est belle,
Joie et jeunesse se renouvellent.
Et je suis jeune et d'esprit dispos,
Sain et libre et joyeux ;
Joie et jeunesse me conseillent
De n'être ni paresseux ni lent ;
C'est pourquoi j'entreprends, pour me récréer,
De mettre en écrit une aventure
Bonne et belle, et merveilleuse,
Quoique ce soit un grand travail.
J'ai beau loisir et bon séjour,
J'en remercie Dieu et nos seigneurs.
Si je me joue sans vilenie
Ne me le tournez pas à folie.

Ces sentiments personnels, ces retours sur lui-même qu'offrent les premiers vers de Denys Piramus se retrouvent dans toute la suite du récit, et donnent peut-être au roman de *Partonopeus* son principal charme. C'est une sorte de confidence demi-plaintive, demi-souriante que nous fait le poëte toutes les fois que l'occasion se présente. Il écrit pour complaire à une dame cruelle qu'il adore, et dans l'espoir de la fléchir. Ce désir qui l'anime apparait à tout propos et toujours avec grâce. Ainsi, lorsque Partonopeus est aimé de Melior, qui ne lui a imposé d'autres conditions que de ne pas chercher à la voir, Denys Piramus exprime naïvement l'envie que lui inspire son héros :

> Partonopeus a son delit.
> Li parlers de lui moult m' ocit ;
> Car il a tous biens de s' amie.
> Je n' en ai riens qui ne m' ocie.
> Il ne le voit, mais à loisir
> Le sent et en fait son plaisir.
> Je voi la moie et n' en fac rien ;
> J' en ai le mal et il le bien.

« Partonopeus a ses délices. Parler de lui me cause une peine mortelle. Il a tous biens de son amie ; je n'en ai rien qui ne me tue. Il ne la voit, mais à loisir la sent et en fait son plaisir. Je vois la mienne et n'en fais rien ; j'en ai le mal et lui le bien. »

Plus loin, il interrompt heureusement le combat de Partonopeus et de Sornegur par les réflexions suivantes :

> Ensi set amors ensegnier
> Cascun home de son mestier :
> Cevalier de cevalerie
> Et clerc d' amender sa clergie.
> Vilonie tolt et perece ;
> Cortesie done et largece.
> Dame qui n' aime tient à fole,
> Poi pris son fait et se parole.
> Mais s' ele est bele, à del endroit
> C' on l' en quiere, si l' otroit.
> La moie amie enfin m' ocit
> Tant se desfent et escondit :
> Escondire afiert à laron.
> Ja, s 'el me croit, ne dira non.
> Siens sui liges et ses feels ;
> Bien se doit metre en mes consels.

> Segnor, ne vos anuit, por Deu,
> Se j' entrelais Partonopeu
> Et paroil de ço dont plus pens.
> Car u soit folie u soit sens,
> U as dolor, là est tes dois;
> U as amor, cele part vois;
> Li dois siolt estre à le dolor,
> Et li iols tos jors à l' amor.

« Ainsi sait amour enseigner à chaque homme ce dont il a besoin, au chevalier, plus de chevalerie; au savant, plus de savoir. Il chasse vilenie et paresse. Il donne largesse et courtoisie. La dame qui n'aime je l'estime folle; je fais peu de cas de ce qu'elle fait ni de ce qu'elle dit. Mais si elle est belle, en quelque endroit qu'on la prie, qu'elle cède. Mon amie finira par causer ma mort, tant elle se défend, tant elle me repousse. Il ne faut repousser que les voleurs. Désormais, si elle me croit, elle ne dira plus non. Je suis son homme lige et son féal; il est juste qu'elle s'abandonne à mes conseils. Seigneurs, qu'il ne vous ennuie, pour Dieu! si je laisse Partonopeus et parle de ce dont je suis le plus préoccupé, car, que ce soit folie ou raison, où tu as douleur, là est ton doigt, où tu as ton amour, là sont tes regards. Toujours la main se porte à la douleur, toujours les yeux se dirigent vers ce qu'on aime. »

Nous citerons encore une de ces boutades qui trahissent beaucoup de franchise et de jeunesse.

CONTRE LA BEAUTÉ CHASTE

Quant caste fame a grant beauté,
Trop i a grant mal assemblé.
La grans beautés nos i atret,
La casteés l' escondit fet.
C' est une moult male assamblée
Qui jà n' ert ore sains meslée;
Car casteés est cose avere
Et frume et fière od malchere.
Ne deigne rire ne juer
Ne bien voloir, ne bel parler.
Beautés la france aime largece
Et grant honor et grant noblece,
Douce parole tient en fiu
Et bel samblant et ris et giu.
Por ço dure lor guerre adés.
Jà damel Deus n' i mece pés!
Jà Deus ne doinst qui tot chaele
Que trop caste feme soit bele.
Mais laide soit et caste issi
Qu' el n' ait el siècle un seul ami!
La chasteés beauté entosche.
La caste soit et noire et losche!
La bele soit et blance et bloie
Et vive tos jors en grant joie!
Une en sai caste plus qu' asés
Cui rien que die n' est en grés.
Je paroil bas et ele haut;
Se je sospir, il ne l' en caut.
Se jo li envoi druerie,
El jure qu' el n' en prendra mie.
Quant jo li osfre mon anel

TRADUCTION

Quand chaste femme a grande beauté,
C'est pour notre malheur que cette rencontre a lieu;
La beauté nous attire vers elle,
Et la chasteté nous repousse.
C'est là une mauvaise alliance
Qui ne sera jamais sans querelles;
Car chasteté est chose avare,
Et froide et fière aux malheureux.
Elle ne daigne rire ni plaisanter,
Ni bien vouloir, ni bien parler.
Beauté la franche aime largesse,
Et grand honneur et grande noblesse,
Elle tient en fief douce parole,
Et beau semblant, et ris et jeux;
Aussi leur guerre dure toujours.
Que le seigneur Dieu n'y mette paix!
Que Dieu ne permette, lui qui décrète tout,
Que femme trop chaste soit belle;
Mais que la laide soit chaste en même temps,
De sorte qu'elle n'ait au monde un seul ami!
La chasteté envenime la beauté.
Que la chaste soit et noire et louche!
Que la belle soit et blanche et blonde,
Et vive toujours dans la joie!
J'en sais une, chaste plus qu'il ne faudrait,
A qui rien de ce que je puis dire n'agrée.
Je parle bas et elle haut;
Si je soupire, elle n'en a cure;
Si je lui envoie des cadeaux,
Elle jure qu'elle ne les prendra point;
Quand je lui offre mon anneau,

El me torne son haterel.
Iceste est caste et poi cortoise.

Ailleurs, ses plaintes prennent un accent plus ironique :

Par beauté ne pas bones mors
Ne conquerra nus mais amors.
Poi est à dames de richece,
Ne de grans dons, ne de largece.
Ne beaus parlers, ne cortesie
N' es puet torner de caste vie.
Cascune set jà son sautier
Et vait bien ains jors al mostier.
Iluec font lor aflictions,
Lor larmies et lor orisons,
Et i demorent trosqu'à prime ;
Tant traient ceste sainte lime
Que de Deu sont enluminées,
Et del Saint Esperit gardées.
Por nient les requiert on mès :
Trop font fors escondis à fès.
Il pert bien à los vestéure
Que eles n'ont mais d'amer cure ;
N' usent mais blans cainses ridés,
Ne las de soie à lor costés ;
Ne ces longes mances ridées
N' ièrent mais à tornois portées ;
Ces beaus bliaus, ces dras de soie,
Ces grans treces jetent en voie.
Tot ce tienent à vanité
Et à grant superfluité ;
N' en vuellent estre mescréues.
Par les orelles sont tondues.
Ore ussent unes soschanies
Amples desos, par pans fornies,
Et vestent ces les soupelis,
Et s' envoisent trop à envis.

Elle me tourne le dos ;
Celle-là est chaste et peu courtoise.
. . . .
. . . .
Par beauté, ni par bonnes mœurs,
Nul aujourd'hui ne se fera aimer.
Peu importe aux dames la richesse,
Ni les grands dons, ni la générosité.
Ni les belles paroles, ni la courtoisie,
Ne les peuvent détourner de chaste vie.
Chacune sait maintenant son psautier,
Et va bien avant le jour à l'église ;
Là elles font leurs génuflexions,
Leurs lamentations et leurs oraisons,
Et y demeurent jusqu'à prime ;
Elles mènent tant cette sainte vie,
Que de Dieu elles sont illuminées,
Et par le Saint-Esprit gardées.
C'est en vain par conséquent qu'on les implore,
Elles vous rebutent avec rudesse.
Il paraît bien d'ailleurs à leurs vêtements
Qu'elles n'ont plus souci d'aimer,
Elles ne portent plus blanches chemisettes plissées,
Ni nœuds de soie à leur côté.
Ces longues manches à plis
Ne seront plus étalées aux tournois ;
Les belles robes, les draps de soie,
Les grandes tresses, elles les jettent sur le chemin.
Elles tiennent tout cela à vanité
Et à grande superfluité,
Elles ne veulent pas qu'on en doute.
Sur les oreilles elles sont tondues.
Elles font usage de souquenilles
Amples dessous, taillées à pleine étoffe,
Et vêtent de larges surplis,
Et si elles se divertissent, c'est à contre-cœur.

N' en sauroit mais une mentir
Ne por vivre, ne por morir :
Quan qu' eles dient créés bien
Et l'escondit sor tote rien.
Poi parolent et simplement
Et cel si très veraiement
Que cascun mot entrence et ret ;
Et ne jurent fors : Deus le set.
Mais à cel tans que je vos di
Avoient dames grant merci
De gent amant et meserine ;
Si lor faisoient bien mecine.
Mais or poons plorer en vain,
Proier ces dames soir et main,
Et par bouce et par briés parler,
Bas conseiller et haut crier,
Qu' oït ne serons n' escouté,
Car sordes sont de chasteé.

Denys Piramus fut, si nous l'en croyons, jusqu'au bout victime de cette chasteté maudite. Après avoir marié Partonopeus à Melior, le poëte termine par ces mots :

Cest livre ai fait tot en joiant,
Or en faz fin tot en plorant.
Por celi enpris cel labor
Qui mon ris m' a torné en plor :
Mon travail en est tot perdu,
Quant onques de mieux ne m' en fu
N' en dit n' en fait n' en bel sanblant ;
Tot ai perdu...

« J'ai fait ce livre en jouant, je le finis en pleurant. J'ai entrepris ce travail pour celle qui a changé mon rire en larmes. J'ai perdu toute ma peine, puisque je n'ai pas été mieux traité ni en fait, ni en dit, et que je n'ai pas eu meilleur accueil ; j'ai tout perdu... »

Plus tard, Denys Piramus, avancé en âge, composa une *Vie de saint*

Plus une ne saurait mentir
Quand il s'agirait de vie ou de mort.
Tout ce qu'elles disent, croyez-le bien,
Et le refus par-dessus tout.
Elles parlent peu et simplement,
Et cela avec tant d'assurance,
Que chaque mot tranche et rase.
Elles ne jurent plus que : Dieu le sait.
Mais au temps que je vous dis,
Les dames avaient volontiers merci
Et pitié du gentil amant;
Elles s'efforçaient de le guérir,
Tandis que nous pouvons pleurer en vain,
Prier ces dames soir et matin,
Et de bouche et par billets parler,
Conseiller tout bas, supplier tout haut,
Nous ne serons entendus ni écoutés,
Car elles sont sourdes de chasteté.

Edmond en vers, sous l'empire d'idées bien différentes et de sentiments plus graves :

Li jor joli de ma jeunece
S' en vont...

La *Vie de saint Edmond* avait pour but d'expier les maximes un peu légères de *Partonopeus*. La *Vie de saint Edmond* est inédite. Le roman de *Partonopeus de Blois* a été édité par M. Crapelet, en 1834. 2 vol.

Aimes de Varennes ou de Varentines a été chercher en Grèce le roman de *Florimont* ou des ancêtres d'Alexandre le Grand; il déclare avoir trouvé cette histoire à Philippopolis, d'où il la rapporta à Châtillon :

Il l'avoit en Grece véue
Mais n'estoit pas partot séue;
A Felipople la trova,
A Chastoillon l'en apporta.

Ce roman est inédit.

Le comte de *Floris et Lyriopée*, par Robert de Blois, retrace les aventures très-peu mythologiques du père et de la mère du fabuleux Narcisse. Il est également inédit.

Le roman d'*Éracle* ou d'Héraclius a pour auteur Gautier d'Arras, le même qui a composé le lai d'Ille et de Galeron mentionné au nombre des contes du cycle breton. Le roman d'Éracle nous transmet les souvenirs altérés de la destinée singulière de cette Athénaïs qui devint l'impératrice Eudoxie, femme de Théodose, en 444; histoire curieuse qu'on trouve dans les annalistes du Bas-Empire : la *Chronicon Paschale*, *Glycas*, *Cedrenus*, etc. Le moyen âge a transformé cette histoire à sa fantaisie. L'idée qui a inspiré le poëme de Gautier d'Arras, c'est l'idée sceptique et railleuse qui forme dans les romans d'aventures comme un courant particulier allant en sens contraire du courant général, c'est l'opinion de l'irrémédiable fragilité de la femme que professent presque tous nos trouvères. Voici le thème développé par Gautier. Un empereur désire se marier; il ne se dissimule pas les dangers de l'entreprise :

> Car à femme prendre, c'est grant cose,
> Cil prent l'ortie et cil la rose...

L'empereur consulte donc Éracle qui possède le don surnaturel de lire dans le cœur féminin. On rassemble toutes les filles des châtelains et des barons de l'empire; mais Éracle les ayant examinées l'une après l'autre, n'est content d'aucune d'elles. Le hasard lui fait rencontrer une pauvre orpheline qui lui paraît réunir toutes les qualités requises. L'empereur épouse Athénaïs, et d'abord est parfaitement heureux. Mais une guerre vient à éclater sur les frontières, et l'empereur est obligé de se mettre à la tête de son armée. Troublé par la jalousie, il s'obstine, malgré l'avis du sage Éracle, à enfermer sa femme dans une tour gardée avec toutes les précautions imaginables. La captivité produit son effet ordinaire : en dépit de tous les obstacles, Athénaïs est infidèle. A son retour, l'empereur veut mettre à mort l'impératrice et son amant; mais Éracle, toujours sensé, lui donne le conseil de divorcer et de les marier l'un à l'autre, prétendant que c'est là de beaucoup le plus sûr moyen de les punir. Une seconde partie de ce roman est toute légendaire : elle raconte la guerre d'Éracle, devenu empereur, contre le roi de Perse Chosroès. M. H. Massmann a publié le poëme français et un poëme allemand qui en est une imitation, à Quedlinburg et Leipzig, 1842.

Mentionnons enfin le roman de *Protheslaus*, par Hugues de Rotelande; le roman de *Hercule et Phileminis*, tous deux inédits.

LES ROMANS D'AVENTURES.

Nous avons donné un aperçu à peu près complet de ces productions littéraires. On doit remarquer que le besoin de la fiction attrayante qui dissipe les ennuis de la vie réelle aux tableaux riants de la vie idéale paraît avoir été alors au moins aussi vif que de nos jours. Toute liberté était donnée à ces contes qui n'avaient d'autre but que de répandre la poésie, le charme, la gaieté et la joie. Pourvu qu'ils offrissent ces jouissances à l'imagination, on n'était pas bien sévère sur les enseignements qu'ils portaient avec eux, et, d'ailleurs, on était d'avis qu'il n'est pas de livre extravagant ou futile, dont l'homme intelligent ne sache tirer quelque profit :

> Fols hom ne seit nul sens trover
> Fors le gris sens c'en puet taster.
> Li sages de quanqu' est sos ciel
> Trait sens, con es trait de flor miel.
> Li es s' asiet desor l' ortie,
> Tant le porgarde et tant l'espie
> Qu' el trait le miel de l'amertume.
> C' est del sage home la costume
> Qu'il porgart cascune parole,
> Et de la sage et de la fole
> Eslise le sens par voisdie,
> Si l' traie hors de la folie.

« Le sot ne sait nul sens trouver, sinon le gris sens qu'on peut toucher. Le sage de tout ce qui est sous le ciel tire un sens, comme l'abeille tire du miel de la fleur. L'abeille se pose sur l'ortie; tant elle la regarde et tant elle l'épie, que de l'amertume elle extrait le miel. Il en est de même de l'homme sage; il examine attentivement toutes paroles; parmi les sages et les folles, il fait judicieusement son butin : de la folie il extrait et sépare la sagesse. »

LES CHANSONS

Au nombre des talents que possèdent les héros de romans au XIIIe siècle, les conteurs ont presque toujours soin de mentionner l'art de composer et de chanter une chanson, et cet art faisait partie de toute éducation soignée. De là l'extrême abondance des productions de ce genre que nous a laissées le XIIIe siècle. M. P. Paris a passé en revue, dans le XXIIIe volume de l'*Histoire littéraire de la France*, près de trois cents chansonniers de cette époque, qui appartiennent pour la plupart aux classes élevées, et parmi lesquels figurent les principaux personnages du temps : le roi de Navarre, le roi Jean de Brienne, le prince de Morée, Pierre de Bretagne, Henri de Brabant, Charles d'Anjou, etc. Autour des nobles seigneurs se pressaient de nombreux ménestrels qui leur servaient de maîtres ou de secrétaires et qui, malgré l'obscurité de leur naissance, leur donnaient la réplique dans ces chansons dialoguées qu'on nommait, au Midi, des *tensons*, au nord, des *jeux-partis*[1].

Nous devons nous borner à choisir, dans la légion des chansonniers du XIIIe siècle, quelques-uns des plus illustres et des plus dignes de représenter ce genre de poésie. A tout seigneur tout honneur : nous commençons par le plus illustre de tous, au double titre de prince et de poëte.

---

[1] Le jeu-parti était une sorte de controverse entre deux chanteurs, qui portait ordinairement sur des questions de métaphysique ou de jurisprudence amoureuse, telles que les avaient mises à la mode les cours d'amour de la langue d'oc.

THIBAUT, ROI DE NAVARRE

Thibaut, comte de Champagne et de Brie, roi de Navarre, naquit en 1201 et mourut en 1253. Il joua un rôle politique important, surtout pendant la minorité de Louis IX. Les inconséquences et les fluctuations de Thibaut firent échouer la coalition féodale, qui voulait profiter de la régence de Blanche de Castille pour abaisser le pouvoir toujours croissant de la royauté. La reine sut détacher de la ligue ce puissant feudataire. Les barons réduits à l'impuissance s'en vengèrent en calomniant le comte et la reine.

Un sirvente de Hugues de La Ferté peut donner une idée de la violence des invectives dans lesquelles s'exhala le dépit des grands vassaux :

    Cil qui tient Champaigne et Brie
N' est mie drois avoués.
Quar puis que fu trespassés
Cuens Thiebaus à mort de vie,
Sachiés fu il engendrés.
Reguardez s' il est bien nés.

    Quens Thiebaus, dorés d' envie,
De felenie fretés,
De faire chevalerie
N' estes vos mie alosés.
Ainçois estes miex mollés
A savoir de sirurgie.
Vils et ors et borsefflés,
Totes ces teches avés.

    Bien est France abatardie,
Signor baron, entendés,
Quant feme l' a en baillie
Et tele comme savés.
Il et elle, lez à lez,
Le tiengnent de compaignie.
Cil n' en est fors rois clamés
Qui plécha est coronés.

« Celui qui tient Champagne et Brie n'en est pas légitime possesseur, car c'est après que le comte Thibaut (III) fut passé de vie à mort, sachez le bien, qu'il a été engendré. Regardez donc s'il est bien né.

« Comte Thibaut, doré d'envie, de félonie fourré, de faire chevalerie vous n'avez pas le renom. Vous êtes plus habile en médecine[1]. Vous êtes vil et sale et boursouflé, vous avez toutes ces qualités.

« Bien est France abâtardie, seigneurs barons, entendez-vous ? quand une femme l'a en sa puissance, et une femme telle que vous savez. Lui et elle, côte à côte, la gouvernent de compagnie. Celui-là n'a de roi que le nom, qui depuis longtemps déjà est couronné. »

C'est ainsi que l'alliance de la veuve de Louis VIII et du comte de Champagne était décriée par les adversaires furieux dont elle déjouait les desseins et renversait les espérances. Il est né de là une tradition qui s'établit par la suite avec des couleurs plus aimables dans les Grandes chroniques de Saint-Denis et que la plupart des historiens ont depuis lors acceptée. Cette tradition représente Thibaut de Champagne amoureux de Blanche de Castille. Blanche de Castille avait, il est vrai, treize ans de plus que Thibaut, et onze enfants. Thibaut, de son côté, se maria trois fois du vivant de la reine. Pourtant, il n'est pas impossible qu'il y ait au fond de cette tradition romanesque une petite part de vérité. Thibaut a pu adresser à la reine de France quelques-unes de ses élégies; il en est qui se prêtent assez bien à la conjecture; le poëte fait peut-être allusion à la grande Castillane lorsqu'il dit :

> J' aime cele que prier n' oseroie
> Et je n' ai œil si hardi qui la voie...
> Cele que j' aime est de tel seignorie
> Que sa biautés me fist outrequidier.

« J'aime celle que je n'oserais implorer, et mes yeux ne sont pas assez hardis pour se lever vers elle. Celle que j'aime est de si haut rang, que sa beauté m'a rendu présomptueux. » En resumé, on a sur ce point d'histoire quelques conjectures plausibles, mais aucune certitude, et l'imagination de chacun peut adopter le parti qui lui sourit davantage. Il ne faudrait pourtant point, par amour du romanesque, changer la physionomie ni le caractère du roi de Navarre. Thibaut était un gros homme à la tête légère, à l'esprit versatile, « au courage mouvant, » comme il l'avoue lui-même. Ses chansons sont pleines de doléances sur sa corpulence excessive. Sa conduite politique atteste la mobilité et l'inconsistance de son esprit; traître tour à tour au parti des barons et au parti de la reine, il conserva si peu d'amis, qu'il aurait pu, selon ses

---

[1] Allusion à l'accusation d'empoisonnement que les ennemis de Thibaut avaient fait courir après la mort de Louis VIII.

propres expressions, « les rassasier tous d'une denrée de pain. » Ce prince n'a eu d'autre gloire que celle des vers ; mais celle-là a plus fait pour immortaliser son nom que les plus grands exploits pour la mémoire des princes batailleurs ses contemporains.

Comme poëte, Thibaut est un disciple des troubadours du Midi qui remplissaient la cour de sa mère, Blanche de Navarre. Il n'a rimé, à part quelques pièces satiriques, que ces éternelles plaintes de l'amour que les ingénieux versificateurs de la langue d'oc avaient fait entendre sur des modes si variés, si compliqués et si tourmentés. Thibaut est, comme eux, monotone, impersonnel. Mais il a, comme eux aussi, une forme remarquable : sa langue est pure, sa diction élégante, son rhythme savant et nombreux. Et, ce qui le distingue de la plupart des chansonniers de la même école, à travers la banalité de ces plaintes amoureuses, on reconnaît parfois un sentiment vrai, sincère et profond. Il ne doit donc pas uniquement à la naissance et à la couronne le haut rang qu'on lui assigne ordinairement parmi les poëtes du XIIIe siècle. On en jugera par la chanson suivante :

CHANSON DU ROI DE NAVARRE

Chanter m'estuet, que ne m' en puis tenir,
Et si n' ai je fors qu' anui et pesance;
Mès tout adès se fait bon resjoïr,
Qu' en fere duel nus dou mont ne s'avance.
Je ne chant pas com hom qui soit amés,
Mès com destrois, pensis et esgarés,
Que je n' ai mais de bien nule esperance.
Ains sui tos jors à paroles menés.

Je vos di bien une riens sans mentir
Qu' en amor a eur et grant cheance.
Se je de li me poïsse partir,
Mielz m' en venist qu' estre sires de France.
Or ai je dit com fox desesperés :
Miex aim morir recordans ses biautés
Et son grant sen et sa douce acointance,
Qu' estre sires de tot le mont clamés.

Jà n' aurai bien, je sai à escient
Qu' amors me het et ma dame m' oublie.
S' est il raisons qui à amer enprent
Qu' il ne dout mort ne peine ne folie.
Puis que me sui à ma dame dounés,
Amours le mant, et puis qu' il est ses grés :
Ou je morrai ou je r' aurai m' amie,
Ou ma vie n' iert mie ma santés.

Li Fenix quiert la busche et le sarment
Par quoi il s'art et giete fors de vie ;

TRADUCTION

Il me convient chanter, je ne m'en puis tenir,
Et pourtant je n'ai que tristesse et ennui.
Mais il est toujours bon de s'égayer;
Se livrer au deuil n'avance à rien en ce monde.
Je ne chante pas en homme qui soit aimé,
Mais comme celui qui est en détresse, pensif et égaré,
Car je n'ai plus de bien nulle espérance,
Je suis éternellement par paroles mené.

Je puis bien vous dire une chose sans mentir,
C'est qu'en amour il y a hasard et grande chance :
Si d'elle je pouvais me détacher,
Cela vaudrait mieux pour moi que d'être sire de France.
Mais j'ai dit dans ma folie et mon désespoir :
J'aime mieux mourir en rappelant sa beauté,
Son grand sens et ses douces manières,
Qu'être proclamé seigneur de tout l'univers.

Je n'aurai aucun bien, je sais parfaitement
Qu'amour me hait et ma dame m'oublie.
C'est raison que celui qui entreprend d'aimer
Ne redoute mort ni peine ni folie.
Puisque je me suis à ma dame donné,
Amour le veut, et puisqu'elle l'a en gré :
Ou je mourrai ou je recouvrerai mon amie,
Ou la vie ne sera pas pour moi la santé.

Le Phénix cherche le bois et le sarment
Avec quoi il se brûle et jette hors de vie;

Aussi quis je ma mort et mon torment
Quant je la vi, se pitiés ne m'aïe.
Dex! com me fu li veoir savorés
Dont puis j'éus tant de maus endurés!
Li souvenirs m'en fait morir d'envie
Et li desirs et la grans volentés.

Mout est amors de mervoillex pooir
Qui bien et mal fait tant com li agrée.
Moi fait ele trop longuement doloir,
Raisons me dit que j'en ost ma pensée.
Mais j'ai un cuer, ains tex ne fu trovés,
Tos jors me dist : amés, amés, amés.
N'autre raison n'iert jà par lui mostrée,
Et j'aimerai, n'en puis estre tornés.

Dame, merci, qui tos les biens avés;
Toutes valors et toutes grans bontés
Sunt plus en vos qu'en dame qui soit née;
Secorez moi que fere le poez.

Thibaut de Navarre avait un compagnon et un émule en poésie nommé Gasse Brulé, dont nous citerons le couplet suivant qu'il composa pendant son exil en Bretagne :

Li oisellons de mon païs
  Ai oïs en Bretaigne.
A leur chant m'est il bien avis
  Qu'en la douce Champaigne
    Les oï jadis;
    Se g'i ai mespris.
Il m'ont en si doux penser mis
Qu'à chançon fere me suis pris,
    Tant que je parataigne
Ce qu'amours m'a lonc tens promis.

Ainsi je cherchai ma mort ou mon tourment
Quand je la regardai, si sa pitié ne m'aide.
Dieu! combien fut savourée la vue
Dont j'ai depuis enduré tant de maux !
Le souvenir m'en fait mourir d'envie,
Et le désir et l'ardente volonté.

Amour est de très-merveilleux pouvoir,
Qui bien et mal fait, comme il lui agrée.
Il me donne à moi de trop longs chagrins,
Raison me dit d'en ôter ma pensée.
Mais j'ai un cœur, tel n'exista jamais ;
Toujours il me crie : aimez, aimez, aimez.
Aucune autre raison ne sera obtenue de lui,
Et j'aimerai, je n'en puis être détourné.

Dame, ayez merci, vous qui tous biens avez ;
Tous mérites et toutes grandes bontés
Sont plus en vous qu'en dame qui soit née ;
Secourez-moi puisque faire le pouvez.

―――――

« Les oiseaux de mon pays, je les ai entendus en Bretagne; à leur chant, il m'est bien avis qu'en la douce Champagne je les entendis jadis; aussi m'y suis-je trompé. Ils m'ont en si doux penser mis qu'à faire chanson je me suis pris, tant que j'obtienne ce qu'amour m'a longtemps promis. »

N'est-ce pas là un gracieux sentiment exprimé avec une délicatesse charmante et une heureuse harmonie? De ces jolis traits on pourrait recueillir un nombre infini dans les chansonniers du XIIIe siècle.

LE CHATELAIN DE COUCI

ET

LA DAME DU FAEL

L'existence de ces deux personnages poétiques et romanesques est un problème que la critique moderne, jusqu'ici du moins, n'a pu résoudre. Dans le roman qui a été composé au xive siècle ils sont devenus des êtres tout à fait fictifs auxquels le conteur attribue des aventures évidemment imitées de poëmes antérieurs, tels que le *Lai d'Ignaurès*, le roman d'*Éracle*, etc. Mais on possède un certain nombre de chansons plus anciennes portées dans les manuscrits sous le nom du *Châtelain de Couci*, de sorte qu'on est fondé à croire qu'un chevalier de ce nom a vécu réellement et écrit vers la fin du xiie ou le commencement du xiiie siècle; peut-être quelque tradition relative aux amours de ce chevalier a-t-elle servi de prétexte aux développements du romancier.

Les pièces dont les copistes ont fait honneur à ce personnage mystérieux ont été recueillies et publiées, en 1830, par M. F. Michel. Elles ont presque toutes pour objet d'exprimer le regret qu'éprouve le châtelain de quitter sa dame en partant pour la croisade. Ces chansons ont pour principal mérite la distinction du style et le charme de l'expression. Le fonds est un lieu commun perpétuel.

> S' onques nus hons por dure departie
> Out cuer dolent, je l' aurai par reson.
> Onques tuertre qui pert son compaignon
> Ne fut un jor de moi plus esbahie.
> Chascun pleure sa terre et son païs
> Quant il se part de ses coraus amis.
> Més nul partir sachiez, que que nus die,
> N' est dolereus que d' ami et d' amie.

« Si jamais nul homme pour dure séparation eut le cœur affligé, je l'aurai avec raison. Jamais tourterelle qui perd son compagnon ne fut, plus que moi, abattue. Chacun pleure sa terre et son pays, quand il s'éloigne des amis chers à son cœur. Mais aucune séparation, sachez-le bien, quoi qu'on en dise, n'est cruelle que celle de l'ami et de l'amie. »

> Je m' en voiz, dame, à Dieu le creator
> Conmant vo cors, eu quel lieu que je soie.
> Ne sai se jà verroiz maiz mon retor ;
> Aventure est que jamaiz vos revoie.
> Mon cuer avez en la vostre manoie ;
> Faire en povez del tot vostre talent.
> Ma douce dame, à Jhesu vos conmant !
>   Je n'en puis maiz
>   Certes se je vos laiz.

« Je m'en vais, dame ; à Dieu le créateur je recommande votre personne, en quelque lieu que je sois ; je ne sais si vous verrez mon retour, il est douteux que je vous revoie jamais. Mon cœur demeure en votre garde, vous pouvez en faire tout ce qu'il vous plaira. Ma douce dame, à Jésus je vous recommande. Ce n'est pas ma faute, certes, si je vous délaisse. »

La contre-partie de ces plaintes un peu langoureuses existe sous le nom de la dame du Faël. Le chant attribué à la dame du Faël, quel qu'en soit l'auteur, a un accent bien autrement vif et passionné que ceux du châtelain lui-même ; nous le reproduisons en entier :

LE LAI DE LA DAME DU FAEL

Chanterai por mon corage
Que je vueill reconforter;
Car avec mon grant damage
Ne vueill morir n' afoler,
Quant de la terre sauvage
Ne voi nului retorner,
Où cil est qui m' assoage
Le cuer quant j' en oi parler.

Dex! quant crieront outrée,
Sire, aidiez au pelerin
Por qui sui espoentée,
Car felon sunt Sarrazin.

Je souferrai mon damage
Tant que l' an verrai passer.
Il est en pelerinage
Dont Dex le lait retorner!
Et, maugré tot mon lignage,
Ne quier ochoison trover
D'autre face mariage :
Folz est qui j' en oi parler.

Dex! quant crieront outrée.....

De ce sui au cuer dolente
Que cil n' est en cest païs,
Qui si sovent me tormente;
Je n' en ai ne jeu ne ris.
Il est biaus et je suis gente.
Sire Dex! por quel féis ?

TRADUCTION

Je chanterai pour mon courage
Que je veux ranimer ;
Car, malgré mon grand dommage,
Je ne veux mourir ni devenir folle,
Quoique de la terre barbare
Je ne vois personne revenir,
Où est celui qui me fait battre
Le cœur, lorsque j'entends parler de lui.

Dieu ! quand ils crieront : en avant !
Seigneur, aidez au pèlerin
Pour qui je suis dans l'épouvante,
Car félons sont les Sarrasins.

Je supporterai mon malheur
Tant que je verrai l'année finir.
Il est en un pèlerinage,
Dont Dieu lui accorde de revenir !
Et, malgré toute ma famille,
Je ne cherche pas l'occasion
De faire un autre mariage.
Fol est qui j'en entends parler.

Dieu ! quand ils crieront : en avant !

Ce dont j'ai le cœur désolé,
C'est qu'il est loin de ce pays
Celui pour qui si souvent je me tourmente ;
Je ne puis goûter ni jeux ni ris.
Il est beau et je suis gentille.
Seigneur Dieu, pourquoi as-tu voulu cela ?

Quant l' uns à l' autre atalente
Por coi nos as departis?

Dex! quant crieront outrée.....

    De ce sui en bone atente
Que je son homage pris.
Et quant la douce ore vente
Qui vient de cel douz païs
Où cil est qui m' atalente,
Volentiers i tor mon vis;
Adonc m'est vis que j' el sente
Per desoz mon mantel gris.

Dex! quant crieront outrée.....

    De ce sui mout deçéue
Que je ne fui au convoier.
Sa chemise qu' ot vestue
M' envoia por embracier.
La nuit, quant s'amor m' argue,
La met delez moi couchier
Toute nuit à ma char nue,
Por mes malz assoagier.

    Dex! quant crieront outrée,
Sire, aidiez au pelerin
Por qui sui espoentée,
Car felon sunt Sarrazin.

Quand l'un était si bien fait pour l'autre,
Pourquoi nous as-tu séparés ?

Dieu ! quand ils crieront : en avant !...

   Ce qui me soutient dans mon attente,
C'est que j'ai reçu sa foi.
Et quand la douce haleine vente
Qui vient de ce doux pays
Où est celui que je désire,
Volontiers j'y tourne mon visage.
Alors il m'est avis que je le sens
Par-dessous mon manteau gris.

Dieu ! quand ils crieront : en avant !...

   De cela j'ai surtout regret
Que je n'ai pu assister à son départ.
La chemise qu'il avait vêtue,
Il me l'envoya pour l'embrasser.
La nuit, quand son amour me presse,
Je la mets coucher à côté de moi
Toute la nuit contre ma chair nue,
Pour adoucir mes maux.

   Dieu ! quand ils crieront : en avant !
Seigneur, aidez au pèlerin
Pour qui je suis dans l'épouvante,
Car félons sont les Sarrasins.

ADAM DE LA HALLE

Après ces chansonniers aristocratiques, nous donnons place à un poëte d'origine bourgeoise : Adam de La Halle, surnommé Adam le Bossu. Ce surnom, du reste, si nous l'en croyons lui-même, n'était nullement mérité :

On m' apele bochu, mais je ne le suis mie,

dit-il quelque part. Qu'en doit-on penser ? Il est certain que si l'on s'en rapportait au témoignage des bossus eux-mêmes, on en verrait singulièrement diminuer le nombre. La question est peu importante. Adam de La Halle était fils d'un habitant d'Arras, nommé maître Henri de La Halle, qui jouissait d'une certaine aisance et d'une certaine influence dans la ville. Adam fit ses premières études dans l'abbaye de Vauxcelles, près de Cambrai. Il se destinait à l'église. Une jeune fille, rencontrée au bord d'une fontaine par un jour d'été clair et riant, changea subitement sa vocation. Il l'épousa ; mais si nous devons nous fier aux confidences indiscrètes qu'il nous fait dans la pièce dramatique intitulée *le Jeu d'Adam ou de la feuillée*, il ne tarda pas à se repentir de s'être laissé fasciner par l'amour. Il y avoue tout net que ses illusions sont détruites, que « sa faim est apaisée, » et qu'il est résolu à laisser là madame Marie et à s'en aller à Paris acquérir du savoir et de l'honneur. Il faut bien, à défaut d'autres renseignements, accepter ces détails que l'auteur a donnés sur sa jeunesse ; toutefois, comme nous les trouvons dans une comédie bouffonne et railleuse, il est permis d'en suspecter la parfaite exactitude. Il est plus douteux encore qu'Adam soit venu, comme il l'annonçait, à Paris ; en tous cas, ce voyage n'aurait laissé aucune trace dans son existence. Les faits suivants sont plus authentiques. A l'occasion d'une taille qu'on aurait mal répartie, de graves dissensions s'élevèrent dans la ville d'Arras. Toute la bourgeoisie se divisa. Des pamphlets, des chansons, des satires éclatèrent. Enfin maître Henri et son fils Adam, compromis dans toutes ces querelles, s'expatrièrent en même temps qu'un certain nombre d'habitants.

Une pièce intitulée *Li congiés Adam d'Arras* contient les adieux du poëte à sa ville natale. Cette forme du congé semble avoir été propre aux trouvères d'Arras. Deux autres poëtes de cette ville, qui formait alors un des principaux centres littéraires de France, ont laissé également des congés. L'un est Jean Bodel, l'auteur de la Geste des Saxons et du Jeu dramatique de Saint-Nicolas; l'autre est Baude Fastoul, chansonnier contemporain d'Adam de La Halle. Jean Bodel et Baude Fastoul étaient forcés de quitter la ville, non pas à la suite d'une révolution communale, mais parce que, atteints de la lèpre, ils allaient, par ordre des échevins, s'enfermer dans un hôpital pour y finir leur vie; aussi les adieux qu'ils ont adressés dans de telles circonstances à leurs concitoyens sont-ils autrement tristes et amers que ceux de maître Adam. Adam de La Halle devait dater de cet exil les commencements d'une renommée moins locale et d'une plus haute fortune; son congé respire la confiance qu'il avait dans l'avenir : il y brave fièrement ses ennemis vainqueurs ; il y exprime avec grâce, mais sans désespoir, ses regrets à sa dame et aux amis dont il est obligé de se séparer.

Henri et Adam de La Halle se retirèrent à Douai. On ne sait combien de temps ils passèrent dans cette ville. On ne sait même pas s'ils rentrèrent jamais à Arras. Plusieurs chansons d'Adam pourraient le faire présumer; il y peint le bonheur qu'on éprouve à revoir son pays après une longue absence. Nous détacherons quelques strophes de son congé, et nous donnerons à la suite une de ses chansons qui peut s'intituler *le Retour*. Nous n'avons pas besoin de faire remarquer que ces vers appartiennent au dialecte picard dont les traits distinctifs y sont fortement accusés.

ADIEUX A ARRAS

Arras, Arras, vile de plait,
Et de haïne et de detrait,
Qui soliés estre si nobile,
On va disant c' on vous refait.
Mais se Diex le bien n'i ratrait,
Je ne vois qui vous reconcile.
On i aime trop crois et pile.
. . . .
. . . .
A Dieu de fois plus de cent mile !
Ailleurs vois oïr l'evangile,
Car chi fors mentir on ne fait.

Adieu, amours, tres douche vie,
Li plus joieuse et li plus lie
Qui puist estre fors paradis !
Vous m' avés bien fait en partie ;
Se vous m'ostastes de clergie,
Je l'ai par vous ore repris ;
Car j'ai en vous le voloir pris
Que je racate los et pris,
Que par vous perdu je n'ai mie.
Ains ai en vo serviche apris ;
Car j'estoie nus et despris,
Avant, de toute courtesie.

Bele tres douche amie chiere,
Je ne puis faire bele chiere ;
Car plus dolans de vous me part
Que de rien que je laisse arriere.
De mon cuer serés tresoriere,

LES CHANSONS.

TRADUCTION

Arras, Arras, ville de discorde
Et de haine et de calomnie,
Vous qui étiez une si noble cité,
On va disant qu'on vous restaure.
Mais si Dieu n'y ramène les bons sentiments,
Je ne vois qui vous réconcilie.
On y aime trop croix et pile.
. . . .
. . . .
Adieu, plus de cent mille fois!
Ailleurs je vais ouïr l'Évangile,
Car ici l'on ne fait que mentir.

Adieu, amour, très-douce vie,
La plus joyeuse et la plus gaie
Qui puisse être hors du paradis!
Vous m'avez fait en partie du bien :
Si vous me détournâtes de l'étude,
Je l'ai par vous maintenant reprise,
Car c'est en vous que j'ai pris la volonté
De racheter l'honneur et le renom
Que par vous je n'ai point perdus.
Au contraire, en votre service j'ai beaucoup appris,
Car j'étais nu et dépourvu,
Auparavant, de toute courtoisie.

Belle très-douce amie chère,
Je ne puis faire bon visage,
Car je pars plus affligé à cause de vous
Que pour rien que je laisse derrière moi.
De mon cœur vous serez trésorière,

Et li cors ira d'autre part
Aprendre et querre engien et art
De miex valoir : si arés part,
Que miex vaurrai, mieudres vous iere.
Pour miex fructefiier plus tart,
De si au tierc an ou au quart,
Laist on bien se terre en gaskiere.

A tous ceux d'Arras en le fin
Pren congié, pour che que mains fin
Ne me cuident de cuer vers eux.
Mais il i a maint faus devin
Qui ont parlé de men couvin,
Dont je ferai chascun hontex ;
Car je ne serai mie tex
Qu' il m' ont jugié à leur osteux
Quant il parloient après vin.
Ains cueillerai cuer despiteux,
Et serai fors et vertueux
Et drois, quant il gerront souvin.

LE RETOUR

De tant com plus aproime mon païs,
Me renovele amours plus et esprent ;
Et plus me saule en approchant jolis
Et plus li airs et plus truis douche genz.
 Che me tient chi longement,
  Et chou aussi
 Qu'ens ou venir i choisi
 Dames de tel honneranche
 C'un poi de la contenanche

Et le corps ira autre part
Apprendre et chercher la science et l'art
De mieux valoir; vous y gagnerez aussi,
Car mieux je vaudrai, meilleur je serai pour vous.
Afin d'avoir plus tard plus de fruits,
Pendant trois ou quatre années
On laisse bien sa terre en jachère.

De tous ceux d'Arras, enfin,
Je prends congé, afin que moins dévoué
Ils ne me supposent pas envers eux.
Mais il y a maints faux prophètes
Qui ont parlé de ma conduite.
De ce qu'ils ont dit je leur ferai honte;
Car je ne serai pas tel
Qu'ils m'ont jugé en leur logis
Lorsqu'ils causaient après boire.
Je saurai prendre un cœur dédaigneux,
Et je serai fort et vertueux
Et debout, quand ils seront à bas.

TRADUCTION

Plus j'approche de mon pays,
Plus mon amour pour lui se renouvelle et se rallume.
Plus en avançant il me semble joli,
Plus l'air est doux, plus je trouve douces gens.
    Cela me fit arrêter ici longuement,
        Et ceci encore
    Qu'en y arrivant j'aperçus
    Dames si dignes d'honneur
    Qu'un peu de la contenance

De me dame en l'une vi,
Si qu'à la saveur de li
Me delit à se semblanche.

Si fait li tigre au miréoir, quant pris
Sont li faons, et cuide proprement
En li mirant trouver chou qu'ele a quis.
Endementiers s'en fuit chieus qui les prent.
Ne faites mie ensement,
Dame, de mi ;
Ne ne m'ouvliés aussi
Pour me longue demouranche ;
Car ch' est en vo remenbranche
C'au miréoir m'entrouvli,
Car à vous est, non pas chi,
Li cuers et li esperanche.

Plus tard Adam de La Halle partit, à la suite du comte d'Artois, Robert II, pour la Sicile. Il demeura à Naples de 1282 à 1286, époque probable de sa mort. Il jouit à la cour napolitaine d'une grande réputation et d'une grande faveur. C'est là qu'il composa la jolie comédie pastorale de *Robin et Marion*. Le *Jeu du pèlerin*, qui forme comme un prologue au Jeu de Robin et Marion, et dont l'auteur est inconnu, s'exprime en ces termes sur Adam de La Halle :

Teisiés vous, Warnier ; il parole
De maistre Adan, le clerc d' onneur,
Le joli, le largue donneur,
Qui ert de toutes vertus plains,
Car mainte bele grace avoit,
Et seur tous biau diter savoit,
Et s' estoit parfait et chanter.
..... Savoit canchons faire,
Partures et motés entés.
De che fist il à grant plentés,
Et balades je ne sai quantes.

De ma dame en l'une je vis,
Tellement que j'eus comme une saveur d'elle
Qui me réjouit à cette ressemblance.

Ainsi fait la tigresse au miroir, quand pris
Sont ses faons ; elle croit réellement,
En apercevant son image, trouver ce qu'elle cherche ;
Pendant ce temps, celui qui les enlève s'enfuit.
      Ne faites de même
      Dame, pour moi,
Et ne m'oubliez pas non plus
Si je demeure trop longtemps.
Car c'est en votre ressemblance,
Comme au miroir, que je trompe mon ennui ;
Près de vous, et non pas ici,
Est le cœur et l'espérance.

« Taisez-vous, Garnier, il parle de maître Adam, le clerc d'honneur, le joli, le large donneur, qui était plein de toutes vertus ; il avait reçu du ciel mainte belle grâce ; il savait surtout faire de beaux dits et était parfait chanteur. Il savait composer des chansons, des jeux-partis, des motets entés ; il en fit une grande quantité, et des ballades, je ne sais combien. » Un autre document non moins curieux relatif à ce trouvère se trouve dans le mss. 6987, f. français de la Bibliothèque de Paris. L'un des copistes de ce manuscrit s'est amusé à rimer à la suite du roman de Troyes les vers que nous traduisons :

« Celui qui écrit ceci, sachez-le bien, n'était pas trop à son aise, car il était sans cotte et sans surcot, à cause d'un vilain écot qu'il avait perdu et payé, le jeu de dés l'ayant déçu. Celui-là avait nom Jehan Mados qui passait pour un bon compagnon. Il était d'Arras. Bien fut connu son oncle Adam le Bossu qui, à la suite d'une émeute, avec une nombreuse compagnie, laissa Arras ; il fit folie, car il y était craint et aimé. Quand il mourut, ce fut pitié, car homme de plus d'esprit ne fut jamais. Prions donc Dieu de bon cœur qu'il sauve son âme, et qu'il garde de vilenie Mados qui a achevé cette écriture telle que vous venez de l'entendre. Ce livre fut fait et fini, l'an de l'Incarnation douze cent quatre-vingt et huit. Le temps était beau et joli; seulement celui-là avait trop froid qui n'avait ni surcot ni cotte; on était au jour de la Purification de la sainte Vierge qu'on appelle la Chandeleur. Dieu garde Mados de dommage, s'il lui plait, et de vilain cas, afin qu'il ne perde plus ses habits. »

Jean Mados n'avait pas, parait-il, hérité de son oncle, car Adam le Bossu mourut très-riche, si nous en croyons une pièce du temps :

> De sen avoir a un grant mont.

Arras lui rendit de grands honneurs; une rue de la ville porta longtemps son nom.

Le principal titre littéraire d'Adam de La Halle, c'est d'avoir créé en France le théâtre profane. Il n'existait avant lui que des Mystères ou des Miracles; du moins aucun drame d'un autre caractère ne nous a été conservé, et les *Jeux de la feuillée* et de *Robin et Marion* inaugurent dans l'histoire de l'art dramatique une période nouvelle. Ils ont été publiés par MM. Monmerqué et F. Michel, dans le Théâtre Français au moyen âge, Panthéon littéraire, 1839. Les autres compositions de ce poëte sont, pour la plupart, inédites; elles se trouvent réunies dans le beau manuscrit du fonds Lavallière, n° 81, à la Bibliothèque impériale.

COLIN MUSET

Colin Muset est le ménestrel de profession allant chanter de château en château, et recevant pour sa peine un cadeau ou un salaire dont il ne rougit aucunement :

> N' ai cure de roncin lasser
> Après mauvais seigneur troter ;
> S' ils héent bien mon demander,
> Et je cent tans lor refuser.

« Je n'ai cure de lasser mon cheval à trotter à la suite de mauvais seigneurs. S'ils haïssent ma demande, je hais cent fois davantage leur refus. » Il nous reste fort peu de chose de Colin Muset : cinq chansons et quelques autres petites pièces. On peut conjecturer qu'il exerça sa profession sur les Marches de Lorraine et de Champagne. Quant à sa biographie, elle est tout entière dans la chanson suivante qui nous offre un joli et naïf tableau de mœurs.

CHANSON
SUR LA VIE DE MENESTREL

Sire cuens, j'ai vielé
Devant vous, en vostre osté;
Si ne m'avez riens doné
Ne mes gages aquité,
    C'est vilanie;
Foi que doi sainte Marie!
Ainc ne vos sievrai je mie.
M'aumosniere est mal garnie
Et ma malle mal farsie.

Sire cuens, quar comandez
De moi vostre volonté.
Sire, s'il vous vient à gré,
Un beau don car me donez
    Par cortoisie.
Talent ai, n'en dotez mie,
De r'aler à ma mesnie.
Quant vois borse desgarnie,
Ma feme ne me rit mie.

Ains me dit : sire Engelé,
En quel terre avez esté,
Qui n'avez rien conquesté
    Aval la ville?
Vez com vostre male plie,
Ele est bien de vent farsie.
Honi soit qui a envie
D'estre en vostre compaignie!

TRADUCTION

Seigneur comte, j'ai joué de la viole
Devant vous, en votre hôtel.
Vous ne m'avez rien donné
Ni mes gages acquitté,
    C'est vilenie.
Par la foi que je dois à sainte Marie!
A ces conditions je ne vous suivrai pas.
Mon aumônière est mal garnie
Et ma malle mal fournie.

Seigneur comte, commandez
Ce qu'à mon égard vous voulez faire;
Sire, s'il vous vient à gré,
Un beau don me soit donné
    Par courtoisie.
Car j'ai envie, n'en doutez pas,
De retourner dans mon ménage.
Quand j'y reviens la bourse vide,
Ma femme ne me rit pas.

Elle me dit : sire Engelé,
En quelle terre avez-vous été,
Que vous n'avez rien gagné
    Le long de la ville?
Voyez comme votre malle plie,
Elle est toute de vent farcie.
Honni soit qui a envie
D'être en votre compagnie!

Quant je vieng à mon hosté,
Et ma feme a regardé
Derrier moi le sac enflé,
Et ge qui sui bien paré
    De robe grise,
Sachiez qu'ele a tot jus mise
La quenoille, sans faintise.
Elle me rit par franchise,
Ses deux bras au col me lie.

Ma fame va destrousser
Ma male, sanz demorer.
Mon garçon va abruver
Mon cheval et conréer.
Ma pucele va tuer
Deus chapons por deporter
    A la sause aillie.
Ma fille m'apporte un pigne
En sa main par cortoisie.
Lors sui de mon ostel sire
A mult grant joie, sans ire,
Plus que nus ne porroit dire.

Des formes nombreuses qu'inventa au xiiie siècle l'art déjà raffiné de la chanson : saluts, partures ou jeux-partis, sirventois, pastourelles, retroenges, motets, lais, virelais, vaduries, ballades et rondeaux, nous ne pouvons donner ici les définitions ni les exemples que comporterait un travail spécial. Nous reproduirons seulement une courte pastourelle.

Quand je viens à ma maison
Et que ma femme a regardé
Derrière moi le sac enflé,
Et moi qui suis bien paré
    De robe grise,
Sachez qu'elle a vite jeté bas
La quenouille, sans mentir.
Elle me rit franchement,
Ses deux bras s'enlacent à mon cou.

Ma femme va détrousser
Ma malle, sans tarder.
Mon garçon va abreuver
Mon cheval et le panser.
Ma servante va tuer
Deux chapons pour les assaisonner
    A la sauce à l'ail.
Ma fille m'apporte un peigne
En sa main, par courtoisie.
Alors dans ma maison je suis roi,
En grande joie, sans fâcherie,
Plus heureux qu'on ne pourrait dire.

La pastourelle est une des plus agréables variétés du genre. Celle que nous avons choisie est signée d'un trouvère nommé Moniot de Paris, sur lequel on n'a aucun renseignement. Elle se trouve dans le Recueil manuscrit de la Bibliothèque de l'Arsenal, b. l. f. 63, et dans le n° 7222[2] (ancien fonds de Cangé, 67), de la Bibliothèque impériale de Paris.

PASTOURELLE

A une ajornée
Chevauchai l'autr' ier
En une valée;
Delez mon sentier
Pastore ai trouvée
Qui fet à proisier.
Matin s' ert levée
Por esbanoier;
Bele ert et senée.
Je l'ai saluée.
Plus ert colorée
Que flor de rosier.

Toute desfublée,
S'assist sus l'erbier.
Crine avoit dorée,
Cors por enbracier;
Bien estoit moulée,
N'i ot qu'enseignier.
Sus l'erbe, en la prée
Lessai mon destrier.

Quant la pastorele
Me vit là venant,
Robinet apele :
« Amis, vien avant. »
Je li dis : « Suer bele,
Tesiez vous atant;
M'amor, damoisele,
Vous doing maintenant. »
Bele ot la maisele,
La color nouvele.

TRADUCTION

A l'aube naissante,
Je chevauchais l'autre jour
A travers une vallée.
Près de mon sentier,
J'ai trouvé une bergère
Qui avait bien son prix.
Elle s'était de grand matin levée
Pour s'ébattre aux champs.
Elle était belle et gracieuse ;
Je la saluai :
Elle devint plus colorée
Que fleur de rosier.

Toute deffublée,
Elle était assise sur l'herbe.
Elle avait les cheveux dorés,
Une taille qu'on voudrait entourer de ses bras.
Elle était bien faite de tous points,
Il n'y avait rien à y reprendre.
Sur l'herbe, dans la prairie
Je laissai mon destrier.

Quand la bergère
Me voit approcher,
Elle appelle Robin :
« Ami, viens ici ! »
Je lui dis : « Sœur belle,
Taisez-vous bien vite.
Mon amour, damoiselle,
Je vous donne maintenant. »
Ses joues si fraîches
Prirent de nouvelles couleurs.

Je li dis : « Dancele,
M'amor vos present;

Robin qui frestele
Est povre d'argent.
Povre est vo cotele
Et vo garnement.
Cheval ai et sele
Tout à vo conmant,
Se vos, damoisele,
Fetes mon talent. »

La pastore ert sage,
Si me respondi :
« Sire, en mon aage,
Tel folor n'oï;
Ce seroit damage
Se perdoie ensi
Le mien pucelage
Por autrui ami.
Par cest mien visage !
Ce seroit damage
Qu'à bon mariage
Auroie failli. »

Je lui dis : « Damoiselle,
Je vous offre mon amour.

Robin qui joue du flageolet
Est pauvre d'argent.
Pauvre est votre cotte
Et votre parure.
J'ai cheval et selle
Là tout à vos ordres,
Si vous voulez, damoiselle,
Céder à mes vœux. »

La bergère était sage;
Elle me répondit :
« Seigneur, de ma vie,
Telle folie je n'ai entendu.
Ce serait dommage,
Si je perdais ainsi
Mon honneur
Pour un étranger.
Par ce mien visage!
Ce serait dommage;
Car à un bon mariage
Il me faudrait renoncer. »

C'étaient là, comme on le voit, des œuvres très-légères dont l'agrément était presque tout entier dans la forme et dans la musique qui les accompagnait; on y recherchait surtout le rhythme cadencé et rapide, les vives et joyeuses ritournelles; la pensée consistait le plus souvent dans une invocation au printemps, à l'aube du jour, aux oiseaux chanteurs :

  E! aloete
   Joliette,
 Pet't t' est de mes maux!

Nous entendons encore, dans le dialecte sonore du Poitou, la *Reine d'avril* mener sa ronde :

> Al entrade del tens clar,
> Eya !
> Pir joie recomençar,
> Eya !
> Et pir jalous irritar,
> Eya !
> Vol la regine mostrar
> K'ele est si amorouse.
>
> Qui donc le véist dançar,
> Eya !
> Et son gent cors deportar,
> Eya !
> Ben puist dire de vertar,
> Eya !
> K' el mont non sie sa par,
> La regine joiouse.

« A l'entrée du temps clair, pour joie recommencer et pour jaloux irriter, la reine veut montrer qu'elle est bien amoureuse. Qui donc la vit danser et son gentil corps balancer, peut dire en vérité que dans le monde elle n'a pas sa pareille, la reine joyeuse! »

La plupart de ces gais refrains n'étaient pas destinés sans doute à vivre si longtemps; pour nous qui les retrouvons dans leur idiome vieilli, et dépouillés de la mélodie qui les animait, ils ont perdu la fleur de leur gaieté première. Cependant, lorsqu'ils se réveillent et s'échappent de la poussière des manuscrits comme des vols nombreux d'oiseaux gazouilleurs, l'impression qui en reste dans l'esprit, c'est que le XIIIe siècle n'était nullement le temps morne et sombre qu'ont voulu peindre beaucoup de nos historiens. Puis, on vient à songer que, si les paroles de nos chansonnettes et de nos romances devaient avoir une destinée semblable, elles pourraient bien faire moins bonne contenance devant les âges à venir.

LES FABLES ET LES BESTIAIRES

Le moyen âge a connu et reproduit tout ce qu'ont pu lui fournir de fables Bidpaï et l'Orient, Ésope et la Grèce, Phèdre, et les fabulistes des siècles de la décadence : saint Cyrille, Romulus. Les recueils qu'il composait avec ces matériaux réunis, il leur donnait le nom générique d'Ysopets, en l'honneur d'Ésope à qui était attribuée l'invention de l'apologue. Les trouvères qui traduisirent ces fables en français les animèrent d'une vie nouvelle. La fable antique était presque toujours concise, nue et froide ; c'était pour ainsi dire le vêtement étroit et exact d'un précepte moral. La fable française est, dès l'origine, conteuse, amusante, abondante en traits pittoresques, en détails familiers. Les personnages, finement observés dans leurs instincts et leurs allures, se dessinent vivement et deviennent de véritables types des passions, des vices ou des ridicules de l'humanité. Le tour naturel, la naïveté, la bonhomie malicieuse, la fleur de gaieté et de fine ironie qui nous charment dans La Fontaine, se trouvent déjà dans la plupart des fables du moyen âge. La Fontaine n'est nullement une personnalité unique, solitaire ; il a eu dans notre ancienne littérature de nombreux précurseurs ; il est le descendant et l'héritier d'une longue suite d'ancêtres.

Parmi les trouvères du XIIIᵉ siècle qui ont composé des fables, Marie de France, l'auteur des lais que nous avons déjà fait connaître, figure au premier rang. Son *Ysopet,* qui renferme cent trois fables, est incontestablement son meilleur titre littéraire. Elle a su y déployer, non-seulement les grâces de l'esprit, mais la bonté de l'âme et une généreuse et délicate pitié pour les malheurs de son temps ; de sorte que ce petit livre, par les excellentes leçons qu'il donne, par les sentiments de justice et de bienveillance qui l'animent, est une des œuvres les plus honorables de cette époque.

Nous donnons de Marie de France la fable du *Mariage du Muset* ou *du Souriceau,* dont le sujet est emprunté aux contes indiens de Bidpaï.

DOU MUSET
KI QUIST FAME

Jadis fu si en orguelliz
Li Musés k' um claime suriz
Qu' il ne pooit, en sun paraige,
En sun samblant n' en sun lignaige,
Fame truver que il presist.
Jà n' en aura nule, ce dist,
S' il ne la troeve à sun talent;
Marier se veut hautement.
Dist qu' au Soloil ira parler,
Sa fille volra demander
Pur ce que il esteit mult halz
Et en esté poissanz e chalz.
Ne set, ce dist, en plus haucier,
Si requiert sa fille à moillier.
Li Solax dist qu'il voist avant,
S' en truvera un plus poissant :
La Nue qui l'aombre et cuevre,
Ne peut paroir qant soz lui oevre.
Li Musés à la Nue vint
E dist q' à si poissant le tint
Qe sa fille vient demander.
Ele le rueve avant aler
E par resun li veut mustrer
Q' ancor puet plus poissant truver :
Ce est li Venz, bien i esgart,
Car quant il vente, il la depart.
Fait li Musés : « A lui irai,
Jà ta fille mais ne prendrai. »
Adunc en est alez au Vent,
Si li a dit cun faitement

LE MUSET

A LA RECHERCHE D'UNE FEMME

Jadis fut si enorgueilli
Le Muset qu'on nomme souriceau,
Qu'il ne pouvait, dans son parage,
Parmi ses égaux ni en sa parenté,
Trouver femme qu'il voulût prendre.
Il n'en aura aucune, dit-il,
S'il ne la trouve selon ses désirs.
Il se veut marier en haut lieu;
Il conclut qu'au Soleil il ira parler,
Et qu'il lui demandera sa fille,
Parce qu'il est très-haut placé.
Et, en été, puissant et chaud.
« Il ne saurait, dit-il, s'élever davantage.
Il lui demande donc sa fille en mariage. »
Le Soleil lui répond qu'il aille plus loin
Et qu'il en trouvera un plus puissant,
C'est la Nue qui l'ombrage et couvre;
Il ne peut paraître quand sous lui elle s'étend.
Le Muset s'en vient à la Nue
Et lui dit qu'il la tient pour si puissante
Qu'il lui vient demander sa fille.
Elle l'invite à passer son chemin,
Et par de bonnes raisons lui veut montrer
Qu'il peut trouver encore plus puissant qu'elle :
C'est le Vent, qu'il y regarde bien,
Car, quand le Vent souffle, il la disperse.
Le Muset dit : « J'irai vers lui,
Je n'épouserai point ta fille. »
Ils s'en est allé vers le Vent,
Et lui a dit en quelle façon

La Nue li a envoié,
Si li a dit et enseignié
Qu' il estoit de si fort nature
Qu' en sa force n' aveit mesure.
Tutes autres riens departeit,
Quant il venteit, et destruicit;
Pur ço vuleit sa fille prendre,
Ne volleit mès aillurs entendre.
Li Venz respunt : « Tu as failli,
Fame n' aras tu pas iqui.
Plus fort i a que je ne sui,
Qui mult suvent me fait anui,
Encuntre moi si fiers se fait
Que ne li caut de mun forfait;
Chou est, fet il, la Tur de piere
Qi tous tans est forz et entiere.
Unques ne la pui despecier
Ne par venter affebloier.
Ains me reboute si arriere
Que n' ai talent que la requiere. »
Li Musés respondit atant :
« De ta fille n' ai ge talant;
Ne doi plus bas fame coisir
Q' à moi ne doie apartenir.
Fame prendrai à grant honur;
Or m' en irai jusqu' à la Tur. »
Alez i est, sa fille quist.
La Tors l' esgarda, si li dist :
« Com as, fait ele, meserré!
Tu n' as mie bien esgardé.
Qui por force ça t' enveia,
Il m' est avis qu' il te gaba.
Plus fort truveras encor hui,
A qui unques ne cuntrestui.
— Qu' est ce dunc? li Musés respunt,
A dunc plus fort en tut le munt?

La Nue l'avait adressé à lui,
En lui montrant et enseignant
Qu'il était de si forte nature
Qu'en sa force il n'y avait mesure.
Toutes les autres choses, il les dissipait
Par son souffle, et les détruisait :
C'est pourquoi lui, le Muset, voulait épouser sa fille ;
Il ne voulait entendre à aucun autre choix.
Le Vent répond : « Tu t'es trompé,
La femme que tu cherches n'est pas ici.
Il y a plus fort que je ne suis,
Qui bien souvent me fait ennui,
Et contre moi se tient si ferme
Que tous mes efforts lui importent peu :
C'est, dit-il, la Tour de pierre
Qui en tous temps est solide et entière ;
Jamais je ne puis la démanteler
Ni l'affaiblir ; j'ai beau souffler,
Elle me refoule tellement arrière
Que je n'ai plus envie d'y essayer. »
Le Muset répond alors :
« De ta fille je n'ai souci,
Je ne dois pas prendre femme plus bas
Qu'à moi il n'appartient.
Je prendrai femme à grand honneur,
Et pour cela je m'en irai jusqu'à la Tour. »
Il y va, et demande à la Tour sa fille.
La Tour le regarda et lui dit :
« Comme tu t'es, fait-elle, mal adressé !
Tu n'as pas bien réfléchi.
Celui qui, pour trouver de la force, t'envoie ici,
Il m'est avis qu'il se moque de toi.
Tu trouveras aujourd'hui plus fort que moi,
A qui je n'ai jamais su résister.
— Qui est-ce donc ? réplique le Muset ;
Y a-t-il donc plus fort que toi au monde ?

— Oïl, fet ele, la Suriz.
Dedens moi gist e fait ses niz.
Il n' a en moi si fort mortier
Q' ele ne puisse trespercier ;
Desoz moi va, parmi moi vient,
Nule cose ne la detient. »
Li Musés dit : « Cument faveles?
Or ai oï fieres noveles.
Jà est la soriz ma parente.
Bien ai perdu tote m' antante.
Ge quidoie si haut munter ;
Or me cunvient à recliner
Et returner à ma nature.
— Tes est, dist la Turs, t' aventure.
Va en maisun e si retien
Que ne vuoelles por nule rien
Ta nature mais desprisier.
Tiex se cuide mut essaucier
E cuntre sun dreit alever,
Que plus bas cunvient returner.
Mals prisier ne deit nus sun dreit,
Se ce n' est maus, quex qe il seit.
Jà ne sauras si lung aler
Que tu puisses fame truver
Qui miex soit à tun oes eslite
Que la Sorisete petite. »

A côté des recueils de fables ou Ysopets, les bestiaires persistent et se développent. Guillaume, le clerc normand, succède à Philippe de Thaun et rime avec plus de facilité et d'élégance l'ancien *Physiologus*. Plus tard, cette forme du bestiaire fut détournée de son but primitivement moral et théologique. Richard de Fournival, chancelier de l'église

— Oui, fait-elle, la Souris.
En moi elle loge et fait ses nids.
Il n'est en moi si solide mortier
Qu'elle ne parvienne à percer.
Dessous moi, à travers moi, elle va et vient ;
Rien ne peut l'en empêcher. »
Le Muset dit : « Quelles fables me contes-tu ?
Voici que j'apprends d'étranges nouvelles.
La Souris est ma parente.
J'ai bien perdu toutes mes espérances.
Moi qui pensais monter si haut,
Je suis contraint de redescendre
Et de retourner à ma nature.
— Telle est, dit la Tour, ton aventure :
Rentre au logis et retiens bien
Que tu ne dois, pour aucune chose,
Mépriser jamais ta nature.
Tel croit beaucoup se grandir
Et au-dessus de son niveau s'élever,
A qui force est ensuite de retomber plus bas.
Personne ne doit dédaigner sa condition,
Quelle qu'elle soit, si ce n'est le méchant.
Tu ne sauras si loin aller
Que tu puisses trouver femme
Qui te soit mieux assortie
Que la Sourisette petite. »

d'Amiens, composa un *Bestiaire d'amour*, pour exhorter les dames à aimer. Une réponse au bestiaire de Richard eut pour but, au contraire, de les exhorter à être chastes. Les bestiaires ne sont plus dès lors que de curieux et parfois spirituels badinages ; et, avec le siècle, ce genre de compositions achève définitivement de s'éteindre.

LES ROMANS DE RENART

Les romans de Renart tiennent de la fable par les personnages qu'ils mettent en scène, mais s'en distinguent par leur étendue d'abord, qui excède tout à fait les dimensions normales de l'apologue, et par leur but, qui est exclusivement satirique. Il n'est point d'œuvres peut-être où le génie du moyen âge soit plus vigoureusement empreint. Les romans de Renart forment un cycle complet qui rivalise par le nombre des œuvres avec les cycles de Charlemagne et d'Artus. Nous laissons de côté le Renart latin (*Reinardus vulpes*), les Renarts allemands et flamands, et nous renonçons à débattre la question d'origine qui a donné lieu à tant de savantes controverses en deçà et au delà du Rhin. En France, nous trouvons, de la fin du XII⁰ à la fin du XIII⁰ siècle, une série de poëmes qui forment ensemble environ trente-quatre mille vers et qui constituent le cycle français primitif. Deux énormes suites intitulées : *Renart le nouvel* et *Renart le contrefait* appartiennent au XIV⁰ siècle ; nous en parlerons en leur temps.

L'ancien cycle se compose de trente à quarante poëmes ou *branches* : ces poëmes ne se rattachent pas l'un à l'autre, ne se suivent pas dans un ordre logique et rigoureux. Ils se répètent, ils s'enchevêtrent, ils se contredisent. Le même sujet a été traité plusieurs fois ; la même aventure rimée par plusieurs conteurs. C'est là une création toute spontanée, où il n'y a ni plan prémédité ni ensemble correct. Le thème, le canevas appartient au siècle tout entier ; l'inspiration de chacun y brode sa fantaisie, sans souci de ce qu'ont fait ses devanciers ni de ce que feront ses successeurs. Deux branches marquent toutefois l'intention, l'une d'ouvrir le cycle, l'autre de le terminer. La première nous fait assister à la naissance de Renart : « Com il issi de la mer ; » la dernière à *son couronnement*. Parmi les nombreux poëtes de toute classe, de tout rang, prêtres et laïques, clercs et bourgeois, qui ont travaillé à cette grande œuvre collective, deux noms seulement sont arrivés jusqu'à nous : ceux de Pierre de Saint-Cloud et de Richard de Lison.

Les romans de Renart sont la parodie et la satire de la société contemporaine. Les deux héros, le gorpil *(vulpes)* surnommé *Renart*, et le loup surnommé *Ysengrin*, représentent : l'un la malice, l'industrie, l'adresse et la ruse ; l'autre, la force brutale et inepte. Dans la longue guerre qui s'élève entre ces deux *barons*, Ysengrin est toujours sacrifié, toujours mystifié, conspué, battu. Renart, au contraire, se tire heureusement des plus mauvais pas, ne manque jamais de se venger de ses ennemis, et finit par être comblé d'honneurs. Renart est un chevalier coureur d'aventures d'une nouvelle sorte, vivant aux dépens du public, jouant tous les personnages, prenant tous les déguisements, tour à tour moine, médecin, artisan, ménestrel ; la plupart du temps, il se contente de brigander autour de son pauvre manoir de *Malpertuis*, de piller les uns, de croquer les autres ; sans foi ni loi, ayant toutes les qualités de Panurge : « Malfaisant, pipeur, paillard, gourmand, ribleur, » avec l'hypocrisie en plus : sachant faire, comme on disait alors « le papelard ; » portant au besoin la haire avec la discipline, et, dans le couvent où il s'est réfugié, édifiant tous les frères par sa dévotion, jusqu'à ce qu'il jette un beau jour le froc aux orties et se sauve en emportant quatre chapons. Ces types de l'esprit immoral et triomphant ont de tout temps souri à la littérature française ; Renart est le plus ancien et aussi le plus complet.

Autour de ce personnage principal, se meut tout un monde, image du monde féodal avec sa hiérarchie, ses castes, ses préjugés, ses mœurs et ses lois : d'abord le roi *Noble*, le lion, et dame *Orgueilleuse*, sa femme ; puis *Brun*, l'ours, *Beaucent*, le sanglier, conseillers du roi ; l'archiprêtre *Bernart*, l'âne ; *Bruiant*, le taureau ; le bon sire *Belin*, le mouton ; *Tardieu*, le limaçon, brillant et preux chevalier ; *Roonel*, le mâtin « qui sait de plusieurs latins » un vieux routier ; *Damp Petitpas*, l'abbé, (le paon) ; *Chanteclair*, le coq ; frère *Tybert*, le chat ; frère *Hubert*, l'escoufle (le milan), confesseur ; dame *Hersent*, la louve, épouse d'Ysengrin, dame de mœurs légères ; *Hermeline*, la femme de Renart « qui a contenance plus simple qu'une béguine, » et à qui pourtant il ne faut pas trop se fier ; *Brichemer*, le cerf, le juge ; *Grinbert*, le blaireau, parent de Renart ; dame *Ragueneau*, la guenon, vieille plaideuse, également parente de Renart ; *dom Espinart*, le hérisson ; le page *Rossel*, l'écureuil ; les huissiers (portiers) *Wankes*, le geai, et *Urediel*, le perroquet; *Martin*, le singe, le jongleur, qui divertit la cour par ses bouffonneries et ses grimaces; tous les rangs de la société enfin, tous les types, toutes les professions, tous les vices, tous les ridicules. Tout ce que le moyen âge croyait, vénérait et pratiquait, les cérémonies ecclésiastiques, les sacrements religieux, les pèlerinages, les croisades, les miracles, la chevalerie, les tournois, les cours plénières, tout dans cette vaste et singulière mascarade est raillé doucement et gaiement, avec une ironie fine, avec une bonhomie sournoise, sans déclamation et sans chagrin.

Le point de départ de l'action, le commencement du drame, c'est « la grant fornication » que commet Renart envers dame Hersent la louve. De là la longue inimitié et la lutte aux péripéties nombreuses qui éclate entre le mari trompé et Renart. Ysengrin porte d'abord une plainte en adultère devant la cour du roi. Le roi Noble tient un lit de justice solennel; Ysengrin se présente devant l'assemblée et accuse Renart d'avoir fait violence à dame Hersent. Le roi ne semble pas disposé à prendre l'affaire à cœur :

> Quant l'empérere oï le leu,
> Si li respondi come preu :
> « Ysengrin, lessiez ester,
> Vos n'i porriez rien conquester
> A ramentevoir votre honte.
> Musart sont li roi et li conte,
> Et cil qui tiennent les grans cor,
> Deviennent cous, hui est li jors.
> Onques de si petit domage
> Ne vi ge faire si grant rage.
> Tele est cele ovre, à escient,
> Que li parlers n'i vaut noient.

« Quand l'empereur eut entendu le loup, il lui répondit comme preux : Ysengrin, laissez cela, vous ne pourriez rien gagner à publier votre honte. Les rois et les comtes et ceux qui tiennent les grandes cours deviennent cocus, c'est la saison. Jamais pour si petit dommage, je n'ai vu faire si grande rage. Telle est cette œuvre, je vous le dis à bon escient, que le bruit n'y vaut rien. »

C'est l'opinion de Sosie :

> Sur telles affaires toujours
> Le meilleur est de ne rien dire.

Après un débat auquel prennent part Brun l'ours et Grinbert le blaireau, après avoir ouï dame Hersent qui proteste de son innocence à la grande édification de l'archiprêtre Bernart, le roi conclut à pacifier la querelle. Tout allait donc bien s'arranger pour Renart, lorsque surgit un nouvel incident. Messire Chanteclair le coq et dame Pinte la poule viennent à leur tour porter plainte contre Renart qui a tué la sœur de dame Pinte. C'est l'épisode que nous reproduisons :

LES FUNÉRAILLES DE DAME COPÉE

Or est Renart bien avenu.....
Se ne fust Chantecler et Pinte
Qui à la cort venoit, soi quinte,
Devant le roi de Renart plaindre.
Or est li feus griés à estaindre,
Qar sire Chantecler li cos
Et Pinte qui pont les oes gros,
Et Noire et Blanche et la Rossete
Amenoient une charrete
Qui enclose ert d' une cortine.
Dedenz gisoit une geline
Que l' en amenoit en litiere
Fete autresi con une biere.
Renart l' avoit si mal menée
Et as denz si desordenée
Que la cuisse li avoit frete
Et une ele fors del cors trete.
Qant li Rois ot jugié assez,
Qui de plaidier estoit lassez,
Ez les Gelines maintenant,
Ez Chantecler paumes batant.
Pinte s' escrie premeraine
Et les autres à une alaine :
« Por Dieu! font eles, gentix bestes
Et chiens et leus, si con vos estes,
Qar conseilliez ceste chaitive!
Moult hé l' eure que je fui vive.
Mort, qar me pren, si me delivre!
Qar Renart ne me lesse vivre.
Cinc freres oi jà de mon pere,
Tot les menja Renart li lerre,

TRADUCTION

Renart s'en serait bien tiré
N'étaient Chantecler et Pinte
Qui à la cour venait, elle cinquième,
Devant le roi se plaindre de Renart.
Le feu est maintenant difficile à éteindre,
Car sire Chantecler le coq,
Et Pinte qui pond les gros œufs,
Et Noire et Blanche et la Roussette
Amenaient une charrette
Qui était fermée de rideaux.
Dedans gisait une poule
Que l'on amenait sur une litière
Faite en forme de bière.
Renart l'avait si malmenée
Et avec les dents si déchirée
Qu'il lui avait brisé la cuisse
Et arraché une aile du corps.
Au moment où le roi achevait de rendre justice,
Et qu'il était las de plaider,
Voilà les poules qui arrivent
Voilà Chantecler frappant les mains.
Pinte s'écrie la première,
Puis les autres tout d'une haleine :
« Pour Dieu ! font-elles, gentilles bêtes
Et chiens et loups, tous tant que vous êtes,
Conseillez cette chétive !
Je hais bien l'heure où je suis venue au monde.
Mort ! prends-moi, et me délivre !
Car Renart ne me laisse respirer.
J'ai eu cinq frères de mon père,
Tous les mangea Renart le larron,

Ce fut grant perte et grant dolors.
De ma mere oi quatre serors
Que virges poules, que meschines,
Moult i avoit beles gelines;
Gonbert de Fresne les paissoit,
Qui de pondre les enpressoit.
Le las! mar les i engressa,
C' onques Renart ne l' en laissa
De totes quatre qu' une soule;
Totes passerent par sa goule.
Et vos qui ci gisez em biere,
Ma douce suer, m' amie chiere,
Con vos estiez tendre et grasse!
Que fera or vostre suer lasse
Qui à grant dolor vos regarde?
Renart, la male flambe t' arde!
Tantes fois nos avez folées
Et chaciées et tribulées
Et descirées nos pelices
Et enbatues jusqu' as lices!
Et hier matin devant ma porte
Me jeta il ma seror morte,
Puis s'enfoï parmi un val.
Gonbert n' ot pas isnel cheval
Ne ne le pot a pié ataindre.
Je me voloie de lui plaindre,
Mès je ne truis qui droit m' en face,
Qu' il ne crient autrui menace
N' autrui coroz vaillant deux soles. »
Pinte la lasse à ces paroles
Chéi pasmée el pavement
Et les autres tot ensement.
Por relever les quatre dames,
Se leverent de lor eschames
Et chiens et leus et autres bestes;
L' eve lor gietent sor les testes

Ce fut grand'perte et grand'douleur !
De ma mère j'avais quatre sœurs
Tant vierges poules que nubiles,
C'étaient-là de belles gelines !
Gombert du Fresne les paissait
Et à pondre les encourageait.
Le malheureux ! à tort il les engraissa,
Puisque Renart ne lui en laissa
De toutes les quatre qu'une seule,
Toutes passèrent par sa gueule !
Et vous qui gisez dans cette bière,
Ma douce sœur, mon amie chère,
Comme vous étiez tendre et grasse !
Que fera maintenant votre sœur infortunée
Qui avec grand'douleur vous regarde ?
O Renart, que le feu d'enfer te brûle !
Tant de fois vous nous avez foulées,
Et chassées et maltraitées,
Et vous avez déchiré nos pelisses,
Et vous nous avez poursuivies jusqu'aux barrières !
Et hier matin, devant ma porte,
Il me jeta ma sœur morte,
Puis il s'enfuit dans le vallon.
Gombert n'a point de rapide cheval,
Et à pied il ne le put atteindre.
Je me voulais de lui plaindre,
Mais je ne trouve qui m'en fasse justice,
Car il ne craint les menaces de personne,
Et du courroux d'autrui il ne tient aucun compte. »
Pinte l'infortunée, à ces paroles
Tomba pâmée sur les dalles,
Et les autres tout pareillement.
Pour relever les quatre dames,
Se levèrent de leurs escabeaux
Et chiens et loups et autres bêtes ;
A la tête ils leur jettent de l'eau.

Quant revienent de pasmoison,
Si conme en escrit le trovon,
Là où le roi virent séoir
Se laisent à ses piez chaoir;
Et Chantecler si s' agenoille,
De ses larmes les piez li moille.
Et qant li rois vit Chantecler,
Pitié li prist du bacheler.
Un soupir a fait de parfont,
Ne s' en tenist por l' or du mont.
Par mautalent drece la teste.
Onc n' i ot si hardie beste,
Ors ne sangler, qui péor n'ait
Qant lor sire sospire et brait.
Tel péor ot Coarz li lièvres
Que il en ot deus jors les fièvres.
Tote la cors fremist ensemble ;
Li plus hardis de péor tremble ;
C' onques n' orent coroz greignor,
Qant braire oïrent lor seignor.
Par mautalent sa coue dresce,
Si s' en debat par tel detresce
Que tote en sone la maison.
Et puis fu tele sa raison :
« Dame Pinte, dist l'emperere,
Foi que je doi l' ame mon pere
Por qui je ne fis aumosne hui,
Moult me poise de vostre anui.
Mais je le cuit bien amender,
Que je feré Renart mander,
Si que vos à voz eulz verroiz
Et à vos oreilles orroiz
Con grant vengeance en sera prise.
Car j' en voil fere grant justise
Du grant outraige et del desroi. »
    Quant Ysengrin oï le roi,

Quand elles reprennent leurs sens,
Ainsi qu' en écrit nous le trouvons,
Là où elles voyaient le roi siéger,
Elles viennent et se prosternent;
Chantecler aussi s'agenouille,
De ses larmes les pieds il lui mouille;
Et quand le roi vit Chantecler,
Pitié lui prit du bachelier.
Il a poussé un profond soupir,
Il n'aurait pu s'en tenir pour tout l'or du monde.
Irrité, il dresse la tête.
Il n'y a bête si hardie,
Ours ni sangliers, qui n'aient peur
Quand leur seigneur soupire et rugit.
Telle peur eut Couard le lièvre
Qu'il en eut pendant deux jours la fièvre.
Toute la cour frémit ensemble.
Le plus hardi de peur tremble.
Ils n'eurent jamais si grand émoi
Qu'en entendant rugir leur seigneur.
Celui-ci, de colère, dresse sa queue
Et s'en bat les flancs si furieusement
Que toute la maison en résonne.
Et puis fut tel son discours :
« Dame Pinte, dit l'empereur,
Par la foi que je dois à l'âme de mon père,
Pour qui je n'ai fait aumône aujourd'hui,
Bien me pèse votre chagrin.
Mais je pense vous donner satisfaction,
Car je ferai mander Renart,
De sorte que de vos yeux vous verrez
Et de vos oreilles entendrez
La grande vengeance qui de lui sera prise.
Je veux faire sévère justice
De l'outrage et du méfait. »
 Quand Ysengrin entend le roi,

Isnelement en piez se dresce :
« Sire, fet il, c'est grant proesce;
Moult en seroiz par tot loez,
Se vos Pinte vengier povez
Et sa seror dame Copée
Que Renart a si esclopée.
Ge nel di mie par haïne,
Ainçois le di por la meschine
Qu'il a morte, que je ne face
Por chose que je Renart hace! »
Fait l'emperere : « Biax amis,
Moult grant duel m'a il el cuer mis.
Ce n'est or pas le premerain.
A vos et à toz les forain
Me plain je, si con faire sueil,
Del avoîtire et del orgueil,
Et de la honte qu'il m'a fete,
Et de la pés qu'il a enfrete.
Mais or parlons d'autre parole :
Sire Bruns, prenez l'estole,
Et vos, sire Bruiant li tors,
Commandez l'ame de cest cors.
Là sus enmi cele costure
Me fetes une sepouture
Entre ce plain et ce jardin.
Si parleron d'autre Martin.
— Sire, fait Brun, vostre plaisir. »
Atant va l'estole saisir.
Et non mie tant solement,
Mes li rois el commencement
Et tuit li autre dou concile
Ont commenciée la vigile.
Sire Tardis li limaçons
Chanta por cele trois leçons,
Et Rooniax chanta li vers
Et il et Brichemers li cers;

Vite sur ses pieds il se dresse :
« Sire, fait-il, c'est de votre part grand'prouesse ;
Vous serez partout loué
Si vous pouvez venger dame Pinte
Et sa sœur dame Copée
Que Renart a ainsi écloppée.
Je ne parle point par haine,
Mais je le dis pour la demoiselle
Qu'il a tuée, car à Dieu ne plaise que je fasse
Rien pour la haine que je porte à Renart ! »
L'empereur répond : « Bel ami,
Au cœur il m'a mis grand deuil,
Et ce n'est pas la première fois.
A tous présents et non présents,
Je me plains, suivant la coutume,
De son insolence et de son orgueil,
Et de la honte qu'il m'a faite,
Et de la paix qu'il a rompue.
Mais parlons maintenant d'autre chose :
Sire Brun, prenez l'étole,
Et vous, sire Bruyant le taureau,
Recommandez à Dieu l'âme de ce corps.
Là-haut, parmi cette culture,
Faites moi une sépulture,
Entre cette plaine et ce jardin.
Ensuite nous nous occuperons d'autres affaires.
— Sire, fait Brun, à votre plaisir. »
Il va alors revêtir l'étole.
Et non-seulement lui,
Mais le roi, en même temps,
Et tous les autres du concile
Ont commencé à chanter les vigiles.
Sire Tardif le limaçon
Chanta pour la défunte trois leçons.
Ce fut Roonel (le matin) qui entonna les versets
Accompagné par Brichemer le cerf ;

Et Brun li ors dist l' oraison
Que Diex gart l' ame de prison.
  Quant la vigile fu chantée
Et ce vint à la matinée,
Le cors porterent enterrer.
Mais ainçois le firent serrer
En un moult bel vessel de plon,
Ains plus riche ne vit nus hon.
Puis l' enfoïrent soz un arbre
Et par desus mistrent un marbre.
S' i ont escrit le non la dame
Et sa vie, et conmandé l' ame,
Ne sai à cisel ou a greffe.
Il ne servirent pas de beffe,
Ains ont escrit une espitace
Desoz cel arbre en une place :
— « Ci gist Copée suer Pintain ;
Tot ainsi l' atorna hui main
Renart qui chascun jor empire ;
En fist as denz si grant martire. »
  Qui lors véist Pintain plorer,
Renart maudire et devoer,
Et Chantecler les piez estendre,
Moult grant pitié l' en péust prendre.
  Qant li cors fu bien enterrés
Et li duels fu un poi lessiés :
« Emperere, font li baron,
Qar nos vengiez de cel gloton
Qui tantes guiles nos a fetes
Et tantes pés nos a enfretes !
— Moult volentiers, dist l'emperere,
Qar m' i alez, Brun, biax doz frere,
Vos n' aurez jà de lui regart.
Dites Renart de moie part
Qu' atendu l' ai trois jors entiers.
— Sire, dist Brun, moult volentiers. »

Et Brun l'ours dit l'oraison
Pour que Dieu garde l'âme de prison.

   Quant les vigiles furent chantées
Et que la matinée fut venue,
Ils portèrent le corps enterrer.
Mais auparavant ils le firent enfermer
Dans un beau cercueil de plomb,
Jamais on n'en vit de plus riche ;
Puis ils l'enfouirent sous un arbre
Et par-dessus mirent un marbre ;
Ils y ont inscrit le nom de la dame
Et sa vie, et recommandé son âme ;
Je ne sais si cela fut tracé au ciseau ou au poinçon.
Ils ne firent point d'éloge ridicule ;
Ils mirent une épitaphe
Sous cet arbre à l'endroit où il convenait :
— « Ci-gît Copée, la sœur de Pintain ;
Ainsi l'arrangea ce matin
Renart, qui chaque jour empire ;
Avec les dents il lui fit ce cruel martyre. »

   Qui alors eût vu Pintain pleurer,
Maudire Renart et le vouer à l'enfer,
Qui eût vu Chantecler étendre les pattes,
Eût été pris de grand'pitié.

   Quand le corps fut bien enterré
Et que le deuil commença à s'apaiser :
« Empereur, disent les barons,
Vengez-nous de ce glouton
Qui tant de perfidies nous a fait
Et tant de fois a rompu la paix !
— Je le veux bien, dit l'empereur,
Allez y donc, Brun, beau doux frère,
Vous n'aurez pour lui aucun égard.
Dites à Renart de ma part
Que je l'ai attendu trois jours entiers.
— Sire, dit Brun, très-volontiers. »

Atant se met en l'ambléure
Parmi le val d'une costure,
Que il ne siet ne ne repose.
Lors avint à cort une chose
Qui empira Renart son plait,
Que Copée granz vertus fait;
Qar mesire Coarz li lièvres
Qui de péor trembloit les fièvres,
Deus jors les avoit jà éues,
Merci Deu, or les a perdues
Sor la tombe dame Copée.
Car qant ele fut enterrée,
Onc ne se volt d'iloc partir,
Ainçois dormi sor le martir.
Et qant Ysengrin oï dire
Que ele estoit vraie martire,
Dist qu'il avoit mal en l'oreille.
Rooniax, qui bien le conseille,
Sor la tombe gesir le fist;
Lors fu gariz si con il dist.
Mes se ne fust bone creance
Dont nus ne doit avoir dotance.

Renart, amené après bien des difficultés devant la cour, est condamné à être pendu. Au moment où on va le conduire « aux fourches » il supplie le monarque de lui permettre de prendre la croix et d'aller outre-mer expier ses péchés. Le roi refuse d'abord :

> Quant reviendroit, si seroit pire,
> Quar tuit ceste costume tienent :
> Qui bon i vont, mal en reviennent.

« Quand il reviendrait, dit le lion, il serait pire, car tous tiennent cette coutume : ceux qui bons y vont, mauvais en reviennent. » Enfin

Il se met donc à trotter l'amble
A travers un vallon cultivé,
Sans s'asseoir ni prendre de repos.
Pendant ce temps il arriva à la cour une chose
Qui empira beaucoup l'affaire de Renart,
C'est que Copée fit de grands miracles.
Messire Couard le lièvre
Qui de peur tremblait la fièvre,
L'avait eue déjà deux jours durant ;
Par la grâce de Dieu, il en a été guéri
Sur la tombe de dame Copée.
Car lorsqu'elle eut été ensevelie,
Il ne voulut jamais quitter la place
Et dormit sur la tombe de la martyre.
Et quand Ysengrin ouït dire
Qu'elle était vraiment martyre,
Il dit qu'il avait mal à l'oreille.
Roonel, qui bien le conseille,
Sur la tombe le fit coucher ;
Et alors il fut guéri, à ce qu'il assura ;
Mais ce dernier miracle n'est point de ces articles de foi,
Dont il n'est permis à nul de douter.

---

il consent, mais à la condition que Renart ne reviendra jamais. Renart est sauvé ; il saura bien, malgré l'écharpe et le bourdon qu'on lui apporte et la croix qu'on lui met sur l'épaule droite, se dispenser du pèlerinage.

Nous ne poursuivrons pas plus loin l'analyse de cette vaste composition satirique et comique, dont nous ne pouvions que donner une idée sommaire. Les romans de Renart ont été édités, par Méon, à Paris, en 1826, 4 volumes in-8. M. Chabaille a ajouté à cette édition un volume de supplément.

LES FABLIAUX

Le même esprit qui a produit les romans de Renart a enfanté les *Fabliaux*. Ce genre de contes, ordinairement courts et familiers, plaisait par-dessus tout à nos aïeux. Le fabliau était commode et favorable à la médisance et à la malice, à l'observation frondeuse, à la bonhomie caustique, au dévergondage naïf ; il se prêtait à merveille aux digressions, aux allusions ; les mécontentements, les rivalités, les rancunes du temps s'y donnaient librement cours ; il divertissait chacun aux dépens de tout le monde ; et en soulevant presque toujours de gros rires et de grivoises gaietés, n'en donnait pas moins parfois des leçons de morale pratique et populaire. C'est l'esprit des fabliaux qu'on s'est habitué à désigner par l'expression d'esprit gaulois, tant il y a là, en quelque sorte, une saveur tout indigène, un goût de terroir prononcé ; tant la verve qui y éclate semble particulière à notre race et à notre sol. Il ne faut pas cependant, malgré le caractère et l'importance de ces productions, les prendre, comme on a trop incliné à le faire, pour les seuls documents de l'état moral du moyen âge. Ils représentent dans la littérature un côté distinct, la jovialité, l'humeur facétieuse et goguenarde, ce sont presque toujours les joyeux devis ou les libres boutades de bourgeois en goguette. Ils forment une sorte de contre-partie aux poëmes chevaleresques, héroïques ou amoureux, avec lesquels on peut les placer en opposition, mais dont on n'a pas le droit de les isoler, lorsqu'on veut juger et faire ressortir le caractère général de l'époque.

Le fabliau n'a pas disparu de notre littérature avec la langue du xiii° siècle ; il passa, au xv° et au xvi° siècle, de la forme rimée à la prose ; c'est du fabliau que procède cette brillante lignée de conteurs qui comprend : les *Cent nouvelles* du roi Louis XI, les *Contes* de Philippe de Vigneulles,

les *Contes* de Bonaventure Desperriers, l'*Heptaméron* de la reine de Navarre, le *Moyen de parvenir*, de Béroalde de Verville, les *Sérées* de Guillaume Bouchet, les *Contes* de Noël Dufail, etc. Plus tard encore quelques-uns de ces fabliaux ont retrouvé sous la plume de La Fontaine la forme poétique qu'ils avaient eue primitivement. D'autre part, ils firent fortune chez les nations voisines. C'est ainsi qu'un grand écrivain, né à Paris d'un père florentin, Boccace, ayant importé le fabliau en Italie, y fonda, par le prodigieux succès qu'obtint son livre, une école de conteurs qui essaya de rivaliser avec l'école française et qui ajouta au nom de Boccace ceux de Pogge, Morlini, Straparole, Bandel, etc.

Dans le XXIIIe volume de l'*Histoire littéraire de la France*, M. V. Leclerc a passé en revue un grand nombre de fabliaux, en les groupant et divisant selon les personnages qu'ils mettent en scène : Dieu, les anges, les diables, les saints, les jongleurs, les chevaliers, les clercs, les moines, les bourgeois, les vilains, etc., distribution artificielle sans doute, mais qui constitue pourtant un progrès sur le désordre et la confusion absolus qui avaient régné jusqu'alors dans cette masse considérable de productions. Notre intention n'est pas d'énumérer ici tous les fabliaux connus ni de tenter une classification nouvelle. Nous nous bornerons à en signaler quelques-uns des plus intéressants et des plus caractéristiques. Il est des fabliaux qui ont été écrits pour les classes supérieures ; le plus grand nombre s'adresse évidemment, avons nous dit, à la bourgeoisie ; d'autres ont été composés pour le peuple et la populace. Les fabliaux destinés à être récités devant un auditoire aristocratique sont faciles à reconnaître ; ils respirent des sentiments plus délicats, plus élevés ; ils se ressentent de l'influence de l'esprit chevaleresque ; tel est le beau fabliau *Des trois chevaliers et de la chainse*, par Jacques de Baisieux : une dame exige de son amant qu'il se présente au tournoi sans armure, vêtu de la chemise qu'elle lui a donnée. L'amant se soumet à cette épreuve. Il est gravement blessé. Renvoyant à sa dame la chemise tachée de sang, il exige à son tour qu'elle la porte pour toute parure, souillée comme elle est, dans un grand banquet qui doit avoir lieu au château. La dame obéit. Le poëte demande, en terminant, quel est celui des deux amants qui a montré le plus de courage. On peut citer encore le fabliau de *Guillaume au faucon*, d'une invention moins originale, mais conté avec beaucoup de grâce : c'est l'histoire d'un page amoureux de la châtelaine ; il se déclare pendant une absence du châtelain, il est repoussé durement. Il fait le serment de ne plus boire ni manger, jusqu'à ce qu'on lui ait octroyé merci. Il y a près de quatre jours qu'il jeûne, lorsque le châtelain revient et demande à la dame pourquoi Guillaume est malade. Celle-ci, touchée enfin, répond que le page lui a demandé son faucon favori et qu'elle a cru devoir le lui refuser. Le châtelain blâme sa femme et lui ordonne de donner l'oiseau à Guillaume : « Puisque mon mari le veut, dit-elle, je ne vous le refuserai plus, » et Guillaume est guéri. Ce conte conclut en invitant les jeunes damoiseaux à la persévérance. Nous citons dans la même catégorie les jolis fabliaux de *Narcissus*, de *Pyrame et Thisbé*, empruntés aux écrivains de l'antiquité; ceux du *Court Mantel* et de *la Mule sans frein*, puisés aux sources bretonnes. Enfin le fabliau d'*Aristote*, plus singulier et d'un sens plus profond, doit encore être signalé : c'est un de ces mille récits où le moyen âge s'est plu à symboliser la défaite de la sagesse et de l'expérience par le fol amour; on y voit le fameux philosophe marchant, comme on dit, à quatre pattes et servant de monture à une rieuse damoiselle qui se moque de lui :

> Pucele plus blanche que laine,
> Qui chantoit a voix de sereine :
> Ainsi nous mene
> Li maus d' amor.

Parmi les fabliaux qui semblent composés plus particulièrement pour les classes moyennes, nous distinguerons le fabliau de la *Housse partie* dont l'intention morale est excellente. Un père abandonne tous ses biens à ses enfants. Devenu vieux, il est à charge à celui chez qui il demeure; sa belle-fille décide son mari à le renvoyer. Ni les prières ni les larmes du vieillard ne peuvent changer cette résolution. Tout ce qu'il obtient de son fils ingrat, c'est une housse de cheval pour le garantir du froid. Ce fils avait lui-même un enfant de douze ans qu'il charge d'aller chercher la housse. Avant de la rapporter, celui-ci la coupe en deux et en garde la moitié. Le vieillard se plaint. L'enfant, à qui son père demande la raison de sa conduite, répond qu'ayant le dessein de le traiter plus tard lui-même comme il traite son grand-père, il garde la moitié de la housse pour la lui donner quand il sera vieux. Cette réponse fait rentrer le père en lui-même et il rend au vieillard tous ses biens. Le fabliau de la *Bourse pleine de sens*, par Jean Legallois d'Aubepierre, est également louable au point de vue de la moralité. C'est un plaidoyer en faveur des honnêtes femmes. Un mari néglige sa femme pour une maîtresse; il s'avise de mettre à l'épreuve cette dernière qui trahit son avidité et son ingratitude. La générosité et le dévouement de sa femme le ramènent au devoir et en font pour l'avenir l'exemple des maris de la ville. Le fabliau de la *Bourgeoise d'Orléans* est moins édifiant : c'est l'histoire bien connue du *Mari battu et content* qu'ont racontée Boccace et La Fontaine. Le fabliau du *Povre clerc*, dans le même genre, mérite d'être recommandé pour le charme du récit. Le *Vilain mire* est le prototype du *Médecin malgré lui;* la femme d'un paysan, fatiguée d'être battue, joue à son mari le même tour que Martine à Sganarelle, et, comme Sganarelle, le Vilain du xiiie siècle, aiguillonné par les coups de bâton, guérit tous ses malades et passe pour un grand docteur. C'est à la même classe que paraissent appartenir la plupart des fabliaux dirigés contre les curés et les moines, parmi lesquels nous mentionnerons le fabliau de *Brunain* et le fabliau du *Prestre qui mangea les mûres* comme ayant le mérite très-rare de la décence.

Il s'en faut que les fabliaux qui mettent en scène des paysans, des gens du peuple, s'adressent en général à un auditoire de cette classe ; le plus souvent, en effet, ils les maltraitent impitoyablement ; c'est ainsi que le fabliau *Del riche asnier qui par son orgoil revint à son premier labor*, autrement intitulé *Merlin, Mellin, Mellot*, a pour but de démontrer l'ingratitude et l'insolence naturelles aux vilains, et conclut durement :

> Honiz soit qui vilain fait grace
> Ne qui aime lui ne sa trace.

Il est pourtant un certain nombre de ces compositions qui trahissent clairement leur destination populaire. Nous ne parlons pas des ignobles facéties qu'on croirait n'avoir pu être acceptées que par les oreilles les moins délicates ; la raison ne serait pas toujours décisive. Nous ne parlons pas non plus des pièces faites évidemment pour la place publique, telles que les *herberies*, les parades de foire, les proclamations burlesques comme *la pais aus Englois*. Nous voulons distinguer seulement les fabliaux dans lesquels on saisit une intention toute particulière et, pour ainsi dire, un esprit de caste. Ainsi, le fabliau de *Trubert*, par Douin de Lavesne, est remarquable sous ce rapport ; il est impossible de n'y pas voir une âpre et grossière revanche du serf contre les seigneurs. Le fabliau du *Vilain qui conquist paradis par plait*, inspiré par un sentiment analogue, n'a pas le même caractère odieux ; il crée un type qui promet infiniment pour l'avenir : simple, naïf, rustique, mais armé de bon sens, de rude franchise et de libre parole. Nous allons transcrire ce fabliau qui est moins un conte qu'une courte boutade d'un trouvère inconnu.

DU VILAIN
QUI CONQUIST PARADIS PAR PLAIT

Nos trovomes en escriture
Une merveilleuse aventure
Qui jadis avint un vilain.
Mors fu par un vendredi main.
Tel aventure li avint
Qu' angles ne deables n' i vint
A cele ore qu' il fu morz
Et l' ame li parti du cors;
Ne troeve qui riens li demant
Ne nule chose li coumant.
Sachiez que molt fu éureuse
L' ame qui molt fu poorouse.
Garda à destre vers le ciel
Et vit l' archangle S. Michiel
Qui portoit une ame à grant joie.
Enprés l' angle tint cil sa voie.
Tant sivi l' angle, ce m' est vis,
Que il entra en paradis.
S. Pere qui gardoit la porte
Reçut l' ame que l' angle porte;
Et, quant l' ame reséue a,
Vers la porte s' en retorna.
L' ame trova qui seule estoit,
Demanda qui la conduisoit:
« Çaienz n' a nus herbergement,
Se il ne l' a par jugement,
Ensorquetot, par S. Alain !
Nos n' avons cure de vilain,
Quar vilains n' a rien en cest estre.
— Plus vilains de vos n' i puet estre.

DU VILAIN

QUI CONQUIST LE PARADIS EN PLAIDANT

Nous trouvons dans un écrit
Une merveilleuse aventure
Qui arriva jadis à un vilain.
Il mourut un vendredi matin.
Et par aventure il advint
Qu'ange ni diable ne se trouva là
A l'heure où il expira,
Et l'âme lui partit du corps.
Elle ne trouve personne qui rien lui demande
Ni qui lui donne aucun ordre.
Sachez qu'elle en fut très-heureuse,
L'âme qui était fort craintive.
Elle regarda à droite vers le ciel
Et vit l'archange saint Michel
Qui portait une âme avec grande joie.
A la suite de l'ange, l'autre tint sa voie.
Tant elle le suivit, paraît-il,
Qu'elle entra en paradis.
Saint Pierre qui gardait la porte
Reçut l'âme que l'ange portait,
Et, après l'avoir reçue,
Vers la porte il s'en retourna.
Il trouva l'autre âme qui était seule,
Et lui demanda qui la conduisait :
« Ici nul n'est hébergé
Qui n'en a pas été jugé digne,
Et surtout, par saint Alain!
Nous ne nous soucions de vilain ;
Vilain n'a place dans cette demeure.
— Plus vilain que vous n'y peut être,

Çà, dit l' ame, beau sire Pierre;
Toz jorz fustes plus durs que pierre.
Fox fu, par seinte paternostre!
Diex quant de vos fist son apostre;
Que petit i aura d' onnor,
Quant renoias Nostre Seignor;
Molt fu petite vostre foiz,
Quant le renoiastes trois foiz;
Si estes de sa compaignie;
Paradis ne vos afliert mie.
Alez fors o les desloiax;
Quar ge sui preudons et loiax,
Si doi bien estre par droit conte. »
S. Pierres ot estrange honte,
Si s'en torna mornes et mas,
Et a encontré seint Thomas;
Puis li conta tot à droiture
Trestote sa mesaventure
Et son contraire et son anui.
Dit S. Thomas : « G' irai à lui,
N' i remanra jà, Diex ne place! »
Au vilain s' en vient en la place :
« Vilains, ce li dist li apostres,
Ci manoirs est toz quites nostres
Et as martirs et as confés;
En quel leu as tu les biens fais
Que tu quides çaienz remanoir,
Que c' est li ostex as loiax.
— Thomas, Thomas, trop es isneax
De respondre comme legistres;
Donc n' estes vos cil qui déistes
As apostres, bien est séu,
Quant il avoient Dieu véu,
Enprés le resuscitement?
Vos féistes vos seirement
Que vos jà ne le querriez

Çà, dit l'âme, beau sire Pierre ;
Vous fûtes toujours plus dur que pierre.
Dieu fut fou, par la sainte patenôtre !
De vous prendre pour son apôtre.
Vous lui ferez peu d'honneur,
Vous qui avez renié Notre-Seigneur.
Bien petite fut votre foi,
Quand vous le reniâtes trois fois.
Vous êtes pourtant en sa compagnie ;
Paradis ne vous appartient pas.
Allez dehors, allez avec les traîtres ;
Moi qui suis brave homme et loyal,
Ici je dois bien être de droit compte. »
Saint Pierre eut étrange honte,
Il s'en retourna morne et abattu ;
Il rencontra saint Thomas
Et lui conta avec franchise
Toute sa mésaventure,
Et son échec et son ennui.
Saint Thomas dit : « J'irai à lui,
Il ne demeurera pas ici, à Dieu ne plaise ! »
Il s'en vient donc là où était le vilain.
« Vilain, lui dit l'apôtre,
Ce manoir est uniquement à nous
Et aux martyrs et aux confesseurs.
En quel lieu as-tu fait les belles actions
Pour lesquelles tu crois rester céans?
C'est ici la demeure des loyaux serviteurs de Dieu.
— Thomas, Thomas, vous êtes trop prompt
A répondre comme un homme de loi.
N'est-ce donc pas vous qui avez dit
Aux apôtres ce qu'on sait bien,
Quand ils avaient vu Dieu,
Après la résurrection?
Vous fîtes le serment
Que vous ne croiriez pas à lui,

Se ses plaies ne sentiez.
Fax i fustes et mescreanz. »
S. Thomas fut lor recreanz
De tencier, si baissa le col;
Puis s'en est venus à S. Pol,
Si li a conté le meschief.
Dit S. Pols : « G' irai, par mon chief!
Je saurai qu'il vorra respondre. »
L' ame n' a cure de repondre,
Aval paradis se deduit.
« Ame, fait il, qui te conduit?
Où as tu faite la deserte
Por quoi la porte fu ouverte?
Wide paradis, vilains fax!
— Qu' est ce? dit il, Danz Pols li chax,
Dont n' estes vos or li serjanz
Qui fu si orribles tiranz?
Jamais plus cruels ne sera.
S. Estienes le compara,
Que vos féistes lapider.
Bien sai vo vie raconter :
Par vos furent mort maint preudome.
Diex vos dona en sor le some
Une buffe de main enflée.
Du marchié ne de la paumée
N' avon nos pas béu le vin ?
Haï! quel saint et quel devin !
Cuidiez que ge ne vos connoisse? »
S. Pols en ot molt grant angoisse.
Tornez s" en est isnel le pas,
Si a encontré seint Thomas
Qui a seint Peres se conseille;
Et li a conté la merveille
Du vilain qui si l' a masté :
« Endroit moi a il conquesté
Paradis et ge li otroi. »

Si vous ne touchiez ses plaies.
Vous fûtes là infidèle et mécréant. »
Saint Thomas n'eut pas envie
De disputer davantage; il baissa la tête.
Puis il est venu vers saint Paul
Et lui a raconté la déconvenue.
Saint Paul dit : « J'irai, par mon chef!
Je saurai ce qu'il osera répondre. »
L'âme n'a pas souci de se cacher,
A travers le paradis elle se divertit.
« Ame, fait-il, qui te conduit?
Où as-tu acquis les mérites
Par lesquels la porte est ouverte?
Vide le paradis, méchant vilain!
— Qu'est-ce? dit-il, dom Paul le chauve,
N'êtes-vous donc pas le soldat
Qui fut si horrible tyran?
Jamais plus cruel ne sera.
Saint Étienne l'éprouva bien,
Lui que vous fîtes lapider.
Je saurais bien raconter votre vie :
Par vous furent tués bien des honnêtes gens.
Dieu vous donna sur la tête
Un rude soufflet de sa main.
Du marché ni du contrat
N'avons-nous pas bu le vin?
Hé! quel saint et quel prophète !
Croyez-vous que je ne vous connaisse pas? »
Saint Paul est dans une grande angoisse;
Il s'en est retourné promptement,
Et a retrouvé saint Thomas
Qui avec saint Pierre tenait conseil.
Il leur a conté la merveille
Du vilain qui lui a fermé la bouche :
« A mon avis il a conquis
Paradis, et, quant à moi, je le lui accorde. »

A Dieu s'en vont clamer tuit troi.
　　Seinz Peres bonement li conte
Com li vilains lor a fet honte.
« Par paroles nos a conclus,
Ge méismes sui si confus
Que jamais jor n' en parlerai. »
Dit Nostre Sire : « Ge irai,
Quar oïr vueil ceste novele. »
A l' ame vient et si l' apele
Et li demande com advint
Que là dedenz sanz congié vint.
« Çaiens n' entra onques mès ame
Sanz congié, ou d' ome ou de feme.
Mes apostres as blastengiez
Et avilliez et laidengiez,
Et tu quides ci remanoir !
— Sire, aussi bien i doi manoir
Com il font, se jugement ai,
Qui onques ne vos renoiai,
Ne ne mescréi vostre cors,
Ne par moi ne fu nus hom mors ;
Mais tout ce firent il jadis,
Et si sont ore en paradis.
Tant com mes cors vesqui el monde,
Neste vie menai et monde ;
As povres donai de mon pain,
S' es herbergai et soir et main,
S' es ai à mon feu eschaufez ;
Dusqu' à la mort les ai gardez,
Et les portai à seint yglise.
Ne de braie ne de chemise
Ne lor laissai soffrete avoir.
Ne sai or se ge fis savoir.
Et si fui confés veraiment,
Et reçui ton cors dignement.
Qui ainsi muert, l' en nous sermone

Tous trois vont en référer à Dieu.
   Saint Pierre bonnement lui conte
Comment le vilain leur a fait honte.
« Par paroles il nous a battus,
Moi-même j'en suis si confus
Que jamais il ne m'arrivera d'en parler. »
Notre-Seigneur dit : « J'irai,
Je veux ouïr cette nouveauté. »
Il s'en vient à l'âme et l'appelle,
Et lui demande comment il se fait
Qu'elle est sans permission entrée :
« Ici n'entra jamais âme
Sans permission, ni d'homme ni de femme.
Tu as insulté mes apôtres,
Tu les as injuriés et vilipendés,
Et tu penses demeurer ici !
— Sire, j'y dois rester
Aussi bien qu'eux, si vous me faites justice ;
Je ne vous ai jamais renié,
Je n'ai pas refusé de vous reconnaître,
Personne par mon fait n'a péri.
Mais eux, ils ont fait tout cela jadis ;
Et pourtant ils sont à cette heure en paradis !
Aussi longtemps que mon corps vécut au monde,
Je menai vie nette et pure.
Aux pauvres je donnai de mon pain,
Je les hébergeai soir et matin,
Je les réchauffai à mon feu ;
Jusqu'à la mort je les gardai,
Et les portai ensuite à la sainte église.
Ni de braie ni de chemise
Je ne les laissai avoir disette.
Je ne sais si j'ai sagement agi.
De plus, je me suis confessé sincèrement
Et j'ai reçu dignement ton corps.
A qui meurt ainsi, on nous dit dans les sermons

Que Diex ses pechiez li pardone.
Vos savez bien se g' ai voir dit.
Çaienz entrai sanz contredit;
Quant g' i sui, por quoi m'en iroie?
Vostre parole desdiroie
Quar otroié avez sanz faille
Qui çaienz entre ne s'en aille.
Quar vos ne mentirez por moi.
— Vilain, dist Diex, et ge l' otroi.
Paradis a si desresnié
Que par pledier l' as gaaingnié.
Tu as esté à bone escole.
Tu sais bien conter ta parole,
Bien sez avant metre ton verbe. »
Li vileins dist en son proverbe :
« Droiz vaint avant et torz aorce :
Mielz valt engiens que ne fait force. »

Ce conte ressemble à une parabole, presque à une prophétie. Cette pauvre âme, seule, dédaignée, abandonnée, qui franchit furtivement le seuil des demeures heureuses, s'y installe sans façon, ferme rudement la bouche aux apôtres qui veulent l'expulser et finit par gagner sa cause devant Dieu, présente une image remarquable des classes populaires et révèle comme un pressentiment de leur future destinée.

Il est un certain nombre de fabliaux qui forment une classe à part, comme les trouvères et les jongleurs eux-mêmes dans la société du temps, ce sont les fabliaux qu'ils ont composés sur leur profession, leurs usages et leurs mœurs. Trois d'entre eux méritent principalement d'être signalés : d'abord une très-spirituelle fantaisie intitulée : *De saint Pierre et du jougleor*, où l'on voit comment les jongleurs sont à

Que Dieu pardonne ses péchés.
Vous savez bien si je dis la vérité.
J'entrai ici sans opposition ;
Puisque j'y suis, pourquoi m'en irais-je?
Je donnerais un démenti à vos paroles,
Car vous avez octroyé, sans faute,
Que celui qui est une fois entré céans n'en sorte plus.
Certes vous ne mentirez pas pour moi.
— Vilain, dit Dieu, je consens.
Tu as si bravement revendiqué le paradis
Que par ton plaidoyer tu l'as gagné.
Tu as été à bonne école ;
Tu sais bien conter tes raisons,
Tu sais bien mettre en avant ton verbe. »
Le vilain dit, en son proverbe :
« Le droit l'emporte peu à peu et surmonte les torts,
Mieux vaut l'esprit que la force. »

---

jamais affranchis de la crainte de l'enfer. Puis, le fabliau des *Deux bordeors ribaux* qui contient de si curieux détails sur les connaissances nécessaires pour exercer le métier de ménestrel ambulant; en dernier lieu, le fabliau du *Jongleur d'Ély*, qui nous donne une idée de la liberté de parole dont ces bohèmes de la gaie science jouissaient auprès des nobles et des grands.

Le principal recueil de fabliaux publié jusqu'aujourd'hui est celui de Barbazan et Méon, édité en 1808, 6 volumes in-8°. Un choix souvent peu judicieux, des textes presque toujours défigurés, font que cet ouvrage a cessé d'être en rapport avec les progrès de l'érudition. Il serait à désirer qu'on en composât un nouveau avec plus de soin, de critique et de discernement.

LES SATIRES

La satire pure, dégagée de la fable ou du conte, l'ironie, l'indignation, la médisance qui s'attaquent sans voile, sans déguisement et de front aux vices, aux iniquités, aux travers et aux ridicules du temps, ont produit au xiiie siècle des œuvres nombreuses, énergiques et hardies. Deux poëtes, l'un moine et l'autre châtelain, méritent d'être cités dans ce genre de la satire proprement dite. Le moine Guyot de Provins et le châtelain Hugues de Berzi ont composé tous deux des *Bibles*; on donna ce nom à des ouvrages qui passaient en revue toutes les classes de la société pour les censurer tour à tour. La *Bible Guyot* se montre surtout sévère pour le clergé séculier et régulier; elle obtint un grand succès, lorsque Barbazan l'exhuma et la publia pour la première fois vers la fin du xviiie siècle. On y rencontre quelques passages assez véhéments, notamment celui dirigé contre Rome :

Ha! Rome, Rome,
Encore ociras tu maint home!

Il n'y a là toutefois rien de comparable au sirvente du troubadour Guillaume Figueras. Aujourd'hui que la littérature de cette époque est mieux connue dans son ensemble, on s'aperçoit que l'œuvre de Guyot n'a pas la portée exceptionnelle qu'on lui avait attribuée d'abord. Ce moine grondeur et déclamateur n'est nullement, comme on l'a prétendu, « un homme de génie né trois siècles trop tôt, » et n'offre même qu'une physionomie assez vulgaire parmi ses contemporains.

Hugues de Berzi est un satirique plus grave et plus convaincu; il écrit sur la fin de ses jours, après avoir beaucoup vu et beaucoup appris, non pour médire de son prochain, mais pour le corriger et l'exhorter à la pénitence. La Bible du châtelain de Berzi a l'austère rudesse d'un sermon fait par un soldat.

Nous n'énumérerons pas un grand nombre de petites pièces qui devraient se classer ici : les unes dirigées contre quelques vices particuliers, le *Mariage des filles du diable*, le *Dit de Perece*, le *Dit d'Avarice*, la *Mort Largece*, les *Dits* de Jean et de Beaudoin de Condé, etc.; les autres écrites à propos d'un événement, d'une persécution, d'une querelle, d'un impôt : le *Dit du Besant de Dieu*, par Guillaume le Normand ; *le Pèlerin*, de Thomas de Bailleul; *les Vers de la Mort*, attribués à Adam de La Halle, etc. Nous avons hâte d'arriver au poëte qui a déployé dans ce genre de composition le plus de verve et d'originalité, au grand satirique qui ferme le XIIIe siècle, au trouvère Rutebeuf.

RUTEBEUF.

Rutebeuf est un de ces noms qui fixent les dates principales de notre poésie, comme ceux de Theroulde et de Chrétien de Troyes que nous avons déjà vus, comme ceux de Villon et de Ronsard que nous verrons par la suite. Rutebeuf a vécu à Paris, et il n'a pu vivre qu'à Paris; ce trait suffit déjà à indiquer une physionomie nouvelle. Tandis que les poëtes que nous avons rencontrés jusqu'ici ont pu indifféremment naître et vivre dans les diverses provinces, Rutebeuf, polémiste au jour le jour, sorte de journaliste de son temps, devait se trouver là où les questions générales allaient désormais se poser et se débattre ; sa place était à ce foyer grandissant d'activité intellectuelle où tout le mouvement politique et religieux de la France commençait à se concentrer.

Rutebeuf ne fut pourtant pas un haut et puissant personnage. Bien loin de là. C'était un simple trouvère de profession, gagnant sa vie à faire des vers, composant des oraisons funèbres rimées aux grands seigneurs qui trépassaient, des fabliaux pour réciter aux noces et aux festins, des vies de saints et de saintes pour les couvents, des facéties pour les charlatans et les bouffons des rues, des pièces d'à-propos à chaque événement qui mettait en émoi l'opinion publique. A ce métier, il ne s'enrichit pas; il vécut misérablement; c'est à lui que remonte, dans notre histoire littéraire, la race illustre des poëtes faméliques.

La pauvreté, le besoin, l'abandon eurent presque le pouvoir de faire de Rutebeuf un poëte personnel à une époque où, malgré les vagues confidences, les épanchements timides auxquels se laissaient aller parfois les conteurs et les chansonniers, la personnalité poétique n'existait pas encore. Il y a de Rutebeuf une série de pièces qui n'ont d'autre objet que lui-même, sa situation, son dénûment, ses privations, ses infortunes. Le tableau qu'il trace est des plus sombres. Il n'est pas douteux, à la vérité, qu'il n'exagère un peu son mal afin d'y rendre plus sensibles ceux à qui il s'adresse, mais, la part de cette exagération étant faite, il ne ressort pas moins de ces plaintes que Rutebeuf était loin de figurer parmi les heureux du monde. « Pas un pain dans la huche, dit-il, pas une bûche dans le foyer ; je tousse de froid, je bâille de faim ; mon mobilier tout entier a été mis en gage ; depuis la ruine de Troie, il n'y en a pas eu une plus complète que la mienne. » Ayant toutefois la fierté de son intelligence et de sa profession, il se garde de laisser personne pénétrer en son logis afin qu'on ne puisse apercevoir son indigence :

> Je ne sui pas ouvrier des mains ;
> L' en ne saura jà où je mains
>   Por ma poverte.
> Jà n' i sera ma porte ouverte,
> Quar ma meson est trop deserte
>   Et povre et gaste.

« Je ne suis pas ouvrier des mains. On ne saura où je demeure, à cause de ma pauvreté. Ma porte ne sera pas ouverte, car ma maison est trop vide et nue et délabrée. »

Tous les malheurs l'accablent en même temps. Il a commis d'abord l'insigne folie de se marier :

> L' en dit que fols qui ne foloie ,
>   Pert sa raison.

« On dit que fol qui ne fait folie, perd sa raison. » Il n'y a que ce proverbe qui puisse justifier son mariage. La femme qu'il a épousée n'est en effet ni jeune, ni belle, ni riche ; tout au contraire :

> Tel fame ai prise
> Que nus fors moi n' aime ne prise...
> Cinquante ans a en s' escuele ;
>   S' est maigre et seche,
> N' ai pas paor qu' ele me treche.

« J'ai pris telle femme que nul, si ce n'est moi, n'aime ni n'estime. Elle a cinquante ans en son écuelle; elle est maigre et sèche. Je n'ai pas peur qu'elle me triche. » Cette dernière pensée est son unique consolation. Pour comble, la pauvre femme est d'une fécondité déplorable :

> Ma fame r' a enfant éu,
> C' un mois entier
> Me l' a tenu sor le chantier.

« Ma femme a de nouveau eu un enfant que pendant un mois entier elle m'a tenu sur le chantier. »

L'hôte et la nourrice crient pour avoir de l'argent. Le poëte est malade, alité ; il a, par suite de l'on ne sait quel accident, perdu un œil, « l'œil droit, celui dont il voyait le mieux. » Au milieu de toutes ses tribulations, ses amis l'ont délaissé :

> Que sont mi ami devenu
> Que j' avoie si prés tenu
> Et tant amé ?
> Je cuit li vens les a osté ;
> L' amor est morte.
> Ce sont ami que venz emporte
> Et il ventoit devant ma porte.

« Que sont devenus mes amis que j'avais si chèrement tenus et tant aimés ? Je crois que le vent les a enlevés. L'amitié est morte. C'étaient de ces amis que le vent emporte, et il ventait devant ma porte. »

Rien ne manque, comme on le voit, à ce tableau lamentable, et quand même la moitié seulement de ces malheurs serait véritable, Rutebeuf aurait encore été à plaindre. Les diverses pièces de vers qui ont pour objet de décrire sa détresse sont intitulées : *La povretei Rutebuef, Li mariages Rutebuef, La complainte Rutebuef de son oeul, La priere Rutebuef, La griesche d'yver, La griesche d'esté*. Au nombre des torts qu'il reproche à cette dernière saison, il en est qui nous prouvent que Rutebeuf, tout en accusant avec raison la fortune, avait un peu aussi à s'accuser lui-même. Il se dépite contre le jeu qui lui enlève souvent et sa bourse et sa robe :

> Li dé m' ocient,
> Li dé m' aguetent et espient;
> Li dé m' assaillent et defient;
> Ce poise moi...
> Li trahitor m' ont mis sans robe,
> Li siecles est si plains de lobe !

« Les dés me tuent, les dés me guettent et m'épient; les dés m'attaquent et me défient. Cela me pèse. Les traîtres m'ont mis sans robe, le siècle est si plein de tromperie! »

Rutebeuf paraît, en somme, avoir mené la vie aventureuse des écoliers de l'Université de Paris dont il partage évidemment les goûts aussi bien que les idées et les opinions. On l'a souvent comparé à un pauvre et immortel écolier qui vécut deux siècles plus tard, à un autre de ces glorieux rimeurs de la bohème de Paris, à François Villon. Entre eux, il y a, en effet, d'abord ces rapports de patrie, de condition et de fortune; puis il est aisé d'apercevoir aussi certaines affinités d'esprit. Mais le parallèle ne saurait être poussé bien loin, et l'on a, d'autre part, à constater des différences profondes qui tiennent surtout aux temps si dissemblables où l'un et l'autre ont vécu. Cette veine de mélancolie et de rêverie qui circule si heureusement à travers les railleries et les bouffonneries du poëte contemporain de Louis XI n'existe pas dans le poëte contemporain de Louis IX, qui n'aurait écrit ni la *ballade des dames du temps jadis*, ni les *regrets de la belle heaulmière*, ni la *méditation au charnier des Innocents*. Pour en arriver là, il fallait que la poésie intime traversât les profondes tristesses du XVe siècle. Les plaintes de Rutebeuf n'ont pas du tout le même accent; elles n'ont rien de vague ni de philosophique; elles se fondent sur des douleurs très-positives, toutes matérielles. On sent bien que ces souffrances-là sont aisément guérissables, et qu'il suffira d'une libéralité de Louis IX ou du comte de Poitiers pour les soulager et les consoler. Au contraire, si Villon vient à s'attrister, c'est, à coup sûr, à ses moments de meilleure fortune, lorsqu'il échappe pour quelques instants aux embarras et aux dissipations de sa vie vagabonde. Alors il rentre en lui-même, et, en réfléchissant à l'usage qu'il a fait de sa vie et de sa jeunesse,

> A peu que le cœur ne lui fend.

L'inspiration est tout autre. Entre les deux poëtes, on peut mesurer toute la distance qui sépare le moyen âge de l'âge moderne.

Les pièces où le *moi* apparaît tiennent, d'ailleurs, fort peu de place dans l'œuvre de Rutebeuf. Rutebeuf est avant tout un poëte actif, militant, mêlé avec ardeur aux luttes contemporaines, le premier sur la brèche, écrivant des pamphlets en vers, pour l'Université contre les moines mendiants, pour le roi contre le pape. Il sait qu'il a son influence et son pouvoir, lui, le trouvère indigent et affamé; aussi, du milieu de sa détresse, il relève la tête et s'écrie avec orgueil :

> L' en cuide que je soie prestres,
> Quar je faz plus sainier de testes,
>   Ce n' est pas guile,
> Que se je chantaisse evangile.
> L' en se saine, parmi la vile,
>   De mes merveilles.
> On les doit bien conter aux veilles,
> Il n' y a nules lor pareilles.

« On dirait que je suis prêtre, car je fais faire plus de signes de croix, ce n'est pas un mensonge, que si je chantais l'Évangile. On se signe le front, par la ville, en écoutant mes merveilles. On doit bien les conter aux veillées, car elles n'ont pas leurs pareilles. » Rutebeuf s'est composé une sorte d'épitaphe anticipée intitulée : *La mort Rutebuef*, animée d'un sentiment très-grave, très-sincère et très-pieux. Il n'aurait eu garde d'écrire le quatrain bien connu dans lequel Villon annonce si lestement sa pendaison prochaine.

Rutebeuf a surtout de la vigueur, de l'âpreté et de la verve; c'est le type bien caractérisé du poëte populaire. Il ne possède ni l'art d'Adam de La Halle, le poëte bourgeois, ni l'élégance naturelle de Denys Piramus, le poëte patricien. La grâce lui manque souvent, aussi le goût et la mesure. Il le reconnaît lui-même et paraît s'en vanter ; il signe presque toutes ses pièces avec ce jeu de mots que son nom lui fournit :

> Rutebuef rudement oevre,
> Qui est dit de rude et de buef.

C'est en effet un rude ouvrier qui ne craint ni les saillies triviales, ni les allégories excessives, ni les brutales peintures. Il vise avant tout à la force et à l'énergie. Son pinceau aux couleurs violentes, ami de la réalité crue, ne fait pas la moindre concession à la fantaisie, au charme, à ce que nous nommons l'idéal. Si, par exemple, il décrit sainte Marie l'Égyptienne dans la forêt où, depuis de longues années, elle vit comme une bête sauvage, il ne songera nullement à embellir le portrait, il dira :

> Char ot noire com pié de cygne ;
> Sa poitrine devint mossue,
> Tant fu de pluie debatue.
> Les bras, les lons dois et les mains,
> Avoit plus noirs, et c'ert du mains,
> Que n' est ne pois ne arremenz.
> Ses ongles rooingnoit aus denz.

> Ne samble qu' ele ait point de ventre,
> Por ce que viande n' i entre.
> Les piez avoit crevez desus,
> Desous navrez que ne pot plus;
> Quant une espine la poingnoit,
> En Dieu priant les mains joingnoit.
> De l' eve bevoit au ruissel...

« Elle avait la chair noire comme la patte du cygne. Sa poitrine devint moussue, tant elle fut battue par la pluie. Ses bras, ses longs doigts et ses mains étaient plus noirs, et c'est peu dire, que la poix ni l'encre. Elle rongeait ses ongles avec ses dents. Il semblait qu'elle n'eût point de ventre, parce qu'aucune viande n'y entrait. Ses pieds étaient crevés par-dessus, par-dessous blessés on ne peut davantage. Quand une épine la piquait, en priant Dieu, elle joignait les mains. Elle buvait de l'eau au ruisseau. »

Il y a loin de cette affreuse image aux fraîches et voluptueuses solitaires que peindront les peintres de la Renaissance italienne.

Rutebeuf, rare exception parmi les poëtes de son temps, n'a pas écrit une seule chanson d'amour. Les tendres sentiments qui ont besoin pour s'épanouir des loisirs heureux, cette « douce douleur » qui tue si élégamment Denys Piramus, n'apparaissent jamais dans ses vers. Nous avons vu ce qu'il dit de sa femme, c'est là toute l'effusion de sa tendresse.

Par les opinions qu'il exprime et les idées qu'il défend, Rutebeuf représente exactement la fin du XIIIe siècle. Cette époque ressemble au moment où l'orage s'annonce par des signes précurseurs, mais n'a pas éclaté encore. Louis IX achève son règne; Philippe le Bel monte sur le trône. Les mortelles dissensions qui vont ruiner le monde théocratique et féodal ne font que poindre et se dessiner à l'horizon. Les esprits les pressentent; la satire contre le clergé devient de plus en plus violente et irritée; mais la foi conserve presque toute sa vivacité et sa puissance. Le contraste n'est nulle part plus franchement marqué que dans les œuvres de notre trouvère. Rutebeuf compose à la fois les belles prières du *Miracle de Theophilus*, et des facéties qui ressemblent étrangement à des impiétés. Il rime tour à tour la *Vie de sainte Elisabeth de Hongrie* et le fabliau de *Frère Denise*. Il fait entendre en même temps de chaleureux appels à la croisade et de fougueuses invectives contre Rome et tous les ordres religieux. D'un côté, nous trouvons la *Complainte d'outre-mer* dont le mouvement est si remarquable :

> Empereor et roi et conte,
> Et duc et prince, à cui l' en conte
> Romanz divers, por vous esbatre,
> De cels qui se seulent combatre,
> Ça en arriers por sainte Yglise,
> Quar me dites par quel servise
> Vous cuidiez avoir paradis.
> Cil le guaignerent jadis
> Dont vous oez ces romans lire,
> Par la paine et par le martire
> Que leur cors souffrirent sor terre.
> Vez ci le tems ; Diex vous vient querre,
> Bras estendus de son sanc tains...
> Recommenciez novele estoire.

« Empereurs et rois et comtes, et ducs et princes, à qui l'on conte romans divers, pour vous divertir, sur ceux qui ont combattu au temps passé pour la sainte Église, dites moi par quels services vous croyez avoir le paradis. Ceux-là l'ont gagné jadis, dont vous entendez lire ces romans, par la peine et par le martyre que leurs corps souffrirent sur terre. Voici le temps : Dieu vient vous chercher, les bras étendus teints de son sang. Recommencez une nouvelle histoire. »

D'autre part, nous lisons une suite de satires mordantes et vigoureuses : *contre les Jacobins, contre les Béguines, contre les Ordres de Paris*; les pièces intitulées *le Pharisian*, *De l'estat du monde*; le *Dit d'Ypocrisie* dirigé contre la cour romaine :

> Laiens vendent, je vous afi,
> Le patrimoine au Crucefi
> A boens deniers sés et contens.

« Là ils vendent, je vous le certifie, le patrimoine du Crucifié à bons deniers secs et comptants. »

Les derniers vers qu'il a écrits : la *Complainte de la sainte Église*, qu'on peut dater de 1286 environ, sont véritablement les *novissima verba* du XIIIe siècle. Cette complainte débute ainsi :

> Sainte Eglise se plaint ; ce n' est mie mervelle.
> Cascuns de guerroier contre li s' apalelle.
> Si fil sont endormi N' est nul qui por li velle.
> Elle est en grant peril, se Diex ne la conselle.
>
> Puisque justice cloce, et drois pent et encline,
> Et veritez cancelle, et loiautés decline,
> Et carités refroide, et fois faut et define,
> Jou dit qu' il n' a ou monde fondement ne racine.

« Sainte Église se plaint ; cela n'est pas merveille. Chacun à guerroyer contre elle s'apprête. Ses fils sont endormis. Pour elle nul ne veille. Elle est en grand péril, si Dieu ne la conseille. Puisque justice boite, que le droit penche et incline, que la vérité chancelle, que la loyauté décline, que la charité se refroidit, que la foi est défaillante, je dis qu'il n'y a plus au monde ni fondement ni racine. »

Rutebeuf semble comprendre la situation critique où se trouve en ce moment la société féodale ; on touche au xive siècle, c'est-à-dire à la période de rapide décadence ; le monde ancien n'a plus, en effet, ni fondement ni racine. Rutebeuf, avec ses *complaintes*, ses *planctus* sur toutes choses, genre qu'il n'a pas inventé mais qu'il s'est approprié, est comme le prophète de cette prochaine et inévitable destruction.

Voulant reproduire ici une pièce entière de Rutebeuf, nous nous sommes décidé pour la controverse du Croisé et du Décroisé. Moins éloquente que la *Complainte d'outre-mer*, moins indignée que la *Complainte de Guillaume de Saint-Amour*, elle est plus caractéristique, elle exprime mieux l'état des esprits, elle est un des signes du temps. On peut dire qu'elle ferme la période des croisades qui est justement la grande époque du moyen âge ; cette pièce fut composée entre 1260 et 1270 ; il n'y aura plus au delà de cette date que la malheureuse expédition de Tunis où saint Louis mourra. Rutebeuf, en faisant triompher à la fin le croisé, en faisant céder et fléchir l'adversaire de la croisade, s'abuse donc, ou plutôt on peut prévoir que la résolution qu'il leur prête ne tiendra pas longtemps ; les raisonnements du croisé ne suffiront pas à engendrer cette foi active capable de surmonter tant d'obstacles et de vaincre tant de résistances : ni le croisé ni le décroisé n'iront outre-mer. Du moment où ces pèlerinages de l'enthousiasme guerrier deviennent matière à discussion, ils sont finis. Aussi a-t-on prétendu que Rutebeuf dans sa conclusion n'était pas sincère. On s'est trompé à notre avis. Dire comme Legrand d'Aussy que cette conclusion n'est qu'une bouffonnerie qui a pour but de révolter le lecteur, c'est manquer absolument d'intelligence historique. Supposer même, comme M. Villemain, que c'est une précaution et un passe-port de la liberté, c'est prêter au trouvère des timidités et des malices qui ne sont point de ce temps-là. Le satirique qui déclarait une guerre acharnée aux moines tout-puissants, qui blâmait ouvertement la faiblesse du roi dans l'affaire du docteur Guillaume de Saint-Amour :

> Mestre Guillaume ont escillié
> Ou li rois ou li apostoles...
> Qui escille homme sans reson,
> Je di que Diex qui vit et regne
> Le doit escillier de son regne.

« Ou le roi ou le pape ont exilé maître Guillaume. Celui qui condamne sans raison un homme à l'exil, je dis que Dieu qui vit et règne l'exilera de son royaume, » Rutebeuf n'eût pas été embarrassé d'exprimer une opinion défavorable à la croisade. Rutebeuf est donc sincère dans cette pièce aussi bien que dans la complainte d'outre-mer où le sentiment est beaucoup plus exalté. De la première croisade de saint Louis à la seconde, l'enthousiasme avait été diminuant. Au moment où va commencer celle-ci, il restait dans les esprit une sorte de conviction et d'obstination plutôt qu'un élan véritable. C'est cette disposition des âmes que traduit le croisé de Rutebeuf. Dans ce curieux dialogue, c'est la logique, la raison religieuse qui parle, plutôt qu'un zèle ardent ; on y trouvera non pas une poésie entraînante, mais une remarquable fermeté de pensée et de langage.

La strophe employée par Rutebeuf dans cette pièce a huit vers sur deux rimes entrelacées qui sont, excepté dans quatre strophes, alternativement masculines et féminines. La règle du mélange des rimes sera encore plus de trois cents ans avant de s'établir dans la prosodie française, mais elle paraît avoir été pressentie par notre poëte et par quelques chansonniers du XIIIᵉ siècle.

LA DESPUTIZONS
DOU CROISIÉ ET DOU DESCROIZIÉ

L' autr' ier, entour la saint Remei,
Chevauchoie por mon afaire,
Pencix, car trop sunt agrumi
La gent dont Diex a plus à faire :
Cil d'Acre, qui n' ont nul ami,
Ce puet on bien por voir retraire,
Et sont si près lor anemi
Qu' à eux pueent lancier et traire.

Tant fui pancis à ceste choze
Que je desvoiai de ma voie,
Com cil qu' à li méimes choze
Por le penceir que g' i avoie.
Une maison fort et bien cloze
Trouvai, dont je riens ne savoie,
Et c' estoit là dedens encloze
Une gent que je demandoie.

Chevaliers i avoit teiz quatre
Qui bien seivent parler fransois.
Soupei orent, si vont esbatre
En un vergier deleiz le bois.
Ge ne me veulz sor eux embatre
Que ce me dist uns hons cortois :
Teiz cuide compaignie esbatre
Qui la toust, c' est or sans gabois.

Li dui laissent parleir les deux
Et je les pris à escouteir,
Qui leiz la haie fui touz seux.
Si descent por moi acouteir.

LE DÉBAT
DU CROISÉ ET DU DECROISÉ

L'autre jour, aux environs de la Saint-Remi,
Je chevauchais pour mes affaires,
Pensif, car ils sont en grande détresse
Les gens dont Dieu a le plus besoin :
Ceux d'Acre qui n'ont nul ami,
On peut bien l'affirmer,
Et qui sont si près de leurs ennemis
Qu'ils peuvent échanger avec eux des traits et des coups de lance.

J'étais tellement absorbé par cette pensée
Que je m'écartai de mon chemin,
Comme celui qui avec lui-même cause,
Tant j'y avais l'esprit attentif.
Une maison forte et bien close
Se rencontra, dont je ne savais rien;
Et là dedans s'étaient enfermés
Des gens que je cherchais.

Il y avait là quatre chevaliers
Qui bien savent parler français.
Ils avaient soupé, ils vont s'ébattre
En un verger, sur la lisière du bois.
Je ne voulus point me jeter au milieu d'eux,
Car j'ai entendu dire à un homme courtois :
Tel croit égayer une compagnie,
Qui l'importune; cela n'a rien de plaisant.

Ils causaient deux à deux,
Et je me pris à les écouter,
Seul à l'écart derrière la haie.
Je descendis de cheval et m'accoudai.

Si distrent, entre gas et geux,
Teiz moz com vos m' orreiz conteir.
Siecles i fu nomeiz, et Deus;
De ce pristrent à desputeir.

Li uns d' eux avoit la croix prise,
Li autre ne la voloit prendre.
Or, estoit de ce lor emprise,
Que li croisiez voloit aprendre
A celui qui pas ne desprise
La croix ne la main n' i vuet tendre,
Qu' il la préist par sa maitrize,
Ce ces sans ce puet tant estendre.

Dit lit croisiez premierement :
« Enten à moi, biaux dolz amis,
Tu seiz mult bien entierement
Que Diex en toi le san a mis
Dont tu connois apertement
Bien de mal, amis d' anemis.
Se tu en euvres sagement,
Tes loiers t' en est promis.

« Tu voiz et parsois et entens
Le meschief de la sainte terre.
Por qu' est de proesse vantans
Qui le leu Dieu lait en teil guerre ?
S' uns hom pooit vivre .c. ans,
Ne puet tant d' oneur conquerre
Com, se il 'est bien repentans,
D' aleir le sepuchre requerre. »

Dit li autre : « J' entens mult bien
Por quoi vous dites teiz paroles.
Vos me sermoneiz que le mien
Doingne au coc et puis si m' envole.

Ils prononcèrent, entre autres devis et jeux,
Les paroles que je vais rapporter.
Le siècle y fut nommé, et Dieu ;
Ce fut là le sujet de leur discussion.

L'un d'eux avait pris la croix,
L'autre ne la voulait prendre.
Or, voici quelle était l'entreprise :
Le croisé voulait persuader
Celui qui ne méprise pas
La croix, mais qui n'y veut tendre la main,
De la prendre par ses conseils,
Si sa raison peut jusque-là s'étendre.

Le croisé dit premièrement :
« Écoute-moi, beau doux ami,
Tu sais très-parfaitement
Que Dieu a mis en toi l'intelligence
Par laquelle tu discernes clairement
Le bien du mal, les amis des ennemis.
Si tu en fais sagement usage,
Ton salaire t'est promis.

« Tu vois, tu connais et entends raconter
Le malheur de la sainte terre.
Comment peut se vanter d'être preux
Celui qui laisse le pays de Dieu dans une telle guerre?
Si un homme pouvait vivre cent années,
Il ne saurait en cet espace de temps acquérir tant d'honneur
Qu'en allant, s'il a bon repentir de ses péchés,
Reconquérir le saint sépulcre. »

L'autre répond : « J'entends fort bien
Pourquoi vous dites telles paroles.
Vous me prêchez pour que mon bien
Je donne au coq, et puis m'envole.

Mes enfants garderont li chien,
Qui demorront en la parole.
Hon dit : Ce que tu tiens, si tien :
Ci at boen mot de bone escole.

« Cuidiez vos or que la croix preingne
Et que je m' en voize outre meir,
Et que les .c. soudées deingne
Por .xl., cens reclameir?
Je ne cuit pas que Deux enseingne
Que hom le doic ainsi semeir.
Qui ainsi senme, pou i veigne ;
Car hom les devroit asemeir. »

« Tu naquiz de ta mere nuz,
Dit le croiziez, c' est choze aperte.
Or iez jusqu' à cel tens venuz
Que ta chars est bien recoverte.
Qu' est Diex nesquelors devenuz,
Qu' à cent dobles rent la deserte ?
Bien iert por meschéanz tenuz,
Qui ferat si vilainne perte.

« Hom puet or paradix avoir
Ligierement, Diex en ait loux !
Asseiz plus, ce pociz savoir,
L' acheta sainz Piere et sainz Poulz
Qui de si precieux avoir
Com furent la teste et li coux
L' aquistrent, ce tenciz à voir :
Icist dui firent deus biaux coux. »

Dist cil qui de croizier n' a cure :
« Je voi merveilles d' une gent
Qui asseiz sueffrent poinne dure
En amasseir un pou d' argent,

Les chiens garderont mes enfans
Qui demeureront ici sur parole.
On dit : Ce que tu tiens, tiens-le.
C'est un bon mot de bonne école.

« Croyez-vous que je prenne la croix
Pour m'en aller outre-mer,
Et que je cède cent soudées de terre
Pour quarante sous, sans réclamer?
Je ne suppose pas que Dieu enseigne
Aux gens de semer ainsi ce qu'ils ont.
Qui sème ainsi, peu récolte ;
On devrait le mettre en tutelle. »

« Tu sortis nu du sein de ta mère,
Dit le croisé, c'est chose certaine.
Et tu es venu jusqu'à ce jour
Où ta chair est richement couverte.
Qu'est Dieu cependant devenu,
Qui au centuple rend ce qu'on lui donne?
Certes celui-là sera tenu pour malheureux
Qui fera une si vilaine perte.

« On peut maintenant avoir paradis
Facilement, Dieu en soit loué !
Bien plus cher, vous pouvez le savoir,
L'ont acheté saint Pierre et saint Paul,
Qui de si précieux avoir,
Comme sont la tête et le cou,
L'acquirent ; tenez que c'est la vérité.
Ces deux-là ont fait deux beaux coups. »

Celui qui n'a envie de se croiser répond :
« Je m'émerveille de certaines gens
Qui souffrent des peines assez dures
Pour amasser un peu d'argent,

Puis vont à Rome ou en Esture
Ou vont autre voie enchergent,
Tant vont cerchant bone aventure
Qu' il n' ont baesse ne sergent.

« Hom puet mult bien en cest payx
Gaaignier Dieu cens grant damage.
Vos ireiz outre meir lays,
 Qu' à folie aveiz fait homage.
Je di que cil est foux nayx
Qui ce mest en autrui servage,
Quant Dieu puet gaaignier sayx
Et vivre de son heritage. »

« Tu dis si grant abusion
Que nus ne la porroit descrire,
Qui vues sans tribulation
Gaaignier Dieu par ton biau rire.
Dont orent fole entencion,
Li saint qui soffrirent martyre
Por venir à redempcion ?
Tu dis ce que nuns ne doit dire.

« Encor n' est pas digne la poingne
Que nuns hom puisse soutenir,
A ce qu' à la joie sovrainne
Puisse ne ne doie venir.
Par ce se rendent tuit cil moinne,
Qu' à teil joie puissent venir.
Hom ne doit pas douteir essoinne
C' on ait pour Dieu juqu' au fenir. »

« Sire qui des croix sermoneiz,
Resoffreiz moi que je deslas.
Sermoneiz ces haus coroneiz,
Ces grans doiens et ces prelaz

Puis s'en vont à Rome ou en Espagne
Ou entreprennent quelque autre pèlerinage ;
Ils cherchent tant bonne aventure
Qu'à la fin ils n'ont plus ni servante ni serviteur.

« On peut fort bien, en ce pays,
Gagner Dieu sans grand dommage.
Vous irez outre-mer, là-bas,
Vous qui à folie avez fait hommage.
Je dis que celui-là est véritablement fou,
Qui se met en servage d'autrui,
Quand il peut gagner Dieu ici même
Et vivre de son héritage. »

« Tu dis là si grand' déraison
Que nul ne la pourrait décrire,
Toi qui veux, sans tribulation,
Gagner Dieu par ton beau rire.
Ils eurent donc folle visée,
Les saints qui souffrirent le martyre
Pour parvenir à la rédemption?
Tu dis là ce que nul ne doit dire.

« Encore n'est pas digne le combat
Qu'aucun homme puisse soutenir,
De faire qu'à la joie souveraine
Il puisse ou doive atteindre.
Pour cela se cloîtrent tous ces moines,
Qu'à cette joie ils puissent venir.
Il ne faut pas redouter les épreuves
Qu'on supporte pour Dieu jusqu'à la fin. »

« Seigneur, qui prêchez la croisade,
Souffrez que je reste en repos.
Sermonnez ces hauts tonsurés,
Ces grands doyens et ces prélats

Cui Diex est toz abandoneiz
Et dou siecle toz li solaz.
Ciz geux est trop mal ordeneiz
Que toz jors nos meteiz es laz.

« Clerc et prelat doivent vengier
La honte Dieu, qu'il ont ces rentes.
Il ont à boivre et à mengier :
Si ne lor chaut c' il pluet ou vente.
Siecles est touz en lor dangier.
C' il vont à Dieu par teile sente,
Fol sunt c' il la vuelent changier;
Car c' est de toutes la plus gente. »

« Laisse clers et prelaz esteir,
Et te pren garde au roi de France
Qui, por paradix conquesteir,
Vuet metre le cor en balance
Et ces enfanz à Dieu presteir;
Li prés n'est pas en esmaiance.
Tu voiz qu' il ce vuet apresteir
Et faire ce dont à toi tance.

« Mult a or meillor demoreir
Li roi el roiaume que nos,
Qui de son cors vuet honoreir
Celui que por Seignor tenons
Qu' en crois se laissa devoreir.
Ce de lui servir ne penons,
Hé ! las, trop aurons à ploreir,
Que trop fole vie menons. »

« Je vuel entre mes voisins estre
Et moi deduire et solacier;
Vos ireiz outre la meir peistre,
Qui poez grant fais embracier.

A qui Dieu est tout abandonné
En même temps que toutes les joies du siècle.
Le jeu est trop mal ordonné,
Si c'est toujours nous que vous prenez aux lacs.

« Clercs et prélats doivent venger
La honte de Dieu, puisqu'ils ont ses rentes.
Ils ont à boire et à manger,
Peu leur importe qu'il pleuve ou vente.
Le monde est tout à leur discrétion.
S'ils vont à Dieu par tel sentier,
Bien fous ceux qui veulent en prendre un autre,
Car c'est de tous le plus agréable. »

« Laisse-là les clercs et les prélats
Et prends garde au roi de France
Qui, pour conquérir paradis,
Veut mettre son corps en aventure
Et prêter à Dieu ses enfants ;
Le prêt est certes inestimable.
Tu vois qu'il est tout disposé
A faire ce à quoi je t'exhorte.

« Il a pourtant de meilleures raisons de demeurer
En son royaume que nous, le roi
Qui de sa personne veut faire honneur
A celui que nous tenons pour Notre-Seigneur
Et qui sur la croix se dévoua pour nous.
Si nous ne mettons nos peines à le servir,
Hélas ! nous aurons sujet de pleurer,
Car nous menons trop folle vie. »

« Je veux rester entre mes voisins
Et me divertir et m'égayer ;
Outre-mer vous irez paître,
Vous qui pouvez vous charger d'un si lourd fardeau.

Dites le Soudant vostre meistre
Que je pris pou son menacier.
S' il vient desà, mal me vit neistre !
Mais lai ne l' irai pas chacier.

« Je ne faz nul tort à nul home,
Nuns hom ne fait de moi clamour.
Je cuiche tost et tien grant soume,
Et tieng mes voisins à amour.
Si croi, par saint Pierre de Roume !
Qu' il me vaut miex que je demour,
Que de l' autrui porter grant soume,
Dont je seroie en grant cremour. »

« Desai beés à aise vivre,
Sciz tu se tu vivras asseiz ?
Dis moi ce tu ceiz en queil livre
Certains vivres soit compasseiz.
Manjue et boif et si t' enyvre,
Que mauvais est de pou lasseiz.
Tuit sont un, saches à delivre,
Et vie d' oume et oez quasseiz.

« Las ! ti dolant, la mors te chace,
Qui tost t' aura lassei et pris.
Dessus ta teste tien sa mace.
Viex et jones prent à un pris.
Tantost at fait de pié eschace.
Et tu as tant vers Dieu mespris !
Au moins enxui un pou la trace
Par quoi li boen ont los et pris. »

« Sire croiziez, merveilles voi :
Mult vont outre meir gent menue,
Sage, large, de grant aroi,
De bien metable convenue,

Dites au Soudan, votre maitre,
Que je fais peu de cas de ses menaces.
S'il vient deçà, malheur sur moi !
Mais je n'irai pas là-bas lui donner la chasse.

« Je ne fais nul tort à nul homme,
Personne contre moi n'élève de plainte.
Je me couche tôt et fais bon somme,
Et tiens mes voisins en bonne amitié.
Je crois, par saint Pierre de Rome !
Qu'il me vaut mieux demeurer,
Que d'emporter du bien d'autrui grande somme
Dont je serais en grande crainte. »

« Ce que tu désires, c'est vivre ici à l'aise,
Mais sais-tu si tu vivras longtemps encore ?
Dis-moi si tu sais en quel livre
La durée de tes jours est inscrite.
Mange et bois et t'enivre,
Car l'homme sans courage est vite lassé.
Mais c'est tout un, sache-le décidément,
Et vie d'homme et œuf cassé.

« Hélas ! malheureux, la mort te chasse,
En peu d'instants elle t'aura fatigué et pris.
Au-dessus de ta tête elle tient sa massue.
Vieux et jeunes, elle prend tous au même prix.
Elle a bientôt fait d'un pied une échasse.
Et envers Dieu tu as commis tant de fautes !
Au moins, suis un peu la trace
Des bons qui gagnent louange et prix. »

« Seigneur croisé, ce qui m'étonne,
C'est que beaucoup de gens vont outre-mer,
Sages, généreux, en grand équipage,
En appareil fort honorable,

Et bien i font, si com je croi,
Dont l' arme est por meilleur tenue.
Si ne valent ne ce ne quoi
Quant ce vient à la revenue.

« Se Diex est nule part el monde,
Il est en France, c' et sens doute.
Ne cuidiez pas qu' il se reponde
Entre gent qui ne l' ainment goute.
Et vostre meir est si parfonde
Qu' il est bien droit que la redoute.
J' aing mieux fontaine qui soronde
Que cele qu' en estei s' esgoute. »

« Tu ne redoutes pas la mort,
Si seiz que morir te convient,
Et tu diz que la mers t' amort;
Si faite folie dont vient?
La mauvistiez qu'en toi s' amort
Te tient à l' osteil, se devient.
Que feras se la mort te mort
Que ne ceiz que li tenz devient?

« Li mauvais desà demorront,
Que jà nuns boens n' i demorra.
Com vaches en lor lit morront ;
Buer iert neiz qui de lai morra.
Jamais recovreir ne poront.
Fasse chacuns mieux qu' il porrat,
Lor peresce en la fin plorront,
Et, c' il muerent, nuns n' es plorra.

« Ausi com par ci le me taille,
Cuides foïr d' enfer la flame,
Et acroire et metre à la taille
Et faire de la char ta dame?

Et s'y comportent si bien, comme je le crois,
Que leur âme en est tenue pour meilleure;
Et pourtant ils ne valent rien qui vaille,
Quand une fois ils sont de retour.

« Si Dieu est nulle part au monde,
Il est en France, c'est hors de doute.
Ne croyez pas qu'il cherche asile
Au milieu de gens qui ne l'aiment guères.
D'ailleurs votre mer est si profonde
Qu'on est bien en droit de la redouter.
J'aime mieux la fontaine qui déborde,
Que celle qui en été tarit. »

« Tu ne redoutes pas la mort,
Tu sais qu'il faut mourir un jour,
Et tu dis que la mer te décourage ;
D'où vient une telle folie?
La lâcheté qui a pris en toi racine
Te retient au logis, voilà la vérité.
Que feras-tu si la mort te mord,
Toi qui ne sais comment le temps passe?

« Les mauvais demeureront de ce côté de l'eau,
Mais nul bon n'y demeurera.
Ceux-là mourront comme vaches en leurs litières ;
Bienheureux au contraire qui mourra par delà.
Ils ne pourront jamais recouvrer une occasion pareille.
Fasse chacun du mieux qu'il pourra.
A la fin, ils pleureront leur paresse,
Et, quand ils trépasseront, nul ne les pleurera.

« Est-ce de cette manière que tu viens de me conter
Que tu prétends éviter la flamme d'enfer,
Et prêter à intérêts, lever des tailles,
Et faire de la chair ta maîtresse?

A moi ne chaut coument qu' il aille,
Mais que li cors puist sauver l' ame,
Ne de prison ni de bataille,
Ne de laissier enfant ne fame. »

« Biaux sire chiers, que que dit aie,
Vos m' aveiz vaincu et matei.
A vos m' acort, à vos m' apaie,
Que vos ne m' aveiz pas flatei.
La croix preing sans nule delaie,
Si doing à Dieu cors et chatei,
Car qui faudra à cele paie,
Mauvaisement aura gratei.

« En non dou haut roi glorieux
Qui de sa fille fist sa meire,
Qui par son sang tres precieux
Nous osta de la mort ameire,
Sui de moi croizier curieux,
Por venir à la joie cleire ;
Car qui à s' ame est oblieux,
Bien est raisons qu' il le compeire. »

Cette pièce n'est pas seulement une controverse sur les croisades, elle a un sens plus général ; c'est, à propos d'une question particulière à l'époque, l'éternel dialogue entre l'enthousiasme et l'intérêt, entre le dévouement et l'égoïsme, entre Dieu et le siècle, comme parle Rutebeuf.

Rutebeuf nous a plus longtemps arrêté que nul des poëtes que nous ayons examinés jusqu'ici. Il offre en effet la première individualité à peu près distincte de l'histoire de notre poésie. Nous commençons à entrevoir en lui, derrière le poëte, l'homme dont la vie sert jusqu'à un certain point à expliquer les œuvres. Il y a loin encore sans doute de cette individualité à celle de l'âge moderne ; Rutebeuf ne

Quant à moi, peu m'importe ce qu'il arrive ;
Pourvu que le corps puisse sauver l'âme,
Je ne me soucie ni de la prison ni des batailles,
Ni d'abandonner enfant et femme. »

« Beau cher seigneur, quoi que j'aie dit,
Vous m'avez vaincu et maté.
Je tombe d'accord avec vous, avec vous je fais la paix,
Car vous ne m'avez pas flatté.
Je prends la croix sans nul délai,
Et je donne à Dieu et corps et biens ;
Celui qui manquera à cette paye
Aura méchamment travaillé.

« Au nom du haut roi glorieux
Qui de sa fille fit sa mère,
Qui par son sang très-précieux
Nous délivra de la mort amère,
Je suis désireux de me croiser,
Afin de parvenir à la joie éclatante,
Car, celui qui de son âme est oublieux,
Il est juste qu'il en porte la peine. »

---

s'écarte que bien peu des données habituelles, des voies communes de la tradition. On aperçoit cependant un progrès sensible ; ce progrès n'est pas moindre de Chrétien de Troyes à Rutebeuf que du problématique Théroulde à Chrétien de Troyes. C'est ainsi qu'à mesure que nous avançons dans l'histoire, l'impersonnalité diminue, les caractères et les traits se dessinent. On ne découvrait d'abord que des masses confuses, marchant par nombreuses colonnes ; peu à peu quelques figures principales se détachent plus visiblement de l'ensemble. Nul pourtant ne sort tout à fait des rangs. Ce qu'on pourrait appeler la période traditionnelle dans la littérature française ne finit point avec le XIIIe siècle ; tout le siècle suivant lui appartient encore.

CHRONIQUES, LÉGENDES
ET
TRAITÉS DIVERS

Il nous reste à passer rapidement en revue diverses branches de la poésie du XIIIe siècle, dont l'examen détaillé ne pourrait trouver place que dans un ouvrage plus spécial que le nôtre. Telles sont d'abord les chroniques. Les chroniques du XIIIe siècle sont les unes en prose, les autres en vers. La chronique en prose, qui atteint dès les premiers essais à une véritable perfection, qui produit notamment le *Roman de Constantinople*, par Geoffroi de Villehardouin, et l'*Histoire de saint Louis*, par Joinville, l'emporte de beaucoup sur la chronique en vers, fidèle aux traditions du XIIe siècle. Parmi les chroniques rimées, nous avons à mentionner celle de *Philippe Mouskes*, évêque de Tournai, vaste compilation, très-pauvre sous le rapport poétique, mais très-précieuse par les renseignements de toute sorte qu'elle renferme[1]. Nous citerons encore la *Branche des royaux lignages*, par Guillaume Guiart; l'*Histoire du Mont Saint-Michel*, par Guillaume de Saint-Paer; le panégyrique *du roi de Sicile* (Charles d'Anjou), par Adam de La Halle; le *Roman des Franceis*, par Jean de Coutances. Nous aurions regret de ne pas indiquer ici la *Chanson des Albigeois*, quoiqu'elle soit écrite dans la langue du midi. Cette chronique, qui est en même temps un beau poëme, doit figurer au nombre des œuvres capitales de cette période littéraire[2].

---

[1] Éditée à Bruxelles par M. de Reiffenberg, en 1836-1838.
[2] Elle a été publiée par M. Fauriel, dans la Collection des Documents inédits relatifs à l'histoire de France, en 1837.

Si tout ce qui a survécu de la poésie du moyen âge doit être imprimé un jour, la série qui comptera le plus de volumes sera probablement celle des légendes des saints et des contes pieux. Ce que le xiii⁰ siècle a produit dans ce genre l'emporte certainement sur tout ce qu'il a produit de chansons de geste, de romans d'aventures et de fabliaux. Nous nous bornerons à faire connaître les deux recueils les plus importants et les plus célèbres. L'un est le recueil des *Miracles de la Vierge*, composé par Gautier de Coincy, prieur de Vic-sur-Aisne, vers 1222. L'autre est le recueil intitulé ordinairement la *Vie des Pères*. Ce dernier serait de tous les ouvrages de ce temps celui qui aurait joui de la plus grande vogue, si l'on en jugeait par les innombrables leçons qui nous ont été transmises. Il n'est pas non plus d'exemple aussi curieux de cette formation progressive, de ce mode de développement spontané qui est propre à la littérature de l'époque. Composée d'abord de quelques traits traduits de l'ouvrage latin *de Vita Patrum*, attribué à saint Jérôme, la *Vie des Pères* en français s'écarta bientôt de son sujet primitif et accueillit toutes sortes d'anecdotes et de contes auxquels les anciens Pères de la Thébaïde étaient tout à fait étrangers, de sorte que son titre cessa absolument d'être justifié. Ce qu'on trouve surtout dans la *Vie des Pères*, c'est une suite de récits dramatiques terminés ordinairement par un grand exemple de la miséricorde divine, et qu'on pourrait définir : des fabliaux ayant un dénoûment pieux. Le nombre de ces contes varie de manuscrit en manuscrit; de l'un à l'autre il serait aisé de constater les progrès de l'agrégation : on verrait le chiffre de la table des matières s'élever de vingt ou trente à soixante-douze et au delà. Ces compositions, dont on s'est peu occupé jusqu'ici, parce que l'attention s'est portée de préférence sur les œuvres profanes, offrent pourtant, à tous les points de vue, un grand intérêt. Elles sont très-vivantes, très-passionnées, d'une invention très-hardie ; elles ne reculent pas devant les peintures les plus libres et les plus énergiques; il suffit qu'à la fin un rayon de la grâce touche le front du pécheur tout chargé d'iniquités. Quelques-uns de ces contes, tels que *le Prévôt d'Aquilée*, *la Bourgeoise de Rome*, *l'Ermite qui s'enivra*, etc., ont été édités par Méon.

En dehors des deux recueils de Gautier de Coincy et de la *Vie des Pères*, nous indiquerons les légendes suivantes, qui ont été imprimées de nos jours : *le Purgatoire de saint Patrice*, dans le deuxième volume des œuvres de Marie de France; *le Roman de Robert le Diable*, publié par M. Trébutien, en 1837; *la Vie du pape saint Grégoire le*

Grand, publiée par M. Luzarche, en 1857. Cette dernière crée à l'un des plus vénérables et des plus illustres Pères de l'Église la biographie la plus bizarre. Grégoire est le fruit d'amours incestueuses ; il contracte involontairement un hymen contre nature et devient le nouvel Œdipe d'une nouvelle Jocaste. Accablé sous cette double ignominie, en horreur à lui-même, il se rachète par une terrible pénitence. Il se relève si complétement de sa dégradation et rentre si bien en grâce auprès du Seigneur qu'il est appelé, par une révélation céleste, au souverain pontificat. Voilà un exemple de l'audace d'imagination déployée par ces dévots conteurs.

Un autre genre, fertile au XIII° siècle, est celui des traités de morale. Il faut citer au premier rang le *Roman de Dolopathos*, par Herbert. L'origine de cet ouvrage, comme celle du *Roman des Sept Sages*, dont il existe également une leçon en vers français, remonte au livre indien de *Sendabad*. Le *Roman des Sept Sages* est resté plus près de la fiction orientale. Le *Roman de Dolopathos* a introduit dans le cadre primitif des récits empruntés à toutes les civilisations qu'il a traversées, non-seulement à l'Inde, mais à la Judée, à la Grèce, à Rome et au moyen âge antérieur. Ces traditions sont du reste, comme toujours, complétement transformées, et le poëme d'Herbert, par la physionomie et par les mœurs, par le sentiment et la pensée, est tout entier du XIII° siècle. Exposons sommairement le sujet de cet important ouvrage. Dolopathos, qui est ainsi nommé parce qu'il eut beaucoup à souffrir de la ruse et de la trahison, est un roi de Sicile contemporain de l'empereur Auguste. Il envoie son fils Lucemien à Rome s'instruire auprès de Virgile, *le clerc* le plus renommé de ce temps-là. Ce Virgile, qui ressemble fort peu à l'auteur des *Géorgiques*, est un grand philosophe qui, par son savoir surhumain, a réduit tous les sept arts, le *trivium* et le *quadrivium*, en un livre si petit qu'il tiendrait dans la paume de la main. Sous un tel maître, Lucemien fait des progrès rapides ; il s'adonne avec une ardeur particulière à la science par excellence, à l'*astronomie*, qui apprend à lire dans les étoiles le présent et l'avenir. Pendant qu'il achève ses études, la mère de Lucemien meurt, son père se remarie. Devenu vieux, Dolopathos envoie chercher Lucemien à qui il a résolu de confier le gouvernement du royaume. Au moment de se séparer de son élève, Virgile, averti par les constellations menaçantes, exige de lui le serment qu'il ne prononcera pas une parole jusqu'à ce qu'il l'ait revu. On imagine le désespoir du roi, lorsque, au retour de son fils, il s'aperçoit qu'il est muet. La jeune reine s'engage à le guérir et à *le rendre bien parlant* au bout de sept jours, pourvu qu'il soit entièrement remis à ses soins. Lucemien, renfermé dans les appartements royaux, est entouré de tous les plaisirs et de toutes les séductions. Mais, tout en cherchant à charmer le jeune prince, c'est la reine qui se laisse entraîner à une passion irrésistible.

Ce qui se passe alors ressemble beaucoup à ce qui arriva dans un temps plus reculé au patriarche Joseph.

Repoussée avec énergie, la reine, pour se venger, accuse son beau-fils d'avoir voulu lui faire violence. Lucemien, toujours silencieux, ne la dément pas. Le conseil royal le condamne, conformément aux lois du pays, à être brûlé vif. Au jour fixé pour l'exécution, on se rend dans la plaine qui s'étend aux portes de la cité de Palerme. En présence du peuple assemblé, Lucemien va être précipité dans les flammes, lorsqu'on voit accourir, monté sur une mule, un vieillard à barbe blanche portant un rameau d'olivier. C'est l'un des sept sages de Rome. Le sage obtient un jour de répit et s'offre à raconter une histoire pour l'instruction du roi et du peuple qui l'environne. La même scène se renouvelle sept fois. Pendant sept jours, Lucemien est conduit au champ du supplice, et, au moment où l'on s'apprête à le jeter dans le bûcher, survient un vénérable vieillard qui recite une nouvelle parabole. La situation est, comme on voit, plus dramatique que vraisemblable. Ces histoires, que racontent les sept sages de Rome dans des circonstances si solennelles, sont principalement dirigées contre les ruses des femmes. Celles qui méritent d'être remarquées sont : un conte qui a fourni à Shakespeare le sujet du *Marchand de Venise*, une imitation singulière de l'aventure d'Ulysse et du Cyclope, l'épisode des *Estries* ou des *Stryges*, l'anecdote du mari trompé par sa femme où la pièce de Molière, *George Dandin*, est en germe, enfin la fable très-gracieuse du *Chevalier au cygne* qu'on donnait pour ancêtre à Godefroi de Bouillon. Après les sept sages, arrive Virgile lui-même qui relève le jeune prince de son serment et lui permet de se justifier. La reine est jetée dans le bûcher allumé pour Lucemien. Celui-ci succède à son père ; un disciple du Christ vient prêcher l'Évangile dans le royaume de Sicile, et, par sa prédication et ses miracles, convertit le monarque et son peuple à la vraie foi [1].

---

[1] Le roman de *Dolopathos* a été édité par MM. Ch. Brunet et A. de Montaiglon, dans la Bibliothèque elzevirienne, en 1856.

Dans le *Roman des Sept Sages*, demeuré plus près de la donnée orientale, à chaque histoire racontée par les vieillards pour la défense du jeune prince, la marâtre oppose une autre histoire propre à déterminer le roi à faire mourir son fils.

Le *Castoiement* (instruction) *d'un père à son fils* est un ouvrage du même genre, un recueil de contes moraux qui ont pour but d'enseigner la sagesse pratique et l'expérience de la vie par des exemples et des apologues[1]. Nous aurions à dénombrer ici mille poëmes de second ordre : *l'Onneur aus Dames*, par Robert de Blois, sorte de manuel du bon ton pour les femmes du XIIIe siècle ; *le Doctrinal de courtoisie*, *le Dit de Gentillesce*, *le Dit dou Preudhomme* : *le plaidoyer de sapience et de folie*, par Gerard ; *les vers de la mort*, d'Helinand ; ceux de Thibault de Mailli ; le livre du *Reclus de Moliens* ; *le Songe d'enfer* ; *la Voie de Paradis*, par Raoul de Houdanc ; *le Dit de Fortune*, par Moniot de Paris : *le Tornoiement Antechrist*, par Hugues de Mery ; les *Enseignemens Trebor*, (anagramme de Robert, ce pseudonyme cache peut-être Robert de Sorbon) ; les Moralités des philosophes ; les nombreuses compositions du prêtre Herman de Valenciennes, etc., etc.

Le XIIIe siècle n'a pas seulement rimé des leçons de piété et de morale, il a mis en vers tout ce qu'il savait en cosmogonie, en astronomie, en géographie, en médecine, etc. L'œuvre la plus considérable que nous ayons à mentionner en ce genre est intitulée *l'Image du monde*. C'est une sorte d'encyclopédie des connaissances usuelles, dans laquelle la fable tient une large place à côté de la science. Souvent remaniée, elle paraît avoir été versifiée pour la première fois par Gautier de Metz, en 1245. Citons encore *la Bataille des sept Arts*, par Henri d'Andeli ; *le Volucraire*, d'Osmont ; et *le Dit de la Tremontaine* (de l'étoile polaire), qui est vraiment remarquable.

Notre intention n'est pas, du reste, de donner ici un catalogue complet des productions poétiques que nous a laissées le XIIIe siècle. Nous avons voulu seulement montrer la poésie de cette importante période dans ses groupes principaux, dans ses principales divisions, afin qu'on puisse se former une idée de l'ensemble.

On ne saurait refuser à cette poésie la puissance créatrice ; on ne peut s'empêcher d'admirer quel travail immense elle a accompli, et l'on n'est pas moins frappé de la variété extrême de ses créations que de leur abondance. Il est peu d'époques, croyons-nous, où l'esprit hu-

---

[1] Il a été édité deux fois : par Méon et par la Société des bibliophiles.

main ait déployé une activité et une aptitude aussi universelles. En quel autre temps trouverions-nous à la fois, comme au xiiie siècle, l'épopée si grandiose et si austère, la fiction amoureuse si passionnée et si nuancée, la satire si fine et si mordante, la légende si naïve, si sincère et si crédule? Si nous lisons une chanson de geste, nous nous représentons une société religieuse et guerrière, tout occupée de combats, tout empreinte d'une fierté un peu farouche et d'un dur héroïsme. Si nous lisons un roman d'aventures, nous apercevons, au contraire, une civilisation déjà polie, raffinée même, où la femme règne souverainement, où l'amour devient une sorte de culte idéal et mystique. Ouvrons-nous un recueil de fabliaux, nous nous imaginerions volontiers une société sensuelle, licencieuse, affreusement sceptique et ironique. Chaque œuvre semble ainsi révéler un génie spécial et qu'on croirait presque exclusif. Les inspirations les plus disparates se rencontrent et subsistent parallèlement, nous offrant dans chaque manuscrit les associations les plus surprenantes, les contrastes les plus inattendus. Il faut envisager sous toutes ses faces cet âge mobile, divers, complexe, si l'on en veut apprécier l'originalité et la grandeur.

On voit quel vaste dépôt de traditions, quel riche fonds d'inventions de toutes sortes cet âge primitif de notre poésie confiait à la langue française. L'avenir n'en tirera malheureusement aucun profit. Tout cela allait se perdre, se dégrader, se discréditer dans une longue période de décadence et tomber enfin dans un profond oubli. La France répudiera ce grand patrimoine qui enrichira les littératures étrangères; éblouie par les corrects attraits de l'antiquité grecque et latine, elle reniera tout son passé et toute sa jeunesse, jusqu'à ce que l'érudition, après plus de cinq cents ans, vienne rechercher et remettre sous ses yeux ces titres de gloire méconnus, recueillir et sauver ces opulents débris, réveiller enfin ces souvenirs si magnifiques, que toutes les splendeurs des siècles modernes ne sauraient empêcher qu'ils deviennent des regrets.

QUATORZIÈME SIÈCLE

PRÉLIMINAIRES

Le moyen âge subit la loi universelle à laquelle les sociétés, comme les individus, sont assujetties : après avoir grandi pendant plusieurs siècles, après avoir atteint son apogée, il entre dans la période décroissante qui durera plus de deux siècles encore. La décadence commence, pour le moyen âge, aux dernières années du xiiie siècle; elle devient visible, à partir de cette époque, non seulement dans l'histoire politique, dans les institutions, les lois et les événements, mais aussi et surtout peut-être dans l'histoire littéraire. Comparé à son prédécesseur, le xive siècle est, à ce dernier point de vue, d'une infériorité incontestable.

Le moyen âge n'était pas destiné toutefois à s'achever complétement, à tomber dans une dissolution définitive comme celle dont la civilisation byzantine avait offert l'affligeant et humiliant spectacle. La décadence du moyen âge n'était qu'une transformation ; c'était en même temps un progrès vers la civilisation moderne. L'ancien ordre social, en dépérissant, en se désorganisant, donnait naissance à une société nouvelle ; dès le principe, par conséquent, les tendances du régime qui se fonde sont en hostilité et en lutte avec les tendances du régime qui décline et se détruit.

De là les diverses influences, les diverses transformations qu'on aperçoit dans la poésie et dans la littérature, à partir du xiv⁰ siècle.

Une très-grande part du travail littéraire de cette époque consiste d'abord à continuer, à remanier, à reproduire les œuvres du siècle précédent ; elle fait preuve dans ce travail d'une impuissance et d'une aridité singulières ; elle défigure les traditions anciennes qu'elle cherche à embellir et qu'elle réussira à faire dédaigner et mépriser par la suite ; elle y introduit la confusion et le désordre, des ornements artificiels, des développements parasites ; elle n'enfante que des imitations maladroites, des paraphrases insipides, d'indigestes compilations qui révèlent une remarquable absence d'intelligence et de pensée, et qui sont les plus irrécusables témoignages de la sénilité du monde féodal. De tous ces remaniements, de toutes ces imitations, nous n'aurons pas à nous occuper.

D'autre part, l'antagonisme qui éclate alors dans le monde commence par produire, au xiv⁰ siècle, une violente explosion de colère, de raillerie et de dérision. L'esprit persifleur et moqueur, qui depuis longtemps déjà avait son rôle, l'esprit critique et polémique, qui sortait peu à peu des universités pour se mettre au service des partis, vont grandissant et s'exagérant tout à coup, et font entendre les plus brutales négations, les plus aigres censures, les plus mordantes invectives contre les préjugés, les usages et les sentiments du passé. Ils entament l'œuvre de démolition et de destruction avec une vigueur et une audace incroyables ; ils vivent et règnent seuls véritablement pendant toute la première moitié du xiv⁰ siècle ; il n'y a plus, à ce moment, que le pamphlet, la satire, la parodie ; toutes les productions qui ont quelque valeur ont ce caractère, et n'ont de valeur précisément que par leur côté querelleur et agressif. Nous aurons à étudier cette poésie d'opposition qui est comme le signal et le premier effort de la révolution qui s'accomplit.

On croirait que le moyen âge va s'abîmer dans cette tempête de récriminations et de protestations qui dépassent du premier coup toutes les témérités de l'avenir. Mais la marche des choses est plus lente que celle de la pensée humaine ; le moyen âge n'est pas près encore de succomber, il se modifie lentement ; aux tentatives exagérées succèdent des réactions, aux heures de fièvre des heures de langueur et d'apaisement. Des entraînements et des retours, des succès et des revers marquent la longue et laborieuse transition d'un ordre social à l'autre. L'effervescence qui distingue la première moitié du xiv⁰ siècle, et qui aboutit aux fameux États de 1357 et 1358, tend à se calmer et à se modérer pendant les quarante années du règne de Charles V. Une littérature plus froide, plus sage et plus docte se forme à l'image du roi. Quelques symptômes même de réaction se manifestent dans la poésie. Quelques œuvres apparaissent, où l'esprit féodal semble vouloir se réveiller, et qui nous apportent comme les derniers échos du moyen âge primitif. Ce curieux revirement, ce rajeunissement passager devront être indiqués à leur tour dans le tableau de cette période.

Ce sont là les deux impulsions dominantes, les deux veines originales qu'on distingue au xiv° siècle. A la fin, toutefois, on voit poindre un mouvement littéraire qui ira par la suite grandissant sans cesse, et dont le triomphe définitif au xvi° siècle s'appellera la Renaissance. On voit croître le goût et le respect de l'antiquité; on voit se multiplier les traductions des auteurs grecs et latins; on pressent que des traditions et des formules nouvelles vont être opposées aux formules et aux traditions du moyen âge. Déjà on peut signaler presque partout l'affectation pédantesque du savoir et de l'érudition; déjà la mythologie, étrangement comprise, il est vrai, commence à être en honneur. Mais cela ne suffit pas à modifier le caractère général des compositions littéraires. Il faut attendre au siècle suivant pour que les tentatives novatrices se produisent avec ensemble et avec succès. La poésie du xiv° siècle, au moins dans la forme, demeure tout entière fidèle au passé.

Nous continuerons à suivre, par conséquent, les grandes divisions qui ont été adoptées pour les périodes précédentes; lorsqu'un genre présente une déviation, pour ainsi dire, un développement propre au xiv° siècle, nous aurons soin d'exprimer, dans le titre même, cette nuance spéciale sur laquelle se portera principalement notre attention.

L'état du langage peut se caractériser de la même manière que la situation littéraire et historique; on y remarque un travail de décomposition et de désorganisation d'une part, et d'autre part quelques qualités et propriétés nouvelles; le langage se dérobe aux anciens usages; les règles de la grammaire romane tombent peu à peu en désuétude; l'ancien système, la syntaxe d'autrefois demeure bien dans les souvenirs, mais il est évident que, chaque jour, on la comprend moins et on y attache moins d'importance. Mais si le langage présente, sous quelques rapports, plus d'incertitude, moins de régularité et de netteté, il gagne en flexibilité et en souplesse. Dans son aspect général, il est d'apparence déjà plus moderne; la plupart des mots tendent à se rapprocher de la forme qu'ils doivent conserver. Malgré ce progrès, qui, d'ailleurs, est plus sensible dans la prose que dans la poésie, nous croyons que le lecteur, peu familiarisé avec la vieille langue française, rencontrerait encore trop de difficultés, et nous continuons de traduire les textes que nous citons.

LES ROMANS D'AVENTURES
ET
LES ROMANS ALLÉGORIQUES

LE ROMAN DE LA ROSE

Les romans d'aventures que produit le xive siècle ne sont que des imitations affaiblies des compositions antérieures. Nous avons joint ceux qui méritaient d'être nommés à la liste que nous avons dressée pour la période précédente : tels sont les romans du Châtelain de Couci, de la comtesse d'Anjou, de la Dame à la licorne, etc. La variété nouvelle où se trahit le goût particulier du xive siècle, et que l'histoire littéraire doit s'attacher à signaler, c'est le roman allégorique, qui n'est qu'une transformation du roman d'aventures. Le genre allégorique a pris naissance bien avant le xive siècle. Déjà au xiiie siècle la poésie française nous en offre plusieurs modèles : par exemple, la Chasse du Cerf, le roman du Verger ou de l'Arbre d'amours, la Prise amoureuse de Jeunesse, le conte « del vrai Amant qui vint à cort le dieu d'amor por deraisnier sa mie Florie, » le roman de la Poire, etc. Le roman de la Rose lui-même était bien probablement achevé avant que la dernière année du xiiie siècle fût révolue. Cette forme littéraire, qui devait dominer toute la fin du moyen âge, était issue de la scolastique. Elle fleurissait depuis longtemps dans l'école ; elle représentait toute l'imagination, toute l'ingéniosité, tout l'art des orateurs et des écrivains de la basse latinité. Les plus éloquents, depuis

Boèce jusqu'à saint Bernard, Hugues de Saint-Victor, Guillaume d'Auvergne, etc., en font un terrible abus. Peu à peu, de la littérature savante elle gagnait la littérature vulgaire, introduisant dans l'une le principe de décadence et de corruption qui existait dans l'autre. Une œuvre capitale acheva d'assurer son triomphe et son règne : c'est au XIVᵉ siècle qu'éclate l'immense succès de cette œuvre.

Le roman de la Rose est formé de deux parties inégales, l'une de quatre mille vers environ, l'autre de dix-huit mille vers, composées à des dates différentes par deux auteurs, Guillaume de Lorris et Jean Clopinel, de Meun-sur-Loire. Guillaume de Lorris commença le roman de la Rose vers le milieu du XIIIᵉ siècle. Ce trouvère, sur lequel on n'a du reste aucun renseignement biographique, est tout à fait un poëte de cette époque, élégant, délicat, sans pédanterie et sans fiel, tout entier au plaisir de créer une fiction amoureuse. Voici la fable qu'il inventa :

Au vingtième an de son âge,

> Ou point qu' amour prent le péage
> Des jones gens,

l'auteur eut un songe qu'il entreprend de nous raconter. Il sortait de la ville, par un beau jour du mois de mai, et s'en allait promener au bord d'une rivière à travers des prairies. Il arrive devant les murailles d'un verger magnifique ; c'est le verger de Déduit, ou du Plaisir. Il frappe à un étroit guichet, et la porte lui est ouverte par damoiselle Oiseuse (oisiveté), et bientôt il se trouve en présence du maître du jardin et de toute sa cour brillante et joyeuse. Nous supprimons, bien entendu, les mille détails de l'allégorie qui forment pourtant le principal mérite de l'ouvrage ; mais nous ne voulons qu'en retracer sommairement le dessin général. Au nombre des compagnons de Déduit, figure le dieu d'amour qui, avisant le nouveau venu, se met à le suivre et à l'épier. L'étranger parcourt le verger où s'offrent à sa vue beaucoup de spectacles merveilleux ; enfin il demeure extasié devant des rosiers chargés de roses, emblèmes de la beauté virginale. L'une de ces roses excite surtout son admiration. Pendant qu'il la contemple, le dieu d'amour, caché derrière un buisson, lui décoche une flèche dont son cœur est blessé à jamais. Puis le dieu, sortant de son embuscade, somme l'Amant (c'est le nom qui appartient dès ce moment au songeur) de se rendre, et celui-ci, vaincu, jure d'obéir aux lois de son vainqueur. Amour, après lui avoir donné ses instructions, disparaît. L'Amant s'approche des roses, malgré les épines qui les environnent et les défendent. Un jeune homme d'un aspect avenant, qui vient à passer, s'offre à lui en faciliter l'approche. Ce jeune homme nommé Bel Accueil exige seulement la promesse de ne toucher ni cueillir la Rose; il faut se contenter de la regarder et d'en respirer le parfum. L'Amant donne sa parole. Mais, en dépit de sa promesse, il est sur le point de succomber à la tentation et de porter la main à la fleur qu'il convoite, lorsque Dangier (résistance), un grand vilain préposé par sa maîtresse dame Chasteté à la garde des roses, s'élance de sa cachette, met en fuite Bel Accueil et chasse l'Amant hors du verger. Pendant que celui-ci se livre à ses regrets et à sa douleur, dame Raison descend de sa tour et vient lui faire une longue remontrance; elle l'exhorte à maîtriser ses désirs :

> Pren durement as dens le frain
> Et donte ton cuer et refrain.

L'Amant ne veut pas entendre à ces conseils, et repoussant dame Raison, il vient faire ses doléances à l'Ami. Ce nouveau personnage, de concert avec Pitié et Franchise, s'interpose pour fléchir le farouche Dangier qui se laisse attendrir. Dangier permet à l'Amant de rentrer dans le verger et lui accorde même la compagnie de Bel Accueil. Ces deux-ci se hâtent de retourner ensemble voir la Rose. L'Amant la trouve encore embellie; il s'enflamme davantage; il implore de son guide la faveur de donner à la fleur un baiser. Bel Accueil refuse. Mais Vénus, la mère du dieu d'amour, survient, intercède en faveur de l'Amant qui, vivement ému, de ses lèvres effleure la Rose. Ce coup d'audace est suivi d'un nouvel et plus violent esclandre. Male Bouche (médisance), Honte, Jalousie, Peur se réunissent pour éloigner une seconde fois l'Amant téméraire. Elles réprimandent Dangier pour sa condescendance, et se décident à enfermer le trop complaisant Bel Accueil dans une tour construite exprès, savamment fortifiée, et munie d'une brave garnison. L'Amant est désolé et presque désespéré de la captivité de Bel Accueil. Le premier poëte s'est arrêté au milieu de ces plaintes, près ces derniers mots:

> A poi que ne m'en desespoir!

Telle est la fable imaginée par Guillaume de Lorris, fable évidemment inachevée. L'innovation consistait, comme l'on voit, à substituer aux personnages des contes amoureux des types abstraits représentant les diverses inclinations et situations de l'âme, à remplacer les aventures des romanciers par une analyse psychologique ; l'art était de décrire ingénieusement ces types symboliques, de leur donner leurs attributs, de soutenir leurs rôles, enfin de déduire subtilement et logiquement ce qu'on pourrait appeler un problème de mathématique morale ou d'algèbre passionnelle. La poésie, suivant ce nouveau système, allait ressembler singulièrement au jeu d'échecs. On peut apprécier le mérite de Guillaume de Lorris sous le rapport de l'invention. Quelque jugement que l'on porte sur ce point, on doit reconnaître à ce poëte de réelles qualités de style ; les détails du récit ont souvent de la finesse et du charme ; le sentiment, comme l'expression, est toujours chaste ; la langue est élégante et pure. Ce poëme paraît toutefois n'avoir fait aucun bruit, au moment où il parut. Nul des contemporains de Guillaume de Lorris n'en fait mention. On n'en possède aucune leçon manuscrite antérieure à la continuation dont nous allons parler, et il semble probable que, sans cette continuation, l'œuvre du trouvère du Gatinais aurait eu le sort de tant d'autres poëmes de la même époque : il n'en serait resté aucune trace.

Quarante ans après la mort de Guillaume de Lorris, vers 1280-1285, sous le roi novateur et, comme on dirait aujourd'hui, révolutionnaire Philippe le Bel, un poëte presque compatriote de Guillaume de Lorris, mais d'un tout autre caractère, le poëte d'un âge nouveau, Jean Clopinel, de Meun-sur-Loire, « solemnel maistre et docteur en sainte théologie, philosophe tresparfont, sachant tout ce qui à entendement humain est scible » (ce sont les expressions d'un de ses admirateurs), s'avisa de reprendre le thème interrompu du roman de la Rose. Jean de Meun, jeune alors, commençait sa carrière au moment où Rutebeuf achevait la sienne ; il ouvre la littérature du xiv° siècle avec autant d'autorité que Rutebeuf a fermé celle du siècle précédent ; il remplit et domine presque seul les cinquante premières années de la nouvelle période. Il est, en effet, par excellence le rhéteur de cette époque, et il engage la lutte, non plus comme Rutebeuf, contre les hommes, contre les ministres infidèles de la foi, mais contre les doctrines politiques et morales, contre tous les principes et tous les sentiments du passé.

Jean de Meun semble né pour faire contraste avec Guillaume de Lorris, son prédécesseur, et pour montrer le changement qui dans un court espace s'est accompli dans le monde. C'est un rude pédant, d'une verve brutale et cynique, dépourvu de faculté imaginative, mais discuteur que rien n'arrête, remuant et creusant toutes les idées, ne reculant devant aucune négation, aucune révolte, tout enflé d'une science qu'il répand à profusion sans ordre ni mesure. Il s'empare de cette inoffensive, délicate et un peu fade allégorie, et il en fait une machine de guerre ; il jette dans ce cadre bien symétriquement compassé et coquettement enjolivé tout ce qu'il a à dire sur toutes choses et contre toutes choses. Il renverse d'abord tout à fait le but de l'ouvrage, et la timide, décente et sentimentale recherche de la Rose, que s'était plu à décrire Guillaume de Lorris, aboutit, dans la continuation de Jean de Meun, à une protestation violente contre le mysticisme chevaleresque, contre ce platonisme amoureux que l'ancienne chevalerie avait voulu mettre en honneur, à la réclamation la plus hardie d'un sensualisme et d'un naturalisme effrénés, enfin comme nous disons aujourd'hui, à une revendication des droits de la chair telle qu'aucune autre époque n'en a fait entendre. Essayons de suivre la marche du nouvel auteur, marche irrégulière et pleine de digressions, qui ressemble fort peu à la tactique subtile et ingénieuse de son devancier.

Jean de Meun commence par une immense consultation où dame Raison, l'Ami et un certain Jaloux ont tour à tour la parole. Dame Raison, qui se présente la première pour relever le courage de l'Amant éploré, n'est plus la dame sensée, prudente et discrète que nous a montrée Guillaume de Lorris. C'est une prolixe discoureuse, à qui, dès son entrée, il ne faut pas moins de trois mille vers. L'Ami et le Jaloux ne sont pas moins bavards. Ils se livrent tous trois aux déclamations philosophiques et politiques les plus intempérantes. Dame Raison déclame contre la Fortune, contre l'Avarice, contre les juges prévaricateurs, contre les préjugés de toute espèce. L'Ami attaque la corruption du temps et fait la peinture de l'âge d'or et des vertus évanouies. Ils ont à peu près les mêmes opinions sur toutes choses, sur la royauté, sur l'impôt, sur la propriété, sur le mariage, sur la prostitution, etc. Donnons une idée des principes professés par ces divers personnages. Sur la royauté d'abord, dont le prestige allait alors grandissant, voyons comment s'exprime le roman de la Rose qui, si l'on s'en rapporte aux miniatures de quelques manuscrits, aurait été dédié et offert au roi Philippe le Bel. On a souvent cité le tableau que l'auteur a tracé de l'élection du premier roi. Choisissons un autre passage où, protestant contre les prétendues grandeurs dont s'environnent les monarques, il compare leur destinée avec celle des *ribauds de Grève* ou des portefaix. On aura un spécimen du style de dame Raison, car c'est elle qui a la parole.

LE ROI ET LE PORTEFAIX

  Hé! douces richeces mortex,
Dites donc, estes vous or tex
Que vous faciés benéurées
Gens qui si vous ont emmurées!
Car quant plus vous assembleront,
Et plus de paor trembleront.
Et comment est en bon éur
Hons qui n' est en estat séur?
Benéurté donc li saudroit,
Puis que séurté li faudroit.
Mès aucuns qui ce m' orroit dire,
Por mon dit dampner ou despire,
Des rois me porroit oposer,
Qui, por lor noblece aloser,
Si cum li menus pueple cuide,
Fièrement metent lor estuide
A faire entor eus armer gens,
Cinc cens ou cinq mile sergens;
Et dit l' en tout communement
Qu' il lor vient de grant hardement.
Mès Diex set bien tout le contraire :
C'est paor qui le lor fait faire,
Qui tous jors les tormente et griève.
Miex porroit uns ribaus de griève
Séur et seul par tout aler
Et devant les larrons baler,
Sans douter eus et lor affaire,
Que li rois o sa robe vaire,
Portant néis o soi grant masse
Du tresor que si grant amasse
D'or et de precieuses pierres.
Sa part en prendroit chascuns lierres.

TRADUCTION

Ha! douces richesses mortelles,
Dites-moi, êtes-vous donc telles
Que vous fassiez bienheureux
Ceux qui ainsi vous ont enfouies?
Plus, au contraire, ils vous auront amassées,
Et plus ils trembleront de peur.
Et comment aurait-il le bonheur,
L'homme qui n'est pas en sécurité?
Le bonheur se déroberait à lui,
Du moment où la sécurité lui manquerait.
Mais quelqu'un qui entendrait ces paroles,
Pour les contredire ou les déprécier,
Pourrait m'opposer l'exemple des rois
Qui, afin de rehausser leur noblesse,
Ainsi que le pense le menu peuple,
Fièrement mettent tous leurs soins
A avoir autour d'eux des gens armés,
Cinq cents ou cinq mille soldats ;
Et l'on dit vulgairement
Que c'est marque de grande bravoure.
Mais Dieu sait bien tout le contraire :
Ce qui leur fait faire cela, c'est la peur
Qui toujours les tourmente et grève.
Un ribaud de grève pourrait bien plutôt,
Seul et assuré, aller partout
Et devant les larrons danser,
Sans redouter ni eux ni leurs mauvais desseins ;
Qu'un roi avec sa robe de menu vair,
Portant sur soi grande quantité
Du riche trésor qu'il amasse
En or et en pierres précieuses.
Chaque voleur en prendrait sa part.

Quanqu' il porteroit li todroient,
Et tuer, espoir, le voudroient.
Si seroit il, ce croi, tué
Ains que d' ilec fust remué,
Car li larrons se douteroient,
Se vif eschaper le lessoient,
Qu' il n' es féist où que soit prendre
Et par sa force mener pendre.
Par sa force ! mès par ses hommes.
Car sa force ne vaut deux pommes
Contre la force d' ung ribaut
Qui s' en iroit à cuer si baut.
Par ses hommes ! par foi ! ge ment
Ou ge ne dis pas proprement :
Vraiment siens ne sont il mie,
Tant ait il sor eus seignorie ;
Seignorie? non, mès servise,
Qu' il les doit tenir en franchise.
Ains est lor ; car quant il vodront.
Lor aïdes au roi todront ;
Et li rois tous seus demorra,
Si tost cum li pueple vorra :
Car lor bontés ne lor proesces,
Lor cors, lor forces, lor sagesces
Ne sunt pas sien ne riens n' i a ;
Nature bien les li nia.

Il est difficile de ne pas reconnaître, dans les derniers vers que nous venons de citer, la théorie du refus de l'impôt que le XIX⁰ siècle se figure sans doute avoir vu naître ; c'était d'ailleurs une conséquence logique des opinions professées par dame Raison sur l'origine du pouvoir royal : « Les hommes élurent entre eux un grand *vilain*, le plus robuste de tous, le plus large des épaules et le plus grand, et le firent

Tout ce qu'il porterait ils le lui enleveraient,
Et peut-être voudraient-ils le tuer.
Oui, il serait, je crois, tué
Avant de pouvoir sortir de là,
Car les larrons craindraient,
S'ils le laissaient échapper vivant,
Qu'il ne les fît, en quelque lieu que ce soit, prendre
Et par sa force mener pendre.
Par sa force! c'est-à-dire par ses hommes ;
Car sa force ne vaut deux pommes
En face de la force d'un ribaud
Qui s'en irait le cœur joyeux.
Par ses hommes! Ma foi! je mens,
Ou du moins je ne m'exprime pas en termes exacts :
En vérité, ils ne sont pas siens,
Quelque seigneurie qu'il ait sur eux.
Seigneurie? non, mais plutôt servitude,
Puisqu'il les doit maintenir en liberté.
Il est donc leur serviteur, car, quand ils voudront,
Ils refuseront au roi leurs *aides*,
Et le roi tout seul demeurera ;
Il suffira que le peuple le veuille.
Ni leur bonté, ni leur courage,
Ni leur corps, ni leur force, ni leur intelligence,
Ne sont à lui ; il n'y a aucun droit.
La nature les lui dénie hautement.

prince et seigneur. Celui-ci jura qu'il les gouvernerait conformément à la justice, et qu'il défendrait leurs maisons, pourvu que chacun contribuât pour sa part à lui fournir de quoi vivre : à cela, par un accord mutuel, ils ont consenti. »

Quant à l'origine de la propriété, le poëte du xive siècle n'est ni moins hardi, ni plus respectueux. Après avoir célébré la communauté

des biens qui existait, selon lui, aux temps primitifs, il explique par
la corruption des hommes la distinction du tien et du mien :

> Car faus et trichéors devindrent,
> As propriétés lors se tindrent.
> La terre méismes partirent,
> Et, au partir, bones i mirent,
> Et quant les bones i metoient,
> Maintefois s'entrecombatoient;
> Et se tolurent ce qu'il porent.
> Li plus fors les greignors pars orent.

« Les hommes devinrent perfides et trompeurs; c'est alors qu'ils s'attachèrent aux propriétés. La terre elle-même, ils se la partagèrent, et, pour faire le partage, ils plantèrent des bornes, et en plantant ces bornes, ils se livraient entre eux maints combats; ils s'enlevaient les uns aux autres ce qu'ils pouvaient; les plus forts eurent les plus grandes parts. » On reconnaît ici Ovide et sa description de l'âge d'airain. L'Ami qui traite cette question de la pauvreté et de la misère, déclare, du reste, qu'il se soucie peu des « vilains gloutons » aussi acharnés à prendre qu'à retenir. Une seule considération le touche :

> Mes c'est grant duel et grant domages
> Quant ces dames as clers visages,
> Ces jolives, ces renvoisies,
> Par qui doivent estre proisies
> Loiaus amors et deffendues,
> Sunt à si grant vilté venues.
> Trop est lede chose à entendre
> Que noble cors se puisse vendre...

« Mais c'est grand deuil et grand dommage que ces dames aux clairs visages, ces dames jolies et riantes, par qui les loyales amours devraient être patronées et défendues, tombent dans un si grand avilissement. C'est bien laide chose à entendre, que noble corps se puisse vendre. » Le mariage est, d'autre part, attaqué par le Jaloux, qui ne manque pas de redoutables arguments; on citerait difficilement quelque passage de la longue diatribe dans laquelle il épanche sa méchante et cynique humeur. On sait les vers outrageants qui, suivant une anecdote peu authentique, mais souvent répétée, auraient attiré à l'auteur un châtiment corporel des mains des dames de la cour, si l'esprit d'à-propos n'était venu à son aide. L'Ami, caractère plus modéré et bienveillant, se borne à conclure que l'amour ne peut durer qu'en liberté et franchise :

> Amour ne puet durer ne vivre,
> S'il n'est en franc cuer à delivre.

L'Amant tire le plus profit qu'il peut de tous ces interminables débats et se décide à faire une tentative auprès de Richesse, afin de pénétrer jusqu'à Bel Accueil par le sentier de Trop Donner. Mais Richesse ne se laisse pas toucher, et il est obligé de reconnaître que ce sentier lui est interdit.

Alors la scène change; le dieu d'Amour, satisfait de la patience et de la persistance de l'Amant, prend sa cause en main, et, pour donner l'assaut à la tour où Bel Accueil est enfermé, convoque toute sa baronnie : Loisir, Noblesse de cœur, Courtoisie, Largesse, Discrétion, etc.; parmi ceux qui se rendent à son appel est Faux Semblant (hypocrisie), un de ces alliés utiles, mais fâcheux, qu'on accepte par nécessité. Voici comment ce nouveau personnage s'annonce lui-même :

> LE DIEU D'AMOUR.
> Tu sembles estre uns sains hermites.
>
> FAULX SEMBLANT.
> C'est voirs, mès ge sui hypocrites.
>
> LE DIEU D'AMOUR.
> Tu vas préeschant astenance.
>
> FAULX SEMBLANT.
> Voire voir, mès g'emple ma pance
> De bons morciaus et de bons vins,
> Tiex comme il affiert à devins [1].
>
> LE DIEU D'AMOUR.
> Tu vas préeschant povreté.
>
> FAULX SEMBLANT.
> Voir, mès riche sui à plenté.

Et l'auteur de s'emparer de ce nouveau personnage pour se jeter à corps perdu dans les querelles religieuses du temps. Il y a là près de deux mille vers qu'anime une verve âcre, une passion ardente. C'est surtout contre les moines mendiants que l'auteur dirige sa violente

---

[1] Tel qu'il convient aux ministres de Dieu.

satire, « contre ces parasites, ces intrigants, ces confesseurs nomades, ces visiteurs des riches moribonds, ces entremetteurs des affaires mystérieuses, ces courtiers des besognes clandestines. » Moins habile que Tartufe, Faux Semblant se démasque lui-même et dénonce impudemment toutes ses manœuvres, toutes ses rouries et tous ses vices. Les traits énergiques abondent dans cette confession, qui est une des parties les plus curieuses du roman.

Faux Semblant finit par se charger d'une mission secrète qui est tout à fait dans son rôle. Il pénètre jusqu'au portier de la tour assiégée, Male Bouche, à qui, par surprise, il coupe la langue. Il séduit ensuite la Vieille que Jalousie avait placée auprès de Bel Accueil. La duègne, si l'on peut employer ce mot qui n'existait pas alors dans notre langue, se met à faire les plus étranges confidences sur sa beauté passée, sur sa jeunesse, sur l'expérience qu'elle a acquise; et elle débite tout un traité de coquetterie perverse et de galanterie effrontée. Elle proclame hautement la doctrine de la communauté des femmes :

> Car nature n'est pas si sote
> Qu'ele féist nestre Marote
> Tant solement por Robichon,
> Ne Robichon por Mariete,
> Ne por Agnès ne por Perrete.
> Ains nous a fait, biau fils, n'en doutes,
> Toutes por tous et tous por toutes,
> Chascune por chascun commune,
> Et chascun commun por chascune.

Vers très-intelligibles que nous nous dispensons de traduire. Les conseils de cette Célestine française répondent tous à ces beaux principes, et nous offrent, d'ailleurs, les plus piquants détails sur la toilette, les coutumes, les ressources, les supercheries des femmes légères de ce temps-là.

Bel Accueil, bien édifié par les leçons de la Vieille, consent à recevoir l'Amant qui pénètre furtivement dans la tour. Mais la tentative échoue encore une fois : l'Amant est de nouveau expulsé par Dangier, Honte, Peur, et leur compagnie.

Vénus, appelée par son fils, arrive dans le camp des assiégeants. Enfin, une nouvelle intervention, plus puissante que toutes les autres, se prépare. Nature était occupée en ce temps-là dans son atelier à réparer les pertes continuelles que fait l'espèce humaine. Le poëte nous fait assister à un long entretien entre Nature et son prêtre Genius, entretien qui roule sur le système du monde, les lois générales de l'univers, la cosmogonie, la physique, l'alchimie, l'ontologie; Nature prêche l'égalité parmi les hommes :

> Par moi naissent semblables, nuds,
> Fors et foibles, gros et menuz,
> Tous les metz en egalité
> Quant à l'estat d'humanité.
> Fortune y met le remenant...

« Par moi ils naissent semblables, nus, forts ou faibles, gros ou menus ; je les mets tous en égalité, quant à l'état d'humanité. Fortune y met le demeurant. » Cette confession générale de Nature à son prêtre Genius est le résumé de toute la science et de toute la philosophie du xiv° siècle ; elle n'a pas moins de trois mille cinq cents vers. Le grand sujet des plaintes de damoiselle Nature, c'est que l'homme seul, dans son empire, se met constamment en contradiction avec ses lois et notamment avec les lois qu'elle a établies pour la propagation de l'espèce. Elle finit par envoyer Genius à l'armée du dieu d'Amour, afin qu'il excommunie tous ceux qui refusent de payer leur tribut, « de réparer et de multiplier leur lignage. » Genius obéit. Arrivé à la cour du Dieu, il accomplit la grande cérémonie qui lui a été ordonnée. Vêtu de la chasuble, la mitre en tête, l'anneau pastoral au doigt, la crosse à la main, il monte sur une estrade élevée et lit la grande charte qui contient les commandements de Nature. Ce manifeste est la véritable conclusion du poëme. Il est brutalement sensuel et nous aurions peine à en citer quelques vers :

> Soient tous excommuniés
> Les desloyaux, les reniés,
> Et condamnés sans nul respit,
> Qui les euvres ont à despit
> Par quoi Nature est soustenue...
> Por Dieu, seignor, vous qui vivés,
> Gardés que tex gens n'ensivés ;
> Soiés es euvres natureus
> Plus vistes que uns escureus,
> Et plus legiers et plus movans
> Que ne puet estre oisel ne vans...
> Arez, pour Dieu! barons, arez..
> Chascun voise embrasser s'amie
> Et son ami chascune embrasse...
> Pensez de Nature honnourer,
> Servez la par bien labourer.

On croit entendre les énergiques exhortations du frère Jean des Entommeures encourageant Panurge à se marier. Genius, lorsqu'il a terminé sa proclamation, jette à ses pieds son cierge

> Qui ne fut pas de cire vierge,
> Dont la flame toute enfumée
> Par tout le monde est alumée.
> Elle a cueilli si haut les vens
> Que toutes les femmes vivans,
> Leur corps, leur cueurs et leur pensées,
> Sont de celle odeur encensées.

« La flamme et la fumée du cierge de Genius furent par les vents emportées si haut et si loin, que toutes les femmes vivantes, leurs corps, leurs cœurs et leurs pensées, en sont environnés comme d'un encens. » Genius prononce contre les rebelles la solennelle sentence, et tous les assistans répondent suivant le rit. Quelques digressions retardent encore le dénouement auquel nous avons hâte d'arriver. Disons donc tout de suite que Vénus allume à la flamme du flambeau de Genius un brandon qu'elle jette dans la tour assiégée. La garnison est forcée de battre en retraite. Bel Accueil, délivré, accorde à l'Amant tout ce qu'il désire, et celui-ci s'empresse de cueillir la Rose. Cette dernière péripétie donne lieu à une longue suite d'équivoques libertines. Enfin, le songeur se réveille, et le poëme est terminé.

Tel est l'ouvrage qui jouira pendant trois cents ans, jusqu'à la fin du xvie siècle, d'une immense célébrité, et qui sera particulièrement, dans ce long espace de temps, la lecture favorite de l'aristocratie. Jean de Meun ne rencontrera quelques adversaires, quelques critiques qu'au xve siècle, dans Christine de Pisan, Jean de Gerson, les derniers spiritualistes du moyen âge. Mais le blâme qu'ils oseront faire entendre sera presque considéré comme un scandale, et leurs efforts n'obtiendront aucun appui ni aucun succès. Jean de Meun ne recueillit de son vivant que des louanges, des honneurs, une admiration enthousiaste, qui devint par la suite presque de la superstition : on prétendit qu'il avait mis dans son livre le secret du grand œuvre, tant il était impossible qu'un tel homme ne possédât pas, en effet, la pierre philosophale. Jean de Meun était jeune encore, lorsqu'il composa le roman de la Rose. Il écrivit par la suite beaucoup d'autres ouvrages; il traduisit Végèce, *De arte militari;* le livre *Des merveilles d'Irlande;* la *Vie et les épîtres* de Pierre Abailard et d'Héloïse; le livre à Elied, *Sur l'amitié spirituelle;* Boèce, *De la consolation de la philosophie* (vers et prose). Il fit également quelques autres poëmes intitulés : *Le Testament, le Codicille, le Trésor de Jean de Meun*. Ces pièces, qui ont un caractère tout différent du premier poëme de l'auteur, n'ont nullement partagé la renommée de celui-ci.

Nous avons dû insister sur ce grand roman allégorique, non-seulement pour son importance propre, mais encore parce qu'il opère dans l'art d'écrire une véritable révolution. La méthode littéraire qui ressort de l'analyse qu'on vient de lire : le songe comme préambule, l'allégorie comme mise en scène et moyen de développement, s'impose pendant les derniers siècles du moyen âge à presque toute la littérature et principalement à la littérature sérieuse et, pour ainsi dire, officielle. Tous les grands traités politiques, le fameux *Songe du verger, le Songe du vieil pèlerin, l'Arbre des batailles, le Quadriloge invectif*, les pamphlets, les discours, les sermons adoptent cette rhétorique. Le polémiste qui aborde une discussion, le moraliste qui dicte des conseils, l'orateur qui prend la parole devant les assemblées ecclésiastiques ou laïques, le prédicateur dans la chaire sacrée, le poëte qui raconte ses tourments d'amour, tous commencent par supposer qu'ils rêvent, et par feindre des apparitions symboliques qui se font les interprètes de leurs pensées ou de leurs passions. Dans le discours même, rien ne se dit plus simplement : les vertus sont toujours de belles et nobles dames, les vices, des vilains ou des tyrans ; l'abus de la personnification devient un défaut presque général, et poussé parfois à un point qu'on ne saurait se figurer aujourd'hui. L'influence de l'allégorie dans la poésie en particulier ne se borne donc pas à enfanter des œuvres qui portent son caractère spécial, elle modifie véritablement la langue poétique. La forme est, comme on le voit, attaquée en même temps que les idées ; et on peut avec raison considérer le roman de la Rose comme le monument le plus significatif de la crise qui éclate au XIVe siècle. Nous allons en recueillir d'autres témoignages.

LES

ROMANS DE RENART ET DE FAUVEL

Nous avons dit que toute la tradition satirique du xiiie siècle persistait au xive, et persistait avec un redoublement d'âcreté et de violence. C'est ainsi que le cycle des romans de Renart se continue et se complète à cette époque. Deux énormes branches intitulées l'une *Renart le novel*, l'autre *Renart le contrefait*, s'ajoutent aux branches anciennes, et indiquent à leur tour la révolution qui s'opère dans les esprits; à la malice rieuse, à la raillerie sans fiel, à la bonhomie narquoise, elles font succéder l'agression haineuse, la colère pédantesque, l'évidente passion de démentir et souffleter le passé, que nous avons vues se donner si insolemment carrière dans les vers de Jean de Meun.

Renart le novel, qui compte plus de huit mille vers, fut composé par Jakemars Giélée, de Lille, dans les dernières années du xiiie siècle. Le manuscrit 84, f. de Lavallière, de la Bibliothèque impériale, porte la date de 1288, mais on doit remarquer que l'auteur constate en un endroit la mort de Michel de Warenghien, évêque de Tournai, qui eut lieu en 1292. On peut donc supposer que le poëme reçut après cette date quelques nouveaux développements. Le roman de Renart le novel est tout à fait dans le goût du jour. L'allégorie y tient une grande place. L'érudition et le savoir-faire de l'auteur ne perdent aucune occasion de se déployer. Des lettres, des chansons viennent par intervalles varier et égayer le récit. Malgré toutes ces recherches, l'œuvre est lourde, confuse, compliquée et médiocrement divertissante. Mais ce qu'il y faut relever, c'est l'audace de la satire qui n'a plus la discrétion piquante de l'ancien Renart, qui est directe, brutale, amère. Afin de donner une idée de la hardiesse de ses attaques, nous extrayons le court passage intitulé : « Si ke Timers li asnes escumenie Renart. »

EXCOMMUNICATION DE RENART

Et lors l' arceprestres Timer
Prist par si haut à recaner
K' en tentist li mons et li vaus.
Il ot cauciés ses estivaus,
S' iert des armes Dieu reviestis.
Avoec lui ot deus de ses fils;
Cloke, candeille et benoitier
Orent pour escumeniier
Renart et tous ciaus de s' aïe.
Timers en haut l' escumenie
Et ses gens, à cloke sounant,
Et s' eut avoec candeille argant.
Et quant fist le candeille estaindre,
Si dist, pour plus Renart destraindre
Por çou qu' iert en mauvais estat :
Amen, amen, fiat, fiat !
Timers li asnes s' en repaire,
C' autrement ne set assaut faire;
Et Renart en mocant s' escrie :
« Ke ferai je ? On m' escumenie;
Mengier ne porai de blanc pain
Sans talent u se je n' ai faim,
Et mes pos boulir ne pora
Devant çou que fu sentira.
Cuidié m' ont faire mon domage,
Mais il m' ont fait grant avantage;
Car de pourir n' arai pooir,
Ce jou oï dire pour voir,
Ains durra tous entiers mes cors
Tous jours puis que je serai mors.
Jamais jour ne voel estre assos.
Hués as sos, as sos, as sos ! »

TRADUCTION

Alors l'archiprêtre Timer
Se prit à braire si haut
Que les monts et les vallées en retentirent.
Il chaussa ses brodequins
Et revêtit les armes de Dieu [1].
Avec lui il emmena deux de ses fils.
Ils avaient cloche, chandelle et bénitier,
Pour excommunier
Renart et tous ses adhérents.
Timer hautement l'excommunie
Lui et ses gens, les cloches sonnant,
La chandelle allumée.
Et quand il éteignit la chandelle,
Il dit, pour accabler davantage Renart
Qui était déjà en bien mauvais état :
Amen, amen, fiat, fiat !
Timer l'âne s'en retourne ensuite,
Ne sachant faire la guerre autrement.
Et Renart, en se moquant, s'écrie :
« Que ferai-je ? On m'excommunie.
Je ne pourrai manger de pain blanc,
Si ce n'est mon goût ou sans avoir faim ;
Et mon pot ne pourra bouillir
Avant d'avoir senti le feu.
Ils se sont imaginé me porter dommage,
Mais ils m'ont fait grand avantage,
Car mon corps sera exempt de pourir
Ainsi que je l'ai entendu certifier,
Et se conservera tout entier
A jamais, après que je serai mort.
Je veux n'être jamais absous.
Huez les sots, les sots, les sots ! »

---

[1] Les habits sacerdotaux.

La conclusion du poëme nous montre Renart au haut de la roue de Fortune, assis sur un trône, la couronne au front, vêtu mi-parti en hospitalier et en templier. Orgueil est à sa droite, et Ghille (la fourberie, l'astuce) à sa gauche. Ses deux fils sont à ses pieds en costume de cordelier et de jacobin :

>. . . . . Renart monta
>Sour la ruce tous coronés,
>D' Orguel et de Ghille adiestrés,
>Viestus de l' ordre des Templiers
>Mi partis as Hospitaliers.
>A ses piés fist ses fius séoir
>Sour la ruce, k' il dist, por voir
>S' ensi fust k' il déeust morir,
>K' il poroient par droit tenir
>Le leu de lui comme si hoir :
>Ce puet on au jour d' hui veoir.

« Il dit en vérité que, s'il doit mourir, ses fils tiendront sa place comme ses héritiers. C'est ce qu'aujourd'hui, en effet, on peut voir. »

Le roman de *Renart le contrefait* est une immense compilation qui, dans ses deux versions distinctes composées l'une de 1319 à 1322, l'autre de 1328 à 1341, présente un total de cinquante mille vers. Les auteurs sont anonymes, l'un d'eux seulement se désigne comme un clerc de Troyes; un autre déclare avoir exercé le métier d'épicier pendant dix ans :

>Marchant fu et especiers
>Le temps de dix ans entiers.

C'est ici une œuvre toute bourgeoise, et, comme on voit, de la moyenne plutôt que de la haute bourgeoisie. C'est l'esprit, les idées, la science, les sentiments et les besoins de cette classe qu'exprime ce vaste recueil de rimes. Le personnage de Renart n'est qu'un prétexte; le conte existe à peine. Il n'y a plus qu'un répertoire de dissertations philosophiques et morales, de considérations politiques, d'exemples tirés de l'histoire ancienne et de l'histoire présente, de traits singuliers recueillis de toutes parts, de fables, d'anecdotes qui permettent aux auteurs de donner cours à leurs mécontentements, à leurs inimitiés, à leurs plaintes et à leurs menaces. On a cité souvent, d'après eux, l'histoire de la dame de Doche qui, ayant appris qu'une femme serve de son domaine s'était fait ensevelir dans quinze aunes de toile, la fit déterrer et s'empara de la toile qu'elle employa à des couvertures pour ses chevaux. On puiserait dans ce recueil, à travers beaucoup de fatras, une série de nouvelles à la main, comme on dirait aujourd'hui, très-instructives surtout par la manière dont elles sont racontées et par les déclamations qui les accompagnent. Le roman de Renart le contrefait, dont nous ne pouvons évidemment qu'indiquer le caractère général, offre un très-haut intérêt historique, et doit être consulté comme un des documents les plus importants de l'état moral des classes moyennes pendant cette première moitié du xive siècle. Au point de vue littéraire, c'est une œuvre passablement informe, quoique la seconde version, celle du mst. 6985. 3. f. fr. Bibl. imp., dont M. Tarbé a publié à Reims quelques fragments, soit sous ce rapport bien supérieure à la première et contienne des récits d'un tour vif et spirituel. Qu'on lise par exemple l'histoire de Brûlé qui avait rêvé qu'il serait pendu à son noyer et qui en effet y fut pendu ; ou encore celle des deux aveugles de Rome, dont l'un mettait sa confiance en Dieu, et l'autre dans le pape. L'ancienne bonne humeur, caustique et maligne, exempte de morosité et d'emphase, reparait souvent et fait prévoir que la veine de la fine et alerte satire n'est pas tarie dans la patrie future de Pierre Pithou et de Jean Passerat.

Notre histoire littéraire n'en a point fini avec ce type populaire de Renart. A l'extrême limite du siècle, Eustache Deschamps ajoutera une branche de près de trois mille vers à l'immense cycle français.

On ne se borne pas, au xive siècle, à continuer le roman de Renart, on l'imite, on invente *Fauvel*. Le *Roman de Fauvel* est un poëme satirique qui, probablement assez court dans sa rédaction première, fut allongé et remanié par François de Rues et Chaillou de Pestain, vers 1310-1314. Le mot de *fauvel*, comme ceux de *morel*, de *liart*, désigne un cheval d'une certaine couleur ; ce serait donc le cheval à robe fauve qu'on aurait donné pour confrère et successeur à Renart, sans grande considération pour ses qualités naturelles ; à vrai dire on a peine à démêler dans le roman l'espèce de cet animal qui n'est distingué que par son poil roux et qui symbolise les vanités mondaines. Faut-il chercher l'origine de cette invention dans la parole biblique : *Insipientibus ut jumenta?* Les mots *Torcher fauvel*, *Estriller fauvel* n'étaient-ils pas des locutions proverbiales dès longtemps usitées pour signifier la convoitise des honneurs et l'appétit des richesses, et qui étaient nées de la ressemblance des deux mots *fauvel*, fauve, et *favele* qui a le sens de chose vaine, frivole? Toujours est-il que Fauvel trône et se pavane tout le long du poëme, et que tous les ordres de l'Église et de l'État, toutes les classes de la société viennent le flatter, l'étriller tour à tour. Parmi les principaux étrilleurs de Fauvel figurent le pape, les cardinaux, les évêques, les abbés, les chanoines, le clergé séculier et régulier, et surtout les Templiers dont le procès était commencé à ce moment et contre qui le poëte dirige un violent réquisitoire où sont reproduites toutes les accusations répandues dans le public. Fauvel finit au dénoûment par épouser Vaine Gloire, fille bâtarde de Fortune, et les noces sont pompeusement célébrées à Paris. Le roman de Fauvel renferme de curieux détails, des passages intéressants, mais n'a point de valeur comme ensemble. Pour donner une idée de la simplicité du procédé littéraire, j'entends simplicité dans le mauvais sens du mot, l'un des arrangeurs s'est avisé d'intercaler dans le récit, tous les deux ou trois cents vers, une chanson tantôt française, tantôt latine, qui vient sans aucune préparation, interrompt souvent une phrase, et semble n'avoir d'autre but que de réveiller le lecteur. Il y a là une éclipse complète de cet art de bien dire, naturel à notre race, une absence d'industrie et de goût dont on ne trouverait pas d'exemple au siècle précédent.

LES FABLIAUX

Nous avons passé au siècle précédent la revue générale des fabliaux. Il est certain, pourtant, que bon nombre de ces compositions n'ont vu le jour qu'au xiv° siècle; mais il est impossible de déterminer avec précision ceux qui appartiennent à cette dernière époque ou ceux qui remontent au delà. Nous n'avons, pour opérer cette distinction chronologique, aucun moyen matériel de discernement. C'est pourquoi il nous a paru préférable d'embrasser le genre dans son ensemble, sans essayer un triage qui eût été nécessairement arbitraire.

Il est permis, toutefois, d'attribuer plus spécialement au xiv° siècle quelques variétés du fabliau où se révèlent le caractère et les tendances du temps : ainsi, les fabliaux qui ont la forme d'une controverse ou d'un procès, les *advocacies*, les *jugements*. La pièce la plus curieuse, dans cette espèce, est celle intitulée le *Jugement d'amour*, où deux jeunes filles, Florance et Blanceflor, comparent et discutent les mérites respectifs des chevaliers et des clercs; l'auteur conclut en faveur de ces derniers. On aperçoit là cet orgueil de l'intelligence et du savoir qui grandit de jour en jour, et qui déjà proclame hautement sa supériorité sur l'antique valeur guerrière. Ainsi encore, les *Patrenostres*, les *Ave*, les *Credo*, les *Confiteor farcis* ont dû fleurir et se multiplier à la dernière heure du fabliau, à l'approche de la sotie et de la farce dramatique qu'ils présagent. Le procédé de ces compositions tient beaucoup, en effet, du monologue scénique; il consiste à faire réciter une oraison, un *Pater*, un *Ave*, etc., par un usurier, un vilain, un *ribaud*, un débauché, etc., lesquels s'interrompent à chaque mot pour donner cours à des réflexions beaucoup plus en harmonie avec leurs habitudes qu'avec les paroles que leurs lèvres prononcent. Nous allons transcrire les traits les plus saillants de la *Patrenostre à l'userier*. L'usurier est un personnage qui devient important au xiv° siècle, et qui prend, par conséquent, un grand rôle dans la littérature satirique. Écoutons l'aparté de cet odieux émule des Juifs, l'oraison de ce mauvais chrétien :

LA PATRENOSTRE A L'USERIER

Li useriers est main levez,
Trestoz ses huis a deffermez
Pour savoir s' aucuns i venist
Qui deniers emprunter vousist.
Lors se chauce, si s' apareille:
Sa fame et sa bajasse esveille :
« Levez tost sus, jel vous commant ;
Et s' il vient céenz qui demant
Deniers à emprunter sor gage,
Gardez que n' i aie domage ;
Ainz venez erranment por moi
A cel moustier, tout en reqoi.
Je n' i ferai pas grant demeure,
Quar l' en pert bien en petit d'eure. »
Atant s' en ist de sa maison,
S' a commencié s' oroison :

« *Pater noster*, biaus sire Diex,
Quar donez que je soie tiex
Que je puisse par mon savoir
Et le los et le pris avoir
De gaaignier et d' amasser
Tant que je puisse sormonter
Trestoz les riches useriers
Qui onques prestaissent deniers...

« *Sanctificetur*, trop me grieve
Que ma meschiene est si esmievre
De mon argent issi gaster.
Mès ele me puet si haster
Qu' ele n' aura de tout cest mois
Au feu c' un petitet de pois.

TRADUCTION

L'usurier s'est de grand matin levé.
Il a ouvert toutes ses portes
Pour savoir s'il ne viendrait personne
Lui emprunter de l'argent.
Lors il se chausse, il s'habille;
Il éveille sa femme et sa servante :
« Levez-vous vite, je vous l'ordonne,
Et s'il vient ici quelqu'un qui demande
A emprunter sur gage,
Prenez garde que je n'aie dommage,
Mais accourez vite me chercher
A cette église, sans bruit.
Je n'y demeurerai pas longuement,
Car en peu de temps on fait grande perte. »
A ces mots, il s'en va de sa maison,
Et commence son oraison :

« *Pater noster*, beau seigneur Dieu,
Faites que je sois tel
Que je puisse par mon habileté
Avoir l'honneur et le prix
De gagner et amasser
Tant que je puisse surpasser
Tous les plus riches usuriers
Qui jamais aient prêté deniers.

« *Sanctificetur*. Ce qui me fâche,
C'est que ma servante soit si prompte
A gaspiller mon argent.
Mais elle aura beau me presser,
Elle n'aura, de tout ce mois,
Au feu, qu'une poignée de pois.

Je despent trop, si faz folie.
Miex me vendroit mengier boillie
Que je gastaisse mon argent
Comme cele autre fole gent
Qui achatent les venoisons,
Les chars salées, les poissons.

« *Fiat voluntas tua.*
Li chevaliers qui me paia,
Qui me devoit cinquante livres,
N' est encore mie delivres
Qu' il m'en doit près de la moitié
Et si ne l'ai pas oublié.
Que puis je perdre? J' ai sa foi,
Quar je l'en pris de lui par foi
Que il, dedenz un mois passant,
M'aporteroit le remanant.
Mès ilueques ne fui pas sage,
Quar je en ai molt mauvés gage.

« *Sicut in cœlo.* Li Gieu
Font ore durement lor preu,
Quar il prestent communement
Lor deniers à toute la gent,
Si ne truevent qui mal lor die.
Certes j'en ai molt grant envie
Que je ne puis autresi faire.
Molt en alast miex mon afere...

« Diex! *Et ne nos inducas,*
Je pris ersoir molt deniers quas.
Si en a de faus, je cuit.
Mal dehez ait prendre par nuit
Denier ne gage de nul home
S' il ne le set à molt preudome.

« *In temptationem.* Fourment

Je dépense trop, je fais folie.
Il vaudrait mieux manger de la bouillie,
Que de gaspiller mon argent,
Comme ces autres folles gens
Qui achètent les venaisons,
Les chairs salées et les poissons.

« *Fiat voluntas tua.*
Le chevalier qui m'a payé,
Celui qui me devait cinquante livres,
Ne s'est pas encore libéré.
Il m'en doit encore près de la moitié,
Et je ne l'ai pas oublié.
Que puis-je perdre? J'ai sa foi,
Car j'ai exigé de lui sa parole
Que, dans le délai d'un mois,
Il m'apporterait le restant.
Mais en cette occasion je n'ai guère été sage,
Car j'ai là un fort mauvais gage.

« *Sicut in cœlo.* Les Juifs
Font en ce moment de fiers bénéfices,
Car ils prêtent communément
Leurs deniers à tout le monde,
Et personne n'y trouve rien à redire.
Certes, j'ai grand regret
De ne pouvoir faire de même.
Mes affaires en iraient beaucoup mieux.

« Dieu! *Et ne nos inducas*,
J'ai pris hier soir beaucoup de deniers bien légers,
Il y en a de faux, je le crains.
C'est un grand tort d'accepter de nuit
Argent ni gage de nul homme,
Si l'on ne le sait très-honnête.

« *In temptationem.* Le froment

Enchierira mon escient ;
Je déusse emplir mes greniers.
Je sai bien que li tens ert chiers,
Après la feste saint Jehan,
Assez plus que il n'est ouan.

« *Sed libera nos a malo.*
Je n'ai voisin dont je me lo,
Quar je ne gaaingne à els rien ;
Si me héent tuit por le mien.
Por la mort Dieu ! à els que monte,
Se je prest mes deniers à monte !

« *Amen.* Je m'en vueil retorner ;
Nostre prestre veut sermoner
Por trere nostre argent de borse.
Mais ainçois auroit un pet d'orse
Qu'il ait du mien por tel abet,
Tant ne chanteroit en fausset. »

Nous ne prétendons pas avoir donné de ce genre de fabliau, par cette pièce et celle que nous avons précédemment citée, une idée complète ni même suffisante. Le véritable fabliau demeure en dehors de ce recueil par son caractère purement narratif et par son développement habituel, qui aurait excédé la place qu'il nous était permis de lui accorder. Le fabliau conteur est prolixe ; il s'arrête complaisamment à tous les détails du récit ; il cueille, pour ainsi dire, toutes les fleurs du chemin ; il s'attarde sans cesse dans des digressions morales ou autres ; il est gloseur, épilogueur, c'est même là le caractère essentiel

Renchérira, j'en suis certain.
Je devrais remplir mes greniers.
Je sais bien que la vie sera chère,
Après la fête de la Saint-Jean,
Bien plus qu'elle ne l'est cette année.

« *Sed libera nos a malo.*
Je n'ai voisin dont je me loue,
Car je ne gagne rien avec eux ;
Et tous me détestent pour mon argent.
Par la mort Dieu ! que leur importe
Si je prête mes deniers à intérêts?

« *Amen.* Je vais m'en retourner.
Notre prêtre va prêcher
Pour tirer l'argent de notre bourse ;
Mais il n'y a point de risque
Qu'il attrape le mien à ce piége,
Tant vint-il chanter en fausset. »

---

du conte rimé des XIIIe et XIVe siècles, qui, par conséquent, atteint toujours à une assez grande étendue. On comprendra que dans un aperçu rapide et sommaire de toute la poésie de cette longue période, nous n'ayons pu représenter que fort imparfaitement un genre aussi fécond, aussi varié, qui a produit cinquante chefs-d'œuvre. Nous avons dû nous borner à en indiquer le génie et l'art, à en signaler les principales nuances, et à inspirer au lecteur, autant qu'il était en nous, le désir d'en connaître davantage.

LES CHANSONS

Les chansonniers sont moins nombreux au xiv° siècle qu'au xiii°; leurs compositions n'ont pas non plus un tour aussi facile ni aussi heureux. Ils s'étudient et mettent leur gloire à compliquer le rhythme, à combiner les *tailles* et les parties de musique. La pédanterie de l'art, ce symptôme de décadence qui ira s'aggravant jusqu'à la fin du moyen âge, devient déjà visible au xiv° siècle. L'ancien mode de la chanson est à peu près abandonné; il est remplacé par des modes plus savants, plus réguliers, soumis à des lois plus strictes et plus rigoureuses : alors fleurissent le virelai, le rondeau et surtout la ballade.

La ballade était ordinairement formée de trois couplets, stances ou strophes, de même mesure et sur les mêmes rimes, tous trois se terminant par un vers qui servait de refrain. La demi-strophe, qu'on appela l'*envoi*, ne fut ajoutée que plus tard à la ballade.

Le rondeau se composait de huit vers, dont le premier se répétait après chaque distique, et le second à la fin. C'était le rondeau simple qu'on nomma par la suite triolet.

Le virelai tournait sur deux rimes, dont la première devait dominer dans toute la pièce. Les premiers vers revenaient ensemble ou séparément autant de fois qu'ils tombaient à propos, et formaient le virelai.

La première pièce que nous transcrivons est une ballade d'un trouvère nommé Jehannot de Lescurel (Jean de l'Écureuil), dont on ne connaît que le nom ou plus probablement le sobriquet. Un manuscrit du xiv° siècle (n° 6812 du fonds français de la Bibliothèque impériale) contenait une copie de ses œuvres; il n'en reste plus que les premières pages allant jusqu'à la lettre G dans l'ordre alphabétique. M. de Montaiglon a publié ce fragment chez P. Jannet, en 1855.

BALLADE

DE JEHANNOT DE LESCUREL

Belle, com loiaus amans
Vostres sui : car soiez moie.
Je vous servirai touz tans
N' autre amer je ne voudroie
Ne ne puis; se le povoie,
N' i voudroie estre entendans.
Et pour ce, se Dex me voie!
Dame, bon gré vous saroie,
Se vostre bouche riant
Daignoit toucher à la moie.

Li dons est nobles et grans;
Car, se par vou gré i' avoie,
Je seroie connoisanz
Que de vous amez seroie,
Et mieus vous en ameroie.
Pour ce, biaus cuers dous et fran,
Par si qu' aviser m' en doie,
Dame, bon gré vous saroie,
Se vostre bouche riant
Daignoit toucher à la moie.

Vostre vis est si plaisans
Que jà ne me soleroie
D' estre à vo plaisir baisans,
S' amez de vous me sentoie;
A mieus souhaidier faudroie.
Pour ce que soie sentant
Quelle est d' amer la grant joie,
Dame, bon gré vous saroie,
Se vostre bouche riant
Daignoit toucher à la moie.

TRADUCTION

Belle, comme loyal amant
Je suis vôtre, soyez donc mienne.
Je vous servirai toujours
Et je ne voudrai en aimer une autre
Ni ne le pourrai. Si je le pouvais,
Je n'y voudrais entendre.
Aussi, Dieu m'en soit témoin!
Dame, je vous saurais bon gré
Si votre bouche riante
Daignait toucher la mienne.

Le don est noble et grand,
Car, si je l'obtenais de vous,
Je connaîtrais par là
Que de vous je suis aimé,
Et je vous en aimerais davantage.
Ainsi, beau cœur doux et franc,
Puisqu'il faut m'éclairer là-dessus,
Dame, je vous saurais bon gré
Si votre bouche riante
Daignait toucher la mienne.

Votre visage est si ravissant
Que jamais je ne me rassasierais
De le baiser à votre plaisir,
Si je me sentais aimé de vous;
C'est le meilleur souhait que je puisse former.
Afin donc que j'apprenne
Quelle est d'aimer la grande joie,
Dame, je vous saurais bon gré
Si votre bouche riante
Daignait toucher la mienne.

GUILLAUME DE MACHAULT

Le poëte le plus considérable du xiv° siècle dans ce genre de poésie amoureuse, c'est Guillaume de Machault. Il naquit, vers 1290-1295, au village de Machault, dans la Brie française. De 1316 à 1346, il fut secrétaire de Jean de Luxembourg, roi de Bohême, dont il partagea les voyages, les aventures et la fortune. Après la mort de ce prince à Crécy, il eut le même titre auprès de la reine Bonne de Luxembourg, puis auprès du fils de cette reine, Jean de Normandie, qui devint roi de France. Lorsque le roi Jean eut été fait prisonnier à Poitiers, Guillaume de Machault se retira à Reims, où il avait une prébende de soixante livres par an ; il vécut jusqu'en 1377, et son existence mesura par conséquent presque toute l'étendue du siècle. Il jouit d'une grande réputation comme poëte et comme musicien. Les magnifiques manuscrits qui nous ont conservé ses œuvres contiennent plus de deux cents ballades, cent rondeaux, cinquante lais ou virelais, complaintes et chants royaux ; une chronique rimée de la prise d'Alexandrie ; dix livres : le livre *du Vou dit ;* le livre *du Vergier ;* le livre de *l'Écu bleu ;* le livre *du Jugement du roi de Behaigne ;* le livre *du Jugement du roi de Navarre,* le livre *du Lyon ;* le livre *des Quatre oiseaux ;* le livre *de Morpheus ;* le livre *du Confort d'ami ;* le livre de *la Harpe.* Parmi ces derniers ouvrages, le plus intéressant est, sans comparaison, le *Vou dit* (histoire véridique ou véritable). Voici dans quelle occasion ce poëme fut composé. La renommée de Guillaume de Machault, qui s'était répandue principalement dans l'Aquitaine et la Gascogne dont Jean de Luxembourg avait été plusieurs fois gouverneur, frappa l'imagination d'une jeune princesse, Agnès de Navarre (fille de Philippe III de Navarre et de Jeanne de France ; sœur de Charles le Mauvais), et lui inspira le projet de partager sa célébrité, à l'exemple peut-être de la fameuse Laure de Noves qu'en ce temps-là même glorifiait et immortalisait Pétrarque. Elle envoya un messager déclarer au poëte musicien l'amour dont elle s'etait éprise pour lui, sans l'avoir jamais vu, par enthousiasme pour son génie; entre la princesse, qui avait alors de seize à dix-sept ans (1346-47), et Guillaume de Machault qui en avait plus de cinquante, qui avait perdu un œil à la suite du roi de Bohême, et que tourmentait fréquemment la goutte, s'engagea une correspondance dans laquelle la rhétorique tient au moins autant de place que la tendresse. La princesse voulut que Guillaume lui adressât tous ses vers et toute sa musique, et qu'il corrigeât ses propres essais. Avide d'indiscrétion, elle exigea qu'il retraçât tous les incidents, tous les détails de leurs amours dans un poëme intitulé le *Voir Dit*. Guillaume de Machault prit l'aventure fort au sérieux et nous a laissé le tableau d'une passion parfois touchante, parce que de son côté du moins elle paraît avoir été sincère, mais souvent aussi puérile et ridicule.

Les deux amants désirèrent naturellement se voir. Guillaume de Machault se rendit *incognito* à la cour de Navarre; il a décrit minutieusement, toujours d'après les ordres de sa dame, cette première entrevue. Voici un tableau gracieux que nous détachons de son récit.

RENDEZ-VOUS DANS LE VERGER

..... Dessous un cerisier
Et sur l'erbe vert nous séismes ;
Là maintes paroles déismes
Que je ne vueil pas raconter,
Car trop lonc seroit à conter.
Mais seur mon giron s' enclina
La belle, qui douceur fine a ;
Et quant elle y fu enclinée,
Ma joie fu renovelée.
Si ne sai pas s' elle y dormi,
Mais un po sommilla seur mi.
Mes secretaires qui fu là,
Se mist en estant, et ala
Cueillir une verde fueilleste,
Et la mist dessus sa bouchette,
Et me dist : baisiez ceste fueille.
Adont Amour, vueille ou ne vueille,
Me fist en riant abaissier
Pour ceste fueillette baisier ;
Mais je n' i osoie touchier
Comment que je l'eusse moult chier.
Lors Desirs me le commandoit,
Qu'à nulle riens plus ne tendoit,
Et disoit que je me bastasse
Et que la fueillette baisasse.
Mais cils tira la fueille à li.
Dont j' eus le viaire pali,
Car un petit fu paoureus,
Par force du mal amoureus,
Non pourtant à sa douce bouche
Fis lors une amoureuse touche.

TRADUCTION

. . . . . Dessous un cerisier
Et sur l'herbe verte nous nous assîmes;
Là nous dîmes maintes paroles
Que je ne veux pas répéter,
Car ce serait trop long à raconter.
Puis, sur mon giron s'inclina
La belle, en qui est toute douceur,
Et, quand elle y fut inclinée,
Ma joie fut renouvelée.
Je ne sais pas si elle y dormit,
Mais elle parut sommeiller un peu sur mon sein.
Mon secrétaire qui était là,
Se mit debout, et alla
Cueillir une petite feuille verte,
Et la plaça sur la bouche mignonne de ma dame,
Et me dit : baisez cette feuille.
Alors Amour, que je veuille ou ne veuille pas,
Me fait baisser la tête en riant,
Pour baiser cette petite feuille.
Mais je n'osais y toucher,
Quoique ce fût mon souhait le plus cher.
Cependant Désir me le commandait,
Lui qui n'aspirait à rien autre chose,
Et me disait de me hâter
Et de baiser la petite feuille.
Mais le secrétaire la retira;
Mon visage pâlit,
Car j'étais un peu craintif,
Par la force du mal amoureux;
Pourtant, à sa douce bouche
Je touchai amoureusement.

Quant je y touchay un petiot,
Certes onques plus fait n' i ot.
Mais un petit me repenti
Pour ce que, quant elle senti
Mon outrage et mon hardement,
Elle me dist moult doucement :
« Amis, moult estes outrageus ;
Ne savez vous nuls autres jeus. »
Mais la belle prist à sourrire
De sa tres belle bouche au dire,
Et ce me fist ymaginer
Et certainement esperer
Que ce pas ne li desplaisoit,
Pour ce qu' elle ainsi se taisoit.

Nous n'analyserons pas l'histoire des amours de maitre Guillaume et de la princesse Agnès. Toutes les avances venaient de la dame, et la timidité était du côté du poëte, à qui Agnès fut obligée de dire plus d'une fois :

> Oncques coars n' ot belle amie.

De même, le poëte est condamné à être indiscret malgré lui :

> Ma dame veult qu' ainsi le face,
> Sous peine de perdre sa grace ;

Il aimerait mieux, quant à lui, plus de mystère, et le personnage des allégories, Bien Céler, lui conviendrait davantage, mais en vain ; il faut qu'il se résigne à prendre l'univers pour confident :

> Ma dame voet que chascun le sache...

J'y touchai bien légèrement,
Certes, je n'en fis pas davantage.
Mais j'en eus un moment de repentir
Parce que, ayant senti
Mon outrage et mon audace,
Madame me dit bien doucement :
« Ami, vous êtes outrageux ;
Ne savez-vous donc pas d'autres jeux? »
La belle se prit à sourire
De sa jolie bouche en disant ces mots,
Ce qui me fit supposer
Et à bon droit espérer
Que je ne lui avais pas déplu,
Puisqu'elle n'en disait pas davantage.

Il paraît, toutefois, que la légèreté de la princesse Agnès dépassa les bornes ; Guillaume s'en montra offensé : « Uns riche home, qui est tres-bien mes sires et mes amis, m'a dit et pour certain que vous monstrés à chascun tout ce que je vous envoie, dont il semble à plusieurs que ce soit une moquerie... car il semble que ce soit pour vous couvrir, douce dame, et faire semblant d'un autre amer. » La jeune dame protesta contre ces injurieux soupçons et une réconciliation eut lieu, qui est la conclusion et le dénoûment du *Voir dit*. Mais on sait, d'autre part, qu'Agnès, satisfaite probablement de l'étendue du poëme qui lui était consacré, et venant, d'ailleurs, d'épouser le fameux comte de Foix, Gaston Phébus, mit un terme à ces amours littéraires. Guillaume de Machault s'en plaignit en ballades, lais, rondeaux et autres rimes. Transcrivons encore quelques vers de ce poëte :

RONDEAU

Blanche com lys, plus que rose vermeille,
Resplendissant com rubis d'Oriant,
En remirant vo biauté non pareille,
Blanche com lys, plus que rose vermeille,
Suy si ravis que mes cuers toudis veille
Afin que serve à loy de fin amant,
Blanche com lys, plus que rose vermeille,
Resplendissant com rubis d'Oriant.

BALLADES

Dame, vous aim de fin loyal corage,
Vous ay amé et ameray toudis.
Se vous avez pris autre en mariage,
Doy je pour ce de vous estre ensus mis
    Et de tous poins en oubli?
Certes nennil; car puis que j' ay en mi
Cuer si loyal qu' il ne saroit meffaire,
Vous ne devez vo cuer de moy retraire.

Ains me devez tenir en vo servage
Comme vo serf qu' avez pris et acquis,
Qui ne vous quiert villenie n' outrage;
Et vous devez amer, j' en suis tous fis,
    Vo mari com vo mari
Et votre ami com vostre dous ami.
Et quant tout ce poez par honneur faire,
Vous ne devez vo cuer de mi retraire.

TRADUCTION

Blanche comme lis, plus que rose vermeille,
Resplendissante comme rubis d'Orient,
En contemplant votre beauté nonpareille,
Blanche comme lis, plus que rose vermeille,
Je suis si ravi, que toujours mon cœur veille
Afin de vous servir comme le plus tendre amant,
Blanche comme lis, plus que rose vermeille,
Resplendissante comme rubis d'Orient.

———

Dame, je vous aime d'un cœur loyal,
Je vous ai aimée et je vous aimerai toujours.
Vous en avez pris un autre en mariage.
Dois-je pour cela être rejeté de vous
    Et condamné à un entier oubli?
Non certes; puisque j'ai en moi
Cœur si loyal qu'il ne saurait méfaire,
Vous ne devez retirer de moi votre cœur.

Vous devez me retenir en votre servage
Comme votre serf que vous avez pris et acquis,
Qui ne vous réclame ni vilenie ni outrage;
Et vous devez aimer, je le dis avec assurance,
    Votre mari comme votre mari,
Et votre ami comme votre doux ami.
Et quand vous pouvez faire tout cela sans blesser l'honneur,
Vous ne devez retirer de moi votre cœur.

Et s' il avient que cuer aiez volage,
Onques amans ne fu si fort trahis
Com je saray. Mais vous estes si sage,
Et s' est vos cuers si genticument norris
    Qu' il ne deingneroit einsi
Moy decevoir pour amer. Et se di :
Puisque seur tout aim votre dous viaire,
Vous ne devez vo cuer de moy retraire.

Riches d' amour et mendians d' amie,
Povres d' espoir et garnis de desir,
Pleins de dolour et diseteus d'aye,
Long de merci, familleus de merir,
Nus de tout ce qui me puet resjoïr,
Sui pour amer et de mort en paour,
Quant ma dame me het et je l' aour.

N' il n' est confors de ma grief maladie,
Qui me peust de nulle part venir,
Car une amour s' est en mon cuer norrie
Dont je ne puis joïr ne repentir,
Ne vivre lie, ne morir, ne garir,
Ne bien avoir, for languir à dolour,
Quant ma dame me het et je l' aour.

Mais le voloir de si douce anemie
Vueil humblement et liement souffrir,
Car grant honnour m' est par li ottroïe
Contre son gré, quant je l' aim et desir.
Et s' amour vuet que je doie fenir
Pour li amer, ce sera mon millour
Quant ma dame me het et je l' aour.

Et s'il advient que votre cœur soit volage,
Jamais amant n'a été si misérablement trahi
Que je le serai. Mais vous êtes si sage,
Et votre cœur est si noblement appris,
　　Qu'il ne voudrait pas ainsi
Me tromper parce que j'aime. Aussi, je le répète :
Puisque par-dessus tout je chéris votre doux visage,
Vous ne devez retirer de moi votre cœur.

———

Riche d'amour et mendiant d'amie,
Pauvre d'espoir, mais non de désir,
Plein de douleur et indigent de secours,
Loin de merci, avide de bien mériter,
Nu de tout ce qui me peut réjouir,
Tel je suis par ce que j'aime, et redoutant la mort,
Quand ma dame me hait et que je l'adore.

Il n'est aucun soulagement à ma grave maladie,
Qui de nulle part me puisse venir ;
Car une amour s'est nourrie en mon cœur,
Dont je ne saurais ni jouir ni me repentir,
Ni vivre heureux, ni mourir, ni guérir,
Ni bien avoir; je ne puis que languir dans la douleur,
Quand ma dame me hait et que je l'adore.

Mais le vouloir de si douce ennemie,
Je le supporterai humblement et joyeusement ;
Car un grand honneur m'est accordé par elle
Contre son gré, par cela seul que je l'aime et la désire.
Et si amour veut que je doive succomber
Parce que je l'aime, ce sera le mieux qui puisse m'arriver,
Quand ma dame me hait et que je l'adore.

Ces vers nous semblent témoigner que Guillaume de Machault n'était pas tout à fait indigne de la célébrité qu'il obtint de son temps. Trop de dédain a suivi un excès de gloire. Il est certain aussi que Guillaume de Machault dut plus particulièrement son succès aux innovations qu'il introduisit dans le rhythme et dans la musique. C'est à ce titre qu'il est cité et loué par ses successeurs immédiats, qui l'appellent : « Maistre Guillaume de Machault, le grand rhétorique de nouvelle tourme, qui commencha toutes tailles nouvelles et les parfais lais d'amour. »

Il a eu pour disciple et héritier direct Eustache Deschamps, qui a bien plus d'originalité et de verve que son maître, et qui est, comme on le verra bientôt, un grand poëte.

JEAN FROISSART

Un nom s'impose encore à nous par son illustration, c'est celui de Jean Froissart, le chroniqueur admirable qui a tracé le tableau le plus coloré et le plus vivant du xive siècle, et donné un mouvement si dégagé et si gracieux à la prose narrative. Jean Froissart n'est pas seulement un prosateur exquis, inimitable, c'est aussi un poëte. Il est vrai qu'il s'en faut de beaucoup que le poëte soit égal au prosateur ; on rencontre quelquefois, pourtant, dans ses vers un peu de cette vivacité et de cette franchise d'allure, de ce tour heureux, de ce charme naïf qui distingue les beaux récits de sa chronique, et qui nous font lire avec délices le chapitre de la mort de Robert Bruce ou le chapitre intitulé : « Comment le roi Édouard dit à la comtesse de Salisbury qu'il convenoit qu'il fût aimé d'elle, dont elle fut fort ébahie. »

Nous avons de Jean Froissart un très-volumineux recueil de poésies, qui contient les pièces suivantes : *le Orloge amoureus ; le Dittié de la fleur de la margherite ; le Débat du cheval et du levrier: le Trettié de l'espinette amoureuse; le Joli buisson de jonesce ; le Dit dou florin; la Plaidoierie de la rose et de la violette : le Paradis d'amour; le Temple d'amour; un trettié amoureus à la loenge dou joli mois de mai ; le Dit dou bleu chevalier ; la Prison amoureuse;* des laïs (au nombre de 12); des pastourelles (au nombre de 27), des chants royaux (au nombre de 6); des ballades (au nombre de 37) ; des virelais (au nombre de 13) ; et grande foison de rondeaux (au nombre de 103). La plus ancienne copie de ce recueil est datée de 1393.

Citons quelques vers de Froissart.

RONDEAU

Mon coer s' esbat en oudourant la rose
Et s' esjoïst en regardant ma dame:
Trop mieulz me vault l' une que l' autre chose,
Mon coer s' esbat en oudourant la rose.
L' oudour m' est bon, mès dou regart je n' ose
Juer trop fort, je le vous jur par m' ame;
Mon coer s' esbat en oudourant la rose
Et s' esjoïst en regardant ma dame.

VIRELAIS

Prendés le blanc, prendés le noir,
Prendés selonc vostre estavoir,
Prendés toutes coulours aussi,
    Mès je vous di
Que dou dimence au samedi
Vous faudrés bien à vo voloir.

Pour moi le di certainement,
Car j'ai pensé en mon jouvent
    Si hautement,
Que ma folie me reprent
Et en voeil faire amendement
    Très grandement.
Peu de chose est de fol espoir,
Et s'est assés, au dire voir,
Car le cowart il fait hardi,
    Et le joli,
Selon les mours qui sont en li,
Il li fait ordenance avoir.
Prendés le blanc, etc.

TRADUCTION

Mon cœur s'ébat en respirant la rose
Et se réjouit en regardant ma dame.
Mieux vaut pour moi l'une que l'autre chose;
Mon cœur s'ébat en respirant la rose.
L'odeur m'est bonne, mais du regard je n'ose
Jouer trop fort, je vous le jure sur mon âme;
Mon cœur s'ébat en respirant la rose
Et se réjouit en regardant ma dame.

Prenez le blanc, prenez le noir,
Prenez suivant votre convenance ;
Prenez toute autre couleur,
Mais je vous dis
Que du dimanche au samedi
Votre désir sera bien déçu.

Pour moi, du moins, je le dis avec assurance,
Car j'ai pensé dans ma jeunesse
A de si hauts destins,
Que je me reproche ma folie
Et je veux m'en excuser
Très-grandement.
C'est peu de chose que fol espoir,
Et pourtant c'est assez, à vrai dire,
Car il rend le couard hardi,
Et à l'étourdi,
Selon les mœurs qui sont en lui,
Il fait avoir de la sagesse.
Prenez le blanc, etc.

Or vodrai vivre liement
En joie et en esbatement,
   Veci comment :
Je passerai legierement
Le temps à venir et present
   Pareillement.
Tout metterai en noncaloir,
Tels pleure au main qui rit au soir.
Amours ont maint homme enrichi
   Et resjoy
Dou bien d'autrui, par leur merci,
Encontre eux n'a nuls pooir.
Prendés le blanc, prendés le noir...

———

   On dist que j'ai bien maniere
     D'iestre orghillousette,
   Bien affiert à estre fiere
     Jone pucelette.

   Hui matin me levai,
     Droit à l'ajournée,
   En un gardinet entrai
     Dessus le rousée ;
   Je cuidai estre premiere
     Ou clos sus l'erbette,
   Mès mon douls amis y iere
     Coellans le flourette
   On dist....

   Un chapelet li donnai
     Fet de le vesprée.
   Il le prist, bon gré l'en sai ;
     Puis m'a appelée :

Maintenant je voudrais vivre heureusement,
En joie et en gaieté,
Voici comment :
Je passerai insoucieusement
Le temps présent et à venir
Également.
Je mettrai tout en nonchaloir.
Tel pleure au matin qui rit au soir.
Les amours ont maint homme enrichi
Et réjoui
Du bien d'autrui, grâces leur soient rendues.
Contre eux nul n'a de pouvoir.
Prenez le blanc, prenez le noir...

On dit que j'ai bonne grâce
A faire un peu l'orgueilleuse ;
Il sied bien d'être fière
A une jeune fillette.

Ce matin, je me levai
Au point du jour,
J'entrai dans un jardin
Parmi la rosée.
Je croyais être la première
Au clos, sur l'herbette,
Mais mon doux ami y était déjà
Cueillant des fleurettes.
On dit que, etc.

Je lui donnai une couronne
Tressée dans la soirée.
Il l'accepta, je lui en sus gré ;
Puis il m'a appelée :

« Voelliés oyr ma priiere,
   Tres belle et douchette;
Un petit plus qu'il n'afiere
   Vous m'estes durette.
— On dist que j'ai bien maniere
   D'iestre orghillousette;
Bien affiert à estre fiere
   Jone pucelette. »

BALLADES

Sus toutes flours tient on la rose à belle
Et, en après, je croi, la violette.
La flour de lys est belle, et la perselle;
La flour de glay est plaisans et parfette;
Et li pluisour aiment moult l'anquelie;
Le pyonier, le muget, la soussie,
Cascune flour a par li sa merite.
Mès je vous di, tant que pour ma partie :
Sus toutes flours j'aimme la Margherite.

Car en tous temps, plueve, gresille ou gelle,
Soit la saisons ou fresce, ou laide, ou nette,
Ceste flour est gracieuse et nouvelle,
Douce et plaisans, blancete et vermillette;
Close est à point, ouverte et espanie;
Jà n'i sera morte ne apalie.
Toute bonté est dedens li escripte,
Et pour un tant, quant bien g'i estudie :
Sus toutes flours j'aimme la Margherite.

« Veuillez ouïr ma prière,
Très-belle et très-douce ;
Un peu plus qu'il ne faudrait,
Vous êtes dure pour moi.
— On dit que j'ai bonne grâce
A faire un peu l'orgueilleuse ;
Il sied bien d'être fière
A une jeune fillette. »

Sur toutes fleurs on trouve la rose belle,
Et, au second rang, je crois, la violette :
La fleur de lis est belle aussi, et le bluet ;
La fleur de glaïeul est charmante et parfaite ;
Et plusieurs aiment beaucoup l'ancolie.
La pivoine, le muguet, le souci,
Chaque fleur a en soi son mérite.
Mais je vous dis que, pour ma part,
Sur toutes fleurs j'aime la Marguerite.

Car en tous temps, qu'il pleuve, grésille ou gèle ;
Que la saison soit ou fraîche, ou laide, ou claire,
Cette fleur-là est gracieuse et nouvelle,
Douce et aimable, blanche et vermeille,
Close à point, à point ouverte et épanouie ;
Jamais elle ne se fane ni ne pâlit.
Toute bonté est en elle écrite,
Et c'est pourquoi, quand bien j'y réfléchis,
Sur toutes fleurs j'aime la Marguerite.

Mès trop grant duel me croist et renouvelle
Quant me souvient de la douce flourette ;
Car enclose est dedens une tourelle,
S' a une haie au devant de li fette,
Qui nuit et jour m'empeche et contrarie ;
Mès s' Amours voelt estre de mon aye
Jà pour creniel, pour tour ne pour garite
Je ne lairai qu'à occoison ne die :
Sus toutes flours j'aimme la Margherite.

———

D'ardant desir pris et attains,
Tains sui, et ceste ardour m'aline.
Fine dame, je sui certains,
Certains que la vie en moi fine.
Y ne puet estre aultrement
Car je sui espris ardamment.

Dame, en vos douls regars humains,
Mains jointes, et la face incline,
Cline mes yeus tous soirs, tous mains ;
Au mains regardés en le signe ;
Si ne m'eslongiés nullement,
Car je sui espris ardamment.

Si par vous n'est cilz fus estains.
Tains ardans plus vermaus que mine
Minera mon coer. Je m'en plains,
Plains d'ardour qui si m'examine ;
En mi ne voi aliegement
Car je sui espris ardamment.

Mais trop grand deuil me croit et renouvelle,
Quand je me souviens de la douce fleurette;
Car elle est emprisonnée dans une tourelle,
Et devant elle il y a une haie
Qui, nuit et jour, m'empêche et contrarie.
Si toutefois Amour veut venir à mon aide,
Ni pour créneau, pour tour ni pour guérite,
Je ne laisserai de dire à l'occasion :
Sur toutes fleurs j'aime la Marguerite.

D'ardent désir pris et atteint,
Je suis pâle, et cette ardeur me dessèche.
Belle dame, je suis certain,
Certain que la vie en moi s'épuise.
Il ne peut en être autrement,
Car je suis épris ardemment.

Dame, sur vos doux regards humains,
Mains jointes, et la face inclinée,
Je lève les yeux tous les soirs, tous les matins.
Au moins regardez ces signes de détresse
Et ne m'éloignez pas de vous,
Car je suis épris ardemment.

Si par vous n'est ce feu éteint,
Votre visage brillant, plus vermeil que le vermillon,
Minera mon cœur. Je m'en plains,
Rempli de l'ardeur qui ainsi m'exténue.
En moi je ne vois nul allégement,
Car je suis épris ardemment.

Cette dernière ballade en rimes *entrelacées* était certainement, du temps de Froissart, une nouveauté. Aussi l'auteur ne peut-il dissimuler sa propre satisfaction et fait-il dire à dame Jeunesse :

> ' Ceste balade est royalment
> Fette et de sentement joli.

On trouverait dans les poésies de Froissart un certain nombre de ces tours de force rhythmiques qu'on n'attendrait pas du grand historien.

La ballade devient alors la forme préférée, usuelle, de tout hommage poétique, le mètre favori dans lequel toute pensée et tout sentiment aimaient à s'enchâsser, la petite pièce à la mode à laquelle s'exerçaient tous les esprits délicats et élégants, la monnaie courante de la poésie, et en même temps le triomphe des meilleurs poètes. Elle est exactement, du XIVe au XVIe siècle, ce que le sonnet devient ensuite. On trouve des recueils considérables de ces sortes de compositions: il en est plusieurs connus sous le titre de *Livre des cent ballades*. L'un d'eux appartient au XIVe siècle ; il réunit les noms des plus grands seigneurs du temps. Le premier rôle dans cette sorte de tournoi littéraire appartient à Jean de Werchin, sénéchal de Hainaut; viennent ensuite Philippe d'Artois, Jean Boucicaut, Jean de Creseques, Regnault de Trie, le duc d'Orléans, le duc de Berri, Tignonville, de La Trémouille, Bucy, le bâtard de Couci, etc. Il nous suffira d'avoir indiqué cet intéressant spécimen de l'esprit aristocratique au commencement du règne de Charles VI. Ce n'est point ici qu'il pourrait être convenablement étudié. Il nous reste à faire connaître des documents qui ont, à nos yeux, une tout autre valeur.

LES CHANSONS DE GESTE

et

LES POËMES HISTORIQUES

L'ancienne épopée française, cette division d'honneur, cette classe magistrale de la poésie du moyen âge, présente, comme nous l'avons vu, trois périodes distinctes : la première, dont il serait difficile de déterminer le point de départ et qui expire avant la fin du xɪɪe siècle, forme l'âge primitif et véritablement héroïque de cette poésie ; elle existe pure et sans mélange dans la chanson de Roland, et, plus ou moins mélangée, dans un grand nombre des œuvres que nous a transmises la période suivante. La seconde période comprend les dernières années du xɪɪe siècle et la première moitié du xɪɪɪe ; elle forme l'âge cyclique de cette poésie, celle où l'art intervient pour arranger, accorder, relier entre elles les compositions antiques, remplir les lacunes, constituer des familles, compléter des séries, et nous léguer enfin l'ensemble des divers cycles que nous possédons. La troisième période comprend la seconde moitié du xɪɪɪe siècle ; il ne reste plus guère, à cette époque, de l'ancienne chanson de geste que la forme ; les productions d'Adenez le roi, de Girardin d'Amiens, se rapprochent du genre de fictions chevaleresques et amoureuses mis en honneur par es contes bretons, et ne diffèrent plus des romans d'aventures que par le rhythme et la mélopée. On peut dire, par conséquent, que ce vaste travail de l'épopée française est fini au xɪve siècle.

Cette nouvelle époque produit encore cependant quelques œuvres attardées, quelques développements extrêmes, des tentatives d'imitation, de parodie, de rénovation du poëme primitif, qui sont comme les derniers échos, les uns ironiques, les autres sérieux, de la vieille chanson de geste, et nous offrent une sorte de regain de cette poésie.

Nous laissons de côté les branches insignifiantes qui ont pu s'ajouter alors à quelques cycles, telles que le *Restor du Paon*, ajouté au cycle d'Alexandre, par Brisebarre, de Douai; nous nous occupons seulement des œuvres ayant un caractère d'originalité et une valeur réelle, et nous avons à mentionner des productions bien distinctes, quoique semblables par la forme : le roman de *Beaudoin de Sebourc*, d'une part; le poëme du *Combat des trente Bretons* et la *Chanson de Duguesclin*, d'autre part.

Le roman de Beaudoin de Sebourc, deuxième roi de Jérusalem, est une œuvre de la première moitié du xive siècle, et qui porte tout à fait l'empreinte du temps. C'est l'antique épopée mise au service de la satire. Il y avait longtemps déjà que l'instinct d'ironie, particulier au tempérament français, s'était glissé dans la hautaine et solennelle famille de la chanson de geste; il avait enfanté, à l'heure la plus florissante de la tradition carlovingienne, une très-spirituelle fantaisie qu'on connaît sous le titre de *Voyage de Charlemagne à Jérusalem et à Constantinople*. Bien des branches, qui prennent leur place dans les grands cycles, sont suspectes d'intentions comiques et ironiques. La parodie avait été aussi loin que possible dans l'étrange, ignoble et antique facétie d'*Audigier*. Le roman de Beaudoin de Sebourc sans être une parodie, continue cette veine amusante qui introduit l'humeur joviale et sardonique du fabliau dans le cadre créé d'abord par une inspiration austère; il la continue à la manière du xive siècle, c'est-à-dire avec plus d'aigreur et de hardiesse, avec des passions et des haines nouvelles qu'il se charge d'exprimer et de propager. On trouve dans ce roman une conception aussi neuve que saisissante, c'est le type de *Gaufrois*, qui représente la foi en l'argent, en la toute-puissance de l'argent, qui dépouille son ancien maître, épouse sa souveraine, qui, de grandeur en grandeur, de succès en succès, s'achemine droit au trône de France, et n'est arrêté que par le bras vigoureux de Beaudoin qui le jette au gibet. On y a vu une allusion à ces ministres de la royauté qui se chargeaient de l'odieuse responsabilité des mesures fiscales exigées par le nouveau rôle du pouvoir, à cet Enguerrand de Marigny, favori de Philippe le Bel, qui fut pendu à Montfaucon. Que l'allusion soit plus ou moins personnelle, l'idée générale, du moins, ressort vivement et est développée avec une remarquable énergie. Les principes de Gaufrois sont des plus tranchés : il ne croit ni à Dieu, ni à l'autre monde :

> Je tieng à paradis che siecle deduisant,
> Quant uns homs i puet faire son bon et son commant
> Et avoir belle dame et boire de vins tant...
> Cil qui ont povreté sont en infer manant,
> Car je tieng pour infer le regne d'un mescant.

« J'estime que le paradis, c'est ce monde plein d'agrément, quand on y peut faire tout ce qu'on veut et posséder tout ce qu'on désire : avoir belle dame, boire d'excellents vins... Ceux qui ont pauvreté habitent en enfer, car l'enfer n'est autre chose que l'existence d'un misérable. »

Beaudoin de Sebourc que le trouvère met en opposition avec Gaufrois est un preux chevalier qui traverse toutes les aventures merveilleuses qu'on est habitué à trouver dans les romans de chevalerie. Mais c'est un preux de joviale humeur, fertile en vives saillies et en plaisanteries salées, ayant l'air de sourire souvent des prodiges qui se multiplient autour de lui et auxquels il est le premier sans doute à ne pas croire, très-irrévérencieux pour les prêtres et pour les moines, et d'une galanterie extrêmement précoce, sensuelle, changeante et banale. A dix-sept ans, il n'a pas moins de trente bâtards vivants. C'est un type populaire beaucoup plutôt qu'un type aristocratique ; c'est le héros vert-galant qui, de vieille date, est cher au peuple français.

Un des épisodes du poëme indique plus formellement encore cette destination populaire, c'est l'épisode du *Povre pourveu* ou du savetier devenu roi. Ce savetier recueille Beaudoin malade et veut lui apprendre son métier :

> . . . . Or n' alés desprisant
> Nostre gentil mestier : chavetier sont vaillant
> Et che boivent le vin comme plus souffisant...

« Ne dédaignez pas notre gentil métier ; savetiers sont vaillants et ils boivent le vin aussi bien que les plus fiers... » Beaudoin refuse, néanmoins, cette proposition ; et plus tard il récompense son hôte en le faisant roi de Baudas (Bagdad) ; le savetier devient un joyeux monarque, traitant fort gaillardement les affaires de l'État, gaussant dans son palais comme au temps où il habitait son échoppe, et, quand il lui prend envie de donner une reine à son peuple, enlevant bravement

la belle Ludiane, épouse du roi Morgant, un païen du voisinage. Ses
sujets, enfin, en sont enchantés :

> . . . . Veschi noble baron!
> Jamais de chelle main ne puist keudre tacon!
> . . . . Veschi roi souffisant,
> Onques ne fist tant d'armes Oliviers et Rolant.

« Voici un noble seigneur! disent-ils, que jamais cette main ne
puisse manier l'alene! Voici un fier roi, jamais n'ont fait tant d'exploits Olivier ni Roland! »

Rien de plus varié, du reste, que ce récit amusant entre tous les
récits de ce genre; les épisodes plaisants, dramatiques, gracieux, fantastiques, réels, se succèdent; des caractères vigoureusement tracés,
des physionomies dessinées avec bonheur, toutes singulièrement vivantes, témoignent d'une grande verve d'imagination. Les idées, les
réfléxions sur toutes choses abondent dans le cours du récit; en voici
une qui à cette époque n'avait rien de banal :

> Se chil par cui les gerres esmoevent bien souvent
> En estoient ochis et mis à finement,
> Che seroit à boin droit selonc mon jugement.
> Nennil. Ains le comperent trestout premierement
> Chil qui coupes n'i ont; s'en moerent à tourment
> Et quant ce vint en fin, pais ou respisse prent,
> Li mort sont obliet, on n'en donne noient.
> Mais je croy que Jhesus li roys omnipotent
> En demandera conte au jour du finement
> A chellui qui à tort la guerre à autrui prent.

« Si ceux par qui les guerres s'émeuvent étaient mis à mort, ce
serait justice, selon moi. Mais non; ceux qui sont les premières victimes sont ceux à qui il n'y a rien à reprocher; ils périssent cruellement, et quand à la fin on fait paix ou trêve, les morts sont oubliés,
on ne s'en soucie plus. Mais je crois que Jésus le roi tout-puissant en
demandera compte au jour du jugement à celui qui sans raison déclare
la guerre à autrui. »

Originaire des provinces wallonnes, le roman de Beaudoin de
Sebourc n'est malheureusement pas d'une langue très-pure; les formes
trop prononcées du dialecte lui donnent pour nous une apparence de
barbarie. Il a été imprimé à Valenciennes en 1835, 2 vol. in-8°.

Nous venons d'examiner la dernière *branche* que la première moitié du xiv° siècle ajoute au cycle des croisades; nous allons voir comment dans la seconde moitié de ce siècle est représentée la tradition de la chanson de geste. Sous le premier Valois, Philippe VI, avait commencé la guerre contre les Anglais, cette terrible guerre dans laquelle la France faillit succomber et qui porte dans l'histoire le nom de guerre de Cent ans. Cet état de lutte prolongée ranima quelques étincelles de l'ancien esprit féodal; et le mètre pesant et sonore des chants carlovingiens s'offrit par réminiscence à quelques trouvères, lorsqu'ils voulurent célébrer les hauts faits des modernes combattants. Remarquons que pour avoir de ces réminiscences, il fallait que le trouvère fût un véritable descendant des jongleurs du xii° et du xiii° siècle, et continuât à chanter devant la foule, à s'adresser à un auditoire peu soucieux des recherches de l'école à la mode et fort étranger à la mythologie et à l'allégorie.

Le premier des poëmes dont nous voulons parler a été inspiré par un épisode de la guerre de Bretagne, et a pour sujet le fameux combat de trente Bretons contre trente Anglais qui eut lieu près de Ploërmel en 1350. C'est une œuvre assez grossière de versification et de langage, mais où vibre parfois l'accent héroïque des vieilles chansons de geste. Nous en citons quelques *laisses.*

LA BATAILLE

DE TRENTI ANGLOIS ET DE TRENTE BRETONS

Grande fu la bataille et longement dura,
Et le chapple orrible et dechà et delà.
Ce fu à un semmedy que le soleil roia,
L' an mil ccc cinquante, croie m' ent qui vouldra;
Le dimence d' après sainte Eglise chanta
Letare Jherusalem en yce saint temps là.
Forment se combatoient, l' un l' autre n' espargna.
La chaleur fu moult grande, chacun sy tressua,
De sueur et de sanc la terre rosoya.
A ce bon semmedy Beaumanoir sy jeuna.
Grant soif oust le baron, à boire demanda.
Messire Guiffroy de Boves tantost respondu a :
« Bois ton sanc, Beaumanoir, la soif te passera;
Ce jour aron honneur, chacun sy gaignera
Vaillante renoumée, jà blasmée ne sera. »
Beaumanoir le vaillant adonc s' esvertua,
Tel deul oust et tel yre que la soif lui passa.
Et d' un costé et d' aultre le chapple commensa;
Mors furent ou blechiez, gaieres n' en eschappa.

Grande fu la bataille, jamès tele n' orrés.
Forment se contenoient les Englois aliez.
Homme n' entre sur eulx ne soit morz ou blechiez.
Toux sont en un moncel com si fussent liés.
De Mont Auben Guillerme, le preux et l' alosés,
De l' estour est yssu et les a regardez;
Grant courage lui print, le coeur lui est enflez;
Et jure Jhesu Crist qui en crois fu penés,
S' il fust sur un cheval bien monté à son grés,
Tretoux les departist à honte et à vieultez.
Bons esperons trenchans lors caucha en ses piez,

TRADUCTION.

Grande fut la bataille qui longtemps dura,
Et la mêlée horrible deçà et delà.
Ce fut un samedi, par un soleil rayonnant,
L'an ccc cinquante; me croie qui voudra;
Le dimanche suivant sainte Église chanta
Lætare Jérusalem, on était donc au saint temps de carême.
Ils combattaient avec acharnement, sans s'épargner l'un l'autre.
La chaleur était fort grande; chacun était baigné de sueur :
De sueur et de sang la terre reçut une rosée.
A ce bon samedi Beaumanoir avait jeûné.
Le baron eut grand' soif, il demanda à boire.
Messire Guiffroi de Boves lui répondit aussitôt :
« Bois ton sang, Beaumanoir, la soif te passera;
Ce jour nous fera honneur; chacun y gagnera
Vaillante renommée, que jamais l'envie n'atteindra. »
Le vaillant Beaumanoir alors s'évertua,
Il eut tel deuil et telle fureur que la soif lui passa.
Et d'un côté et d'autre la mêlée redoubla;
Tous furent morts ou blessés; guère il n'en échappa.
[parler.
Grande fut la bataille, de rien de tel vous n'entendrez jamais
Les Anglais se tenaient étroitement serrés.
Nul ne pénètre dans leurs rangs qui ne soit mort ou blessé.
Tous sont en un faisceau comme s'ils étaient liés.
Guillaume de Montauban, le preux et le loué,
Du fort de la mêlée est sorti et les a regardés.
Grand courage lui prit, le cœur lui est enflé;
Il jure par Jésus-Christ qui sur la croix fut supplicié,
Que s'il montait un cheval qui fût bien à son gré,
Ils les séparerait tous, à leur honte et déshonneur.
Il chaussa alors de bons éperons tranchants,

Monta sur un cheval qui fu de grant fiertez,
Et lors print une lance dont le fer fu carrez.
Semblant fist de fuir ly escuier membrez.
Beaumanoir le regarde, puis l' a aroisonnez
Et dist : « Amy Guillerme, qu' est ce que vous pensés?
Come faulx et mauvais comant vous en allés?
A vous et à vos hoirz vous sera repreuchiez. »
Quant Guillerme l' entent, un ris en a gestez,
A haulte vois parla que bien fu escoutez :
« Besoingniez, Beaumanoir, franc chevalier membrez,
Car bien besoingneray, se sunt toux mes pensés. »
Lors broche le cheval par flans et par costés
Que le sanc tout vermeil en chay sur les prés.
Par les Englois se boute, sept en a trebuchiez.
Au retour en a trois soubz lui agraventés;
A ce coup les Englois furent espapilliés,
Toux perdirent les coeurs, c'est fine verités.
Qui veult y a choisy, prins et scrementez.
Mont Auban hault parla quant les a regardés :
« Montjoie! s' escria, barons or y ferés,
Essoiés vous tretoux, frans chevaliers menbrez,
Tintaniat le bon, le preux et l' alosés,
Et Gui de Rochefort, Charuel, Lamornez,
Tretoux nous compaignons, que Dieu croisse bontez!
Vengiez vous des Englois tous à vous volentez.

Grande fu la bataille, certes n' en doubtez mie.
Englois sunt desconfis qui vouldrent par envie
Avoir sur lez Bretons poeste et seigneurie;
Mais tretout leur orgueil tourna en grant folie.
Si pry à cellui Dieu qui nasqui de Marie
Pour tous ceulx qui furent en celle compaignie,
Soient Bretons ou Englois, partout Dieu en deprie
Au jour du jugement que dampnez ne soient mie.
Saint Michiel, Gabriel, ce jour leur soit en aie,
Or en dites amen tretoux que Dieu l' octroie.

Monta un autre cheval ardent et robuste,
Et prit une lance au fer carré.
Alors le brave écuyer fit semblant de fuir.
Beaumanoir le regarde, puis l'interpelle
Et lui dit : « Ami Guillaume, à quoi pensez-vous?
Comme lâche et traître voulez-vous donc vous en aller?
Pour vous et vos enfants ce serait un éternel reproche. »
Quand Guillaume l'entend, il a jeté un rire ;
A haute voix il parla et fut bien écouté :
« A l'œuvre, Beaumanoir, glorieux chevalier,
Et je ferai bonne besogne ; je n'ai pas d'autre pensée. »
Il laboure du cheval les flancs et les côtes,
Tellement que le sang vermeil jaillit sur le pré ;
Au milieu des Anglais il se lance ; il en a renversé sept,
Et au retour il en a abattu trois sous lui.
Cette fois les Anglais furent éparpillés.
Ils perdirent courage, c'est pure vérité.
Qui veut les prend et les fait prisonniers sur parole.
Montauban s'écria en les regardant :
« Montjoie! barons, frappez sur eux!
Éprouvez-vous tous, vaillants chevaliers,
Tintaniac le brave, le preux et renommé,
Et Guy de Rochefort, Charuel, Lamornez,
Tous nos compagnons, dont Dieu croisse le courage!
Vengez-vous des Anglais, tout à votre gré. »

Grande fut la bataille, certes n'en doutez pas.
Les Anglais sont battus, eux qui prétendaient par envie
Avoir sur les Bretons puissance et seigneurie.
Mais tout leur orgueil tourna en grande folie.
Je prie ce Dieu qui naquit de Marie
Pour tous ceux qui furent en cette compagnie,
Bretons ou Anglais ; je prie Dieu
Qu'au jour du jugement ils ne soient pas condamnés.
Saint Michel, Gabriel, en ce jour, leur soient en aide:
Dites tous *amen*, que Dieu l'octroie!

On reconnaît dans ce passage une reproduction exacte de la langue, du style, des allures de la chanson de geste; et ce retour à un mode suranné n'était peut-être pas seulement l'effet du caprice individuel; on peut y apercevoir avec vraisemblance un résultat des événements qui ramenaient dans certaines parties du royaume et en particulier sur les marches de Bretagne battues pendant vingt-quatre ans par une guerre terrible, un état comparable à l'état féodal primitif. Nous avons un second document, beaucoup plus important, de ce tardif réveil de la chanson de geste, c'est la chronique rimée de Bertrand Duguesclin. Cette chronique fut composée par un trouvère du nom de Cuvelier, Cunelier ou Cimelier; de ce trouvère on ne sait rien, sinon qu'il était mort en 1389; on ne trouve dans les contemporains qu'un seul témoignage qui le concerne, celui de Philippe de Maizières qui cite « le pouvre homme Cimelier » dans un endroit du songe du *Vieil pèlerin*. Ce pauvre homme s'est donc avisé d'écrire la vie du vaillant connétable, mort tout récemment, dans le rhythme autrefois consacré à célébrer les exploits d'Alexandre le Grand. Une telle conception, à défaut même du témoignage de Philippe de Maizières, aurait suffi à révéler un poëte plébéien, tout à fait en dehors de la littérature qui obtenait les honneurs officiels. C'est, en effet, dans les premières années du règne de Charles VI, au moment où se forme l'école savante qui fleurira au siècle suivant, c'est alors que Cimelier entreprend de rimer ses vingt-trois mille vers divisés en tirades monorimes, et destinés à être récités publiquement:

> Or me veilliez oïr, chevalier et meschin,
> Bourjoises et bourjois, prestre, clers, jacobin,
> Et je vous chanterai commencement et fin
> De la vie vaillant Bertran Duguesclin...
> Seigneur, or faites paix et à moi entendez...

L'œuvre de Cimelier, quelque singulière que puisse paraître son entreprise, ne ressemble nullement à un pastiche; c'est réellement une dernière chanson de geste, naïve et originale, éclose à l'extrême fin du XIVe siècle. On ne pouvait plus s'attendre alors, bien entendu, à une épopée; l'inspiration n'était plus assez haute. L'épopée, en tant qu'elle mérite ce nom, n'appartient qu'à certaines époques, et le XIVe siècle était tout différent de ces époques-là: le XIVe siècle, au lieu d'être enflammé par une pensée générale, par une passion commune, est un temps de divisions infinies, un temps de doute, d'incertitude, de perplexité universelle. Tout y est prosaïque, comme aux âges où la foi manque, et où les élans généreux de l'âme sont continuellement contrariés et déçus. Aussi, la vie de Bertrand Duguesclin n'offre pas de peintures grandioses ni enthousiastes ; le familier remplace l'idéal. On y découvre toutefois un sentiment nouveau, dont le souffle vient par moment relever ces lourdes rimes qui tendent sans cesse à s'affaisser dans leurs larges sillons, c'est le sentiment patriotique qui se forme alors, qu'on trouve ici et qu'on ne trouve pas dans Froissart, qui commence par en bas, dans les classes moyennes ou populaires, et qui va grandissant durant cette lutte interminable jusqu'à ce qu'il se personnifie enfin en Jeanne d'Arc. Le trouvère ne s'est pas mépris non plus sur son héros ; il n'a point cherché à le transformer en un paladin antique ; Bertrand Duguesclin ne ressemble en rien à un pair de Charlemagne et moins encore à un compagnon d'Artus ; c'est un brave capitaine de routiers joignant à sa bravoure beaucoup de finesse, de verve caustique, de bonhomie railleuse, un homme de guerre fécond en ressources, fier vis-à-vis des grands, bon et simple avec les soldats, protecteur des pauvres gens, tout différent, enfin, du chevalier féodal. Nous allons transcrire une scène où l'on verra ce caractère se développer, la scène fameuse de la rançon. Bertrand Duguesclin était à Bordeaux, prisonnier du prince de Galles, après les revers de la guerre d'Espagne. Un jour que le prince s'entretenait avec ses barons dans une chambre *de retrait*, le sire d'Albret vint à parler du bruit qui courait relativement à Duguesclin que le prince avait peur, disait-on, de mettre en liberté. Le prince, plein de dépit, jura qu'il permettrait à Bertrand de se délivrer moyennant rançon, et il l'envoya chercher par un chambellan. Bertrand arrive dans la chambre où l'attend le prince au milieu de ses courtisans.

LA RANÇON DE BERTRAND DUGUESCLIN

Atant ez vous Bertran que Jhesu benéie.
Une cotte de gris avoit ou dos vestie;
Bien samble qu'il soit homme venant de Honguerie.
Quand li princes le voit, ne puet muer ne rie.
Il a dit à sa gent : « Par la vierge Marie!
Il n' est mie tailliez qui éust belle amie ;
Elle seroit de lui laidement embracie. »
Quant li princes choisi Bertran qui venoit là,
De ci loin qui le vit, à rire commença.
Bertran à l' aprochier un petit l' enclina :
« Or avant! dit li princes, Bertran, comment vous va?
— Sire, ce dit Bertran, par Dieu qui tout créa!
Sachiez qu'il me sera mieulx quant il vous plaira.
Je sui tous enfustez; j' ai oy long temps a
Les soris et les ras, dont bien ennoié m' a;
Mais le chant des oiseaux je n' oÿ jà piéça;
Je les irai oïr quant il vous souffira.
— Bertran, ce dit li princes, beaux sire, se sera
Tantost si vous volez : fors qu' à vous ne tenra.
Mais vostre sairement jurer vous convendra
Que jamais votre corps nul jour ne s' armera
A l' encontre de moi ne de ceulz par desà
Ne pour aidier Henri en Espaigne de là,
Ne encontre celui qui mon corps engenra,
C' est le roy d' Engleterre où tant de proesce a.
Toutes fois que vos corps ainsi jurer voldra,
Je vous deliverrai ainsi qu' il vous plaira.
Ce qu' avez despendu tout payé vous sara,
Et dix mile florins ausi on vous dourra
Pour vous aremonter quant on se partira.
Il le vous fault jurer, et, quant ainsi sera,

TRADUCTION

Alors survient Bertrand que bénisse Jésus.
Il avait sur le dos une cotte de drap gris;
Il ressemblait à un homme venant de Hongrie.
Quand le prince l'aperçoit, il ne peut s'empêcher de rire.
Il dit à ses gens : « Par la vierge Marie!
Il n'est pas taillé pour avoir belle amie;
Elle serait embrassée par un laid amoureux. »
Quand le prince aperçut Bertrand qui venait là,
D'aussi loin qu'il le vit, il commença à rire.
Bertrand en s'approchant de lui, s'inclina légèrement.
« Bonjour, dit le prince, Bertrand, comment vous va?
— Sire, répondit Bertrand, par Dieu qui tout créa!
Sachez que j'irai mieux dès qu'il vous plaira.
Je suis tout chagriné; j'entends depuis longtemps
Les souris et les rats, ce qui m'ennuie beaucoup.   [plus,
Mais le chant des oiseaux, il y a longtemps que je ne l'entends
Je l'irai ouïr, quand il vous agréera.
— Bertrand, reprit le prince, beau sire, ce sera
Tout à l'heure, si vous le voulez; il ne tiendra qu'à vous.
Mais il faudra prêter serment
Que jamais vous ne prendrez les armes
Contre moi ni ceux du pays d'Aquitaine,
Ni pour aider Henri en Espagne,
Ni contre celui qui m'a engendré,
C'est-à-dire le preux roi d'Angleterre.
Aussitôt que vous serez décidé à faire ce serment,
Je vous mettrai en liberté à votre plaisir;
Tout ce que vous avez dépensé vous sera payé,
Et on vous donnera en outre dix mille florins
Pour vous remonter avant votre départ.
Voilà ce qu'il vous faut jurer; après cela,

Vous serez delivrez ne autrement n' ira.
— Sire, ce dit Bertran, jà il ne m'avendra
Pour gesir en prison tant que mes corps durra.
Jà à tous mes amis reprouvé ne sera.
  Sire, ce dit Bertran, vous parlez pour noient.
S'autre chose n'i a, ce me dittes : va t'en ;
Car, par celui Seigneur à qui li mons apent!
Je servirai tous ceulz bien et songneusement
Que j'ai tous jours servis de cuer entierement :
C'est le bon roy de France que j'am certainement,
Et à qui j' ai esté de mon commencement,
Et le bon duc d'Anjou, de Berry ensement,
Et le duc de Bourbon cui je l' ay en couvent.
Mais laissiez moi aler, s' il vous vient à talent,
Car vous m'avez tenu prisonnier longuement
A tort et sans raison. Je vous dirai comment :
Je m'estoie de France departis proprement
Hue de Cavrelay à qui je eulx serement,
Voire par bon avis, moi et toute ma gent,
Que sur les Sarrazins acquerre sauvement
Aviens en nos propos empris parfaitement.
— Et que n'i aliez vous? » dit li princes briefment.
« Et je le vous dirai, dit Bertran haultement.
Nous trouvasmes dans Pietre, que le corps Dieu cravent!
Qui la roynne avoit fait morir faussement ;
C'estoit votre cousine, fille vostre parent
Le bon duc de Bourbon, qui tant ot d'essiant,
Qui du sanc S. Loys par nature descent :
C'est vo meilleur costé de sanc et de jouvent.
Je m'arrestai pour lui, pour prendre vengement,
Et pour tant que je sai et si croi fermement :
Cilz Henris doit tenir le droit coronnement
Et si doit estre rois d'Espaigne entierement.
Or estes vous venus à votre efforcement
En Espaigne de là moult orguilleusement :
Vous y estes venus pour or et pour argent,

Vous serez libre; il n'y a nul autre moyen.
— Sire, répond Bertrand, cela ne m'arrivera jamais,
Quand je devrais languir en prison tant que mon corps durera.
Jamais à mes amis ne sera fait un tel reproche.
   Sire, dit Bertrand, vous parlez en vain :
S'il n'y a autre chose, dites-moi tout de suite : va-t-en;
Car, par le souverain Seigneur qui gouverne le monde!
Je servirai encore bien et avec zèle
Tous ceux que j'ai toujours servis de toute mon âme :
C'est le bon roi de France que j'aime sincèrement.
Et à qui j'ai appartenu dès mon commencement,
C'est aussi le bon duc d'Anjou, le duc de Berri
Et le duc de Bourbon, envers qui je suis engagé.
Mais laissez-moi partir, si vous le voulez bien,
Car vous m'avez retenu longuement prisonnier
A tort et sans raison. Je vous dirai comment :
J'étais sorti de France, en effet,
Avec Hugues de Caverlay, à qui j'avais juré,
Certes par bon conseil, moi et tous mes gens,
Que nous irions combattre les Sarrasins pour faire notre salut;
Nous avions, cela est très-vrai, formé cette entreprise.
— Et que n'y alliez-vous? » dit le prince brièvement.
« Je vais vous le dire, répond Bertrand à voix haute.
Nous trouvâmes sur notre route don Pèdre, que Dieu confonde!
Qui traîtreusement avait fait mourir la reine;
C'était votre cousine, fille de votre parent
Le bon duc de Bourbon, qui avait tant de vertus.
Et qui descendait de la race de saint Louis.
C'est votre meilleure part de sang et de jeunesse.
Je m'arrêtai à cause de lui, pour en tirer vengeance.
Et pour cela aussi que je sais et crois fermement
Qu'Henri a droit à la couronne
Et doit être roi de l'Espagne entière.
Là-dessus, vous êtes venu avec toutes vos forces
En Espagne, très-orgueilleusement;
Vous y êtes venu pour or et pour argent

Et pour avoir Espaigne après son finement.
Vous y avez esté affamez laidement,
Et grevé vostre sanc trestout premierement,
Et recéu anoy et grand encombrement.
Si vous a il trompé par son enchantement
Et ne vous a tenu loialté ne couvent,
Dont je l' en sai bon gré, par le mien serement! »
  Quant Bertran ot compté au prince sa raison,
Pour lui aregarder dreça haut le menton;
Là ne se post tenir de dire sa raison :
« Bertran, vous alez droit, si ait m'ame pardon! »
— Par Dieu! vous dites voir, » ce dient li baron.
Grant joie ont éu entour et environ.
Li un à l'autre dit : « Voilà un bon Breton.
— Or Bertran, dit li princes sans nulle arrestison,
Vous ne m' eschapperez sans paier raençon,
Et encores m'annoie quant vous avez le don.
Mais on dit que tenu vous ai en ma prison
Pour la doubte de vous et de vostre façon.
Mais pour tant que chascun isse de souspeçon,
Je vous deliverrai, voire par raençon.
— Sire, ce dit Bertran, par le corps S. Simon!
De la vostre finance! J'ai d'argent grant besong.
Je suis un chevalier povre et de petit non,
Et ne suis pas ausi de telle estracion
Là où je puisse avoir finance à grand foison.
Dittes vostre voloir et vostre entencion,
Et quant j'aray oy la demande et le don,
Se je ne puis finer, je r'iray en prison.
  « Sire, ce dit Bertran, veilliez vous aviser,
Et me faites raison, si m'en laissiez aler.
— Où irez vous, beaux sire? ne me veilliez celer.
— Sire, ce dit Bertran, se Dieux me puist sauver,
G'iray où je porrai ma parte recouvrer.
Je ne vous en di plus, or me laissiez ester.
Mais faites moi raison, bien le doi demander.

Et pour prendre le pays après sa ruine.
Vous y avez été cruellement affamé ;
Ceux de votre parenté ont été les premiers frappés ;
Vous avez éprouvé un grand chagrin et un grand désastre ;
Enfin don Pèdre vous a abusé par ses fausses promesses ;
Il ne vous a tenu aucun de ses engagements,
Et je lui en sais bon gré, sur mon honneur! »
   Quand Bertrand eut expliqué au prince ses raisons,
Celui-ci, pour le regarder, releva le menton ;
Il ne put s'empêcher de lui dire à son tour :
« Bertrand, vous marchez droit, que mon âme ait pardon!
— Par Dieu! vous dites vrai! » font les barons ;
Tous ceux qui sont là autour ont grande joie ;
Ils se disent les uns aux autres : « Voilà un bon Breton!
— Bertrand, reprit aussitôt le prince,
Vous ne m'échapperez sans payer rançon ;
Encore est-ce contre mon gré que je vous l'accorde.
Mais on prétend que je vous retiens en prison
Parce que j'ai peur de vous et de votre habileté ;
Et, afin que chacun sorte de soupçon,
Je vous mettrai en liberté, toutefois moyennant rançon.
— Sire, dit Bertrand, par le corps de saint Simon!
Ce sera donc de votre finance. D'argent j'ai grand besoin.
Je suis un chevalier pauvre et de petit nom ;
Et je ne suis pas non plus d'une si grande famille
Que je puisse me procurer de grosses sommes.
Dites donc quelles sont vos intentions,
Et quand j'aurai entendu ce que vous réclamez,
Si je n'en puis venir à bout, je retournerai en prison.
   « Sire, continue Bertrand, veuillez prendre un parti
Et me faire raison, et laissez-moi aller.
— Où irez-vous, beau sire? ne me le cachez pas.
— Seigneur, répond Bertrand, Dieu me sauve!
J'irai où je pourrai regagner ce que j'ai perdu.
Je ne vous en dis plus, que cela vous suffise.
Mais faites-moi raison, j'ai droit de le demander.

Povres chevaliers sui, je ne m'en quiers vanter.
Ma terre est engaigie pour chevaux acheter;
Je n'ai denier ne maille ne monnoie à compter,
Et si doi à Bordeaux, c'on m'a fait delivrer,
X. mile livres voir, qui voldroit bien compter.
— Or, Bertran, dit li princes, veillez vous aviser
Combien vous me voldrez de raençon donner;
Car sur votre voloir, jà n'en orrez parler;
Jà plus n'en paierez que vous voldrez nommer.
— Par foi! ce dit Bertran, moult faites à loer.
Et quant vous le volez dessus moi raporter,
Je ne vous en doi pas aussi plus ravaler :
Soissante mile doubles d'or vous ferai compter
Et sera ma rençon que je veil aquiter. »
Quant li princes l'oy, coulour prist à muer;
Trestous les chevaliers a pris à resgarder
Et lor a dit en haut : « Me fait il bien gaber
Que soissante mil doubles d'or fin me fait donner!
Bertran, ce dit li princes, vous n'en porriez finer,
Ne je n'en veil pas tant; veilliez vous aviser :
A plus de la moitié vous poez ravaler.
— Sire, ce dit Bertran, or le laissiez ester;
Car puisque je l'ai dit, il le faut achever :
Soissante mile doubles vous ferai amener
Se parmi ceste fin vous me volez quiter.
— Oïl, ce dit li princes; mais je ne puis penser
Que vous péussiez tant en un mont assambler.
— Sire, ce dit Bertran, se je le sai trover,
Irai je tout par tout sans ma foy parjurer?
— Oïl, ce dit li princes, je le veil creanter. »
Et quant Bertran l'oy, adont dit haut et cler :
« Sire princes, dit-il, Henris se puet vanter
Que d'Espaigne porra tous jours rois demourer;
Roy d'Espaigne morra, coi qu' il doie couster;
Et de ma raençon qu' il me convient trover,
Paiera il la moitié; mains ne li puet couster.

Je suis pauvre chevalier, je n'entends pas m'en vanter.
Ma terre est engagée pour achat de chevaux;
Je n'ai denier ni maille, ni argent comptant;
Et, en outre, je dois à Bordeaux, pour tout ce qu'on m'a livré,
Dix mille livres au moins, à bien compter.
— Eh! bien, Bertrand, reprit le prince, à vous de décider :
Combien me donnerez-vous de rançon?   [ler de rien.
Quand vous aurez dit votre volonté, vous n'entendrez plus par-
Vous ne paierez que ce que vous aurez fixé vous-même.
— Par ma foi! dit Bertrand, c'est bien agir.
Et puisque vous voulez bien vous en rapporter à moi,
Je ne dois pas non plus trop rabattre du prix :
Soixante mille doublons d'or vous seront donc comptés,
Ce sera la rançon que je veux acquitter. »
Le prince, à ces paroles, changea de couleur;
Il regarda ses chevaliers
Et leur dit tout haut : « Se moque-t-il bien de moi,
De prétendre me donner soixante mille doublons d'or?
Bertrand, poursuit le prince, vous n'en viendriez pas à bout.
Je n'en demande pas tant; ravisez-vous,
Vous pouvez en rabattre plus de la moitié.
— Sire, répond Bertrand, laissez cela;
Puisque je l'ai dit, il faut que cela s'accomplisse.
Je vous ferai apporter soixante mille doublons d'or,
Si pour cette somme vous voulez me tenir quitte.
— Oui, dit le prince; mais je ne puis croire
Que vous puissiez rassembler une somme pareille.
— Sire, dit Bertrand, si je sais la trouver,
Irai-je en tous lieux, sans parjurer ma foi?
— Oui, dit le prince, je vous le garantis. »
Et quand Bertrand l'entendit, il s'écria :
« Sire prince, Henri peut se vanter
Que toujours il demeurera roi d'Espagne;
Roi d'Espagne il mourra, quoi qu'il doive en coûter.
Aussi, de la rançon qu'il faut que je trouve
Il paiera la moitié; il ne peut lui en coûter moins.

Et l'autre remanant, foi que doi Saint Omer!
Me prestera li rois qui France doit garder.
Et de tant vous di bien, je m'en ose vanter,
Que, se je ne povoie à ces deus ci aler,
N'a filarresse en France qui sache fil filer,
Qui ne gaignast ainçois ma finance à filer
Qu'elles ne me vosissent hors de vos las geter. »
Quand li princes l'oy, si dit lors sans cesser :
« Quel homme est cettuici que je voi ci ester?
Ne s'esbahit de riens en fait ne en parler,
Nés s'il éust tout l'or qui est oultre la mer.
A finance c'est mis c'on doit bien redoubter:
Soissante mile doubles, ce fait bien à prisier;
Je le vosisse bien pour dix mile quitter. »

Grande fu la finance en coi Bertran c'est mis;
N'i a si haut baron qui ne fut esbahis.
« Or sui je delivrez, » dit Bertran li hardis.
Dit Jehan de Chando : « Et où sera ce pris?
— Sire, ce dit Bertran, je ai de bons amis;
Je le trouveray bien, j'en sui certains et fis.
— Par foi! ce dit Chando, j'en serai resjoïs.
Si vous avez mestier de moi, tant vous en dis
X. mil vous presterai, de tant sui bien garnis.
— Sire, ce dit Bertran, je vous di cent mercis;
Mais je voldrai, ainçois que vous aie requis,
Esprouver celle gent qui sont de mon païs. »

Par Bordeaux la cité en fu li sons oys.
Li uns à l'autre dit : « c'est bien li Anemis!
Il a un chevalier qu'en Espaigne fu pris
Qu'à soissante mil doubles c'est de raencon mis. »
Adonc vous véissiez les grans et les petis,
Toute gent de mestier et bourjeois seignoris,
Qui viennent vers l'ostel du prince de hault pris,
Tuit pour véoir Bertran qui tant fu bien apris.
Li chevalier du prince ont les bourjeois choisis
Qui pour véoir Bertran viennent en ce pourpris:

Et l'autre moitié, par saint Omer !
Me sera prêtée par le roi qui a la garde du royaume de France.
Et je vous dis bien, je m'en ose vanter,
Que si je ne pouvais avoir recours à ces deux-ci,
Il n'y a fileuse en France, sachant filer,
Qui ne gagnât ma rançon avec son rouet,
Plutôt que de ne pas me voir hors de vos lacs. »
Lorsqu'il l'eut entendu, le prince dit aussitôt :
« Quel homme ai-je là devant moi ?
Il ne s'étonne de rien en fait ni en paroles,
Non plus que s'il possédait tout l'or qui est au delà des mers.
Il s'est condamné à payer une rançon bien redoutable :
Soixante mille doublons, c'est un haut prix ;
Je l'aurai bien tenu quitte pour dix mille. »
 Grande est la rançon à laquelle Bertrand s'est mis.
Il n'y a si puissant baron qui n'en soit ébahi.
« Maintenant je suis libre, » dit Bertrand le hardi.
Jean de Chandos lui dit : « Où prendrez-vous cela ?
— Sire, répond Bertrand, j'ai de bons amis,
Je le trouverai bien, j'en suis certain et assuré.
— Par ma foi ! dit Chandos, je m'en réjouirai.
Si vous avez besoin de moi, je vous offre [somme.
De vous prêter dix mille livres, je puis bien disposer de cette
— Sire, dit Bertrand, je vous dis cent mercis ;
Mais je voudrais, avant de recourir à vous,
Éprouver les gens qui sont de mon pays. »
 Dans la ville de Bordeaux la nouvelle s'est répandue.
Les uns disaient aux autres : « Il faut que ce soit le diable !
Il y a un chevalier, pris en Espagne,
Qui s'est mis à soixante mille doublons de rançon. »
Alors vous eussiez vu les grands et les petits,
Les gens de métier et les riches bourgeois,
Accourir vers le palais du prince renommé
Pour voir Bertrand, dont l'âme était si fière ;
Les chevaliers de la cour ont aperçu les bourgeois
Qui, pour voir Bertrand, viennent dans l'enceinte.

Amené ont Bertran qui estoit de grant ris.
Quant il fu des bourjois et du commun choisis,
Li uns à l'autre dit : « C'est uns drois Antecris ;
Maudite soit li heure quant il eschappe vis !
Il a fait maint de maulz, encore fera il pis. »
 Les bourjois de Bordeaux vist on fort esmaier,
Quand ils virent Bertran là dessus apoier ;
Li uns à l'autre dit : « Voilà let chevalier. »
Et li autres disoit : « C'est un let Berruier.
— Il n'est pas Berruier, ce respondi li tiers,
Ains est Breton gentil et a le cuer legier ;
Le corps a grant et fort et le viaire fier :
Il a moult bien la chiere de maisement paier.
— Sa mon ! ce dit li autres, foy que doi S. Richier !
Cuidiez vous que cestui doie denier paier
De la grant raençon où se veult obligier?
Nennil certainement, ains s'en ira pillier ;
Il n'en paiera jà du sien un seul denier :
La gent du plat païs en fera obligier. »
Et cil qui congnoissoient Bertran le bon guerrier,
Disoient : « Taisiez-vous et n'en veilliez plaidier ;
Il n'a en tout le monde nul meilleur chevalier
Ne qui si bien ce sache en une guerre aidier.
Il n'est chastel si fort assis dessus rochier,
Que si tost c'on li voit venir et approchier,
Qui contre lui se tiengne ne esté ne yver.
Il n'a pas dedens France, le païs droiturier,
Si povre homme ne fame, si l'en faisoit prier,
Que chascun ne volsist de son avoir taillier ;
Et n'i a vingneron pour vingnes vendengier,
Qui tost ne lui donnast de sa vingne un quartier,
Ainçois qui le laissât longuement prisonnier. »

Ils ont amené Bertrand qui aimait à rire ;
Lorsque les bourgeois et le peuple le virent,
Ils se dirent entre eux : « C'est vraiment un Antechrist !
Maudite soit l'heure où il échappe vif !
Il a fait bien des maux, il fera pis encore. »
   On vit les bourgeois de Bordeaux fort émerveillés,
Quand ils aperçurent Bertrand appuyé à un balcon.
Ils se disaient l'un à l'autre : « Voilà un laid chevalier. »
Un autre reprenait : « C'est un laid Berrichon.
— Il n'est pas Berrichon, répliquait un troisième ;
Il est Breton gentil et a le cœur léger,
Le corps grand et fort et le visage fier.
Il a bien la mine de mal payer.
— C'est mon avis, dit l'autre, par saint Richer !
Croyez-vous que celui-là paiera un denier :
De la grande rançon à laquelle il s'est engagé ?
Non, certainement. Il s'en ira piller ;
Il n'en donnera du sien un seul denier :
Mais les gens du plat pays lui serviront de cautions. »
Et ceux qui connaissaient Bertrand, le bon guerrier,
Disaient : « Taisez-vous, laissez ces débats ;
Il n'est pas au monde de meilleur chevalier
Ni qui sache si bien le métier de la guerre.
Aucun château fort bâti sur un rocher,
Dès qu'il le voit venir et approcher,
N'ose tenir contre lui, en aucune saison.
Il n'y a en France, le noble pays,
Homme ou femme si pauvre, qui, s'il l'en priait,
Ne consentît à s'imposer une taille ;
Il n'y a vigneron vendangeant ses vignes
Qui ne donnât un quartier de son champ,
Plutôt que de le laisser longtemps prisonnier. »

Tels sont les derniers accents de la chanson de geste, qui ont encore de la fierté, quoiqu'ils nous révèlent un singulier compromis de l'esprit chevaleresque et de l'esprit bourgeois. Le poëme de Bertrand Duguesclin est le dernier monument de notre poésie héroïque; il fait pendant, à la distance de trois siècles, au poëme de Roncevaux. La scène qu'on vient de lire et le récit de la mort de Roland représentent le moyen âge féodal à ses deux extrémités.

———

Le XIVe siècle nous a laissé beaucoup d'autres ouvrages que nous nous bornerons à énumérer. Dans chacune des périodes que nous parcourons, après avoir essayé de faire connaître le développement et le mouvement général de la poésie, nous voulons encore ne passer sous silence rien d'essentiel, et prendre note au moins de tout ce qui pourrait compléter le tableau. Il convient de citer, d'abord, des chroniques en vers octosyllabiques; nous avons mentionné déjà celle de la prise d'Alexandrie, par Guillaume de Machault. La chronique attribuée à Godefroid de Paris et publiée par M. Buchon; celle de Guillaume de Saint-André sur la guerre de Bretagne méritent d'être également signalées.

Un genre extraordinairement fertile au XIVe siècle, c'est celui des longues moralités allégoriques. On en jugera par les titres suivants: *les Pèlerinages de l'Ame, de J.-C., de la Vie humaine*, par Guillaume Deguilleville, moine de Chaalis (vers l'année 1330); *les Mélancolies Jehan Dupin* ou *le livre de Mandevie* (1340); *le Miroers de la vie et de la mort*, par Robert de Lorme (1366); *le livre de Pauvreté et de Richesse*, par Jacques Bruant, parisien; *le roman du Respit de mort*, composé en 1376 par Jean Lefebvre, de Thérouane, auteur d'une célèbre satire contre les femmes, intitulée *le Livre de Matheolus*. On peut ranger enfin dans cette liste, où nous n'admettons que les poëmes de vaste dimension, les *Métamorphoses d'Ovide moralisées*, en 71,000 vers, par Philippe de Vitry, évêque de Meaux, que Pétrarque appelait le seul poëte de la France. Si l'on prend la peine de jeter les yeux sur les quelques extraits de l'ouvrage de Philippe de Vitry, publiés par M. Tarbé dans la Collection des poëtes champenois, on partagera difficilement, croyons-nous, l'opinion de Pétrarque. Toutes ces immenses compositions semblent avoir pour but de faire contre-poids au *Roman de la Rose*. Mais il est douteux qu'elles aient pu contre-balancer l'influence de l'œuvre de Jean de Meun. Il faut tenir compte, cependant, de cet effort de réaction en faveur de la morale.

La légende est à cette époque grandement dégénérée ; elle enfante l'*Histoire des Trois Maries*, par le carme Jean de Venette. La veine du conte pieux, qui n'est point tout à fait tarie, la poésie didactique, qui redouble d'activité, n'apportent à l'histoire littéraire aucun renseignement nouveau, aucune remarque importante.

Nous sommes arrivé à la fin de ce qu'on pourrait nommer la période romane de notre littérature. Cette première période est profondément distincte de celles qui suivront, non-seulement par le langage, mais par la physionomie générale. Les caractères distinctifs de la poésie ont été jusqu'ici l'universalité et l'impersonnalité. Par universalité, nous voulons dire que le mètre était le mode presque obligé de toute production littéraire, la forme naturelle de la pensée destinée à vivre et à se transmettre ; quels que fussent les récits ou les enseignements qu'on voulait répandre, on parlait la langue mesurée et rimée qui était plus propre à se graver dans la mémoire et qui se prêtait mieux au débit des jongleurs. Le domaine de la poésie était alors, par conséquent, à peu près universel. Nous avons déjà essayé de définir ce que nous entendons par l'impersonnalité de la littérature de cette époque, c'est-à-dire l'effacement de l'individu, de l'auteur, du poëte, devant l'autorité et le génie de la tradition, la part très-modeste faite à l'homme qui disparaît dans la durée de l'œuvre collective, et, à de très-rares exceptions près, songe non pas à entretenir le public de lui-même, mais à renouveler et à ranimer les grandes préoccupations de la foule.

Ces deux caractères de la poésie primitive ont commencé déjà à s'affaiblir pendant le dernier siècle. La personnalité, de plus en plus, se fait jour. Après Rutebeuf, qui avait rimé des complaintes sur sa pauvreté et son mariage, Guillaume de Machault nous a livré, un peu malgré lui, il est vrai, des confidences intimes. Un pas encore, et les poëtes ne se feront plus prier pour être indiscrets ; c'est de ce côté que la poésie tout entière inclinera. Mais, pendant qu'elle s'étend et se développe en ce sens, elle perd de toutes parts ; son domaine se rétrécit sans cesse ; la prose empiète de jour en jour sur ses anciennes attributions. C'est ainsi que cette menaçante rivale a joué déjà un bien plus grand rôle au XIVe siècle ; elle l'emporte définitivement sous Charles V ; elle atteint dans les récits de Froissart à une perfection qui fait pâlir les productions presque toujours laborieuses et pénibles des rimeurs contemporains; elle s'empare des traités politiques avec *le Songe du verger*, des manuels pratiques avec le livre de *Jean de Brie, le Bon berger;* elle devient la parole active, usuelle, militante. Désormais, les écrivains qui exerceront une puissante influence, et qui représenteront le plus vivement et le plus énergiquement chaque époque, seront des prosateurs : Gerson, Antoine de La Sale, Philippe de Comines, Rabelais. La poésie tend, au contraire, à devenir une veine à part, distinguée et choisie, un art de luxe. C'est là l'importante révolution littéraire qu'on peut dater de la fin du xiv° siècle. Toute l'ancienne poésie narrative : chansons de geste, romans d'aventures, fabliaux, disparaît sans retour et passe à la prose. Ce qui reste surtout à la poésie et ce qui devient son principal objet, c'est la pièce courte, le joyau poli et ciselé. Aussi le code de la poésie nouvelle s'intitulera-t-il avec raison, dans le langage allégorique du temps, *le Jardin de plaisance*.

Nous allons entrer dans un long espace qui conduit, pour ainsi dire, du Moyen-Age à la Renaissance, qui est encore le Moyen-Age dans ses instincts les plus vivaces, qui est déjà la Renaissance dans son travail préparatoire. Pendant cette période transitoire où deux inspirations sont en présence, où deux écoles sont en lutte, les individualités se dessinent chaque jour davantage. Chacun prend place dans un camp, chacun se montre à visage découvert, surtout parmi ceux qu'enflamment le zèle et l'orgueil de la culture latine. Nous pouvons donc modifier l'ordre que nous avons suivi jusqu'à présent, et, au lieu des grandes divisions que nous avons appliquées aux trois premiers siècles, il convient d'étudier désormais les poètes un à un et séparément. La logique de l'histoire littéraire imposait ici un changement de méthode.

En essayant de tracer un aperçu aussi rapide de la poésie française à cet âge primitif, nous n'aurons pas seulement contribué à rétablir nos vieux auteurs dans leurs droits longtemps méconnus ; nous aurons encore fait connaître le grand et sérieux travail de restauration et de réhabilitation critique qui s'accomplit de nos jours et qui comble l'immense lacune que nos prédécesseurs laissaient dans l'histoire des lettres. Il n'est, dès maintenant, aucun genre littéraire qui n'ait vu reculer ses origines jusqu'aux dernières productions de la décadence latine. On a ainsi reconquis sur l'ignorance et le dédain une période considérable de notre vie nationale. On a remis en lumière, ainsi qu'on a pu le voir au courant de notre analyse, un grand nombre des créations d'une époque qui peut être encore discutée et diversement jugée, mais qui ne souffre plus l'oubli ni l'indifférence. Les trois cents ans que nous venons de résumer n'existaient réellement pas, il y a un demi-siècle, pour le public, même pour le public lettré, qui les supposait et les déclarait honteusement stériles. Aujourd'hui les lettres, comme les arts, de ces prétendus siècles d'aridité, ont forcé l'attention et se sont presque imposées à l'éducation générale. Ce grand travail de l'érudition qui s'efforce de rendre justice au passé, qui dément enfin cette longue barbarie dont on accusait le génie français, et lui montre qu'il n'a point à rougir de son berceau, n'aura pas été, croyons-nous, l'œuvre la moins importante ni la moins honorable du temps présent.

Louis Moland.

QUINZIÈME SIÈCLE

IDÉES GÉNÉRALES

Dans l'histoire des littératures, les belles époques sont moins longues que les périodes intermédiaires. La grande force de la poésie du moyen âge français est au XIIIe siècle; pour s'en éloigner, pour arriver graduellement aux écoles dont Marot et Ronsard sont les deux chefs, il a fallu bien du temps; une partie du XIVe siècle appartient encore à l'époque précédente, mais tout le XVe n'est dans son ensemble qu'une longue série de décadences et de transitions. Au XIVe siècle, il y avait encore et trois publics, les prêtres, les nobles et le peuple, et trois grands courants de poésie, dont chacun, ayant son point de départ dans un seul de ces groupes, était écouté ou par tous les trois ou tout au moins par deux. Les légendes des saints, les miracles de la Vierge, expression de l'élément religieux, s'adressaient à tous; les chansons de gestes, historiques ou aventureuses, qui touchaient surtout la noblesse guerrière, descendaient jusqu'au peuple; les fabliaux, émanés de l'élément populaire, le *Roman de Renart*, qui élève les aventures bourgeoises à l'état de geste railleuse, étaient accueillis dans les châteaux; il y avait communauté véritable entre la nation tout entière et sa poésie, qui était un besoin général et non pas de la rhétorique personnelle, une nécessité publique et non pas le passe-temps de l'oisiveté. Aussi la poésie de ces grandes époques est-elle restée et devait, même alors, être surtout anonyme; ce qui était important, ce n'était pas la personne de l'écrivain ni même sa valeur de forme dans le détail, mais presque uniquement le sujet. Au xvᵉ siècle tout est changé ; la poésie semble se retirer des masses et se restreindre aux lettrés qui ne leur parlent plus, et écrivent moins pour le public que pour eux-mêmes, et pour un petit cercle. D'ailleurs, l'éducation plus générale, et j'entends par à la science, élémentaire pour nous aujourd'hui, de la lecture et de l'écriture, avait en se répandant donné plus d'importance à la prose, et celle-ci, ne se récitant pas parce qu'elle s'apprend mal, perd tous ceux qui peuvent écouter, c'est-à-dire tout le monde, pour n'avoir plus que ceux qui savent, peuvent et veulent lire. La découverte de l'imprimerie poussa encore bien plus dans cette voie, et par cette raison ce qui s'écrivait auparavant en vers, les légendes pieuses, les romans, une partie même de l'histoire, s'écrit ou plutôt se paraphrase en prose au xvᵉ siècle ; de sorte que la seule poésie dramatique, — les mystères, qui dérivent des légendes, et les farces qui sortent des fabliaux, — garde la forme rhythmique et demeure populaire. De plus, la geste de Charlemagne et d'Arthur s'était si bien usée, à force de remaniements et d'extensions indéfinies, que la lassitude était venue.

Le *Roman de la Rose*, sorti des gloses moralisées faites sur Boëce et sur Ovide, vint apporter un élément nouveau : l'allégorie philosophique. La verve satirique de certains détails de la seconde partie, sur la dangereuse influence desquels se fit alors un grand combat, contribua à répandre ce poëme, et, comme la popularité en fut énorme, toute la poésie se jeta sur cette nouveauté, qui atteignit même le théâtre, en y créant le genre insipide des *sotties*. L'on comprend d'ailleurs ce succès : les habitudes scolastiques données aux esprits par les théologiens et par les légistes, qui étaient les deux classes de la société spécialement littéraires, rendaient facile à comprendre et intéressante à suivre, une forme de pensée et de style qui nous paraît aujourd'hui vide et monotone, parce que nous ne sommes plus dans un milieu imprégné de ce genre d'études. La subtilité abstraite et philosophique régnait alors au Palais et dans l'Église, les vrais maîtres de l'esprit du temps ; elle s'étendit à la poésie, où elle prit la première place en sa qualité de représentation de l'idéal, et par là toutes les manifestations de l'intelligence se trouvèrent remplir cette condition, légitime et nécessaire, de concourir au même but et d'être inspirées du même souffle. Aussi en voyant la manière dont cette influence a duré dans la poésie jusqu'au xvıᵉ siècle, et dans les romans jusqu'au xvıɪᵉ, bien des gens ont dit et diront encore longtemps que la littérature française commence au *Roman de la Rose*. C'est une grossière erreur : car, d'un côté, le *Roman de la Rose* est un symptome, un résultat, au lieu d'être une cause, et, de l'autre, il est venu à la fin d'une période qui avait été grande et qui reste plus importante que ce qui l'a suivi: il a apporté un élément nouveau, sans doute, mais regrettable, et par sa réussite, il a jeté la poésie française dans une voie déplorable, où elle pouvait rester éternellement embourbée: en somme, il lui a fait perdre près de deux siècles et peut-être vingt poëtes. Voilà une gloire et des services dont la postérité se passerait bien.

Ainsi la poésie se portait sur moins de sujets, première cause de faiblesse, et elle était pour ainsi dire réduite à l'impuissance par la creuse monotonie de la donnée nouvelle qu'elle adoptait. En même temps, l'instrument lui-même, déjà gâté, eut bien plus encore à souffrir de la science maladroite qui, sous prétexte de l'améliorer et de l'enrichir, ne tendait à rien moins qu'à en faire un jargon inextricable. De même qu'au xiiie siècle, la sculpture et l'architecture étaient arrivées à une hauteur où elles ne demeurèrent pas, de même la langue, sortie comme l'art, de ses origines, parvenue à sa construction définitive et à un ensemble personnel et homogène, ne se maintint pas davantage à ce point relativement culminant qu'elle avait atteint. Au fond, et malgré des différences qui, pour celui qui sait voir, ne vont pas au delà de l'écorce, il y a une analogie étrange entre une ordonnance de saint Louis et une ordonnance de Louis XIV; toutes deux sont du français. Dans l'intervalle qui les sépare, et surtout à mi-chemin, il y a un pervertissement singulier qui devait perdre la langue si, — sans le savoir, mais parce qu'il portait la hache dans cette forêt de mots parasites et mal faits, parce qu'il taillait à pleine serpe dans ces entortillements de phrases dont le xve siècle avait pris tant de soin de s'empêtrer, — le xviie n'était revenu à la valeur constitutive, à l'essence même de la langue française, à la clarté logique de la phrase qui existait déjà du temps de saint Louis.

Tout, sans même parler des troubles du temps, conspirait donc contre la poésie; l'abandon des grands sujets, l'adoption d'un genre infécond, le développement de la prose, et aussi, pour achever son malheur, cette déchéance des mots eux-mêmes et de la langue devenue pédante dans le premier moment du retour à l'étude de la véritable antiquité. Les lettrés, pour faire de la science, pour mettre la langue française à même de lutter avec le latin, qu'ils commençaient à ignorer un peu moins que le moyen âge, ne virent pas que le travail qu'ils voulaient faire était fait, et mieux que par eux; ils lui imposèrent de vive force, directement, à l'état natif et étranger, le latin qui s'y trouvait déjà, mais tel qu'il y devait être, c'est-à-dire transformé. De là une cacophonie, un tiraillement, des anomalies choquantes, des superfétations indigestes. Aussi, malgré tout le travail d'épuration qui s'est accompli de Marot à Voltaire, et dans lequel il a certainement péri plus d'une bonne chose, il nous est resté de cette anarchie et de ces efforts mal dirigés du xve siècle, plus de mauvais qu'on ne le peut croire.

À toutes ces conditions, déjà bien assez malheureuses, se joint le premier développement général de l'individualité, qui commence seulement à s'essayer et n'a encore que la faiblesse de la personnalité. N'ayant plus de grands sujets à traiter, les poëtes se privent du majestueux vers de douze pieds, se réduisent à la strophe, se rabattent aux pièces courtes, aux formes strictes du chant royal, de la ballade et du rondeau, et, pour se donner le mérite de la difficulté vaincue, se mettent tant qu'ils peuvent des entraves de tout genre, de façon que le soin des mots et la recherche des effets matériels chassent complétement l'idée. La franchise de sa verve a sauvé Villon, et Charles d'Orléans surprend par une élégance et une délicatesse incomparables; mais ils n'ont pas de disciples, et après eux la poésie s'épuise en combinaisons mathématiques de vers enchaînés de toutes les sortes, et en rages autologiques de rimes; ce n'est plus qu'un travail pénible qui ne laisse guères de place à l'inspiration. Tout le groupe, uniquement pédant et scolastique, des poëtes qui couronnent la fin du xve siècle et qui restent officiels jusqu'au milieu du règne de François Ier, a consumé ses forces dans cette gymnastique puérile; il est impossible de dépenser plus de talent, plus d'adresse, plus de labeur pour ne rien dire ou pour dire le plus mal possible. C'est une école, mais qui n'offre pas un seul maître.

Malgré tous ces défauts, ce n'est pas à dire que les poëtes du xve siècle manquent d'intérêt ou de talent. Sans parler de leur importance historique, de la trace des goûts et des idées du temps, des renseignements de tout genre qu'on y trouve, l'on fait, en les feuilletant, bien des rencontres heureuses au point de vue purement littéraire; mais si les siècles antérieurs se prêtent mal aux extraits, parce que les meilleurs morceaux ont surtout une qualité d'ensemble qui ne se conserve bien que si l'on prend des épisodes complets, le xve siècle, qui inaugure la valeur du détail, a peu de pages dont la beauté soit d'une seule venue et bien entière. À côté d'une idée ingénieuse ou spirituelle, d'un vers admirable, d'une pensée forte, survient telle niaiserie, telle puérilité, qui gâte tout. Des monographies qui comprendraient des citations étendues et tous les éclaircissements historiques que demandent à chaque instant les mots, les idées et les faits, donneraient de tous ces poëtes une idée plus juste à la fois et plus avantageuse que ne le peuvent faire les pièces et les fragments qui vont suivre.

Ainsi, à côté et au milieu de leurs allégories aussi creuses qu'interminables, de leurs bizarreries rhythmiques qui sont trop nombreuses et trop variées pour qu'on puisse en donner idée par quelques-unes seulement, il y a, chez eux, deux veines, françaises et naturelles; c'est à ce côté de leur talent qu'ils attachaient sans doute le moins de prix, et c'est à celui-là pourtant qu'ils ont dû leurs accents les plus élevés et leurs traits les plus spirituels. Ces deux veines sont: la haine des Anglais qu'ils expriment si vivement par leurs déplorations des malheurs de la France et par leur joie patriotique de sa délivrance, et, dans un ordre d'idées plus universelles, l'ingénieuse et moqueuse peinture des mœurs de leur époque et des sentiments qui sont éternellement de l'homme. En dehors de l'intérêt historique, c'est, chez eux, la seule chose qui mérite de vivre littérairement, mais, dans ce sens même, la prose contemporaine reste supérieure. Sur les douleurs de la France, Alain Chartier est bien plus éloquent dans son *Quadriloge* que dans ses vers, et, quant aux analyses de passions, aux satires de mœurs, aux peintures de fêtes ou de costumes, aux récits d'aventures amoureuses ou comiques, aux portraits, en un mot, d'hommes et de choses, on les trouve bien autrement fins et vrais, bien autrement complets et profonds, bien autrement soutenus de ton et heureux de forme, dans les chroniqueurs; dans une moitié du petit *Jean de Saintré*; dans *les Cent nouvelles*; dans *les Arrêts d'amour*; dans le joli roman de *Jean de Paris*, qui n'est pas du xvie siècle et ne raille pas les Espagnols, comme on l'a dit, mais se rapporte au mariage d'Anne de Bretagne et se moque des Anglais; dans les Mémoires de Philippe de Comines, qui sont restés un livre moderne; enfin dans les *Quinze joyes du mariage*, qui ne sont pas seulement, aussi bien que la farce de Pathelin, une des œuvres les plus remarquables du xve siècle, mais qui sont et qui resteront, sous leur apparence de naïve bonhomie, l'un des chefs-d'œuvre les plus incontestables de la langue et de l'esprit français.

ANATOLE DE MONTAIGLON.

EUSTACHE DESCHAMPS

1340 — 1410

Le poëte Eustache, né dans la petite ville de Vertus en Champagne, et appelé *Deschamps* parce qu'il avait dans les environs une maison des champs, reçut, à cause de son teint noir, le surnom de *Morel*, sous lequel il est toujours désigné dans les pièces contemporaines, et Morel devint si bien son nom, que ce n'est qu'en 1564 que ses descendants, dont les derniers connus ont servi sous Louis XIV, se firent autoriser à s'appeler Deschamps au lieu de Morel. Il dit lui-même avoir vécu sous quatre rois : Philippe VI, Jean le Bon, Charles V et Charles VI, ce qui comprend sa vie entre les années 1328 à 1422. Mais comme, d'un côté, il ne dit rien des événements de la fin de Charles VI, que, de l'autre, toutes ses poésies se rapportent au règne des deux derniers rois, qu'il fait seulement allusion à des faits du règne de Jean le Bon, et qu'il a vécu assez vieux, il est à croire que, né vers 1340, il est mort vers 1410. La période pendant laquelle il a écrit est donc le xive siècle, et pourtant comme écrivain, il n'appartient plus à l'ancienne école, mais à celle qui commence alors pour remplir le premier tiers du xve siècle.

Après des études de droit à l'université d'Orléans, ce que nous révèle une de ses ballades adressée à son père, il paraît avoir prolongé le plus possible sa jeunesse, et c'est Charles V qui fit de lui l'un de ses écuyers-huissiers d'armes et l'un de ses messagers ; toutes ses autres charges lui furent données par Charles VI ; il fut alors châtelain-gouverneur de Fismes vers 1384, ensuite bailli de Senlis, charge dont, après toutes sortes d'aventures, Eustache se démit en 1404, puis, dans cette dernière année, trésorier sur le fait de la justice, office supprimé en 1407, et le poëte eut plusieurs fois l'honneur d'être visité par Charles VI, d'abord dans sa maison de la rue du Temple, à Paris, puis, en 1388, à Fismes et dans son domaine de Vertus. Par les nécessités de sa vie, ce fut un grand voyageur ; la guerre le mena souvent en Flandre ; son office de messager l'envoya en Allemagne, en Hongrie et en Bohême ; ses relations de protégé et de serviteur d'Isabelle de France, fille du roi Jean et duchesse de Milan, celles qu'il eut ensuite avec le duc d'Orléans, frère de Charles VII et mari de Valentine de Milan, l'emmenèrent en Lombardie ; mais il faut nier qu'il ait jamais été en Orient. Les passages d'où l'on a tiré cette conclusion forcée sont d'une nature telle qu'il faut y voir sans hésiter une formule poétique. Sa biographie n'a nul besoin, au reste, de ce surcroît de voyages ; il en a fait sans cela bien assez pour un homme de son temps. Ainsi, campagnes guerrières et courses diplomatiques font une bonne part de sa vie ; l'autre se passe à lutter pour conserver ou ses offices mêmes ou leurs droits ; à souffrir toutes les misères de la guerre, le pillage, l'incendie, la dévastation ; à s'épuiser aux dépenses d'un train nécessaire, mais bien lourd pour un homme à qui l'on donnait souvent, mais qu'on ne payait pas de même. En somme, une existence très-active, inquiète, agitée, pleine de beaucoup d'espérances et de beaucoup d'ennuis et de tristesses ; une jeunesse d'abord studieuse, puis dissipée ; un âge mûr plus ambitieux et qui, malgré ses déceptions et ses angoisses, excite l'envie ; enfin une vieillesse délaissée, chagrine et pleine de regrets : voilà quelle a été la destinée de notre poëte, comme l'attestent ses œuvres, si curieuses, si pleines de détails réels, si riches en informations de toutes sortes.

Il y est, en effet, beaucoup moins allégorique et long que son maître, Guillaume de Machault, mort en 1377, et qu'il a loué dignement, beaucoup moins doux, moins pur, et aussi beaucoup moins savant que sa contemporaine Christine de Pisan, qui sont les deux seuls poëtes nommés par lui. On pense bien que je n'oublie pas sa fameuse ballade à Chaucer, qu'il a dû connaître en 1377, lorsque celui-ci suivit l'ambassade anglaise en France ; mais ce qui le touchait dans Chaucer, c'étaient les traductions du français, et le poëte français a dû ignorer les contes de Canterbury.

En somme, ce qui est chez Deschamps caractéristique, c'est la prédominance des faits. S'il prend souvent la plume au milieu des tracas de sa vie, ce n'est pas pour s'abstraire dans un poëme idéal et de longue haleine, c'est sous l'impulsion d'une circonstance actuelle ; il est de son temps : je dirai même qu'il est personnel au suprême degré. Les événements, les combats, les trêves, les tournois, les princes, sa propre personne, à laquelle il revient sans cesse, beaucoup moins à propos de ses sentiments que de ses plaintes ou de ses requêtes, voilà son thème ordinaire, c'est-à-dire un fait toujours positif, réel et précis. Par là, par la présence, constante dans ses vers, des péripéties des guerres portées chez nous par les Anglais ou par nous chez les Flamands, par la foule de noms propres qui s'y pressent au grand intérêt du lecteur et souvent au grand désespoir de l'annotateur, enfin, par ses peintures techniques du détail des modes, de ce qu'on peut appeler l'extérieur des mœurs, il a une qualité vivante bien précieuse; ce n'est qu'exceptionnellement un poëte, mais c'est au moins un chroniqueur morcelé; il est vrai qu'il touche rarement à l'analyse des idées et des sentiments, mais par sa préoccupation constante des personnes et des choses qui passent sous ses yeux, il les reflète en chroniqueur excellent, avec ce mérite, dû aux vers et à la forme de la ballade, qu'il est vif, court, et que, dans sa forme un peu rude, son tableau porte, et reste vivant. Il n'explique pas son temps; mais le lecteur l'explique grâce à lui, et on se le représente mieux dans son œuvre que partout ailleurs, parce qu'il le peint sans le savoir, et qu'il ne fait rien autre chose que peindre, en homme qui n'est saisi que par la réalité. Il le fait, au reste, toujours d'une façon honnête, car il a un sens juste et droit, qui ne l'abandonne jamais; tout ce qui est honorable, tout ce qui est malheureux à la France, à coup sûr son plus grand amour, éveille en lui sa meilleure corde. On a trop loué peut-être ce qu'on a appelé sa hardiesse vis-à-vis des grands; c'est se tromper sur les temps. Un auteur n'était pas alors un homme public comme maintenant; ce qu'il faisait ne se répandait que dans un cercle étroit, et se perdait vite dans l'oubli; l'attaque, qui portait moins loin qu'elle ne porterait aujourd'hui, ne se prolongeait pas. L'audace littéraire est une chose toute moderne : elle résulte de la publicité étendue et constante due à l'imprimerie. Le moyen âge n'en est pas là, et, sans diminuer en rien le mérite de la loyale franchise d'Eustache Deschamps, il est plus vrai de ne pas lui donner une importance prématurée. Il suffit qu'il ait mérité ce qu'écrit de lui au roi Charles VI l'auteur du *Songe du vieux pèlerin* : « Tu peux bien lire et ouïr les dictiez vertueux de ton serviteur et « officier Eustache Mourel. » L'éloge n'est que juste, mais il est bon de ne pas le fausser en le forçant.

Quant à son style il est inégal et plutôt rude, et l'on se tromperait fort si l'on s'attendait à trouver souvent chez lui beaucoup de pièces dans le goût de celle que nous donnons ; sujet et forme, c'est une pièce exceptionnelle. La ballade sur les impôts, celle sur le theme, si fréquent au moyen âge, de toutes les choses nécessaires aux nouveaux mariés ; ses ballades morales, celle à sa fille au moment où il la marie, celle aussi qui a pour refrain :

> On ne cognoist aux robes la pensée,

ses pièces politiques surtout, les regrets de la mort de Du Guesclin, la pièce sur les excès des gens d'armes :

> Chacun dit que c'est grant pitié,

celles sur la maladie du roi, sur la nécessité de prendre Calais, sur la lourdeur des impôts, bien d'autres encore du même genre, sont les vrais spécimens de sa manière habituelle, parfois confuse pour nous, mais souvent énergique et vigoureuse. Peu de longues périodes, des phrases courtes, lourdes plutôt que légères, une forme sans délicatesse, mais solide et mâle, peu d'imitations de la phrase latine, et un plus grand nombre de mots et de formes anciennes que chez la plupart des littérateurs de son temps, voilà quel est le caractère de sa langue. La raison en est simple ; au lieu de vivre avec les savants, il vit avec tout le monde ; au lieu de se renfermer dans le monde romanesque de la légende ou de s'égarer au monde idéal de la spéculation, il ne s'inspire que du temps présent ; il est plus guerrier et moins bourgeois que Rutebeuf, mais il est tout aussi vivant et populaire, et c'est de cette ligne qu'il sort en réalité bien plutôt que de celle de Lorris, de Jean de Meung et de Machaut, qui avaient pourtant toutes ses admirations.

Des ballades composent la meilleure partie de son œuvre; mais il a écrit bien d'autres poëmes, les *Dicts de l'Aigle et du Lyon*, allégories politiques, le *Miroir du mariage*, que la mort laissa inachevé comme le *Dict du Lyon;* Eustache n'a fait de longs ouvrages que dans le repos forcé où la vieillesse l'avait réduit. Il a laissé aussi une traduction de l'Amphytryoneïde, poëme, très-fameux au moyen âge, d'un certain Vital de Blois, un poëte latin du xiie siècle qui avait remanié une comédie des bas temps copiée sur Plaute, et enfin une pièce des quatre offices de l'hostel du Roy, Panneterie, Eschançonnerie, Cuisine et Sausserie, « à jouer par personnaiges », d'autant plus curieuse qu'avec la farce du brigand, du sergent et de leurs femmes, qui interrompt le mystère de Saint-Fiacre[1], c'est la plus ancienne pièce de notre théâtre comique. Tous ces poëmes encore inédits, mériteraient de voir le jour. M. Crapelet a révélé Deschamps en 1832 ; M. Tarbé a augmenté ce premier choix en 1849 ; il faudrait imprimer encore ce qui vient d'être indiqué et surtout le *Miroir du mariage*, si précieux par les détails et les satires de mœurs dont il est plein ; mais, fût-il même imprimé à part, il resterait encore à faire une édition complète qui serait des plus importantes pour la connaissance du temps de Charles V et de Charles VI.

[1] Jubinal, *Mystères inédits*, I, 332-343.

VIRELAI

Sui-je, sui-je, sui-je belle?
Il me semble, à mon avis,
Que j'ay beau front et doulz viz [1],
Et la bouche vermeillette;
Dictes moy se je sui belle.

J'ay vers yeulx, petit sourcis,
Le chief blont [2], le nez traitis [3],
Ront menton, blanche gorgette;
Sui-je, sui-je, sui-je belle? etc.

J'ay dur sain et hault assis,
Lons bras, gresles doys aussis,
Et, par le faulx [4], sui gresiette;
Dictes moy se je sui belle.

J'ay piez rondes et petiz,
Bien chaussans, et biaux habis,
Je sui gaye et foliette;
Dictes moy se je sui belle.

J'ay mantiaux fourrez de gris,
J'ay chapiaux, j'ay biaux proffis [5],
Et d'argent mainte espinglette;
Sui-je, sui-je, sui-je belle?

J'ay draps de soye, et tabis,
J'ay draps d'or, et blanc et bis,
J'ay mainte bonne chosette;
Dictes moy se je sui belle.

[1] Visage. — [2] La tête blonde. — [3] Délicat. — [4] La taille. — [5] Beaux deniers comptants.

Que quinze ans n'ay, je vous dis ;
Moult est mes trésors jolys,
S'en garderay la clavette [1] ;
Sui-je, sui-je, sui-je belle?

Bien devra estre hardis
Cilz, qui sera mes amis,
Qui ora tel damoiselle ;
Dictes moy se je sui belle?

Et par Dieu, je li plevis [2],
Que très loyal, se je vis,
Li seray, si ne chancelle ;
Sui-je, sui-je, sui-je belle?

Se courtois est et gentilz,
Vaillans, apers [3], bien apris,
Il gaignera sa querelle ;
Dictes moy se je sui belle.

C'est uns mondains paradiz
Que d'avoir dame toudiz [4],
Ainsi fresche, ainsi nouvelle ;
Sui-je, sui-je, sui-je belle?

Entre vous, acouardiz,
Pensez à ce que je diz ;
Cy fine [5] ma chansonnelle ;
Sui-je, sui-je, sui-je belle?

---

[1] La clef. — [2] Je lui promets. — [3] Franc, aimable. — [4] Tous les jours — [5] Ici finit.

BALLADE

    Or, n'est-il fleur, odour ne violette,
Arbre, esglantier, tant ait douçour en lui [1],
Beauté, bonté, ne chose tant parfaicte,
Homme, femme, tant soit blanc ne poli,
Crespé ne blont [2], fort, appert ne joli,
Saige ne foul, que Nature ait formé,
Qui à son temps ne soit viel et usé,
Et que la mort à sa fin ne le chace,
Et, se viel est, qu'il ne soit diffamé :
Vieillesce est fin, et jeunesce est en grace.

    La fleur en may et son odeur délecte
Aux odorans, non pas jour et demi ;
En un moment vient li vens qui la guette ;
Cheoir la fait ou la couppe par mi [3] :
Arbres et gens passent leur temps ainsi ;
Riens estable [4] n'a Nature ordonné ;
Tout doit mourir ce qui a esté né.
Un povre acès de fièvre l'omme efface,
Ou aage viel, qui est déterminé [5] :
Viellesce est fin, et jeunesce est en grace.

    Pour quoy fait donc dame, ne pucellette [6],
Si grant dangier de s'amour à ami,
Qui séchera, soubz le pié com l'erbette ?
C'est grant folour [7]; que n'avons-nous mercy [8]
L'un de l'autre ? Quant tout sera pourry,

---

[1] Quelque douceur qu'il ait en lui. — [2] Aux cheveux crêpés. — [3] Par le milieu. — [4] Rien de stable. — [5] Qui a des limites infranchissables. — [6] C'est-à-dire : pourquoi dames et jeunes filles font-elles tant de difficultés pour se laisser aimer, puisqu'elles sécheront, etc. — [7] Folie. — [8] Pitié.

Ceulx qui n'aiment, et ceulx qui ont amé,
Ly refusant seront chétif clamé [1],
Et li donnant aront vermeille face,
Et si seront au monde renommé :
Viellesce est fin, et jeunesce est en grace.

ENVOI

Prince, chascun doit en son josne aé [2]
Prandre le temps qui lui est destiné ;
En l'aage viel tout le contraire face ;
Ainsis ara les deux temps en chierté [3].
Ne face nul de s'amour grant fierté [4] :
Viellesce est fin, et jeunesce est en grace.

CHANSON ROYALE [5]

Une brebis, une chièvre, un cheval,
Qui charruioient en une grant arée [6],
Et deux grans buefs qui tirent, en un val,
Pierre qu'on ot d'un hault mont descavée [7],
Une vache, sans let, moult décharnée,
Un povre asne qui ses crochès portoit,
S'encontrèrent [8]. L'asne aux bestes disoit :

---

[1] C'est-à-dire : celles qui n'auront répondu que par des refus auront un renom misérable, et celles qui auront été compatissantes feront une brillante figure et seront fameuses dans le monde (auprès de la postérité). — [2] Age. — [3] C'est ainsi que les deux époques de la vie lui seront chères. — [4] Personne ne soit trop fier dans ses amours. — [5] Cette remarquable pièce est une satyre politique dont le sens est des plus transparents. Les puissants oppresseurs de la société féodale sont ces « barbiers » auxquels s'adressent les plaintes et les malédictions des interlocuteurs, véritables personnages d'apologue. — [6] Plaine, du latin *area*. — [7] Extraite en creusant. — [8] Pour : se rencontrèrent.

« Je vien de court. Mais là est uns mestiers
« Qui tond et rest [1] les bestes trop estroit [2] :
« Pour ce, vous pri, gardez-vous des barbiers ! »

Lors li chevaulx dist : « Trop m'ont fait de mal,
« Jusques aux os m'ont la chair entamée :
« Soufrir ne puis cuillier [3], ne poitral [4]. »
Les buefs dient : « Nostre pel est pelée. »
La chièvre dit : « Je suis toute affolée. »
Et la vache de son véel [5] se plaingnoit,
Que mangié ont. — Et la brebis disoit :
« Pandus soit-il qui fist forcés [6] premiers !
« Car trois fois l'an n'est pas de tondre droit [7].
« Pour ce, vous pri, gardez-vous des barbiers !

« Ou [8] temps passé, tuit li [9] occidental [10]
« Orent [11] long poil et grand barbe mellée ;
« Une fois l'an, tondirent leur bestal [12],
« Et conquistrent mainte terre à l'espée ;
« Une fois l'an firent fauchier la prée ;
« Eulx, le bestail, la terre grasse estoit,
« En cet estat, et chascuns labouroit ;
« Aise [13] furent lors nos pères premiers.
« Autrement va chascuns tout ce qu'il voit [14] :
« Pour ce, vous pri, gardez-vous des barbiers ! »

Et l'asne dist : « Qui pert le principal,
« Et c'est le cuir, sa rente est mal fondée :
« La beste meurt ; riens ne demeure ou pal [15]
« Dont la terre puist lors estre admandée.

[1] Rase. — [2] De trop près. — [3-4] Collier, poitrail, parties du harnais. — [5] C'est-à-dire : la vache se plaignait qu'on eût mangé son veau. — [6] Ciseaux. — [7] Car il n'est pas juste de tondre trois fois l'an. — [8] Au. — [9] Tous les... — [10] Occidentaux. Allusion aux premiers conquérants des Gaules, et au temps où le système fiscal de la féodalité n'était pas encore établi. — [11] Eurent. — [12] Bétail. — [13] Contents, à leur aise. — [14] C'est-à-dire : les choses vont bien autrement. — [15] Rien ne reste pendu au croc (en fait d'instruments de travail).

« Le labour fault[1] : plus ne convient qu'om rée[2],
« Et[3] si faut-il labourer qui que soit,
« Ou les barbiers de famine mourroit.
« Mais[4] joie font des peaulx les pelletiers;
« Deuil feroient, qui les escorcheroit :
« Pour ce, vous pri, gardez-vous des barbiers! »

La chievre adonc respondit : « A estal[5]
« Singes et loups ont ceste loy trouvée,
« Et ces gros ours du lion curial,
« Que de no poil ont la gueule estoupée[6],
« Trop souvent est nostre barbe coupée
« Et nostre poil[7], dont nous avons plus froit;
« Rere[8] trop pres fait le cuir estre roit[9];
« Ainsi vivons envix[10] ou voulentiers :
« Vive qui puet : trop sommes à destroit[11] :
« Pour ce, vous pri, gardez-vous des barbiers! »

CONSEIL A UN AMI SUR LE MARIAGE

A l'uis[12]! — Qui est? — Amis. — Que veuls? —
Conseil. — De quoy! — De mariage ;
Marier veuil. — Pourquoy te deuls[13]?
Pour ce que n'ay femme en mesnage
Qui gouvernast et qui fust sage,
Bonne, belle et humble tenue,

---

[1] Le labourage manque, est urgent. — [2] Il ne faut plus tarder. *Rée* vient de réer, vieille forme qui a le sens d'enrayer. — [3] Et pourtant tout le monde doit labourer. — [4] En attendant, les peaux font la joie des pelletiers, qui jetteraient pourtant de beaux cris si on les écorchait. — [5] C'est pour l'étable que ce régime a été imaginé par les singes, les loups et les gros ours (officiers) du lion de la cour (le roi). — [6] Pleine, obstruée. — [7] Ce qui fait que... — [8] Raser. — [9] Roide. — [10] C'est ainsi que nous vivons, à contre-cœur ou de bon gré. — [11] Dans la détresse. — [12] A la porte! ouvrez! — [13] De quoi te plains-tu?

Riche, jeune et de haut parage. —
Tu es fouls : pran une massue.

Advise se souffrir t'en peus :
Femme est de merveilleux courage.
Quant tu vouldras avoir des eufs,
Tu auras porée ou frommaige ;
Tu es frans [1], tu prendras servaige :
Homs qui se marie se tue ;
Advise bien. — Si [2] le feray-je. —
Tu es fouls : pran une massue.

Femme n'aras pas à ton eulx [3],
Mais diverse et de dur langaige ;
Adonc te croistera tes deuls [4],
Souffrir ne pourras son oultraige.
Va vivre [5] avant en un boscaige,
Que marier com beste mue. —
Non : avoir vueil le doulz ymaige [6]. —
Tu es fouls : pran une massue.

ENVOY

Filz, tu feras foleur et raige [7]
De marier. Aime en vo rue
Franchement [8]. — D'avoir femme enrraige [9]. —
Tu es fouls : pran une massue.

[1] Libre. — [2] Pourtant. — [3] A ton choix, à ton gré. — [4] Alors tes chagrins s'accroîtront de jour en jour. — [5] Va vivre dans un bois plutôt que de t'unir à un animal muet. — [6] Statue. — [7] Folie et sottise. — [8] En toute liberté. — [9] Je suis enragé du désir de prendre femme.

CHRISTINE DE PISAN

A cette époque de misères, de hontes, de guerres civiles et de barbarie qui caractérisent le règne du pauvre Charles VI et le commencement de celui de son fils, trois figures font exception et s'enlèvent comme en lumière sur le sombre fond du tableau. Toutes les trois sont modestes : l'une, sortie des rangs du peuple est, dans sa simplicité, héroïque jusqu'à l'épopée : c'est celle de Jeanne d'Arc; l'autre, noblement et virilement honnête, est celle du chancelier Gerson; qu'il soit ou non l'auteur de l'Imitation, il n'en reste pas moins un grand homme et une grande intelligence; l'autre, uniquement littéraire et de toutes façons moins importante, moins éclatante et plus humble, est celle d'une autre femme, de Christine de Pisan, l'un des esprits les plus élevés et les plus sains, et l'écrivain le plus simple et le plus pur qu'on puisse signaler à cette époque. Son admirable amour de la France, qui remplit tous ses grands ouvrages, et qui alors n'était le plus souvent qu'une douleur, se vit récompensé au delà de son espoir par cette délivrance inouïe; aussi, quand parut la grande paysanne poussant la France devant elle, Christine, qui attendait en désespérant, salua son arrivée et comme française et comme femme, par un *dittié* en l'honneur de cette vierge du triomphe, dernière œuvre qui couronna dignement sa vie. D'un autre côté, Gerson, l'autre défenseur de Jeanne d'Arc, connut et estima Christine, dont il fut l'allié dans la guerre qu'elle soutint contre les tendances immorales du *Roman de la Rose* et de ses imitations. Par tous ces points de contact, et quelque distance qu'il y ait entre elle et les deux noms rayonnants que nous avons écrits avant le sien, elle peut être nommée à côté d'eux et s'asseoir au pied de leur groupe.

Tous les poëtes du xv⁰ siècle se sont souvenus d'elle ; mais, après Clément Marot, le silence n'est rompu au xvii⁰ siècle que par Gabriel Naudé, dont l'admiration allait jusqu'à vouloir publier ses traités de politique, et depuis Boivin et l'abbé Sallier jusqu'à M. Raimond Thomassy qui en a le mieux et le plus longuement parlé, les érudits seuls se sont occupés de Christine. On peut dire encore aujourd'hui que ses œuvres, en partie inédites, mériteraient d'être plus et mieux connues qu'elles ne le sont.

Au fond, ses livres en prose, quoique plus lents de forme que ses vers, ont plus de valeur et de portée par la pensée. Le plus connu de tous a pour titre : *les Gestes du roy Charles V ;* ce n'est pas une chronique, mais un recueil de faits particuliers cités comme exemples, et suivis d'un développement philosophique général. Christine ne raconte pas, elle enseigne. Ses écrits les plus actuels et les plus passionnés, la belle lettre à Isabeau de Bavière, et ses lamentations sur la guerre civile dépassent le tableau et le récit pour s'élever à l'éloquence des discours. Son *Livre des faits d'armes et de chevalerie*, sorte de Végèce nouveau, que Henri VII fit traduire et qui fut imprimé par Caxton, le premier typographe anglais, est peu important pour nous ; mais ce qui l'est tout à fait, c'est *la Cité des Dames* consacrée par Christine à la réhabilitation de son sexe, c'est surtout le livre de Policie, qui traite des devoirs des princes, puis des chevaliers et nobles, enfin de l'université du peuple, où elle comprend tout le reste depuis le clergé jusqu'aux laboureurs, — *le Livre de paix* qui traite presque le même sujet que Machiavel, et s'occupe de l'éducation du prince et du gouvernement général, — *le Livre des trois Vertus ou le trésor de la Cité des Dames*, qui fut traduit en portugais sous le titre de *Miroir de Christine*, et qui a pour sujet l'instruction des princesses, dames et femmes de tous états. Elle tient ainsi au chevalier de la Tour Landry et à Fénelon : plus délicate et plus élevée que le premier, elle se rapprocherait bien plus du second aussi bien à propos de l'*Éducation des Filles* que par le côté politique de *Télémaque*, avec cette ressemblance de plus que, comme l'illustre moraliste, elle voit le mal, mais le croit toujours près de disparaître ; sa nature honnête en tient trop peu de compte, et ne s'inquiète pas assez de la force nécessaire pour produire le bien.

Dans ses vers, elle se dit l'élève d'Eustache Deschamps, auquel elle adresse une épître signée : « Ta disciple et ta bienveillant, » mais elle se trompe ; en même temps qu'elle est plus instruite et plus cultivée, elle a plus de légèreté et d'élégance, moins de rudesse dans la phrase et un plus grand sentiment de l'harmonie. Le *Livre de mutation de fortune*, sorte d'histoire universelle, l'épitre d'Othéa, déesse de Prudence, à Hector de Troye, la prière à Notre-Dame, les proverbes moraux qui eurent l'honneur d'être traduits en anglais par le comte Rivers, beau-frère d'Édouard IV, tiennent trop aux côtés disparus de la poésie de son temps. Le *Chemin de longue étude*, pour savoir quelle vertu mérite le mieux le gouvernement du monde, dont Jean Chaperon imprima au XVIe siècle une traduction en prose, est d'un ordre plus élevé et plus durable ; mais comme poëte, Christine brille surtout dans les pièces plus courtes et d'une visée moins ambitieuse : dans *le Dit de la Pastoure*, bergère qui épouse un chevalier, dans *le Dit de Poissy*, écrit au retour d'une visite au couvent de sa fille et où se discute un débat amoureux ; mais surtout dans ses *Ballades*. Elles n'ont pour sujets que des sentiments, et des sentiments doux et sans action, mais d'une délicatesse féminine et moderne bien surprenante à son époque ; ils sont chastement et vivement rendus ; la forme en est aussi pure, aussi légère, aussi limpide que les sentiments eux-mêmes. Charles d'Orléans aura une grâce plus spirituelle et plus brillante, mais non pas plus pure, ni plus honnêtement émue. Cette grâce mélodieuse dans l'expression, cet instinct qui leur faisait naturellement choisir les mots et les tours destinés à rester dans la langue, sont peut-être dûs à l'origine méridionale des deux poëtes, à leur communauté avec la race qui a produit les troubadours et Pétrarque.

Charles d'Orléans, en effet, était le fils de l'adorable Valentine de Milan, et Christine, italienne de naissance, mais française de cœur, ne voulut jamais quitter son pays d'adoption, refusant aussi bien d'aller à la cour du roi d'Angleterre Henri IV qu'à celle de Galéas Visconti, le père de Valentine, qui la pressa de revenir dans sa patrie. Elle était née en 1363, et c'est en 1368 seulement que son père, Thomas de Pisan, fut appelé par Charles V, qui le fit son conseiller et son astrologue en titre. La première partie de la vie de Christine fut remplie par la forte éducation et l'affection de son père, qui ne peut qu'avoir été un homme très-éminent et très-honnête, pour avoir su développer en elle tant de droiture et d'énergie, et aussi par l'amour et le regret de son mari, Étienne Castel, sentiments qu'elle a si bien exprimés dans ses plus délicates poésies. Elle écrivit peu alors ; mais restée seule après les morts successives de son père et de son mari, elle n'eut de ressource que dans son talent pour vivre et pour élever ses enfants, dont l'un, Jean Castel, devait continuer faiblement les traditions maternelles.

Aussi, tous les grands ouvrages qu'elle dédiait aux membres de la famille royale datent de cette seconde époque. Il en fut de toute son existence comme du temps même où elle vivait ; sa jeunesse avait été heureuse et son âge mûr connut la lutte contre la souffrance, de même qu'après l'administration sage et relativement prospère de Charles V, vinrent les malheurs et les désordres du règne suivant. Christine allait ainsi, de toutes manières, du bien au mal et du calme à l'inquiétude, et nous devons être d'autant plus reconnaissants à cette Italienne, qui, comme Brunetto, se félicitait d'écrire dans notre langue, « la plus commune par l'universel monde, » d'avoir tant et si bien aimé la France, parce qu'elle a eu à l'aimer avec douleur, ce qui est la vraie marque et comme le sceau de la passion.

ANATOLE DE MONTAIGLON.

Consulter sur Christine de Pisan : Gabriel Naudé (*Lettre à Thomasini*, Genève, *Epistolæ*, epist. XLIX) ; Boivin le jeune (*Mémoires de l'Académie des inscriptions*, II) ; l'abbé Sallier (*Mémoire sur l'Epître d'Othea à Hector, Mémoires de l'Académie des Inscriptions*, XVII) ; Chaufepié (dans le *Supplément au Dictionnaire de Bayle*) ; Groetz (*Mercure allemand*, 1781, tome III) ; Dibdin (*Bibliotheca Spenceriana*, IV, 218, et *Typographical antiquities*, I, 1810) ; *Specimens of the early poetry of France*, by Louisa Stuart, Costello, London ; les notices de la collection de Mémoires de Petitot et de celle de Michaud et Poujoulat ; Raimond Thomassy (*Essai sur les écrits politiques de Christine de Pisan, suivi d'une notice littéraire et de pièces inédites*, Paris, 1838, in-8) ; *Magasin pittoresque*, 1839 et 1857 ; un beau Dittié à la louange de Jeanne d'Arc, publié par M. Jubinal, dans son rapport au Ministre de l'instruction publique ; le *Livre des Cent Ballades de Christine*, publié par M. J.-M. Guichard, dans la *Revue Normande* ; le *Dit de Poissy*, publié en partie par M. Paul Pougin, dans la Bibliothèque de l'École des chartes.

BALLADES

Hé dieux! que le temps m'anuye!
Un jour m'est une sepmaine;
Plus qu'en yver longue pluye,
M'est ceste saison grevaine [1].
Hélaz, car j'ay la quartaine [2]
Qui me rent toute estourdie,
Souvent et de trestour [3] pleine:
Ce me fait la maladie.

J'ay goust plus amer que suye,
Et couleur pale et mausaine [4];
Pour la toux fault que m'appuye
Souvent, et me fault l'alaine [5].
Et quant l'acès me demaine [6],
A donc ne suis tant hardie
Que je boive, que tisaine [7]:
Ce me fait la maladie.

Je n'ay garde que m'enfuye,
Car, quant je vois [8], c'est à peine,
Non pas l'eire [9] d'une luye;
Mais par une chambre pleine,
Encor [10] convient qu'on me maine;
Et souvent fault que je die:
Soustenez-moy, je suis vaine [11]:
Ce me fait la maladie.

ENVOY

Medecins, de mal suis pleine,
Guarissez moy, je mendie
De santé qui m'est lointaine;
Ce me fait la maladie.

---

[1] Cette saison me pèse, me fait du mal. — [2] La fièvre quarte. — [3] Tristesse. — [4] Malsaine. — [5] L'haleine me manque. — [6] M'agite. — [7] Autre chose que tisane. — [8] Quand je vais, quand je marche. — [9] Et non l'espace d'une lieue. — [10] Il faut encore. — [11] Faible, prête à m'évanouir.

Tant avez fait par votre grant doulçour,
Très doulz amy, que vous m'avez conquise ;
Plus n'y convient complainte, ne clamour;
Jà n'y aura par moy defense mise.
Amours le veult par sa doulce maistrise,
Et moy aussi le vueil ; car, se m'ait Dieux[1],
Au fort[2] c'estoit foleur[3], quand je m'avise
De refuser ami si gracieux.

Et j'ay espoir qu'il a tant de valour[4]
En vous, que bien sera m'amour assise ;
Quant de beauté, de grâce et toute honnour,
Il y a tant, que c'est droit qu'il souffise[5],
Si est bien droit que sur tous vous eslise,
Car vous estes bien digne d'avoir mieux ;
Si ay eu tort, quant tant m'avez requise,
De refuser ami si gracieux,

Si vous retien, et vous donne m'amour,
Mon fin cuer doulz, et vous pri que faintise[6]
Ne treuve en vous, ne nul autre faulz tour,
Car toute m'a entièrement acquise
Vo doulz maingtieng, vo manière rassise,
Et voz très doulz et amoureux beaulx yeux ;
Si auroye grant tort, en toute guise[7],
De refuser amy si gracieux.

ENVOY

Mon doulz ami, que j'aim sur tous et prise,
J'oy[8] tant de bien de vous dire, en tous lieux,
Que par Raison devroye estre reprise
De refuser ami si gracieux.

[1] Que Dieu m'entende. — [2] Après tout. — [3] Folie. — [4] Qu'il y a en vous tant de mérite, que mon amour sera bien placé. — [5] C'est justice qu'on s'en contente. — [6] Feinte. — [7] De toute façon. — [8] J'entends.

Doulce chose est que mariage ;
Je le puis bien par moy prouver,
Voyre à qui mary bon et sage [1]
A, comme Dieu m'a fait trouver.
Loué en soit il, qui sauver
Le me veuille ! car son grant bien [2],
De fait, je puis bien esprouver,
Et certes le doulz m'aime bien [3] !

La première nuit du mainage,
Très lors [4] poz-je bien esprouver
Son grant bien; car oncques [5] oultrage
Ne me fist, dont me deust grever [6].
Mais, ains qu'il fust temps de lever,
Cent fois baisa, si com je tien,
Sans villennie autre rouver [7];
Et certes le doulz m'aime bien !

Et disoit par si doulz langage :
« Dieu m'a fait à vous arriver,
Doulce amie, et pour vostre usage
Je croy qu'il me fist eslever [8]. »
Ainsi fina il de resver.
Toute nuit ainsi fit maintien,
Sans autrement soy desriver [9] ;
Et certes le doulz m'aime bien !

ENVOY

Princes d'amour me fait desver [10]
Quant il me dit qu'il est tout mien.
De doulçour me fera crever [11] ;
Et certes le doulz m'aime bien !

---

[1] C'est-à-dire : j'entends pour qui a un mari bon et sage, comme Dieu m'en a fait trouver un. — [2] Sa grande bonté. — [3] Ce doux ami. — [4] Dès lors. — [5] Jamais. — [6] Dont je dusse m'affliger. — [7] Dérober, prendre, du bas latin, *robare*. — [8] Grandir. — [9] S'écarter de la voie, se laisser entraîner. — [10] Me fait m'égarer en rêveries. — [11] Mourir. Le mot *crever* n'avait alors rien d'ignoble.

Seulete suis, et seulete vueil estre,
Seulete m'a mon doulz ami laissée,
Seulete suis sans compaignon, ne maistre,
Seulete suis, doulente et courroucée,
Seulete suis, en langour mesaisée [1],
Seulete suis, plus que nulle esgarée,
Seulete suis, senz ami demourée.

Seulete suis à huiz [2], ou à fenestre,
Seulete suis en un anglet mucée [3],
Seulete suis pour moi de pleurs repaistre.
Seulete suis, doulente ou appaisiée,
Seulete suis, riens n'est qui tant me siée [4],
Seulete suis en ma chambre enserrée,
Seulete suis, senz ami demourée.

Seulete suis partout, et en tout estre [5],
Seulete suis, où je voise, où je siée [6],
Seulete suis plus qu'autre rien terrestre,
Seulete suis, de chascun delaissée,
Seulete suis, durement abaissée,
Seulete suis, souvent toute esplorée,
Seulete suis, senz ami demourée.

ENVOY

Princes, or est ma douleur commenciée;
Seulete suis, de tout dueil manaciée [7],
Seulete suis, plus tainte que morée [8],
Seulete suis, senz ami demourée.

---

[1] Mal à l'aise. — [2] Porte. — [3] Blottie. — [4] M'agrée encore quelque peu. — [5] A tout foyer. Vieille forme de *âtre*. — [6] Partout où je vais, où je me trouve. — [7] Menacée. — [8] Plus assombrie que la teinture brune.

ALAIN CHARTIER

1390

Qui n'a lu que Marguerite d'Écosse, la femme de Louis XI, déposa publiquement un baiser sur la bouche de maître Alain endormi, en disant qu'elle avait voulu baiser « la précieuse bouche de laquelle étaient « yssues et sorties tant de bons mots et de vertueuses paroles? » C'est là peut-être ce qui a le plus servi à empêcher le nom d'Alain Chartier de tomber dans l'oubli. Vraie ou non, l'anecdote était piquante; elle n'a été racontée par Jehan Bouchet, et adoptée par tous après lui, que parce qu'elle consacrait la valeur des œuvres et du rôle de notre poëte. Octavien de Saint-Gelais, un demi-siècle auparavant, exprimait mieux encore la grande estime où était de son temps le nom de Chartier, quand il le traitait de « haut et scientifique poëte,

> Doux en ses faicts et plein de rhétorique,
> Clerc excellent, orateur magnifique. »

L'éloge était mérité. En même temps que la science, Chartier a la dignité; il ne demande l'effet qu'à des idées nobles et pures; il ne cherche que la clarté dans l'expression, et la simplicité dans la phrase. Ce n'est pas un grand esprit, mais c'est un esprit juste, ami de la règle et de la mesure, qui ne vise pas à être brillant, mais à être solide, et qui fuit toute grossièreté dans les idées comme dans la forme. Il n'y a pas eu alors, et il n'y aura pas de longtemps un poëte *aussi honnête homme*, et c'est là ce qui a communiqué à sa parole et à sa pensée une autorité, attiré sur sa vie et sur son souvenir un respect, donné à son influence une durée, qu'il serait injuste et impossible de méconnaître. Aucun poëte du même temps n'a écrit avec plus de conscience, ne s'est plus efforcé d'élever la littérature à la hauteur sereine des idées philosophiques. Il a été pour ses contemporains le maître souverain ; parmi ceux qui l'ont suivi, plus d'un a eu plus d'esprit, plus de force, plus d'invention, plus d'originalité personnelle ; aucun n'a eu autant de suite dans l'esprit, autant de volonté de se maintenir dans les plus hautes régions de la pensée. Aussi nul ne l'a détrôné, nul n'a même songé à se placer à côté de lui.

Alain Chartier naquit à Bayeux en 1390 ; il eut deux frères qui furent, l'un et l'autre, illustres ; l'un, Jean Chartier, moine de Saint-Denis, a écrit une chronique de son temps, publiée récemment dans la *Bibliothèque elzévirienne* avec tout le soin désirable ; l'autre, Guillaume Chartier, a été évêque de Paris ; il a figuré à l'enquête de réhabilitation de Jeanne d'Arc, et Martial d'Auvergne nous a conservé de lui ce trait que, dans la bibliothèque de son église, il fit attacher par une chaine, sur un pupitre, un manuscrit du procès, en perpétuel témoignage de cette justice tardive. Son frère Alain s'était par avance associé à cet hommage envers l'héroïque Pucelle par une épître latine, adressée au roi de Bohême, et cette lettre est bien à sa place dans ses œuvres de prose, qui sont surtout consacrées à l'expression du sentiment patriotique dont la France était alors animée. On voit ce même sentiment éclater dans le traité de l'Espérance ou Consolation des trois vertus, Foi, Espérance et Charité ; dans son dialogue latin sur les malheurs de la guerre, et surtout dans son Quadriloge, qui met en scène les trois États, et répète la plainte de *Labeur* et sa querelle avec *Noblesse*, au milieu de laquelle *Clergé* intervient comme médiateur, et conclut qu'il faut tous tirer du collier. Ces ouvrages et le *Curial*, peinture de la vie du courtisan que Chartier a écrite en latin et en français, lui donnent une belle place dans l'histoire de la prose française ; l'on y rencontre des pages admirables de mouvement, d'éloquence, de simplicité et d'énergie. Chartier, qui était secrétaire de Charles VII et de Louis XI, fut employé à des négociations, et dans ses ambassades il dut faire grande figure comme orateur. A en juger par ses écrits, sa parole a dû être aussi grave et aussi haute que celle de Gerson, sans être aussi embarrassée d'habitudes et de citations théologiques.

Malheureusement, le poëte n'est pas à la hauteur du prosateur. C'est la même veine et la même inspiration, mais avec plus de lenteur, avec moins de solidité et de mouvement. Il épure, il anoblit, il éclaircit les formules allégoriques du roman de la *Rose*, mais il s'y tient, et ne se montre réformateur que dans la phrase, qui, chez lui, est plus saine, plus logique, mieux balancée ; les qualités de son style, qui sont de nature à en faire un maître et presque un pédagogue donnant des exemples de bien dire, se bornent trop souvent, dans ses vers, à une correction monotone et sans accent. Il n'a pas de défauts, mais aussi pas de mérites saillants ; il est égal, régulier, nombreux, sans légèreté comme sans grands coups d'aile, et son bon sens d'écrivain ne s'illumine pas d'éclairs de génie. On doit l'apprécier, mais on ne peut jamais l'admirer, et l'on se fatigue de n'entendre jamais vibrer une voix si nette, si juste, si digne d'exprimer autre chose que des lieux communs.

Toutes ses pièces, le *Débat du réveil-matin*, le *Parlement d'amour*, la *belle Dame sans merci*, le *Débat de deux fortunés d'amour* (c'est celui qu'on désigne quelquefois sous le titre du *Débat du gras et du maigre*), sont, malgré d'heureux détails, entachés de la trop grande égalité de ton, qui est le caractère constant des poëmes de Chartier. Le livre *des quatre Dames* a un sujet plus précis et plus nouveau. Après un exorde tout printanier qui ouvre quelques heureuses et fraîches échappées de paysage, quatre dames disputent entre elles pour savoir quelle est la plus malheureuse. De ceux qu'elles aiment et qui étaient à Azincourt, l'un a été tué, l'autre est prisonnier, on ignore le sort du troisième, et le quatrième s'est lâchement enfui. Les motifs de regrets et de consolations, les craintes, les inquiétudes, les espérances qui sortent de ces situations diverses sont exposés et analysés avec justesse ; il n'est pas besoin de dire que c'est la quatrième qui est reconnue pour être la plus malheureuse, puisque la douleur n'est rien auprès de la honte. C'est un sujet neuf et ingénieux, chose rare dans les poëmes de cette époque, qui ne sont guère que des variations incessamment répétées sur des motifs trop peu nombreux, et ce sujet est traité avec talent, mais trop longuement encore pour avoir tout l'intérêt que l'on devrait y trouver.

Il est cependant incontestable que l'influence de Chartier a été puissante et durable. C'est le coryphée de la poésie du xve siècle, et il a été si bien le chef d'école de tout un siècle qu'il faut aller jusqu'à Marot pour voir s'effacer la souveraineté de Chartier. C'est, au reste, un fait considérable que la parité de destinée qu'on peut trouver entre tous ceux qui ont fait école dans la poésie française. Il semble que ce sceptre ne puisse être accordé qu'à un effort laborieux, qu'à une conviction profonde, mais étroite, et que les questions de forme l'emportent de beaucoup sur le fond ; tous ceux qui ont joué ce rôle n'ont renouvelé que l'expression ; l'invention, la force créatrice sont chez eux si peu importantes auprès des préoccupations extérieures qu'un de leurs principaux caractères est presque l'absence de la pensée. Jusqu'au mouvement littéraire de 1820, quels sont ceux, en effet, dont on a accepté la royauté, quels sont ceux qui ont donné le ton et l'accord dans la poésie française ? C'est d'abord Alain Chartier ; c'est ensuite Marot, dont le règne a été bien court; puis Ronsard, celui qui a eu le plus de valeur; et enfin Malherbe, celui de tous qui, certainement, a eu le moins l'intelligence large et féconde. C'est que pour devenir chef d'école, la première condition est de ne pas être de premier ordre et de pouvoir être imité, c'est-à-dire d'avoir, comme suprême caractère de son talent, une partie extérieure et matérielle qui puisse être sentie et poursuivie par tous, et ce qui a le plus l'apparence de l'originalité est précisément ce qui peut le plus facilement se vulgariser jusqu'à devenir banal. Les chefs d'école règnent moins par leurs mérites que par leurs défauts, et leurs copistes se chargent de les souligner, de les développer, de les pousser à une telle exagération que les qualités se perdent entièrement. Celles-ci, par contre, sont reprises aussi, dépassées quelquefois, répétées au moins avec bonheur par ceux qui viennent ensuite. De personnelles, elles deviennent générales, de nouvelles surannées, et de piquantes fastidieuses. La lassitude et la vieillesse arrivent enfin, et duront jusqu'à ce qu'on se groupe autour d'un nouveau venu. On voit par là que ce n'est pas aux chefs d'école que peut être réservée l'immortalité de la gloire. Non-seulement ils finissent par se confondre aux yeux de la postérité avec le groupe qu'ils ont créé, mais encore ils ne se succèdent qu'en se détruisant, parce qu'ils n'ont leur influence qu'à la condition d'avoir plus de talent que de génie, c'est-à-dire une infériorité relative qui les condamne à déchoir. Les vrais grands hommes sont plus individuels et plus solitaires. Quant aux autres, toute leur science et tout leur talent ne suffisent pas à les sauver de la déchéance.

Tandis que Chartier, Marot, Ronsard, Malherbe ne subsistent plus qu'à l'état de figures historiques, Villon, La Fontaine, Corneille, Molière demeurent éternellement jeunes et vivants.

ANATOLE DE MONTAIGLON.

FRAGMENT

DU POËME INTITULE : *LA BELLE DAME SANS MERCI*

Nagueres chevauchant pensoye,
Comme homme triste et douloreux,
Au dueil où il faut que je soye
Le plus dolant des amoureux ;
Puis que par son dart rigoureux
La mort me tolli [1] ma maistresse
Et me laissa seul langoureux
En la conduicte de Tristesse.

Si disoye, il fault que je cesse
De dicter et de rimoyer,
Et que j'abandonne et delaisse
Le rire pour le larmoyer.
Là me fault le temps employer,
Car plus n'ay sentement ne aise,
Soit d'escrire soit d'envoyer
Chose qu'à moy n'a [2] autruy plaise.

Qui vouldroit mon vouloir contraindre
A joyeuses choses escrire,
Ma plume n'y saurait attaindre,
Non feroit ma langue à les dire.
Je n'ay bouche qui puisse rire,
Que les yeulx ne la desmentissent :
Car le cueur l'en vouldroit desdire
Par les lermes qui des yeulx [3] issent.

Je laisse aux amoureulx malades,
Qui ont espoir d'allegement,
Faire chansons, ditz, et ballades,
Chacun en son entendement.

---

[1] Ravit. — [2] Pour : ne à... — [3] Sortent.

Car ma dame en son testament
Prist a la Mort, Dieu en ait l'ame,
Et emporta mon sentement,
Qui gist o [1] elle soubz la lame.

 Desormais est temps de moy taire,
Car de dire je suis lassé;
Je vueil laisser aux autres faire
Leur temps, car le mien est passé.
Fortune a le forcier [2] cassé,
Où j'espargnoye ma richesse
Et le bien que j'ay amassé
Au meilleur temps de ma jeunesse.

 Amours a gouverné mon sens,
Se faulte y a, Dieu me pardonne :
Se j'ay bien fait, plus ne m'en sens,
Cela ne me toult, ne me donne [3].
Car au trespas de la tres bonne
Tout mon bien fait se trespassa.
La Mort m'assist illec la bourne [4]
Qu'oncques puis mon cueur ne passa.

. . . .

———

. . . .
Il est, ce jour, et plus riche et plus aise,
Que s'il gaignait tout l'or d'Aufrique ou d'Aise [5].
Se une dame monstre à ung qui luy plaise,
  Le cueur luy volle,
Et de joye perd maintien et parolle,
Et, s'aucun scet son secret, il l'acolle,
En ce plaisir se meurdrist et s'affolle
  Plus que devant,
Et se remet en penser plus avant,

---

[1] Avec. — [2] Le coffre-fort. — [3] Enlève. — [4] C'est-à-dire : la mort a posé là pour moi la limite que jamais, depuis, mon cœur n'a franchie. — [5] D'Asie.

Voue et jure d'estre loyal servant,
A tousjours mais ¹, tant qu'il sera vivant,
    Mais peu luy dure.
Il oit apres quelque responce dure,
Et veoit aucun qui quiert ² son adventure,
Ou l'en luy dit quelque parolle obscure,
    Dont il se doubte ³.
Si pert à coup ⁴ celle grant joye toute,
Se deult et plaint plus que s'il eust la goutte ;
Il va, il vient, il se couche, il s'acoute ⁵,
    Il fuyt les gens ;
Il vient à l'huys et puis rentre dedens,
Il dit qu'il a mal de teste ou des dens ;
Au lict se met, puis envers, puis adens ⁶,
    Si se tempeste,
Et de veiller rompt son corps et sa teste.
Ne n'a plaisir de joye ne de feste,
Et tout seul fait sa plainte et sa requeste,
    Pensif et morne ;
S'il est couché d'ung lez ⁷, de l'autre tourne,
Puis se lieve, puis coucher s'en retourne,
Et luy tarde bien que le jour ⁸ n'adjourne,
    Afin que d'elle
Il puisse avoir ou rapport ou nouvelle,
Et qu'elle dit ⁹ et comme elle l'appelle.

. . . .

BALLADE

O folz des folz, et les folz mortelz hommes,
Qui vous fiez tant ès biens de fortune
En celle ¹⁰ terre, ès pays où nous sommes,
Y avez-vous de chose propre aucune ?

---

¹ Pour toujours, du moins. — ² Cherche. — ³ Qui lui donne quelque doute. — ⁴ Tout à coup. — ⁵ Il s'accoude. — ⁶ Tantôt sur le ventre, tantôt sur le dos. — ⁷ Côté. — ⁸ Arrive. — ⁹ Ce qu'elle dit. — ¹⁰ Cette.

Vous n'y avez chose vostre nes-une [1],
Fors les beaulx dons de grace et de nature.
Se Fortune donc, par cas d'adventure
Vous toult les biens que vostres vous tenez [2],
Tort ne vous fait, ainçois vous fait droicture [3],
Car vous n'aviez riens quant vous fustes nez.

Ne laissez plus le dormir à grans sommes
En vostre lict, par nuict obscure et brune,
Pour acquester richesses à grans sommes.
Ne convoitez chose dessoubz la lune,
Ne de Paris jusques à Pampelune,
Fors ce qui fault [4], sans plus, à creature
Pour recouvrer sa simple nourriture.
Souffise vous [5] d'estre bien renommez,
Et d'emporter bon loz [6] en sepulture :
Car vous n'aviez riens quant vous fustes nez.

Les joyeulx fruictz des arbres, et les pommes,
Au temps que fut toute chose commune,
Le beau miel, les glandes et les gommes
Souffisoient bien à chascun et chascune :
Et pour ce fut sans noise et sans rancune [7].
Soyez contens des chaulx et des froidures,
Et me prenez Fortune doulce et seure.
Pour vos pertes, griefve dueil n'en menez,
Fors [8] à raison, à point, et à mesure,
Car vous n'aviez riens quant vous fustes nez.

Se Fortune vous fait aucune injure,
C'est de son droit, jà ne l'en reprenez,
Et perdissiez [9] jusques à la vesture :
Car vous n'aviez riens quant vous fustes nez.

[1] Aucune chose à vous. — [2] Vous ôte les biens que vous tenez pour vôtres, que vous croyez être à vous. — [3] Mais au contraire, vous traite selon toute équité. — [4] Ce qui manque. — [5] Qu'il vous suffise. — [6] Réputation. — [7] Et c'est pourquoi l'on vivait sans querelle et sans haine. — [8] Excepté, sinon. — [9] Quand même vous perdriez.

CHARLES D'ORLÉANS

Un excellent critique, dont les jugements et les pensées dépassent souvent les sujets qu'il traite, écrivait dernièrement : « Faut-il donc toujours sacrifier un talent à l'autre? Le propre de tout ce qui est vraiment bon est de subsister en soi sans se détruire réciproquement et sans se nuire. » On ne saurait mieux penser ni mieux dire, et jamais peut-être cette justice, inclinée vers l'admiration de tout ce qui en est vraiment digne, n'a été plus à sa place qu'à propos de Charles d'Orléans. En effet, la critique n'a jamais voulu jusqu'ici le considérer en soi et dans ses véritables conditions; on l'a toujours apprécié par comparaison; tandis que les uns l'ont prôné, non pas outre mesure, mais à côté de la vérité, les autres le sacrifient sans pitié à l'un de ses contemporains, Villon, quoiqu'il n'ait de commun avec lui que l'époque où il a vécu. Pour l'abbé Sallier, qui l'a découvert, Charles d'Orléans est le père de la poésie française, ce qui est puéril; notre poëte a une touche légère et personnelle qui lui interdit tout empire, car, s'il exprime d'une façon exquise ce qu'il veut rendre, il n'invente rien, et le charme qu'il possède est une qualité qui ne se lègue pas plus qu'elle ne se dérobe. Pour d'autres, les qualités de Villon qui manquent à Charles d'Orléans, l'énergie du style et l'originalité des idées, assignent à celui-ci un rang tout à fait subalterne. Jugements aussi extrêmes et aussi injustes l'un que l'autre; si l'un est un poëte énergique, l'autre est un poëte délicat; tous deux ont une valeur de style, et celle qui convient à l'expression de leur pensée; chez l'un, c'est le fond qui crée la forme, chez l'autre, c'est la forme qui donne une valeur nouvelle à des sentiments éternellement jeunes parce qu'ils renaissent éternellement. Il est donc aussi impossible qu'inutile de les comparer; c'est même leur faire injure que d'essayer de les diminuer l'un par l'autre, et ce qu'il y a de plus vrai, c'est de leur savoir gré d'avoir des qualités diverses et de ne se point ressembler.

Charles d'Orléans est, de plus, dans des conditions spéciales dont il faut tenir compte, et, si quelque chose doit étonner, ce n'est point qu'il n'ait pas encore plus de talent, c'est bien plutôt qu'il en ait autant. C'est un prince, et sa nature d'écrivain, comme le genre adopté par lui, se ressent de son rang social par un côté qui n'a pas encore été suffisamment compris. On aurait pu d'abord remarquer que, dans notre première littérature, les classes élevées ont fourni un plus grand nombre de noms que depuis, et l'on ferait une longue liste de tous ceux qui ne sont ni prêtres, ni clercs, ni bourgeois, mais nobles, chevaliers, et même princes. On y verrait figurer, avant et après notre poëte, les noms de Thibaut de Champagne, de Boucicaut, du roi René, de François Ier et de Marguerite de Navarre. Cela est tout simple ; la naissance et la fortune permettaient une culture et une délicatesse d'esprit auxquelles il n'était pas alors donné à tout le monde d'atteindre.

Mais, en même temps, il est curieux de faire deux remarques : la première, c'est que cette production a cessé avec le triomphe définitif de l'imprimerie ; en multipliant les facilités d'instruction, celle-ci a accru le nombre des auteurs, et, par suite, constitué une concurrence bien autrement dangereuse qu'auparavant ; elle a donné aux œuvres de l'esprit une publicité durable, et détourné d'écrire ceux qui, par les convenances de leur rang, avaient en général plus à perdre qu'à gagner en s'exposant à un jugement nécessairement plus sévère, parce que l'envie s'y mêle facilement ; c'est même dans cet ordre d'idées qu'il faut chercher l'explication véritable de la conduite de François Ier lorsqu'il a fait imprimer Villon, sans rendre le même service aux œuvres de son grand-oncle qu'il connaissait certainement. Il a écrit lui-même, mais il n'a pas plus pensé à publier les poésies de Charles d'Orléans que les siennes propres, considérant que, pour tous deux, la poésie était un plaisir et un passe-temps personnel qui n'avait rien à faire avec le public et ne devait pas sortir du cercle des familiers.

La seconde remarque est que, malgré tout, en fait de littérature, les grands seigneurs et les princes de tous les temps ne sont jamais que des amateurs ; écrire ne peut être pour eux ni le but constant ni l'occupation souveraine ; que leur vie soit occupée par des soins publics dont l'importance les absorbe, ou qu'elle soit dévorée par la représentation officielle et les plaisirs fastueux de l'opulence, ils sont trop distraits pour pouvoir être constamment et uniquement auteurs. Il en résulte que nécessairement ils s'arrêtent aux petits genres, les seuls qui leur donnent du plaisir sans peine, parce qu'ils prennent et laissent le travail à leur fantaisie, et parce qu'en écrivant des pièces courtes, le plus souvent sur des sentiments personnels qui les dispensent de créer en dehors d'eux-mêmes des sujets précis, ils ont vite quelque chose de complet et de terminé, c'est-à-dire le plaisir de la production sans la continuité sévère du travail. A part la fin de cette période, où François Ier et sa sœur imitent la nouvelle école, tous les poëtes d'un rang élevé ne sont que des chansonniers; ils relèvent de la poésie méridionale des troubadours, et il est juste de dire que Charles d'Orléans est le dernier de ceux-ci; seulement, au lieu d'en clore faiblement la série, il le fait avec plus d'honneur qu'on n'aurait pu l'espérer; son heureux génie, de pensée et d'expression a renouvelé et rajeuni la grâce du genre, tout en le préservant des puérilités rhythmiques et des platitudes contournées.

En général, nous n'avons de renseignements sur la personne de nos anciens poëtes que par leurs œuvres; Charles d'Orléans, qui est un personnage historique, ne se trouve point dans le même cas, et l'on en sait sur lui autant et même plus qu'il n'est nécessaire. Il suffit ici de rappeler que ce prince, petit-fils de Charles V, fils de Louis d'Orléans, neveu de Charles VI, père de Louis XII et grand-oncle de François Ier, est né à Paris le 26 mai 1391; que, laissé pour mort à la bataille d'Azincourt, il fut vingt-cinq ans prisonnier en Angleterre, de 1415 à 1440; que, rendu à la liberté par les soins du duc de Bourgogne, il épousa, à son retour en France, Marie de Clèves, sœur du duc, et enfin qu'il mourut âgé de soixante-quatorze ans, le 4 janvier 1465. Malgré une expédition manquée dans le Milanais, malgré quelques honnêtes discours qui, vers la fin de sa vie, le firent tomber dans la disgrâce de son beau cousin le roi Louis XI, sa longue existence a été, en somme, peu politique, et le fait le plus important à y noter, sous ce rapport, c'est sa captivité, sans les ennuis et les loisirs de laquelle nous n'aurions peut-être pas eu le poëte. Il faut aussi ne pas oublier quelle était sa famille. Louis d'Orléans son père, beau, brave et amoureux comme pas un homme de son temps, était un maître dans toutes les élégances les plus rares de son époque; nul ne mettait plus de goût ni d'ardeur aux fêtes, aux tournois, et aux costumes; nul, sauf le duc de Berry, ne s'intéressait plus aux peintures et aux images, et l'on sait tout ce qu'il avait fait faire, en ce genre, dans ses hôtels et à l'église des Célestins. Sa femme, Valentine de Milan, mère de notre poëte, la plus belle, la plus honnête et la plus charmante femme de son temps, mourut de douleur, un an après le meurtre de cet infidèle qu'elle adorait et auquel elle pardonnait toujours. Charles d'Orléans avait alors dix-sept ans, mais, l'eût-il perdue plus tôt, il ne se serait pas moins montré le digne fils de sa mère. Ce qu'il a de finesse dans l'esprit, de délicatesse dans les sentiments, de douceur dans l'expression, c'est à elle qu'il le doit; par elle, il est un peu du pays de Pétrarque, et, s'il avait été tout à fait Italien, de ce pays où, depuis des siècles, de peur d'oublier quelqu'un on se souvient de tout le monde, alors que chez nous on trouve plus commode de ne se souvenir de personne, Charles d'Orléans aurait depuis longtemps une réputation qui ne sera jamais maintenant aussi grande qu'elle le devrait être, parce qu'il a été imprimé seulement de nos jours, et que son nom n'est pas de ceux que l'on est habitué à voir partout. L'admiration du public se refuse toujours longtemps aux nouveaux venus qui la troublent dans ses habitudes.

Le côté le plus faible de son œuvre, c'est, dans la première période, l'emploi de l'allégorie telle qu'elle avait été mise en honneur par les auteurs du roman de *la Rose*, et en cela il ne sort pas de ses conditions naturelles qui ne pouvaient lui permettre de ne pas se rattacher à la littérature officielle; l'originalité inventive a besoin, pour se produire, d'une rudesse native, d'une obscurité de vie première, d'une solitude et même d'une ignorance qu'il ne pouvait avoir à aucun degré. Mais avec combien plus de mesure et de légèreté emploie-t-il ensuite ces formes allégoriques, il les indique, il les fait entrevoir, il y insiste peu, et l'on ne sait souvent si ce n'est pas à des sentiments seulement, et non à des êtres précis, qu'on a affaire.

> Quant Plaisance n'est d'accord
> Avecques un jeune Desir,
> Nul ne pourroit son cueur tenir
> D'envoyer les yeulx en messaige.

Ailleurs, quand il est éloigné de sa dame, il dit : en sa compagnie,

> Laissay mon Cueur et mon Desir;
> Vers moy ne veulent revenir,
> D'elle ne sont jamais lassez.

Et encore, en parlant du souvenir de l'absente :

> Avecque elle, seul, sans presse,
> Je m'esbas soir et matinée;
> Ainsi passe temps et journée;
> Au partir, dy : « Adieu, maistresse. »

Espoir, « le beau menteur plein de promesses, » passe souvent dans ses vers :

> Tousjour dictes : « Je vien, je vien ; »
> Espoir, je vous cognois assez.

Mais l'amour heureux est chez lui plein de jeunesse, de grâce et même d'esprit :

> En la chambre de ma pensée
> Quand j'ay visité mes trésors,
> Maintes fois la trouve estoffée
> Richement de plaisans confors ;
> A mon cœur je conseille lors
> Qu'y prenions nostre demorrée.

Et pourtant il n'aura pas de joie de sa dame (aux belles, douces, blanches mains),

> Jusques verray vostre belle jeunesse,

ou bien :

> Quand le doulx soleil gracieux
> De vostre beauté entrera
> Par les fenestres de mes yeulx.

Il se console en écrivant, mais pourtant il regrette d'écrire :

> J'aymasse mieux de bouche vous le dire.

Y a-t-il rien de plus vif que cettre entrée en matière :

> Quelles nouvelles, ma maistresse ?
> Comment se portent nos amours ?

Il a sur les baisers de bien jolies échappées :

> Belle, si ne m'osez donner
> De vos doulx baisers amoureux,
> J'en embleray bien un ou deux ;
> ... S'il vous plaist vendre vos baisiers,
> J'en acheteray volontiers.

Et pourtant il sait bien que ceux qui valent le mieux, ce sont :

> Les privez, venant par plaisance.

Les grands sentiments ne se rencontrent que par éclairs dans les vers de ce paresseux délicat, qui ne craignait rien tant que souci. En dehors des quelques pièces de sentiment patriotique, comme la *Complainte de France* et la ballade touchante « du *plaisant vent venant de France*, » il a quelques accents émus sur la mort de sa maîtresse :

> Morte vous serviray de cueur...
> Je prie à Dieu qu'il en ait l'âme...

Et la ballade,:

> Le monde n'est que chose vaine,

qui fait souvenir de Villon dans cette strophe :

> Au vieil temps, grand renom couroit
> De Creseide, Yseud, Élaine [1],
> Et maintes autres, qu'on nommoit
> Parfaites en beauté haultaine,
> Mais, au derrain [2], en son domaine,
> La mort les prit piteusement.

Il est vrai que l'homme léger reparaît bien vite dans la ballade où il se représente comme perdu,

> S'il ne fait pas une dame nouvelle.

A côté des délicatesses, il y a en effet toute une veine d'esprit moins railleur qu'enjoué, et pour lequel je renverrai aux pièces, entre autres :

> Encore est vive la souris...
> Jeunes amoureux nouveaux...
> Car de jouer tours de maistre
> Femmes sont les nompareilles...
> En toute chose a ung mais...
> Je suis tout saoul de blanc pain,
> Et de manger meurs de fain
> D'un frès et nouveau pain bis,...

---

[1] Cressida, l'amante de Troïlus; Yseult, l'amie de Tristan, et la belle Hélène. — [2] En dernier lieu, à la fin.

ce qui rappelle La Fontaine, et le rondeau à une qui le voulait mettre en ses lacs :

> On vous appelle *Fol s'y fie;*
> Encores ne m'avez vous mie,
> Encores ne m'avez vous pas.

C'est le mot même de François 1er, et la jolie raillerie qu'il met dans la bouche d'un amoureux à sa maîtresse : Je crois

> Que m'aymez bien, et vous encore mieulx,

est digne des vers de Baude sur l'amoureux qui va mourir d'amour :

> Mais, com je croy, le plus tard qu'il pourra.

En rappelant, après ses côtés de tendresse et d'enjouement, quelques poëmes comme la ballade sur la *Feuille et la Fleur*, qui font penser au poëme de Chaucer, *The flower and the leaf*, et les jolies pièces sur l'hiver et sur le printemps, où se retrouvent la note naturelle et le sentiment du paysage :

> En tirant d'Orléans à Blois...
> Les oiseaulx deviennent danseurs,
> Dessus mainte branche fleurie,
> Et font joyeuse chanterie,

on aura indiqué ce que j'appellerai la première partie de son œuvre.

La seconde, qui me paraît supérieure, est celle où, devenu vieux, il revient sur le passé, et se plaint du présent sans amertume. Après avoir

> Esté en fleur, au temps passé d'enfance,

il est bien forcé de se dire que

> L'ostellerie de pensée,
> Pleine de venans et alans,
> A chacun est abandonnée ;
> Elle n'est à nul refusée,
> Mais preste pour tous les passans.

Il ne se défend pas contre ces nouveaux venus, et cependant il regrette :

> Pourquoy m'as-tu vendu, Jeunesse,
> A bon marché, comme pour rien,
> Es mains de madame Vieillesse?

Le plus parfait de son œuvre, comme forme et comme pensée, c'est ce que Montaigne en aurait certainement le mieux aimé et le plus pillé, ce sont les dernières pièces, dont je prendrai ces quelques vers pour en mieux marquer le caractère :

>Quand je lis au livre de joye,
>Les lunettes prens pour le mieulx,
>Par quoy la lettre me grossoye,
>Et n'y voy ce que je vouloye...
>Car plus ne sçay lire au livre de joye...
>Je ne voy rien qui ne m'annuye,
>Et ne sçay chose qui me plaise...
>Le monde est ennuyé de moy,
>Et moy pareillement de luy...
>Jeunes peuvent paine souffrir
>Plus que vieillesse . . . . . .
>Ung vieillart peut pou de chose...
>Ce qui m'entre par une oreille
>Par l'autre sault comme est venu ;
>Comme ung chat suis, viel et chenu ;
>Legierement pas ne m'esveille...
>A ce jour de saint Valentin
>Amours demourray-je nou per [1] ?
>Mais Nonchaloir, mon medecin,
>M'est venu le pousse [2] taster,
>Qui m'a conseillié reposer,
>Et rendormir sur mon coussin...
>J'ay esté poursuivant d'amour,
>Mais maintenant je suis herault.

Aussi, à moins qu'il ne veuille *boire de l'endormye* :

>Il laisse passer moquerie
>Devant ses yeulx, comme les nues [3]...
>Il ne prent plaisir qu'en pensée
>Du temps passé !

Et il s'écrie :

>Laissez-moi penser à mon aise...
>Il n'est nul si beau passe-temps
>Que de jouer à sa pensée ;
>Mais qu'elle soit bien dépensée
>Par raison ; ainsi je l'entens.

[1] Tout seul, sans choisir une amoureuse. — [2] Le pouls. — [3] Comme les nuages qui courent dans le ciel.

Tout ce côté d'une philosophie douce et indulgente n'a peut-être pas été assez remarqué, et au lieu d'y être

> Tout enroillié de nonchaloir,

comme il en exprime la crainte avec une modestie trop bien jouée pour être tout à fait sincère, jamais au contraire son langage et sa pensée n'ont été plus souples, plus variés, plus limpides et plus attachants.

Après ces citations, et à côté des pièces complètes qui accompagnent notre notice, il serait superflu d'insister sur le bonheur et le naturel de ses refrains, sur le tour élégant de sa pensée, sur les qualités légères de son style, et sur sa perfection comme aisance et comme propriété. La phrase y est courte, fine, merveilleusement nette et sans le moindre embarras; le mot lui-même est clair; parmi nos vieux poëtes, c'est même un de ceux qui fourniraient le moins de mots à un dictionnaire de l'ancien français, et il est en cela bien plus moderne que beaucoup des poëtes qui l'ont suivi. La nature distinguée et mesurée de son esprit est bien pour quelque chose dans son bonheur à n'employer que des mots si français qu'ils restent toujours vivants dans la langue; mais il faut aussi remarquer que ce phénomène est toujours plus ou moins inhérent au genre adopté par lui. Les pièces amoureuses, vivant sur un fonds d'idées qui reste le même, se tiennent forcément dans la clarté parce que chez elles l'expression doit porter une pensée souvent mince en elle-même et déjà connue, et parce que, plus qu'aucun autre genre, elles sont toujours à côté de la musique. Cela est si vrai qu'elles arrivent d'elles-mêmes à inventer et à observer presque absolument l'alternance des rimes féminines et masculines, et celles qui ne sont pas faites pour être chantées se préoccupent cependant d'arriver à une harmonie musicale qui exclut les rudesses et les violences. Il en a toujours été ainsi, et, à une époque bien plus ancienne, dans le même sens de clarté et de douceur, la langue de Colin Muset est à celle de Rutebeuf ce que Charles d'Orléans est à Villon.

Il sera plus utile de dire quelques mots des éditions qui ont été faites des poésies de Charles d'Orléans. La première, publiée en 1803 à Grenoble par M. Chalvet, ne compte plus; celles données en 1842 par M. Jean-Marie Guichard et par M. Champollion-Figeac sont les seules dont on puisse aujourd'hui se servir. Elles sont bonnes; mais après eux, et même grâce à eux, il serait possible d'en donner une meilleure, d'autant plus que des manuscrits, postérieurement découverts, ont donné le nom des auteurs de plus d'une pièce qui paraissait indigne du poëte. L'édition de M. Champollion, qui a en outre publié sur Louis et Charles d'Orléans une excellente *Etude historique et biographique* à laquelle nous ne pouvons que renvoyer, est la mieux ordonnée des deux et la plus agréable à lire, alors que celle de M. Guichard, qui est plus complète, est confuse et embrouillée. La ponctuation laisse aussi beaucoup à désirer, et c'est un point de la plus haute importance toujours, mais surtout à propos d'un style aussi léger, aussi ondoyant, aussi nuancé. Comme le meilleur manuscrit n'est pas complet et que les plus complets sont tout à fait en désordre, il y aurait lieu de disposer à nouveau toutes les pièces dans l'ordre des sentiments et des sujets. On aurait ainsi réuni les pièces purement littéraires et un peu banales, puis les pièces personnelles, d'abord heureuses et gaies, ensuite douloureuses, puis chagrines, et à la fin sinon consolées, au moins calmes et sereines. De cette façon, il serait possible de montrer, d'un côté, un Charles d'Orléans sans mélange, sauf les quelques réponses qui sont certainement écrites par une femme, et de le faire voir, d'un autre, correspondant d'Angleterre avec ses nobles amis de France, les ducs de Bourgogne, de Bourbon et de Lorraine, le roi René, le bâtard de la Trémouille, d'autres encore, et ensuite entouré de la petite cour littéraire qu'il avait réunie autour de lui dans son château de Blois, et où Villon, Baude et Olivier de La Marche ont passé. Certes Fredet, Fraigne, Simonnet Caillau, Hugues Le Voys et maistre Étienne Le Goût, les tenants habituels de ces tournois littéraires, sont de méchants rimailleurs, mais ils appartiennent à l'histoire de Charles d'Orléans, et à ce point de vue il est intéressant de les conserver à côté de lui, quand même ils ne lui serviraient pas de repoussoir. Il y aurait lieu d'imprimer aussi la traduction latine en vers élégiaques qui a été écrite par Antoine Astezan, secrétaire du duc, et qui est conservée dans le manuscrit de Grenoble. Il faudrait également y joindre la traduction en vers anglais faite sous les yeux du prince, pendant sa captivité, et à laquelle il a peut-être mis la main; celle-là a été imprimée; mais comme elle l'a été par les soins du Roxburghe-Club et qu'elle n'a été tirée qu'à quarante-quatre exemplaires, elle est à peine connue en Angleterre et ne l'est pas du tout en France. Ces deux traductions auraient un double intérêt, celui de permettre de choisir le meilleur texte et de le faire comprendre parfaitement, et celui plus important encore de donner, avec l'authenticité complète, la date relative des pièces, toutes celles traduites en anglais étant nécessairement antérieures au retour de Charles d'Orléans. Avec ces divisions raisonnées, avec l'éclaircissement définitif d'une ponctuation soigneuse et intelligente, cette édition nouvelle serait bien précieuse pour l'honneur de notre littérature. Il n'y a pas, dans notre littérature, de *classiques* avant Rabelais ; de nouvelles éditions de Villon et de Charles d'Orléans, faites avec les soins de tous genres qu'on est aujourd'hui en droit de demander à un éditeur d'anciens textes français, seraient de nature à mettre ces deux poëtes au rang de ceux qu'il n'est permis à personne de ne pas connaître et de ne pas posséder.

ANATOLE DE MONTAIGLON.

L'abbé Sallier, *Mém. de l'Acad. des inscrip.*, t. XIII, 1740, p. 580-92, reproduit en 1811 dans la *Biblioth. académique* de Séneys, t. IX, p. 212-22; Chalvet, *Poésies de Ch. d'Orléans*, Grenoble, 1803, in-12; Berriat Saint-Prix, *Notice sur la traduction latine des poésies de Ch. d'Orléans* par Antoine Astezan, *Mag. encycl.*, 1808, t. I, p. 190; *London Magazine*, 1823, traductions en vers, attribuées au poëte Carey, de quelques poésies de Charles d'Orléans; Villeneuve-Bargemont, *Hist. de René d'Anjou*, 1825, t. III; *Retrospective Review*, nouv. série, t. I, London, 1827, p. 147-56; *Poems written in English by Ch. duke of Orleans, during his captivity in England, after the battle of Azincourt*, Londres, 1827, in-4º de VIII et 295 p., imprimé par M. Vatson Taylor, pour le *Roxburgh Club*; Villemain, *Hist. de la Littérature française au moyen âge*, 19ᵉ leçon; Sainte-Beuve, *Poésie française au XVIᵉ siècle*; 1843, in-12, p. 9-12; *Poésies inédites de Ch. d'Orléans*, publiées par M. Guichard dans le *Bulletin du bibliophile* d'av. 1842, in-8 de 28 p.; *Poésies de Ch. d'Orléans*, publ. par M. Aimé Champollion Figeac, Paris, 1842, in-12 de XXXVIII et 504 p.; *Poésies de Ch. d'Orléans*, publ. par M. J. Guichard, Paris, Gosselin, 1842, in-12 de XXIV et 440 p.; *Note additionnelle* de M. A. Champollion à son édition de Ch. d'Orléans, Octobre 1842, in-8; *Lettre* de J. M. Guichard, à M***, Paris, E. Duverger, déc. 1842, in-12 de 36 p.; Leroux de Lincy, *Bibliothèque du duc Ch. d'Orléans au château de Blois, en 1427*, Paris, Didot, 1843, in-8 de 59 p.; *Louis et Charles, ducs d'Orléans, leur influence sur les arts, la littérature et l'esprit de leur siècle*, par A. Champollion Figeac, Paris, 1844, 3 vol. in-8; Vallet de Viriville, *Visite au British Museum à Londres*, notice du manuscrit *Bibl. reg. 11, F. 16*, contenant les poésies de Ch. d'Orléans, in-8 de 16 p. (Tirage à part du *Bul. du bibl.*, juillet 1846); A. Champollion Figeac, *Notice sur un manuscrit de poésies du XVᵉ siècle*, *Nouvelle Revue encyclopédique*, Paris, Didot, mai et juin 1848, in-8, p. 122 et 278; etc., etc.

BALLADES

Comment se peut ung povre cueur deffendre,
Quant deulx beaux yeulx le viennent assaillir?
Le cueur est seul, desarmé, nu et tendre,
Et les yeulx sont bien armez de plaisir.
Contre tous deulx ne pouroit pié tenir[1];
Amour aussi est de leur aliance :
Nul ne tendroit contre[2] telle puissance.

Il luy convient[3] ou mourir ou se rendre;
Trop grant honte luy seroit de fuir;
Plus baudement[4] les oseroit attendre,
S'il eust pavais[5], dont il se peust[6] couvrir;
Mais point n'en a. Si luy vault mieulx souffrir
Et se mettre tout en leur gouvernance;
Nul ne tendroit contre telle puissance.

Qu'il soit ainsi, bien me le fist aprendre
Ma maistresse, mon souverain desir,
Quant il luy pleut, ja pieça, entreprendre
De me vouloir de ses doulx yeulz ferir[7].
Oncques puis[8] mon cueur ne peust guerir,
Car lors fust il desconfit[9] à oultrance :
Nul ne tendroit contre telle puissance.

En la forest d'ennuyeuse Tristesse,
Un jour m'avint qu'à par moy cheminoye;
Si rencontray l'amoureuse deesse
Qui m'appella, demandant où j'aloye.

---

[1] Il (le cœur) ne pourrait tenir pied. — [2] Ne résisterait à... — [3] Il lui faut. — [4] Plus bravement. — [5] Pour : pavois. — [6] Pour : pût. — [7] Frapper. — [8] Jamais depuis. — [9] Défait.

Je respondy que par Fortune estoye
Mis en exil en ce bois, longtemps a ¹,
Et qu'à bon droit appeller me povoye
L'omme esgaré qui ne scet où il va.

En souriant, par sa très grant humblesse ²,
Me respondy : « Amy, se je sçavoye
Pour quoy tu es mis en cette destresse,
A mon povoir ³, voulentiers t'aideroye :
Car ja pieça ⁴ je mis ton cueur en voye
De tout plaisir; ne sçay qui l'en osta :
Or, me desplaist qu'à present je te voye
L'omme esgaré qui ne scet où il va.

— Hélas! dis-je, souverainne princesse,
Mon fait sçavez; pour quoy le vous diroye?
C'est par la mort, qui fait à tous rudesse,
Qui m'a tollu ⁵ celle que tant amoye,
En qui estoit tout l'espoir que j'avoye,
Qui me guidoit, si bien m'acompaigna ⁶
En son vivant, que point ne me trouvoye
L'omme esgaré qui ne scet où il va. »

Aveugle suy, ne sçay où aler doye ;
De mon baston, afin que ne forvoye ⁷,
Je vais tastant mon chemin çà et là.
C'est grant pitié qu'il convient que je soye
L'omme esgaré qui ne scet où il va.

———

En regardant vers le païs de France,
Ung jour m'avint, à Dovre sur la mer,
Qu'il me souvint de la doulce plaisance ⁸
Que je souloye oùdit païs trouver.
Si commençay de cueur à souspirer,

---

¹ Il y a longtemps. — ² Humilité, ici courtoisie. — ³ Selon mon pouvoir. — ⁴ Il y a déjà longtemps. — ⁵ Ravi. — ⁶ Sous-entendu : et qui... — ⁷ Afin que je ne me fourvoie pas. — ⁸ Du doux charme que j'avais coutume de trouver au dit pays.

Combien¹ certes que grant bien me faisoit
De veoir France, que mon cueur amer² doit.

Je m'avisay que c'estoit non sçavance
De tels souspirs dedens mon cueur garder,
Veu que je voy que la voye commence³
De bonne paix, qui tous biens peut donner.
Pour ce, tournay en confort⁴ mon penser :
Mais non pourtant mon cueur ne se lassoit
De veoir France, que mon cueur amer doit.

Alors, chargeay en la nef d'Esperance
Tous mes souhaitz, en les priant d'aler
Oultre la mer, sans faire demourance⁵,
Et à France de me recommander.
Or, nous doint Dieu⁶ bonne paix sans tarder!
Adonc auray loisir, mais qu'ainsi soit⁷,
De veoir France, que mon cueur amer doit.

Paix est tresor qu'on ne peut trop louer,
Je hé guerre, point ne la doy priser;
Destourbé⁸ m'a longtemps, soit tort ou droit,
De veoir France, que mon cueur amer doit.

Nouvelles ont couru en France,
Par maints lieux, que j'estoye mort;
Dont avoient peu de desplaisance
Aucuns⁹ qui me hayent à tort.
Autres en ont eu desconfort¹⁰,
Qui m'ayment de loyal vouloir,
Comme mes bons et vrais amis.
Si¹¹ fais à toutes gens sçavoir
Qu'encore est vive¹² la souris.

¹ Quoique. — ² Aimer. — ³ C'est-à-dire : qu'on est en voie de conclure une bonne paix. — ⁴ Consolation. — ⁵ Sans retard. — ⁶ Que Dieu nous donne. — ⁷ Pourvu qu'il en soit ainsi. — ⁸ Empêché. — ⁹ Quelques-uns. — ¹⁰ Affliction. — ¹¹ Aussi, c'est pourquoi je fais... — ¹² En vie.

Je n'ay éu mal ne grevance [1]
Dieu mercy, mais suis sain et fort;
Et passe temps en esperance
Que Paix, qui trop longuement dort,
S'esveillera et par accort
A tous fera liesse [2] avoir.
Pour ce, de Dieu soient maudis
Ceulx qui sont dolents de veoir
Qu'encore est vive la souris.

Jeunesse sur moy a puissance;
Mais Vieillesse fait son esfort
De m'avoir en sa gouvernance,
A present faillira son sort [3] :
Je suis assez loin de son port.
De plourer vueil garder mon hoir [4].
Loué soit Dieu de paradis
Qui m'a donné force et povoir
Qu'encore est vive la souris.

Nul ne porte pour moy le noir [5],
On vent meillieur marché drap gris;
Or, tiengne chascun [6], pour tout voir,
Qu'encore est vive la souris.

RONDEAUX

Le voulez-vous,
Que vostre soye?
Rendu m'ottroye [7],
Pris ou recous [8].

---

[1] Chagrin. — [2] Contentement. — [3] C'est-à-dire : le sort qu'elle m'a jeté manquera, pour le présent, son effet. — [4] Héritier. — [5] Que nul ne porte. — [6] Or, que chacun tienne pour certain... — [7] M'octroye, me donne à vous. — [8] Ou m'avouant vaincu.

Ung mot pour tous ;
Bas, qu'on ne l'oye ¹ :
Le voulez-vous,
Que vostre soye ?

Maugré jaloux ²,
Foy vous tendroye ³ :
Or çà, ma joye,
Accordons-nous :
Le voulez-vous ?

———

Le Tems a laissié son manteau
De vent, de froidure et de pluye,
Et s'est vestu de broderye
De soleil riant, cler et beau.

Il n'y a beste ne oiseau
Qu'en ⁴ son jargon ne chante ou crye :
Le Temps a laissié son manteau.

Riviere, fontaine et ruisseau
Portent en livrée jolye
Gouttes d'argent d'orfaverie ⁵ ;
Chascun s'abille de nouveau ⁶,
Le Temps a laissié son manteau.

———

Gardez le trait ⁷ de la fenestre,
Amans, qui par rues passez :
Car plus tost en seres blessez
Que de trait d'arc ou d'arbalestre.

———

¹ A voix basse, pour qu'on ne l'entende pas. — ² Malgré. — ³ Je vous tiendrais ma foi. — ⁴ Pour : qui en... — ⁵ D'orfévrerie. — ⁶ A neuf. — ⁷ Prenez garde au trait.

N'allez à destre n' à senestre [1]
Regardant ; mais les yeulx baissez :
Gardez le trait de la fenestre.

Se n'avez medecin bon maistre,
Se tost que vous serez navrez [2]
A Dieu soyez recommandez.
Mors vous tiens [3] ; demandez le prestre :
Gardez le trait de la fenestre.

———

Jeunes amoureux nouveaulx,
En la nouvelle saison,
Par les rues, sans raison,
Chevauchent faisans les saulx ;

Et font saillir des carreaulx
Le feu, comme de charbon :
Jeunes amoureux nouveaulx
En la nouvelle saison.

Je ne sçay se leurs travaulx
Ilz employent bien ou non ;
Mais piqués de l'esperon
Sont autant que leurs chevaulx,
Jeunes amoureux nouveaulx.

———

Encore lui fait-il grant bien
De veoir celle qu'a tant amée [4],
A celui qui cueur et pensée
Avoit sien, elle comme sien [5].

Combien qu'il n'y aye plus rien
Et qu'autre la lui ait ostée,

---

[1] Ni à droite, ni à gauche. — [2] Aussitôt que vous serez blessés. — [3] Je vous tiens pour morts. — [4] Pour : aimée. — [5] C'est-à-dire : qui avait son cœur et sa pensée (à elle), comme elle avait les siens (à lui).

Encore lui fait-il grant bien
De veoir celle qu'a tant amée.

En regardant son doulx maintien
Et son fait, qui moult [1] lui agrée,
S'il la peut tenir embrassée,
Il pense qu'une foiz fut sien [2],
Encore lui fait-il grant bien.

―――

Allez-vous-en, allez, allez,
Soussi [3], Soing et Merencolie [4],
Me cuidez-vous [5], toute ma vie,
Gouverner, comme fait avez?

Je vous promet que non ferez;
Raison aura sur vous maistrie [6] :
Allez-vous-en, allez, allez,
Soussi, Soing et Merencolie.

Se jamais plus vous retournez
Avecques vostre compaignie,
Je pri à Dieu qu'il vous maudie
Et ce [7] par qui vous reviendrez :
Allez-vous-en, allez, allez.

―――

Rendez compte, Vieillesse,
Du temps mal despendu
Et sottement perdu
Es [8] mains dame Jeunesse.

Trop vous court sus Foiblesse;
Qu'est povoir devenu?
Rendez compte, Vieillesse,
Du temps mal despendu.

―――

[1] Beaucoup. — [2] Qu'autrefois il fut à elle. — [3] Pour : souci. — [4] Mélancolie. — [5] Croyez-vous. — [6] Vous maîtrisera. — [7] Celui qui vous ramènera. — [8] Aux mains de...

Mon bras en l'arc se blesse
Quant je l'ay estandu;
Pourquoy j'ay entendu [1]
Qu'il convient que jeu cesse.
Rendez compte, Vieillesse,
Du temps mal despendu.

Tout vous est en destresse
Desormais chier [2] vendu;
Rendez compte, Vieillesse,
Du temps mal despendu.

Des tresors de liesse [3]
Vous sera peu rendu,
Riens qui vaille ung festu;
N'avez plus que Sagesse.
Rendez compte, Vieillesse,
Du temps mal despendu.

———

Les fourriers d'Esté sont venuz
Pour appareiller son logis,
Et ont fait tendre ses tappis
De fleurs et verdure tissuz.

En estandant tappis veluz
De vert herbe par le païs,
Les fourriers d'Esté sont venuz
Pour appareiller son logis.

Cueurs, d'ennuy pieça [4] morfonduz,
Dieu mercy, sont sains et jolis;
Alez-vous en, prenez païs,
Yver, vous ne demourez plus :
Les fourriers d'Esté sont venuz.

[1] C'est pourquoi j'ai compris. — [2] Pour : cher. — [3] Joie. — [4] Déjà.

Dieu! qu'il la fait bon regarder,
La gracieuse, bonne et belle!
Pour les grans biens qui sont en elle,
Chascun est prest de la loüer.

Qui se pourroit d'elle lasser?
Tous jours sa beauté renouvelle [1].
Dieu! qu'il la fait bon regarder,
La gracieuse, bonne et belle!

Par deçà, ne delà la mer,
Ne sçay dame ne damoiselle
Qui soit en tous biens parfais telle [2].
C'est ung songe que d'y penser:
Dieu! qu'il la fait bon regarder!

———

Laissez-moy penser à mon aise,
Hélas! donnez m'en le loysir.
Je devise avecques Plaisir,
Combien [3] que ma bouche se taise.

Quand Merencolie mauvaise
Me vient maintes fois assaillir,
Laissez-moy penser à mon aise.
Hélas! donnez m'en le loysir.

Car afin que mon cueur [4] rapaise,
J'appelle Plaisant-Souvenir,
Qui tantost [5] me vient resjoüir.
Pour ce, pour Dieu! ne vous desplaise,
Laissez-moy penser à mon aise.

[1] Pour: se renouvelle. — [2] Aussi parfaite qu'elle. — [3] Quoique. — [4] S'apaise. — [5] Bientôt.

MARTIAL D'AUVERGNE

1420 — 1508

Martial était-il né en Auvergne ou à Paris? La question était difficile à décider, ces deux appellations lui étant indifféremment appliquées comme surnom. M. de Paulmy, dans ses *Mélanges tirés d'une grande bibliothèque,* nous apprend que l'on voyait encore, de son temps, l'épitaphe de Martial au cimetière des Innocents, et lui seul nous a conservé le souvenir du lieu où le poëte avait été inhumé; mais nous n'en serions pas plus avancés, si Jacques Joly, dans ses annotations sur le premier livre du *Traité des Offices de France,* de Girard, (Paris, Jacques Quesnel, 1644, in-folio, tom. I, p. cxliiii), ne nous avait conservé l'épitaphe elle-même. La Monnoye, qui l'a connue, en a cité quatre vers dans ses notes sur La Croix du Maine, mais d'une façon inexacte. Il a cité les annotations de Joly sur les *Offices* de Loyseau, et, comme Charles Loyseau a écrit sous ce titre un traité qui a été réimprimé par Claude Joly, on pourrait y chercher bien longtemps en vain, comme je l'ai fait, cette curieuse épitaphe. Aussi, crois-je devoir la donner ici en entier, et avec d'autant plus de raison qu'elle seule nous apprend quelque chose de positif sur la vie de Martial. La voici :

Quiescit hic vir, laude dignus et magnæ pietatis, Martialis d'Auvergne, Parisiensis diocæsis, qui 50 annis procuratoris officium hoc in senatu summo cum labore et diligentiâ fideliter exercuit, et, director ac nutritor pauperum semper existens, Vigiliisque Caroli VII, Francorum regis, necnon Horis ad laudem Dei genitricis Mariæ, plurimisque aliis gestis gallicè ab ipso editis, tandem senio confectus, plurimisque scientiis ac patientiâ imbutus, expiravit anno 8 supra 1500, 13 die maii.

> Cy devant gist et est en sepulture
> M. Martial, d'Auvergne surnommé,
> Né de Paris, et fut plein de droicture,
> Pour ses vertus d'un chacun bien aymé ;
> En parlement procureur renommé,
> Par cinquante ans exerça la practique.
> Avec ses père et mère est inhumé,
> Les honorant comme fils catholique
> Soubs Jésus Christ en bon sens pacifique,
> Patiemment rendit son esperit
> En may 13, ce jour là sans réplique,
> Qu'on disoit lors mil [et] cinq cens [et] huit.

Il n'y a donc pas à rapporter à Martial, comme a fait La Croix du Maine, l'histoire rapportée par la *Chronique scandaleuse*, sous la date de juin 1466, du *jeune* procureur au Châtelet, qui, dans un accès de fièvre chaude, se jeta par la fenêtre quelques jours après son mariage. Martial d'Auvergne, mort le 13 mai 1508, était à cette époque procureur au parlement depuis cinquante ans, c'est-à-dire depuis 1458; en lui donnant alors 30 ans, ce qui lui donnerait 88 ans à sa mort, il serait né en 1420, et n'aurait pas été jeune en 1466. Cette date approximative de 1420 concorde mieux que toute autre postérieure avec le grand poëme des *Vigilles du roi Charles VII*. Le souvenir vivant de ce prince qui en est la première inspiration, cet hommage exceptionnel consacré à sa mémoire, et la manière dont Martial est informé de tous les détails de l'histoire du règne suffirait pour autoriser à supposer deux choses : l'une, que l'ouvrage avait été écrit peu après 1461, et tout au commencement du règne de Louis XI, à qui l'on ne faisait pas sa cour en parlant avec éloge de son père ; l'autre, que l'auteur avait vécu âge d'homme sous Charles VII, auquel il était sans doute attaché par les liens de la reconnaissance. L'épitaphe confirme ces suppositions, qu'on aurait dû tirer depuis longtemps du poëme lui-même. C'est peut-être à ce roi qu'il dut indirectement sa nomination de procureur en 1458, et, s'il n'était plus en charge effective à sa mort, ce qui mettrait le commencement de ses cinquante années d'exercice avant 1458, il devient très-naturel de supposer qu'il ait pu parler avec un souvenir si vif de Jeanne d'Arc, dont le passage dans l'histoire est de 1428 à 1431; quand même Martial ne serait né, comme nous le supposons, que vers 1420, son imagination d'enfant a pu en être bien frappée, et dans tous les cas, sa jeunesse s'est passée au milieu des témoins et des compagnons des miracles de la Pucelle.

De toute façon, les *Vigilles de Charles VII* sont certainement le premier ouvrage de Martial; il le dit lui-même en finissant :

> O vous, messeigneurs qui verrez
> Les *Vigilles* et les lirez,
> Ne prenez pas garde à l'acteur,
> Car grans faultes y trouverez;
> Mais, s'il vous plaist, l'excuserez
> *Veu qu'il est ung nouvel facteur.*

La division en neuf psaumes et en neuf leçons n'est guère qu'apparente, et équivaut en réalité à une division en neuf livres. Le poëme, écrit en quatrains, sauf quelques morceaux traités dans d'autres mètres avec l'intention d'être plus poétique et de relever par là les parties de pure narration, est en réalité une chronique rimée, des plus vives, des plus justes comme peinture, des plus précieuses comme intérêt, et des plus attachantes comme lecture. Ce qui l'emplit d'un bout à l'autre, c'est la guerre avec les Anglais, les revers d'abord, puis le triomphe éclatant et décisif dont l'effet moral fut d'autant plus grand qu'il était inattendu et presque miraculeux, et enfin la suite de ces premiers succès, qui fut plus lente, mais qui fut plus régulière, plus sûre, et qui, d'avantage en avantage, de prise de ville en prise de ville, arriva à ne laisser à Henri II que Calais à conquérir pour chasser définitivement les Anglais de France. L'amour de la patrie s'y sent à chaque page, et aussi la pitié du pauvre populaire, témoin ces plaintes :

> Hé, n'est-ce pas moult grant pitié
> Qu'à cause du train de la guerre,
> Qui ne vient que d'inimitié,
> Il faille tant de maulx acquerre?
>
> Femmes devenir en veuvage,
> Enfants perdre leur pere et mere,
> Et les filles leur mariage;
> Helas, quelle douleur amere!
>
> User de force et de puissance,
> Pucelles ravir, defflorer,
> Femmes prendre par violence,
> Puis tout piller et devorer!
>
> Tuer, battre povres chevaux
> En menant à l'artillerie,
> Et faire cent mille travaulx
> Dont la vengeance à Dieu crie!

> Vivre sur les champs en servage,
> Brigans meurtrir à grans monceaulx
> Povres bonnes gens de village,
> Les emmenans comme pourceaulx.
>
> Il n'est cueur si tres dur et fier
> Qui, pour itels grans maulx restraindre,
> Ne soit tenu de s'employer
> Et à son povoir guerre estaindre.
>
> Roys et princes qui gouvernez,
> De vos subjets ayez memoire,
> Et en paix les entretenez,
> Car Dieu vous en donra victoire.

L'homme que son épitaphe appelle le directeur et le protecteur des pauvres, ce qui me ferait croire qu'il a été attaché à l'administration du Bureau des pauvres de la Ville, devait, plus qu'un autre, être sensible aux misères des petites gens. Un autre côté remarquable dans son œuvre, en dehors du détail minutieux de l'histoire, c'est la complaisance avec laquelle il décrit les pompes et les entrées solennelles. Les costumes y brillent de tout l'éclat des plus riches étoffes. Les relations officielles des entrées, qui se trouvent dans les registres de la Ville et dans ceux du Parlement, ne sont ni plus exactes, ni plus circonstanciées. Il faut croire que notre procureur, qui était à même d'y recourir, s'en est servi, car la mémoire ne peut suffire à tous ces détails; mais la forme de Martial, qui n'est pourtant qu'à moitié de la poésie, est bien plus vraie et plus amusante. Son livre peut être facilement consulté puisqu'il a été réimprimé par Coustelier, en 1724; il serait toutefois bien désirable d'en voir publier une nouvelle édition éclaircie et annotée; c'est un souhait d'autant plus naturel à exprimer dans le moment que M. Vallet de Viriville, l'éditeur de la *Chronique de Jean Chartier*, et l'un de ceux qui connaissent le mieux les faits de l'histoire et les biographies des hommes du XVe siècle, est naturellement désigné pour ce travail par ses études habituelles.

La première édition des *Vigilles* fut imprimée par l'auteur lui-même, en 1493, c'est-à-dire sous Charles VIII seulement; il avait imprimé l'année précédente, chez Jean Du Pré, les *Devotes louanges à la vierge Marie*, sortes d'*Heures* en vers, que leur sujet rend beaucoup plus communes et moins curieuses. Il suffit de dire ici qu'il faut conclure de quelques passages que l'auteur était déjà vieux quand il les écrivit. Son épitaphe, qui cite de lui ces deux ouvrages, ajoute qu'il en avait fait imprimer encore beaucoup d'autres en français (*plurimisque aliis*, *gestis gallice, ab ipso editis*); parmi ceux-là nous ne pouvons indiquer d'une manière authentique qu'un charmant livre en prose : on a nommé les *Arrêts d'amour*, qui ne paraissent avoir été imprimés qu'après sa mort. Au lieu de traiter sérieusement ces procès amoureux, comme avaient fait les anciennes Cours d'amour, qui, pour le dire en passant, n'ont jamais été qu'une spirituelle fiction, et non un véritable tribunal, puisqu'elles n'avaient ni la sanction d'une pénalité ni les moyens de poursuivre l'exécution de leurs sentences, Martial d'Auvergne a pris ces questions, non point par le côté spiritualiste et quintessencié des troubadours et de leurs imitateurs, mais par le côté humain et railleur. L'ouvrage de Martial est plus clair et plus léger que les *Droits nouveaux* de Coquillart, moins amer et moins profond que les *Quinze joyes du mariage*, mais ces trois livres ne se peuvent pas séparer ; ils sortent du même esprit et de la même inspiration, et ils donnent au xve siècle l'honneur d'avoir manié la plaisanterie avec finesse, d'avoir laissé, sous une forme comique qui ne tombe pas dans la charge, et avec un naturel qui rehausse la satire par la bonhomie, une peinture vraiment durable des travers, des défaillances et des ridicules du cœur humain.

Le succès fut très-grand ; en 1533, un autre jurisconsulte, Benoît de Court, le consacre en cousant au bas de cette légère étoffe la broderie d'un commentaire qui, aujourd'hui, nous paraît bien lourd ; mais pour les savants légistes du xvie siècle, cette annotation sérieuse, ces graves citations de passages juridiques qui leur étaient familiers, restaient satiriques et amusantes par le contraste. C'est un effet perdu maintenant, mais les *Arrêts d'amour* ont gardé toute leur fraîcheur, et La Fontaine, qui les a imités comme il a fait le *Blason des fausses amours* de Guillaume Alexis, un poëte du même temps, ne s'est pas trompé sur leur valeur. Formey, qui en a donné une réimpression en 1731, regrette qu'ils ne soient pas écrits en vers ; il se trompe : les *Arrêts*, comme les *Quinze joyes*, doivent à la prose d'avoir un naturel, une simplicité, une vérité qu'ils n'auraient pas avec une forme où la convention se glisse toujours, et ne peut être sauvée que par une supériorité de talent qui ne se préjuge pas.

Il est malheureux que l'on ne sache pas d'une façon certaine si le poëme de l'*Amant rendu Cordelier à l'Observance d'Amour*, qui rappelle tout l'esprit général et plus d'un passage des *Arrêts d'Amour*, est bien de Martial d'Auvergne : c'est presque, en vers, ce que les *Arrêts* sont en prose. Un amant, désespéré par les rigueurs de sa maîtresse, veut se mettre

Des Cordeliers de l'Observance,

comme dit Charles d'Orléans. Il va trouver le prieur, qui le confesse et lui donne ses instructions de novice. On en peut lire plus loin un passage, mais ce n'est pas le seul qu'on voudrait citer, et il est impossible de ne pas au moins rappeler celui où le prieur lui conseille de se défier des *doux yeulx*, dans une énumération bien spirituelle, mais bien peu faite pour en éloigner :

> Doux yeulx qui toujours vont et viennent...
> Doux yeulx avançant l'acolée...
> Doux yeulx renversez à grant haste...
> Doux yeulx soubzriant aux estoilles,
> Qui dient « c'est fait quant tu vouldras, »
> Et faisant baster aux corneilles...
> Doux yeulx tournans comme la lune...
> Doux yeulx riant par bas et hault...
> Ils vallent ung demy baiser...

Je l'ai dit, rien ne prouve le droit absolu de Martial sur cette jolie pièce, qui jusqu'à présent ne peut que lui être attribuée; mais c'est le cas de répéter ce qu'en dit Formey : « Si ces vers ne sont pas de cet auteur, ils méritent par leur gentillesse de lui être attribués jusqu'à ce qu'ils soient réclamés au nom de quelque autre, dont le droit sera mieux reconnu. »

ANATOLE DE MONTAIGLON.

FRAGMENT

DU POËME INTITULE : *LES VIGILLES DE CHARLES VII*

. . . .
. . . .

En lieu de moustier,
Pour nous festoier,
Avions beau sentier
Tout couvert de feuilles,
Sentant l'esglentier,
Le jambon entier,
La trippe et saultier [1],
Au verjus d'ozeille.
Le pain soubz l'esselle,
La belle bouteille,
Fourmaige en foisselle [2],
Vie du franc Gontier,
Point n'en est d'itelle [3],
Avec la sequelle,
Puis faisions la vielle [4],
Quant estoit mestier.

Mieulx vault la liesse,
L'accueil et adresse,
L'amour et simplesse
De bergiers pasteurs,
Qu'avoir à largesse
Or, argent, richesse,
Ne la gentillesse

---

[1] Psautier, le premier estomac du bœuf. « La fressure du bœuf, c'est la pame, le psaultier, la franchemule, etc. » *Ménagier de Paris*, I, 120. — [2] Faisselle, forme où l'on fait le fromage; on dit aujourd'hui *éclisse*. — [3] De telle. — [4] Faire la vielle a le même sens que la locution plus connue : accorder ses vielles ensemble.

De ces grans seigneurs ;
Car ilz ont douleurs,
Et des maulx greigneurs [1] ;
Mais pour noz labeurs
Nous avons sans cesse
Les beaulx prez et fleurs,
Fruitaiges, odeurs,
Et joye à nos cueurs,
Sans mal qui nous blesse.

Vivent pastoureaulx,
Brebiz et aigneaulx,
Moutons à troppeaux,
Bergiers pastourelles,
A tout leurs gasteaulx,
Farciz de beaulx aulx,
Pastez de naveaulx [2],
Au lart et groiselles ;
Cornez, challumelles,
Dansez, sauterelles,
Filles et pucelles,
Prenez vos chappeaulx
De roses vermeilles,
Et les beaulx rainceaulx [3],
Tous plains de prunelles [4]
Faictes tourne bouëlles
Sur prez et sur treilles,
Au chant des oyseaulx.

. . . .
. . . .

---

[1] Plus grand. — [2] Navets. — [3] Rameaux. — [4] Petites prunes.

FRAGMENT

DU MÊME POËME

. . . .
Né en ce temps n'estoit point de memoire
De tant de bulles, ne de prothenotoire [1],
Qui ont huit, neuf dignitez ou prebendes,
Grans abbayes, priourez et commandes [2],
Mais qu'en font-ils? ilz en font bonne chière ;
Qui les dessert? ilz ne s'en soucient guère;
Qui fait pour eulx? ung autre tient leur place ;
Mais, où vont-ilz? ilz courrent à la chaçe ;
Et qui chante? ung ou deux povres moines;
Et les abbez? ilz auroient trop de peines,
De contempler : ce n'est pas la manière ;
Et du service? il demeure derrière ;
Où va l'argent? il va en gourmandise ;
Et du conte? sont les biens de l'Église,
Et les offrandes? en chiens et en oyseaulx;
Et des habits? ilz sont tous damoyseaux ;
Et les rentes? en baings et en luxure ;
De prier Dieu? de cela l'en n'a cure,
He povres gens? ceulx la meurent de fain;
Ilz n'ont-ilz riens? l'en ne leur donne brain [3],
Où Charité? est en pelerinage;
He que fait Dieu? il est bien aise ès cieulx;
He quoy! dort-il? l'on n'en fait pis, ne mieulx.
Es monasteres, en lieu de librairie,
He qu'y a-t-il? une faulconnerie,
Et aux perches où estoient veultz, flambeaulx [4],
L'on y juche maintenant les oyseaulx;

[1] Pour : protonotaire. — [2] Pour : commanderies. — [3] Pas un brin, rien. — [4] Les ex-voto et les cierges.

Et les fondeurs[1]? ilz sont bien loing de conte;
Et leurs obitz? tant que l'argent se monte;
De reparer cloistres et lieux si beaulx?
Attendre fault qu'on les face nouveaulx.
Que font evesques? ils sont de biens rempliz,
Et si ont honte de porter leurs sourpliz;
Mais en ce lieu, ilz ont robbe bastarde
De camelot, affin qu'on les regarde.
Ont-ilz vesselle? les beaulx grans dressouers[2].
D'or et d'argent, flacons, potz, dragouers[3];
He qu'ont les povres? ilz ont les trenchouers[4],
Qui demeurent du pain dessus la table;
Et le relies[5]? l'en le porte à l'estable
Pour le mengier des paiges et des chiens,
Aucunes foiz s'il en demeure riens.

. . . .

FRAGMENT

DU

POËME INTITULÉ: *L'AMANT RENDU CORDELIER*
A L'OBSERVANCE D'AMOUR

. . . .

DAM PRIEUR

Or sire, quand vous y alliez,
Y trouviez-vous, n'avant n'arriere[6],
Chose dont vous esbahyssiez[7],
Ou deussiez faire bonne chere[8]?

---

[1] Fondateurs de fondations pieuses. — [2] Dressoirs, buffets. — [3] Drageoirs. — [4] Grandes tartines de pain plat, sur lesquelles on mangeait les mets solides. — [5] Le relief, ce qui reste. — [6] Ni avant, ni apres. — [7] Dont vous eussiez à vous étonner. — [8] Ou qui vous dût rendre joyeux.

Estoit-elle point coustumiere
De vous jetter ung doulx regard?
Ou se par ris, ou par maniere,
En passant, vous disoit : Dieu gard?

L'AMANT

Je ne passoye point si avant,
Ains à l'huys, trois heures entieres,
De nuyt estoye soubz ung auvant,
Regardant en hault les gouttieres;
Et puis, quant veoye les voirieres
De la maison, qui cliquetoient [1],
Lors me sembloit que mes prieres
Exaulsées d'elle si estoient.

DAM PRIEUR

Estiez-vous seulement content,
De telles plaisances mondaines?
Et illecques demourer [2] tant
Escouter lever les avoynes?
Vous gectoit l'en point marjolaines,
Quant on les venoit abreuver [3]?
Ou s'aviez enseignes certaines
Qu'elle vous peust bien adviser [4]?

L'AMANT

Se m'aist Dieu, j'estoye tant ravis,
Que ne sçavoye mon sens ne estre [5];
Car sans parler m'estoit advis
Que le vent ventoit sa fenestre,
Et que bien peu [6] m'avoit congnoistre;
Disant tout bas, Doint [7] bonne nuict.

---

[1] Les fenêtres qui s'ouvraient avec bruit. — [2] Et de demeurer là, à cette place. — [3] Vous jetait-on des fleurs quand on venait les arroser (sur la fenêtre)? — [4] Remarquer. — [5] C'est-à-dire : que je ne me sentais pas vivre. — [6] Et qu'elle avait bien pu me reconnaître. — [7] (Que Dieu) vous donne bonne nuit.

Et Dieu sçait se j'estoye grand maistre [1]
Après cela, toute la nuict.

DAM PRIEUR

Puis que vous ne la voyiez mye [2],
Cause n'aviez d'estre joyeux ;
Car estoit peut-estre endormie,
Quand ainsi vous ryiez aux cieulx.
Au fort [3] vous repaissiez vos yeulx,
Des fenestres, ou des violiers.
Et vous prouffitoit [4] cela mieux,
Que d'avoir escus à milliers.

L'AMANT

Ce soir dormois plus seurement,
Que paravant n'avoye, dix jours [5],
Tant sentoye grant allegement,
D'ainsi avoir veu mes amours.
Si faisoye lors moult de clamours
Au lieu, en merciant la belle
Du confort et joyeulx secours,
Que j'avoye eu au moyen d'elle.

DAM PRIEUR

Or sire, par ce seur dormir
Que tenez de si grand valeur,
Sentiez-vous point le cueur fremir
Et entrer en froit, ou challeur ?
Vous sembloit le repos meilleur,
Que n'aviez donc acoustumé ?
Ou se [6] de joye, ou de douleur,
Estiez point transi ou pasmé ?

---

[1] Si j'étais fier, content de moi. Le mot maître a la même acception ici que dans cette locution proverbiale : le roi n'est pas son maître. — [2] Pas. — [3] Au surplus. — [4] Pour : profitait. — [5] Que je n'avais fait auparavant pendant dix jours. — [6] Pour : si. Le sens de la phrase est : n'étiez-vous pas transi et pâmé antôt de joie, tantôt de douleur ?

L'AMANT

Tellement estoye restauré,
Que, sans tourner ne travailler [1],
Je faisoye ung somme doré,
Sans point la nuyt me resveiller.
Et puis, avant que m'abiller,
Pour en rendre à Amours louenges,
Baisoye troys foiz mon oriller,
En riant à part moy aux anges.

DAM PRIEUR

Du temps que ceste nuyt duroit,
La songiez vous point nullement;
Ou se vostre œil la desiroit
Point veoir illec [2] visiblement?
Car de tel mondain pensement
Adviennent maintes frenasies,
Qu'on cuide estre vrays proprement,
Et si ne sont que fantasies [3].

L'AMANT

Bien souventes fois advenoit,
Que voirement je la songeoye [4],
Toute tel joye si me prenoit
Que au lict chantoye et pleuroye.
Puis, moy resveillé, j'enrageoye
Que point ne la veoye illec;
Et maintesfois place changeoye,
En faisant des piedz le chevet.

---

[1] Sans me retourner dans mon lit, ni être agité. — [2] Là, devant vous. — [3] Et pourtant ce ne sont que visions. — [4] Que je la voyais réellement en songe.

DAM PRIEUR

Or çà, quant vous estiez levé,
Que faisiez-vous toute journée?
Aviez-vous nul amy privé,
Qui sceust rien de votre traisnée [1]?
Ou failliez point la matinée [2]
Passer devant la dame ung tour,
Pour avoir ung regard d'emblée [3],
Ou ung doulx soubzris au retour?

L'AMANT

Soyez seur que pas n'y failloye [4],
Ainçoys [5] vestu d'estrange sorte,
Dès le fin matin y alloye,
A tout [6] une nouvelle cotte.
Puis, se la veoye à la porte,
M'en alloye tant reconforté
Que, se ma vie eust esté morte,
Si [7] fust mon corps ressuscité.

. . . .

[1] Aventure. — [2] C'est-à-dire : ou manquiez-vous dans la matinée de passer et repasser, en vous promenant, devant la dame? — [3] Tout d'abord, en allant. — [4] Que je n'y manquais pas. — [5] Mais. — [6] Avec. — [7] Pourtant, malgré cela.

GUILLAUME COQUILLART

Depuis trois siècles il nous faut une force singulière de génie pour sortir de l'imitation ; ceux qui écrivent connaissent aujourd'hui à peu près tout ce qu'on a écrit avant eux, parce que, s'ils n'etudient pas par eux-mêmes, ils reçoivent indirectement les influences de ce qui les précède et les entoure. A la fin du moyen âge français, au moment où apparaît dans la poésie la personnalité de l'écrivain, les conditions étaient différentes. L'étude ne s'était pas encore substituée à la tradition ; le passé s'oubliait, et le présent était mal connu. Avec les manuscrits, en effet, on lisait moins, et on ne relisait pas du tout. L'inspiration, plus restreinte en un sens, était plus présente, plus particulière, plus individuelle ; le rang et la condition sociale du poëte y apportaient une marque non-seulement vive, mais indélébile. Les œuvres postérieures peuvent ne rien indiquer sur l'auteur, qui tâche au contraire, le plus possible, de s'abstraire de ce qui l'entoure matériellement, pour arriver à une pensée plus générale, il est vrai, mais peut-être aussi plus vulgaire et plus creuse. En même temps, l'imprimerie facilite à la fois l'instruction de l'écrivain et la diffusion de l'œuvre par la création d'un public, et ce nouvel art, que l'on pourrait appeler une nouvelle forme de la pensée, fait que l'écrivain est uniquement auteur ; il ne s'estime plus qu'en cette qualité, et tout le reste n'est pour lui qu'un marchepied. Le point de vue et le but sont changés du tout au tout. On n'était pas auteur autrefois, au moins dans le sens moderne, parce que, si on n'écrivait pas uniquement pour soi, on n'avait de lecteurs et d'auditeurs que dans un public nécessairement restreint, et qui presque jamais ne se renouvelait. La littérature n'était pas la vie tout entière d'un homme, mais seulement une partie de sa vie, ce qui donnaît au fond et à la forme de l'œuvre des côtés personnels et variés que, plus tard, on verra trop disparaître. En fait, Eustache Deschamps a été un homme d'épée, Charles d'Orléans un grand seigneur, Villon un écolier débauché, Coquillart un bourgeois et un légiste, et chez tous, leur vie a donné à leur œuvre toutes ses inspirations et tous ses mérites.

Coquillart, nous le savons de lui-même, est né à Reims, en 1421; sa première étude fut celle du droit, qui l'amena sans doute à Paris, et ses premières années ont préparé les deux côtés de sa vie : le côté civil, celui dans lequel il a été homme de loi et ensuite citoyen; et le côté littéraire, dans lequel il a, d'un crayon malin, esquissé les mœurs bourgeoises des amoureux et des amoureuses de son temps. Il a vu ce qu'avait vu Villon, mais il l'a vu et il s'y est mêlé sans y rester et sans s'y perdre. L'argent, qu'il avait, lui a évité les dangereuses légèretés du pauvre enfant de Paris; les liens et l'appui de la famille lui ont montré un but qu'il a laborieusement poursuivi et atteint avec honneur. Il a joui des mœurs faciles, il a égayé sa jeunesse dans la fréquentation des coureurs d'aventures; et après cette comédie de l'amour, il s'est moqué de lui-même comme les femmes avaient fait de lui; il a même aimé, et il a souffert; il a vécu de cette vie à la fois ardente et légère, inquiète et heureuse, bruyante et insoucieuse, et plus remplie à la surface que dans le fond. Mais il l'a seulement traversée; le sentiment du devoir, la suite de l'étude souvent interrompue, mais toujours reprise, l'ambition provinciale de faire honneur aux siens, et de faire figure dans sa ville, l'ont sauvé à temps du péril, et il n'a garde de ce passé qu'une indulgence railleuse, une malice qui ne s'émoussera jamais, et, par-dessus tout, un don merveilleux d'observation.

Les archives de Reims ont conservé sa trace et celle de sa famille. Dès 1438, nous trouvons conseiller de ville un maistre Guillaume Coquillart, sans doute son père: le Coquillart le jeune, à qui on demanda, en 1446, un rapport sur la police des marchés, n'est peut-être pas notre poëte, qui n'avait alors que vingt-cinq ans; mais plus tard nous le trouvons jouissant d'une grande considération. En 1461, il est chargé avec trois autres jurisconsultes de mettre par écrit la coutume de Reims; en 1485, il est nommé chanoine de la cathédrale; vers 1490, il passe official, ce qui lui donnait la seconde charge ecclésiastique du diocèse; en 1493, il est nommé grand chantre; en 1496, il est élu par le clergé pour aller à Laon ratifier la paix faite avec l'Angleterre, et meurt enfin en 1510, après une vie aussi honorable et aussi utile qu'elle avait été longue et heureuse.

Quant à sa carrière littéraire, la première trace que nous en connaissons, c'est une traduction inédite de *Josèphe* faite de 1460 à 1463, œuvre grave et savante, qui dut lui faire grand honneur de son temps et profiter à ses ambitions civiles et ecclésiastiques, mais qui ne trouverait guère aujourd'hui que des lecteurs indifférents. Ses seules œuvres, encore vivantes, sont ses poésies. Quelques-unes, comme le *Blason des armes et des dames*, (qui peut avoir été écrit en 1484 pour le sacre de Charles VIII, à Reims), comme le *Monologue Coquillart*, celui du *Puits*, tous deux employés à railler les malheurs d'un amoureux, et le *Monologue des perruques ou du gendarme cassé* (satire des francs archers qui rappelle celle qu'on attribue à Villon), appartiennent à la poésie semi-dramatique qui tenait alors une si grande place dans les *entrées* et dans les fêtes. Mais la part la meilleure et la plus originale de l'œuvre de Coquillart, ce sont les *Querelles de la Simple et de la Rusée*, et les *Droits nouveaux*. On ne trouverait pas, dans la première de ces pièces, la date de 1478, et dans la seconde une sorte de mention de la qualité de chanoine, qu'il serait encore certain que ces pièces, comme au reste à peu près toutes ses autres compositions poétiques, datent de son âge mûr. On y sent le spectateur désintéressé, l'homme qui se souvient d'avoir passé par tous ces sentiments et toutes ces aventures, et qui regarde les autres s'y agiter à leur tour. L'observation y a un repos si amusé, un détachement si railleur, une sûreté si experte, et un détail si complet, que j'y vois l'homme sorti de la *nasse*, et qui, du bord où il est assis en sûreté, regarde se poursuivre et se battre ceux qui cherchent à y entrer ou à en sortir.

Dans les deux poëmes, Coquillart, imbu des subtilités juridiques, les a prises comme cadre et comme trame de sa raillerie. Dans l'un, il examine, avec un comique d'autant plus fin que la forme paraît plus naïvement sérieuse, une suite d'*espèces*, comme on dirait dans la langue de la chicane, rangées méthodiquement sous les titres du Code romain, du *Droit naturel*, de l'*État des Personnes*, des *Présomptions*, des *Conventions*, du *Dol*, des *Dépenses* et des *Injures*; ce ne sont plus, comme dans les débats quintessenciés des cours d'amour, des questions de délicatesse de sentiments; Coquillart ne prend guère l'amour que par ses défauts, par son aveuglement, par ses tromperies, par ses dépenses, par ses mésaventures, et il est tout entier du côté de l'auteur des *Quinze Joyes de mariage*, bien plutôt que de celui des *Arrests d'amour*, où, à côté des misères et des fautes, il y a au moins les délicatesses de la passion. Les *Droits nouveaux*, c'est la prétendue disparition de ce bon vieux temps, qui n'a jamais existé; c'est le triomphe des ruses et des fourberies, qui deviennent si fortes et si générales qu'elles arrivent à constituer le droit commun. Dans l'autre poëme, l'on devrait dire plutôt dans l'autre satire, la Simple revendique un amoureux que la Rusée lui a volé; après le débat contradictoire vient l'enquête, mais non le jugement que l'auteur, dans les *Droits nouveaux*, promet de donner plus tard, et auquel il n'est pas revenu. La chose est d'ailleurs indifférente; ce qui importe, ce n'est pas la solution, mais les détails de la railleuse peinture.

Il paraît singulier aujourd'hui qu'un chanoine, en prenant la plume, se soit cru aussi libre qu'un laïque pour traiter, avec cette liberté et cette gaieté, des sujets qui tournent parfois au scabreux; mais, outre qu'il n'en parle jamais que par allusions, ses contemporains ne voyaient pas avec les mêmes yeux que nous, car les œuvres de Coquillart ont été publiées de son vivant, et deux ans après sa mort, l'an 1512, c'est un autre chanoine de Reims, nommé Jean Godard, qui surveille la première édition posthume. Nous n'avons donc pas à nous montrer sur ce point plus difficiles, vu surtout que, grâce à ce sans-gêne dont le cynisme n'est sauvé que par la légèreté de l'expression, nous avons sous les yeux, dans toutes ses élégances matérielles et dans toutes ses brutalités morales, un coin de la vie du xve siècle, qui, sans Coquillart, échapperait à l'histoire. Ce qui domine dans les *Quinze Joyes*, c'est le mariage et plus encore le mari, le héros douloureux de cette tragédie domestique; ici, ce sont les amourettes et les amoureux. La moquerie des *Quinze Joyes* est plus amère, plus triste, plus philosophique; celle-ci est plus vive et s'amuse d'elle-même; et les deux styles offrent les mêmes différences que les deux inspirations premières. La prose des *Quinze Joyes* est plus lente, presque grave, toujours simple, naïve même en apparence, et cherche plus d'une fois son effet dans la recherche habile d'une monotonie volontaire; le vers de Coquillart est tout à l'opposé; il est brisé et sautillant, il vise au trait, il se dispense des transitions; mais l'obscurité, qui semblerait devoir résulter de leur absence et aussi des allusions incessantes aux principes et aux termes du droit, est vaincue par l'éclat du trait, par la verve de la raillerie, par la vie de la peinture et par l'esprit de la forme. Nul, à l'époque de Coquillart, n'a au service de son pinceau une palette plus variée. Modes, mœurs et sentiments, il a tout peint avec autant de naturel que d'esprit; et si quelque chose est à regretter, c'est qu'à côté de ces deux poëmes où le dialogue tient une si grande place, nous n'ayons pas de farces de Coquillart; il était né pour le dialogue de la comédie.

Anatole de Montaiglon.

FRAGMENT

DU POËME INTITULÉ : *LES DROITS NOUVEAUX* [1].

. . . .
Je forme apres sur ces escriptz
Une question bien ague [2],
Subtille et digne de hault pris,
Mais qu'elle soit bien entendue.
Ung bon mary de nostre rue,
Qui a tres belle jeune femme,
Et est grant feste quand elle sue [3],
Il n'y a plus la belle dragme;

Ung matin que le jour s'entame,
Il se lieve, il s'abille, il pisse,
Il s'en va et laisse ma dame
Couchée en son lit bien propice.
Il est en l'eglise ou service
Et n'atent pas que tout soit dit;
Peult estre il tombe, il chet [4], il glisse,
Et s'en retourne par despit.

Il rentre en sa chambre. Il vous vit,
Entre huyt et neuf au matin,
Couché gentement sur son lit
Ung tres beau pourpoint de satin,
Satin fin, delié comme lin,
Court, faict selon le train nouveau,

---

[1] La plupart des notes ajoutées aux morceaux qui suivent sont empruntées au moins en substance, à la consciencieuse édition que M. Ch. d'Héricault a donnée de Coquillart dans la *Bibliotheque elzevirienne*. (Paris, 1857.)

[2] Pour : aiguë ; dans le sens d'ardue, de subtile. — [3] C'est-à-dire : qui jamais ne fait œuvre de ses dix doigts. — [4] Fait une chute.

Esguillettes ferrées d'or fin,
Tenans aux manches bien et beau,

Ung collet bas en fringuereau [1],
En Suysse, en perruquien.
Le povre homme use son cerveau
Et ne scet d'ont [2] lui vient ce bien;
Il songe, il pense : — Est il point mien?
— Ouy. — Nenny. — Je ne m'y congnois.
Il le regarde empres [3] le sien,
Qui estoit plus espes deux fois.

S'estoit un pourpoint de chamoys,
Farcy de bourre sus et soubz,
Ung grant villain jacque [4] d'Anglois
Qui luy pendoit jusque aux genoulx;
On eust estandu aux deux boutz,
S'il eust esté sur une plaine,
Une droicte hottée de choux
Et deux ou trois septiers d'avoine.

Quant il luy couvroit la boudaine [5],
Quelque philosophe ou artiste
L'eust plainement pris pour la guaine
Ou le fourreau d'ung organiste.
L'autre estoit leger, mince, miste [6];
On en eust fait une pelote.
Dieu scet se le mary est triste;
Il songe, il marmouse [7], il radote.

. . . .

[1] Tel qu'en portaient les jeunes gens *fringants*, à la mode — [2] Pour : d'où.
— [3] Auprès. — [4] Sorte de cotte. — [5] La bedaine, le ventre. — [6] Mignon. —
[7] Marmotte entre ses dents, en faisant la grimace.

FRAGMENT

DU POËME INTITULÉ : *L'ENQUESTE D'ENTRE LA SIMPLE ET LA RUSÉE* [1].

SECUNDUS TESTIS [2]

Noble dame, haulte atournée [3],
Dame Flourence [4] l'escornée,
Longue-Eschine et Plate-Fourcelle [5],
Allant de nuit sur la vesprée [6],

Princesse de basse contrée,
Et preste à chevaucher sans selle,
Dame quant elle a son escuelle,
Refaicte comme une groselle [7],
Gorgée comme ung oyseau de proye [8],
Façonnée comme une chandelle,
Durette comme une prunelle
Et cordée [9] comme une lamproye,

Aagée comme une vielle oye,
Ouye comme dessus est dit,
Interroguée, la droicte voye [10],
Depposa tout ce qu'il s'ensuit.

---

[1] Dans ce poëme, comme dans celui d'où la pièce précédente est tirée, Coquillart parodie gravement les formes judiciaires pour donner un tour plus piquant à ses satires. En supposant une querelle entre deux femmes dont les surnoms allégoriques indiquent le rôle et le caractère, il a trouvé un cadre des plus ingénieux pour faire défiler sous nos yeux une suite de personnages en qui s'incarnent les vices ou les ridicules de la société bourgeoise du XVI° siècle. — [2] Second témoin. On sait que du temps de Coquillart tous les termes de procédure étaient empruntés à la langue latine. — [3] Richement habillée ou portant une de ces hautes coiffures appelées, dans les écrivains du XVI° siècle, hennins ou merveilleuses cornes. — [4] Pour : Florence (fleur) ; nom choisi dans une intention d'ironie que va révéler la description des beautés de la dame. — [5] Gorge, poitrine. — [6] Cherchant des aventures nocturnes. — [7] Grasse, en bon point. — [8] C'est-à-dire : toujours affamée. — [9] Roide, sèche, osseuse. — [10] Dans les formes juridiques.

Et de prime face nous dit
Qu'elle avoit autrefois esté
Cointe [1], mignongne, aiant le bruit
Touchant toute joyeuseté [2].

Mais que son temps estoit passé ;
Toutesfois qu'elle valloit bien
Les gages d'ung archer cassé [3],
Pour trouver quelque bon moyen [4] ;
Du surplus ne servoit à rien,
Fors à boire comme une cane ;
La raison ? car son cordouan [5]
Estoit jà devenu basanne.

Examiné, raison moyenne,
S'elle congnoit point la Rusée,
Respond qu'elle est Parisienne,
Grosse, courte, bien entassée,
Tousjours une fesse troussée,
Le becq ouvert, l'ueil entaillé [6]
Pour bien chasser à la pipée
Et prendre quelqu'un au caillé [7].

Petit musequin [8] esveillé,
Preste à donner l'eschantillon [9]
A quelque grobis [10] esmaillé [11],
Contrefaisant l'esmerillon [12],
Et puis, quant on a l'esguillon [13]
Et que on se sent de l'estincelle,
On fait comme le papillon
Qui se brusle à la chandelle.

[1] Bien habillée. — [2] Fort à la mode pour tout ce qui était fête. — [3] C'est-à-dire : peu de chose. — [4] De nouer quelque intrigue. — [5] Cuir, peau. — [6] Grand ouvert, bien fendu ; var. enraillé. — [7] Var. au laz caillé, c'est-à-dire : avec le filet qui sert a prendre les cailles. — [8] Diminutif de museau. — [9] De son savoir faire. — [10] Gros bourgeois, personnage d'importance. — [11] Bien pimpant, couvert de joyaux. — [12] Petit oiseau de proie dont il est souvent question au moyen âge. — [13] Quand on est éperonné, excité.

Et pensés que qui n'a bonne helle [1]
Pour soy contregarder du chault,
On est mis en la kirielle
Avec le Passe-Temps Michault [2].
Au surplus deposa tout hault
Qu'elle congnoissoit le Mignon,
Et que c'estoit un beau ribault
Franc, fraiz, frazé [3] comme un oignon,

La daguette sur le rongnon [4]
Troussée comme une belle poche [5],
Floury comme ung eschampeignon [6],
Verdelet comme une espinoche [7];
Lequel a mis mains motz en coche [8]
Et mainte parolle glosée [9],
Et fait sourdre mainte reproche
Entre la Simple et la Rusée.

Comme il advint, l'année passée,
Qu'en ung bancquet où il estoit,
Apres une danse dansée
Avec la Simple qu'il menoit,
La Rusée s'en despitoit
Et commença fort à palir,
Et de fait, comme on s'en venoit,
Elle vint la Simple assaillir

Et luy mist au becq, sans faillir,
Ung tas de menues tricdondaines [10],

---

[1] Pour : aile. — [2] Mauvais poëme du xve siècle. — [3] De bonne mine. — [4] La petite dague sur la hanche. — [5] Relevée comme la poche qu'il eût dû, selon sa condition, porter à cette place. — [6] Champignon. — [7] Ce mot a le double sens d'épinards et de petit poisson de rivière aux rapides allures. Il y a là sans doute un jeu de mots, verdelet pouvant vouloir dire également vert et vif. — [8] On nommait ainsi l'entaille faite entre la crosse et le canon de l'arbalète pour y tendre la corde. De là cette métaphore qui a donné à la langue le verbe décocher. — [9] Dite sous forme ironique. — [10] Injures, mots hargneux. La véritable orthographe est tricquedondaine ; mais l'élision de la seconde syllabe est nécessaire à la mesure du vers.

Qui la firent bien tressaillir.
L'une dit : « Vos fievres quartaines [1] ! »
Et l'autre : « Vous perdés vos paines. »
L'une dit : « Va; » l'autre dit : « Vien. »
L'une dit ung tas de fredaines,
Et l'autre qu'il n'en estoit rien.

La Simple disoit : « Il est mien. »
L'autre dit : « Vous ne l'arés pas [2]. »
L'une disoit : « Je l'entretiens. »
L'autre : « Je le tiens en mes las [3]. »
Puis sept; puis dix; puis hault, puis bas,
Ung grant ha hy, ung grant ha ha!
« Tost, tard, je l'auray. — Non aras [4] !
— C'est toy? — Mais moy [5]. — Non a. — Sy a. »

Ung grant haria [6] caria [7],
Ung plet [8], un debat, ung procès :
« J'ay fait. — Je feray. — On verra.
— Je fonce [9]. — Je dis [10]. — Bruit je metz [11].
— Je luy viens à gré. — Je luy plaitz.
— Je fais tout. — Je fais diablerie.
— Je suis plus belle que tu n'ez.
— Mais moy [12], par la Vierge Marie. »

Bref, à ouyr leur resverie,
Comment l'une l'autre guermente [13],
C'estoit une droicte faerie,
Comme dist celle deposante,

---

[1] Juron populaire : que vos fièvres quartaines vous emportent. — [2] Pour : l'aurez. — [3] Lacs, filets. — [4] Pour : auras. — [5] C'est-à-dire : mais oui, c'est moi. — [6] Alors grand vacarme, grand tintamarre. Haria, qui vient du verbe harier, importuner, se dit encore dans le langage familier, comme synonyme de tracas, d'ennui. — [7] Variante plaisante du mot précédent. — [8] Pour : plaidoyer, querelle. — [9] J'insiste, je m'obstine. — [10] Je commande. — [11] Je dirige tout, je mène tout. — [12] C'est moi, au contraire. — [13] Querelle, agace.

Laquelle y fut tousjours presente.
Et, s'elle n'eust deffaict la meslée,
Elle croit de vray et se vante
Que l'une eust esté affollée [1].

Car, comme elle dit, la Rusée
Ne taschoit sinon à pigner [2],
Et de lascher quelque bauffée [3],
A mordre, ou à esgratigner.
Quant le Mignon vit rechigner
En ce point, sans plus enquerir,
De paour que on le vint enpongner [4],
Il fut saige ; et luy d'escarrir [5].

La Rusée se print à marrir
De plus en plus, et se troubler ;
Et jura, s'elle debvoit mourir,
La nuit qu'elle l'iroit ribler [6].
S'elle scet personne assembler
Sur ce cas, par aucun moyen,
Pour soy preparer d'y aller,
La deposante n'en scet rien.

Examiné s'elle scet bien
A qui appartient ce Mignon :
A la Simple ? Quoy ? et combien ?
A la Rusée ? Dit que non ;
Autre chose n'en scet, si non
Qu'elle croit mieulx qu'il fut à l'une
Que à l'autre ; car le compaignon
I [7] passoit souvent sa fortune.

---

[1] Blessée. — [2] Ne cherchait qu'à arracher les cheveux à sa rivale. Le peuple dit encore : se peigner, pour : se battre. — [3] Soufflet. Nous avons conservé rebuffade. — [4] Pour : empoigner. — [5] De se sauver, de gagner le large. — [6] Relancer, poursuivre. — [7] Pour : y.

Mais du surplus de la rancune [1],
Ne trois, ne deux, ne six, ne sept,
Soit sur quelqu'un, ou sur quelqu'une,
Elle jure que plus n'en scet.

. . . .

[1] De la querelle.

FRANÇOIS VILLON

1431 — 1484

On a beaucoup reproché à Boileau ses fameux vers de l'*Art poétique* :

> Villon sut le premier, dans ces siècles grossiers,
> Débrouiller l'art confus de nos vieux romanciers.

C'est, je crois, faute de l'avoir compris. Ceux qui l'ont défendu l'ont fait assez mal quand, pour justifier l'épithète de romanciers, ils lui ont attribué le sens beaucoup trop subtil d'auteurs de poëmes autrefois désignés sous le nom de romans, ou le sens d'écrivains en ancienne langue romane. Boileau, dont l'expression toujours claire ne dit jamais que ce qu'elle signifie du premier abord, ne songeait qu'à distinguer Villon des faiseurs des romans interminables, qui lui paraissaient constituer toute notre première littérature ; et, relativement à son propre temps, il avait raison.

C'est à peine si, depuis quarante années de travaux encore bien incomplets et de publications incessantes, nous commençons à connaître un peu la littérature française du moyen âge ; le xviie siècle n'en était pas là, et ce que Boileau pouvait savoir en gros là-dessus, ce dont il pouvait tenir compte, se réduit en réalité, d'un côté, au *Roman de la Rose* qu'il a connu au moins de réputation par les derniers éloges du xvie siècle ; de l'autre, à ces rédactions en prose des chansons de geste qui expiraient dans la bibliothèque bleue. Qu'était-ce pour lui, sinon des romans au même titre que l'*Astrée* ou *Polexandre*, et le *Grand-Cyrus* ? Parce que nous savons mieux à quoi nous en tenir sur ces questions, son erreur n'est ni incompréhensible ni inexcusable ; mais ce qui est étonnant, et ce dont il faut au contraire faire honneur à son jugement, c'est qu'en se trompant ainsi, il soit tombé si juste sur le point essentiel.

Que ce soit ou non les éloges de Marot, ou le talent un peu analogue de Mathurin Régnier, qui aient révélé Villon à Boileau, il a rendu à l'auteur du *Grand Testament* la justice qui lui était due ; il a dit qu'il avait été le premier en date, et c'est là une vérité que rien n'a infirmée et que rien n'infirmera maintenant. Malgré la rudesse de son langage et les grossièretés de sa pensée, c'est Villon, c'est lui seul qui inaugure en France la poésie moderne ; aussi demeure-t-il à la tête du chœur de ceux de nos anciens poëtes qui sont dignes de sortir des limbes de l'archéologie littéraire.

A regarder les choses de haut, il serait possible d'affirmer que, dans son sens le plus élevé, la poésie existe surtout en l'absence des poëtes, et que les poëtes arrivent quand la poésie n'existe plus. En effet, dans les périodes primitives de l'histoire de tous les peuples, elle a seule la parole, elle est la seule forme qui fixe les pensées, et tout alors lui appartient, même l'histoire, même la science, dont elle bégaye en vers les premiers rudiments pour en rendre la mémoire plus facile ; à mesure au contraire que la civilisation se développe, les facultés de l'esprit humain ne grandissent que pour se séparer ; les domaines se distinguent et se limitent ; tout était du ressort de la poésie, tout lui échappe, et, en s'éloignant d'elle, crée à l'état d'antagonisme des courants rivaux et ennemis qui lui enlèvent et les sujets traités par elle jusqu'alors, et toutes les intelligences qui n'auraient parlé que sa langue. Ainsi réduite et traquée de plus en plus, ainsi de plus en plus étrangère à l'utilité générale, elle cesse d'être un besoin et une force pour devenir un art et un passe-temps ; elle ne s'adresse plus au grand nombre, mais seulement aux délicats ; elle n'a plus que la valeur de l'écrivain ; en d'autres termes, elle se restreint à la forme et au style ; elle existait auparavant sans elles ; maintenant, elle ne peut plus s'en passer.

Elle y perd à coup sûr de la grandeur et de l'influence ; elle y gagne en un autre sens. Jusqu'à ce moment de transformation complète de ses conditions antérieures, elle périssait et ressuscitait tour à tour ; mais si elle vivait avec plus d'intensité dans le présent, elle disparaissait dans le passé et ne subsistait plus comme monument et comme modèle. C'est la forme, dont elle est devenue l'esclave, qui la fait immortelle. Le temps marche, les idiomes s'effacent sans l'effacer elle-même. Ainsi la poésie a cessé d'être la reine du monde, mais dans le domaine de l'esprit les poëtes restent rois, et leurs dynasties se succèdent de siècle en siècle. C'est un fait logique et nécessaire, un fait qui s'est produit dans toutes les civilisations, et qui se produira dans toutes celles qui sont à venir. Il n'y a pas à le regretter, encore moins à s'y soustraire.

Au moment où parut Villon, la littérature française en était précisément à cette période de transformation ; de la poésie générale elle passait à la poésie personnelle ; ses contemporains, subissant à leur insu cette phase littéraire, s'essayaient à l'individualité avec plus d'effort que de bonheur, Villon l'atteignit du premier coup ; sa force est là, et sa valeur s'augmente de l'intérêt que, sous ce rapport, offraient ses œuvres. Elle est tellement saisissante qu'elle a été reconnue de tous, et le succès qui l'accueillit ne s'arrêta pas. François Ier lui fit l'honneur de faire faire une édition de ses poésies par Clément Marot, qui le combla de ses louanges ; un peu plus tard, il est vrai, l'école de Ronsard protesta. Pasquier condamne Villon, et Du Verdier s'émerveille que Marot ait osé « louer un si goffe[1] ouvrier et faire cas de ce qui ne vaut rien. » Cela marque moins un manque de goût que la force partiale du préjugé ; la Pléiade, qui est en réalité aussi aristocratique que savante, ne pouvait admirer Villon sans se condamner elle-même ; mais, ce moment passé, le charme recommence. Régnier est un disciple de Villon, Patru le loue, Boileau a senti quel était son rang, La Fontaine l'admire, Voltaire l'imite ; les érudits littéraires du XVIIe et du XVIIIe siècle, Colletet, le père Du Cerceau, l'abbé Massieu, l'abbé Goujet, parlent de lui comme il convient, en même temps que Coustelier et Formey le réimpriment, que La Monnoye l'annote et que Lenglet-Dufresnoy prépare une nouvelle édition. De nos jours, une justice encore plus éclatante lui a été rendue. L'édition de Prompsault, à laquelle M. Paul Lacroix est venu ajouter, pourrait être acceptée comme définitive, au moins quant au texte, si M. Vitu n'en promettait une, qui, en profitant des précédentes, donnera sans doute le dernier mot. Tous ceux qui ont parlé incidemment de Villon, MM. Sainte-Beuve, Saint-Marc-Girardin, Chasles, Nisard, Géruzez, Démogeot, Génin, et d'autres encore, l'ont bien caractérisé ; en même temps qu'eux, M. Daunou a inséré sur notre poète, dans le *Journal des Savants*, une longue étude, et M. Théophile Gautier a écrit dans l'ancienne *Revue française* des pages vives, aussi justes que pleines de verve, qui ont été recueillies dans ses *Grotesques*. Enfin, en 1850 et en 1856, un professeur allemand, M. Nagel, et M. Profillet, ont pris Villon pour sujet d'un travail spécial ; l'année der-

---

[1] Maladroit.

nière, M. Campaux lui a consacré un excellent travail, auquel, pour être meilleur, il ne manque peut-être qu'une plus ancienne et plus familière connaissance des alentours. Tous sont, avec raison, unanimes à reconnaître l'originalité, la valeur aisée et puissante, la force et l'*humanité* de la poésie de Villon. Pour eux tous, et ce jugement est aujourd'hui sans appel, Villon n'est pas seulement le poëte supérieur du XVe siècle, mais il est aussi le premier poëte, dans le vrai sens du mot, qu'ait eu la France moderne, et il s'est écoulé un long temps avant que d'autres fussent dignes d'être mis à côté de lui. L'appréciation est maintenant juste et complète ; d'autres viendront qui le loueront avec plus ou moins d'éclat et de talent, qui le jugeront avec une critique plus ou moins solide ou brillante, mais désormais les traits de la figure de Villon sont arrêtés de façon à ne plus changer, et ceux qui entreprendront d'y revenir ne pourront rester dans la vérité qu'à la condition de s'en tenir aux mêmes contours.

Il faut, au reste, que le talent de Villon soit bien grand pour lui faire pardonner sa vie, qui est vraiment honteuse, et qui ne peut être séparée de ses œuvres, puisque c'est elle qui les remplit. C'est dans ses aveux qu'il faut aller chercher ce qu'on en sait de moins incertain, et à sa biographie devenue bien vite légendaire, comme un peu plus tard celle de Rabelais, il faut bien plutôt retrancher qu'ajouter.

Il écrit lui-même, dans sa cynique épitaphe, qu'il était

Né de Paris, auprès Pontoise,

et la date de sa naissance résulte du passage où il dit avoir eu trente ans en 1461. Sa mère, dont il paraît avoir pieusement gardé le souvenir, et dans la bouche de laquelle il a mis une ballade du ton le plus digne et le plus touchant, était une femme simple et ignorante, mais qui, on doit le croire à la manière émue dont il en parle, avait mis en lui ces semences d'honnêteté, dont les fleurs, pointillant et fleurissant chez lui par endroits, montrent que sa nature avait, malgré tout, un fond de noblesse naturelle qui sauve le reste. Son père, comme toute sa famille antérieure, était du peuple, et peut-être quelque homme *méchanique*, comme on disait alors. Il est inutile d'ajouter que dès la première heure Villon connut la pauvreté, qui ne l'abandonnera guère. Peut-être s'appelait-il Corbueil, et a-t-il pris le nom de Villon (sans y attacher le sens de fripon, c'est un nom qu'on se donne peu et qu'on ne porte pas), de ce Guillaume Villon, son « plus que père, » qui avait été son maître, et qui le tira d'affaire plus d'une fois. Poussé par son intelligence, il commença à étudier au milieu de toutes les horribles misères qui accompagnaient alors la vie de l'écolier pauvre, et ce sont ces misères, auxquelles il fait peut-être allusion dans la ballade :

> Povres housseurs ont assez peines,

qui lui ont donné tous ses vices. Il obtint un grade dans l'Université, sans doute celui de licencié de la faculté des arts ; mais la paresse, entretenue par sa vie dissipée, l'empêcha d'aller plus loin. C'est au milieu de ses débauches qu'il écrivit, en 1456, la pièce intitulée par lui *Lays*, et désignée par la voix publique sous le nom de *Testament de Villon*.

A la fin de 1457 se place, dans la vie de Villon, la terrible aventure où il pensa périr, et la France aurait ignoré quel poëte elle perdait, car *le Petit Testament* n'est que spirituel. Il n'est pas probable que le vol criminel et dépassant la plaisanterie et le bon tour fût dans les habitudes de Villon, mais, dans une de ces parties hasardeuses de mauvais garnements, dont les *Repues franches*[1], écrites plus tard par un anonyme nous ont conservé la scabreuse légende, l'affaire alla plus loin qu'il ne pensait ; il dut même y avoir mort d'homme, puisqu'à la suite d'un procès, qui paraît avoir été court, (ce qui fait supposer que le cas était fort clair), le parlement de Paris condamna Villon à être pendu et à rejoindre au gibet de Montfaucon l'honnête compagnie qui s'y pressait. Villon, dans cette situation désespérée, se rattrapa aux branches ; il appela de son jugement pour gagner du temps et aviser. Le hasard le servit. Charles d'Orléans, le gracieux poëte, eut une fille qui naquit le 19 décembre 1457 ; Villon profita de cette circonstance pour réclamer l'assistance du prince qui le sauva du dernier supplice. C'est à cette époque que se rapportent sa ballade au parlement, son épitaphe, sa funèbre et terrible ballade des pendus que Saint-Amant n'a pas égalée, et le poème qui a révélé l'intervention du duc d'Orléans au milieu des périls où se trouvait notre poëte[2].

Celui-ci ne put cependant pas obtenir pour Villon une grâce entière,

---

[1] Il faut remarquer que, sauf l'introduction et une partie de la repue franche du Limousin, qui sont en rimes plates, toute cette poésie est régulièrement écrite en strophes de huit vers sur trois rimes alternées, disposition qui n'a été reconnue ni rendue évidente par aucune des réimpressions — [2] C'est celui que M. Prompsault, qui a publié pour la première fois cette pièce curieuse, a désigné sous le titre de : *Dit de Marie de Bourgogne*, induit en erreur par la plus grande renommée de cette héritière de Charles le Téméraire, née aussi en 1457. M. Campaux a, sur les indications de M. Vitu (p. 105-112), heureusement rétabli la vérité sur ce point.

et la peine de mort fut commuée en bannissement. Il partit de Paris pour errer tristement dans le reste de la France. Rabelais le fait aller à Bruxelles et même en Angleterre, ce qui est peu probable, et l'on peut conclure de ses œuvres qu'il a successivement résidé à Saint-Omer, à Douai, à Lille, à Salins, à Angers, à Saint-Genoux, en Bretagne, près de Saint-Julien-de-Vouvantes, et jusque dans le Roussillon. La ballade qu'il écrivit dans un des tournois littéraires de la petite cour de Charles d'Orléans prouve qu'il a dû rester quelque temps à Blois, auprès de ce prince. Il séjourna dans l'Orléanais. Pour quelque nouveau méfait notre poëte, que le Châtelet ne paraît pas avoir rendu plus sage, fut jeté dans la prison épiscopale de Meung-sur-Yèvre, par Thibault d'Aussigny, l'évêque d'Orléans, qui ne s'attendait guère à être immortalisé par ce bohème. Villon se tait sur la cause de sa détention. Ce ne peut être ni pour vol à main armée (Villon savait ce qu'il en coûtait), ni pour fabrication de fausse monnaie, comme on l'a dit (la juridiction ecclésiastique n'aurait rien eu à y voir); il est plus naturel de supposer quelque querelle avec un prêtre ou quelque insulte à une femme. Quoi qu'il en soit, et qu'il ait été ou non jugé, Villon resta longtemps en prison. L'avénement de Louis XI au trône, en 1461, lui rendit la liberté. Ce fut sans doute par suite d'une amnistie de joyeux avénement, ce qui donnerait à penser que l'affaire était moins grave qu'on ne l'a dit, et expliquerait en même temps la non-existence des lettres de rémission.

A cette époque, Villon qui devait plus tard se retirer chez l'abbé de Saint-Maixent, revint à Paris, où il écrivit, en 1462, sa grande œuvre, celle qui l'a fait vivre, je veux dire son *Grand Testament*.

On a remarqué justement que ce poëme, dans lequel Villon a certainement employé et encadré, selon l'usage de son temps, des pièces détachées, antérieurement écrites, n'est pas d'une seule venue, et offre de grands contrastes. Tout le milieu, où se trouve la cynique ballade à la grosse Margot, cette femme de mauvaise vie avec laquelle Villon a vécu pour avoir « son pain cuit, » est ce que notre poëte a écrit de plus grossier: la fin, plus légère et moins brutale, est déjà d'un sentiment général plus élevé, et tout le commencement est presque tout entier du ton le plus grave. C'est un défaut de composition dans ce poëme, qui a peut-être été inspiré par le codicille de Jean de Meung, dont il est, au reste, tout différent; mais il n'en est que plus varié, plus naturel et plus sincère. Tout Villon est là, et avec lui le monde singulier dans lequel sa jeunesse avait été jetée, et dont son âge mûr ne sortit pas. Les hommes n'y valent pas grand'chose, et les femmes sont encore au-dessous ; c'est avec elles, c'est pour elles que Villon et ses amis se salissent à plaisir ; et, malgré d'ingénieuses hypothèses, il me paraît impossible de voir dans Catherine de Vaucelles autre chose qu'une camarade de la belle Heaulmière et de son troupeau. Le nom, qui n'a rien de nobiliaire, est plutôt une désignation de localité, et nous savons qu'alors c'était l'usage des habitantes du Champ-Gaillard de se faire un sobriquet du nom de leur pays. En même temps, nous savons par le poëte que cette Catherine dont il se plaint l'a fait battre *comme à ru telles* [1], ce qui ne témoigne pas précisément de mœurs bien délicates. D'ailleurs, il n'importe que Villon ait eu ou non dans sa vie une Laure ou une Béatrix ; il en eût été trop peu digne, et ne demandait pas plus aux femmes que ne firent plus tard Regnier ou La Fontaine. Les pages où il veut exprimer l'amour sentent la convention littéraire plus que l'émotion, et appartiennent au côté classique, rhétoricien et formaliste de son temps, aussi bien que la ballade de *Fortune* et celle sur les femmes :

Bienheureux est qui rien n'y a,

et même la ballade des *Taverniers* [2]. Toutes ces pièces, ou quintessenciées ou pédantes (on peut y joindre la ballade en proverbes et celle en menus propos, dont on trouve l'équivalent dans les contemporains), sont le côté par lequel Villon se rattache à la *manière* de son temps.

Ce n'est pas là qu'il faut chercher Villon, mais dans la partie populaire et humaine de son œuvre. On ne dira jamais assez à quel point le mérite de la pensée et de la forme y est inestimable. Le sentiment en est étrange, et aussi touchant que pittoresque dans sa sincérité ; Villon peint presque sans le savoir, et en peignant il ne pallie, il n'excuse rien ; il a même des regrets, et ses torts, qu'il reconnaît en se blâmant, mais dont il ne peut se défendre, il ne les montre que pour en détourner. Je connais même peu de leçon plus forte que la ballade : *Tout aux Tavernes et aux Filles*. La bouffonnerie, dans ses vers, se mêle à la gravité, l'émotion à la raillerie, la tristesse à la débauche ; le trait piquant se termine avec mélancolie, le sentiment du néant des choses et des êtres est mêlé d'un burlesque soudain qui en augmente l'effet. Et tout cela est si naturel, si net, si franc, si spirituel ; le style suit la pensée avec une justesse si vive, que vous n'avez pas le temps d'admirer comment le corps qu'il revêt est habillé par le vêtement. C'est

---

[1] Comme la toile au ruisseau. — [2] Elle a été publiée pour la première fois en entier par M. Campaux.

bien mieux que l'esprit bourgeois, toujours un peu mesquin, c'est l'esprit populaire que cet enfant des Halles, qui écrivait : *il n'est bon bec que de Paris*, a recueilli dans les rues, et qu'il épure en l'aiguisant. Il en a le sentiment, il en prend les mots, mais il les encadre, il les incruste dans une phrase si vive, si nette, si bien construite, si énergique ou si légère, que cette langue colorée reçoit de son génie l'élégance et même le goût, sans rien perdre de sa force. Il a tout : la vigueur et le charme, la clarté et l'éclat, la variété et l'unité, la gravité et l'esprit, la brièveté incisive du trait et la plénitude du sens, la souplesse capricieuse et la fougue violente, la qualité contemporaine et l'éternelle humanité. Il faut aller jusqu'à Rabelais pour trouver un maître qu'on puisse lui comparer, et qui écrive le français avec la science et l'instinct, avec la pureté et la fantaisie, avec la grâce délicate et la rudesse souveraine que l'on admire dans Villon, et qu'il a seul parmi les gens de son temps. Tous les tons se rencontrent et se fondent dans son œuvre ; et l'on peut dire de cette multiple poésie ce que le poëte dit de la foudre que forgent les Cyclopes :

> Tres imbris torti radios, tres nubis aquosæ
> Addiderant, rutili tres ignis et alitis austri.

Mais pour apprécier Villon comme il le mérite, ce qui convient, ce n'est pas d'en parler, ce n'est pas d'écouter ceux qui en parlent, c'est de le relire ; et cela vaut mieux que les plus beaux éloges et que les plus fines analyses.

Au point de vue moral, la vie de l'homme qui a osé écrire six ballades en argot est difficilement justifiable. Il faut cependant, quand on le juge, ne pas oublier ce que fut son temps. Au XVIIe siècle, il eût berné, comme don Juan, monsieur Dimanche, et au XVIIIe, il aurait été mis à la Bastille pour ses intempérances goguenardes ; mais ces équipées eussent été sans gravité, tandis qu'à la fin du moyen âge le plaisir tournait fatalement à la brutalité et la plaisanterie au tragique. Villon n'a été, sous ce rapport, que trop de son époque ; mais il lui sera beaucoup pardonné parce qu'il a été à la fois un homme et un poëte.

On ne peut oublier, en parlant de Villon, qu'il fut comédien et auteur dramatique. Rabelais nous apprend incidemment qu'en Poitou il fut chef d'une troupe de Confrères de la Passion. Villon lui-même parle de la Confrérie des Enfants-Sans-Souci ; il en était sans doute, et c'est peut-être aux improvisations du théâtre comique qu'il a demandé sa subsistance, tant à Paris que dans ses voyages. Galliot du Pré et Bonnemère ajoutèrent, en 1532, à ses œuvres deux farces que Marot n'admit pas dans son édition, et le doute, en effet, est très-permis. Elles sont spirituelles, mais quoiqu'il ne faille pas y chercher autre chose que le développement d'une situation ou d'une idée unique, fonds commun de toutes les farces, la rapidité de travail, condition nécessaire de ces improvisations, qui n'étaient souvent écrites que pour être jouées une fois, n'empêche pas de penser que Villon y aurait mis, même sans le vouloir, des traits plus fermes et plus profonds. La plus digne de lui est le monologue du *Franc Archer de Bagnolet*, sorte de *Thraso* ou de *Falstaff*, qui, après avoir matamorisé à plaisir, demande à genoux la vie à un mannequin plein de paille, qu'il finit par éventrer quand il s'aperçoit de sa méprise. Le dialogue de monsieur de Male-Paie et de monsieur Baille-Vent, deux frères aînés du baron de Fœneste, est un cliquetis de courtes réponses qui ne comporte pas l'analyse. Ce dialogue est écrit, ce que n'indique aucune édition, en strophes de six vers sur deux rimes qui s'enchaînent de telle façon que la rime, placée dans une strophe au troisième et au sixième vers, se répète dans la strophe suivante aux quatre autres vers, c'est-à-dire au premier, au second, au quatrième et au cinquième. Cette mesure stricte et savante est maniée avec légèreté, mais l'authenticité de la pièce me paraît très-contestable; le style, qui n'a rien de populaire, en est, sinon trop moderne, au moins trop châtié. Elle est postérieure à 1477, date de la bataille de Nancy, et le passage:

> Je porteroys pour ma devise
> La marguerite, en or assise,
> Et le houlx par tout estandu,

aurait besoin d'être éclairci. Se rapporte-t-il à Marguerite d'Anjou, la malheureuse fille du roi René, qui, chassée par Henri VII, vécut en France de 1475 à 1482, ou à Marguerite d'Autriche, la fille de Maximilien? Dans ce dernier cas, Villon serait en dehors de la question. Mais, s'il faut contester à Villon ces deux pièces de médiocre importance, on serait peut-être plus fondé à lui attribuer un chef-d'œuvre, la farce de Pathelin. M. Magnin n'ose pas affirmer qu'il l'ait écrite, mais penche à croire qu'il l'a revisée. Cette hypothèse, si elle venait jamais à être prouvée, donnerait à cette inimitable farce un auteur digne d'elle, et à Villon une œuvre théâtrale digne de lui.

ANATOLE DE MONTAIGLON.

FRAGMENTS

DU POËME INTITULE: *LE GRAND TESTAMENT*

DE FRANÇOIS VILLON[1]

Je plaings le temps de ma jeunesse,
Auquel j'ay, plus qu'autre, gallé [2]
Jusque à l'entrée de vieillesse,
Car son partement m'a celé [3].
Il ne s'en est à pied allé,
N'à cheval; las! et comment donc?
Soudainement s'en est vollé,
Et ne m'a laissé quelque don.

Allé s'en est, et je demeure
Pauvre de sens et de sçavoir,
Triste, failly [4], plus noir que meure [5].
Je n'ay ne cens, rente, n'avoir;
Des miens le moindre, je dy voir [6],
De me desadvouer s'avance [7],
Oublyans naturel devoir,
Par faulte d'ung peu de chevance [8].

. . . .

Bien est-il vray que j'ay aymé
Et que aymeroye voulentiers,
Mais triste cueur, ventre affamé
Qui n'est rassasié au tiers,

---

[1] La plupart de ces notes sont empruntées, au moins en substance, à l'édition que le bibliophile Jacob a donnée de Villon, dans la *Bibliothèque elzevirienne*. — [2] Mene joyeuse vie. De là, galant et gala. — [3] C'est-à-dire : ma jeunesse est partie sans que je m'en aperçusse. — [4] Abattu, déchu. — [5] Pour mûre, fruit du mûrier. — [6] Vrai, verité. — [7] S'empresse de... — [8] De fortune, d'argent. Du vieux verbe *chevir*, posséder.

Me oste des amoureux sentiers.
Au fort, quelqu'un s'en recompense [1],
Qui est remply sur les chantiers [2] :
Car de la panse vient la danse [3].

Hé Dieu! se j'eusse estudié
Au temps de ma jeunesse folle,
Et à bonnes meurs dedié [4],
J'eusse [5] maison et couche molle!
Mais quoy? je fuyoye l'escolle,
Comme faict le mauvays enfant...
En escrivant ceste parolle,
A peu que [6] le cueur ne me fend.

. . . .

Mes jours s'en sont allez errant [7],
Comme, dit Job [8], d'une touaille
Font les filetz [9], quant tisserant
Tient en son poing ardente paille [10] :
Car, s'il y a un bout qui saille [11],
Soudainement il est ravis [12].
Si [13] ne crains plus que rien m'assaille,
Car à la mort tout assouvys [14].

Où sont les gratieux gallans
Que je suyvoye au temps jadis,

---

[1] Fasse autrement — [2] Allusion aux poutres qui supportent les futailles. — [3] Proverbe qui se rencontre encore dans Marot et dans Rabelais, et dont le sens est : ventre plein donne cœur à l'ouvrage. — [4] Et que je me fusse adonné à de bonnes mœurs.— [5] Pour : j'aurais. — [6] Peu s'en faut que... — [7] A l'aventure. — [8] Les premiers vers de cette strophe sont une paraphrase du livre de Job (ch. VII, v. 6.). — [9] C'est-à-dire : comme, selon Job, font les fils d'une toile. — [10] Pour passer la toile au feu. — [11] Qui fait saillie, qui dépasse. — [12] Emporté par la flamme, consumé. — [13] C'est pourquoi je ne crains plus. — [14] Assouvi est-il ici pour assoupi, comme le conjecture le bibliophile Jacob; ou ne vaudrait-il pas mieux adopter la variante de l'édition de Clément Marot : tout *s'assouvit*, c'est-à-dire : se consume, se dévore?

Si bien chantans, si bien parlans,
Si plaisans en faictz et en ditz?
Les anciens sont mortz et roydiz;
D'eulx n'est-il plus rien maintenant.
Respit ils ayent en Paradis,
Et Dieu saulve le remenant [1] !

Et les aucuns sont devenuz,
Dieu mercy ! grans seigneurs et maistres;
Les autres mendient tous nudz,
Et pain ne voyent qu'aux fenestres [2];
Les autres sont entrez en cloistres
De Celestins et de Chartreux,
Bottez, housez, comme pescheurs d'oystres [3] :
Voylà l'estat divers d'entre eulx.

Aux grans maistres Dieu doint [4] bien faire,
Vivans en paix et en recoy [5].
En eulx il n'y a que refaire [6];
Si s'en fait bon taire tout coy.
Mais aux pauvres qui n'ont de quoy,
Comme moy, Dieu doint patience;
Aux aultres ne fault qui, ne quoy [7],
Car assez ont pain et pitance.

. . . .
. . . .

Laissons le moustier [8] où il est;
Parlons de chose plus plaisante.

---

[1] Le reste. — [2] Des boulangers qui y étalaient leur marchandise. — [3] C'est-à-dire : bien chaussés, portant de fortes bottes; critique dirigée contre les religieux qui violaient ainsi la règle aux termes de laquelle ils étaient tenus de marcher pieds nus, ou avec des sandales. — [4] Accorde la grâce de... — [5] Tranquillité, bien-être. — [6] C'est-à-dire : tout est pour le mieux, tout est parfait en eux, dans leur vie. — [7] C'est à-dire : aux riches, aux puissants, rien, ni personne, ni chose, ne manque. — [8] Monastère. Locution proverbiale dont le sens est : nous n'y pouvons rien; prenons les choses comme elles sont.

Ceste matiere ¹ à tous ne plaist :
Ennuyeuse est, et desplaisante.
Pauvreté, chagrine et dolente,
Tousjours despiteuse ² et rebelle,
Dit quelque parolle cuysante ;
S'elle n'ose, si ³ le pense-elle.

Pauvre je suys de ma jeunesse,
De pauvre et de petite extrace ⁴.
Mon pere n'eut oncq' grand' richesse,
Ne son ayeul, nommé Erace ⁵.
Pauvreté tous nous suyt et trace ⁶.
Sur les tumbeaulx de mes ancestres,
Les ames desquels Dieu embrasse,
On n'y voyt couronnes ne sceptres.

De pauvreté me guementant ⁷,
Souventesfoys me dit le cueur :
« Homme, ne te doulouse ⁸ tant
Et ne ⁹ demaine tel douleur,
Se te n'as tant que Jacques Cueur ¹⁰.
Mieulx vault vivre soubz gros bureaux ¹¹,
Pauvre, qu'avoir esté seigneur
Et pourrir soubz riches tombeaux ! »

Qu'avoir esté seigneur !... Que dys ¹² ?
Seigneur, hélas ! ne l'est-il mais ¹³ !
Selon les auctentiques dictz ¹⁴,
Son lieu ne congnoistra jamais.

---

¹ Ce sujet. — ² Querelleuse, qui cause du dépit. — ³ Du moins. — ⁴ Extraction. — ⁵ Var. : Orace. — ⁶ Pour : trache, traque. — ⁷ C'est-à-dire : quand je me lamente sur ma pauvreté. — ⁸ Ne t'afflige pas tant. — ⁹ Pour : mène. — ¹⁰ L'argentier de Charles VII, dont l'opulence fut longtemps proverbiale. — ¹¹ Vêtement de bure. — ¹² Pour : que dis-je ? — ¹³ C'est-à-dire : il ne l'est plus. — ¹⁴ Selon l'Écriture sainte. Villon fait à Jacques Cœur l'application du verset : « *Vidi impium... Quæsivi eum et non est inventus locus ejus.* » (Psaume XXXVI.)

Quant du surplus, je m'en desmectz [1],
Il n'appartient à moy, pecheur;
Aux theologiens le remectz,
Car c'est office de prescheur.

Si ne suys, bien le considere [2],
Filz d'ange, portant diadème
D'etoille ne d'autre sydere [3].
Mon pere est mort, Dieu en ayt l'ame;
Quant est du corps, il gyst soubz lame [4]...
J'entends [5] que ma mere mourra,
Et le sçait bien, la pauvre femme;
Et le filz pas ne demourra [6].

Je congnoys [7] que pauvres et riches,
Sages et folz, prebstres et laiz [8],
Noble et vilain, larges et chiches [9],
Petitz et grans, et beaulx et laidz,
Dames à rebrassez colletz [10],
De quelconque condicion,
Portant attours et bourreletz [11],
Mort saisit sans exception,

Et meure Paris ou Helene [12],
Quiconque meurt, meurt à douleur.
Celluy qui perd vent et alaine [13],
Son fiel se creve sur son cueur;

---

[1] C'est-à-dire : quant à ce qui est du surplus, de la moralité à tirer de là, je ne m'en mêle pas... — [2] Aussi bien, je ne suis pas, je le reconnais... — [3] Astre, du latin *sidus, sideris*. — [4] La lame de cuivre ou de marbre dont on couvrait les sépultures, au temps de Villon. — [5] Je comprends, je sais. — [6] Pour : ne demeurera, ne restera pas de ce monde. — [7] Même sens que, plus haut, j'entends ; je sais par expérience. — [8] Pour : laïques. — [9] Avares. — [10] A collets bordés de fourrures ou de riches étoffes. — [11] Coiffures qui avaient remplacé le hennin ou haut bonnet. Ces coiffures d'étoffe fort riche, brodée d'or ou d'argent, affectaient diverses formes: celle d'un cœur renversé, celle d'un coussin, etc. — [12] C'est-à-dire : que ce soit Pâris ou Hélène qui meure, peu importe. — [13] Pour : haleine.

Puys sue, Dieu sait quel sueur !
Et n'est qui de ses maulx l'allege :
Car enfans n'a, frere ne sœur,
Qui lors voulsist [1] estre son pleige [2].

La mort le faict fremir, pallir,
Le nez courber, les veines tendre,
Le col enfler, la chair mollir,
Joinctes [3] et nerfs croistre et estendre.
Corps feminin, qui tant est tendre,
Polly, souef [4], si precieulx,
Te fauldra-il ces maulx attendre?
Ouy, ou tout vif aller ès cieulx.

BALLADE DES DAMES DU TEMPS JADIS

Dictes-moy où, n'en quel pays,
Est Flora [5], la belle Romaine,
Archipiada [6], ne Thaïs [7],
Qui fut sa cousine germaine ;
Echo [8], parlant quant bruyt on maine
Dessus riviere ou sus estan,
Qui beauté eut trop plus qu'humaine?
Mais où sont les neiges d'antan [9] !

Où est la très sage Heloïs,
Pour qui fut chartré [10], et puis moyne

---

[1] Voulût. — [2] Répondant, caution, du bas latin, *plegius*. — [3] Pour : jointures.
— [4] Suave. — [5] Courtisane romaine célèbre à qui l'on attribue l'institution
des fêtes florales. — [6] C'est le nom défiguré de quelque courtisane grecque. —
[7] Fameuse courtisane d'Athènes qui suivit Alexandre le Grand en Asie, et qui,
après la mort du conquérant, épousa Ptolémée, roi d'Égypte. — [8] La nymphe
Écho, l'amante de Narcisse. — [9] De l'année précédente, des deux mots latins :
ante, annus. — [10] Mis en prison et non châtré, comme le voudrait la tradition
populaire.

Pierre Esbaillart [1] à Sainct-Denys
(Pour son amour eut cest essoyne [2])?
Semblablement, où est la royne [3]
Qui commanda que Buridan
Fut jetté en ung sac en Seine?...
Mais où sont les neiges d'antan !

La royne Blanche [4] comme ung lys,
Qui chantoit à voix de sereine [5] ;
Berthe au grand pied [6], Bietris [7], Allys [8] ;
Harembourges, qui tint le Mayne [9],
Et Jeanne, la bonne Lorraine [10],
Qu'Anglois bruslerent à Rouen ;
Ou sont-ils, Vierge souveraine?...
Mais où sont les neiges d'antan !

ENVOI

Prince, n'enquerez [11], de sepmaine,
Où elles sont, ne de cest an,
Que ce refrain ne vous remaine [12] :
Mais où sont les neiges d'antan [13] !

[1] Var.: Esbaillat, Esbaillayt et Esbaillart. Aucune ancienne édition ne porte le nom d'Abailard, sous lequel l'amant d'Héloise nous est connu. — [2] Peine, épreuve, du bas latin : *exonia, exonium*. — [3] Marguerite de Bourgogne, femme de Louis le Hutin, qui fut, ainsi que les deux autres sœurs de Philippe le Bel, accusée d'adultere et étranglée dans sa prison, en 1314, par ordre du roi. On sait par quelles traditions le nom de Buridan se rattache aux débauches nocturnes de la tour de Nesle. — [4] C'est évidemment la mère de saint Louis, Blanche de Castille, qui chantait, dit-on, en s'accompagnant du théorbe, les chansons dont le comte Thibaut de Champagne composait pour elle les paroles et la musique. — [5] Pour : sirène. — [6] Berthe ou Bertrade, fille de Caribert, comte de Laon, épouse de Pepin le Bref et mère de Charlemagne, héroïne du roman de *Berte aux grands piés*. — [7] Selon M. Prompsault, l'un des derniers éditeurs de Villon, c'est Beatrix de Provence, mariée en 1245, à Charles de France, fils de Louis VIII. — [8] Selon M. Prompsault, c'est Alix de Champagne, mariée l'an 1160, à Louis le Jeune, roi de France. — [9] Selon M. Prompsault, c'est Eremburge, fille d'Élie de La Flèche, comte du Maine, mort en 1110. Elle était sans doute célèbre du temps de Villon, comme celles dont les noms précèdent. — [10] Jeanne d'Arc, née comme on sait, à Domremi, dans le duché de Bar, qui faisait alors partie de la Lorraine. — [11] Ne cherchez pas à savoir. — [12] Reste; du latin : *remanere*. — [13] Voici, selon nous, le sens de ces quatre

LES REGRETS DE LA BELLE HEAULMIÈRE [1]
JA [2] PARVENUE A LA VIEILLESSE

Advis m'est que j'oy regretter
La belle qui fut heaulmiere ;
Soy jeune fille souhaitter [3]
Et parler en ceste maniere :
« Ha! vieillesse felonne et fiere,
Pourquoy m'as si tost abatue?
Qui me tient que je ne me fiere [4],
Et qu'à ce coup je ne me tue?

« Tollu [5] m'as la haulte franchise [6]
Que beauté m'avoit ordonné [7]
Sur clercz, marchans et gens d'Eglise :
Car alors n'estoit homme né
Qui tout le sien ne m'eust donné,
Quoy qu'il en soit des repentailles [8],
Mais que [9] luy eusse abandonné
Ce que reffusent truandailles [10].

« A maint homme l'ay reffusé,
Qui [11] n'estoit à moy grand' saigesse,
Pour l'amour d'ung garson rusé,
Auquel j'en feiz [12] grande largesse.

---

vers : de (cette) semaine, ni de cette année, ne vous demandez où elles sont, (de peur) que ce refrain ne vous reste (dans la mémoire)... — [1] Villon, parlant d'une courtisane de bas étage, la désigne par un surnom tiré de la coiffure élevée, appelée heaulme ou hennin que portaient les filles de joie, au moyen âge, et qui rappelle la mitre des courtisanes romaines. — [2] Déjà. — [3] C'est-à-dire : souhaiter de redevenir jeune fille. — [4] Frappe. — [5] Oté, enlevé. — [6] La domination, la toute-puissance. — [7] Pour : donne. — [8] Quelque repentir qui dût suivre. — [9] Pourvu que. — [10] Gens de la lie du peuple. Dérivé du mot truand, qui a gardé un sens équivalent. — [11] Pour : ce qui. — [12] Pour : fis.

A qui que je feisse finesse [1],
Par m'ame [2], je l'amoye bien !
Or ne me faisoit que rudesse,
Et ne m'amoyt que pour le mien [3].

« Si [4] ne me sceut tant detrayner [5],
Fouller aux piedz, que ne l'aymasse,
Et m'eust-il faict les rains trayner [6],
Si me disoit que le baisasse
Et que tous mes maux oubliasse ;
Le glouton, de mal entaché,
M'embrassoit... J'en suis bien plus grasse !
Que m'en reste-il ? Honte et peché.

« Or il est mort, passé trente ans,
Et je remains [7] vieille et chenue [8].
Quand je pense, las ! au bon temps ;
Quelle fus, quelle devenue ;
Quand me regarde toute nue,
Et je me voy si tres changée,
Pauvre, seiche, maigre, menue,
Je suis presque toute enragée.

« Qu'est devenu ce front poly,
Ces cheveulx blonds, sourcilz voultyz [9],
Grand entr'œil, le regard joly,
Dont prenoye les plus subtilz ;
Ce beau nez droit, grand ne petiz ;
Ces petites gentes [10] oreilles,
Menton fourchu, cler vis traiclis [11],
Et ces belles levres vermeilles ?

. . . .

---

[1] Tromperie. C'est-à-dire : pendant que je dupais, que j'exploitais tous mes autres amants. — [2] Sur mon âme. — [3] Pour mon argent. — [4] Pourtant. — [5] Maltraiter. — [6] Charrier des fagots. — [7] Reste, demeure. — [8] Chauve. — [9] Pour : voûtés, arqués. — [10] Jolies, délicates. — [11] Frais visage attrayant.

« Le front ridé, les cheveulx gris,
Les sourcilz cheuz [1], les yeulx estainctz,
Qui faisoient regars et ris,
Dont maintz mechans furent attaincts
Nez courbé, de beaulté loingtains;
Oreilles pendentes et moussues;
Le vis [2] pally, mort et destaincts;
Menton foncé, levres peaussues [3].

« C'est d'humaine beauté l'yssues [4],
Les bras courts et les mains contraictes [5],
Les espaulles toutes bossues;
Mamelles, quoi! toutes retraictes [6],
Telles les hanches que les tettes.
. . . . Quant des cuysses,
Cuysses ne sont plus, mais cuyssettes
Grivelées comme saulcisses.

« Ainsi le bon temps regretons
Entre nous, pauvres vieilles sottes,
Assise bas, à croppetons [7],
Tout en ung tas comme pelottes;
A petit feu de chenevottes [8],
Tost allumées, tost estainctes.
Et jadis fusmes si mignottes [9]!...
Ainsi en prend à maintz et maintes [10].

[1] Tombés. — [2] Visage. — [3] « Qui ne sont plus que peaulx, » dit Marot. — [4] Le reste, la fin. — [5] Desséchées, retirées. — [6] Ridées ou plutôt mouchetées comme grives. — [7] Assises sur les talons, accroupies. — [8] Brins de chanvre qu'on brûle encore dans certaines parties de la France. — [9] Mignonnes, choyées. — [10] Peut-être faut-il lire : ainsi en pend... Le sens, en tout cas, est celui-ci : tel est le sort qui attend plus d'un et plus d'une

BALLADE DE L'APPEL DE VILLON [1]

Que vous semble de mon appel,
Garnier? Feis-je [2] sens ou follie?
Toute beste garde sa pel [3];
Qui la contrainct, efforce [4] ou lye,
S'elle peult, elle se deslie.
Quand donc, par plaisir voluntaire [5],
Chanté me fut ceste homelie [6],
Estoit-il lors temps de me taire?

Se fusse des hoirs Hue Capel [7],
Qui fut extraict de Boucherie [8],
On ne m'eust, parmy ce drapel [9],
Faict boyre à celle escorcherie :
Vous entendez bien joncherie [10]!
Mais quand ceste peine arbitraire,
On m'adjugea par tricherie,
Estoit-il lors temps de me taire?

Cuydez-vous [11] que, soubz mon cappel [12],
Ny eust tant de phylosophie [13],
Comme de dire : « J'en appel? »
Si avoit [14], je vous certifie,

---

[1] Il s'agit dans cette ballade d'un appel au parlement, interjeté par Villon à la suite de l'arrêt qui le condamnait à mort, en punition de ses méfaits. — [2] Pour : fis-je. — [3] Pour : peau, du latin, *pellis*. — [4] C'est-à-dire : quand quelqu'un la contraint, la violente ou l'enchaîne. — [5] Var. de plusieurs éditions: quand en ceste peine arbitraire. — [6] C'est-à-dire : quand on me lut mon arrêt de mort. — [7] Si j'étais descendant d'Hugues Capet. — [8] On sait que Dante, (*Purgatoire*, chap. 20), appelle ce roi de France « fils de boucher. » Il faut sans doute attribuer l'origine de cette tradition aux grands priviléges qui furent accordés, sous son règne, à la puissante corporation des bouchers de Paris. — [9] Il semble que Villon fait allusion ici à la *question de l'eau* qu'il subit peut-être ; l'eau s'entonnait à travers un linge dans l'estomac du patient. — [10] Plaisanterie, raillerie. — [11] Croyez-vous. — [12] Chaperon. — [13] Bon sens, sagesse. — [14] Certes, il y en avait bien assez.

Combien que point trop ne m'y fie.
Quand on me dit, present notaire [1] :
« Pendu serez! » je vous affie [2],
Estoit-il lors temps de me taire ?

ENVOI

Prince, si j'eusse eu la pepie [3].
Pieça je fusse où est Clotaire [4],
Aux champs debout, comme ung espie [5] :
Estoit-il lors temps de me taire ?

LA REQUESTE
QUE VILLON BAILLA [6] A MONSEIGNEUR DE BOURBON

Le mien seigneur et prince redoubté,
Fleuron de Lys, royale geniture,
Françoys Villon, que travail a dompté
A coups orbes, par force de batture [7],
Vous supplie, par cette humble escripture,
Que luy faciez quelque gracieux prest.
De s'obliger, en toutes Cours, est prest [8],
Si ne doubtez [9] que bien ne vous contente,
Sans y avoir dommage, n'interest,
Vous n'y perdrez seulement que l'attente.

---

[1] Les notaires du Châtelet remplissaient à cette époque les fonctions de greffiers. — [2] Je vous le demande, je m'en rapporte à vous. — [3] C'est-à-dire : si j'avais gardé le silence, comme les oiseaux qui ont la pepie, maladie du gosier qui les empêche de chanter. — [4] Depuis longtemps je serais au gibet de Montfaucon, « situé, dit M. Prompsault, sur le chemin de l'abbaye de Saint-Denis, où fut inhumé Clotaire III. » — [5] C'est-à-dire : pendu comme un espion, selon Le Duchat; comme un voleur de grand chemin, selon M. Prompsault, qui ajoute : « on nommait ces voleurs-là épieurs ou espies, parce qu'ils se mettaient en embuscade pour surprendre les passants. » — [6] donna, adressa. — [7] C'est-à-dire : que la souffrance a corrigé à force de le battre à coups redoublés. Orbes, selon le bibliophile Jacob, veut dire aveugle, et vient « du latin orbatus, « en sous-entendant oculis, » selon M. Prompsault. — [8] C'est-à-dire : il (Villon) est prêt à vous en passer reconnaissance devant la Cour (le tribunal) que vous lui désignerez. » — [9] Var. de plusieurs éditions anciennes : si vous doutez.

A prince n'a ung denier emprunté
Fors à vous seul, vostre humble creature
Les six escus que lui avez presté,
(Cela pieça ¹) il mist en nourriture.
Tout se payera ensemble, c'est droicture ²,
Mais ce sera legerement et prest ³ :
Car, se du gland rencontre en la forest
D'entour Patay, et chastaignes ont vente ⁴,
Payé vous tiens, sans delay ny arrest :
Vous n'y perdrez seulement que l'attente.

Si je peusse ⁵ vendre de ma santé
A ung Lombard ⁶, usurier par nature,
Faulte d'argent ⁷ m'a si fort enchanté ⁸,
Que j'en prendrois, ce croy-je, l'adventure ⁹.
Argent ne prend à gippon ¹⁰, ne ceincture ;
Beau sire Dieux ! je m'esbahyz que c'est :
Car, devant moy, croix ¹¹ ne se comparoist,
Sinon de bois ou pierre, que ne mente ¹² ;
Mais s'une fois la vraye m'apparoist,
Vous n'y perdrez seulement que l'attente.

ENVOI

Prince du Lys, à qui tout bien complaist ¹³,
Que cuydez-vous, comment il me desplaist,
Quand je ne puis venir à mon entente ¹⁴ ?
Bien entendez, aydez-moi, s'il vous plaist :
Vous n'y perdrez seulement que l'attente.

¹ Il y a longtemps. — ² C'est justice. — ³ Promptement, de l'italien *presto*. — ⁴ C'est-à-dire : s'il rencontre du gland dans la forêt de Patay. « Il n'y avait point de forêt à Patay, dit M. Prompsault, et l'on n'y cueillait pas de châtaignes. » — ⁵ Var. de plusieurs éditions anciennes : pensoye. — ⁶ Surnom synonime de juif. — ⁷ Manque d'argent. — ⁸ Jeté un sort. Ce mot est ici pris dans un sens de magie. — ⁹ Que je courrais, je crois, l'aventure. — ¹⁰ Pour : jupon. — ¹¹ Jeu de mots sur une monnaye du temps, qu'on appelait de ce nom. — ¹² Sans mentir. — ¹³ C'est-à-dire : selon M. Prompsault, « qui te plais à faire toute espèce de bien. » — ¹⁴ N'imaginez-vous pas quel déplaisir c'est pour moi, de ne pouvoir parvenir à me faire comprendre ?

HENRI BAUDE

Henri Baude était, il y a quelques années, complétement inconnu. Son existence a été révélée en 1848 par M. Jules Quicherat, qui publia une partie de ses œuvres manuscrites [1], et s'en servit pour établir la biographie et la valeur du poëte. Cinq ans après, M. Vallet de Viriville [2] s'est occupé de Baude pour enrichir son bagage littéraire d'un éloge en prose de Charles VII et d'un poëme sur la mort du même prince. Enfin, en 1856, M. Quicherat a fait, chez le libraire Aubry, une réimpression, augmentée et corrigée, de son premier travail; j'ai moi-même eu la bonne fortune de pouvoir, d'après un manuscrit, restituer [3] à Baude un *Débat de la dame et de l'écuyer*, publié deux fois à l'extrême fin du xve siècle, mais sans nom d'auteur, et l'on ne connaît de lui jusqu'à présent aucune autre pièce imprimée à cette époque. En renvoyant pour les détails à ces différentes publications, qui contiennent tout ce qu'on sait et tout ce qu'on possède aujourd'hui d'Henri Baude, il convient de résumer ici sa biographie, parce qu'elle se reflète dans ses œuvres qui ont seules permis de la constituer et de l'éclaircir.

Henri Baude, né à Moulins, sans doute vers 1430, s'attacha de bonne heure à la cour; lorsque le Dauphin, celui qui fut plus tard Louis XI, se sépara de son père, Baude se tourna vers le soleil levant, et accom-

---

[1] *Bibliothèque de l'École des Chartes*, 2e série, tome V, 1848, p. 63-132. — [2] Dans le journal de l'*Institut historique*. — [3] *Recueil d'anciennes poésies des* xve *et* xvie *siècles.* (Paris, Jannet, tome IV, p. 151-179.)

pagna en Dauphiné le fils insoumis; mais, le voyant si avant dans la disgrâce du roi qu'il fallait attendre trop longtemps pour en avoir quelque chose, en bon ami de cour, il planta là le maître futur pour se rattacher au maître présent. Charles VII le récompensa en 1458 par un office d'élu des aides dans le bas Limousin. Baude prenait cela pour l'aurore de sa fortune, mais il en resta là; le Dauphin, devenu roi, ne se souvint pas assez de lui pour se venger, mais il fit toujours la sourde oreille à ses demandes, et c'est sous Charles VIII seulement que nous retrouvons la trace de notre poëte. Nous savons qu'il fut alors en proie à des tribulations de tout genre, qui lui valurent la prison comme à Villon, mais pour des causes plus avouables. Jeté dans un cul de basse fosse par les gens du grand bâtard de Bourgogne contre lequel il était allé verbaliser, il fut délivré par la justice; puis pendant qu'il poursuivait au criminel les gens qui l'avaient malmené, il eut le malheur de faire représenter à Paris, par les clercs de la basoche, sur la table de marbre du Palais, avec la permission du parlement et au grand applaudissement du populaire, une moralité politique, très-favorable au roi, mais très-vive contre la cour; l'occasion était belle pour ses ennemis, qui le firent mettre sous les verrous une seconde fois. Baude s'en tira à la fin, mais avec peine, et grâce à la protection du vieux duc de Bourbon qu'il trouva, sans le connaître, moyen d'intéresser à sa cause.

Ce sont toutes ces aventures qui remplissent une partie de ses poésies, souvent pénibles dans la forme et obscures à force d'allusions personnelles et contemporaines, quoique toujours vives et spirituelles. L'idée est parfois enveloppée pour nous et comme à la gêne dans sa concision elliptique, défaut si rare à cette époque qu'il en devient une qualité; mais la forme est aisée, le style net et vraiment français. Villon n'a, pour ainsi dire, pas d'école; à peine pourrait-on rapprocher de lui l'auteur anonyme des *Repues franches*, dont Charles de Bourdigné, dans sa légende de *Pierre Faifeu*, n'est qu'un écho alangui, car ces *Repues* sont même plus faites à propos de Villon que d'après sa manière; Henri Baude est bien mieux son vrai contemporain, et c'est le seul poëte qu'on puisse mettre non pas à ses côtés, mais dans son voisinage. Chez Baude, rien de l'école pédante, rien de théologique, rien d'allégorique à l'excès; il est vivant, comique, incisif, et le mordant de son observation se traduit dans ses vers, qui, en général, ne sont jamais ni délayés ni savamment amphigouriques. Comme Villon, ce qu'il emploie d'éléments individuels devient universel sous sa plume; souvent même il sort de sa personnalité pour inventer et composer un tableau. La ballade d'un gorrier bragart, riche et brave en paroles, dont le refrain est :

> Chacun s'en rit et il y prent plaisance,

l'épitaphe d'un élu gorrier, *le Testament satirique d'une mulle* qui, après avoir appartenu à un trésorier de France et à un archevêque, tombe de chute en chute aux mains d'un pauvre huissier,

> Qui vit de cry et se nourrit de plume,

ont une vraie valeur littéraire; mais la pièce par excellence de Baude, inspirée peut-être, mais sans imitation, d'une ballade de son maître, ce sont *les Lamentations Bourrien*, que nous donnons comme le plus heureux exemple de sa manière. Marot ne s'y est pas trompé ; il en a fait la fameuse épigramme du gros prieur, et, restreignant la pièce à un dizain, il a pensé qu'il ne trouverait pas un trait final meilleur que celui de Baude, et il a bravement, et sans en rien dire, transcrit les deux derniers vers. Le débat amoureux de *la Dame et de l'Écuyer* rentre dans les données courantes du temps, mais se termine d'une façon très-heureuse où reparaît avec finesse la pointe satirique de Baude :

> En ces termes la dame se leva,
> Force elle fut appellée à danser ;
> Le bon amant d'autre côté s'en va,
> Gratant sa teste; il a bien à penser.
> Dieu le vueille briefment recompenser
> Du martire que pour elle endura.
> Priez pour lui, car il va trespasser,
> Mais, com je croy, le plus tard qu'il pourra.

Voilà ce qui s'appelle ne pas appuyer, et cette moquerie, pleine de bon sens, reste assez enjouée et assez légère pour mettre son auteur dans la lignée des ancêtres de Régnier et de La Fontaine. Nous n'avons malheureusement plus la farce qui valut à Baude tant de tracas, et cette perte est regrettable, car nous pouvons, dans ce qui nous reste de lui, reconnaître combien Baude était fait pour le dialogue de la comédie; mais qui sait si on ne la retrouvera pas quelque jour? Il faut même rappeler dans cette espérance la manière dont Baude s'est souvent désigné; Baude, féminin de Baud, était le nom d'une chienne de chasse, et notre poëte se plaît aux comparaisons de vénerie pour avoir l'occasion d'introduire indirectement son propre nom ; cette appellation était reçue dans le milieu où il vivait, et le rondeau que Charles d'Orléans écrivit dans sa vieillesse :

> Laissez Baude buissonner,
> Le vieil Briquet se repose,

ne peut se rapporter à un autre qu'à notre poëte. C'est pour lui une vraie signature, et il y fallait insister; il y a tant de manuscrits et tant de chercheurs!

ANATOLE DE MONTAIGLON.

LES LAMENTATIONS BOURRIEN

CHANOINE DE SAINT-GERMAIN-L'AUXERROIS [1]

En ung mol lict, viz [2] entre neuf et dix,
Près d'un grant feu, ung chanoine bien gras,
Qui devisoit par mélodieux dietz,
En se veutrant [3] couché entre deux draps;
Son filz tenoit putatif en ses bras,
Le bers joignant [4] d'un grant pot où il pice,
(Le pot au feu bouilloit pour le repas),
Disant ses heures avecques la nourrice.

Avefy [5] fut, n'y ot pas longuement,
Non pas par mort, mais par translacion [6],
En regretant de cucur piteusement
Celle par qui eut génération [7];
Puis prent l'enfant; par admiracion,
En l'accolant lui ryt, et puis le baise;
Le gars s'en ryt; tel consolacion
Y prent le doulx [8] qu'il en souspire d'aise.

« Faiz, » ce dit-il au clerc de son mulet,
« Ilec bon feu, pour faire la boulye,
Et va sçavoir si le bon vin cleret
Dure encores, et revien, je t'en prye. »

---

[1] Satire de mœurs, dont Marot s'est approprié les principaux traits, presque sans y rien changer, et qu'il a réduite en une épigramme de dix vers. C'est celle qu'on trouve dans tous les recueils de ses œuvres sous le titre de *Gros prieur*. Baude lui-même pourrait bien s'être inspiré du chanoine amoureux que Villon a dépeint dans sa ballade des *Contre ditz de franc Gontier*; toutefois, s'il a imité Villon, il ne l'a pas copié. Pour ce qui est du trait final, il est de ceux qui ont tant d'auteurs, qu'en réalité ils n'appartiennent à personne. Le sujet est celui d'un chanoine déplorant son abandon, après qu'il a vu fuir une infidèle dont un gage vivant lui est resté pour mémoire. (Note de M. J. Quicherat. Voy. *les vers de maitre Henri Baude*. Paris, A. Aubry). — [2] Je vis (c'est l'auteur qui parle. — [3] Vautrant — [4] Le berceau étant près. — [5] Fait veuf. — [6] Départ. — [7] Lignée. — [8] Le pauvre homme.

En soy tournant, l'enfant se plainct et crye;
Lors l'accola en le faisant dancer.
Il syfle et chante; que voulez que vous dye?
C'est grant plaisir que de l'ouyr chanter.

« Mon filz, » dit-il, « voulez-vous déjeuner?
Respondez-moi, parlez à vostre père.
Je vous ay fait, vous me devez aymer.
Hélas! (dit-il, en regrettant sa mère)
La despartye fut à nous deux amère,
Mon doulx enfant, quand elle nous laissa;
Onques depuis je ne feiz bonne chère;
Maudit soit-il, qui le faict pourchassa! »

L'enfant babille, qui encor n'a deux ans,
Et de la main lui baille par la joue,
Puis le regarde, puis le nez, puis les dens.
« Mais regardez, » dit-il, « comme il se joue! »
Il le bouquine; après luy fait la moue :
« Me semble-il pas, » dit-il à sa servante?
— « Ouy, » fait-elle. Lors en plaisir se noue :
Le jeu luy plaist, et ainsi se contente.

« Le cueur, mon filz, quant me souvient, me serre
De ta mere, que jadiz j'aymay tant.
Pourquoy m'a fait fortune si grant guerre
Qu'elle a laissé et le père et l'enfant?
Quant m'en souvient, de deuil le cueur me fend,
Et d'autre aymer n'est pas en ma puissance.
Amour m'a fait du plaisir; mais autant
Et plus, m'a fait de deuil et desplaisance.

« J'ay autresfois blasmé, en ma jeunesse,
Jeunes amans, par grant desrision,
Du mal d'amour qui à présent me blesse,
Dont à présent j'ay grant compassion;
Et croy qu'il n'est douleur ne passion
Plus dolente ne qu'homme peust soufrir,

Quant deux amans d'une complexion
Sont anexez, et puis fault despartir. »
. . . .
. . . .

 Et sur ce poinct on apporta la nappe,
Où il congneut que le disner s'advance.
Alors s'estend, il se frotte, il se grate,
A grant regret despart de sa plaisance [1] ;
Ung groz pet feit de toute sa puissance ;
La fein le prent, et il print sa chemise.
« Mon Dieu, dit-il, donne-moy pacience ;
Qu'on a de maulx pour servir saincte église ! »

REGRETS EN RONDEAU
SUR L'ÉLOIGNEMENT D'UNE DEMOISELLE ACCOMPLIE

Le cueur la suyt, et mon œil la regrette,
Mon corps la plainct, mon esperit la guette
Celle qui est des parfaictes la fleur,
Dont à jamais j'ay ordonné ung pleur
Perpétuel, en pensée secrète.

Tous en font dueil et chascun la souhaitte ;
Plusieurs en ont dure complaincte faite,
Car elle avoit gaigné de maint seigneur
   Le cueur.

Fortune l'a de noz veues fortraicte [2],
Non sans regret de sa beaulté parfaicte,
Mais de deux biens prendre fault le meilleur.
Si ne sera en obly sa valleur,
Car quelle [3] part qu'elle aille ou qu'on la mette,
   Le cueur la suyt.

---

[1] Quitte à grand regret sa commode posture. — [2] Dérobée à notre vue. — [3] Pour quelque...

OCTAVIEN DE SAINT-GELAIS

1466 — 1502

Octavien de Saint-Gelais ne sortit pas, comme la plupart des poëtes ses contemporains, des rangs du peuple ni de la bourgeoisie. Il était de noble maison, et si sa vie, abrégée par les plaisirs de sa jeunesse, fut courte, elle ne cessa jamais d'être heureuse selon le monde. Sa famille, établie en Angoumois, se vantait de tenir aux Lusignan. Un frère de son père, Jean de Saint-Gelais, qui fut vaillant capitaine et chroniqueur sensé, faisait grande figure à Cognac à la cour du père de François Ier. On a cru à tort jusqu'ici qu'il était le propre frère d'Octavien ; il n'était que son oncle, et c'est par erreur qu'on l'a mis au nombre des enfants de Pierre de Saint-Gelais, marquis de Montlieu et de Saint-Aulaye, et de Philiberte de Fontenay, qui n'eurent pas moins de sept fils. Achille, Regnault et Alexandre vécurent à l'armée ou dans leurs terres, mais les autres sont demeurés plus en vue ; Merlin a été premier maître d'hôtel de François Ier ; Charles, qui traduisit les chroniques de Judas Machabée, fut archidiacre de Luçon et protonotaire apostolique ; Jacques, son jumeau, fut évêque d'Uzès, et ce fut lui qui fit construire dans la cathédrale d'Angoulême la chapelle de Notre-Dame-du-Salut ou de Saint-Gelais, où il se fit enterrer à côté de son frère Octavien. Tous reçurent à Paris l'éducation la plus brillante dans le collége de Sainte-Barbe, qui était alors dans tout son éclat ; tous s'y distinguèrent par leur ardeur ; un de leurs parents, Guy de Fontenay, fécond grammairien et régent de Sainte-Barbe, les traita de *litterarum sititores cupitoresque*, mais pas un n'en profita autant qu'Octavien.

Ses premiers ouvrages furent des traductions en vers. L'Odyssée d'Homère, qui n'a pas été imprimée, a été peut-être traduite ou du moins revue sur l'original, puisqu'en 1539 il était de tradition que le grec était enseigné à Sainte-Barbe, dès l'origine. La traduction de l'Énéide de Virgile qu'il présenta à Louis XII en 1500, et celle des vingt et une épitres d'Ovide ont été publiées par Octavien ; on lui attribue quelquefois la traduction en vers qui se trouve dans le Térence de Vérard, et il ne serait pas impossible que celle du poëme à demi dramatique de Pamphile et Galathée soit aussi de lui ; elle est anonyme et dédiée à Charles VIII, comme celle de l'histoire d'Euryale et de Lucrèce, traduite du latin du pape Énéas Sylvius, et celle-ci, quoique non signée, est bien d'Octavien, qui en parle dans ses œuvres. Quoi qu'il en soit, il suffit de ses travaux sur Homère, sur Virgile et sur Ovide pour que Martin Lemaistre, sous lequel Octavien étudia, eût pu, s'il n'était pas mort en 1482, être fier de son élève, qui a du reste consacré dans quelques vers pieux et reconnaissants le souvenir du maître auquel il avait dû ce qu'il savait :

> Du peu que sçay il en est fondateur.

Après ses études littéraires, Octavien mit la même ardeur à celles du droit et de la théologie ; il jetait ainsi les fondements de sa fortune future. Protégé par Charles VIII, auquel il adressa plus d'une pièce, il fut proposé par lui pour l'évêché d'Angoulême devenu vacant en 1494. Il fut nommé aussitôt, et, pour prouver en quelle faveur il était auprès du roi, il convient de rappeler que Charles VIII, entouré des plus grands seigneurs, assista à sa consécration qui eut lieu dans l'église Saint-Paul, de Lyon, en 1495. Son entrée solennelle à Angoulême, le 17 août 1497, fut aussi pour lui une grande journée, grâce à la présence de Louise de Savoie.

En dehors de ses traductions, qui sont lourdes et ennuyeuses, en dehors d'une complainte sur la mort de Charles VIII, imprimée dans le *Vergier d'honneur* de son ami André de La Vigne, Octavien a laissé deux poëmes, *la Chasse ou le départ d'Amour* et le *Séjour d'honneur*. Le premier n'est pas un livre, c'est un recueil. Lorsqu'un poëte du XV⁵ siècle avait un assez grand nombre de pièces détachées, rondeaux, ballades, débats, complaintes, déplorations et *tutte quante*, il les rangeait les unes après les autres, plutôt au hasard qu'autrement, et, pour leur donner l'importance d'un livre sérieux et d'une œuvre littéraire, il les en chassait, à grand renfort de songes, de visions et de descriptions du printemps, dans un récit général qui servait de récitatif aux grands airs. C'était là leur manière de faire leurs mélanges. Il y a trace de cette habitude dans les deux Testaments de Villon ; les ballades et autres pièces qui s'y trouvent insérées sont certainement antérieures à la composition définitive; seulement, celle-ci se trouve être un chef-d'œuvre. Octavien, comme les autres, s'en est tenu à la friperie allégorique qui faisait si tristement les frais des inventions poétiques de ses contemporains; les phrases changent, les noms des personnages changent aussi, mais l'effet est si bien le même qu'on croit toujours avoir lu le poëme qu'on sait cependant ouvrir pour la première fois. Il serait même, à propos de *la Chasse d'Amour*, en particulier, assez imprudent de vouloir apprécier par là Octavien. La plus grande part est certainement son ouvrage; mais on craint de s'y tromper, quand, à la fin de la première partie, on trouve une trentaine de ballades de Charles d'Orléans. Il ne faut pas pourtant l'accuser de cette usurpation; le livre n'a été publié qu'après sa mort, par les soins de Blaise d'Auriol, qui l'a sans doute remanié en plus d'un endroit. Il y a même ajouté une seconde partie, détestable de tous points, mais des plus curieuses. Pas une des pièces qui la composent ne répète la forme d'une autre. C'est une série d'exemples de tous les vers, de tous les mètres, de toutes les strophes, de tous les entrelacements de rimes où s'épuisait la subtilité scolastique de la trop savante école du xv⁵ siècle, qui transportait beaucoup trop le contre-point dans les vers. Toute la poétique matérielle de l'époque est là, et lorsqu'on voudra donner quelque échantillon de ses bizarreries et de ses pénibles puérilités, c'est là qu'il faudra s'adresser; l'on n'aura même que l'embarras de choisir.

Le Séjour d'honneur, qui est mélangé de prose, est d'une autre nature. Il a été pensé et écrit. *Sensualité*, *Abus*, *Vaine Plaisance* sont les guides d'Octavien jusqu'à ce qu'il se rende enfin à la *Cour* et à *Raison*. Trois énumérations, historiquement intéressantes, forment trois grands épisodes où se pressent les noms propres et les faits contemporains; c'est l'échelle de *Fortune*, la forêt d'aventures où il rencontre des tombeaux en grand nombre, et la mer mondaine où il voit flotter les corps de ceux qui ne sont plus, notamment celui de Louis XI,

> Qui tant fut craint et tant eut de renom
> Qu'en son vivant estoit sa renommée
> Par tous climats ramenteue et nommée...
> Qui eut le cueur si tres grand en effet
> Que rien n'emprist oncques qui ne fut faict...
> Dont j'eus frayeur de voir un si grand roy
> Piteusement mené en tel arroy,
> Que j'avois veu, des ans n'y eut pas six,
> En grant triomphe au chasteau du Plessis,
> Estre obey plus qu'oncques ne fut homme,
> Craint et doubté, voire jusques à Rome.

Il y a là un sentiment juste de la grande figure de Louis XI. En même temps que ces lugubres images d'infortunes qui reviennent facilement sous la plume attristée d'Octavien, il a une autre veine, le souvenir des plaisirs et des occupations légères de sa jeunesse dissipée. A ce moment, où il ne songeait

> Fors coupper soye et prendre habits divers,
> Frais pour l'esté et chaulx pour les hyvers.

Il invite à danser une noble dame :

> Serf me rendi de la belle aux beaux yeulx,
> Tel jouvenceau et nice que j'estoye ;
> Son rire doulx, son maintien gracieulx,
> M'a cher cousté depuis, ainsi m'aist Dieu ;
> Pour elle ay eu long dueil et courte joye
> Au fort n'y a si bon qui ne folioye [1] ;
> Si j'ay mal fait, on me doit excuser ;
> Vaine esperance ainsi m'a fait user.

Écoutez encore cette jolie description de costume de la Cour :

> Les habillements furent beaux,
> Faictis [2], propices et nouveaulx,
> Manches larges selon la mode,
> Ceintures flottant sur la brode [3],
> Crepines, chaperons à plis
> D'orfevrerie tout remplis,
> Bordés de maint riche coquille,
> Pour apparoir plus belle fille,
> Templettes et cheveux dessous
> Pour avoir visaige plus doux,
> Chaisnes, monilles [4] et colliers,
> Et petis decoupés solliers,
> Velours, satins, robes dorées,
> Adès [5] doubles, adès fourrées,
> Yeulx attrayans et blanches mains
> Pour gaigner le cueur des humains,
> Le tainct aussi poly qu'agate,
> Devisant comme une advocate,
> Plaine de termes tous nouveaulx,
> De langage et mots curiaux [6].

Quand on laisse de côté la suite de la fable pour rechercher les détails, on en trouve un grand nombre de fins et de gracieux ; mais les endroits

---

[1] C'est-à-dire : après tout, il n'y a esprit si sain qui n'ait ses moments de folie. — [2] Élégants. — [3] Le ventre. — [4] Colliers, de *monilia*. — [5] Tantôt. — [6] De cour.

de son poëme, vraiment excellents, et qui font d'autant plus regretter qu'il ait gâté cette heureuse veine par une imitation du roman de *la Rose* qui l'a perdu comme tant d'autres, ce sont ceux où il exprime, avec un sentiment de poésie déjà moderne, ses souvenirs personnels. Soit que sa constitution délicate, ruinée par la fatigue de cette vie de dissipation, fût vite arrivée à l'épuisement, soit que la maladie se fût emparée de lui, (il en pouvait coûter cher d'être un homme de plaisir à la fin du XVe siècle), Octavien fut de bonne heure un vieillard; sa vie fut courte puisqu'il mourut en novembre 1502, et ses dernières années, presque toute sa jeunesse (il écrivait son *Séjour d'honneur* à vingt-quatre ans) furent en proie à la fatigue et à la tristesse. Seulement, et ceci est à noter, cet ennui qui suit l'abus du plaisir ne tourna chez lui qu'à la mélancolie, et non pas à la violence, et l'on découvre dans ses œuvres, plus que dans celles d'aucun autre poëte de son temps, une délicatesse allanguie, et une tristesse éclairée d'un sourire que bien des gens s'étonneraient de trouver avant notre temps. Ce ne sont malheureusement que des notes détachées et comme perdues si on ne leur prête pas une oreille intelligente et attentive, mais c'est une raison de plus pour les signaler et pour ne pas laisser complétement effacer sa renommée par la gloire plus grande et plus méritée de Mellin de Saint-Gelais. Celui-ci, qui a dû avoir pour parrain le Mellin, frère d'Octavien, dont nous avons parlé plus haut, passe pour le fils naturel de notre poëte. On a objecté que Symphorien Champier, parlant à Mellin, appelle Octavien *son oncle* : je ne verrais pas là une raison de contredire la tradition. Octavien était d'église, et ce pouvait être un motif suffisant de ne traiter son fils que sur le pied de neveu. Si cela est, et il y a tout lieu de le croire, il faudra toujours convenir que, malgré les mérites très-personnels et très-nouveaux d'Octavien, son fils Mellin n'en est pas moins de beaucoup son meilleur ouvrage.

ANATOLE DE MONTAIGLON.

V. Henri Estienne, *Apologie pour Hérodote*, liv. I, ch. 29; La Croix du Maine, avec les notes de La Monnoye; l'abbé Goujet, t. IV, V, VI, IX; Eusèbe Castaigne, *Notice littéraire sur les Saint-Gelais*, Angoulême, 1836, in-18 de 30 pages. *V.* aussi cette notice dans l'*Annuaire de la Charente*, 1re année, 1836, où elle a paru d'abord; Jules Quicherat, *Histoire du collége de Sainte-Barbe*, t. I, 1860, in-8. C'est là que les détails sur la famille des Saint-Gelais et sur leur parenté ont été pour la première fois établis avec certitude, d'après le dossier des Fontenay de La Tour de Vesvre, conservé au Cabinet des titres de la Bibliothèque.

FRAGMENT
DU POËME : *LE SÉJOUR D'HONNEUR*

Ores congnois mon premier temps perdu,
De retourner jamais ne m'est possible ;
De jeune vieulx, de joyeux esperdu,
De beau tres lait, et de joyeux taisible [1]
Suis devenu ; rien n'estoit impossible
A moy jadis, helas! ce me sembloit.
C'estoit *Abus* qui caultement embloit [2]
Le peu qu'avois pour lors de congnoissance
Quant je vivois en mondaine plaisance.

Des dames lors estoye recueilly,
Entretenant mes doulces amourettes ;
Amours m'avoit son servant accueilly,
Portant bouquets de boutons et fleurettes ;
Mais maintenant, puisque porte lunettes,
De Cupido ne m'acointeray plus ;
De sa maison suis chassé et forclus ;
Plus ne feray ne rondeaulx ne ballades ;
Cela n'est pas restaurant pour mallades.

Ha ! jeune fus, encore le fussé-je ;
Or ay passé la fleur de mon jouvant [3] ;
Plus ne sera Espoir de mon corps pleige [4]
Pour estre tel comme je fus devant ;
Chanter souloye et rymoyer souvent ;
Ores me fault, en lieu de telles choses,
Tousser, cracher ; ce sont les fleurs et roses
De vieillesse, et ses jeux beaulx et gents
Pour festoyer entre nous bonnes gens...

J'estoye frais, le cuyr tendre et poly,
Droict comme ung jonc, legier comme arondelle,
Propre, miste, gorgias [5] et joly,
Doulx en maintien ainsi qu'une pucelle.

---

[1] Silencieux. — [2] M'ôtait par ruse. — [3] Jeunesse. — [4] Caution. — [5] Doux; aimable.

Dieu! que j'ay dueil quant me souvient de celle
Que j'aymoye tant alors parfaitement,
Qui me donna premier enseignement
De bonnes meurs pour acquerir sa grace.
S'elle est morte, mon Dieu pardon luy face,

 Et, s'elle vit, je prie à Jesus-Christ,
Que de tout mal et dangier la preserve;
Pour elle ay faict maint douloureux escript;
Plus ne m'atens que jamais je la serve,
Car banny suis, vieillart mis en reserve;
Plus que gemir certes je ne feray,
Doresnavant à riens ne serviray
Que de registre ou de vieulx protecolle
Pour enseigner les enfans à l'escolle...

 Doresnavant tiendray mon rang à part,
Aupres du feu pour eschauffer la cire,
Et compteray les fais de Sallezart
A mes voysins, de Poton ou La Hyre [1];
Du temps passé pourray compter et dire,
Voyre et [2] servir de tesmoing ancien;
J'auray mon chat et mon bon petit chien,
Nommé Muguet, et deux ou trois gelines [3],
Patenostres et mes vieilles matines [4].

 Mon passe-temps sera compter alors
Combien y a que premier j'eus couronne [5],
Quel roy regnoit, ou quel pape estoit lors,
Si la saison estoit à l'heure bonne;
Veez [6] là l'estat de ma povre personne,
En attendant que Dieu face de moy
L'ame partir, car tous à ceste loy
Sommes lyez, c'est tribut de nature,
Sans excepter aucune creature.

---

[1] Capitaines célèbres du temps et compagnons de Jeanne d'Arc. — [2] Et même. — [3] Poules. — [4] Mes vieilles Heures (bréviaire). — [5] Que je reçus la tonsure. — [6] Voyez.

GUILLAUME CRÉTIN

Une épître de ce poëte à frère Jean Martin, sans doute auteur de la traduction de ce Vitruve dont les bois sont de Jean Goujon, commence par ce méchant vers de dix pieds :

> Le G. Du Bois, alias dit Crétin.

L'on a de là inféré que Crétin, qui dans l'origine peut n'avoir été qu'une forme différente du mot chrétien, et qui dans l'ancienne langue avait le sens de panier, n'était qu'un surnom, et que notre poëte s'appelait Guillaume Dubois; cette conclusion, partout acceptée, est encore aujourd'hui courante. Elle pourrait bien être fausse. Crétin ne se désigne ainsi que cette seule fois, et son ami François Charbonnier, en tête de l'édition de ses œuvres donnée en 1525, ne l'appelle que « feu maistre Guillaume Crétin, en son vivant chantre et chanoine de la Sainte-Chapelle du Palais, à Paris. » En effet, ses requêtes à François I*er* pour lui demander de réparer la Sainte-Chapelle de Vincennes, et une épître datée du même lieu où il dit positivement:

> Icy sers Dieu en cette chapelotte,

suffiraient, quand même on ne saurait pas d'ailleurs qu'il en a été trésorier, pour mettre sur la voie d'une véritable explication. Ainsi, par ce fait même, il devient clair que les mots *du bois* ne sont qu'une appellation de fantaisie. Il l'emploie ailleurs différemment, quand il dit : « escript au bois de Vincennes »; et ailleurs, tout simplement : « escript au bois. » Nous devons même, en pensant au long séjour de la royauté dans ce château, d'autant moins nous étonner que l'on dût comprendre alors de quel bois il s'agissait quand on n'en spécifiait aucun, qu'aujourd'hui nous disons encore *aller au bois* pour dire aller au bois de Boulogne.

Quoi qu'il en soit, Crétin fut poëte, et poëte célèbre; mais il se montra malheureusement l'admirateur et le disciple beaucoup trop docile de Molinet, son contemporain. C'est la même phraséologie, aussi contournée dans les phrases qu'elle est pédante dans les mots, les mêmes recherches de tours de force péniblement puérils, les mêmes obscurités allégoriques, la même rage de rimes équivoquées. Comme lui, il s'est complu aux *chants royaux*, cette sotte et fastidieuse innovation dont les Chambres et les Juges de Rhétorique ont infesté la littérature française pendant des siècles. Comme lui, il a écrit des débats, celui des deux dames sur le passe-temps des chiens et des oiseaux et le plaidoyer de l'amant douloureux se complaignant à sa dame, dans lesquels il y a au moins quelques bons traits; comme lui, il a écrit des déplorations, celle de la mort du maréchal de Chabannes, et celle d'un trésorier de Saint-Martin de Tours nommé Okergan, dont un passage énumère les musiciens de son temps. Des épîtres « envoyées tant aux rois Charles huytiesme, Loys douziesme et François premier, que aussi à plusieurs de ses amys, » sont plus intéressantes; sans parler du côté historique, elles sont, par endroits, d'un ton naturel et l'on y rencontre quelques passages réussis; les meilleures, dont le sujet est fréquent chez tous les poëtes de ce temps, sont celles où il demande de l'argent aux rois ses maîtres et à l'évêque de Glandève, et j'en aurais cité plusieurs si elles n'avaient été, je ne dis pas seulement dépassées, mais remplacées par l'épître de Marot qui restera le modèle du genre. C'est là, disons-le, un bien faible titre pour justifier la grande renommée dont il a joui. Qu'il ait été prôné par Molinet, par Jean Lemaire, cela n'a rien d'étonnant; ils étaient avec lui les tenants de cette déplorable école qui réduisait notre poésie à enchevêtrer toutes sortes de subtilités et de grâces scolastiques dans une maladroite accumulation de réminiscences classiques; mais que Geoffroy Tory, ce fin dessinateur, dont le crayon ne savait que les élégances les plus pures et les plus légères, dont le jugement ne se plaisait qu'aux plus grands chefs-d'œuvre de l'antiquité littéraire, ait mis Crétin au-dessus d'Homère, de Virgile et de Dante; que Marot, surtout, qui arrêtait le développement de l'école, et du coup la condamnait à l'oubli, l'ait comblé d'emphatiques éloges et l'ait traité de « souverain poëte français, » il y a là, sans contredit, de quoi étonner. Heureusement, Rabelais a réparé presque aussitôt leur maladresse, et vengé le bon sens français, en mettant dans la bouche de son Rominagrobis un méchant rondeau qu'il a pris aux œuvres de Crétin, et que, malheureusement pour celui-ci, il a immortalisé, comme Molière a fait plus tard les madrigaux de Cotin et de l'abbé de Pure. Crétin avait pour signature une devise peu claire : *Mieulx que pis;* on la comprendrait plus sous la forme : *Pis que mieux*, car, à force de vouloir trop bien faire, il est arrivé au résultat opposé en se donnant de ces défauts qu'on n'a jamais que volontairement, et en se privant des qualités qu'il possédait.

ANATOLE DE MONTAIGLON.

BALLADE

A CHRISTOFLE DE REFUGE

 Se des dix mille martyrs vous voulez rendre,
Pour estre mis en la grand'confrairie,
Besoing sera premierement aprendre
L'heur et malheur d'homme qui se marye ;
Je prie à Dieu et la Vierge Marie,
Que à ce besoing vous doint ayde et secours ;
Puisque le cueur y a jà prins son cours,
L'œil y fera guet, embusche, ou escoute :
Si faulte vient [1], pour principal recours,
Faictes semblant de jamais n'y veoir goutte.

 Vous avez sens et engin [2] pour apprendre
Ce que au cas vous sert ou contrarie.
Le plus fort n'est hault ouvraige entreprendre,
Mais fault penser comment le vent varie ;
Les faictz d'Amours sont œuvres de faerie,
Ung jour croyssans, l'autre fois en decours [3] :
Soient gens de ville, de chasteaulx ou de cours,
Si quelqu'ung vient dont vous soyez en doubte,
Et faulte vient ; pour principal recours,
Faites semblant de jamais n'y voir goutte.

 Considerez, si femme voulez prendre,
Par quel chemin il fault qu'on la charrye [4] ;
Si faulte faict, et la voulez reprendre [5],
Elle en sera forcenée et marrye [6].
Soyez dolent, il fauldra qu'elle rye ;

---

[1] Si une faute vient à se commettre. — [2] Moyen. — [3] Sur le déclin. — [4] Conduise. — [5] Sermonner. — [6] Outrée et désolée.

Soyez joyeux, elle fera ses tours :
Si en usant de ruzes et destours,
Bien congnoissez que de vous se desgoutte,
Et faulte vient; pour principal recours,
Faictes semblant de jamais n'y veoir goutte.

ENVOI

Cousin, sachez que à Paris et à Tours,
Voire à Lyon, chapperons et attours
Sont hault de poil; si concludz, somme toute :
Quant vollerez de [1] faulxcons et autours,
Faictes semblant de jamais n'y veoir goutte.

ÉPITRE

AU ROY LOYS XII

Très-haut, puissant et mon plus redoubté
Prince seigneur, j'ay hui [2] beaucoup doubté
Sur le propoz tenu de vous escripre,
Voyant le bon de mes escriptz osté,
Et que je suis boucanier radoté [3],
Ce qui trop mieulx affiert [4] plorer que rire;
Mais congnoissant que à peine on peult descripre
Le doulx accueil de vostre humanité,
Et qu'il ne fault grande solennité

---

[1] Quand vous chasserez avec des... — [2] Aujourd'hui. — [3] Traité de boucanier. On a un *Débat de boucanier et de gorrier*. Le gorrier est l'homme à la mode, le boucanier l'homme simple et sensé. Il y a entre eux presque la même différence qu'entre Fœneste et Énay, dans le roman de d'Aubigné. — [4] Exciterait mieux à pleurer qu'à rire.

A declairer l'ennuy dont je me deuls[1],
Toucher en vueil[2] ung petit mot ou deux :
Non pour dire que mon plaindre ou douloir
Soit cause qu'il vous en doibve chaloir[3]
De mon ennuy et souffreteux mesaise[4] ;
Mais[5], bien voyant que vostre franc vouloir
A desiré faire tousjours valoir
Voz serviteurs, pour estre jamais ayse,
J'ay entrepris, moyennant qu'il vous plaise,
Faire mes plainctz vers vostre Majesté,
Contre la court qui m'a tant molesté,
Et qui plusieurs a faict voler sans aesles[6],
En me laissant malheureux par deux L L[7].
Quant à part moy je pense, et me souvient
Du temps passé, et de celluy qui vient,
Que j'ai vescu, et qu'il faut que je vive,
Et que le sort sur moy si mal advient ;
A peine sçay que tout mon sens devient,
Craignant de veoir que paovreté s'ensuyve.
Vueille ou non[8], fault que le bahuz suyve[9]
En attendant quelque piece[10] attraper ;
De jour en jour vient laine pour drapper[11] ;
Espoir me paist[12] de promesses et veux,
Et ne me croist que la barbe et cheveulx.
Je trotte, et cours, sollicite, et pourchasse,
Et si ne m'est possible que j'en chasse

---

[1] Je me plains. — [2] J'en veux. — [3] Que vous deviez vous en soucier. — [4] Pauvreté. — [5] C'est-à-dire: mais comme je vois. — [6] On jouait fréquemment dès lors sur les deux sens du mot voler. Un jour Louis XII dit à Robertet, son trésorier, qu'il savait être très-honnête homme, et précisément parce qu'il l'estimait : *Toutes plumes volent — Fors une*, répondit le trésorier en montrant la sienne, et Louis XII lui donna pour armes un demi vol avec sa réponse pour devise. — [7] Par allusion aux deux LL employées par la chancellerie comme abréviation de *liquet*, pour dire : il n'y a pas lieu de payer. — [8] Que je le veuille ou non. — [9] On dirait aujourd'hui dans l'argot de la conversation parisienne : il faut que le *coffre* aille toujours. — [10] Quelque bonne aubaine. — [11] Chaque jour apporte de quoi vêtir. — [12] Me nourrit.

Le seul escu, ou targe [1]; jusque à terre
Malheur me suyt, malheurcté m'atterre
Pour entonner goutte, fiebvre, catherre,
Froid, chault, faim, soif, pulces, pulnaises et pouls,
Boutz[2], mal de dentz, rongne[3], entrac[4], morve, tous[5]
Viennent souvent; et fault, pour l'advenir,
Pauvre friant[6], et vieillard devenir.
Chacun congnoist que j'escripve et que baille[7]
Après les biens que voy qu'on donne et baille
Assez aux ungs, et vers moy on est chiche;
Je cherche et quiers[8], je frape aux huys et maille[9],
Et si ne puis crocquer la seulle maille[10].
Vous m'aimez mieulx, ce croy, paovre que riche.
S'il peult venir bribe, loppin, ou miche,
Fust[11] prieuré, prébande ou abbaye,
Je n'eusse pas fort la chère esbaye[12],
Et ne sçauroit nesung[13] si tost la rendre
Entre mes mains, qu'on me la verroit prendre;
. . . .
Mais je ne treuve si dupe ou innocent,
De qui on sçeut[14] deffrocquer la despoulle;
Avant coucher, homme ne se despoulle[15].
Et, qui pis est, quant bien je recommande
Mon petit cas, et que je vous demande
Ung seul loppin, qui n'est des plus massifz,
Je cuyde[16] lors que cela se commande[17];
Mais quelc'un vient qui le happe et gourmande[18],

[1] L'écu est à la fois une monnaie et un bouclier; la targe n'est qu'on bouclier; il y a là un jeu de mot d'un goût contestable. — [2] Boutons. — [3] Gale. — [4] Anthrax (abcès). — [5] Toux. — [6] Pauvre compagnon; même sens que l'allemand *Freund* et l'anglais *friend*. — [7] Que je poursuis avec ardeur les biens... Même étimologie que l'italien *badigliare*. — [8] Suis en quête. — [9] Je heurte avec le marteau (de la porte), du latin *malleum*. — [10] Une des plus petites monnaies du temps, qui a donné lieu à la locution proverbiale: n'avoir ni sou ni maille. — [11] Fût-ce. — [12] Je n'aurais pas la mine très-étonnée. — [13] C'est-à-dire: et quelqu'un ne l'aurait pas plutôt mise entre mes mains. . — [14] Qui se laisse dépouiller. — [15] Ne se déshabille. — [16] Je m'imagine. — [17] Que cela va de soi. — [18] L'avale.

Et fait rapport que j'en ay cinq ou six :
Pleust or' à Dieu que deux motz bien assis
Vous eusse dit et monstré qu'il en est ;
Helas ! Sire, vous voyez bien que c'est ;
Je vous supply' d'y vouloir donner ordre :
Je meurs de faim, et ne trouve que mordre.

Mieulx que pis.

JEAN MOLINET

Molinet a joué plus d'une fois sur son nom en se plaignant de n'avoir pas *son moulin net;* il ne peut s'en prendre qu'à lui, si au lieu de farine il en est sorti des épluchures que le vent a dispersées. Il a voulu étonner, mais ce n'est pas là un titre à la gloire, et plus grand est le bruit produit par ces surprises, bien faciles puisqu'elles se renouvellent toujours, plus grand est le silence qui se fait ensuite. Personne peut-être n'a plus donné dans les équivoques, dans les jeux de mots insipides, dans l'abus des proverbes, dans les énumérations oiseuses, dans les répétitions interminables; et si ses vers sont mauvais, sa prose est absurde. Il est à peine besoin de dire, ce qui n'est pas une excuse, que tous ses défauts sont volontaires; on ne peut mettre à se tromper plus de dévouement, de travail et de bonne foi en même temps que d'orgueil. Mais ces orgies de rhétorique à outrance ne montent à la tête que de celui qui les fait; au lieu d'inspirer l'admiration pour toutes ces niaiseries péniblement solennelles, il ne peut en recueillir que la pitié ou la moquerie. Si Molinet n'avait écrit que des pièces pieuses, on en serait quitte pour ne pas le lire, mais il est intéressant au point de vue de l'histoire. Sans même parler des huitains en vers de six pieds par lesquels il a complété ceux que Georges Chatellain avait commencés sous le titre de *Recollection des choses merveilleuses advenues en notre temps,* il a rempli son œuvre d'allusions contemporaines. Son ami Crétin était attaché à la cour de France, Molinet est de l'autre parti; il est bourguignon, presque allemand. Philippe le Bon, Charles le Téméraire, Marie de Bourgogne, Madame Aliénor et son frère Charles-Quint, dont il a célébré la naissance, voilà les thèmes de ce poëte lauréat, et sa pièce sur le voyage de Charles VIII en Italie fait exception dans son œuvre. Pourtant, en dehors de ces allégories officielles, il a toute une veine plaisante : *la Litanie burlesque*, *le Calendrier*, *les Grâces sans vilenie*, *le*

Dictier du verjus, les *Neuf preux de gourmandise*, la *Liste de ceux qui sont dignes de figurer au Mariage des filles de Laidin*, sans parler des pronostications. Par là et aussi par quelques *Débats*, ceux d'*Avril* et de *Mai*, de la *Chair* et du *Poisson*, du *Loup* et du *Mouton*, du *Gendarme* et de *l'Amoureux*; il tient plus que Guillaume Crétin à la tradition française antérieure, mais il l'alourdit trop pour qu'on puisse chercher chez lui autre chose que des matériaux curieux pour l'étude de la langue et des modes littéraires de son temps; il n'y a que la curiosité qui puisse y trouver son compte. Je cite de lui un assez beau passage qui commence la déploration sur la mort de Charles le Téméraire ; le *Testament de la Guerre* offre encore quelques stances heureuses dans le sentiment de celles-ci :

>   Je laisse aux abbayes grandes,
>   Cloistres rompus, dortoirs gastez [1],
>   Greniers sans bledz, troncs sans offrandes,
>   Celliers sans vin, fours sans pastez,
>   Prelatz honteux, moynes crottez,
>   Peste de biens et de bestaille [2];
>   Et, pour redresser leurs costez,
>   Sur leur doz une grande taille...
>
>   Je laisse au povre plat pays,
>   Chasteaux brisez, hostels bruslez,
>   Terre en friches, gens esbahys,
>   Bergiers battus et affollez,
>   Mezchans meurdris [3] et mutillez
>   De grans cousteaulx et de corbetz [4];
>   Et corbeaulx cruaus, à tous lez [5],
>   Famine dessus ces gibetz.

Mais, s'il y aurait injustice à passer sous silence un homme que ses contemporains ont admiré, il n'y en aurait pas moins, dans un autre sens, à s'étendre ici sur lui; il peut figurer dans notre galerie, mais la place que nous lui donnons doit être mesurée sur sa valeur réelle et non pas sur l'éphémère succès qu'il obtint.

ANATOLE DE MONTAIGLON.

---

[1] Dévastés. — [2] De bétail. — [3] Assassinés. — [4] Serpes. — [5] De tous les côtés.

LA RENOMMÉE

Je suis la folle Renommée
Courant et trassant ¹ nuyct et jour;
De nobles vertus aornée,
La fleur de mon fruict est semée
Jusques en Inde la majour ² ;
Avec les grans tiens mon séjour,
Où je cours et recours grant erre ³ :
Tant vault homme, tant vault sa terre.

Affin que je puisse en allant
Souldainement passer la mer,
Montée suis, comme ung Rolland,
Sur mon gentil coursier vollant,
Qui Pegasus se fait nommer;
J'entre partout, sans entamer
Quelque huys ⁴, comme chose invisible :
A cueur vaillant riens impossible.

Plus subit qu'on ne clost les yeulx,
Je trotte ès champs, je trotte ès préz,
Je volle en l'air, j'attains les cieulx;
Je conduys l'ung, l'autre je sieux ⁵,
L'ung vient devant moy, l'autre après,
L'ung de bien loing, l'autre de près;
Tous estats sont vers moy marchans :
Par toutes terres vont marchans.

Qui me reboute, je le quiers ⁶,
Qui mal me sert, je le guerdonne ⁷,

---

¹ Allant de tous côtés. Nous disons encore *tracer* des plantes, dont les rejetons rampent çà et la, à fleur de terre. — ² La grande. — ³ Avec rapidité. — ⁴ Sans percer aucune porte. — ⁵ Je suis. — ⁶ Je recherche celui qui me repousse. — ⁷ Je le comble de mes dons.

Qui ne m'ayme, je le requiers,
Qui me fuyt, grans biens luy acquiers,
Qui ne me veult, je m'abandonne [1];
Plus me demande-on, moins je donne,
Comme femmes, qui mercy n'ont;
Plus les prie-on et moins en font.

. . . .

Je quiers les nobles vertueux
Pour triumpher en haultain throsne;
Ceux qui sont fols presumptueux,
Gourmans de gloire, et sumptueux
D'orgueil qui en eulx se patrone,
Je ne quiers estre leur matrosne,
Car Bombant [2] est leur chastellain :
Il n'est danger que de villain.

Jadis furent Assyriens,
Gregeoys, Troyens, Persans, Romains,
Belgiens, Alobrogiens,
Athéniens, Cartagiens,
Pannoniens, grans Huns, Germains
Et Machabées en mes mains;
Mais autres gens ont bruyt et los :
Nouveau sainct Jehan, nouveau siflos [3].

Maintenant suis seule, esgarée,
Hors de chemin, en grand danger,
Et sur toutes fort malheurée,
Triste de cueur, d'oeil esplourée,
Que je ne sçay où me loger;
Roland est mort et Olivier,
Artur et son noble couvent [4] :
Petite pluye abat grant vent.

[1] Je me livre à qui ne veut pas de moi. — [2] La vanité, le luxe extérieur. — [3] A chaque fête nouvelle de saint Jean, on fait de nouveaux sifflets. — [4] Ceux qui sont réunis autour de lui.

Puis que [1] Loyaulté trespassa
De ce siècle, qui s'est pas sage,
Et que Vertu s'en despassa [2],
Oncques puis Amour n'y passa,
Ne repassa ung seul passage.
Avec les bons mon repas ay-je;
Mon pas en peu d'espace passe :
Fors l'amour de Dieu, tout se passe.

[1] Depuis que... — [2] S'en éloigne, l'abandonne. Molinet s'abandonne avec pleine licence, dans cette strophe, à sa déplorable manie de jouer sur les mots; nous la conservons comme un complet échantillon de son style.

SEIZIÈME SIÈCLE

IDÉES GÉNÉRALES

Le XVIe siècle, en poésie, n'est pas un grand siècle, c'est un siècle sonore. Il possède, plus que tout autre, la qualité qui prouve la sensibilité intellectuelle, et la puissance qui élève cette sensibilité jusqu'à l'art : il est en même temps un écho fidèle et un écho mélodieux. Tous les instincts qui s'agitèrent alors, il nous les redit minutieusement; les souvenirs et les tendances, il nous les marque d'un signe poétique. Il y a un poëte à côté de chacun des regrets, un poëte auprès de toute aspiration.

Mais dans cette poésie qui accompagne l'agonie du Moyen-Age et la naissance de la société moderne, l'ordre règne, le développement logique et suivi peut être constaté. A chaque période de cette transformation, les voix analogues se réunissent, une harmonie distincte est créée. Si nous voulons bien écouter cependant, nous pouvons saisir, à côté du plus sonore éclat de la mélodie dominante, le murmure confus du chant qui s'éloigne, et les appels, vagues encore, du chant qui va venir : le plus original et le plus vigoureux chanteur entre en scène en reprenant quelque intonation mourante, et il jette, avant de disparaître, une note particulière qui reviendra bientôt avec des variations jusque-là inconnues. C'est ainsi que Jean Marot lègue à son fils un peu de l'âme poétique que Charles d'Orléans a formée en lui; ainsi encore, Coquillart, Gringore et Collerye resteront jusqu'à la fin du siècle les maîtres des poëtes populaires, et Ronsard, pour composer sa musique divine, étudiera les rhythmes du tant méprisé Le Maire de Belges.

Il faut donc, non-seulement établir les caractères généraux des diverses écoles poétiques, — cela est aisé, — non-seulement, ce qui est déjà plus difficile, essayer de relier entre elles les catégories distinctes, il faut surtout distinguer dans chaque école les poëtes qui tiennent au passé ou à l'avenir, et chercher quelle singulière variation du chant d'autrefois chacun d'eux répète ou quelle nuance de la poésie future chacun d'eux prépare.

C'est là le but que je voudrais ne pas perdre de vue en étudiant sommairement la première moitié du xvi° siècle.

Cette époque se partage en deux périodes bien distinctes : l'une nous montre le Moyen-Age finissant, mais gardant encore, dans cette agonie qui n'est pas sans élans, le souvenir distinct de tout ce qui a dirigé autrefois son activité morale et politique ; l'autre prépare la Renaissance, comme idées et comme mœurs. Chacune de ces périodes est représentée par une école poétique : la première est à peu près renfermée dans le règne de Louis XII ; la seconde finit avec François Ier. Car il ne faut pas s'y tromper, quoi qu'en aient pu dire jusqu'ici les historiens, le règne de François Ier n'est pas la Renaissance, il n'en est que la préface.

J'ajouterai, au risque d'attaquer encore les idées reçues, que la première école, qui défend les idées du Moyen-Age, est, comme phraséologie, comme formule poétique, la mère légitime de la Pléiade ; tandis que la seconde qui fournit à la Pléiade le fond de ses idées, se montre son antagoniste quant à la poétique et au langage : à ce dernier point de vue, elle défend le génie de notre langue et donne la main au xvii° siècle. Le règne de François Ier, représenté dans l'histoire littéraire par le génie de Marot et le talent de ses amis, nous montre bien l'esprit français, fin et leste, clair et sensé, entre deux groupes de savants : le premier, celui de Louis XII, savamment chrétien ; le second, celui de Henri II, savamment païen. Ces deux groupes, ces deux écoles se ressemblent logiquement sur tous les points qui constituent la science, la rhétorique, le pédantisme ; elles poursuivent, dans des études différentes, la réalisation d'une idée analogue : l'une, dans la philosophie, l'autre, dans l'histoire, cherchent une mythologie ; la première adopte une mythologie métaphysique et morale, la seconde une mythologie physique et amoureuse. La langue et l'esprit français de cette époque sont accablés sous le poids de la première école, qui meurt, sont troublés par le soin de chercher une nourriture convenable à la seconde, qui croît; mais dans le convoi de l'une et près du berceau de l'autre, à côté de dame Raison qui rend l'âme et de Vénus qui commence à déchirer le haut de sa robe, le génie national apparaît avec Marot; puis, avant de s'enfuir devant la muse *grégeoise* de Ronsard, il pousse du pied la muse *latiale* de Crétin, qu'il vient de tuer, et va sommeiller jusqu'à l'arrivée de Passerat et de Malherbe.

LE MOYEN AGE SOUS LOUIS XII

Il y a au commencement du XVIe siècle non pas seulement une continuation du Moyen-Age, mais une curieuse réaction en faveur de tout ce qui a dirigé, de tout ce qu'a produit le XVe siècle. Je ne m'occupe ici ni du gouvernement ni directement des mœurs, auxquels cette remarque s'applique fort bien pourtant, je songe seulement à la poésie et à ses inspirations. Le caractère particulier du XVe siècle, caractère très-ardent, très-incisif, très-tenace, sur quelque point qu'il se portât, fut en grande partie la cause de cette réaction. Il n'était pas possible qu'une telle activité ne produisit pas une vigoureuse secousse et un long ébranlement; les mœurs, les exemples et le gouvernement de Louis XII vinrent encore développer ce mouvement.

Le Roi protégeait les gens de lettres plus qu'on n'a voulu le remarquer, mais sa protection n'était pour ainsi dire qu'un conseil, elle n'avait rien de tyrannique. La Cour n'était pas assez brillante, assez oisive, ni assez galante soit pour attirer la foule des poëtes, soit pour donner à ceux qui y venaient un genre de talent particulier et entraînant. La poésie ne subit donc pas cette loi de centralisation qui allait mettre un abîme entre la vie littéraire de la Renaissance et celle du Moyen-Age; elle garda son indépendance, ses allures variées et ses inspirations diverses. Là, d'ailleurs, où Louis XII exerçait nécessairement une influence, il se trouvait justement qu'il l'exerçait en faveur des tendances et au nom des intérêts qui avaient dirigé la littérature d'autrefois.

Il était lui-même un roi à l'antique, un homme du XVe siècle. Sa bonhomie fine, sa gravité habituelle qui savait se dérider aux jours gras, sa nature réfléchie qui développait ses observations en proverbes, sa piété moitié naïve, moitié hardie, sa simplicité bienveillante qui lui donnait tournure bourgeoise, cette apparente franchise qui cachait tant d'arrière-pensées et une si rusée politique, tout cela, qui sentait le temps passé, était en relation avec les instincts littéraires de son règne et contribua incontestablement à les fortifier. Mais là où l'influence royale se trouva en opposition avec les tendances des écrivains, elle fut vaincue. Louis XII, par exemple, ne parvint point à imposer le respect de la femme. En cela, il n'était pas un homme du XVe siècle, et, en cela, la grande masse de la littérature de son règne se sépara de lui.

A part donc la légère influence qu'elle accepta, parce qu'elle lui était sympathique, cette littérature puisa toutes ses inspirations dans le siècle qui venait de mourir, et fut un écho fidèle de toutes les tentatives qui avaient été faites alors.

L'état de la société du XVe siècle, les guerres civiles, l'affaiblissement du pouvoir central et protecteur, l'activité fiévreuse des derniers représentants de la féodalité, — activité que Louis XI avait plutôt endormie que détruite et qui se réveilla sous la régence d'Anne de Beaujeu, — la nécessité pour toutes les associations municipales de concentrer et de déployer leur énergie propre pour trouver en elles-mêmes une protection que nul ne leur offrait plus, ces causes avaient amené au XVe siècle un grand développement de l'esprit provincial, et au XVIe siècle la poésie sera en grande partie aux mains des rimeurs provinciaux.

Ce redoublement d'orgueil et d'énergie de la part des Communes, la protection que la royauté avait accordée aux hommes et aux instincts de la bourgeoisie pour pouvoir lutter contre les grands efforts de la féodalité, l'influence des provinces septentrionales où dominait l'esprit municipal, la protection accordée aux lettres par la Cour grave, méthodique, pédantesque et flamande des ducs de Bourgogne, avaient amené dans la poésie du XVe siècle la prépondérance de l'esprit bourgeois : ce sera cet esprit encore qui dominera parmi nos poëtes. Il nous apparaîtra avec cette triple physionomie si curieuse que les circonstances lui avaient si imposée au siècle précédent.

En même temps, en effet, que la bourgeoisie s'élevait, les autres pouvoirs, — noblesse et clergé, — descendaient, et, logiquement, à côté de la gravité réfléchie, naturelle aux individus appelés à diriger de plus importantes affaires, se montraient la raillerie contre tout ce qui déclinait, les leçons données à tout ce qui se corrompait. Les femmes, autrefois protégées par la foi et par la chevalerie, les femmes nouvellement coquettes et jetées hors du foyer domestique par l'anarchie politique et morale, les femmes furent attaquées comme le fut aussi le gouvernement qui conservait les vieux abus en détruisant l'ancienne indépendance. Cette gravité prétentieuse, cette raillerie violente, cette prédication infatigable seront fidèlement représentées dans la poésie du règne de Louis XII.

Ces trois instincts avaient du reste une autre raison d'être, non plus sociale mais littéraire : ils avaient trouvé chacun leur place dans cette lutte que le vieil esprit français soutenait contre la nouvelle école qui préparait la Renaissance. Celle-ci, l'école Savante, aidée par presque tous les événements du temps, protégée dans l'art par tout ce qui était écrit, dans la société par tout ce qui était puissant, avait adopté la gravité comme inspiration, le conseil et la morale comme but. L'autre école, aimée de la moyenne bourgeoisie, défendue par tout ce qui était parlé, par toute la tradition des jongleurs, avait cultivé la raillerie dans son expression gaie et naïve ou grossière et hardie. Là encore la femme, comme tout ce qui était élégant et recherché, comme tout ce qui manquait de simplicité, de logique et de sens commun, avait été maltraitée. Le génie des fabliaux, qui avait bataillé si longtemps contre la littérature des moines et des chevaliers, s'escrimait contre la langue latine, les petites pièces luttaient contre les longs poëmes, et le Moyen-Age, hélas ! décrépit, se débattait contre l'Antiquité sérieusement grotesque. Ces instincts, cette lutte, ces deux écoles auront leurs représentants au commencement du xvie siècle.

Comme au siècle passé, et plus peut-être encore, la littérature pieuse brillera avec son double éclat d'austérité, de respect naïf pour les croyances, de hardiesse et d'amertume contre les personnages ecclésiastiques. En même temps la guerre persistante donnera un nouvel élan au sentiment national et à la poésie guerrière. La petite bourgeoisie et le peuple, qui ne sont pas encore morts en littérature, exerceront aussi une certaine influence ; mais les écrivains, nous le verrons, leur prépareront surtout les quelques derniers poëmes qui pourront jusqu'à la fin du siècle parler à leurs instincts désormais méprisés.

Au milieu de ce Moyen-Age continué, la littérature de l'avenir trouvera ses germes divers. Tandis que les poëtes populaires, les disciples de Villon et de Coquillart lèguent à Marot quelques-uns des éléments de notre langue classique, le langage poétique de la fin du xvie siècle se prépare, je l'ai dit, sur les lèvres mêmes de ceux qui s'obstinent à répéter les barbarismes du xv°. C'était le premier souffle de la Renaissance que la pieuse reine avait recueilli sur la bouche d'Alain Chartier endormi. et depuis lors toutes les lèvres graves, en redisant leurs lourdes chansons, avaient cependant essayé le chant que le grand Ronsard devait lancer de sa voix pleine. Puis les poëtes du temps de Louis XII sont bien du Moyen-Age comme genre et comme esprit, ils conservent l'instinct catholique et la morale chrétienne dans la poésie, ils sont remplis d'admiration pour l'allégorie métaphysique, mais déjà l'Olympe descendait dans les bocages, Cupido commençait à étaler sa nudité et ses sagettes faisaient rage, sinon dans le cœur, au moins dans le cerveau de ces vénérables personnages. Vénus passait bien sans doute encore pour une courtisane et sa fille était toujours Folle-Amour, mais Apollo, dont les poëtes chevaleresques avaient fait un diable, était redevenu un dieu. Qui voudrait lui résister désormais! On comprend toute la révolution qui devait avoir eu lieu dans les idées depuis le xiii° siècle pour que le dieu des vers antiques ait pu échapper à la société de Lucifer, de Mahomet, de Satanas, et venir faire jaillir d'un coup de sa flèche d'or la seule source légitime de poésie.

Au point de vue du langage, nos poëtes, à cause même de leur fol enthousiasme pour le latin, marquent, et utilement, leur place dans notre histoire. Si le groupe qui va les suivre et précéder immédiatement la Pléiade eut pour destinée d'émonder et de régulariser la langue, leur mission à eux fut de l'assouplir, de l'enrichir surtout.

Durant cette longue lutte qui commence au xiv° siècle entre l'esprit français et l'esprit classique, entre les poëtes populaires et les poëtes de Cour; les savants, qui triomphent, avaient compris ce qui faisait défaut à l'essence même du style français, ils l'avaient compris en lisant, non Horace et Catulle, mais Cicéron, Sénèque et Valère Maxime. Ils savaient bien que ce style rend à merveille tout ce qui est vif, ardent, aiguisé et brillant. Au xv° siècle même, ce n'est pas la délicatesse qui lui manquait, — Charles d'Orléans venait de chanter, — ni la variété du ton, — ne venait-on pas de pleurer et de rire avec Villon? — ni la subtilité hardie, — Coquillart le prouvait, — ni la netteté, ni la clarté. ni la force dans la simplicité, — *les Quinze Joyes de Mariage, le Petit Jehan de Saintré, l'Internelle consolacion*, lui avaient conservé ces nuances de son immuable beauté. — Mais ce style ils le trouvaient maigre et sec, ils sentaient qu'il manquait d'ampleur, ils voulaient vaincre sa haine de la période, l'habituer à une harmonie plus large et lui imposer, avec une collection de vocables de rechange, une moins aristocratique fierté dans ses alliances de mots. C'est à une telle préoccupation qu'il faut attribuer toutes leurs énumérations, leurs redites, ces épithètes nombreuses, cette longue suite de synonymes et cette imperturbable solennité de tournure. Ils se nommaient *orateurs et grands rhethoricqueurs;* ils voulaient faire une langue oratoire. Ils faillirent l'emporter, grâce au génie de Ronsard. Heureusement entre eux et leur illustre descendant vint se placer un école qui ridiculisa cette tentative. Si l'on veut savoir ce qui rendait la *pince de Mellin* si douloureuse au chef de la Pléiade, il faut le demander à Marot, qui s'apitoyait traîtreusement sur ces « goulus et frians de la peau de ce povre latin, » à Charles Fontaine qui s'indignait contre ces « escorcheurs de latin, » à Étienne Dolet qui s'ébahissait de cette « fricassée de grec et de latin. » C'était le génie français qui protestait ainsi et qui donnait tant d'énergie à l'ironie débile mais sensée de Mellin de Saint-Gelais. Celui-ci accorda une trêve, le peuple ne la ratifia point, et le xvıı⁰ siècle mit en déroute la Pléiade et les Précieux, le pindarisme du cœur et le pindarisme de l'esprit.

Je touche au point qui caractérise le plus ce dernier élan du Moyen-Age; je suis obligé de négliger cent nuances, nous en retrouverons quelques-unes en parlant des poëtes les plus importants de cette période. Mais je prie les lecteurs de ne pas oublier combien le xvı⁰ siècle fut adonné à la science; en gardant constamment présents à leur esprit ces mots, littérature savante, ils saisiront plus aisément toute la poésie de cette époque. Ils comprendront, par exemple, la faveur dont jouit le poëme allégorique, ce résumé des deux sciences qui avaient brillé au Moyen-Age, la théologie et sa fille la philosophie morale; ils ne s'étonneront pas de voir presque toute cette poésie aux mains du clergé, la classe lettrée; ils s'expliqueront les liens de camaraderie et de louanges réciproques: Trissotin et Vadius pouvaient s'entendre encore, ils étaient en pays étranger, sous l'œil malin des jongleurs, des Enfants-sans-Soucis et de Rabelais, l'ambassadeur de la bande des Sots à la Cour de la Renaissance; d'ailleurs nombre de virgules les séparaient encore du point où leur vanité devait se rencontrer.

En résumé, cette poésie du temps de Louis XII est une poésie de vieillards; tout est là. Ces vieillards sont encore verts, et ce sont des vieillards tels que nous les comprenons au Moyen-Age. Les qualités et les défauts qu'on peut supposer en de tels personnages expliquent jusqu'en ses plus menus détails cette école littéraire. C'est bien une poésie moralisatrice, magistrale, pleine d'expérience et d'enseignement, portée au sermon, rude aux passions, hostile aux femmes comme à l'élément corrupteur de toute jeunesse, ne voyant dans la beauté qu'un sourire du diable, parlant de Dieu avec une respectueuse sérénité et de l'amour avec une âpreté sceptique, regardant peu autour d'elle et souvent en elle. Jamais le cœur ne s'y fait entendre que sous l'impulsion de ces deux passions, les dernières qui abandonnent le cœur humain, l'ardeur de la foi et l'enthousiasme patriotique. La réflexion domine tout, mais un esprit vif, sec et implacable se fait parfois jour. En face des accidents de la vie bourgeoise et journalière la bonhomie revient, crédule et naïve. C'est enfin, entre une pensée pieuse et une phrase austère, une parole libre, gaillarde, presque cynique, qui résume avec énergie une leçon morale, un conseil d'expérience, une malédiction contre l'amour.

On ne trouvera pas en ces poëtes ce quelque chose de fini, de poli, de complet que les écrivains de la Renaissance sauront, les premiers, nous montrer. La pensée et la conception sont souvent remarquables, mais le goût manque dans le travail du style. La phrase est rude, inégalement fournie; elle tombe souvent de haut et dans la banalité; elle admet les rimes parasites et les epithètes inutiles, enfin elle procède d'une harmonie différente de celle à laquelle nos oreilles sont habituées. Je voudrais qu'on jugeât ces auteurs sans minutie, avec cette intelligence qui sait regarder l'ensemble, envisager la position historique, constater la valeur de l'individu, de son talent, de ses tentatives, sans s'arrêter à des détails trop faciles, je l'avoue, à ridiculiser. Nous n'imposons pas des modèles, nous faisons l'inventaire de nos richesses; si mal montés que soient les antiques joyaux, l'or y est, aussi la pierre fine, et n'oublions pas que nous avons à juger, non un joaillier, mais un *maistre orfebvre*.

POÉSIE DE COUR

Les poëtes de Cour sont rares en cette période ; j'en ai indiqué la raison : la poésie bourgeoise l'emporte ; Louis XII admire et récompense les poëtes bourgeois ; il s'en sert, au lieu d'adopter un autre genre et de l'imposer en le comblant uniquement de faveurs. Il faut se souvenir encore que le Roi, la Reine et la plupart des courtisans sont gens du passé, non de l'avenir. Les vrais poëtes de Cour sont les écrivains du siècle dernier, ceux qui sont morts ou ceux qui vont mourir : Georges Chastelain, Octavien de Saint-Gelais, les deux Greban, Martial d'Auvergne, André de La Vigne, Jean d'Anton, monseigneur Crétin, « qui tout sçavoit, » comme dit Marot, et qui, selon Geoffroy Tory, « surpasse Homère, Virgile et Dante, par l'excellence de son style, » puis l'illustre Molinet « moulant fleurs et verdure, » enfin « le vertueux d'honneur, » Meschinot. Tous ces personnages, la génération de Louis XII en était fière ; ils enrichissaient, disait-on, la littérature française

> En decorant nos arbres si tres beaulx
> De haults dictons et de riches rondeaulx.

Ils étaient les maîtres vénérés par les grands seigneurs comme par les écrivains, et c'étaient leurs rimes laborieuses que se renvoyaient les échos des châteaux royaux.

LE MAIRE DE BELGES

J'ai hésité longtemps à ranger parmi les poëtes du xvie siècle Le Maire de Belges, tant il est le respectueux disciple de cette école Savante du xve siècle, et si docilement il se soumit aux lois des Crétin et des Molinet. Il avait reçu une riche organisation poétique ; je suis peut-être le premier à le dire, et jusqu'ici les rares historiens qui l'ont plutôt regardé qu'étudié n'ont signalé en lui que du pédantisme ; il est à mes yeux pourtant le père de Ronsard, plus que Dorat et plus que Pindare. Il était né avec un talent puissant, une individualité prononcée ; mais il subit à un tel point l'influence de son éducation poétique, que tout son talent se borna à orner de broderies nouvelles une rhétorique moribonde. Son originalité s'employa à reproduire, sous un nouvel aspect, les traditions stériles qu'il reçut de ses maîtres, plutôt qu'à prendre part aux tentatives des modernes inventeurs et à travailler pour l'avenir.

C'est un de ces esprits élevés et énergiques, mais obstinés, qui n'ont jamais pu oublier la poésie qui eut leur premier amour. Ils restent aveuglés par les charmes qui ont satisfait la jeune curiosité de leurs yeux et la naïveté de leur premier désir, et toujours ils aiment ce premier rêve, toujours ils subissent l'influence de ce souvenir juvénile sans s'apercevoir que la jeune muse s'est flétrie, et que ses grâces vieillottes et prétentieuses sont la risée de la génération présente. L'enthousiasme de l'adolescence a ruiné la fécondité de l'âge mûr; tout ce qu'ils peuvent espérer dans leur généreuse et impuissante fidélité, c'est de mettre un vêtement brillant sur le corps d'une momie. Ce fut bien là, du reste, l'histoire douloureuse des plus illustres poëtes de la fin du Moyen-Age.

Le Maire de Belges avait en lui une puissance d'harmonie qui empêcha sa renommée de mourir vite, un sentiment délicat de tout ce qui touchait au cœur, une versification agile, élégamment brisée, la science des mots expressifs soit en gentillesse, soit en énergie, toutes qualités qui devaient se développer et resplendir à la fin du siècle. Elles lui gardèrent un long souvenir dans la mémoire de ces orgueilleux poëtes de la Pléiade, et Ronsard passa les années de son noviciat à étudier sa forme littéraire. Il reconnaissait bien en lui un poëte de sa race. Les lecteurs, — tout en tenant compte de la langue vieillie, de la phraséologie insuffisante, et surtout du manque de goût et de fini, — les lecteurs seront peut-être aussi de cet avis en lisant ces lambeaux extraits du « Temple d'Honneur et de Vertus, composé par Le Maire de Belges, disciple de Molinet, à l'honneur de Monseigneur de Bourbon. »

CHANSON DE TITIRUS

Donnez repos à vos doulx firiolez,
Tant mignonnetz, gentilz bergiers des champs;
Et vous aussi tres plaisans oyseletz,
Rossignoletz, cessez ung peu vos pletz[1]

[1] Débats.

D'amours repletz, pour ouïr autres chans.
Ruisseaux glissans qui menez bruits plaisans,
Soyez taisans, courez à doulce noise,
Souffrez le loz de haulteur Bourbonnoise[1].

   Borcas qui bruit,
   Vulturnus qui ruit,
   Circius qui cuit,
   Notus qui fort nuit
   Par courroux ennuyeux,
   Ne menez grant bruit,
   N'empeschez le fruit
   Du soleil qui luyt,
   Lequel fort me duit
   Pour estre joyeux!

  . . . .

CHANSON DE GALATÉE

Arbres feuillez, revestus de verdure,
Quant l'yver dure, on vous voit desolez.
Mais maintenant aucun de vous n'endure
Nulle laidure, ains[2] vous donne Nature
Riche paincture et flourons à tous lez[3];
Ne vous branslez, ne tremblez, ne crouslez[4],
Soyez meslez de joye et fleurissance,
Zephire est sus[5], donnant aux fleurs issance[6].

   Gentes bergerettes,
   Parlans d'amourettes
   Dessoubz les couldrettes,
   Jeunes et tendrettes

---

[1] La louange de l'illustre Bourbonnais. — [2] Mais. — [3] De tous côtés. — [4] Remuez. — [5] En haut, en l'air. — [6] Naissance.

> Cueillent fleur jolie,
> Framboises, meurettes,
> Pommes et poirettes
> Rondes et durettes,
> Flourons et flourettes
> Sans melancolie.
> Quant Aurora, la princesse des fleurs,
> Rend les couleurs aux boutonceaux [1] barbuz,
> La nuyt s'enfuyt avecques ses douleurs;
> Aussi font pleurs, tristesses et malheurs,
> Et sont valeurs en vigueur, sans abuz,
> Des prés herbuz [2] et des nobles vergiers
> Qui sont à Pan et à ses bons bergiers.
> Chouettes s'enfuyent,
> Couleuvres s'estuyent [3],
> Cruels loups s'enfuyent,
> Pastoureaulx les huyent.
> Et Pan les poursuit.
> Les oyseletz bruyent,
> Les cerfs aux boys ruyent,
> Les champs s'enjolyent,
> Tous elemens ryent,
> Quant Aurora luyt.

De tous les poëtes dont nous allons parler, plusieurs eussent été en tous temps de misérables rhéteurs; d'autres, les meilleurs, ont eu à se plaindre de la position équivoque où ils se sont trouvés entre une société décrépite et un monde à peine conçu; mais aucun n'eût gagné autant que Le Maire de Belges à vivre entre Ronsard et du Bartas. Il eût pu être élégant comme le premier, énergique comme le second : en son temps il resta, ainsi qu'il le dit fièrement, un homme enclin à l'art oratoire. Il rêvait parfois, cependant; je ne doute pas qu'il n'eût quelque

---

[1] Petits boutons, — [2] Traduction littérale : et les qualités des prés brillent sans restriction aucune. — [3] Se cachent, se mettent comme dans une gaîne.

vague soupçon de la pauvreté poétique de son école, et qu'il ne se soit appliqué quelques-uns de ces vers qu'il met dans la bouche de Rhetorique, — car c'est de ce nom, hélas! qu'ils appellent tous alors la poésie.

REGRETS DE POÉSIE
SUR LA MORT DE SES SERVITEURS

Mais je n'ay plus un *Virgile* qui plaigne
Son Mecenas, ne *Catulle* qui daigne
Gemir la mort des petits passerons,
Maistre *Alain* dort, dont de dueil mon cueur saigne,
Qui[1] pour *Milet* sa plume en tristeur baigne;
Greban, qui pleure un bon roy, l'accompaigne;
Si ne sçay plus desormais que ferons!

Encoire est hors de ce mondain fabricque [2]
Ung mien privé *Robertet* magnificque
Qui mon feu *George* en grant pleur honoura;
Et *Sainct-Gelais* colourant maint canticque,
Pleurant son roy, plus cler que nul anticque,
Les a suivy [3]; si croy que Rhetoricque
Finablement avec eulx se mourra.

Ung bien y a que encor me reste et dure
Mon *Molinet*, meulant fleurs et verdure,
Dont le hault bruyt jamais ne perira,
Et ung *Crestin* tout plein de flouriture
Que je conserve en vigueur et nature,
Et toy d'*Anton*, car la tienne escripture
Et ta cronicque à jamais flourira.

---

[1] Lequel cœur. — [2] De ce monde créé. — [3] Dans les pleurs les a suivis, plus illustre que nul poëte antique.

Avec tous ces poëtes qu'elle regrette, la poésie du Moyen-Age devait mourir, et elle devait entraîner, dans la nuit qui allait la saisir, le pauvre Le Maire de Belges.

SIMON BOUGOINC

A côté des vieillards vénérés et des illustres morts qui constituaient, si je puis dire, le cercle des poëtes courtisans sous Louis XII, nous pouvons donner quelque place à de plus jeunes écrivains qui, approchant la personne du Roi et cultivant le poëme allégorique, — le plus noble, le mieux en Cour des genres poétiques alors connus, — surent y conserver, avec une allure chevaleresque, des sentiments délicats et élevés. Parmi eux, nous citerons Simon Bougoinc, valet de chambre de Louis XII. Il traduisit plusieurs des traités de Lucien, composa une pièce de théâtre, puis *l'Espinette du Jeune Prince, conquérant le Royaulme de Bonne Renommée.* C'est un poème allégorique un peu moins personnel que *la Chasse d'amours,* d'Octavien de Saint-Gelais, un peu moins varié que *le Cueur d'amours espris,* de René d'Anjou, mais aussi déclamatoire et aussi monotone que toutes les poésies de cette espèce, qui existèrent depuis le *Roman de la Rose* jusqu'aux voyages du xviie siècle dans le pays de Tendre. Nos lecteurs ont appris, auprès des poëtes du xve siècle, la méthode employée par tous les allégoriseurs. Simon Bougoinc la suivit docilement, en déployant cependant une réelle connaissance de la nature humaine. A l'aide d'une phraséologie incolore mais nette, il s'efforça de sacrifier l'amour à la morale; il réussit, en effet, à rendre l'amour maussade; quant à la morale, ses amis, ses rimeurs lui ont joué tant de méchants tours, — je parle du Moyen-Age, — que sa physionomie ne m'a point semblé particulièrement ennuyeuse dans cette Espinette. Les six chevaliers qui portent les couleurs de dame Raison et qui constituent la garde du Jeune Prince, messires Cueur Modéré, Sens Pourveu, Avoir Suffisant, Pouvoir Patient, Conseil Mesuré, Vouloir Asseuré, luttent du mieux qu'ils peuvent contre damoiselles Jeunesse, Folle Amour et Folie. Ces six prud'hommes se trouvent souvent en des positions pénibles, ils triomphent pourtant. Vénus et Cupido s'efforcent en vain d'empêcher le Jeune Prince d'arriver au château de Vertu auprès de dame Raison; il conquiert enfin, en compagnie de dame de Bon Gouvernement, le royaulme de Bonne Renommée.

J'appelle de nouveau l'attention, à propos de ce poëme, sur ce curieux besoin que presque tous les poëtes d'alors éprouvent de faire la leçon aux rois, aux princes, aux seigneurs. Ils s'expriment avec une énergie, une audace, une liberté qui sont faites pour étonner les gens de notre temps. Je ne m'arrête pas à expliquer la raison d'être de ce *libéralisme*, je me contente de nommer Octavien, Meschinot, Gringore, comme les plus persévérants et les plus hardis de ces prêcheurs de rois.

Voici un des meilleurs passages du poëme de Simon Bougoinc; je le cite surtout afin qu'on puisse le comparer avec les théories amoureuses que la Renaissance va développer. On y rencontrera, du reste, un sentiment calme, mais vrai, et d'une noble sérénité.

LE VÉRITABLE AMANT

Les bons amans deux cueurs en ung assemblent;
Penser, vouloir, mectent en ung desir,
Ung chemin vont, jamais ne se dessemblent,
Ce que l'ung veult, l'autre l'a à plaisir.
Point ne les vient Jalousie saisir
En vraye amour, car de mal n'ont envye :
Amour est bonne, jaloux ont malle vie.

En telle amour l'ung l'autre ne mescroit,
Jamais entre eulx n'a aucun contredit,
Ce que l'ung dit, pour vray l'autre le croit ;
Nul reffus n'a entr'eulx, en faict ne dict;
L'ung pense bien que l'autre n'a rien dit
Que verité, et que point ne feroit
Aucune chose que faire ne devroit.

Se par fortune adversité advient
A celle dame qui en amour le tient,
Ou se mallade soubdainement devient,
De meilleur cueur il l'ayme et l'entretient;
La douleur d'elle en son cueur il soustient.
Plus l'aymera ainsi, pour verité,
Qu'il ne fera en sa prosperité.

Et se par mort l'ung d'eulx est desparty
Le survivant jà autre n'aymera,
Ne ne prendra jamais autre party,
Car en son cueur l'amour de l'autre aura;
Comment hayr l'amy soubdain pourra [1]
Ce qu'il aymoit de cueur si doulcement!
Possible n'est de le faire aucunement.

Voyez la teurtre [2], qui tout ce fait enorte [3];
Quant l'une d'elles sa compagne tost pert,
La survivante tousjours sur branche morte
Prendra repos, en grant regret expert [4];
Chascun congnoist que c'est un faict appert,
Car sa nature a telle amour ouverte [5]
Qu'el ne s'assiet plus dessus branche verte.

---

[1] Pourroit. — [2] Tourterelle. — [3] Qui conseille d'agir ainsi. — [4] Elle qui sait ce que c'est que regretter. — [5] A une telle sensibilité en amour

POÉSIE BOURGEOISE PARISIENNE

PIERRE GRINGORE

Pierre Gringore est un type rare et excellent de la poésie bourgeoise ; c'est à lui surtout qu'il faut demander ce que valait la Bourgeoisie. Pleine de bonhomie, joviale et malicieuse, religieuse et morale au sein de la famille, grave et discuteuse au dehors ; naïvement brutale et sarcastique à l'égard de toute nouveauté, abondante en proverbes et conteuse au coin du feu ; étroite d'idées en politique, et ne voyant rien au dela de l'administration intérieure, où elle est habile et progressive : obstinée, creusant profondément et sagement dans l'étroit domaine intellectuel qui lui est assigné, telle avait été jusque-là la Bourgeoisie française, et c'est elle que Gringore représente avec finesse et énergie dans sa littérature. Il était né, selon toute apparence, à Caen, vers le milieu du règne de Louis XI ; il avait quitté de bonne heure la maison paternelle ; il y avait été suffisamment exposé, sans doute, à ces éternels proverbes qui étaient les étrivières morales de l'adolescence ; il n'en oublia jamais ni la sagesse magistrale, ni la tyrannie invincible. Des pertes de fortune ou la passion de l'indépendance l'avaient jeté hors du metier paternel et lancé dans une vie d'aventures qui satisfaisait sa fantaisie et sa curiosité naturelle. Cette jeunesse aventureuse fut un bonheur pour lui : elle empêcha sa tendance à *philosopher* de le jeter trop avant dans l'école des Molinet.

Il courut, paraît-il, à la suite des armées françaises, jusqu'en Italie, De retour à Paris, il entra dans la société des Enfants-sans-Souci, où il occupa l'illustre position de Mère-Sotte. C'est sous ce titre qu'il composa divers drames où il joua lui-même ; et il développa en cette joyeuse compagnie le côté original et hardi de son talent : la fantaisie, la verve, l'observation extérieure. Louis XII employa ce talent satirique dans sa lutte contre Jules II. Gringore écrivit plusieurs pamphlets, et, devenu célèbre, il fut appelé à la cour de Lorraine par le duc Antoine qui le nomma héraut d'armes. Il prit part, en cette qualité, à la guerre des *Rustauds*, sorte de dernière croisade que le duc entreprit pour chasser de ses frontières cent mille paysans allemands fanatisés.

Gringore, débutant martialement dans son office, fut arquebusé par eux, un jour qu'il allait leur porter des articles de capitulation. Son trompette seul fut tué; mais Gringore se rappela que la Paix est une vertu cardinale : il revint à la littérature, et partagea son temps entre Paris et la Lorraine où il mourut vers 1539.

Il était dans sa destinée que tous les accidents de sa vie dussent travailler à établir une balance égale entre les deux diverses tendances de son génie : fantaisie et réflexion. Nous avons vu que les aventures de sa jeunesse activèrent la première de ces qualités, son séjour à la cour de Lorraine augmenta la seconde. Le duc Antoine était un prince débonnaire, sage et courageux, à la façon de Louis XII, fort affriandé de proverbes et grand amateur de maximes; Gringore développa près de lui le côté penseur de son esprit. Dans ses derniers ouvrages on retrouve encore ce parallélisme entre l'imagination et la raison, qu'il faut signaler comme le point original de sa vie littéraire.

C'est dans le drame que Gringore a déployé les plus expressives de ses qualités; il n'a jamais été plus fin que dans sa *Farce*, plus hardiment satirique que dans sa *Sottie*, plus ample et plus élevé que dans le *Mystère de Saint Louis*. Le plan de notre livre ne nous permet pas de chercher là les preuves de son talent; je citerai seulement le *Cry*, la proclamation par laquelle l'auteur convoquait le public à la représentation. Je choisis ce morceau, non pour l'idée, il n'en renferme aucune, mais comme un exemple de cette forme populaire, alerte, joyeuse et naïve, dont le modèle disparaît avec le Moyen-Age.

LE CRY DU PRINCE DES SOTZ

Sotz lunatiques, sotz estourdis, sotz sages,
Sotz de villes, de chasteaulx, de villages,
Sotz rassotés, sotz nyais, sotz subtilz,
Sotz amoureux, sotz privez, sotz sauvages,
Sotz vieux, nouveaux et sotz de toutes ages,
Sotz barbares, estrangers et gentilz,
Sotz raisonnables, sotz pervers, sotz retifz;
Vostre Prince, sans nulles intervalles,
Le Mardy gras jouera ses Jeux aux Halles.

Sottes dames et sottes damoyselles,
Sottes vieilles, sottes jeunes, nouvelles,
Toutes sottes aymant le masculin,
Sottes hardies, couardes, laides, belles,
Sottes frisques, sottes doulces, rebelles,
Sottes qui veulent avoir leur picotin,
Sottes trottantes sur pavé, sur chemin,
Sottes rouges, mesgres, grasses et palles;
Le Mardy gras jouera le Prince aux Halles.

Sotz yvrongnes aymant les bons lopins,
Sotz qui crachent au matin jacopins [1],
Sotz qui ayment jeux, tavernes, esbatz,
Tous sotz jaloux, sotz gardans les patins [2],
Sotz qui chassent nuyt et jour aux congnins [3],
Sotz qui ayment à frequenter le bas,
Sotz qui faictes aux dames les choux gras;
Advenez y, sotz lavez et sotz salles,
Le Mardy gras jouera le Prince aux Halles.

Mere Sotte semont [4] toutes ses sottes;
Ne faillez pas à y venir, bigottes,
Car en secret faictes de bonnes chières.
Sottes gayes, delicates, mignottes,
Sottes doulces qui rebrassez voz cottes,
Sottes qui estes aux hommes familières,
Sottes nourrices et sottes chamberières,
Monstrer vous fault doulces et cordiales,
Le Mardy gras jouera le Prince aux Halles.

Fait et donné, buvant vin à plains potz,
En recordant la naturelle game,
Par le Prince des Sotz et ses suppotz;
Ainsi signé d'un pet de preude femme.

---

[1] Gros et gras crachats. — [2] Maris complaisants. — [3] Lapins. — [4] Convoque.

Cette vivacité est un des caractères de la phraséologie de Gringore. Son style moyen, si je puis dire, le côté récitatif de sa phrase, nous le trouvons dans les deux poëmes allégoriques, *le Chasteau d'Amour* et *le Chasteau de Labour*, où son génie, tout en acceptant le cadre reçu, est venu apporter un élément nouveau : il y a fait dominer l'esprit bourgeois, la préoccupation de la vie journalière, sur l'influence chevaleresque et la rhétorique à la mode.

Dans le dernier de ces poëmes, le héros, l'Enfant, avant de se mettre en route pour le château de Travail, est arrêté par *Jeunesse*, par *Folie*, et par *Mauvais Conseil* qui lui parle ainsi :

MAUVAIS CONSEIL

« Mon amy, je te meneray
En ung beau lieu solacieux,
Et le jeu d'amer t'apprendray,
Car tu es jeune et gracieux.
Tu orras [1] chans harmonieux
Et langaiges doulx feminins ;
Vestemens auras precieux
Aornez sur beaux musequins [2].

« Or choisiras tu des plus belles
Pour en faire ton bon plaisir,
Tu orras nouvelles nouvelles
Pour accomplir ton bon desir.
Que dis-tu ? Veulx tu mieulx choisir ?
Vien t'en et me prens par la main ;
Jeunesse prendra le loysir
Venir avec toy le beau train. »

Jeune Enfant creut *Mauvais Conseil*
Et *Folle Compaignie* aussi,
Laissa son beau livre au soleil
Et fut quasi d'amour transi.

[1] Entendras. — [2] Gentils minois.

Mauvais Conseil par là, par cy,
En plusieurs lieux le pourmenoit;
Quand il cuidoit [1] prendre soucy
Tout incontinent s'endormoit.

Il estoit vestu de vert gay
En façon de gorre [2] nouvelle,
Aussi gent comme ung papegay [3]
Est, quant le printemps renouvelle;
Folle Compaignie estoit belle,
Au moins il en estoit tenté,
Et *Mauvais Conseil* en tutelle
Le tenoit à sa voulenté.

Ennuyt [4] le menoient sur les champs,
Et le lendemain à la ville,
Avec seigneurs, bourgoys, marchans;
Il se monstroit gent et habille,
Prest d'assaillir une bastille,
Jouer à tous jeux, faire raige.
Jeunesse, qui plusieurs aville,
Luy mettoit au cueur le couraige.

Il achetoit bien deux cens francs
Ce qui n'en valloit que six vingts;
D'aucuns avoient [5] leurs escotz frans,
Les aultres en avoient grans vins.
Cuidez vous qu'il pensast aux fins
Où il viendroit en achetant,
Et qu'il estoit avec gens fins
Pour le decevoir tout contans?

A *Mauvais Conseil* vouloit plaire,
Passant par la main d'usuriers;

---

[1] Quand l'enfant était sur le point de... — [2] A la mode. — [3] Perroquet — [4] Aujourd'hui. — [5] En mangeant avec lui.

Plusieurs brevetz[1] luy faisoient faire
Qui en la fin luy furent chiers,
On luy prestoit tres voulontiers,
Tout estoit à son bon command ;
Enfin fault rendre les deniers,
Les termes viennent en dormant.

L'*Enfant* estoit fort harié [2],
Et achetoit mules, chevaulx,
A quant il seroit marié,
Prestre ou mort, c'estoit un des baulx [3].
On mengeoit de friants morceaux,
Vin ne coustoit non plus que biere :
Il est advenu de grans maulx
Pour avoir fait trop grande chiere.

Quant il eut de l'argent contant,
Mauvais Conseil le pourmena ;
A jeu de detz vint tout batant ;
Le *Jeune Enfant* y admena.
Guere ceans ne sejourna
Sans faire comme les ioueurs.

. . . .

D'escolliers avoit grant brigade,
Jouans à la Chance, au Monmon,
Au Flux et à la Condamnade,
Au Glic et à l'Oppinion.
On y destroussoit maint mignon ;
Là estoient plusieurs estourdis
Qui s'esbatoient en ung quignon [4]
A la Griaiche, à Passer dix.

---

[1] Billets. — [2] Ennuyé. — [3] Une des conditions, un des termes assignés pour le paiement. — [4] En un coin.

A Trente et un, à La plus belle,
A la Rainnette, au Tollement.
Blasphemant l'essance immortelle,
Chacun disoit son jurement;
Ils regnioient Dieu pleinement.
Hazart escoutoit leur blason,
Et *Piperie* brievement
Leur faisoit à temps leur raison.

Là estoient les beaux jeux de Billes,
Et sentes pour courre et raccourre,
Jeux de Marelle et jeux de Quilles
Pour les plus subtils bien secourre;
Et puis, pour se cuider recourre,
Au jeu de Paume on s'esbatoit;
Là où on mengeoit tant de bourre
Que l'estomac on se gastoit.

Le *Jeune Enfant* tousjours perdoit;
Il payoit seigneurs et naquetz [1];
Et *Mauvais Conseil* entendoit
Faire preparer les banquetz.
Les gens en tenoient leurs caquetz,
Mais il n'y contoit pas un double.
En jeu y a petis acquestz,
Mauvais Conseil maint enfant trouble.

———

Le personnage principal de l'autre poëme allégorique est l'*Allant au Château d'Amour*. Nous le prenons au moment où, après avoir visité les endroits les plus singuliers de ce château, il se laisse séduire par une des suivantes de dame Vénus, par celle en qui Gringore semble avoir voulu symboliser la coquette, la courtisane du Moyen-Age.

[1] Valets.

LA DAME DE FOL AMOUR

L'*Allant* ung petit s'enhardit
En gettant à sa *Dame* œullades,
Mais oncques ung mot ne luy dist,
Sinon qu'il fist plusieurs virades
Au plus près d'elle et embassades.
Car par escript tant seullement
Luy envoyoit plusieurs ballades
Disant qu'il l'aymoit fermement.

Taire les ballades portoit,
Beau Parler en faisoit lecture
Et la *Dame* les escoutoit.
Recréant ung petit nature ;
L'*Allant* comptoit son adventure,
Et sa *Dame* faisoit manière
D'estre coursée oultre mesure,
Mais el s'en mocquoit par derrière.

El luy renvoyoit des rondeaux
Et virelez bien divisez,
En disant que amoureux loyaulx
Doibvent estre sur tous prisez ;
Et ceulx qui sont bien advisez
Doibvent estre secretz sans doubte,
Avoir les engins esguisez,
Tous prestz de se trouver en jouste.

Après plusieurs lettres transcriptes,
Un jour, journée luy assigna ;
Ces nouvelles luy furent dictes ;
D'y aller se determyna.
Les menestriers y mena
Pour donner ung resveil joyeux ;

Dequoy[1] tousjours le gouverna
En le menant en plusieurs lieux.

Or, cuidoyt il bien que sa *Dame*
Le deust pour amy recongnoistre
Et qu'el l'aymoit de corps et d'ame,
Esperant d'en estre le maistre.
Il oyoit bien les huys crouestre[2]
Qui faisoient crac, crac, bien souvent
Et dandiner une fenestre,
Mais ce n'estoit rien que du vent.

. . . .

Parmy le corps le vint saisir
Ung gallant mignon et gorrier[3]
Qui s'appeloit *Charnel Desir*
Tenant forme de tresorier,
Qui estoit aussi familier
Comme les escripveurs de bulles,
Et plus trappé qu'un chien terrier,
Aussi embabillé que Tulles[4].

Charnel Desir mist *Crainte* hors
Et de tous points dechassa *Honte*,
Avec *Dequoy* fist ses acords ;
De *Faulx Rapport* ne tint onc compte,
Supson et ses *subjetz* surmonte ;
Car l'*Allant* saisit tellement
Qu'il fut, ainsi que je vous compte,
Embrasé d'amour asprement.

De fait il perdit *Congnoissance*,
A *Charnel Desir* s'adonna,

---

[1] On comprend que c'est la personnification de l'argent. — [2] Les portes de sa Dame s'ouvrir en grinçant. — [3] Gentil, à la mode. — [4] Aussi éloquent que Cicero.

Et pour acomplir sa plaisance
Dequoy il luy abandonna;
Guère en ce lieu ne sejourna,
Car embrasé estoit si fort
Qu'il perdoit quasi tout confort.

L'*Allant* et *Dequoy* cheminèrent
Avecques ce *Charnel Desir*
Et à la maison s'adressèrent
Laquelle avoyent voulu choisir.
Folle Despense print plaisir
A voir *Dequoy* et l'embrassa
Et l'*Allant* luy laissa saisir;
Oncques ung mot n'en prononça.

Quant *Dequoy* fut habandonné[1],
La *Dame* par devers luy vint
Et luy a maint baiser donné,
L'embrassant des foys plus de vint;
De *Charnel Desir* leur souvint
Tellement que tous troys entrèrent
A une chambre où il advint
Que de leurs amours racomptèrent.

LA DAME.

« Helas! mon amy gracieux,
Tant vous m'avez donné de peine
Et de pensers fantasieux
Tout du long de ceste sepmaine!
Amour tellement me pourmaine
Que se je ne jouys de vous
Je mourray, c'est chose certaine,
De desplaisir et de courroux.

---

[1] A *Folle Dépense*.

« A vous seul je me suis donnée
Et me donne de bon couraige ;
Oncques ne fus habandonnée
A nul autre, jour de mon aage ;
Gens riches, de noble paraige,
M'ont requise souventes foys,
Mais vostre plaisant personnaige
Me plaist mieulx, car il est courtoys.

« Et pour ce, Monseigneur, s'il vous plaist
Monstrer ung peu vostre largesse,
Faictes le, sans tenir long plait [1],
Veu qu'estes extraict de noblesse ;
Prenez que ce soit hardiesse
A moy de vous faire demande,
Vous excuserez ma simplesse,
Car c'est amour qui le commande.

« Seurement se ne vous aymoie
Je ne serois pas si privée.
Vous estes m'amour et ma joye,
De desplaisir m'avez privée ;
Bien sçay, se me voyez grevée,
Que soubdain y remedirez,
Se de larmes suis aggravée
Les ruisseaux vous estancerez. »

L'AUTEUR.

La *Dame* pleuroit tendrement
Feignant qu'el estoit fort piteuse ;
L'*Allant* l'acolla doulcement
Pour la cuyder rendre joyeuse

---

[1] Sans grand débat.

Et luy dist : « M'amour gracieuse,
Mon serviteur vous abandonne,
De tous poins n'estes maleureuse
Puis que si bien je vous guerdonne. »

Il bailla *Dequoy* à la *Dame*
En luy[1] donnant pour recompense,
Laquelle, cognoissant sa game,
Le bailla à *Folle Despense*.

Ici *Dequoy* prend la parole. Il raconte son histoire et chante ses vertus, puis il avertit l'*Allant au Chasteau d'Amour* qu'il prenne garde de ne pas le prodiguer ni de le livrer à *Folle Despense*.

L'*Allant* à ses dis ne print garde
Mais dist qu'il l'abandonneroit.
Sa *Dame* de bon cueur regarde,
Et *Folle Despense* courroit
De çà, de là, qui pourmenoit
Dequoy partout à son plaisir ;
Ce qu'on demandoit el donnoit
Pour l'amour de *Charnel Desir*.

Les belles robes d'escarlate,
Chaisnes d'or, bagues, affiquetz,
Alloit acheter tout en haste
Et puis preparoit les bancquetz.
On disoit un tas de caquetz,
Petis ris, petites minettes ;
En effect plusieurs perruquetz[2]
Ne s'en allèrent jamais brayes nettes.

Tandis que *Dequoy* fut en cours,
Folle Despense fist grant chière

---

[1] Le lui donnant. — [2] Galants, des parasites élégants, des amis de la Dame.

Sans trouver, en ville n'en cours,
Chose qui luy semblast trop chière.
L'*Allant* fist sa *Dame* gorrière
Par quoy en jouyt une espace;
Notez qu'il y a bien manière
A garder des dames la grace.

Dequoy peu à peu s'esloignoit
De l'*Allant*, à ce que j'entends;
La *Dame* l'oignoit, et poignoit [1]
Aulcune foys, en passant temps;
Jà s'esmouvoit petis contens [2],
Divisions, maintes riottes,
Et plusieurs contenances sottes.

Or vint le chien au grand collier [3]
Voulant trencher du cappitaine
Qui fist le galant resveiller
Par une parolle soubdaine,
Disant : « Qui esse qui vous meine
En ce lieu ainsi privement,
A moy appartient ce demaine,
Je le vous dy tout plainement. »

La *Dame* luy faisoit ce dire,
Avec beaucoup d'autre blason,
Affin qu'il ne peult contredire
De vuyder hors de sa maison,
Et luy dist, à peu d'achoison [4] :
« De cestuy cy suis endouée [5],
Cerchez autre part venoison,
Certes je suis ailleurs vouée.

[1] Caressait son ami en le piquant. — [2] Discussion. — [3] C'est bien en général ce qu'on appelle vulgairement le coq du village, le bourreau des crânes; ici c'est surtout l'amant favorisé. — [4] Sous le moindre prétexte. — [5] Amoureuse.

— Comment, ma Dame, disoit-il,
Vous ay je fait quelque finesse
Qu'il faille que par le babil
D'ung aultre homme, je vous delesse;
Vous estes ma dame et maistresse,
Autre que vous ne vueil servir;
De m'abandonner c'est simplesse;
Charnel Desir vueil assouvir. »

En dehors de ses drames et de ses poëmes, Gringore composa des pamphlets politiques, des rondeaux, des œuvres pieuses et surtout des œuvres satirico-morales où son génie se déploya à l'aise, et qui lui valurent, plus que tout le reste, l'admiration de ses contemporains. C'est là qu'il développa les plus graves de ses qualités, les plus profondes de ses vues, les plus vives de ses aspirations de réforme politique et morale; là qu'il fit montre de son syle le plus énergique et le plus solennel. Il s'y laisse voir surtout préoccupé de deux choses : la bonne administration et la paix.

Le passage que nous allons citer donnera, je crois, une idée suffisante de sa manière. Il nous montrera ce mélange de gravité et de minutie, ces vues générales accolées aux préoccupations de la vie vulgaire, cette phrase aux membres musculeux mais mal attachés l'un à l'autre, ce style qui tombe parfois en la banalité et se relève en des expressions hardies, cet esprit d'analyse, cet amour de l'exhortation, cet appel continuel au bon sens et aux idées religieuses, enfin tout ce qui distingue — avec la satire brutale et le besoin de se mêler aux choses de la politique — la littérature bourgeoise du commencement du xvie siècle.

LA PAIX ET LA GUERRE

Quant on voit Paix, peuple gros et menu
Soubstient que c'est nouveau printemps venu;
Vignes et champs qui leur labeur perdoyent
Sont cultivez et les jardins verdoyent.

Plusieurs troupeaux de bestes sont paissans
A seureté, pasteurs riches, puissans.
On voit les bourgs, les villes et villaiges
Ediffier, et restaurer mesnaiges,
Lieux ruinés refaitz et reparez
Et plusieurs biens augmentés et parez;
On voit aussi multiplier richesse,
Entretenir tout plaisir et lyesse.

 Les loix ont force et justice a vigueur,
Le bien public florit, et sans rigueur [1];
Religion est devote et fervente;
Equité vault, humanité est gente.
On voit les ars, mecaniques mestiers
Remettre en bruit et besongner ouvriers.
Pauvres qui ont disettes et souffrances
Reçoivent lors d'aulmones habondances.

 Les anciens et vieulx tiennent propos
Du temps passé, buvans vin à pleins potz.
On voit en bruit sciences et disciplines
Et jeunes gens instruitz en loix divines.
Filles on voit pourveues par honneur
De bons maris ; femmes grosses ont cueur
Deliberé faire leur delivrance.
Mais quant Guerre est mise sus par oultrance,
Helas, vray Dieu ! que peult on estimer,
Sinon que c'est une tres grande mer
Qui de tous maulx occupe, aussi inonde,
En submergeant toutes choses du monde?

 Les souldars sont à grant peine assouvis ;
Les beaulx trouppeaulx de bestes sont ravis
Et amenez bledz et vins par oultraiges;
Sont foudroyez les bourgz ; et les villaiges

---

[1] Sans que l'autorité soit obligée de déployer grande rigueur.

Où povres gens se sont habituez
On voit brusler et laboureurs tuez.
Belles citez par si long temps construictes
En ung instant sont de tous pointz destruictes
Par grant bruine et tourbillon brustal.

. . . .

Combien fault il de venues, d'allées
Pour reparer navires et gallées ;
Dessus la mer est requis de veiller ;
Pour tours, chasteaulx et villes rabiller
Aux champs convient, par façons differentes,
Pourvoir souvent, et accoultrer les tentes,
Forger aussi, et porter quant et soy
Plusieurs bastons ; conduire le charroy ;
Coffres, bahus on met aux aventures ;
Assembler fault les palis et closturcs ;
Vuider fossez, trenchées ; et miner,
Fouyr sous terre, en danger cheminer ;
Faire le guet, nuit et jour estre fermes,
S'exerciter, sans cesser, en faitz d'armes,
Si on ne veult son bon bruyt rabaisser.

Le grant peril et crainte vueil laisser,
Car il n'est rien en guerre, tant soit moindre,
Qui ne soit fort à redoubter et craindre.
Qui est celluy qui pourroit jours et nuitz
Dire et nombrer les peines et ennuitz
Qu'incessamment folz gens d'armes endurent,
En camps, ou ost où jamais ne s'asseurent
Car craincte y est quant on y veille ou dort ?
Leur manger est si tressalle et si ort,
Mis en vaisseaulx que jamais on n'escure,
Tant qu'à grant peine en ont les bestes cure.
Le plus souvent tentes et pavillons
Sont traversez par les estourbillons

Des ventz tresfroitz ; et encore, sans remide
Couchent souvent dessus la terre humide
A descouvert; s'ilz ont aucun repos,
N'est sans avoir le harnois sur le dos,
Endurant fin, soif, chault, froit et la pouldre,
La pluye et neige, aussi, cruelle fouldre,
Les membres matz et les corps engelez,
Aucunesfoys pendus et flagellez
Par gouverneurs ou par leurs capitaines
Ou lieutenans ; brief sur toutes les peines,
Subjections qu'hommes sachent avoir,
Impossible est si detestable en veoir
Qu'est servitude aux gens d'armes qui suyvent
Le train de guerre et l'ung à l'autre estrivent[1].
Car aussi tost qu'à l'arme on oyt sonner
Ou qu'on fait signe aulcun assault donner,
On est contraint que soubdain on s'expose
A souffrir mort, ou fault qu'on se dispose
Tuer aultruy, voire cruellement,
Ou que l'on soit tresmiserablement.

Après avoir démontré combien peu nous avons besoin de la guerre au milieu de cette existence humaine déjà si courte, si assiégée de maladies et de misères, après avoir indiqué comment les gens d'autrefois se battaient magnanimement pour défendre leurs lois et leur foi, Gringore conclut :

Mais nous, crestiens, ne bataillons pour foy,
Par quoy blasmés de Jesu Christ en sommes.
Si est requis laisser guerre des hommes,
Car trop longtemps le vice avons commis;
Et faisons guerre aux mortelz ennemis
De nostre foy, c'est Amour de pecune,

---

[1] Luttent l'un contre l'autre.

Ambicion, Desdaing, Orgueil, Rancune,
Crainte de mort et perte de tresor;
Telz choses sont Nabugodonozor,
Noz Philistins, noz pervers Moabites,
Oultrecuidez et despitz Amonites,
Avec lesquelz bataille griefve ayons,
Sans trefve ou paix, quelque part que soyons,
Car nous povons facilement entendre
Que telle guerre amour et paix engendre.

G loire à Jesus tous humains doivent rendre
R ememorans ses nobles faitz haultains.
I l a voulu en ce monde descendre
N on pour bataille et rigueur entreprendre :
G uerre desprise et gens de vices tainctz.
O noble duc et prince des Lorrains
R esgnant en paix, desprisant folle guerre,
E ureux est cil qui tient en paix sa terre !

Nous faisons grâce au lecteur du style purement solennel de Gringore. Nous savons d'ailleurs que ce n'est point par ces quelques extraits qu'on peut juger suffisamment notre poëte. Pour l'apprécier à sa valeur, il faut prendre l'ensemble de ses œuvres, en étudier la portée, voir se développer cette intelligence variée, aussi fine que profonde, saisir ces traits puissants qui s'élancent du fond de sa pensée. Il faut surtout, en le comparant à ses contemporains, constater ses tentatives et l'influence incontestable qu'il exerça sur la Bourgeoisie libérale de son temps.

JEHAN DU PONTALAIS

Qui ne connaît maistre Jehan du Pontalais, et les rencontres, brocards et sornettes qu'il disait et faisait, et les beaux jeux qu'il jouait? Qui ne sait comment il mit sa bosse à côté de celle d'un cardinal, et le malin tour qu'il fit au barbier d'étuves, et sa lutte avec ce maître prêcheur de Saint-Eustache, à qui il voulait enlever ses ouailles à coups de tabourin, puis un million d'autres histoires, nous dit Bonaventure des Periers, et meilleures que celles-ci? Qui ne le connaît? Tout le monde en parle au commencement du XVIe siècle et bien plus tard encore. Il devint un type de gaieté, de finesse et de hardiesse.

C'était un leste et joyeux compère, auteur de nombreuses *farces*, peut-être directeur de la compagnie des Enfants-sans-Soucis, célèbre d'ailleurs par l'audace de ses allusions. On ne savait rien de plus sur son compte. Nous pouvions aimer en lui une sorte de jovial martyr de la liberté du Moyen-Age; et quand François Ier, au début de son règne, le fit saisir et emprisonner pour le punir d'avoir osé, comme au temps du bon roi Louis XII, railler les gens de Cour et maudire leurs prodigalités, nous le voyions avec joie escalader les murailles de sa prison et se mettre aux champs avec ses gais compagnons Jehan Seroc et Jacques le Bazochien. Quelque sympathique qu'il pût être, il n'était, en somme, que le roi des bateleurs. Un renseignement, dont je n'ai pu retrouver l'origine, nous assurait bien qu'il avait composé un Traité sur les femmes; cela ne suffisait pas pour lui constituer, aux yeux de la postérité, une grande renommée poétique.

A cette heure, pour quelques érudits du moins, le jongleur est en chemin de devenir un illustre écrivain. Nous avons, en effet, parmi les plus remarquables produits de la littérature de Louis XII un volume de vers et de prose, connu sous le titre de *Contreditz de Songecreux*. La prose y est claire et ferme comme celle que nous montrera la fin du siècle; la poésie y est variée de ton, d'une simplicité rare à cette époque; les idées larges et fines, tantôt graves tantôt vives, montent jusqu'à la satire la plus noble ou descendent, dans l'étude de la vie vulgaire, jusqu'à cette exubérante, colorée et vivace grossièreté dont Rabelais nous offre maints modèles; et ces modèles sont à peine supérieurs aux tableaux que trace Songecreux de l'existence journalière des courtisans. Ce livre, je l'avais attribué jusqu'ici à Gringore, avec quelques doutes, il est vrai, mais sans oser m'inscrire en faux contre une tradition longue et respectée. Il n'est point nécessaire d'entrer dans le détail des raisons qui nous engagent à le rendre à Jehan de L'Espine du Pont-Alais. Je dirai seulement que c'est bien sous le nom de Songecreux que ce farceur était officiellement connu; et il n'est pas possible d'expliquer le titre et le plan du livre autrement que de cette façon : *les Contreditz*, composés par Songecreux.

Quoi qu'il en soit, l'auteur de ces *Contreditz*, poëte bourgeois par l'étude et par la réflexion, est un poëte populaire par la rudesse, le naturel et la spontanéité. Dans sa bonhomie, qui sommeille, ou qui pérore tantôt rondement tantôt malignement, on peut voir l'homme *classé*, qui a le droit de se reposer à l'abri de son pignon, comme aussi dans son réveil, dans son âpreté et dans son inquiétude, on devine l'homme resté en relation avec la partie active du peuple. En somme, c'est, comme forme, un disciple des bons *rhétoricqueurs* du temps; comme esprit, c'est un novateur. C'est un révolutionnaire naïf, qui attaque les préjugés au nom d'un bon sens étroit, et dont la haine vigoureuse s'adresse à tout ce qui est faux, maniéré ou menaçant ruine; aveugle en cela pourtant qu'il déteste ce qui est délicat et élevé aussi bien que les conventions ridicules et les injustices traditionnelles. Il nous montre avec une amère et grossière sincérité ce qui s'agite dans les bas-fonds de ces Cours si brillantes; il raille les femmes avec la même violence. Celles que son amertume épargne, son ironie les pique, sans qu'il trouve lieu à aucune exception. Il commence gaiement par ces vers :

> Le vulgaire des gens ruraulx
> Si dit que l'homme a eu sa vie
> Deux adversitez ou grans maulx :
> L'ung si est quant il se marie,
> L'autre est quant il se rompt le col.

Mais il conclut sévèrement en disant que le « mariage est une mort qui dure. » Voici du reste la femme telle qu'il la voyait et que l'avait vue presque tout le xv° siècle :

LA FEMME

Femme si est larcin de vie,
Femme est de l'homme doulce mort;
Femme est venin, cresme d'envie,
Femme est d'iniquité le port;
Femme est du dyable le support,
Femme nous perdit Paradis;
Femme est de mauvaistié rapport.
Femme est l'Enfer des gens mauldiz.

Femme est l'ennemy de l'amy;
Femme est peché inevitable;
Femme est familier ennemy;
Femme est la beste insatiable,
Femme deçoyt plus que le dyable;
Femme est sepulchre des humains,
Femme est l'erreur vituperable
Pour qui souvent tordons noz mains.

. . . .

Ou tousjours elle crie ou brait,
Ou tousjours ses enfans el pare,
Ou tousjours a caquet et plaît,
Ou tousjours a son bec à taire;
Ou sa geline si s'esgare,
Ou sa commère pond des œufz;
Ou elle se vient sans dire gare;
Ou elle a le coulde rongneux.

Femme se plaint, femme se deult
Femme rit, femme chante et pleure;
Femme est malade quant el veult,
Femme guerist en bien peu d'heure.

Des autres se dit la meilleure,
Toutes (fors elle) sont p......;
Par quoy je dis et vous asseure
Que c'est pitié cheoir en leurs mains.

Soit tort, soit droit, elle guette, elle se doubte,
El pleure, plainct et gemist en douleur;
Par fort crier fault que Jehannin [1] escoute,
Et que tousjours soit en crainte et fureur.
Qui est si fol qui veult avoir le cueur
De supporter telle enorme insolence?
Je ne sçay moy, car c'est trop grand folleur
A l'homme humain porter tel pacience.

Soit tort, soit droit, son obstination
El soustiendra par force de hault braire;
Raison pert lieu, l'imagination
Tant seulement luy juge du contraire.
Qui luy respond, el commande se taire,
Et qui se taist, toute folle elle enrage
Qu'on ne respond. Par quoy, pour le mieulx faire,
Chascun si doit eviter mariage.

Ty, ty, ta, ta, puis du noir, puis du blanc,
Puis de moutons et puis de drapperie;
Son cueur est gros; elle mue son sang;
Tousjours son droit deffend par tencerie;
Je cuyde moy n'estre point menterie
Que Lucifer si en forgea la teste;
Raison pourquoy? C'est toute diablerie;
Voire, est tousjours en douleur et tempeste.

Sa cervelle est de vif argent,
Qui ne peult arrester en place,

[1] On reconnait le mari, qu'elle oblige à écouter à force de crier.

Son penser est moulin à vent
Qui de tous ventz meult une espace ;
Ce qu'il luy plaist fault qu'il se face.
Je le sçay par experience,
Rien n'y sert user de menasse,
Encor moins user de science.

La femme a pour vertu le vice,
Pour doulceur elle est rigoureuse,
Pour subtil sens elle a malice,
Pour raison elle est cauteleuse ;
Pour moins que rien elle est fumeuse,
Pour prouffit el faict son plaisir,
Par vice se tient precieuse
Pour mieulx ses amoureux choisir.

La femme dit qu'elle gouverne
Tout l'hostel de ce qu'elle file ;
Le mary[1] despend en taverne
Tout ce qu'il peult gaigner en ville ;
Par son parler se faict habille
D'amasser bien en la maison ;
Plus faict labour[2] seulle que mille,
Par quoy s'el faict tout, c'est raison.

Par son tencer l'homme assourdit,
L'homme faict fol par son hault braire,
L'homme par crier aveuglist,
Car force luy est veille faire ;
Tous ses cinq sens luy fault retraire[3]
Tant le faict martyr à l'estroit ;
Tousjours le sert de metz contraire
S'il veult du chault, il a du froid.

---

[1] Selon elle. — [2] Toute espèce de travail. — [3] Restreindre l'exercice de se cinq sens.

Si tu la batz, tu feras ton dommage
Si tu dys mot, tu feras tencerie ;
Si tu veulx paix, ainsi que dit le sage,
Ne sonne mot, ou si la puterie
Tu veulx pugnir, faiz une mocquerie
Pour la railler du cas publiquement,
Lors crevera s'el voit qu'on la harie,
Si honte elle a, vivra plus sobrement.

La femme donc n'aura jamais bon temps,
Si son mary n'est tout fol ou tout sage :
Se tout fol est, du tout[1] sera content
De croire tout son faict et son langage,
Se tout sage est, quant il congnoist l'usage,
Pour le dangier par raison dissimule,
Pour son honneur entre deux eaues nage,
Rongeant son frein comme une belle mulle.

Songecreux poursuit la noblesse plus vivement encore. « Ceux-là sont vilains qui vilenie font, dira-t-il ; noblesse ne vient point de lignage, mais de vertu. » Telle est sa doctrine, mais il ne s'arrête pas là :

LA NOBLESSE

De cent ans civière,
En cent ans banière,
Dit est par Sottie ;
Quant fortune fière
Les rejecte arrière,
Quel chevalerie !

[1] Entièrement.

Noblesse enrichie,
Richesse ennoblie
Tiennent leurs estatz;
Qui n'a noble vie
Je vous certifie
Que noble n'est pas.

. . . .

Aujourd'huy qui n'a faict bastardz
Ou despucellé des pucelles,
Qui n'a joué à tous hazardz
Et vendu ses chevaulx et selles,
Qui n'a deceu laides et belles,
Qui n'a prins noyses et debatz,
Il n'est point des nobles estatz.

Qui n'a pillé, bruslé et ars,
Qui n'a forcé les damoiselles,
Qui n'a robé de toutes pars
Beufz, pourceaulx, robes et vaisselles,
Qui n'a desrobé les cotelles
Des povres gens, et mis au bas,
Il n'est point des nobles estatz.

Aujourd'huy telz sotz coquillards
Deussent porter des marotelles
Qui sont traistres, comme renardz,
A trouver cruaultez mortelles.
Disons leurs façons estre telles :
Qui ne faict tromperie à tas
Il n'est point des nobles estatz.

Liberté, largesse et franchise
Tindrent jadis en leur devise
Ceulx qui commencèrent noblesse;
Leurs subjetz faisoient à leur guise

En vivant selon saincte Eglise
En toute liberalle humblesse ;
Mais noz gentilshommes de vieillesse
Maintenant force si les presse
De rober, piller et pourprendre
A leurs subjetz. Quel gentillesse !
Sur ma foy, on les deust tous pendre !

Le reste est de cette énergie hautaine. N'y a-t-il point là un frissonnement de cette fièvre de révolte qui va agiter tout le siècle? Que pourront dire de plus les fils des Taupins ralliés à M. de Coligny, les Jacques calvinisés du baron des Adrets, et tous ces âpres et enthousiastes renégats de l'Université qui firent l'éducation satirique de d'Aubigné? D'Aubigné lui-même, je le crois, et nul de nos satiristes n'a montré un élan plus énergique que celui que nous trouvons en la pièce suivante :

LES PRÊTRES COURTISANS

Moynes, abbez, docteurs et clercz menuz
Qui sont en Court et en vices venuz,
Ilz ont laissé à Sainct Jehan le souldaire[1]
Et à Joseph, pour luy cuyder complaire,
Ilz ont laissé le palle debonnaire[2],
A Sainct Mathieu sa vogue[3] souveraine !
Tous ces gens là laissent l'Eglise braire,
Rien ne leur sert ne livre ne breviaire ;
Mais vont servir celle Samaritaine
Plaine en peché, toute de vices plaine
Qui se coucha par avarice vaine.
Au fort j'ay tort, on n'y peult rien sans eulx ;
On ne sçauroit pecher en vie mondaine

[1] Le suaire du Christ. — [2] Le manteau vertueux. — [3] Sa prédication.

S'ilz n'y estoient! mais je veuil, pour leur peine,
Que payez soient de par le Dieu des Cieulx.

Je ne serais pas juste en cherchant à persuader que notre poëte s'élève toujours ainsi et qu'il se réjouit en cette amertume; je veux, pour finir, citer une ballade de forme curieuse, qui donnera une plus vraie idée du style général des *Contredits* de Songecreux.

L'ARGENT

Qui argent a la guerre il entretient,
Qui argent a gentilhomme devient,
Qui argent a chascun luy fait honneur,
  C'est monseigneur;
Qui argent a les dames il maintient,
Qui argent a tout bon bruyt lui advient,
Qui argent a c'est du monde le cueur,
  C'est la fleur.
Sur tous vivans c'est cil qui peut et vault,
Mais aux meschans[1] tousjours argent leur fault.

Qui argent a pour sage homme on le tient,
Qui argent a tout le monde il contient,
Qui argent a tousjours bruyt en vigueur,
  Sans rigueur;
Qui argent a ce qu'il luy plaist detient,
Qui argent a de tous il a faveur;
  C'est tout heur
D'avoir argent quant jamais ne deffault,
Mais aux meschants tousjours argent leur fault.

[1] Aux misérables.

Qui argent a à tous plaist et revient,
Qui argent a, chascun devers luy vient,
Qui argent a, sur luy n'a point d'erreur
　　Ne malheur;
Qui argent a, nul son droict ne retient,
Qui argent a, s'il veut, à tous subvient,
Qui argent a il est clerc et docteur
　　Et prieur;
S'il a des biens chascun l'eslièvc hault,
Mais aux meschans tousjours argent leur fault.

POÉSIE BOURGEOISE PROVINCIALE

BOURGOGNE

ROGER DE COLLERYE ET SES AMIS,
PIERRE GROSNET, ETC.

Si les poëtes mélancoliques de notre siècle songeaient jamais à tourner vers le passé leurs yeux chargés de larmes, s'ils étaient tentés de se consoler en cherchant comment on gémissait autrefois, après leur avoir montré Villon je les mènerais auprès de Roger de Collerye. Tous deux sont, pour ainsi dire, des poëtes modernes, en ce sens que presque les premiers et presque les seuls ils nous font entrevoir les murmures à peine articulés mais sincères de cet instinct si énergiquement développé en notre siècle et qu'on a appelé la mélancolie. Tous deux ils ont connu cette douce et touchante tristesse qui naît du regret plutôt que du remords, qui enveloppe l'heure présente du souvenir de la jeunesse évanouie, de l'amour trompé, et regarde venir de nouvelles misères avec plus de lassitude que d'amertume. Mais ils sont du Moyen-Age, ils gardent quelque chose de la vie active, du sens pratique de ce temps-là; les aspirations de l'âme ne sont pas encore tombées dans le vague, et les souffrances morales se rattachent toujours par quelque point au corps. Seulement ils sentaient vivement, lorsque les poëtes, leurs contemporains, se contentaient de réfléchir profondément; ils écoutaient leur cœur quand leurs voisins étudiaient les règles du bien dire; ils ont été inspirés par les accidents de leur vie, ils sont sincères, naïfs, ils sont touchants, quand les autres sont surtout curieux, recherchés et imitateurs. Ils ont senti vivement, je disais, et c'est pour cela qu'ils sont parfois aussi fous dans la gaieté qu'attendrissants dans la tristesse.

Je ne compare pas autrement Villon à Roger de Collerye; le premier est un grand poëte, le second n'est qu'un poëte; son intelligence n'est pas très-profonde ni son talent très-varié, il n'a que deux tons : le cri de joie et la complainte. Notre poëte est tantôt *Roger Bontemps*, tantôt le *Povre Infortuné*. Roger Bontemps aime et rit, il boit et s'enivre, il est le prince des Enfants-sans-Soucis; le Povre Infortuné a aimé et il pleure; il a froid, il a faim, il a perdu ses amis, il est ruiné, et il passe sa vie à s'escrimer contre ses deux ennemis acharnés, Faulte d'Argent et Plate Bource.

Le plus grand mérite de Collerye, comme écrivain, c'est de posséder une forme à lui, une forme simple et expressive. Il a la tournure leste, la pensée franche, la parole naturelle; il n'a pas été séduit par le latin, le style laborieux et l'allégorie. Voici la première physionomie et la première maîtresse de notre bohême.

BON TEMPS

Or qui m'aymera, si me suyve,
Je suis Bon Temps, vous le voyez;
En mon banquet nul n'y arrive
Pourveu qu'il [1] se fume ou estrive,
Ou ait ses esprits fourvoyez.
Gens sans amour, gens desvoyez,
Je ne veux ni ne les appelle,
Mais qu'ilz soient gectez à la pelle.

Je ne semons en mon convive
Que tous bons rustres avoyez;
Moy, mes suppostz, à pleine rive,
Nous buvons, d'une façon vive,
A ceulx qui y sont convoyez.
Danseurs, saulteurs, chantres, oyez,
Je vous retiens de ma chapelle
Sans estre gectez à la pelle.

Grongnards, hongnards, fongnards, je prive [2],
Les biens leurs sont mal employez;
Ma volunté n'est point retive,
Sur toutes est consolative

---

[1] A moins qu'il ne. — [2] De toute part cipation à mon banquet.

Frisque, gaillarde, et le croyez;
Jureurs, blasphemateurs, noyez;
S'il vient que quelc'un en appelle,
Qu'il ne soit gecté à la pelle.

 Prince Bacchus, telz sont rayez
Car d'avec moy je les expelle;
De mon vin clairet essayez
Qu'on ne doibt gecter à la pelle.

LA MAITRESSE DE ROGER BON TEMPS

C'est la plus gente fatrillonne
Et la plus gaye esmerillonne
Qu'en veit onc, et la nompareille.
Son amour souvent me reveille,
Et mon cueur, mon corps et espritz;
Alors que chascun dort, je veille;
Je vois, je viens, je m'esmerveille,
Tant suis d'elle ravy et pris.
C'est de ceste ville le prix,
Cela puis je bien maintenir,
Et ne sçaurois estre repris
D'estre de son amour surpris,
Et pour tout sien me retenir.
C'est mon bien, c'est mon souvenir,
C'est mon espoir, c'est mon racueil[1],
C'est celle qu'on doibt soustenir
Et pour tres loyalle tenir,
Consideré son bel accueil.
Elle a bon esprit et bon œil,

---

[1] Mon joyeux entretien.

Bon maintien et gente manière.
Se je la tenoys seul à seul
J'oublierois tout ennuy et deul
Et regretz seroient mys arrière.

Peu à peu Roger Bontemps, sans se désespérer encore, entrevoit l'ombre de *Plate Bource*.

POVRETE DE ROGER BON TEMPS

A rondeler et composer epistre
Prosaiquer, coucher en ryme plate
Ou ballader, jà ne fault qu'on en flatte,
N'y ay gagné la valleur d'ung pulpitre.
D'y acquerir office, croce ou mitre
Au temps qui court ne faut jà que me haste,
   A rondeler.
Cil qui n'entend des loix ung seul chapitre
Est eslevé aussi hault qu'ung Pilate
Et vestu de velours et d'escarlate,
Mais estimé je suis moins qu'ung belistre
   A rondeler.

Ici la gaieté règne uniquement, mais le poëte commence à comprendre les méchants tours que Faulte d'Argent se prépare à lui jouer.

AMOUR ET PLATE BOURCE

En faict d'amours Beau Parler n'a plus lieu
Car sans argent vous parlez en Hebrieu,
Et fussiez vous le plus beau filz du monde,
Se ne foncez[1], je veulx que l'on me tonde

---

[1] Fournissez de l'argent.

Si vous mectez vostre pied en l'estricu.
De dire aussi, en jurant le sang-bieu :
« Tout est à vous, rentes, corps, biens et fieu. »
Ce propos-là peu vault parole ronde [1]
   En faict d'amours.
Pour parvenir il convient mectre au jeu,
Avant jouyr, baillez, comptez empreu [2],
Vela le point où la dosne [3] se fonde,
Et sans cela à la brune, à la blonde,
Jà n'y aurez accez ne bon adveu
   En faict d'amours.

Bientôt Roger Bontemps cède la place au Povre Infortuné. Voici la plus sensible de ses douleurs :

L'INFIDÉLITE

En pleurs et plainctz, faisant mille regretz,
Je me complainctz de ma tres chere amye
Qui jour et nuyct me tient termes esgretz [4].
Je l'ayme bien, mais el ne m'ayme mye,
En dictz et faicts je la trouve endormye ;
Puis certain temps ell' est toute changée
Pour un villain où elle s'est rengée.

Long temps y a que d'elle fuz surpris
En vraye amour, loyalle de ma part,
Mais j'aperçoy que j'ay perdu le pris,
Puisque de moy veult faire le depart.
Je m'attendois, ainsi comme il appert,

---

[1] L'éloquence de l'argent qui roule, de l'argent comptant. — [2] Tout d'abord. — [3] La dame. — [4] Paroles aigres.

Que nostre amour dureroit à jamais,
Certes, non faict. Hellas! je n'en puis mais.
. . . .
J'ay veu le temps que j'estois son souhait,
Son seul plaisir, sans autre aymer ne querre;
Les motz d'amour elle savoit dehait [1]
Autant et mieulx que femme sur la terre.
En y pensant le povre cueur me serre.

En ung pays où ne croissent nulz vins
Je m'en iray faire griefve complaincte;
Huyt ou neuf moys il y a que j'en vins
Et ay depuis enduré douleur maincte,
Ma pensée est de couleur noire taincte
Et mes espritz environnez de deuil,
Gecter m'en fault mille larmes de l'œil.

Or adieu donc celle qu'ay tant aymée
Qui m'a laissé pour un autre choisir.
Des vrays amans vous en serez blasmée
Lesquels ont prins à aymer grant plaisir !
Vous seulle estiez ma joye et mon desir.
Vous seulle estiez mon amoureux soulas,
Pour reconfort me convient dire helas!

———

Triste j'en suis de ma fleur Marguerite.
De mon jardin un villageois l'a eue ;
Mais s'il advient que j'en perde la veue
De ce pays je m'en iray bien vite,
Tout à part moy souvent je m'en despite
Voyant qu'elle est meschantement pourveue,
Triste j'en suis.

[1] Joyeusement.

De gens d'honneur elle a esté poursuitte,
Et de cueur gay en amour l'ont reçeue,
Mais le touyn [2] l'a faulsement deçeue
Par le moyen d'une sotte conduite,
    Triste j'en suis.

C'est alors que toutes les misères viennent auprès de lui remplacer son amante infidèle, et il raconte ses souffrances avec une tristesse relevée, çà et là, d'une pointe de bonne humeur qui m'a toujours paru aussi touchante que les plus amères larmes.

MISÈRE DU POVRE INFORTUNÉ

Par ce temps cher mon corps est consumé,
J'ay peu mangé, encore moins humé ;
Et si je suis d'estre en ce monde las,
La cause y est : *faim* me tient en ses lacz ;
Souvent à Dieu l'ay dit et resumé
  Que l'on ayt veu mon foyer enfumé
De gros tysons, seroit mal presumé,
Je ne faiz feu que de vielz eschalas
    Par ce temps cher.
  Quant disner veulx, mon pot n'est escumé ;
Mauprest [2] me sert, qui m'a acoustumé
De souhecter le relief des prelatz.
Faulte d'argent me fait crier « Helas! »
Piteusement, d'estomac enrumé
    Par ce temps cher.

---

[1] Le manant. — [2] Mal prêt, jamais prêt.

Au despourveu qui n'a la seule busche
Faulte d'argent a faict metre une embusche
Pour l'exempter de bois et cotterez,
Mais espoir a que vous l'escotterez
Par charité qui jamais ne trebusche.
   Soubz ung froit vent comme ung coq il se huche ;
De luy ayder il vous appelle et huche ;
Meu de pitié, ses plains escouterés
      Au despourveu.
   Les grans tresors prise autant qu'une cruche ;
Se son estat bien au long on espluche,
Moult est petit, ce point là notterés,
Et en tous lieux de luy racompterés
Que son vaillant ne vault pas une huche
      Au despourveu.

   D'ung tel ennuy que je souffre et endure
Fleur, femme, fruyt, ne plaisante verdure
Ne me sçauroient nullement resjouyr,
Faulte d'argent me faict esvanouyr ;
Jà longtemps a que ce malheur me dure.
   Bource sans croix n'est que toute froidure ;
Mon corps en est, de deuil, plain de laidure,
Et faict mon cueur et mes yeux esblouyr
      D'ung tel ennuy.

Roger de Collerye, né sans doute à Paris vers 1470, passa la plus grande partie de sa vie à Auxerre, où il mourut après 1536. Il avait auprès de lui un certain nombre de gens *experts en rhétorique*, sire Estienne Fichet, Jehan de Guyrolay et surtout Pierre Grosnet, né à

Toucy, diocèse d'Auxerre, mort en 1540. Celui-ci, compilateur lourd et sentencieux, nous offre pourtant, dans sa gravité digne, quelque analogie avec l'esprit de Collerye.

POITOU

JEHAN BOUCHET ET SES AMIS

Jehan Bouchet naquit en 1475, vers le même temps que Roger de Collerye. C'est le seul point de ressemblance qu'il soit possible de trouver entre ces deux personnages. L'un, nous venons de le voir, est vraiment poëte ; il a toutes les qualités qui sont sympathiques à la fortune, et, toute sa vie, *pauvreté l'a couvé*, il le dit ; nous le voyons bien : le froid, la faim, la maladie, la solitude mènent le deuil de sa vieillesse, et sont les seuls compagnons qui l'escortent vers la mort. L'autre n'est pas un poëte, c'est un procureur qui fait des vers, et il est plus heureux cent fois que l'autre n'a été malheureux.

J'ai été troublé, je l'avoue, de voir la poésie laisser tomber si bas un poëte et élever si haut un bourgeois. C'est un peu, je ne dirai pas la faute, mais le fait de la morale et de l'organisation sociale du Moyen-Age. Alors on n'était pas seulement un écrivain, on était quelque chose, puis écrivain ; on devenait prêtre, médecin, avocat, bref on était nécessairement un bourgeois, et on rimait si l'on voulait ; c'était l'accessoire. L'accessoire apportait parfois place et honneur, mais on vous jugeait d'abord par la dignité avec laquelle vous gardiez votre place dans la hiérarchie sociale. Si l'originalité, qui fait le bon poëte, vous tentait de mal, de vie oisive, aventureuse et libertine, vous étiez uniquement un oisif et un libertin, un mauvais bourgeois, non pas excusé comme poëte, mais redouté comme original ; vous deveniez méprisable et méprisé ; votre génie, si vous étiez Villon, vous valait un protecteur qui vous sauvera peut-être de la potence ; votre talent, si vous étiez Collerye, vous gagnait une ombre de crédit auprès d'un cabaretier friand de beau langage. La Muse ne pouvait promettre rien de plus.

Jehan Bouchet le savait. Il faut voir comme il se défend de négliger son étude de procureur ; il jure bien que ses vers n'ont été qu'un passe-temps, qu'il y a dépensé au plus une heure chaque jour. Ce fut une heure bien employée, elle lui rapporta cent mille vers. On pouvait croire, il est vrai, qu'il ne mourrait jamais; il avait vu Villon, il faillit enterrer Ronsard; il restait imperturbable; les écoles de poëtes succédaient aux écoles de rhéteurs; la vieille religion était menacée; un nouveau monde succédait au Moyen-Age; il ne s'émouvait pas : il répétait toujours cette insipide rhétorique qu'on avait failli lui voler à la fin du xve siècle mais qu'il s'était fait restituer de par l'autorité de messieurs du Chastelet, — avec dommages et intérêts. Ce fut un augure. Maistre Jehan Bouchet, procureur à Poitiers, avec son surnom extravagant : *le Traverseur des voyes périlleuses du monde,* — il avait été jusqu'à Paris — avec sa devise, qu'il n'a jamais réalisée pour le lecteur : *Spe labor brevis*, avec son anagramme : *Ha bien touché*, à la fois grotesque et ambitieux comme son talent, maistre Jehan Bouchet prit et garda jusque après le milieu du xvie siècle une position égale à celle de Crétin, supérieure à celle de Marot.

Il était l'astre de la province, mais de cette province qui envahissait la Cour. Tout le monde fait son éloge; quelques-uns des meilleurs se disent ses disciples; on l'eût pris volontiers pour arbitre, et Sagon s'adresse à lui, croyant avoir ville gagnée s'il peut l'attirer dans son parti contre Marot. Mais le digne homme détestait la chicane en poésie, il le dit à Sagon, en l'avertissant sagement que chacun a droit à son genre, et que les rimes graves peuvent vivre à côté des rimes joyeuses sans se haïr et s'entre-déchirer. Cette réponse peut nous expliquer en partie la position qu'il avait prise dans le royaume poétique. Il était bon, inoffensif et flatteur; il savait ce que vaut la camaraderie; il était prêt à louer tout le monde. Il avait d'illustres amis, et il faisait, avec ses louanges débonnaires, retomber une partie de sa célébrité sur les ambitieux poëtes de province; la foule des petits poussait à cette gloire dans les plis de laquelle on leur permettait de s'envelopper un instant. Il avait été d'ailleurs le disciple, l'ami, l'égal de ces renommés personnages que les nouveaux venus avaient appris à vénérer, dont ils répétaient les vers avec admiration durant le temps de leur éducation poétique. Puis il était grave, sérieux, moral, et cela était important dans cette période sermonneuse, pieuse et réfléchie. Enfin il produisit presque tous les ans quelque œuvre de longue haleine et d'honnête pédantisme. Il pouvait donc être vénéré, il devait être aimé, et comme il était le dernier représentant de la dernière école littéraire du Moyen-Age, bien des instincts attendaient de son inspiration leur suprême satisfaction.

Pour nous il reste le parfait disciple de *dame Ennuy*. Dans ses vers l'invention est laborieuse, mais sans goût; la pensée banale, verbeuse, noyée dans la paraphrase; la forme lourde, pédantesque, monotone. La seule qualité qu'on peut remarquer en lui est toute de métier, et il la partage avec presque tous ses contemporains : c'est la science de bien couper le vers et le soin de la rime. Il n'est point cependant inutile pour l'histoire; ce bavardage rimé, qui lui était nécessaire dans la distribution de ses éloges, nous apprend mille détails sur lui et sur les écrivains de son temps. Il faut noter surtout, dans son *Temple de Bonne Renommée*, la transition curieusement et presque ingénieusement marquée entre l'allégorie morale et l'allégorie mythologique. Ce poëme fut composé, si je ne me trompe, en 1518.

En résumé j'ai lu, avec toute bienveillance, plus de soixante mille de ses vers; j'en pourrais citer quatre ou cinq qui ont du trait, mais il m'a été impossible d'y trouver un passage qui valût la peine d'être reproduit ici.

Parmi les poëtes qui se rangèrent volontiers autour de lui nous citerons Pierre Gervaise, Germain Emery, Pierre Rivière (*le Recueil des Vertus*), François Thibaut (*le Débat de l'Esprit amoureux*), Jacques Godard (*Dialogue de Narcissus et d'Echo; Déploration de toutes les prinses de Rome*), Jean Bresche (*l'Honnête exercice du Prince; le Manuel royal*); enfin François Rabelais, oui, maistre Alcofribas, majestueux en dignité et en sagesse, grave et pesant comme le féal Trouillogan. On ne voit pas dans ses vers l'ombre de ces buveurs très-illustres, ni de ces autres personnages très-précieux. Je ne veux pas dire qu'ils lui portaient bonheur, mais il faut reconnaître que sa poésie ne vaut pas mieux que celle de Bouchet. C'est la même banalité paraphrasée, avec une sorte de recherche des mots vieillis. Il est ravi des escrits *tant doulx et mellifius* du procureur Poitevin. L'espèce particulière d'éloges qu'il leur décerne ne laissera pas que d'étonner ceux de nos contemporains qui le vantent à titre de révolutionnaire, comme ceux qui, plus versés dans l'ancienne littérature, se contentent de voir en lui l'humoriste du Moyen-Age, et dans son œuvre un résumé hardi des fabliaux. Voici, en tous cas, ce que le révolutionnaire ou l'humoriste trouve à louer dans notre Traverseur :

>   Et quant je liz tes œuvres, il me semble
>   Que j'apercoy ces deux pointz tout ensemble,
>   Esquelz le prix est donné en doctrine
>   C'est à sçavoir : *doulceur* et *discipline*.

ANJOU

CHARLES DE BORDIGNÉ

La poésie qui n'avait pas récompensé Collerye, et qui avait endormi Rabelais, devait être peu favorable aux pensées joyeuses. Voici un homme de race mordante, un Angevin, Charles de Bordigné, le représentant bourgeois du Conte à cette époque, qui porte la peine du voisinage de Crétin et de Bouchet. On ne trouve dans sa *Légende de Pierre Faifeu*, aucune gaieté, nulle verve. Par une invention grotesque il est parvenu à encadrer de poésie allégorique ce récit des grossières aventures d'un farceur de province ; mais le récit lui-même, écrit en style languissant et plat, psalmodie des histoires de cabaret de façon à faire paraître presque guilleret l'*Amoureux Transy sans Espoir*, du bonhomme Bouchet. Il devait en être ainsi de la partie de cette littérature qui ne se laissait pas tomber résolûment dans la grossièreté populaire, dans la verve leste et hardie de la moyenne Bourgeoisie. Pousser le Conte dans le style à la mode, c'était inévitablement lui enlever ce que les jongleurs et les conteurs du XVe siècle avaient su lui donner de naïveté, de naturel, de finesse goguenarde et réjouissante.

BEAUCE

LAURENT DES MOULINS

Laurent des Moulins est un prêtre chartrain ; c'est, je l'avoue, tout ce que je sais sur lui. Son poëme, *le Catholicon des Malavisez* ou *le Cymetière des Malheureux*, ne m'a point paru sans mérite. La conception en est claire et énergique. Le poëte s'est égaré la nuit dans une lande ; il y aperçoit une église, il vient se réfugier sous le porche et s'y endort. Cette église est la Chapelle des Douleurs, le terrain qui l'entoure est le Cymetière des Malheureux. Ils se lèvent tous, malheureux et vicieux, imbéciles et criminels ; ils se précipitent en foule dans la large porte gardée par *Desesperance*, l'implacable portier, qui ne laisse plus sortir ceux qui sont entrés. Chacun raconte son histoire, se plaint et moralise, l'ivrogne, le joueur, le voleur, l'hypocrite, le paillard, le blasphémateur, l'enfant désobéissant, comme l'homme qui se ruine pour les femmes, qui néglige de réparer sa maison, qui donne du pain chaud à ses domestiques, qui se lève tard et se couche tôt, etc. C'est, on le voit, un Enfer bourgeois. C'est encore, si l'on veut, le poëme de *la Morale en action*, car il est rempli de contes, qui rappellent un peu ceux des *Gesta Romanorum*.

Laurent des Moulins est un disciple de Gringore, dont il invoque l'autorité contre les femmes. Sa phrase a quelque ressemblance avec celle de son maître. Il est en même temps profond et banal ; je veux dire qu'il fouille jusqu'au fond d'une pensée banale à l'aide d'une analyse patiente, énergique, souvent ingénieuse. Ce mélange est, je l'ai indiqué d'ailleurs, un des caractères du style du temps.

L'EGLISE DES YVRONGNES

Les gros gourmans n'ont jamais autre *eglise*
Qu'une *cuysine* où ilz font leur *service*,
Et leur *prestre* est, que pas fort je ne prise,
Le *cuysinier* qui fait, sans nul faintise,
Oblation au ventre et *sacrifice*;
Car autre *Dieu* n'ont, la chose est notice,
Que leur *ventre* où font *services* beaulx :
D'yvrongnerie il vient infinitz maulx.

Pour leurs *cloches* ilz ont *voirres* et *potz*
Que *sonner* font par une estrange guise ;
Pour *eaue benoiste*, le *vin* qui est ès brotz,
Dont ilz disent de tres gouliars motz,
En brocardant les gens par grant devise ;
La langue ilz ont tousjours sur quelc'un mise,
Qui *asperge* sur gens faulces paroles :
Les yvrongnes usent de raisons folles.

> Leur *sacrifice* sont les *metz* de viande
> Qu'*offrent* souvent au ventre insasciable,
> Et leur *autel* est, sans qu'on le demande,
> La belle *table* où souvent on gourmande
> Par appetit qui est desraisonnable.
> L'*odeur* des metz est l'*encens* delectable
> Qu'ilz *odorent* en grant preeminence :
> Bon fait craindre de blesser sa conscience.
>
> *Laudes* disent, par grant *detractions*,
> Parlant d'autruy, dont ne leur est proesse,
> Car en parlant trouvent inventions
> De mettre gens en grans contentions,
> Qui trop souvent les picque, point et blesse ;
> Un yvrongne, de jour en jour ne cesse
> Faire noyses par ses faulces cautelles :
> Coups de langues font des playes mortelles.

C'est la période naïve et, si j'ose le dire, l'art iératique du calembour.

LYONNAIS, LANGUEDOC, COMTAT

SYMPHORIEN CHAMPIER, DRUSAC,

JEHAN D'ABUNDANCE, ETC.

Les poëtes du pays de la langue d'oc, volontiers imitateurs, valent à peine une mention. Symphorien Champier est un Bouchet lyonnais, un peu moins fécond, un peu plus prétentieux. Il mourut vers 1535, après s'être fait une enviable réputation avec la *Nef des Dames vertueuses* (prose et vers), la *Nef des Princes* (prose et vers), et un recueil de diverses pièces.

Christophe de Barrouso, Lyonnais aussi, je crois, composa, au commencement du XVI° siècle, « *le Jardin amoureux, contenant toutes les règles d'amour.* »

Guillaume Bunel, médecin de Toulouse, nous donne, en 1513, un poëme didactique sous ce titre : *OEuvre excellente, et à chascun desirant de l'este se preserver, très-utile.*

Gratien du Pont, sieur de Drusac, nous offre une des plus curieuses physionomies de toute notre histoire littéraire, et il nous livre le dernier mot de l'école poétique que nous étudions. Il pousse le sérieux jusqu'à la folie, la réflexion jusqu'à l'extravagance, le pédantisme jusqu'à la naïveté, la vertu jusqu'à l'obscénité ; c'est un père de famille, doux, calme et bienveillant qui, pour obéir à la rhétorique, entre contre les femmes dans une fureur de démoniaque; il trépigne en dix mille vers; c'est un oisif, amoureux de poésie, qui, pour se réjouir, fait de l'art poétique un supplice digne de trouver place dans le dernier cercle de l'Enfer. Nulle intelligence de notre temps, si vive ou si folle qu'elle soit, ne saurait imaginer les tortures auxquelles ce Toulousain soumit la rime et le rhythme français. Son livre, *Controverses des Sexes Masculin et Feminin*, est un des singuliers documents de cette intéressante querelle contre la nature féminine qui tient une si grande place dans la littérature du Moyen-Age.

Drusac fut vivement attaqué; je n'ose citer, même en leur latin, les injures immondes qu'Estienne Dolet lui adressa. Un poëte de son pays, François Arnault, lui répondit plus sérieusement. Il trouva un défenseur dévoué dans François Chevalier, poëte bordelais.

Jehan d'Abundance, notaire à Pont-Saint-Esprit, est surtout connu comme poëte dramatique; nous pouvons cependant citer de lui *les Merveilleux Faits de Nemo; les Quinze merveilleux Signes descendus en Angleterre;* et la *Lettre d'Escorniflerie.*

Nommons enfin Antoine Prévost, du comtat Venaissin, qui composa « *l'Amant desconforté cherchant confort parmy le monde, contenant le bien et le mal des femmes.* »

ILE DE FRANCE, PICARDIE

ROBERT GOBIN, JEAN DROYN

En retournant au point central d'où nous sommes partis, nous trouvons, dans l'Ile-de-France, Robert Gobin, prêtre de Lagny-sur-Marne, auteur d'un ouvrage en vers et prose, qui renferme, sous ce titre : les *Loups ravissants*, une satire assez énergique contre toutes les classes de la société.

Jean Droyn, d'Amiens, traduisit (1501) en des vers vifs et présentant grand air de famille avec ceux de Coquillart, *la Nef des Folles*, de Josse Badius.

ARTOIS

ÉLOY D'AMERVAL

Messire Éloy d'Amerval, prêtre de Béthune, fait imprimer en 1508 le *Livre de la Deablerie*, livre non-seulement « tres proffitable aux chrestiens et aorné de maximes fort belles, » mais encore « remply de joyeulx termes pour bien rire. »

Lucifer et Satanas entrent en scène, s'injuriant comme des crocheteurs en goguette, — ce qui doit être le suprême bon ton et le nec plus ultra de la galanterie, *ès paludz infernaux*. — Ce sont d'ailleurs deux gais compères, les cousins germains de tous les diables des *Mystères* et assez experts en joyeux mots pour revendiquer une honorable place dans le Pantagruel. Ils racontent tous les ennuis qu'ils ont faits à l'homme, expliquent leurs ruses, et les crimes qu'ils imposent à leurs serviteurs. L'auteur intervient parfois pour compléter la narration diabolique et faire la leçon aux criminels comme aux sots, car ces derniers sont aussi rangés parmi les amis de Satanas ; on prévoit la longueur du poëme et la vaillante troupe qui défile devant les yeux du lecteur.

Messire Éloy est un homme d'un esprit gai, subtil et naïf; il a la

bonhomie leste, le regard joyeux; c'est un curieux mélange du prêtre
vénérable et du petit bourgeois goguenard, du théologien savant et
de l'Enfant-sans-Soucis; je le vois avec un vêtement mi-parti, il porte
robe de bure et bonnet aux oreilles d'âne; sa croix a des grelots, et il
verse des larmes sur les pécheurs en leur pinçant les oreilles pour
les faire rire. C'est surtout un bon et un bien vivant, qui rit parce
qu'il a la conscience libre, l'esprit pur, je dirai presque l'estomac
solide, enfin le *mens sana in corpore sano*. Il règne en toute son œuvre
une verve, une aisance, une allégresse infinie. La pensée dominante y
est grave, sage, quelquefois profonde; la forme fléchit parfois, mais le
plus souvent elle est vive, colorée, populaire et hardie. Sages intentions et verve picarde, voilà ce livre qui, plus que tout autre, nous
donne de précieux renseignements sur les mœurs, les idées, les préjugés, les habits, les usages du temps. Il est certainement, en ce sens,
supérieur à tout ce que nous possédons dans la première moitié du
xvie siècle. Mais il se montre, on le devine, souvent grossier, et il
dédaigne toute précaution oratoire.

Le passage que je donne est loin d'être le meilleur, mais il a l'avantage de ne point renfermer trop de mots redoutables.

On se rappelle le plan général de l'ouvrage. Satan, vieux diable,
rempli d'expérience, explique les diaboliques gaietés de ce monde au
jeune Lucifer, diablotin naïf, mais plein de zèle et rempli de bonne
volonté pour s'instruire des ruses de la diplomatie satanique.

LES GENS JOYEUX

>Les aultres ne sont pas joueurs
>Comme ceulx cy, ne hazardeurs,
>Ny ne suyvent jamais telz brigues;
>Mais ilz sont des enfans prodigues,
>Grans despensiers, gasteurs de biens,
>Goulafrent tout, n'espargnent riens;
>Tout ce qu'ilz pevent amasser
>Par la gorge le font passer.
>Leur Dieu, Lucifer, c'est leur ventre,
>Comme en ung gouffre tout y entre;
>Leur grant desir, pour abreger,
>Est huy de boire et de manger.

Ilz me vont emplissant leurs dalles[1]
De bons vins (non pas de goudales[2]),
Et de vitaille exquise et chère;
Tousjours veullent faire grant chère
Et estre aises comme ung beau roy
Tant qu'ilz pourront avoir dequoy.
Non pas les hommes seullement
Mais les femmes semblablement;
Car nos commères, ce me semble,
Se gallent aussi bien ensemble
Et boivent soir et matinée
De cette friande vinée
Comme les hommes. Pourquoy non?
. . . .
Ne faut-il pas le temps passer
A quelque chose? si fait, Dieux!
C'est grant vice que d'estre oyseux!
Et d'aultre part, je ne vueil cas
Parler d'elles, en aulcun pas,
En façon que leur puist desplaire
Car tousjours me veullent complaire;
Elz me sont bonnes et utiles;
Et si sont caultes et subtiles,
Ou doibvent estre, par raison;
Car elz ont en toute saison,
Soit en apert, soit en couvert,
Grant engin et tousjours ouvert.
Long temps a qu'elz sont mes mignonnes
Et font voulontiers, tant sont bonnes,
(Voire la pluspart toutefois)
Tout cela, — et plus mille fois, —
Que moy et les dyables d'enfer
Tous ensemble, faulx Lucifer,

---

[1] Leur vilaine ouverture, leur immonde bouche. — [2] Biére.

Dedens leurs testes leurs boutons[1].
Or retournons à nos moutons :
Ainsi donc passent ilz le temps,
Ilz s'appellent Rogier Bontemps,
Ilz se gallent, ils se festyent,
Ilz sont joyeulx, ilz se soucyent
Autant des rez que des tondus,
Des pelez que des morfondus ;
Jà ne viengne[2], font ilz, demain
Qui n'aporte avec luy son pain.
Il n'est rien qu'ilz appètent tant
Qu'à bauffrer, boire d'autant
A plains voirres, à plains godés.
Ce sont caillons[3], gentilz cadés,
Vrays enfants de malle gouverne,
Pilliers et gourmans de taverne
Qui me treuvent ce vin tant bon
Et souflent si bien le charbon
Qu'il art comme feu en estoupes
Tant qu'ilz sont plus yvres que soupes.
Thezis[4], repletz, pretz à crever
Par trop leur nature grever ;
Mais quoy que je die pourtant
C'est, Lucifer, n'en va doubtant,
Tousjours saulve l'honneur de toy.
Bref chascun, comme je voy,
Ilz sont là dès le plus matin,
M'entens-tu bien, villain mastin,
— Qu'on te puist tout vif escorcher ! —
Tant qu'il soit temps d'aller coucher,
Ou s'endorment pour parler franc,
Ou sous la table, ou sous le banc.
Et puis il advient voulontiers

---

[1] Mettons. — [2] Pourquoi viendrait-il le demain qui n'apportera pas. — [3] Masculin de caillettes ; mignons écervelés. — [4] Ou tezés, lourds, hébétés.

Que telz gens sont paillards putiers,
Luxurieux, soirs et matins,
Fort ribaux comme chiens courtins
Et plus gettins [1] que vieulx marmotz.
Jamais n'oublie ces bons motz :
Luxure, quant bien m'en souvient,
A ventre plain voulontiers vient.
Tous bons François, gloutons, gourmans,
Soyent François, Bretons, Normans,
Piquars, Flamans et Bouguygnons
Et tous aultres bons compagnons
Qui bauffrent tant bien que merveilles,
Gentilz chopeurs, franches bouteilles,
Tous vrays pions [2] et tastevins
Tant Angevins que Poitevins
Tant Savoysiens que Bourbonnois,
Tant Gascons comme Arragonnois,
Tant d'Escosse que d'Angleterre,
De tous pays, de toute terre,
De tout lieu, de toute contrée,
Voulontiers, après la ventrée,
Appètent le deduyt des dames,
Des fillettes, des jeunes femmes !

NORMANDIE

J. PARMENTIER, P. DE LESNAUDERIE, ETC.

Jean Parmentier, de Dieppe, nous fournit le plus touchant et le plus beau caractère de toute cette période. Il est le digne descendant de cette noble, artistique et aventureuse race normande, qui sut conquérir et

---

[1] Présomptueux, insolent. — [2] Grands buveurs.

civiliser tant de terres. Il fut le premier Français qui aborda au Brésil, le premier Français qui poussa jusqu'à l'île de Sumatra, et il s'était promis de découvrir ce passage du Nord dont on a tant parlé depuis. Il aimait la poésie comme il aimait la mer et les navigations lointaines, pour les grandes pensées et le grand renom qu'elle donne à ses vaillants enfants, « car son gentil esprit estoit tousjours occupé de quelque œuvre de vertu, et il désiroit fort honneur en toutes choses. » Il sut trouver dans l'intervalle de ses voyages le temps de composer des mystères, des moralités, des sermons joyeux, des poëmes. « Il n'avoit point beaucoup hanté les escoles, et n'avoit d'autre science que celle que le grand Précepteur et Maistre d'escole luy avoit, par sa grace, despartie, » mais il aimait le travail et son esprit naturel était puissant.

Une occasion se présenta de tenter un hardi voyage; il partit avec deux navires, dont il croyait les noms de bon augure, *le Sacre* et *la Pensée;* il quitta tristement pourtant sa jeune femme, — il était marié depuis quinze mois, — mais au moment de partir pour visiter des terres que nul Français n'avait encore abordées, il se promettait de revenir pour achever une œuvre qu'il désirait offrir au Roi. Il arriva à cette île de Taprobane qu'il voulait conquérir au commerce de la France; il mourut en y abordant, bientôt suivi dans la mort par Raoul, son frère et son compagnon de périls et de poésie.

La navigation avait été longue et dangereuse, les matelots s'étaient plus d'une fois découragés et plus d'une fois ils avaient regretté « les ayses passées; » ce fut pour leur donner courage et sur le pont de son navire que ce fils des rois de la mer composa son poëme des *Merveilles de Dieu et de la dignité de l'Homme*. N'est-ce pas là un merveilleux cadre de poésie? La mer est rude, la terre est lointaine, lointaine la terre de la patrie, plus lointaine encore et perdue dans le vague des contes orientaux cette terre où l'on doit aborder, se reposer un instant et peut-être mourir; le navire court entre l'orage de la veille et la tempête du lendemain; tous les cœurs sont abattus, toutes les voix murmurent; chacun, en interrogeant cet horizon ennemi succédant à tant d'autres horizons aussi vides et aussi menaçants, chacun regrette la douce vie que l'éloignement embellit encore. Le capitaine est là, avec ce courage intact qui garde le calme à la pensée et la justesse au langage; pour encourager ceux qui faiblissent, il leur montre la grandeur de tout ce qui les entoure et la supériorité de l'homme sur ces grandes choses. La mer est superbe, le ciel est immense, l'air est redoutable; mais ce petit être, sous la main de Dieu qui a fait de lui sa créature favorite, ce petit être est plus puissant que toutes ces puissances. N'est-ce pas là un magnifique tableau? Toute la vie de ce marin, d'ailleurs, n'est-elle pas une belle vie de poëte?

C'était un poëte, en effet, avec une pensée large, un regard étendu, une phrase claire, un style sonore. Je ne puis m'arrêter plus longtemps à côté de lui et je le regrette, car la noblesse de celui qui « cherchoit sur tout honneur, » l'élévation des pensées de celui qui sut parler grandement des sublimes choses que le Seigneur a faites, sa mort précoce et touchante après une existence ainsi active, m'ont attaché à ce grand cœur et à ce gentil esprit.

LES MERVEILLES DE LA MER

Qui congnoistra les merveilles de mer,
L'horrible son, plein de peril amer,
Des flotz esmeus et troublez sans mesure?
Qui la verra par gros ventz escumer,
Pousser, fumer, sublimer, s'abysmer,
Et puis soubdain tranquille sans fracture?
Qui congnoistra son ordre et sa nature?
Mais qui dira : j'ay veu telle adventure,
Sinon celluy qui navigue dessus?
Celluy là peult bien dire par droicture :
O merveilleuse et terrible facture
Du Merveilleux qui habite là sus.

O navigantz, o povres matelotz,
Qui congnoissez la nature et les flotz
De la grand mer où pretendez profitz,
Levez les yeulx, ayant les cueurs devotz,
Devers le ciel, et je seray des vos
A donner gloire à celuy qui la feit.
. . . .

Considerez la grandeur et l'estente
De ceste mer tant large et tant patente

Dont la moytié pourroit noyer la terre;
Et non obstant sa force violente,
La main de Dieu forte et omnipotente
La tient ensemble en arrest et en serre;
Par sa puissance en lieu bourné la serre,
Par sa prudence il luy donne son erre,
Son mouvement et son cours ordinaire;
Et quant el' bruit, comme horrible tonnerre,
Dont povrement maint esquippage en erre,
Par sa clemence il l'appaise et faict taire.

 Considerez les merveilleux troppeaulx,
Qu'on voit cingler au travers de ces eaux,
De gros poissons et d'horribles belues [1],
Diversement et à si grandz monceaux
Qu'engin humain jugeroit cela faulx
Si de premier [2] telz bestes estoient veues.
Ilz sont sans nombre et toutes sont repues;
Le seul Parfaict qui surmonte les nues
Sustente tout et leur donne pasture
Qu'ilz vont chercher parmy vagues esmues
En sortissant de leur profundes mues [3]
Jouxte [4] l'instinct de leur propre nature.

Nous placerons à côté de lui son frère, « clerc pour composer ballades, moralitez et rondeaulz, » et Pierre Crignon, un autre de ses compagnons de voyage, celui à qui nous en devons le récit; il l'a composé en vers, pour l'honneur du poëte-capitaine, « affin, dit-il, que triumphant sur la mort, il puisse revenir en la memoire des hommes par renommée et louange immortelle. »

Je nommerai encore un poëte de basse Normandie, Pierre de Lesnauderie, un disciple de Gringore, qui composa, entre 1510 et 1520, le *Recueil des vertueuses et illustres femmes*. Nous sommes, on le voit, loin du sire de Drusac.

---

[1] Monstre. — [2] Pour la première fois. — [3] Cachettes. — [4] D'après.

POÉSIE PIEUSE

GUILL. FLAMENC, OL. CONRARD
FRÈRE ESTIENNE DAMIEN, ETC.

Les tendances graves et réfléchies qui dirigent les poëtes de cette période du XVIe siècle, l'instinct charitable et sagement réformateur, le désir qui apparaissait partout d'élever le sens moral, expliquent logiquement la grande influence que le catholicisme exerçait alors sur la littérature. La poésie pieuse trouvait dans de tels instincts l'aliment naturel de son inspiration, et ce fut entre nos poëtes et la dévotion un échange de bons procédés. Ils accueillirent la Muse pieuse avec une sympathie dévouée; celle-ci, à son tour, conserva une grande partie de leurs formules poétiques après qu'ils eurent disparu, et elle ne se laissa pas aisément revêtir des nouveaux ornements que les écoles suivantes mirent à la mode. Elle fut la dernière amie des poëtes bourgeois. Elle et la Muse populaire, voyageant ensemble dans une entente cordialement batailleuse, comme saint Pierre et le Jongleur, représentèrent bien longtemps encore les deux grandes traditions qui avaient dirigé la littérature au Moyen-Age.

Je ne chercherai pas ici les éléments poétiques apportés par la foi dans l'école que nous venons d'étudier; je dirai seulement que les matériaux d'une telle étude nous seraient fournis surtout par les œuvres mystiques de Gringore, de Jean Parmentier, et d'un autre poëte, Michel (de Tours), dont nous allons bientôt parler. Après eux, je nommerai Guillaume Flamenc, chanoine de Langres (*Devote exhortacion pour avoir crainte du jugement de Dieu*), Jean du Chastel, Olivier Conrard, cordelier (*Miroir des Pécheurs*), et l'auteur (peut-être Charles de Croy, peut-être Estées) qui, sous le pseudonyme du *Riche en Povreté*[1], com-

---

[1] Nous devons dire que Marot fit de ce pseudonyme le titre d'une de ses pièces.

posa *l'Ardent Miroir de grâce*. Frère Estienne Damien écrivit son *Epistre du Chevalier Gris à la Sainte Vierge*, avec un sentiment doux, tendre et poétique qui lui vaut, selon moi, une place distinguée parmi les écrivains de ce temps. J'en extrais, sans grand choix, ce passage qui donnera une suffisante idée de sa manière :

LE CHEVALIER

A SA DAME LA SAINTE VIERGE

Souvent mon cueur à toy parler desire,
Mais quant, pensif, de tous costez me vire,
Deuil me surprent, car suis trop loin de toy.
Lors, musatif, je perlis et pervoy [1]
Ceulx qu'ont parlé, Vierge, de ta haultesse ;
Et, tout subit, le dard d'amour me blesse
Du Dieu d'amours, d'amours dis [2] pur et net,
Tant que souvent, quant j'oy, le matinet,
Philomena chanter soubz la verdure,
D'ardant desir, de par toy, la conjure
Chanter un lay par son gergon tres doulx
Pour resjouyr mon pauvre cueur escoux [3],
Trop languissant en ce val douloureux.
Et puis je dis au soleil radieux :
« Vien, doulx Phebus, aporter ta lumière
Car le noir temps m'est un cercueil et bière. »
Dormir ne puis, ne faiz que sommeiller ;
Et quant ce vient que je vois resveiller
Dame Aurora à [4] ses cheveux luysantz,
Lors frenesie, qui m'est par trop nuysant,
Sort hors de moy à note plantureuse [5],
C'est frenesie de tristesse amoureuse.

---

[1] En rêvant, je relis et parcours. — [2] Je dis. — [3] Secoué, bouleversé. — [4] Avec. — [5] Avec un chant sonore.

Et lors, velà la belle Aube honnorée,
A qui tu es dignement comparée,
Qui me soulaige ou donne reconfort,
Par quoy mon dueil retient aulcun support.
O! quant sera la journée si heureuse,
Combien qu'el soit instable et douloureuse,
Qu'on me dira : « Chevalier, sans sejour
Disposez vous; partir vous fault, ce jour,
Pour aller véoir vostre Dame et Amye,
Son Pere et Filz ont sa requeste ouye;
A vous veult bien se joindre et alier,
Et en sa court, aux aultres parier[1]. »

[1] Égaler.

POÉSIE GUERRIÈRE

DESMOULINS, YVON GALOIS
P. VACHOT

Il ne faut pas chercher à cette époque les souvenirs de la chevalerie. La poésie guerrière est aux mains des bourgeois, comme tous les autres genres; ils y ont mis leurs instincts ainsi que leur style. Il est incontestablement curieux de voir ce que les savants ont fait du sentiment qui fut l'inspiration première du poëme épique. Ils n'y sont pas aussi grotesques qu'on pourrait le croire; ils ont bien conservé leur pédantisme, je passe condamnation sur leur style long, sur leur méthode languissante, sur leur phrase pâteuse; mais le souffle est vigoureux, le sens patriotique, admirable d'énergie, la haine des Anglais, ardente. Ce sont des bourgeois de race militaire, des universitaires qui ont fait la chasse aux Armagnacs et se battront pour la Ligue; leur robe de professeur pend sous le haubergeon dont ils se sont affublés; mais quand on parle de la douce France, *Domine!* ils ont l'oreille chaude et le sang aux yeux. Leur style guerrier se présente un peu de cette façon; il a, si je puis dire, la figure placide et le regard vif.

Je ne sais rien de Desmoulins ni d'Yvon Galois, dont je trouve les noms en acrostiche à la fin de *la Folye des Anglois* et du *Courroux de la Mort contre les Anglois*. Grosnet nous nomme Pierre Vachot, l'auteur de *la Deploration des Estaz de France* (1513). J'emprunte à cette dernière œuvre la ballade suivante.

L'Estat de noblesse, en apprenant une nouvelle entreprise des Anglais contre la France, parle ainsi :

LE CYMETIÈRE DES ANGLOIS

Le mandement par *Prudence* transmis
Aux trois Estatz responce doit avoir.
Elle nous mande qu'avons des ennemis,
C'est tresbien fait nous le faire assavoir.
Puisqu'à tout mal on voit Anglois mouvoir
Contre Françoys, par la foy qu'à Dieu doibz,
De resister contr'eulx feray debvoir,
Car France est cimetière aux Anglois.

Elle nous mande qu'ilz ne sont endormis
A nous piller et rober nostre avoir,
Et qu'ilz ne sont trop lasches ni desmis [1],
Et que de brief nous doibvent venir veoir,
C'est tresbien fait nous le ramenteveoir
Devant qu'en France viengnent faire effrois,
A cette fin par bon ordre y pourveoir,
Car France est cimetière aux Anglois.

De tout bienfait Anglois ont cueur remis [2]
D'ainsi vouloir traïson concepvoir,
Et pour ce faire ilz ont tous leurs ars mis ;
Mais qu'ilz se gardent François venir revoir,
Car, si la mort y debvroys recepvoir,
Ilz comparront le mal fait aux Françoys.
Je leur conseille non bouger ne mouvoir
Car France est cimetière aux Anglois.

Prince, qu'on note que si debvoit pleuvoir
Pierres, cailloux, flourira blanche croix [3].
Ne taschent plus Anglois nous decepvoir
Car France est cimetière aux Anglois.

---

[1] Découragés. — [2] Négligent, dédaigneux. — [3] Quand il devrait pleuvoir des pierres, la croix blanche, la croix des Français sera victorieuse. Durant les guerres du XVe siècle les partisans de Charles VII portaient la croix blanche, les Bourguignons alliés aux Anglais, la croix rouge.

POÉSIE POPULAIRE

JEHAN DIVRY

Il est difficile d'établir exactement les frontières de la poésie populaire, de décider nettement où elle commence, où elle finit, soit comme genre, soit comme esprit, au point de vue des auteurs ainsi qu'à celui des auditeurs. Dans toute race jeune, dans toute société non encore complétement civilisée l'esprit populaire se glisse partout; comme il a des points de contact avec toutes les classes de la société, il s'infiltre dans tous les genres de la poésie. Il domine encore dans la partie flottante de la langue, et maître ainsi d'une portion du langage, il exerce nécessairement son influence sur les idées. Une part de celles-ci lui appartient, d'ailleurs, en propre, non-seulement comme expression, mais aussi comme développement intérieur, moral et social : ce sont celles qui regardent la vie journalière. Curieux et enthousiaste, — c'est la loi de tout esprit populaire au début des sociétés, — il s'intéresse encore aux idées plus élevées qui échappent à son action directe, et à titre d'auditeur il vient juger les nuances les plus polies de la poésie. A diverses époques du Moyen-Age, la classe militaire, le clergé et les groupes les plus élevés de la bourgeoisie nous montrent des instincts littéraires qui ne se retrouveraient plus aujourd'hui que dans le peuple. On comprend donc qu'à chaque période, à chaque nouvelle organisation de la société, les frontières de la poésie populaire ont dû se déplacer.

Sous Louis XII, dans l'état de décadence où se trouve l'art du Moyen-Age, dans l'état de transition où nous voyons la société, une classification précise est impossible. Le génie populaire est représenté dans toutes les branches de la poésie. Beaucoup de ces écrivains que nous avons nommés, vraiment bourgeois par la tournure générale de leur intelligence, par leur position, par la méthode, la réflexion et le travail, doivent quelques-unes de leurs plus saisissantes qualités à l'esprit populaire. Gringore, non-seulement dans la *Farce* et dans la *Sottie*, mais dans ses poëmes allégoriques et presque à chaque page de ses œuvres morales, nous montre cet esprit ; j'en dirai autant de Collerye, dans ses monologues, dans son *Sermon joyeulx* et dans nombre de ses rondeaux ; autant de Pontalais, autant d'Éloy d'Amerval et de plusieurs autres.

On peut pourtant, je crois, chercher les poëtes populaires dans les deux classes qui constituaient alors le dernier rang de la bourgeoisie, les gens des petits métiers et les employés inférieurs du Palais et de l'Université. Nous trouvons, en effet, une double inspiration bien marquée dans les pièces que nous avons pu étudier. L'une s'adresse évidemment aux honnêtes et paisibles corporations de boutiquiers ; elle crée une prose rimée où la forme est de médiocre importance. Nous voyons là un récitatif monotone, naïf, primitif, qui donne les règles de la civilité, qui développe quelque vieux préjugé, enseigne quelque notion utile, rappelle une leçon de morale ou de piété, énumère des meubles, des outils, et gémit parfois, mais toujours avec simplicité, sur quelque misère inhérente au métier ou à la vie domestique d'un petit bourgeois. L'autre inspiration fait rage, elle bondit, elle raille, elle ricane, elle hurle ou elle sourit finement, cautement, pour ainsi dire ; elle est malicieuse et spirituelle ou hardie, grossière et cynique, mais toujours elle est nette, libre et impitoyable. Elle cherche ses poëtes dans les corporations des Basochiens, des clercs du Chastelet, des Sotz, des Enfants-sans-Soucis, dans l'empire de Galilée, partout où les esprits sont jeunes, les intelligences audacieuses, où le verbe est haut, le cœur léger, et la morale au fond des verres. Là, on raille ou on insulte les femmes, on bénit le vin et on adore les ivrognes, on fait rôtir saint Hareng, on écorche vif saint Ognon, on donne la main aux gaillards moines et aux éventées chambrières pour danser en rond autour de la statue de messire Cocuaige. La plupart des œuvres nées de cette double inspiration sont anonymes ; on en devine aisément la raison. Les poëtes qui jetaient dans le public ces pièces ou banales ou scandaleuses, étaient des écrivains de hasard, songeant à l'utilité de leur pensée ou à la joie de leurs compagnons ; il leur suffisait que leur idée fût écoutée et leur nom connu dans la corporation. Tout cela était bref, du reste, non travaillé, sans nulle prétention vis-à-vis de la postérité, dangereux parfois dans le temps présent ; en résumé, de tels ouvrages étaient surtout le fruit d'une inspiration collective, le résultat d'un fort léger travail entre fort joyeux compères.

L'effort de la Muse populaire se porta principalement du côté du théâtre ; il produisit surtout des farces, des sotties, des moralités, des personnages épisodiques dans les mystères, mais il nous a légué aussi des monologues, des dits, des discours joyeux, des sermons joyeux, des complaintes, des débats, des dialogues, des doctrinaux. On me pardonnera de n'en rien citer.

Jehan Divry, de Beauvais, est un poëte populaire qui fit tous ses efforts pour devenir un poëte de Cour, non point par amour particulier de la poésie allégorique, mais par haine de Plate Bource. Il resta un poëte quêteur de la race de ces Bohêmes du XVIe siècle que Collerye a si bien représentés. Il traduisit Charles de Curres, Fauste Andrelin, Virgile, composa un poëme sur l'origine des Français, accabla de louanges la déesse Calliope, Louis XII, le cardinal d'Amboise, le seigneur d'Aubigny ; il se dit enfin le *petit escolier des bons rhetoriqueurs*. Après avoir complimenté tout le monde et ouvert toutes les portes, il attendit, la main ouverte. La déesse Calliope n'avait pas encore grande faveur, Louis XII n'entendit point, Georges d'Amboise était occupé delà les monts, le seigneur d'Aubigny, je crois, mourut jeune, les *bons rhetoriqueurs* n'aimaient pas les petits escoliers. Il referma la main et écrivit, pour plaire aux basochiens, *les Estrennes des Filles de Paris, les Secretz et Lois du mariage*. Cela est vif, libre et gai, de beaucoup supérieur à ses poésies bourgeoises. Il continua de se plaindre, avec un ton presque touchant, de Fortune « qui tous les jours le tourmente, » de Faulte d'audace, qui ne lui avait pas permis d'assiéger utilement un bon coffre-fort, et il résume sa vie en ces termes :

> Aulcunes fois suis saoul, puis des jours trois,
> Pain, vin, chair, pois ne fourre en ma besace.

Il me semble que ces deux positions nous donnent une juste idée de l'existence des poëtes populaires et des inspirations diverses qu'ils fournissaient à leur Muse. Mais l'esprit qu'ils représentaient, les genres qu'ils avaient plus particulièrement cultivés s'appuyaient sur une tradition déjà longue et avaient leurs racines au cœur même du génie français, leur Muse sera féconde durant quelque temps encore. Elle descendra sans cesse, il est vrai, comme toute poésie qui ne vit que par le souvenir, qui, n'étant pas renouvelée, se répète et possède encore, non plus des auteurs, mais des auditeurs. Elle descendra donc de la petite bourgeoisie chez les artisans, puis chez les paysans ; elle fuira le monde moderne, courra, chassée par les littératures nouvelles, de province en province, et cherchera un refuge jusqu'aux lieux où le mouvement général de la société se fera le moins sentir. Là, chose curieuse, elle rencontrera une autre exilée, la poésie qui était poésie de Cour sous Louis XII. Nous voyons, en effet, à la fin du xvi⁰ siècle, les œuvres des Crétin, des Molinet et des écrivains de leur école, faire les délices des paysans. Ce sont toujours les mêmes étranges lois de la circulation des idées et des mots, qui font, par exemple, qu'aujourd'hui la phraséologie de madame de Sévigné se retrouve dans le langage d'une petite bourgeoise Picarde, et que les personnages chevaleresques, chers aux courtisans de saint Louis, ont pour admirateur fidèle quelque vieux berger de Flandre ou d'Artois.

LE MOYEN AGE SOUS FRANÇOIS Ier

La plupart des poëtes dont nous avons parlé jusqu'ici ont composé les premières et les plus importantes de leurs œuvres soit à la fin du xve siècle, soit au commencement du xvie. On comprend que la mort de Louis XII n'interrompit point brusquement l'essor de cette école et ne fit pas immédiatement table rase des tendances, des idées, de l'art du Moyen-Age. Beaucoup d'écrivains dont l'éducation littéraire avait été dirigée par ces influences, dont les instincts étaient sympathiques à ces tendances, publièrent des poëmes évidemment recueillis aux mêmes sources où avait puisé l'école dont nous venons de parler; ils restent sous François Ier, — quelques-uns sous Henri II, — les disciples de Crétin, de Gringore et de J. Bouchet. Ce sont eux qui vont porter à la Pléiade le souvenir affaibli de cet art qui était science de rhétorique au xve siècle et qui deviendra poésie à la fin du xvie siècle; ce sont ces derniers écorcheurs de latin, ces lourds pédants, ces laborieux versificateurs, qui remettront entre les mains de Ronsard cette langue pesante, majestueuse, rongée de grec et de mythologie à laquelle le Prince des poëtes voudra joindre une si grande mélodie et communiquer la vie de l'amour. Leurs voisins, les amis de Marot, sauront faire comprendre à plusieurs d'entre eux les quelques élans de douce tendresse que les Heroet commencent à nous montrer, mais la grâce, le naturel, la naïveté de Marot ne les séduira pas, ni l'élégance même de Saint-Gelais, ni la netteté de Pelletier. Ils auront toujours à côté d'eux de célèbres personnages, comme François Habert, qui légitimeront à leurs yeux la plate fluidité de Jean Bouchet. Seulement, peu à peu, l'allégorie morale du Moyen-Age se mélangera de mythologie, les nuances de la première deviendront de moins en moins marquées, jusqu'à ce qu'il ne reste plus que cet Olympe dont la Pléiade fera les honneurs aux derniers Valois.

LES DISCIPLES DES POËTES BOURGEOIS

GUILLAUME MICHEL

Dans cette période, le travail de l'historien — travail difficile et délicat — consiste à distinguer ceux qui sont plus particulièrement les imitateurs de l'école bourgeoise de Louis XII, de ceux qui, par un style plus clair, par un plus grand développement de tendresse, inclinent à l'école poético-critique de François Ier, dont ils s'éloignent cependant par leur méthode et les recherches de leur phraséologie.

Parmi les premiers nous rangerons Guillaume Telin, Auvergnat, auteur du *Bref sommaire des sept Vertus*, poésie en partie morale, en partie didactique; Jean du Pré (*Palais des Nobles*); Charles du Hodic (*Adresse du fourvoyé Captif*); Jacques d'Adonville (*Moyens d'éviter Mélancolie*); Bertrand Desmarius de Masan, auteur non méprisable du *Rozier des Dames;* puis Sagon, La Huetterie, Jean Leblond, Jacques Colin, desquels nous aurons occasion de parler à propos de Marot.

Guillaume Michel, de Tours, est le meilleur représentant de ce groupe. Il a laissé de nombreux ouvrages, historiques et poétiques, entre lesquels nous nommerons la *Forest de Conscience*, contenant la *Chasse des Princes spirituels*, poëme allégorique entremêlé de prose. Il y débute par mettre son œuvre sous la protection de Dieu, « afin qu'il illumine son sylvestre et rural et pusil entendement. » « Il a voulu, dit-il, du fond de son desireulx vouloir, faire jaillir l'elucidation d'amour divin, l'inexplicable misericorde, la neupmatique doulceur, sur la refragance du miel, et l'infinie bonté de quantité si profunde que l'angelicalle science la surudante concavité n'en atouche. » Cette citation nous dispensera de toute autre. Nous dirons seulement que l'allégorie y consiste à changer les vices en bêtes fauves, les vertus en chasseurs, piqueurs et, Dieu nous garde, en chiens. Ce poëme vénérable est curieusement travaillé et ingénieusement mené. Il eut vraisemblablement un grand succès en son temps, mais quelque respect qu'il m'inspire, je crains que Contrition, Confession et Restitution, changées en lévriers pour mettre Péché en fuite, n'entraînent pas à leur suite les esprits legers de ce temps-ci.

MICHEL D'AMBOISE

Michel d'Amboise s'éloigna un peu plus du Moyen-Age ; il dit cependant encore en 1532, qu'il a pris « de continuelles leçons ès œuvres Crétiennes, Maroticques et Boucheticques, leçons de nostre temps les plus excellentes. » Ces dernières leçons, j'entends les Boucheticques, lui enseignèrent, sans doute, le profit qu'il y a dans la fécondité ; nous connaissons de lui les Trente et une épistres vénériennes, les Trente-cinq rondeaulx et Cinq ballades d'amours, les Propos fantastiques, les Complaintes, Regrets et Épitaphes, les Cent épigrammes, le Babilon, et la Vision advenue à l'Esclave Fortuné, qui est, à mon sens, son meilleur ouvrage. Pour ceux qui voudraient savoir quelle pouvait être la loi de l'alliage poétique qu'il représente, de ce mélange entre la rhétorique ancienne et la poésie qui commence à bourgeonner, je donne l'extrait suivant. Il m'est difficile d'en préciser exactement la date ; je le crois composé avant 1530, mais il a été revu en 1532.

LE PRINTEMPS

Au temps de Ver qu'ung chascun prent plaisance
A escouter la musicque accordance
Des oysillons qui par champs, à loysir,
A gergonner prennent joye et plaisir ;
Voyant les fleurs en verdures croissantes,
Arbres vestus de feuilles verdoyantes,
Prendre Cerès sa robe jà couverte
Totallement de branche ou herbe verte,
Dame Nature aorner les branchettes
De prunes, noys, cerizes et pommettes
Et d'autres biens qui servent de pasture
A toute humaine et fragile facture,
Le dieu Priape, en jardins cultiveur,
Donnoit aux fleurs delicate saveur,
Faisoit herbettes hors des boutons sortir,
Dont mettent peine amoureulx s'assortir

Pour presenter à leurs dames frisquettes
Quant en secret sont dedans leurs chambrettes;
Pan, le cornu, par forest umbrifère,
Commençoit jà ses maisons à reffaire
Par froist yver et gelée desmolies,
Et les avoit alors tant ambellies
Que chose estoit, par leur grande verdure,
Consolative à toute regardeure;
Les champs estoyent vers comme papegay
Dequoy maint homme estoit joyeulx et gay,
Et bien souvent aucun, par sa gayetté,
Lors d'amourette hantoit l'amenité,
Faisant rondeaulx, chansonnette et balades,
Dames menoyent par jardins et fueillades
Et leur donnoient souvent sus le pré verd
Ou ung oyllade ou ung baiser couvert
Dont ilz estoient resolus comme pape;
Ung aultre ostoit son manteau ou sa cappe
Pour faire saulx et pour bondir en l'air
A cette fin que de luy fist parler;

 En ce temps là si propres aux amoureulx,
Moy qui estoys pensif et douloureulx
Et qui n'avoys du plaisir une goutte
Non plus que ceulx que tourmente la goute,
Vouloir me print de ma chambre laisser
Pour ung petit aller le temps passer
En ung vers boys qui près de moy estoit,
Le plus souvent où personne n'estoit,
Affin que peusse ung mien dueil estranger[1]
Pour ung petit m'esbattre et soulager.

 En ce vert boys doncques m'acheminay
Et cy et là, seullet, me pourmenay
Dessoubz rameaulx et branches verdelettes;
Me pourmenant, pensoys milles chosettes

---

[1] Éloigner.

Où si avant mon esperit je mis,
En cheminant, qu'à peu ne m'endormys.
Je fus contraint, du sommeil que j'avoye,
Dessoubz ung arbre, assez loing de la voye,
Environné de fueille et de buyssons
Espetz ainsi que pointes d'herissons,
Me reposer sur la mesme herbette
Dont à mon corps je fiz molle couchette.

GILLES CORROZET, FR. HABERT

Gilles Corrozet est, nous dit Michel d'Amboise en 1532, « un jeune filz apollonien qui promect aux suyvans un merveilleux et tres abondant fruyt de son labourieux esprit. » Il a fait un pas de plus dans cette voie de transaction où nous avons vu entrer l'Esclave Fortune. Il nous montre bien un disciple de l'ancienne muse vivement assiégé par les sollicitations de l'art plus sensé et plus net qui brille sous François Ier.

Enfin à l'extrême limite de cette école bourgeoise, au milieu d'un groupe nombreux encore, nous rencontrons le Banny de Liesse, François Habert, d'Issouldun en Berry. Habert, banal jusqu'à l'insipidité, solennel jusqu'à la niaiserie, occupe dans l'histoire de la poésie une place apparemment fort peu méritée. Il représente une nuance légèrement différente de celle que nous avons marquée dans Corrozet et Michel d'Amboise : il est né du mariage de la poésie provinciale du temps de Louis XII avec le génie de la cour de François Ier ; et au temps d'Henri II, c'est-à-dire alors que Ronsard et ses amis étaient dans toute leur splendeur, ce médiocre rhéteur, avec son éternelle et fade verbosité, était surnommé le Poëte Royal, faisait échec à la gloire de la Pléiade et l'emportait sur elle. Il y aurait là une curieuse position littéraire à expliquer. J'en laisse surtout le soin à ceux qui voudront chercher par quels canaux nombreux et divers le Moyen-Age, officiellement mort, alla verser le tribut de son esprit dans le génie de Molière et de La Fontaine.

POÉSIES ANONYMES

Les poésies anonymes surgissent en grand nombre durant la moitié du siècle que nous venons d'étudier ; elles demanderaient une étude spéciale, je le sais ; je me contente de dire qu'elles rentrent toutes dans chacun des genres que nous avons établis, et je cite celles qui m'ont paru les plus importantes dans chaque série. Quelques-unes, comme les *Dictz des Restes et de Bigorne*, la *Doctrine du Pere au Fils*, les *Ventes d'Amours*, et les *Doctrinaux des Filles*, des *Bons Serviteurs*, du *Nouveau Marié*, ne sont que des souvenirs modernisés de quelques pièces de l'ancien Moyen-Age. Le *Songe doré de la Pucelle*, le *Testament d'un Amoureux*, la *Venue de Bon Temps*, doivent leur origine soit à l'une, soit à l'autre des deux inspirations poétiques qui dirigent la haute bourgeoisie. A cette série encore, mais uniquement comme style, appartiennent les *Sept Marchands de Naples* et la *Complainte du Peuple contre les Boulangers*. Comme esprit, ces pièces montrent les caractères qui distinguent l'intelligence de la petite bourgeoisie, et en cela elles se rencontrent avec les *Dictz de maistre Aliborum et des Villains*, avec les *Souhaits des Hommes et du Monde*, avec les *Varlets et Chambrières à louer*. La *Pronostication des Laboureurs*, les *Dictz des Pays Joyeux* semblent faits uniquement pour le commun peuple. La poésie pieuse et la poésie patriotique sont fécondes. Nous nommerons seulement, pour la première, les *Ventes d'Amour divine*; pour la seconde, l'*Epistre de Henri VII à Henri VIII*. Mais la grande masse des pièces anonymes est due à ce qu'on appelle trop vaguement l'esprit gaulois, et qui n'est, à cette époque, que l'esprit des corporations joyeuses. Le *Monologue des Nouveaulx Sotz*, le *Sermon de la vie de saint Harenc*, le *Discours joyeux des Friponniers*, la *Médecine de maistre Grimache*, et le *Caquet des Chambrières* donnent une idée complète de ces ébats de la muse populaire.

Nous avons cru devoir nous appesantir un peu sur une école jusqu'ici peu étudiée, et qui résume cependant les deux cents dernières années de la vie poétique du Moyen-Age. Je ne crains pas d'affirmer, en effet, que la période de Louis XII recueillit et mit en rimes tous les élans qui avaient agité l'intelligence française depuis la seconde moitié du xıv^e siècle. Je l'ai prouvé, en très-grande partie, dans les pages qui précèdent; une démonstration plus complète sort de notre cadre, et je vais m'arrêter ici. A partir de François Ier, la vieille poésie ne vit plus; elle fait durer son agonie, mais elle la fait durer, pour ainsi dire, logiquement; et si elle rampe plus qu'elle ne marche, du moins ne sort-elle point de cette double tradition, l'une théologique, l'autre railleuse, qui a dominé tout le développement littéraire des siècles précédents. Jusqu'à Malherbe, partout où l'on verra la gravité froide, sermonneuse, réfléchie, ou bien la satire brutale, grossière, hardie, on peut s'arrêter et scruter, on retrouvera l'influence du Moyen-Age; et tous ceux qui, soit pour prêcher, soit pour se réjouir, rimeront sans souci du sentiment, sans s'inquiéter des élans de la tendresse et en dédaignant l'analyse du cœur amoureux, ceux-là sont les inévitables imitateurs de ces poëtes bourgeois que nous venons d'étudier.

C.-D. D'HÉRICAULT.

CLÉMENT MAROT

1495 — 1544

Le xvıı^e siècle regardait Marot comme un *classique des temps barbares;* de tous les écrivains qui avaient précédé Malherbe, il était le seul qui fût à la fois connu, nommé et estimé. D'autres, plus grands que lui, étaient, comme Ronsard, nommés et dédaignés; comme Rabelais, nommés et méprisés; comme Montaigne, estimés et jamais invoqués. D'autres, Villon, par exemple, furent nommés et jamais lus; plusieurs enfin furent étudiés par Molière ou La Fontaine, par Régnier ou La Bruyère, par Auvray ou Courval, sans que jamais leur nom ait arrêté l'attention de ceux qui lisaient leurs œuvres. Je dirai tout à l'heure les causes de l'honneur exceptionnel que l'orgueilleuse ignorance du xvıı^e siècle accordait à Marot.

A cette heure il a profité des études faites sur le Moyen-Age; sa réputation s'est encore augmentée. Si les érudits voulaient permettre aux professeurs de changer son orthographe et de remplacer quelques-uns de ses vers par des hémistiches en beau langage, je ne doute pas qu'il ne fût bientôt proposé pour modèle. Il a donc gardé cette avance de deux cents ans de gloire qu'il a sur un grand nombre de ses contemporains ou de ses prédécesseurs; il commence à être entouré de ce nuage mythologique qui enveloppe toujours les classiques.

Ce brouillard, mystérieux et divin, analogue à celui que les poëtes antiques mettent sous les pieds de leurs déesses, m'a toujours semblé aussi dangereux pour l'avenir d'une littérature qu'intolérable pour l'histoire. Il ne laisse plus voir qu'un point particulier, le point culminant et exceptionnel, le résumé fictif et arbitraire d'une pensée et d'une œuvre. Il remplace une physionomie par une auréole; il met une statue là où il y eut un homme, et dissimulant les traces du travail, des tentatives, des faiblesses, des chutes, il provoque non l'étude, mais la vénération ; il ne montre plus, il impose des modèles. Pour l'historien surtout cette création de personnages classiques est inadmissible, car elle enlève le poëte à son temps, à sa vie propre, elle brise les relations historiques, aveugle la critique par l'admiration convenue et elle rend odieuse la recherche des origines littéraires. Elle ne nous livre plus une personne humaine, mais un Dieu revêtu de toute lumière, assis immuable au milieu de son œuvre parfaite, comme Jupiter dans l'Olympe ; et à grand'peine le jeune homme, à qui l'on montre une telle œuvre de si loin, pourra-t-il croire qu'elle n'est pas sortie toute faite de ce front divin.

Je n'ignore pas l'utilité de la tradition littéraire et surtout l'obstacle qu'elle oppose aux trop brusques révolutions du langage ; mais en approchant de l'écrivain du Moyen-Age à qui l'opinion accorderait le plus volontiers un brevet de classique, j'ai voulu faire ces réserves et garder toute liberté de jugement. Mon estime même pour les poëtes d'autrefois ne me permet pas de laisser accorder à un seul l'admiration qu'un grand nombre mérite.

Marot, plus que tout autre, doit être étudié au point de vue historique ; il y faut procéder par comparaison plus que par admiration, et s'appesantir particulièrement sur les hésitations, sur les pauvretés de sa première manière. On arrivera par là à établir qu'il fut plutôt un utile qu'un puissant écrivain : son talent n'était pas à la hauteur du service immense qu'il rendit aux lettres françaises et sa gloire fut plus grande que son mérite.

Durant les siècles classiques un seul homme — ce fut La Bruyère — devina le rôle que maître Clément joue dans notre histoire littéraire ; mais, malgré sa perspicacité, il ne pouvait savoir que la plus grande part de son talent et de sa renommée il la devait au hasard qui le fit naître sous François Ier. Marot est le dernier des poëtes du Moyen-Age, le premier des poëtes modernes ; c'est là le secret de sa gloire et de son génie.

Il résuma et traduisit dans un langage clair des qualités qui avaient déjà trois siècles d'existence, mais d'une existence ignorée. Elles étaient enfouies dans une langue rude encore où le monde moderne ne les pouvait saisir, et le monde moderne crut que Marot en était l'unique représentant ; elles avaient été jusque-là développées d'après une méthode maladroite, au milieu de traits grossiers ou antipathiques aux instincts nouveaux, et la postérité, qui les comprenait pour la première fois, en attribua tout l'honneur à notre poëte. L'opinion vit un inventeur là où il n'y avait qu'un metteur en œuvre; elle confondit la forme avec l'idée, et fut frappée comme d'une révélation de ce qui était seulement une démonstration. Les mœurs qui avaient donné naissance à ces qualités disparurent, et l'inspiration qui les avait soutenues ne se retrouva jamais plus à l'état naturel et sincère. Les critiques des siècles suivants ne voyant plus reparaître cette muse naïvement gracieuse et naturellement charmante, lui accordèrent une admiration outrée. Maître Clément s'avança sur la scène de l'histoire comme un personnage unique, de génération spontanée, et que ne déshonoraient nulle éducation pénible et nulle languissante descendance.

Le fils de Jean Marot, l'ami de Lemaire de Belges, le disciple de Villon et des traditions basochiennes, l'héritier des fabulistes et des conteurs du Moyen-Age, ne méritait pas une semblable renommée. Il changea en Angelots d'or, nettement frappés à l'effigie du roi François, les Saluts fort usés par le temps, et les Moutons à la grand'laine mal frisée. C'est quelque chose sans doute, mais ce n'est en résumé qu'une légère différence d'empreinte sur une même matière. Sa gloire, il faut la chercher ailleurs.

Il défendit, je l'ai déjà indiqué, le génie de la langue française, et c'est en cela que son instinct fut vraiment original et vraiment grand.

Dès ses premiers essais il porta dans son style la finesse, la clarté, l'amour de la simplicité; lorsqu'il n'était qu'un petit poëte imitateur, il était déjà un écrivain naturel. Son instinct le poussait contre le pédantisme, la pompe, la recherche savante. Cet instinct se développa; il le fit prévaloir durant le règne de François Ier. C'était aussi la tendance du style français, et cela encore explique les sympathies du XVIIe siècle, qui reconnaissait dans Marot un des maîtres de sa langue, tandis qu'il voyait dans Ronsard un ennemi.

Pour nous Marot reste sans doute un écrivain illustre, mais sa place exacte est difficile à déterminer. Penser que ce fut un homme ingénieux qui fit parfaitement les vers, c'est trop peu, et c'est le faire descendre jusqu'à Boufflers; affirmer que ce fut un grand poëte, c'est trop; que diraient Corneille et Ronsard?

Son intelligence n'est ni variée ni étendue. Dans tout ce qu'on appelait autrefois le haut style, c'est-à-dire en face d'une grande ou grave pensée, il a été faible et froid. J'en donnerai pour exemple son *Cymetière*, la plupart de ses Épitaphes, ses Oraisons, ses Chants royaux, ses Cantiques, sa pièce sur la bataille de Cerisolles et tous les morceaux analogues, à une seule exception près. Dans ses traductions, qui sont nombreuses, il ne nous montre rien de magistral. Presque tout y est lourd et annonce ce style plat et mou qui met sa fameuse traduction des Psaumes au-dessous de toute critique. Il ne faut donc pas lui demander la grandeur et l'élévation. Son intelligence n'a qu'une corde, mais celle-là sonore et si originale que ni l'éducation ni la vénération pour la rhétorique à la mode ne purent la fausser; elle résista toujours jusqu'au moment où les circonstances de sa vie lui en découvrirent et la vigueur et la mélodie.

Il possédait un esprit clair et aisé, leste et joyeux. Il ne pouvait jeter un long regard sur une idée, il était incapable de l'embrasser dans son ensemble, d'en mesurer la portée ou les conséquences; il ne savait ni l'analyser, ni l'approfondir, ni lui créer de nouvelles relations; mais du premier coup d'œil il en apercevait le point particulier où elle était incisive et brillante. Son esprit agile comme son regard était perçant, sa phrase limpide comme son esprit était leste, aiguisaient encore pour le regard du public cette pointe svelte qu'il avait aperçue. L'équilibre exact de ces qualités les éleva jusqu'à cet ensemble de finesse, de naturel et d'élégance qui constitue la grâce, et les circonstances de sa vie donnèrent à cette grâce une apparence originale. Il fut — et je ne puis trouver de meilleure définition — le poëte du sourire.

De tels poëtes ne sont pas rares en notre France; dès le premier moment où notre génie posséda une langue assez assouplie pour rendre une nuance délicate, cette poésie, que j'appelle la poésie du sourire, prit sa naissance. Elle charma les époques de notre loisir intellectuel et social et tint tous les intermèdes du grand drame de notre histoire. Elle resta muette au temps des fortes fièvres poétiques ou politiques, mais elle profita toujours du moment de silence qui suit la grande clameur pour faire entendre son murmure gentil et joyeux. Ainsi le sourire, avec sa grâce discrète, son élégance simple, son ironie expressive et polie, avec son éloquence fine et pénétrante, représenta et représentera toujours cette qualité innée que l'intelligence française peut opposer à l'humour des Anglais, à la mélancolie germanique, à l'harmonie des Italiens.

Marot vint au temps précis où le sourire pouvait être naturel, à la fois sans mélange et sans recherche. Il existait avant lui, mais sur de grosses lèvres rouges qui venaient de faire ripaille et d'embrasser les franches galoises, il commençait par un éclat de voix et sa finesse se perdait dans l'écho du gros rire. Il exista après lui, mais sur des lèvres pâles et contractées, le voisinage du rouge et des mouches le changeait en grimace et il se terminait par une minauderie.

Marot l'introduisit pour la première fois dans une Cour, c'est-à-dire dans le milieu qui lui convenait. Les qualités énergiques et élevées de l'intelligence peuvent, en effet, s'exercer partout : on peut être, par exemple, éloquent en tous lieux ; mais la finesse demande un auditoire particulier ; et si le poëte existe en dehors de toute sympathie, l'homme spirituel ne se montre que là où il est sûr d'être apprécié. Le clergé, la bourgeoisie et les corporations de basochiens qui dominèrent la littérature dans les derniers temps du Moyen-Age avaient bien permis à l'esprit de s'exercer, mais l'élégance leur échappait ; il fallait à la verve, pour devenir délicate, qu'elle se produisit parmi des gentilshommes, des gentilshommes de loisir, assemblés, poussés à l'admiration de l'élégance par un chef élégant lui-même et porté vers ce qui raffine les idées, vers l'art comme vers l'amour. François Ier, spirituel et magnifique, artiste et libertin, était le Roi qui convenait au génie de Marot. Au milieu des fêtes, après cette pesante austérité des dernières années de Louis XII, la gaieté était nécessaire comme réaction et brillante comme nouveauté. Comme réaction encore la réflexion laborieuse, la poésie morale, la gravité sensée qui venaient de régner, devaient disparaître en cédant la place aux qualités contraires, c'est-à-dire à tout ce qui était fol et léger. C'était une des phases de la vieille lutte entre les moines et les jongleurs ; le clergé, encore une fois vaincu, cédait la place aux tendances littéraires de ses antagonistes. Elles complétèrent, en les raffinant, les instincts que la verve spirituelle des poëtes populaires avait déjà développés durant la période précédente. La raillerie, l'esprit d'opposition persistaient, mais sans intention révolutionnaire encore, et d'ailleurs la bonhomie n'était pas la vertu principale du nouveau Roi : le sourire convenait donc à l'ironie, à la critique aussi bien qu'aux ironiques et aux critiques.

On voit combien d'aide la nature intellectuelle de Marot dut rencontrer dans l'état social de son époque.

Enfin — et ce fut sa meilleure fortune — il trouva ce qui avait manqué à tous les écrivains de sa famille poétique, l'amour qui pousse à la persévérance les cœurs légers et qui développe cette fièvre factice nécessaire aux âmes que n'agite point la grande passion de la vérité religieuse ou artistique. Il rencontra cette femme, d'une nature inconnue à ses ancêtres, et que j'appellerai volontiers la *maîtresse du poëte,* celle qui ne donne point à l'âme les hautes idées, mais qui sait forcer la grâce, la politesse, la perfection de forme à venir entourer les pensées égoïstes et légères. Les poëtes du temps passé avaient connu la jeune fille, la matrone et la fille de joie ; les artistes modernes allaient reléguer la jeune fille parmi les anges et former un être damnable et adoré, moitié matrone moitié courtisane, courtisane en la provocation, matrone en la défense, à la fois coquette et respectable, avec des yeux de bacchante et des lèvres de vierge. Marot la connut bien ; il la peignait au vif quand il parlait de « un doux nenny avec un doux sourire, » et c'est à elle qu'il doit la partie la plus libertine et la plus raffinée de son talent.

Pour prendre une idée exacte de l'influence que les femmes ont exercée et vont exercer sur notre littérature, il faut comparer Anne de Bretagne à Marguerite de Valois, l'une qu'on vénère en rimes, l'autre qu'on courtise en vers. Et si l'on veut descendre encore, si l'on veut expliquer la physionomie que prend au xviii° siècle la poésie dont Marot est le premier maître, on peut placer cette reine Marguerite en présence de madame de Pompadour.

Je ne sais ce que Marot fût devenu sous la protection de cette dernière, quelque chose peut-être comme un Gentil-Bernard ; je crois aussi qu'au temps de la reine Anne, il fût resté un fort médiocre compositeur de farces ; en le prenant en son temps, en songeant, non plus à l'aide qu'il reçut, mais aux influences d'éducation dont il eut à triompher, il faut constater en lui une étincelle de génie. Il n'est pas un grand poëte, il n'a point l'élévation, la variété, la vaste imagination ; mais il occupe une noble position historique, il a pris dans son genre la première place, et ce genre est vraiment français. Si l'on pouvait diviser les poëtes en poëtes *humains* et en poëtes *régionaux*, je réclamerais une belle place parmi ces derniers pour Clément Marot, je dirais volontiers qu'il fut un grand poëte *en France*.

En dehors de ces idées générales, il n'y a pour nous dans sa biographie que deux époques importantes, celle où, selon l'expresion consacrée, il devint lui-même, et celle où il devint célèbre. Pour lui, comme pour tant d'autres, la souffrance qui poursuivit l'homme fut le bonheur du poëte : il résuma son originalité dans la prison et trouva la gloire dans l'exil.

Il était né en 1495 et jusqu'en 1525 nous ne pouvons guère voir en lui qu'un poëte ordinaire. La sensibilité même, qui est le caractère distinctif de son esprit, rendit pour lui très-puissantes les influences de l'éducation. Tant qu'il n'eut pas acquis la trentième année, il resta presque uniquement le fils de Jean Marot. Dans ses premières pièces, rondeaux, épîtres ou ballades, dans le *Dyalogue des Deux Amoureux*, dans *le Temple de Cupido*, dans l'*églogue*, son style et ses formules poétiques appartiennent à l'école précédente ; la ressemblance de son ton avec celui de Collerye est frappante, et on reconnaît aisément la poétique de Le Maire de Belges, appliquée à l'ironie de Villon et à la légèreté de Coquillart. Sa phrase est sans doute moins pédantesque et plus française que celle de Crétin, mais son ton froid, peu varié, et son allure compassée permettent à peine de deviner ce que lui promet l'avenir. Il n'est pas plus ingénieux que le premier venu de ses prédécesseurs, et il se montre certainement moins personnel que Gringore, moins profond qu'Octavien de Saint-Gelais.

Peu à peu cependant son caractère se dégage, sa marche devient plus alerte et sa forme plus souple. Son épître du Camp d'Attigny (1520), celle qu'il adresse au Roy (1524), pour succéder à son père, la pièce sur la bataille de Pavie, marquent un progrès réel, mais la phrase manque de limpidité ; le sourire se montre sur les lèvres, il n'est pas encore communicatif.

On pourrait attribuer à cette phase de sa carrière littéraire l'ensemble de ses rondeaux. Il n'était pas d'ailleurs destiné à dépasser dans ce genre les bons faiseurs, ses ancêtres ou ses contemporains, les Charles d'Orléans, les Jean Marot, les collaborateurs anonymes ou peu connus du *Recueil de Toute Joyeuseté*.

Le suivant me paraît un des meilleurs qu'il nous a laissés.

L'AMOUR AU BON VIEUX TEMPS

Au bon vieulx temps ung train d'amour regnoit
Qui sans grand art et dons se demenoit,
Si [1] qu'un boucquet donné d'amour profonde
C'estoit donner toute la terre ronde,
Car seulement au cueur on se prenoit.
    Et si par cas à jouyr on venoit
Sçavez vous bien comme on s'entretenoit ?

---

[1] Tellement.

Vingt ou trente ans. Cela duroit un monde
  Au bon vieulx temps.
Or est perdu ce qu'Amour ordonnoit :
Rien que pleurs fainctz, rien que change on oyt[1] ;
Qui vouldra donc qu'à aymer je me fonde
Il fault premier que l'Amour on refonde
Et qu'on la meine ainsi qu'on la menoit
  Au bon vieulx temps.

Les premiers efforts de l'amour n'avaient pas eu la vertu de développer en lui toute son originalité; dans ses plus anciennes pièces amoureuses, lentes et incolores, dans les élégies froides et laborieuses de cette même époque, rien ne laisse présager le poëte gracieux. Il avait besoin d'un amour respecté et travaillant au fond de son cœur pour y rendre énergiques les sentiments dont il n'avait encore connu que l'excitation légère et sensuelle. Cet amour, noble entre tous et qui vraisemblablement n'aurait jamais sa récompense, éveilla les plus fins et les plus délicats de ses instincts. A chaque preuve nouvelle de la vanité de ses désirs, il le repoussait toujours plus avant dans son âme ; il cherchait, par les illusions de la poésie, une possession que la réalité ne devait jamais accorder, et l'imagination, toute pénétrée par la pensée de la déesse adorée, travaillait à se faire charmante et discrète comme l'objet de ce grand amour. Quelque tendre parole, quelque vague promesse, un doux sourire, un vif regard, apportaient la joie de l'âme au milieu de ce désespoir des sens, et la poésie grandissait de la différence qu'il y a du plaisir au bonheur. Ainsi son cœur allait faire ce dont son esprit sera toujours incapable, il allait apprendre à réfléchir, et joindre ainsi l'énergie de la passion au naturel du sentiment.

On est généralement tenté — et j'avoue que je n'ai pu complétement échapper à cette impression — de sacrifier le cœur de notre poëte à son esprit; il y a pourtant dans ses élégies une ardeur de tendresse, une douceur pénétrante, quelque chose de suave et de tristement préoccupé, qui valent bien des traits de sa verve. Là encore, il est

---

[1] On entend.

juste de le placer dans son temps et de constater ainsi son originalité ;
car il y eut au Moyen-Age peu de maîtres ès-arts de tristesse, et la
mélancolie de Marot, mieux que celle de Villon et de Collerye, entoure
la pensée du lecteur comme d'une longue et délicate caresse.

PLAINTES D'AMOUR

Qu'ay je meffaict, dictes, ma chere amye ?
Vostre amour semble estre toute endormye ;
Je n'ay de vous plus lettres ne langage ;
Je n'ay de vous ung seul petit message,
Plus ne vous voy aux lieux accoustumez.
Sont jà estainctz vos desirs allumez
Qui avec moy d'un mesme feu ardoient[1] ?

Où sont cez yeux lesquelz me regardoient
Souvent en ris, souvent avecque larmes ?
Où sont les motz qui tant m'ont faict d'alarmes ?
Où est la bouche aussi qui m'apaisoit
Quand tant de fois et si bien me baisoit ?
Où est le cueur qu'irrevocablement
M'avez donné ? Où est semblablement
La blanche main qui bien fort m'arrestoit
Quand de partir de vous besoing m'estoit ?

Helas ! amans, helas ! se peut il faire
Qu'amour si grand se puisse ainsi deffaire !
Je penseroys plustost que les ruisseaux
Feroient aller encontre mont leurs eaux,
Considerant que de faict ne pensée
Ne l'ay encor, que je sache, offensée.

---

[1] Brûlaient.

Doncques, Amour, qui couves soubz tes aesles
Journellement les cœurs des damoyselles,
Ne laisse pas trop refroydir celluy
De celle là pour qui j'ay tant d'ennuy;
Ou trompe moy en me faisant entendre
Qu'elle a le cueur bien ferme, et fust il tendre [1].

La Cour n'offrit pas seulement à Marot l'objet de son gracieux amour, elle renfermait aussi ces esprits délicats, polis et lettrés qui donnèrent à son intelligence l'éducation que l'amour avait donnée à son cœur. Il la nomme, cette Cour, sa *maistresse d'escolle*, et bien a-t-il raison ; mais ce fut au Roi qu'il dut la part la plus vive et la plus fine de son inspiration littéraire.

Nous voici maintenant en 1525 ; notre poëte est pénétré de l'esprit de la Cour ; sa rhétorique pédantesque du temps passé est oubliée. L'amour léger, puis la tendresse sincère ont aiguisé tous ses instincts ; le Roi lui est devenu assez familier pour qu'il ose déployer en sa présence toutes ses lestes qualités. Les éléments de son génie sont donc prêts ; son auditoire est assemblé ; il ne lui manque plus que ce labeur intérieur nécessaire pour élever jusqu'à l'art les plus heureuses qualités : l'infortune va compléter le travail de concentration que la passion a commencé.

C'est à cette date qu'il écrit l'*Épître à Lyon Jamet*, qui est, avec les deux que nous citons ensuite, la meilleure et la plus célèbre de toute son œuvre.

Il venait d'être mis en prison ; on l'accusait de pactiser avec la nouvelle secte, et surtout d'avoir, en dérision des lois établies, mangé du lard en carême.

[1] Variable.

ÉPITRE A LYON JAMET

Je ne t'escry de l'amour vaine et folle,
Tu voys assez s'elle sert ou affolle;
Je ne t'escry ne d'armes ne de guerre,
Tu voys qui peult bien ou mal y acquerre;
Je ne t'escry de Fortune puissante,
Tu voys assez s'elle est ferme ou glissante;
Je ne t'escry d'abus trop abusant,
Tu en sçais prou et si n'en vas usant;
Je ne t'escry de Dieu ne sa puissance,
C'est à luy seul t'en donner cognoissance;
Je ne t'escry des dames de Paris,
Tu en sçais plus que leurs propres maris;
Je ne t'escry qui est rude ou affable;
Mais je te veulx dire une belle fable,
C'est assavoir du Lyon et du Rat.

Cestuy Lyon, plus fort qu'un vieulx verrat,
Veit une fois que le Rat ne sçavoit
Sortir d'ung lieu, pour autant qu'il avoit
Mangé le lard et la chair toute crue;
Mais ce Lyon, qui jamais ne fut grue,
Trouva moyen et manière et matière,
D'ongles et dents, de rompre la ratière
Dont maistre Rat eschappe vistement;
Puis mist à terre ung genoul gentement,
Et, en ostant son bonnet de la teste,
A mercyé mille foys la grand beste,
Jurant le dieu des souriz et des rats
Qu'il luy rendroit. Maintenant tu verras
Le bon du compte. Il advint d'aventure
Que le Lyon, pour chercher sa pasture,
Saillit dehors sa caverne et son siege;

Dont, par malheur, se trouva pris au piege
Et fut lié contre un ferme posteau.

   Adonc le Rat, sans serpe ni cousteau,
Il arriva joyeulx et esbaudy [1],
Et du Lyon, pour vray, ne s'est gaudy [2]
Mais despita, chatz, chates et chatons,
Et prisa fort ratz, rates et ratons,
Dont il avoit trouvé temps favorable [3]
Pour secourir le Lyon secourable;
Auquel a dit : — « Tais toy, Lyon lié,
« Par moy sera maintenant deslié;
« Tu le vaulx bien, car le cueur joly as;
« Bien y parut quand tu me deslias.
« Secouru m'as fort lionneusement,
« Ors secouru seras rateusement. »

   Lors le Lyon ses deux grands yeux vertit [4]
Et vers le Rat les tourna ung petit,
En luy disant : — « O pauvre vermynière,
« Tu n'as sur toy instrument ne manière,
« Tu n'as cousteau, serpe ni serpillon
« Qui sçeust coupper corde ne cordillon
« Pour me getter de ceste estroicte voye.
« Va te cacher que le chat ne te voye!

   — « Sire Lyon, dit le fils de Souris,
« De ton propos certes je me soubris;
« J'ay des cousteaux assez, ne te soucie,
« De bel os blanc plus tranchant qu'une cye;
« Leur gaine c'est ma gencive et ma bouche.
« Bien coupperont la corde qui te touche
« De si très près, car j'y mettray bon ordre. »

---

[1] Réjoui. — [2] Moqué. — [3] Se mit à mépriser les chats et à priser les qualités de sa race qui lui fournissaient les moyens de secourir, etc. — [4] Remua; les diverses éditions que j'ai consultées donnent *vestit*, mais à tort selon moi.

Lors sire Rat va commencer à mordre
Ce gros lien. Vray est qu'il y songea
Assez long temps, mais il le vous rongea
Souvent et tant qu'à la parfin tout rompt ;
Et le Lyon de s'en aller fut prompt
Disant en soy : Nul plaisir, en effect,
Ne se perdt point, quelque part où soit faict.

Voylà le compte en termes rimassez ;
Il est bien long, mais il est vieil assez,
Tesmoing Esope, et plus d'ung million.

Or vien me veoir, pour faire le lyon,
Et je mettray peine, sens et estude
D'estre le rat, exempt d'ingratitude ;
J'entends, si Dieu te donne autant d'affaire
Qu'au grant Lyon, ce qu'il ne vueille faire.

MAROT PRISONNIER
ÉCRIT AU ROI POUR SA DELIVRANCE

Roy des François, plein de toutes bontez,
Quinze jours a, je les ay bien comptez,
Et dez demain seront justement seize,
Que je fuz faict confrère au diocèse
De Sainct Marry en l'eglise Sainct Pris.
Si vous diray comment je fuz surpris,
Et me desplaist qu'il faut que je le dye.

Trois grans pendars vindrent à l'estourdie
En ce palais me dire en desarroy :
— Nous vous faisons prisonnier par le Roy.

Incontinent qui fut bien estonné?
Ce fut Marot, plus que s'il eust tonné.
Puis m'ont monstré ung parchemin escript,
Où il n'avoit seul mot de Jesu Christ;
Il ne parloit tout que de playdoirie
De conseilliers et d'emprisonnerie.

— Vous souvient il, se me dirent ils lors,
Que vous estiez l'aultre jour là dehors
Qu'on recourut ung certain prisonnier
Entre vos mains. Et moy de le nyer;
Car, soyez seur, si j'eusse dict ouy,
Que le plus sourd d'entr'eulx m'eust bien ouy,
Et d'aultre part j'eusse publicquement
Esté menteur; car pourquoy et comment
Eussé je peu un aultre recourir
Quand je n'ay sceu moymesmes secourir.
Pour faire court je ne sceus tant prescher
Que ces paillards me voulsissent lascher.
Sur mes deux bras ilz ont la main posée
Et m'ont mené ainsi qu'une espousée,
Non pas ainsi, mais plus roide ung petit.
Et toutesfois j'ay plus grand appetit
De pardonner à leur folle fureur
Qu'à celle là de mon beau procureur;
Que male mort les deux jambes luy casse!
Il a bien prins de moy une becasse
Une perdrix et ung levrault aussi,
Et toutefoys je suis encore icy.
Encor je croy, si j'en envoioy plus,
Qu'il le prendroit, car ilz ont tant de glus
Dedans leurs mains, ces faiseurs de pipée,
Que toute chose, où touchent, est grippée!

Mais pour venir au point de ma sortie,
Tant doulcement j'ay chanté ma partie

Que nous avons bien accordé ensemble ;
Si que n'ay plus affaire, ce me semble,
Sinon à vous. La partie est bien forte ;
Mais le droit poinct où je me reconforte,
Vous[1] n'entendez procès non plus que moy ;
Ne plaidons point, ce n'est que tout esmoy.
Je vous en croy si je vous ay meffaict.
Encor, posé le cas que l'eusse faict,
Au pis aller n'escherroit que une amende.
Prenez le cas que je vous la demande,
Je prens le cas que vous me la donnez,
Et si plaideurs furent onc estonnez
Mieux que ceulx cy[2], je veux qu'on me delivre
Et que soubdain en ma place on les livre.

Si vous supply, Sire, mander par lettre
Qu'en liberté vos gens me vueillent mettre.
Et si j'en sors, j'espère qu'à grand peine
M'y reverront, si on ne m'y rameine.

Treshumblement requerant vostre grace
De pardonner à ma trop grande audace
D'avoir empris[3] ce sot escript vous faire ;
Et m'excusez si, pour le mien affaire,
Je ne suis point vers vous allé parler :
Je n'ay pas eu le loysir d'y aller.

AU ROY
POUR AVOIR ESTÉ DESROBBÉ

On dit bien vray, la mauvaise fortune
Ne vient jamais qu'elle n'en apporte une,
Ou deux ou trois avecques elle, Sire ;
Vostre cœur noble en sçauroit bien que dire ;

---

[1] C'est que vous. — [2] Nous deux, vous, sire, et moi. — [3] Entrepris.

Et moy, chetif, qui ne suis roy, ne rien,
L'ay esprouvé; et vous compteray bien,
Si vous voulez, comment vint la besongne.

J'avois un jour ung vallet de Gascongne,
Gourmant, yvrongne et asseuré menteur,
Pipeur, larron, jureur, blasphemateur,
Sentant la hart de cent pas à la ronde;
Au demeurant le meilleur fils du monde,
Prisé, loué, fort estimé des filles
Par les bordeaux et beau joueur de quilles.
Ce venerable hillot [1] fut adverti
De quelque argent que m'aviez desparti
Et que ma bource avoit grosse apostume.
Si se leva plustost que de coustume
Et me va prendre en tapinois icelle;
Puis la vous mit tresbien sous son esselle,
Argent et tout, cela se doit entendre,
Et ne croy point que ce fust pour la rendre
Car oncques puis n'en ay ouy parler.

Bref, le villain ne s'en voulut aller
Pour si petit, mais encor il me happe
Saye [2] et bonnet, chausses, pourpoint et cappe:
De mes habits, en effect, il pilla
Tout les plus beaux et puis s'en habilla
Si justement, qu'à le veoir ainsi estre,
Vous l'eussiez prins, en plain jour, pour son maistre.

Finablement, de ma chambre il s'en va
Droit à l'estable où deux chevaux trouva;
Laisse le pire et sur le meilleur monte,
Pique et s'en va. Pour abreger le compte
Soyez certain qu'au partir dudit lieu
N'oublia rien, fors à me dire : à Dieu.

---

[1] Serf — [2] Sorte de houppelande.

Ainsi s'en va, chatouilleux de la gorge [1],
Le dict vallet, monté comme un sainct George,
Et vous laissa monsieur dormir son saoul
Qui au resveil n'eut sceu finer d'ung soul.
Ce monsieur là, Syre, c'estoit moymesme,
Qui, sans mentir, fus au matin bien blesme
Quant je me vy sans honneste vesture,
Et fort fasché de perdre ma monture.
Mais de l'argent que vous m'aviez donné
Je ne fus point de le perdre estonné,
Car vostre argent, tresdebonnaire Prince,
Sans point de faulte, est subjet à la pince [2].

Bien tost, après ceste fortune là,
Une autre pire encores se mesla
De m'assaillir et chascun jour m'assault,
Me menaçant de me donner le sault,
Et de ce sault m'envoyer à l'envers
Rithmer sous terre et y faire des vers.
C'est une lourde et longue maladie
De trois bons mois, qui m'a toute estourdie
La povre teste, et ne veut terminer,
Ains me contraint d'apprendre à cheminer,
Tant affoibli m'a d'estrange maniere.
Et si m'a fait la cuisse heronniere,
L'estomac sec, le ventre plat et vague,
Quant tout est dit [3], aussi mauvaise bague [4],
Ou peut s'en fault, que femmes de Paris;
— Sauve l'honneur d'elles, et leurs maris.

Que diray plus? Au misérable corps
Dont je vous parle, il n'est demouré, fors [5]
Le povre esprit qui lamente et souspire,
Et en pleurant tasche à vous faire rire.

---

[1] Se pavanant. — [2] A être volé, allusion aux pilleries des gens de finance. — [3] En un mot. — [4] En termes honnêtes : une aussi sèche créature. — [5] Rien demeuré, excepté.

Et pour autant, Syre, que suis à vous,
De trois jours l'un viennent taster mon poux
Messieurs Braillon, Le Coq, Akaquia,
Pour me garder d'aller jusqu'à quia.
Tout consulté, ont remis au printemps
Ma guerison; mais, à ce que j'entens,
Si je ne puis au printemps arriver
Je suis taillé de mourir en yver,
Et en danger, si en yver je meurs,
De ne voeir pas les premiers raisins meurs.

Voilà comment, depuis neuf mois en ça,
Je suis traicté. Or, ce que me laissa
Mon larronneau, long temps a l'ay vendu,
Et en sirops et julez despendu.
Ce neant moins, ce que je vous en mande
N'est pour vous faire ou requeste ou demande.
Je ne veux point tant de gens ressembler
Qui n'ont soucy autre que d'assembler.
Tant qu'ils vivront, ils demanderont, eux;
Mais je commence à devenir honteux
Et ne veux plus à vos dons m'arrester.

Je ne dy pas, si voulez rien prester,
Que ne le prenne : il n'est point de presteur,
S'il veult prester, qui ne fasse un debteur.
Et sçavez vous, Syre, comment je paye?
(Nul ne le sçayt, si premier ne l'essaye)
Vous me debvrez, si je puis, de retour,
Et vous feray encores ung bon tour :
A celle fin qu'il n'y ayt faulte nulle,
Je vous feray une belle sedulle
A vous payer — sans usure, il s'entend —
Quant on verra tout le monde content.
Ou si voulez, à payer ce sera
Quant vostre los et renom cessera.

Et si sentez que sois foible des reins
Pour vous payer, les deux princes Lorrains
Me plegeront[1]. Je les pense si fermes
Qu'ilz ne fauldront pour moy à l'un des termes.
Je sçay assez que vous n'ayez pas peur
Que je m'enfuye ou que je sois trompeur;
Mais il fait bon asseurer ce qu'on preste.
Bref, vostre paye, ainsi que je l'arreste,
Est aussi seure, advenant mon trespas,
Comme advenant que je ne meurs pas.

Advisez donc si vous avez desir
De rien prester, vous me ferez plaisir;
Car, puis ung peu, j'ay basty à Clement,
Là où j'ay fait un grand desboursement;
Et à Marot, qui est ung peu plus loin,
Tout tombera, qui n'en aura le soin[2].

Voilà le poinct principal de ma lettre,
Vous sçavez tout, il n'y fault plus rien mettre;
Rien mettre, las! certes, et si feray,
Et, ce faisant, mon stile j'enfleray,
Disant : O Roy, amoureux des neuf Muses,
Roy, en qui sont leurs sciences infuses;
Roy, plus que Mars, d'honneur environné,
Roy, le plus roy qui fut onc couronné,
Dieu, Tout Puissant, te doint[3], pour t'estrenner
Les quatre coins du monde gouverner,
Tout pour le bien de la ronde machine,
Et pour autant que sur tous en es digne.

La grâce, la gaieté leste, la tendresse pénétrante que Marot avait montrées jusque-là, attirèrent sur lui l'admiration des esprits distingués,

---

[1] Me cautionneront. — [2] Si l'on n'en prend soin. — [3] Te donne, t'accorde.

mais, par la finesse même de ces qualités, sa renommée était restée confinée dans des limites étroites. Sa gloire n'était pas encore vulgaire, et bien des poëtes, soit parmi les survivants des écoles précédentes, soit parmi les habitués de la Cour, pouvaient encore lui disputer le haut rang dans l'estime publique; il n'avait pas encore cette position de chef d'école qui concentre les yeux de tous sur un seul. Il lui fallait faire descendre son talent jusqu'à une donnée saisissable pour la masse des auditeurs et imitable pour la foule des poëtes. Il trouva cette donnée dans son exil.

Il envoya de Ferrare son *Blason du Beau Tetin*, et dès lors il devint sans conteste le maître et le modèle.

« Le *Blazon*, dit Charles Fontaine en son *Art poétique* (1548), est une perpétuelle louenge ou continu vitupère de ce qu'on veut blasonner, le plus bref est le meilleur mesque il soit agu en conclusion. » Ce n'était pas un genre inconnu : Coquillart, Sicile, Guillaume Alexis, Estées, Gringore, Collerye l'avaient pratiqué; mais il s'était maintenu dans des bornes modestes. Il avait été l'amusement, la fantaisie de quelques poëtes, il devint la fantaisie de la littérature française, l'occupation de toute une école. Les poëtes contemporains de Marot étaient, en effet, dans leur ensemble, des esprits ingénieux, mais des intelligences médiocres; un peu enthousiastes, mais sans vigueur; un peu grammairiens, mais sans connaissance historique de l'histoire de notre langue; un peu musiciens, un peu mathématiciens et fort amoureux de traductions. Ils eussent été des trouvères de petite renommée deux cents ans plus tôt; mais comme il n'était plus de mode d'ajouter une description à un roman de chevalerie, de mettre en dialecte français quelque conte composé primitivement en dialecte picard, ils attendaient avec impatience un modèle qui leur permît de développer brillamment le seul talent qu'ils eussent, l'imitation. Ils n'avaient pas assez de science pour faire des traités comme leurs illustres ancêtres, les rhéteurs d'Alexandrie, pas assez d'élégance pour bâtir des déclamations comme Érasme, mais ils avaient la bonne volonté de faire des vers comme Marot.

Aussi, une fois composé le *Blason du Beau Tetin* (1534), toute la troupe se précipita sur le blason et sur le corps féminin. Il fut mis à nu, sans vergogne; aucun voile ne resta. Mellin de Saint-Gelais, Heroet, Maurice Scève, Eustorg de Beaulieu, Victor Brodeau, Michel d'Amboise, Jacques Peletier, Claude Chapuys, Gilles d'Aurigny, Bonaventure des Périers, Le Lieur, Lancelot Carles, Hugues Salel, Estienne Forcadel parurent au premier rang. La meilleure pièce fut, au jugement de la Cour de Ferrare et de Marot, le *Blason du Sourcil*, de Maurice Scève, qui n'avait alors d'autre titre à la renommée que la qualité de Lyonnais; après lui vint Mellin avec son *Blason des Cheveux*. Pour moi, je donnerais volontiers le prix au *Blason de la Nuit*, d'Estienne Forcadel, qui m'a paru moins pâle et un peu mieux senti que tous les autres.

Marot écrivit, de Ferrare, une nouvelle épître pour encourager les blasonneurs (1535), il leur envoya un autre modèle, le *Blason du Laid Tetin*, c'est-à-dire un contre-blason. La foule se précipita vers le contre-blason. Charles de La Huetterie en composa une série. Il voulait venger l'esprit contre la matière; l'esprit fut mal vengé, et là encore la matière l'emporta. L'intention de La Huetterie était sage et honnête, mais il n'y eut de louable dans ses efforts que l'intention, de remarquable que le nombre et la longueur de ses pièces. Gilles Corrozet réussit mieux dans son *Blason contre les Blasonneurs*, et ses Blasons domestiques ne sont pas sans valeur.

Le blason se jeta bientôt sur tout. La politique, la géographie, la médecine, les fleurs, les pierres précieuses n'y échappèrent point. Citons encore Antoine du Saix, Grosnet, Pierre Danche, Guillaume Guéroult, Jean de La Taille.

Enfin la morale s'avança pour s'emparer de cette rhétorique, la morale pesamment armée. Vers le milieu du XVI° siècle on vit le *Blason des Célestes Armes de France*, par Jacques de La Motte; les *Blasons Vertueux* de Jean Chartier; les *Blasons Anagrammatiques* du Hiérapolitain d'Amiens, Claude de Mons; ces derniers sont au nombre de deux cent douze; le blason n'y survécut pas.

La fortune bienveillante avait déjà octroyé à Marot les plus grandes faveurs qu'elle pût offrir à un poëte; elle lui avait donné un auditoire intelligent, un amour qui, ne devant pas être satisfait, devait toujours être amour et jamais habitude; elle lui avait accordé l'exil, puis la chance de résumer son génie dans une formule banale et accessible; elle fit plus encore, elle lui donna des ennemis, des ennemis violents, faibles et maladroits. Il avait été jusque-là Marot « à la muse fluente, » il devint le poëte « dont on ne verra jamais ni le nom esteint ni les escriptz abolys. »

Je fais ici allusion aux attaques de Sagon, à cette querelle assez fameuse pour que personne n'ait songé à l'étudier; Sagon contre Marot, Marot contre Sagon, c'est bien, cela suffit à la plupart des érudits. Les plus savants se contentent de crier : Au moine! Haro sur ce prestolet! Je crois qu'un moine n'est pas une raison ; et cette querelle est tout un événement dans notre histoire littéraire. Elle est le dernier mot du Moyen-Age contre le premier mot de la Renaissance. La vieille poésie, débile et décrépite, essaye un dernier combat qu'il faut rattacher à la série des luttes engagées, dès le xiie siècle, entre la philosophie chrétienne et la raillerie française.

Je laisse ici de côté la question religieuse, et je fais bon marché du pauvre Sagon, mais je dis que ce moine parlait au nom d'une sagesse supérieure à son talent, et maître Clément, en inclinant si légèrement aux doctrines nouvelles, trahissait sa mère la poésie, car elle aussi était sujette à réforme, et Calvin lui promettait pour unique récréation bien des psaumes à chanter. Les illustres successeurs de Marot le comprirent, et Ronsard le dit avec une énergie souveraine. Sagon, La Huetterie et leurs adhérents avaient pour eux la morale et la vérité, mais ils eurent contre eux la mode et leur style. Ils n'étaient pas des poëtes de la Cour, et surtout ils n'en avaient pas été chassés. La guerre fut assez franchement engagée, mais mal conduite. Marot se garda bien de combattre de front; il ne répliqua à aucune allégation, il se contenta de dire : Je suis Marot; j'ai d'illustres amis, et vous êtes des drôles. (Je traduis le plus délicatement possible.) Sagon n'avait trouvé que couardise parmi les vieux écrivains, qui étaient les défenseurs naturels de sa cause; il se tut; les jeunes poëtes de son parti se laissèrent entraîner sur le terrain où leur ennemi avait intérêt à circonscrire le débat. On s'échauffa aux injures. C'était ville gagnée pour maître Clément, dont la position était mauvaise, mais les armes excellentes. Le plus grand argument devint pour les uns : Sagouin; pour les autres : Maraud. Les *sagouins* ne furent ni moins grossiers ni moins insolents que leurs adversaires. Le vieil esprit des fabliaux se réveilla; on dépensa une verve, un cynisme et une brutalité auprès de laquelle les *Dits des Vilains*, de Marcoul et d'Audigier ne sont que des jeux floraux.

Ce n'est pas dans de tels ébats qu'il faut chercher notre poëte, et quoiqu'il soit juste de constater son talent satirique, je ne veux pas m'y arrêter. Aussi bien en rencontrons-nous des preuves suffisantes dans ses épigrammes.

Là il fut vraiment un maître. Il cultiva ce genre avec amour, toujours il y revint, et nous y pouvons trouver des modèles des diverses nuances de son talent. Sa tendresse avec sa double forme idéale ou sensuelle, son esprit avec sa double physionomie de délicatesse ou de **verve**, y apparaissent dans tout leur développement.

LE LIEUTENANT CRIMINEL

ET SAMBLANÇAY

Lors que Maillart, juge d'enfer, menoit
A Montfaulcon Samblançay l'âme rendre,
A vostre advis, lequel des deux tenoit
Meilleur maintien? Pour le vous faire entendre:
Maillart sembloit homme qui mort va prendre,
Et Samblançay fut si ferme vieillart
Que l'on cuidoit, pour vray, qu'il menast pendre
A Montfaulcon le lieutenant Maillart.

L'ABBÉ ET SON VALET

Monsieur l'abbé et monsieur son valet
Sont faictz egaulx tous deux comme de cire :
L'ung est grand fol, l'aultre un petit folet ;
L'ung veult railler, l'aultre gaudir et rire ;
L'ung boit du bon, l'aultre ne boit du pire ;
Mais ung desbat, au soir, entre eulx s'esmeut
Car maistre abbé toute la nuit ne veult
Estre sans vin, que[1] sans secours ne meure,
Et son valet jamais dormir ne peult
Tandis qu'au pot une goutte en demeure.

---

[1] De crainte que.

MAROT A LA ROYNE DE NAVARRE

SUR UN DIZAIN QU'ELLE LUY AVOIT ENVOYÉ

   Mes creanciers qui de dizain n'ont cure
Ont leu le vostre, et sur ce leur ay dit :
« — Sire Michel, sire Bonaventure,
« La sœur du Roy a pour moy faict ce dict.»
Lors eux cuydans que fusse en grand credit
M'ont appelé monsieur à cry et cor ;
Et m'a valu vostre escript autant qu'or.
Car promis ont non seulement d'attendre,
Mais d'en prester, foy de marchant, encor,
Et j'ay promis, foy de Clement, d'en prendre.

AU ROY DE NAVARRE

   Mon second Roy, j'ay une hacquenée
D'assez bon poil, mais vieille comme moy,
A tout le moins long temps a qu'elle est née,
Dont elle est foible et son maistre en esmoy.
La povre beste, aux signes que je voy,
Dict qu'à grant peine ira jusqu'à Narbonne ;
Si vous voulez en donner une bonne,
Sçavez comment Marot l'acceptera?
D'aussi bon cueur comme la sienne il donne
Au fin premier qui la demandera.

LE PASSEREAU DE MAUPAS

Las, il est mort, pleurez le, damoyselles,
Le passereau de la jeune Maupas,
Ung aultre oyseau, qui n'a plumes qu'aux esles
L'a devoré; le congnoissez vous pas?
C'est ce fascheux Amour qui, sans compas,
Avecques luy se jectoit au giron
De la pucelle et voloyt environ
Pour l'enflamber et tenir en destresse;
Mais par despit tua le passeron
Quant il ne sceust rien faire à la maistresse.

A UNE DAME

QUI L'AIMA AVANT DE L'AVOIR VU

Ains que[1] me voir, en lisant mes escriptz,
Elle m'ayma, puis voulut veoir ma face;
Si m'a veu noir, et par la barbe gris,
Mais pour cela ne suis moins en sa grace.
O gentil cueur, nymphe de bonne race,
Raison avez, car ce corps jà grison
Ce n'est pas moy, ce n'est que ma prison;
Et aux escriptz, dont lecture vous feistes,
Vostre bel œil, à parler par raison,
Me veit trop mieux qu'à l'heure que me veistes.

[1] Avant que.

L'AMOUR DE MAROT

Un jour la dame en qui si fort je pense,
Me dict ung mot de moy tant estimé
Que je ne pus en faire recompense
Fors de l'avoir en mon cueur imprimé,
Me dict avec ung ris accoustumé :
« — Je croy qu'il fault qu'à t'aymer je parvienne. »
Je lui respons : « — Garde n'ay qu'il m'advienne
« Ung si grant bien ; et si ose affirmer
« Que je devrois craindre que cela vienne,
« Car j'ayme trop quant on me veult aymer. »

DE SA DAME

Amour trouva celle qui m'est amère,
(Et je y estois, j'en sçay bien mieux le compte).
« — Bon jour, dit-il, bon jour, Venus ma mère. »
Puis tout à coup il voit qu'il se mecompte,
Dont la couleur au visage lui monte
D'avoir failly, honteux, Dieu sçait combien.
« — Non, non, Amour, ce dy je, n'ayez honte ;
« Plus cler voyans que vous s'y trompent bien. »

DE OUI ET DE NENNY

Un doulx Nenny avec un doulx soubzrire
Est tant honneste ; il le vous fault apprendre.
Quant est d'Ouy, si veniez à le dire,
D'avoir trop dit je vouldrois vous reprendre,

Non que je soys ennuyé d'entreprendre
D'avoir le fruict dont le desir me poinct,
Mais je vouldrois qu'en le me laissant prendre
Vous me disiez : Non, vous ne l'aurez point.

DE SOY MESME

Plus ne suis ce que j'ay esté
Et ne le sçaurois jamais estre,
Mon beau Printemps et mon Esté
Ont fait le sault par la fenestre.
Amour tu as esté mon maistre,
Je t'ay servy sur tous les dieux;
O! si je pouvois deux fois naistre
Comment je te servirois mieux!

Ces citations suffiront, je l'espère, à prouver ce qui est le résumé de ma pensée et de cette notice, c'est-à-dire que Marot n'est point, sans doute, un grand poëte, et que cependant sa renommée vivra tant que durera la *douce* France. Aussi longtemps que notre genie sera sobre et vif, que notre intelligence sera fine et notre langue claire, maître Clément sera glorieux. Quand on sentira le besoin de reconstruire le Panthéon des classiques, les études historiques auront élargi le clercle de l'olympe littéraire, les limites des *âges grossiers* auront été reculées, et Marot deviendra non pas un classique de la langue, mais un classique de la pensée française. Jusque-là il suffit à sa gloire qu'il ait été le dernier trouvère du Moyen-Age et le premier poëte de la Renaissance.

C.-D. d'Héricault.

MELLIN DE SAINT-GELAIS

1491 — 1558

>   Escarte loin de mon chef
>   Tout mal-heur et tout meschef;
>   Preserve moy d'infamie,
>   De toute langue ennemie
>   Et de tout acte malin ;
>   Et fay que devant mon prince
>   Desormais plus ne me pince
>   La tenaille de Mellin.

Ces vers de Ronsard me paraissent indiquer le caractère ainsi que le talent de Saint-Gelais et donner une idée exacte de la position qu'il occupa dans son temps. J'y trouve aussi l'annonce de la seule gloire que je sois disposé à lui attribuer.

Je voudrais, pour son honneur, pouvoir composer cette notice littéraire en consultant, non ses œuvres, mais l'opinion de ses contemporains. C'est un concert presque universel de louanges enthousiastes, et, selon eux, jamais poëte ne fut plus glorieux, jamais homme ne fut plus remarquable :

>   O Sainct-Gelais, creature gentile
>   Dont le sçavoir, dont l'esprit, dont le stile
>   Et dont le tout rend la France honorée !

C'est Marot qui parle ainsi ; et qu'il le cite dans son *Épître à Sagon*, ou dans son *Églogte au Roy*, il lui donne toujours les mêmes éloges. Après s'être réconcilié avec lui, Ronsard lui dédia son hymne des *Astres ;* là, il l'appelle l'enfant du ciel,

> Mellin, qui pris ton nom de la douceur du miel
> Qu'au berceau tu mangeas, quand en lieu de nourrice
> L'abeille te repeut de thyn et de mellisse.

Plus loin il vante encore ceux qui en naissant « sont faits sacrés poëtes,

> Ainsi que toy, Mellin, orné de tant de graces
> Qu'en cet art gentil les mieux disans surpasses. »

Puis, à côté de ces deux maîtres, Symphorien Champier, dans son *Épître dédicatoire du Chevalier Bayard*, Charles de Sainte-Marthe, dans son *Élégie de Tempé*, Olivier de Magny, dans son *Ode sur la Mort*, et tant d'autres, le portent jusqu'aux nues. Grevin le dit nettement :

> L'âme de Saint-Gelais est dans le firmament,
> Puisque vivant il fut astrologue et poete.

Charles Fontaine nous annonce, en effet, dans son *Quintil Horatian*, qu'il était mathématicien, philosophe, orateur, théologien, jurisconsulte, médecin, astronome, musicien.

Les historiens de la littérature eurent grand'peine à résister à cet entrainement de louanges; dans Lacroix du Maine, Duverdier, Thevet, Niceron, Goujet, Lenglet Dufresnoy, la critique semble suivre la loi de l'éloignement, et devenir plus sévère, à mesure qu'un plus long espace la sépare de cette *créature gentille*. Pourtant, au xviiie siècle encore, on l'appelle l'Ovide français, et l'on ne sait quel honneur lui rendre pour le remercier d'avoir introduit le madrigal dans la poésie française.

Étienne Pasquier me paraît avoir seul compris le vrai caractère de la poésie de Mellin. « Il produisoit, dit-il, de petites fleurs et non fruits d'aucune durée; c'estoient des mignardises qui couroient de fois à autres par les mains des courtisans et dames de la Cour, ce qui luy estoit d'une grande prudence, puis qu'après sa mort on fit imprimer un recueil de ses œuvres, qui mourut presque aussitôt qu'il vit le jour. » Il y a là sans doute quelque injustice, puisque quatre éditions suivirent celle de 1574, à laquelle Pasquier fait ici allusion (1582, 1626, 1656, 1719); mais si l'auteur des *Recherches* se trompe sur la renommée du poëte, il ne fut point trop sévère dans l'appréciation de son talent.

Mellin de Saint-Gelais n'a pour moi qu'un seul mérite, je l'ai indiqué, c'est le caractère français de son instinct. Il fut ainsi amené par sa position à lutter contre l'invasion du grec, contre le pindarisme de Ronsard et la recherche excessive de la Pléiade. Son instinct fléchit parfois cependant. Mellin resta bien toujours l'ennemi naturel de l'enthousiasme exagéré et de la poésie solennelle; il railla même vivement ces poëtes extravagants qui pillent la nature entière pour y trouver l'éloge des beautés de leurs dames,

> Ceux là diront que les rays de vos yeux
> Font devenir le soleil envieux, etc.

il conclut avec une grande brutalité et une grande justesse de satire qu'il ne fera pas de tels compliments à une femme,

> Car en ce corps fait de sucre et de miel
> Y a des cas trop peu dignes du ciel.

Mais cette critique est le plus grand exemple qu'on puisse offrir de l'aveuglement des poëtes : il passa toute sa vie littéraire à en mériter la raillerie. La mollesse et la prétention de la poésie italienne présentaient les plus grandes affinités avec son propre esprit, et s'il combattit sagement le pindarisme, il succomba plus que tout autre au *pétrarquisme*.

Quoiqu'il faille donc détester en lui le disciple de cette insipide rhétorique italienne qui efféminas l'intelligence française au XVIe siècle, on doit reconnaître aussi qu'au point de vue du langage son instinct ne se laissa pas corrompre. Nous devons le regarder comme un des défenseurs de la langue nationale, alors en grand péril; et si antipathique que soit cet amoureux sans cœur et ce poëte sans pensées, reconnaissons-lui la gloire d'avoir été français par la syntaxe.

Ce qui frappe le plus en lui c'est l'absence de toutes les qualités de l'intelligence virile. Son esprit même, qui est incontestable, et, je l'avoue, de rare valeur, est surtout un esprit de femme, et encore, l'esprit d'une femme de la Cour. L'élégance y domine, mais maniérée et prétentieuse; la grâce n'en est point absente, mais elle est affectée et minaudière; la finesse s'arrête à l'épiderme des objets qu'elle veut analyser et se montre plus irritante que pénétrante. La délicatesse n'y est pas naturelle et aimable, elle ne provient pas d'un vif et tenace sentiment du beau; elle se porte sans cesse à son extrême, vers le joli, et elle se dévoile, non pas sensible et compréhensive, mais subtile et malicieuse. La forme est remarquablement facile, mais de cette facilité propre à la causerie, qui s'adresse prudemment aux choses légères, et qui, après avoir un instant voltigé autour d'une pensée insignifiante, s'enfuit hâtivement en lançant un éclat de rire. L'œuvre de notre poëte se compose de petites pièces vraiment fugitives, bâties sur une pointe d'aiguille, continuées par une exagération laborieuse et finissant par un trait gentil. Ce trait, d'une extrême vivacité, semble naître de la même qualité qu'on appelle dans la conversation la présence d'esprit; c'est un mot de louange ou de raillerie qui s'échappe comme poussé par un ressort. Il est plus inattendu que juste, plus hardi que sensé; mais il constate, au profit de Mellin, un talent réel pour le madrigal et pour l'épigramme.

Il ne devait pas chercher à s'élever plus haut. Là, sa versification nette et soignée, sa forme harmonieuse, pouvaient dissimuler ce qui lui manquait en étendue d'intelligence. Quand il voulut atteindre à la satire, il se montra tel qu'il était, sans âme, sans énergie, sans indignation. Il cacha son manque de vigueur sous un excès de cynisme, et chercha dans une grossièreté outrée un correctif à la mollesse de son talent, un contraste à la banalité de ses minauderies habituelles. Mais il savait porter la grâce dans l'amplification, mieux que les rimeurs du xviiie siècle les plus experts en cet exercice, et nous pouvons le considérer comme l'Homère des vers d'album.

Il passa presque toute son existence à composer des vers amoureux, et je n'ai pu trouver dans l'un d'eux ni un élan, ni un cri du cœur, ni un sentiment sincère. Tout y est recherché ou banal. Toujours galant et jamais passionné, le poëte n'y aime que la rhétorique et n'y introduit que des jeux d'esprit. On y gémit sans cesse, on y rend l'âme à chaque fin de période, mais avec un ton dégagé et impertinent pour le lecteur, qui voit dans ce poëte moribond un souriant traducteur des sonnets de Pétrarque. De tels vers, à ce qu'il semble, ne sont pas des vers d'amour, mais des vers d'amour-propre.

Mellin, qui savait tant de choses, savait comment on fait de la passion; il était amoureux comme il était mathématicien... après de longues études. Il naquit musicien, je crois; il devint, nous l'avons vu, orateur, astronome, médecin et jurisconsulte; pour se faire poëte et amant, il possédait un esprit très-délié et une vanité très-active; il travailla de grand courage, il remplaça dextrement la poésie par des rimes charmantes, et l'amour par une exquise galanterie; c'est tout ce qu'on pouvait demander à un homme fin qui n'avait ni cœur ni imagination.

Une grande partie de son œuvre nous a été livrée, par le premier éditeur, sous le titre d'*Opuscules*. J'y trouve environ soixante-dix pièces de toute espèce. L'une d'elles m'a paru renfermer une ombre de sentiment, et j'en cite un passage où l'on rencontrera sans doute encore plus de recherche que d'inspiration, mais qui est, je crois, supérieur à tout le reste des vers de Mellin.

DOUZE BAISERS GAIGNÉS AU JEU

Douze est bien peu au prix de l'infini
Dont mon desir doit estre deffini ;
Car quand j'aurois cent mille fois baisé
Mon cœur encore ne seroit appaisé :
Amour est dieu et nous fumée et ombre,
Ne luy saurions satisfaire par nombre.

. . . .

Respondez moy, trouveriez vous plaisante
Une forest beaux arbres produisante
Dont en plein may et saison opportune
On peust compter les feuilles une à une ?
Vistes vous onc en un pré, où l'eau vive
Sema de fleurs et l'une et l'autre rive ,
Qu'on s'amusast à vouloir compte rendre
Combien de brins il y a d'herbe tendre ?
Et qui feroit sacrifice à Cerès
S'elle donnoit aux terres et guerets
Nombre certain d'espics non se touchans,
Tant qu'on les peust compter parmy les champs ?
Quand Jupiter la terre seiche arrose
Ou que le ciel à orage il dispose,
On ne va point compter la gresle toute
Ny calculer la pluye goutte à goutte :
Soit bien, soit mal, ce qui nous vient des dieux
Vient sans mesure et sans nombre odieux ;

Et ces dons là profusement jettés
Sont convenans à hautes majestés.

 Vous donc, amie, en beauté comparée
A l'immortelle et blonde Cytherée,
Que n'usez vous de liberalité
Appartenante à immortalité ?
Pourquoy nous sont les graces desparties,
De vos baisers par comptes et parties,
Et les torments, qu'à grand tort nous donnez,
Nous sont sans nombre et sans fin ordonnez ?
C'estoyent ceux là où par meilleur office
Il vous falloit exercer avarice,
Non aux baisers; ou, espargnant ceux cy,
Les maux deviez nous espargner aussi.
Faites le donc, et me recompensez
Du deuil qui a mes sens trop offensés,
Retribuant, en volontés unies,
Infinis biens pour peines infinies.

Dans les seize sonnets qui suivent les *Opuscules*, je choisis celui-ci, dont la forme est délicieuse, et dont le précieux se renferme dans des limites encore acceptables.

SONNET

 Voyant ces monts de veue ainsi lointaine,
Je les compare à mon long desplaisir :
Haut est leur chef et haut est mon desir,
Leur pied est ferme et ma foy est certaine.

 D'eux maint ruisseau coule et mainte fontaine,
De mes deux yeux sortent pleurs à loisir ;

De forts souspirs ne me puis dessaisir,
Et de grands vents leur cime est toute pleine.

Mille troupeaux s'y promènent et paissent;
Autant d'amours se couvent et renaissent
Dedans mon cœur, qui seul est ma pasture ;

Ils sont sans fruict, mon bien n'est qu'aparence ;
Et d'eux à moy n'a qu'une difference,
Qu'en eux la neige, en moy la flamme dure.

Dans les rondeaux, je ne rencontre pas cette verve et cette concision dont les vieux maîtres lui avaient donné l'exemple. Je laisse de côté les quatre-vingt-huit quatrains, que je comparerais volontiers à des compliments de salon. Quelques-uns sont fins, mais d'une finesse tellement discrète qu'ils peuvent lutter avec des rébus.

Dans ses treize sixains, je trouve celui-ci qui me parait assez leste :

A UN IMPORTUN

Tu te plains, amy, grandement
Qu'en mes vers j'ay loué Clement
Et que je n'ay rien dit de toy.
Comment veux tu que je m'amuse
A louer ny toy ny ta muse;
Tu le fais cent fois mieux que moy.

Les huitains, dizains, onzains, douzains oscillent presque tous, je l'ai indiqué, entre la recherche et la banalité, je veux dire qu'ils atteignent tantôt à l'une tantôt à l'autre. Dans les trois morceaux qui suivent, il me parait cependant être parvenu à rester gracieux ou vif sans trop d'effort et de mignardise.

LA JALOUSIE

Cent mille fois et en cent mille sortes
Je baiserois ceste bouche et ces yeux,
Lors que mes mains, plus que les vostres fortes,
Vous rendent prise et moy victorieux;
Mais, en baisant, mon œil, trop curieux
De voir le bien que ma bouche luy cache,
Se tire arrière, et seul à jouir tasche
De la beauté qu'il perd quand elle [1] y touche ;
Devinez donc si autre amy me fasche
Puisque mes yeux sont jaloux de ma bouche.

MAISTRE JEAN THIBAUT

Maistre Jean Thibaut va jurant
Qu'il n'est ny fol ny esventé
Et encores moins ignorant,
Et qu'il a tout seul inventé
L'escrit qu'un autre s'est vanté
D'avoir faict du tourner des cieux [2];
Maistre Jean Thibaut, faictes mieux,
Donnez luy le livre et l'estoffe,
Et l'on tiendra vostre envieux
Pour un très mauvais philosophe.

LE CŒUR ET LES SAISONS

Quand le Printemps commence à revenir
Retournant l'an en sa première enfance,

---

[1] *Elle*, ma bouche. — [2] Sur l'astronomie.

Un doux penser entre en mon souvenir
Du temps heureux que ma jeune ignorance
Cueillit les fleurs de sa verde esperance.
Puis quand le ciel ramène les longs jours
Du chaut Esté, j'aperçoy que tousjours
Avec le temps s'allume le desir
Qui seulement ne me donne loisir
D'aviser l'ombre et mes passés sejours.
Puis quand Automne apporte le plaisir
De ses doux fruicts ; helas, c'est la saison
Où de pleurer j'ay le plus de raison,
Car mes labeurs ne l'ont jamais congnue ;
Mais seulement, en ma triste prison [1],
L'Hyver extreme ou l'Esté continue.

***

Je laisse de côté ses épitaphes, qui sont faibles, ses élégies, froides et laborieuses, ses chansons, gracieuses de forme, fort médiocres d'ailleurs ; j'indiquerai seulement son *Épître à Diane*, sa nièce, comme laissant paraître un peu de simplicité et de naturel ; et, pour montrer toute bienveillance, je donne deux des épigrammes qui sont mises au nombre des meilleures de celles qu'il est permis de citer.

FOLIE

Un charlatan disoit en plein marché
Qu'il monstreroit le diable à tout le monde ;
Si n'y eust nul, tant fust il empesché,
Qui ne courust pour voir l'esprit immonde.
Lors une bourse assez large et profonde
Il leur desploie et leur dit : « Gens de bien,
Ouvrez vos yeux, voyez, y a t il rien ?

[1] J'ai connu.

— Non, dit quelqu'un des plus près regardans.
— Et c'est, dit il, le diable, oyez vous bien,
Ouvrir sa bourse et ne voir rien dedans. »

ÉPIGRAMME

Chatelus donne à desjuner
A six pour moins d'un carolus;
Et Jaquelot donner à disner
A plus pour moins que Chatelus.
Après tels repas dissolus
Chascun s'en va gay et falot;
Qui me perdra chez Chatelus
Ne me cherche chez Jaquelot.

Je disais plus haut que Mellin de Saint-Gelais fut amoureux comme il était mathématicien; j'ajouterai qu'il fut poète comme il fut aumônier : il possédait une double sinécure quant à l'intelligence et quant à la morale, mais par compensation un double office de courtisan. Le naïf Thevet nous l'indique : « On luy renvoyoit les discours soit en vers, soit en latin qu'il y avoit à faire en la Cour. » Ce descendant de Mélusine n'est pas un poëte, c'est un mignon professeur de beau langage. Au moins n'oublions pas qu'il enseigna la langue française.

C. D'HÉRICAULT.

BONAVENTURE DES PÉRIERS

15.. — 1544

Entre Marot et Mellin nous pouvons placer toute l'école critico-poétique de François Ier; j'entends comme talent, car, en dehors même d'écrivains de transition comme Ponthus de Thyard, Olivier de Magny, Estienne Forcadel, plusieurs auteurs de cette période montrèrent des élans ou cherchèrent des développements dont Marot ou Saint-Gelais ne leur avaient pas donné l'inspiration première. Nous avons déjà nommé quelques-uns des poëtes de ce temps, et tout particulièrement à propos du Blason; dans l'impossibilité où nous sommes de les étudier tous, nous rappellerons, en en interrogeant quelques-uns, ce qu'ils ont de général comme destinée, et nous indiquerons ce qui caractérise leur physionomie.

Leur destinée c'est, je l'ai dit, de défendre la langue française, de l'élucider, de la purifier, de la rendre régulière et froide. Leur cachet, en tant que poëtes, c'est la médiocrité; au point de vue du style, c'est un singulier mélange de musique et de mathématiques, qui rappelle que les principaux d'entre eux furent à la fois, en effet, musiciens et mathématiciens. Leur phrase poétique ne peut être définie que par ces deux mots assez rarement réunis : harmonie géométrique. Comme signe plus particulier encore j'ajouterai qu'aucun d'eux n'est uniquement un poëte, mais que tous ont dans l'intelligence une qualité qui l'emporte sur l'instinct lyrique. Ainsi l'un a passé pour poëte, mais il est plus encore un philosophe; un autre a fait un grand nombre de vers, mais il est plutôt un mathématicien; un troisième a le sentiment poétique, mais on est toujours tenté de voir en lui un théologien. En dehors de la poésie, ils sont des esprits élevés et remuants, souvent hardis et chaleureux; dans l'art, ils sont clairs, corrects et froids.

Je me bornerai à étudier trois d'entre eux, les meilleurs; ils suffiront à nous expliquer les autres, c'est d'abord Bonaventure des Périers, le penseur de l'école; puis Heroet, l'amoureux; enfin Peletier, le mathématicien.

C'est à peine si Bonaventure mérite le nom de poëte. Il a été en grande faveur, durant ces dernières années, pour son talent d'écrivain qui est incontestable, et pour des qualités intellectuelles qui le rendent sympathique aux esprits joyeux et aux âmes sceptiques de notre temps. Sa renommée poétique vint uniquement de cette faveur. Nodier, par exemple, le poussa sur le haut du Parnasse, pour le remercier, je crois, d'avoir laissé de charmants *Contes* en prose. C'était une manière gracieuse de faire sa cour à cet ami qu'il possédait dans le xvi° siècle. Il comprit qu'il avait eu le désir de faire d'excellents vers, et ne voulant rien refuser à un si aimable esprit, il lui donna, par surcroît, le titre de grand poëte.

Tous les critiques, il est vrai, ne lui ont pas accordé la même admiration que Nodier. Tandis que les huguenots et les athées se disputent le droit de placer son nom dans leur arbre généalogique, ses vrais descendants, les railleurs de son espèce, inclinent à voir en lui un indifférent qui aima le protestantisme pour pouvoir devenir valet de chambre, et qui chanta parfois le catholicisme pour pouvoir toucher les quartiers de sa pension.

Bonaventure répond à ces allégations, en nous donnant sa devise: *Loisir et liberté.*

Il est certain que la foi catholique ne lui permettait pas cette liberté intellectuelle dont la suprême aspiration est le loisir de l'esprit, c'est-à-dire la paresse, la fantaisie, l'indifférence. Il est certain encore qu'il dut logiquement se jeter dans le parti alors en hostilité contre le principe d'autorité. Mais il ne lui fut pas difficile de voir que Calvin réclamait autant de respect pour son infaillibilité personnelle que les catholiques pour l'infaillibilité de l'Église. Que devint-il en quittant cette Réforme qui n'avait été à ses yeux que la première station du doute; il n'est pas facile de le dire. Se fit-il athée ou déiste? Fut-il indifférent ou harassé d'inquiétudes? Dans son *Cymbalum mundi*, veut-il se moquer des superstitions religieuses ou de l'instinct religieux? Attaque-t-il le christianisme ou seulement les nouveautés que la faiblesse de l'homme tend naturellement à y introduire? Raille-t-il l'Évangile ou l'abus qu'on commençait à en faire? Veut-il donner une caricature des *Dialogues de Lucien*, avec des allusions bouffonnes à ses contemporains, ou un traité d'athéisme? Songe-t-il à la raillerie joyeuse comme Rabelois, plutôt qu'à cette raillerie philosophique que perfectionna Diderot ? Sur toutes ces questions je n'ose pas me décider encore.

Il me paraît seulement incontestable qu'on a exagéré la valeur et surtout le côté sérieux du *Cymbalum*. La doctrine n'y est pas aussi précise, les allusions aussi suivies, ni la conclusion aussi radicale qu'on a voulu le dire.

L'homme me paraît plus facile à comprendre que le livre. Il est un de ces personnages que le xviie siècle définissait justement par le mot de libertin. C'est un solitaire, un de ces hommes qui naissent ennemis de la masse et qui restent toujours à côté de la foule, dont ils méprisent les instincts, même en les employant ; dont ils dédaignent le sens commun, même en en étant la victime. De tels personnages, lorsqu'ils sont fortement trempés, deviennent des politiques et gouvernent la société ; quand ils n'y peuvent parvenir, ils la détruisent. Bonaventure est un des plus petits de cette race. Il n'était pas assez puissant par l'intelligence et le caractère pour commander ou pour détruire, mais il pouvait attaquer. Il attaqua ce que croyait la société, son ennemie naturelle, ce que respectait la foule, l'objet instinctif de ses mépris.

Dans une série de chutes qui le poussèrent toujours du milieu d'une troupe dans une troupe moins nombreuse, il glissa d'abord du catholicisme dans le protestantisme, mais il y vit bientôt trop d'adhérents ; il reprit sa route vers des régions philosophiques moins habitées ; peut-être en vint-il jusqu'à l'athéisme. Quand il eut ainsi conquis la solitude, il reçut la récompense ordinaire de cette conquête, il se trouva insupportable, se sentit inutile et il se tua.

J'ai à peine besoin d'ajouter qu'il n'y avait en lui aucune apparence d'énergie, et je suis bien près d'avoir expliqué comment il ne fut pas un poëte : les facultés d'une nature comme la sienne ne peuvent, en effet, produire la poésie que par l'exaltation de la haine, par l'enthousiasme de l'amertume et par la sensibilité dans la misanthropie. Le talent du versificateur lui manquait, comme le génie lyrique, et il faut nous contenter de voir en lui un excellent prosateur.

Là, dans la prose, son esprit est vif, maître de soi et de l'instrument qu'il emploie ; sa phrase est aisée, claire, pétillante, sans éloquence, sans énergie, mais flexible, pleine de ressources et d'intentions ; on pourrait presque dire qu'elle est mutine et qu'elle ne se tient pas d'aise. Dans la poésie il est pâle, froid, empêché. Souvent obscur, toujours médiocre, parfois banal, sans conception, sans élan, sans guère d'imagination, il livre sans cesse la pensée principale aux phrases incidentes, ne parvient jamais à saisir le lecteur, et ne sait même pas nous donner un vers facile. Sa rime est laborieuse, son rhythme parfois paré, mais sec et plus équarri que ciselé; son vocabulaire est pauvre, ses qualificatifs sont pénibles ou sans originalité. Il est vrai que le premier de ses éditeurs parla de ses « divines conceptions, » et que le dernier l'appelle « prince de poésie. » Il faut pardonner beaucoup aux éditeurs, je le sais. Mais le plus grand tort que ses amis aient fait à Bonaventure, c'est de l'avoir mis trop haut, et jusques auprès de Marot et de Mellin.

Il se rendait mieux justice, et je crois qu'Antoine du Moulin — ce premier éditeur enthousiaste dont je parlais plus haut — ne parvint point à persuader ses contemporains de la divinité de ses conceptions. Sa position à la Cour de Marguerite de Navarre parait avoir été toujours équivoque. Marot était presque un grand poëte, Mellin presque un grand seigneur, Bonaventure resta surtout un valet de chambre mal payé. Peut-être était-il trop réfléchi pour être assez audacieux; peut-être la reine Marguerite, vieillissant, ne se souciait-elle plus autant des adorations rimées de ses domestiques; mais s'il fut malhabile, timidement passionné, s'il vint à la mauvaise heure, il fut principalement un poëte médiocre, et c'est à cela qu'il faut attribuer l'infériorité de sa position à la Cour. Cette infériorité me parait, en tous cas, difficile à contester, et elle ressort clairement de la lecture de ses œuvres.

Bien des traits de ses écrits nous montrent cette connaissance qu'il avait de la stérilité de son fonds poétique :

> En maniant la poetique plume
> Pourtant poeste estre ne me presume,
> . . . .
> . . . .
> Pour bien chanter fault vaincre l'alouette.

Je prends ce trait, il y en a bien d'autres. S'il eût été possible alors d'arriver à la célébrité autrement que par la rime, si les vers n'eussent pas été si utiles pour gagner une position, Bonaventure — du moins peut-on le supposer — se fût gardé de la poésie. La langue y eût gagné ; il eût développé plus à l'aise ce double instinct, qui, par un mélange bizarre et que nous retrouvons chez sa maîtresse, la reine Marguerite, le portait à la fois vers la métaphysique et vers la joyeuseté.

Le premier de ces instincts, il le prouve par l'ensemble de ses œuvres, par ses traductions d'ouvrages philosophiques ; il nous démontre l'autre dans ses *Contes* et dans son *Cymbalum* ; il le constate encore mieux quand il nous dit que « sa muse de nature s'amuse volontiers à joyeuseté. » Ce fut surtout dans le développement de ces deux tendances que les rimes lui portèrent malheur.

Il nous a laissé un conte en vers absolument plat, et sa *Queste d'Amitié*, son *Homme de Bien*, sa traduction, les *Quatre Princesses de la Vie humaine*, se distinguent entre tous ses ouvrages par leur lourdeur.

Son amour pour la métaphysique était réel, mais sa réflexion n'était pas très-profonde ; il ne possédait pas une intelligence assez ferme pour arriver à une théorie, il avait besoin d'être guidé et d'appuyer ses aspirations philosophiques sur un point arrêté et solide. Quand il touche respectueusement aux idées religieuses, quand il mêle la sagesse chrétienne à l'instinct de l'honnêteté naturelle, là seulement il paraît élevé, noblement sérieux, d'une netteté et d'une certitude de convictions qui forment un singulier contraste avec sa réputation d'athée. Sa pièce sur *les Estrennes*, ses traductions des hymnes catholiques sont incontestablement supérieures à ce que Marot nous a laissé dans le genre pieux.

Je n'en dirai pas autant de ses épigrammes, où il se montre généralement sans verve comme sans idée. Parmi ses petits vers, je choisis les suivants qui se présentent avec une tournure exceptionnellement leste, et qui, mieux que tous autres, donneront une idée de la correction généralement remarquée dans notre écrivain :

LA DEVISE DU POETE

Loysir et liberté
C'est bien son seul desir ;
Ce seroit un plaisir
Pour traicter verité.
L'esprit inquieté
Ne se faict que moysir ;
Loysir et liberté
S'ilz viennent cest esté,

Liberté et loysir,
Ilz la pourront saisir [1]
A perpetuité,
Loysir et liberté.

L'AMOUR [2]

A telle feste,
S'appreste,
Le Dieu de joye et de pleurs,
Des ailes
Toutes nouvelles,
Faictes de roses et fleurs.

Le friand
S'en va riant,
Mais de nuyre ne se soule ;
Il se gaudit
Et brandit
Ses flammes parmy la foule.

Il donne maintes
Attainctes
Aux pauvres cueurs esgarez ;
Il pousse
D'arc et de trousse
Les pensers mal assurez.

Soubz tes ris
Doulx et cheris,
Lances tu douleur amère,
Cruel Amour !
Au retour
Nous le dirons à ta mère.

---

[1] Cette vérité. — [2] Ce morceau est extrait du *Voyage à Notre-Dame de l'Ile.*

Qui en tristesse
Sans cesse
Te va cherchant de ses yeux,
Par hayes,
Prez et saulsayes
Et par spectacles joyeux.

Pour mieux excuser l'enthousiasme de ses modernes admirateurs, il faut indiquer outre ces quelques strophes de son *Voyage à Nostre-Dame de l'Isle*, son poëme des *Roses*. Il y a dans ce dernier morceau un sentiment réellement gracieux ; les couleurs y sont fraîches et brillantes, mais là encore l'effort se fait sentir ; l'idée n'est ni concise ni pénétrante, et l'allure n'en est pas naturelle ni aisée. J'en cite la conclusion, en priant le lecteur d'oublier les pièces qu'Ausonne et Ronsard ont faites sur le même sujet.

LES ROSES

Tant de joyaux, tant de nouveautez belles,
Tant de presens, tant de beautez nouvelles,
Brief, tant de biens que nous voyons florir,
Un mesme jour les faict naistre et mourir !
Dont nous, humains, à vous, dame Nature,
Plaincte faisons de ce que si peu dure
Le port des fleurs, et que, de tous les dons
Que de voz mains longuement attendons
Pour en gouster la jouissance deue,
A peine, las, en avons nous la veue.

Des roses l'aage est d'autant de durée
Comme d'un jour la longueur mesurée ;

Dont fault penser les heures de ce jour
Estre les ans de leur tant brief sejour,
Qu'elles sont jà de vieillesse coulées
Ains qu'elles soient de jeunesse accollées.

 Celle qu'hyer le soleil regardoit
De si bon cueur que son cours retardoit
Pour la choisir parmy l'espaisse nue,
Du soleil mesme a esté mescongnue
A ce matin, quand plus n'a veu en elle
Sa grand'beauté qui sembloit eternelle.

 Or, si ces fleurs, de graces assouvyes,
Ne peuvent pas estre de longues vies,
(Puisque le jour, qui au matin les painct,
Quand vient le soir leur oste leur beau tainct,
Et le midy, qui leur rit, leur ravit [1])
Ce neantmoins, chascune d'elles vit
Son aage entier. Vous donc, jeunes fillettes,
Cueillez bientost les roses vermeillettes,
A la rosée, ains que le temps les vienne
A desseicher; et, tandis, vous souvienne
Que ceste vie, à la mort exposée,
Se passe ainsi que roses ou rosée

C'est là ce qui peut seul survivre des rimes de Bonaventure des Periers; et cependant je n'étonnerai aucun poëte en disant qu'il y a là la volonté de la poésie, plutôt que la poésie. Dans ce suprême effort de sa muse, il a eu une intention gracieuse, il a rassemblé quelques traits charmants, il a trouvé un détail ingénieux et nouveau dont il a orné une comparaison classique; mais nul de ses vers ne restera dans la mémoire, car aucun n'est bien fait, aucun n'est saisissant, aucun ne

---

[1] Commence à leur ravir ce beau teint.

résume même une nuance d'idée. C'est l'œuvre d'un philosophe qui, par faiblesse, passera sa vie à essayer de rimer, et dont le meilleur poëme ne sera jamais qu'un *devoir* bien corrigé. Il vivra toujours sans doute, mais comme l'écrivain des *Joyeux devis*.

Je veux cependant terminer cette critique par un éloge : sa muse fut chaste et constamment délicate. Il nous parlait plus haut du chant de l'alouette, sachons-lui gré d'avoir cherché là son idéal, quand tant de poëtes s'étaient emparés du rossignol, et quand tant d'autres allaient songer au vol de l'aigle. L'oiseau sauvage, à la chanson agreste, et qui lance ses notes effarouchées en s'enfuyant toujours vers les espaces déserts, non vers les bois remplis d'ombre, de repos et d'harmonie, l'alouette nous ramène vers Des Périers avec une pensée plus émue. Elle nous remet en mémoire quelques traits de sa poésie sortis d'un cœur simple et doux, timide et sauvage peut-être, mais sincère, et nous nous rappelons ces larmes qui venaient aux yeux d'Antoine du Moulin quand il pensait à l'ami qu'il avait perdu.

ANTOINE HEROET

.... — 1568

Heroet nous a laissé un poëme intitulé : *la Parfaicte amye;* une *Complainte d'une dame nouvellement surprinse d'amour;* une *Épître au roy François Ier*; deux traductions de Platon, l'une intitulée : *l'Androgyne;* l'autre : *De n'aymer point sans estre aymé.*

Platon domine visiblement toute sa pensée. Notre poëte est son vrai disciple, tel qu'on peut le supposer sous un climat plus froid et avec un cœur pétri par le christianisme; il nous fournit en un mot un mélange charmant de catholicisme et de platonisme.

Amoureux réfléchi, un peu didactique, mais énergique, avec sa gravité doublée de passion, avec son cœur ardent et son style froid, il représente l'amour poétique de cette période. Il fait contraste avec l'amour de l'école de Louis XII, où le cœur et le style sont glacés, et aussi avec l'amour de la Pléiade, où l'âme et la phrase sont brûlantes. Placé entre le Moyen-Age et la Renaissance, il nous indique ce que pouvait produire dans une intelligence ouverte l'union des tendances chrétiennes avec les influences païennes. Un peu auparavant le christianisme l'emportait complétement, un peu plus tard il va être momentanément éclipsé; lui, nous montre les instincts du Moyen-Age au moment où ce Moyen-Age, ne résistant plus, mais non encore tout à fait vaincu, se trouve dans une position analogue à celle d'un peuple envahi qui, pour avoir la paix, marie ses filles avec les fils des envahisseurs. Heroet nous enseigne comment le cœur subissait la loi des vieilles traditions amoureuses, tandis que l'intelligence se courbait sous la domination de la philosophie nouvelle.

Il possède, on le voit, une position singulière et une physionomie caractérisée. Si je comprends bien son rôle dans son temps, il était une sorte de docteur en belles-lettres, non point un législateur comme nous allons le dire de Peletier, mais une espèce de juge, un arbitre, le premier président de la Cour d'Amour et de Poésie. Son action fut bien celle que Marot lui donne dans ce joli passage de son *Églogue* au Roi :

> Une autre fois, pour l'amour de l'amye,
> A tous venans pendy la challemye [1];
> Et ce jour-là à grant peine on sçavoit
> Lequel des deux gagné le prix avoit,
> Ou de Merlin [2] ou de moy; dont, à l'heure,
> Thony [3] s'en vint sur pré, grant alleure,
> Nous acorder, et orna deux houlettes,
> D'une longueur [4], de force violettes ;
> Puis nous en fit present, pour son plaisir;
> Mais à Merlin je donnai à choisir.

Peletier nous dit dans le premier livre de son *Art poétique* : « Je n'ai encore vu de poésie en françois mieux dressée à mon gré, ni plus sentencieuse, ni où il y eût moins à redire que *la Parfaicte amye*. » Charles de Sainte-Marthe ne l'a pas oublié dans son *Tempé* :

> Et là auprés, Heroet le subtil,
> Avecques lui Fontaine le gentil,
> Deux en leurs sons, une personne unie,
> Chantans auprés de l'haulte Polymnie.

Heroet, *le subtil;* c'est bien une désignation qui lui convient. Mais là où Sainte-Marthe voulait seulement dire ingénieux et fin, il nous faut ajouter au mot subtil la signification moins favorable qu'il a aujourd'hui.

J'avoue qu'Heroet est en effet recherché dans sa finesse et que son analyse ne dissimule pas assez la méthode syllogistique qu'elle emploie; c'est bien là du reste le seul reproche que je veuille lui faire. A part les quelques passages où l'on trouve, dans le développement de la tendresse, plutôt une déduction qu'un sentiment, il est sincère; grave, docte et sensé, sans doute, mais ému dans sa gravité, il laisse voir, avec une tournure d'esprit philosophique, une âme remplie d'ardeur passionnée.

L'élévation de la pensée, la dignité du cœur et du caractère, apparaissent dans toute son œuvre. Il avait un esprit actif plutôt qu'une

---

[1] Un pipeau (en signe de défi). — [2] Saint-Gelais. — [3] Antoine Heroet. — [4] De même longueur.

vive imagination; il réfléchissait plus qu'il n'inventait; sa vue était moins étendue que profonde. Son style est en relation exacte avec son intelligence ferme et sobre; il est peu coloré mais énergique en sa simplicité; il offre peu d'images et beaucoup de pensées.

C'est là surtout ce qui donne à la phrase une tournure didactique, à l'écrivain une physionomie professorale, et qui nous a poussé à voir en Heroet un juge prêt à prononcer les Arrêts d'Amour.

La Parfaicte amye, la plus importante de ses œuvres, est un ouvrage singulier. Il ne ressemble aucunement aux poëmes allégoriques de la période précédente et n'a nulle analogie avec les poëmes mythologiques de la Pléiade. Ce serait un traité, s'il n'y avait pas autant de sentiment; ce serait un roman, s'il y avait des incidents dramatiques; ce n'est pas un conte; je suis presque tenté de le rattacher à ce genre d'œuvres connues en notre temps sous le nom de *Confessions*. Si l'on songe à l'inspiration morale, on peut dire que c'est un Poëme de Chevalerie féminine.

L'auteur met en scène une amante qui raconte comment et pourquoi elle a aimé, comment elle aime, et qui se préoccupe de raconter les accidents métaphysiques, non les faits extérieurs et matériels de son histoire. Elle veut nous prouver, par son exemple, ce que c'est que la perfection d'amour; elle expose tout ce qu'elle a ressenti, tout ce qu'elle a pensé, tout ce qu'elle a trouvé en elle-même de nécessairement et logiquement passionné. L'intention bien marquée du poëte est de montrer le type exquis de la femme ensevelie dans le dévouement amoureux; il nous amène Vénus, tout entière à sa proie attachée, mais la Vénus des premières heures de la Renaissance.

Il a développé dans ce poëme les plus fines et les plus délicates de ses qualités, mais il y laissa trop voir, je l'ai indiqué, l'effort de la méthode et les traces de la réflexion laborieuse. Du moins a-t-il étudié l'amour dans de nobles cœurs, dans le sien sans doute. On sent là un parfum de véritable tendresse, d'une tendresse chaleureuse, parfois gracieusement simple et doucement naïve. L'Amie semble avoir tant de joie au cœur, tant de candeur sur les lèvres, que l'œuvre saisit et attache le lecteur; on y rencontre un si grand bonheur d'aimer, qu'on oublie le style un peu pâle, la forme médiocrement riche, le caractère peu grandiose du poëme. On entend son propre cœur qui résonne à l'unisson de ces sincères pensées; on pardonne à l'auteur de n'être ni un homme de génie, ni un homme d'un talent supérieur; on lui sourit avec une sympathie qui a désarmé toute critique.

Ses traductions sont élégantes, et dévoilent moins un translateur fidèle qu'un disciple intelligent et hardi qui s'empare des idées du maître et sait leur donner, en se les assimilant, une physionomie presque orinale. Enfin, — et cela par-dessus tout prouve la sincère élévation de son caractère, — son *Épître à François Ier* est écrite avec un mélange de respect et de dignité que j'ai rarement rencontré à cette époque. Il est plus reconnaissant qu'ébloui, il s'incline, sans adulation, pour remercier le grand Roi de la faveur qu'il a donnée à la poésie, non des bénéfices qu'il a accordés aux poëtes ; il nous laisse voir uniquement un écrivain de grand cœur promettant noblement à un protecteur de l'art une renommée supérieure à la gloire guerrière, une louange éternelle et brillante comme Chants de la muse nouvelle.

LA PARFAITE AMANTE [1]

Dont [2] peult venir l'asseurance naïve
Qui me faict prendre, en amour tant volage,
Le tout au mieux et à mon avantage ?
C'est que me sens en son endroit [3] si forte,
Tant agreable et de si bonne sorte
Qu'il n'y a chose en personne excellente
Que je ne l'aye, et que je ne contente
Celuy qui est si fort à contenter
Qu'on ne luy doibt rien que moy presenter.

S'il veult beauté, belle luy sembleray ;
S'il veult esprit, divine luy seray ;
C'est verité, que chascune peult croire,
En me laissant devorer [4] ceste gloire
Que j'attribue à la vertu prouvée
De mon amy qui la mienne a trouvée.
Tout ce qu'il veut, tout ce qu'amour desire,
Tout le sçavoir qu'on peult ouyr ou lire

---

[1] C'est l'amante qui parle. — [2] D'où. — [3] vis-à-vis de mon ami. — [4] Me flatter de.

Se trouve en moy, et croy [1] qu'il n'y a rien [2]
Si ce n'estoit luy qui cherche si bien.
Ainsi trouvant en moy tous ses plaisirs
Le mescroyrai-je [3] avoir nouveaux desirs!

   Si se tenir à une est difficile,
Il peult de moy seule en forger un mille;
Si le changer luy plaist, il changera,
Et variant, de moy ne bougera.

. . . .

   Voilà comment j'ay vescu en presence.
Si je vous rends compte de son absence,
Vanter me puis n'avoir oncques pensé,
Rien faict ou dict dont il fut offensé,
S'il l'avoit sceu. Lors trop saincte est ma vie
Et trop me vient de le revoir envie.
Si ung parent ou allié j'escoute,
Il sçait combien la parolle me couste
En respondant, et pensant à celuy
Que je soubhaiste en la place de luy.
S'il parle bien, il lira dans mes yeux
Que mon amy diroit encores mieux,
Et s'il faict mal, j'ay le cœur tout transy
De n'oser dire : il ne faict pas ainsi.
Tout me desplait et à tous veux desplaire.
Je n'ay besoin ny vouloir de me faire
Aymer, priser et gaigner le support
De qui peult faire à mon amy rapport [4],
Comme feroit quelque mal asseurée
Qui, pour donner à son amour durée,
Ou bien couleur à sa legiereté,
A tout le monde egalement [5] traicté,

---

[1] Je crois. — [2] Qu'il n'y aurait rien, si ce n'était cherché par lui qui. — [3] Croirai-je, en lui faisant injure, qu'il a. — [4] Gagner l'estime d'un homme qui pourrait parler de moi à mon ami. — [5] A bien traité, fait la cour à tout le monde.

Faignant qu'il fault les faveurs mendier
De tous, qui [1] veult à un se dedier ;
Et qu'un amy l'on garde seurement
Quand d'autre voit [2] suivy son jugement.
. . . .
Mon amitié me sembleroit polluë
Si je voulois, ou si j'estois voulue
D'autre personne. Et si ne suis aymée
De luy qu'autant que je suis estimée
Des estrangiers, je seroy mal venue,
Car je n'en suis, ne veux estre cognue.
Je n'attens d'eux louange ne diffame
Ny nom d'amye, à grand peine de femme [3].
Si grâce j'ay, j'en veux estre louée
De celuy seul à qui je l'ay vouée.

Le poëme de *la Parfaicte amye*, qui nous a fourni ce morceau, paraît avoir attiré sérieusement l'attention des contemporains et exercé une réelle influence sur les poëtes préoccupés avant tout de l'amour. Parmi les œuvres nées d'une inspiration analogue, nous citerons le *Nouvel amour*, l'*Amye de Court*, par La Borderie, la *Contr'amye de Court*, par Charles Fontaine, et l'*Honneste amour*, composé par Paul Angier, pour combattre les idées de Fontaine. Ces quatre ouvrages qui, avec *la Parfaicte amye*, nous donnent un résumé de la théorie amoureuse, entrevue par les poëtes de François Ier, méritent, sinon la bienveillance du critique, du moins l'attention de l'historien. Heroet doit être considéré comme le maître de ce genre. Il y avait là une tentative d'une haute portée, il s'agissait d'étudier le cœur humain, directement, sans l'aide des anciennes formules, et de donner une apparence poétique aux résultats de cette étude, en négligeant l'emploi de tout symbolisme, en rejetant l'allégorie chrétienne, aussi bien que la mythologie païenne. L'austérité puritaine que de tels efforts imposaient à l'art devait leur permettre peu de développement en ce siècle. La puissante imagination de Ronsard n'eut pas grand'peine à faire oublier cette tentative d'un esprit sage, d'un auteur plus philosophe que poëte, d'un amant plus sincère qu'éloquent, d'un écrivain plus ferme que brillant et varié.

---

[1] Il faut, à celle qui veult. — [2] Quand il voit son avis partagé. — [3] Nom de femme.

JACQUES PELETIER

1517 — 1582

Peletier, à peu près inconnu aujourd'hui, a joué dans son temps un rôle remarquable et exercé la plus grande influence. Son action, de même que sa vie et son talent, s'explique par une série de contrastes qui sont curieux à observer en lui. C'est une intelligence froide et un esprit chaleureux; il a le jugement méthodique et le caractère ardent; il est réfléchi et enthousiaste, à la fois compassé et aventureux.

Toute son existence est basée sur le développement parallèle de ces antithèses. Il fut un célèbre algébriste, et le seul genre poétique pour lequel il me semble né, c'est la Pastorale; son œuvre lyrique ne se comprend bien que comme un mélange de ces deux tendances, l'une géométrique, l'autre bucolique. Il est par-dessus tout un mathématicien, et sa plus grande gloire, dans notre histoire, c'est de pouvoir être considéré comme le législateur d'une école poétique. Nous avons préparé le lecteur à cette dernière bizarrerie. Il est logique qu'un mathématicien remplît l'office de maître-professeur dans une telle école : afin d'accomplir cette destinée que nous avons dit être sienne et qui consistait surtout à défendre, à émonder, à régulariser la langue française, il lui fallait, à cette école, pour directeur non pas un poëte, mais un architecte.

Peletier ne se borna pas d'ailleurs à donner le résumé des efforts tentés sous François Ier, sa réflexion aventureuse s'élançait vers l'avenir, et il est aussi un des docteurs de la Pléiade.

Par son style, il est l'ami de Mellin, de Bonaventure, de Salel, de Fontaine, de Chapuis, et quand, dans son *Art poétique,* il nous dit que la clarté doit être préférée à tout, qu'il faut être poëte sans doute, mais surtout poëte français, il tend la main à Marot. Mais lorsqu'il s'inquiète tant de ce qu'il appelle la vraie harmonie musicale; quand il nous assure que la langue a été jusqu'ici « languissante en barbarie et sophistiquée en ballades, rondeaux, virelais; » lorsqu'il conseille à du Bellay de cultiver le sonnet, et qu'il prête son recueil à Ronsard, timide encore, pour y publier la première de ses odes; quand enfin il annonce que ces deux genres, l'ode et le sonnet, sont presque les seuls « agréables, élégants, susceptibles de bon argument, » en tout cela il est un des professeurs de la Pléiade.

Il avait du reste avec elle, non pas comme poésie, où il est très inférieur, mais comme instinct, bien des points de contact. Ainsi qu'elle il hait le langage vulgaire; il annonce qu'il a essayé de faire une Herculéide « pour relever le langage de la poésie; » il cherche les mots nouveaux, il ne veut pas indiquer la manière de les inventer de crainte que sa recette ne devienne trop commune, mais il est bien fier d'avoir tiré du latin le mot *vagir;* il adore les rimes riches, il passera à la postérité pour avoir fait rimer *mélodieusement* avec *miséricordieusement*, et il se croit bienveillant de ne point mépriser tel poëte qui a mis *avantage* pour rimer à *dommage*. Comme cette Pléiade encore, il est plein d'orgueil; il méprise la foule,

> . . . . Més de plere au vulguère
> Il ne m'en chaut.

Il invoque fréquemment la postérité; il porte haut l'honneur des écrivains; il voit en eux des êtres d'une race choisie; il leur conseille par-dessus tout la fierté; « tout poëte, dit-il, doit prendre Homère et Virgile à partie comme s'ils étaient ses concurrents; il doit songer à faire aussi bien qu'eux. Qu'il pense que le temps lui a donné ces deux personnages pour les égaler et même pour les surpasser. »

A côté de cela, — et ainsi se rattache-t-il encore à l'école « marotique » — il avoue qu'il a fait de la poésie uniquement pour se récréer des mathématiques. Il revient à plusieurs fois sur cette assertion; et avec la vanité qui était si développée en lui, il nous dit dans son *Épître à Saint-Gelais :*

> Car poésie en moy n'est, Dieu mercy,
> Le meilleur don, et n'est le pire aussi
> Que par faveur m'aient départi les cieux,
> Ils m'ont donné chose encor qui vaut mieux.

Ce meilleur don fut pour son malheur : le mathématicien dominera dans toutes ses pièces; la plus noble part de son inspiration se composera d'élans vraiment poétiques, mais bien vite enchaînés par la science ; la plus riche partie de son style contiendra des pensées gracieuses, mais bientôt mutilées par une méthode scolastique. L'enthousiasme du cœur sera comprimé d'une façon charmante, comme les membres d'un fou royal qu'on chargerait de chaînes d'or; et les fleurs champêtres que le poëte voyait d'une vue si claire et si caressante, le savant les mettra dans un herbier; il les flétrira avec amour, il les classera avec une main émue; il les disposera, toutes desséchées, avec un art auquel il ne manquera, pour pouvoir restituer la vie, que la fraîcheur, le parfum naturel et la caresse du soleil. Il sera plus cruel et plus insensé que ces bergerettes qui avaient dépouillé ses champs :

>Les fleurs d'odeur naïve
>Des arbres sont faillies,
>Roses de couleur vive
>Sont jà presque cueillies :
>Ces fausses bergerettes,
>Par les champs et bosquets,
>Pour faire leurs bouquets,
>Ont pillé les fleurettes.

Disons pourtant que si le poëte doit ses défauts au mathématicien, au médecin, au philosophe, — car il fut tout cela, — l'écrivain doit ses mérites à ses qualités scientifiques. Son style alla en s'améliorant, et sa méthode en se perfectionnant, comme il était naturel dans un poëte où l'inspiration est sacrifiée au travail, et qui, plus réfléchi qu'enthousiaste, porte nécessairement son travail sur la poétique plutôt que sur la poésie.

Dans ses premières œuvres, publiées en 1547, nous trouvons les qualités et les défauts qu'il montrera toujours par la suite, mais en les portant à l'extrême. Sa *Description du Printemps*, son *Invitation à Ronsard*, son *Épître à Saint-Gelais*, sont remplies de pensées, de fraîcheur, d'observation gracieuse; dans ses autres pièces, particulièrement dans le *Chant du Désespoir*, l'*Apologie pour les mathématiques*, la *Discussion de l'Homme de Cour et de l'Homme du repos*, il n'est plus soutenu par la vue de la nature, par un sentiment pouvant intéresser vivement sa personnalité, il est pâle, languissant, presque lourd. Son style est clair, sa phrase bien coupée, ses vers sont faciles mais secs et comme jetés dans un même moule.

Il publia dans le même volume des vers lyriques assez pauvres. Il est aisé de voir qu'il n'avait pas encore trouvé sa méthode.

Il ne devait pas la chercher longtemps, et son *Amour des Amours* (1555) nous la montre en tout son développement. C'est ici que le savant apparaît dans sa magnificence. Peletier — c'est le premier mot de son *Art poétique* et c'est, j'imagine, ce qui lui promettait le plus fermement les louanges de la postérité, — Peletier avait découvert qu'on avait mis jusqu'alors trop d'amour dans les vers amoureux; il voulut en inventer une nouvelle espèce dans lesquels on introduirait l'astrologie, la cosmographie, la géométrie, la physique, etc. Ses quatre-vingt-seize sonnets sont établis d'après ce système. On y trouve, en effet, les éléments d'une encyclopédie, et les comparaisons pourraient servir à reconstituer la science du xvie siècle. La médecine, l'histoire naturelle, l'astronomie, la physique y dominent, mais l'architecture, le droit civil, la philosophie métaphysique n'en sont point chassés. Cet *Amour des Amours* offre, à un esprit curieux de poésie, un sujet d'étude vraiment important. C'est un amour où l'on trouve des pensées et nulle inspiration, de la chaleur et pas un bond d'enthousiasme. Il est peint de couleurs vives, mais il n'est jamais ému. Comme il sort plus du cerveau que du cœur, il a plutôt le désir de briller que de toucher; il veut chanter le bonheur, non point le ressentir. On y sent le travail d'un esprit actif et riche qui s'empare d'un sentiment connu par les récits d'autrui et qui l'orne de toutes les nuances que la réflexion a pu lui persuader être en relation avec le sujet donné. La rhétorique y est belle; on y recueille cent traits fins, gracieux, excellemment trouvés, perdus dans un ensemble fatigant, monotone, parfois obscur.

Peletier scande du gracieux, il scande du sublime, il fait de l'amour au compas et au cordeau; il développe une pensée poétique comme il attaquerait un problème; il fait de la statique avec l'arc de Cupidon, et de l'arpentage sur la ceinture de Vénus. En un mot il a lâché l'addition dans le domaine de Pétrarque; elle y va fourrager des fleurs peintes et elle revient les empiler dans le cerveau de l'auteur : sa poésie sera toujours un musée, jamais un tableau. Car là même où il est presque poëte, ses idées se composent de choses vues plutôt que senties, et là où il est le plus brillant, il procède par énumération de faits gracieux, par entassement de parcelles scintillantes, sans jamais nous montrer une unité. Il ne s'est rien assimilé.

Rien de ce qu'il a observé n'est entré dans son intelligence et ne s'y est fondu pour en sortir changé en une idée originale. Il veut peindre le Printemps, il regardera tous les détails d'un champ verdissant, et les signalera l'un après l'autre. Le vrai poëte saisit tout ce qui vit entre deux horizons; cet ensemble, il le possède un instant au fond de son âme, puis il met au monde un nouvel être métaphysique, un nouveau printemps, portant, si je puis dire, la ressemblance de l'âme poétique qui lui a donné le jour. Peletier, uniquement laborieux, actif et ingénieux, ne pouvait s'élever jusqu'à mettre ainsi son cachet sur les œuvres de Dieu.

Malgré un talent réel, il subit la peine imposée à tout ce qui manque de naturel; cette série de tendresses fausses et quintessenciées qu'il expose si chaleureusement dans l'*Amour des Amours* offre, en même temps qu'une étude intéressante, la plus insipide lecture.

Ses poésies lyriques furent écrites d'après le même système que nous exposions plus haut. C'est toujours une addition d'observations colorées, peintes après coup, plutôt que les diverses facettes d'une idée splendide, embrassée tout d'abord dans son ensemble. On y voit constamment l'effort d'un esprit porté au syllogisme, subtil en analyse, mais n'ayant rien de largement poétique.

Les vers didactiques sont plus simples et remarquables par un grand bonheur d'expression.

Dans ses pièces de longue haleine il eut grand'peine à trouver le milieu entre l'extrême recherche et la banalité. Son poëme de la *Savoye* forme contraste avec l'*Amour des Amours*, il est aussi languissant que l'autre est précieux, aussi lourdement simple que l'autre est intolérable d'antithèses.

Ses dernières Œuvres poétiques (1581) nous montrent une forme sage, concise, très-étudiée, une phrase recommandable par l'aisance et la clarté. J'y fais peu de cas des *Louanges de la Parole*, des *Trois Grâces*, de l'*Honneur*, et de la *Science*, mais la *Louange de la Fourmi* me paraît charmante, observée avec une grande gentillesse d'esprit et digne d'être mise en parallèle avec ses deux descriptions du *Printemps*, son petit poëme de l'*Alouette* et son *Invitation à Ronsard*.

Peletier, qui méprisait le vulgaire et son langage, oublia qu'en un point du moins la foule est souveraine, que là elle l'emporte sur la logique, sur le talent, sur le génie, je veux parler de l'orthographe. Il inventa un nouveau système orthographique. Il n'était point le seul alors que cette question préoccupât. Dubois, Meigret, Guillaume des Autels, Ramus, les Estienne, Théodore de Bèze et d'autres s'inquiétèrent des fantaisies que notre langue admet et dont ils ne connaissaient ni l'origine, ni la raison d'être.

J'ai respecté, dans les citations qui suivent, le système orthographique de Peletier; il y attachait trop d'importance pour qu'il me fût permis d'y rien changer. En dehors d'ailleurs du respect qu'on doit aux tentatives d'un esprit sincère et élevé, respect auquel j'obéis, je suis heureux de constater un mouvement qui ne fut pas sans importance dans l'histoire de notre poésie au XVIe siècle.

CHANT D'AMOUR

Amour au keur desja me fet santir
Des ans passez un honteus repantir
Qui [1] me fesoet ignorer sa puissance :
Desjà an moé je me san accusé
D'einsi avoer de ma vie abusé,
Me repessant de fausse jouissance.

J'etoé contant, més pour rien ne vouloer;
J'etoé joyeus de point ne me douloer;
Mon eur [2] passoet sans que je l'aperçusse,
Je jouissoé an ombre [3] de mon bien
Sans m'an santir, sans antandre combien [4],
E sans avoer à qui le gré j'an susse.

J'é maintenant an quoé me rejouir,
Je voé de quoé je desire jouir,
Amour me fet mon eur apercevable.
Au gré de lui je me suis asservi,
Més je connoé que plus libre j'an vi,
Et du tout suis à l'Amour redevable.

Tout seul j'etoé muni de mon efort,
Dedans moé seul trouvoé mon reconfort,
A moé tout seul de moé je randoé conte;
Més ores, mon bien departi [5] plus en croet,

---

[1] De ce qui. — [2] Mon bonheur. — [3] Dans l'ombre, de l'ombre. — [4] Sans sentir combien j'en jouissais. — [5] partagé.

M'etre amoindri m'est ranfort et surcroet,
Voire, é¹ ma part plus que mon antier.

. . . .

Non le plus soef² des eriens souffleurs
Fet sur la Terre epanouir tant³ de fleurs
A l'arriver de la première année,
Non des oeseaus, sur les arbres branchez,
Tant de fredons gueyemant sont tranchez⁴
Lors que leur flamme est nouvellemant née;

Non l'Ocean. au Soleilh reyonnant,
Au vant posé va plus dous silhonnant
Ses floz tretiz d'egales antresuites⁵,
Qu'Amour m'emeut de desireus plesirs
D'avis joyeus é de plesans desirs
E gueyetez près à près introduites⁶.

Beniz destins qui par leurs cours secrez
Ont ordonné de mes ans les degrez⁷
Me reservans à si grand' connoissance!
Benit cent foes le jour qui reluisoet
E l'Astre ancor qui le favorisoet
Quand il me fut cause de renessance⁸.

Alheurs qu'an moé, et an plus de çant lieus,
J'é repris vie, et surtout an ces yeus
Qui aus splandeurs de ce beau cors eclerent⁹.
Ce sont les yeus, de ma foé le guerdon¹⁰
Tel qu'obtenir je n'espère nul don
Plus assuré que celui qu'iz declerent¹¹.

---

1 Ma part, moi partagé. — 2 Le plus doux. — 3 Ne fait pas épanouir tant de fleurs. — 4 Les chants ne sont pas si gaîment *découpés*. — 5 L'Océan, étincelant au soleil, sous le vent calme, ne creuse pas plus doucement dans ses flots languissants des vagues égales. — 6 Amenées l'une après l'autre. — 7 Le développement successif. — 8 Quand ce jour me fournit l'occasion de recevoir une seconde vie. — 9 Éclairent les splendeurs. — 10 Une telle récompense de ma fidélité que. — 11 Qu'ils promettent.

Je veu panser, sans plus, à l'avenir,
Des ans passez perdre le souvenir
E de ma vie au conte les deduire [1].
Mon songe obscur, d'un beau reveilh veincu,
Me fet juger que ce que j'é vecu
Etoet la nuit du jour qui devoet luire.

A côté d'un sentiment poétique sincère, d'une grande chaleur d'imagination, d'une élévation de style incontestable, on peut saisir, dans cette pièce, cet amour de l'antithèse, cette tendance à la rhétorique fleurie que nous avons signalés. Ce poëme, l'*Amour des Amours*, est cependant la plus pure de toutes ses œuvres, la moins faussée par cet art italien contre l'invasion duquel Henri Estienne se rebella si énergiquement.

Nous citerons les pièces suivantes comme une preuve de cette jonglerie de mots, comme un exemple de ces grimaces minaudières et de ces douloureuses contorsions d'esprit, auxquelles nous avons plusieurs fois déjà fait allusion. Nous nous sommes efforcé d'ailleurs de choisir, parmi les quatre-vingt-seize sonnets de Peletier, non les plus grotesques, mais les mieux faits, avec l'arrière-pensée qu'ils pourraient trouver de notre temps encore quelques admirateurs.

TYRANNIE D'AMOUR

Elle m'avoet un jour mon keur randu,
Non pas randu, preté, que doé je dire?
J'avoé mon keur, é moé fier et de rire
Comme d'un don des haus cieux desçandu.
Més, o dur pret, je l'é brievement du [2],
Car tout soudein elle à soé le retire [3]
Puis le me geine e puis le me martire.

---

[1] Les déduire du compte des années de ma vie. — [2] J'ai dû bien vite le payer, le rendre. — [3] Elle attire de nouveau mon cœur à elle.

Ris maleureux, que tu m'es cher vandu !
Que pansoet elle ? eprouver la mesure
De moé sans keur et de moé keur eyant ?
Non, més plus tot se payer de l'usure
D'un mien ris brief, é me fere croyant
Que je ne doé, ni peu [1], ni ose
Sans son congé panser aucune chose.

DÉCOURAGEMENT

Je devien las pour tousjours plus courir ;
Je donne tout pour tousjours plus devoer ;
J'ouvre les yeus pour plus troublemant voer ;
Je fé le bien pour reproche ancourir ;
Eide je quier pour ne me secourir ;
J'atan tousjours pour jamés rien n'avoer ;
Je vi long tans, pour plus de foés mourir ;
J'ouvre l'esprit pour clorre mon desir ;
Çant buz je voé pour aucun ne choésir,
Je vise à un pour tous, fors lui, fraper ;
J'anbrace tout, pour lesser tout le fés ;
Je fui tousjours pour jamés n'echaper ;
Helas, amour, fé tot ce que tu fez !

J'ai parlé avec éloge du talent naturel de Peletier pour tout ce qui touche à l'Églogue, et on doit, si l'on veut être juste, insister sur le goût particulier qu'il avait pour les descriptions dans lesquelles dominent la fraîcheur, la grâce champêtre, et où les fleurs ainsi que les oiseaux jouent le premier rôle. J'ai cité la pièce à l'*Alouette* comme une de ses meilleures en ce genre ; je la donne ici, et j'aurai ainsi offert un exemple de toutes les nuances qui constituent le talent de notre poëte.

[1] Ni ne puis.

L'ALOUETTE

Alors que la vermeilhe aurore
Le bord de notre ciel colore,
L'alouete, en ce meme point,
De sa gantile voés honore
La foeble lumière qui point.

Tant plus ce blanc matin eclère,
Plus d'ele la voés se fait clère;
Et samble bien, qu'en s'eforçant,
D'un bruit vif ele veulhe plère
Au Soleilh qui se vient haussant.

Ele, guindée [1] de zeffire,
Sublime, an l'er vire et revire
Et declique un joli cri
Qui rit, guerit et tire l'ire
Des espriz, mieux que je n'ecri.

Soet que Junon son er essuye,
Ou bien qu'el se charge de pluye,
An haut pourtant ele se tient
Et de gringoter [2] ne s'annuye,
Fors quand le negeus yver vient.

Meme n'a point la gorge close
Pour avoer sa nichée eclose;
E an ses chans si fort se plet
Que vous diriez que d'autre chose
Ses aloueteaus el ne pait.

[1] Soutenue. — [2] Chanter.

> An plein midi, parmi le vide
> Fet defailhir l'eulh qui la guide [1],
> Puis tantot comme un peloton,
> Subit an terre se devide,
> E pour un tans plus ne l'oet-on.

En résumé, si nous envisageons dans son ensemble l'œuvre de Peletier, si nous comparons cette parade de pensées langoureuses, cette exhibition de tous les décors connus de la passion, aux fins et sincères élans de la poésie de Marot, combien ne nous sentons-nous pas éloignés de l'esprit français! L'Italie nous a envahis, Pétrarque est le maître; il est le distributeur des plus jolies phrases, le docteur en fait de pâmoison, le gardien du carquois d'amour. Il a enseigné l'art de pleurer, le chant du gémissement et il a noté les malédictions passionnées; c'est auprès de lui que nos poëtes vont apprendre comment dans les gracieuses tortures l'on meurt, sans mourir, à chaque heure du jour.

Notre génie, si naturellement fier et sincère, si mâle, si leste, si prime-sautier, je le vois fardé, hébété, gauche, comme Achille empêché dans ses habits de femme. Il ne reste plus de français que le langage, et encore peut-on prévoir le temps où la langue deviendra lâche, molle, tortueuse, pour se mettre en rapport avec les faussetés, avec les absurdes et hypocrites amplifications qu'on la force à débiter.

C. D'HÉRICAULT.

---

[1] Elle échappe à l'œil qui veut la suivre.

MAURICE SCÈVE

.... ? — 1564

Après Marot, avant Ronsard, il y eut une école ou plutôt un groupe de novateurs modérés qui remplirent de leur mieux, et non sans succès, l'interrègne. Pelletier et Théodore de Bèze se rattachent à cette famille; mais le chef signalé, le maître de ces poëtes plus doctes, mais non pas aussi naturels et souples que leurs devanciers, moins réguliers, moins brillants, moins abondants que leurs successeurs immédiats, ce fut le lyonnais Maurice Scève (ou Sève). Il était issu d'une vieille race piémontaise, et si son œuvre ne porte pas la marque de cette bonhomie naïve qui est le charme et comme le parfum des intelligences écloses aux clartés du ciel de Savoie, il ne perdit jamais dans ses vers cet accent montagnard un peu lourd qui perce dans les histoires de Claude de Seyssel, dans les romans de d'Urfé, dans les pages correctes de Vaugelas, qui engorge parfois le courant limpide où flotte, si dégagée et si pure, l'imagination de François de Sales, et qui, par endroits, alourdit même la magnifique et libre éloquence de Joseph de Maistre. Avocat dès sa première jeunesse, on le citerait, si la Muse eût mieux récompensé son effort, au nombre de ces poëtes légistes qui ont révélé des lois éternelles pour se consoler d'être inhabiles à pénétrer les coutumes éphémères, illustre et nombreuse compagnie où furent enrégimentés, entre tant d'autres, Ovide, Boccace, Pétrarque, Arioste, Tasse, Shakespeare et notre Corneille. Mais à ces grands cœurs tourmentés d'un noble rêve la chicane devint vite odieuse : Scève fut plus accommodant, et mêla sans trop d'embarras ses deux tâches. Un peu plus tard, nous le voyons conseiller-échevin de sa ville, en même temps qu'il présidait au mouvement poétique qui, dans tout le Lyonnais, fut un moment plus vif et plus fructueux qu'en aucune autre province de

---

[1] La date de la naissance est inconnue.

France. On l'écoutait comme un oracle à cette fameuse académie de Fourvières, où les émigrés de la Florence de Médicis venaient rejoindre les savants, les artistes, les philosophes mûris à l'ombre des tombeaux éloquents de saint Pothin et de Gerson. De son palais épiscopal de Châlon-sur-Saône, Pontus de Thiard dédiait à Maurice le premier sonnet de ses *Erreurs amoureuses*. Olivier de Magny recherchait à Lyon le judicieux entretien de son conseiller en Apollo, presque autant que la grâce avenante de Louise Labé, une autre écolière de Maurice! Mais comment compter ses élèves? C'est lui qui tient l'archet sur le Parnasse de Henri II, et alentour les plus aimables voix s'empressent à répéter ses mélodies un peu trop surchargées de latinismes et d'hellénismes, un peu trop hérissées de métaphysique et de concetti. Sibylle et Claudine Scève (elles étaient parentes du professeur), Jeanne Gaillarde, les deux sœurs Perréal, autant d'aventureuses émules qui s'assimilaient de concert cette quintessence de philosophie versifiée, et qui la traduisaient, chacune à sa manière. On se fût cru transporté aux Cyclades, alors qu'Érinne répliquait à Sapho; ou plutôt on eût trouvé là un cercle assez pareil à celui qui entoura le pédant Ménage, alors qu'il rêvait aux beaux bras de Marie de Rabutin, alors qu'il célébrait en hendécasyllabes les larcins involontaires de Marie-Madeleine de Lavergne.

La réputation de Maurice Scève ne s'arrêtait pas aux limites de sa province. Trait d'union, je l'ai dit, entre les deux écoles du xvi⁰ siècle, il fut honoré dans les deux camps. Marot vieilli souriait à sa tentative; Joachim Du Bellay survenant constatait sa priorité dans le genre où il triompha lui-même. Je citerai quatre vers d'un sonnet où le poète de *l'Olive* exprime à merveille ce qui fut la qualité, ce qui fut aussi l'excès de Maurice :

> Gentil esprit, ornement de la France,
> Qui, d'Apollon maintenant inspiré,
> T'es le premier du peuple retiré
> Loin du sentier tracé par l'ignorance...

Fallait-il donc absolument *se retirer du peuple* pour cueillir la palme sacrée? La poésie rend-elle ses oracles, comme les anciennes sibylles, dans la fumée, au fond d'un antre? En ce cas, détrônons Homère, et que la *Cassandre* de Lycophron remplace *l'Iliade* dans nos respects; effaçons des annales du xvi⁰ siècle ces génies aisés, ces lumières, Rabelais, Montaigne, Clément Marot, Ronsard, et déchiffrons sous la lampe les énigmes de Maurice Scève! Étienne Pasquier, grand apologiste du poëte lyonnais, confesse pourtant qu'en le lisant, il était satisfait de ne pas le comprendre toujours, puisqu'en certains endroits Scève avait sûrement désiré rester inintelligible. Que sera-ce donc pour le moderne lecteur? — Par bonheur, ces prétentions de sphinx ne sont pas perpétuelles chez Maurice; il se résigne parfois à laisser parler son âme. C'est dans quelqu'une de ces crises de simplicité que nous le saisirons tout à l'heure.

Sulpice Sabon imprima à Lyon, en 1544, pour le compte d'Antoine Constantin, le poëme intitulé : *Délie, objet de plus haulte vertu*. Ce volume in-8°, décoré de curieux emblèmes, est composé, si l'on en croit le titre, de quatre cent cinquante-huit dizains : il n'en contient réellement que quatre cent quarante-neuf. C'est le monument que Maurice Scève bâtit à une maîtresse dont nous ignorons le vrai nom, mais qui paraît avoir été mariée et avoir habité sur les bords du Rhône. L'amant avait bonne envie d'égaler Pétrarque; il nous rappelle plutôt dans les parties bien venues de son livre l'anglais Donne et l'espagnol Gongora ; comme eux subtil, imagé, mythologique, de ci de là sincèrement ému. Il se sert avec bonheur de cette forme vive du dizain qu'il emploie, non pas, comme le prétend Pasquier, parce que le sonnet n'était pas encore en faveur (déjà Mellin de Saint-Gelais et Marot avaient conquis à la France le rhythme qui consacra l'immortalité de Laure), mais parce que cette mesure étroite et brève était singulièrement propre à ces raffinements de l'idée, à ces condensations du sentiment où il se complaît d'ordinaire. La Délie de Scève ne vivra pas comme la Délie de Tibulle, comme la Lesbie de Catulle, comme la Cynthie de Properce, comme la Corinne d'Ovide : mais je souris à l'ambition du poëte qui dévoue son talent à son unique amour, dans un siècle où la constance n'était pas de mise. Cette Délie, ainsi dressée sur le piédestal fleuri pendant des années, contraste agréablement avec les Astrée, les Cassandre, les Marie, les Hélène de Ronsard, aussi nombreuses que les Lalagé, les Lydie, les Glycère et les Chloé d'Horace.

Maurice Scève mourut assez vieux, aux environs de l'année 1564. En dehors de sa *Délie*, il avait composé un poëme en trois chants, écrit en vers alexandrins et intitulé *le Microcosme*. Sa popularité ne lui survécut guère : aujourd'hui, c'est à peine s'il reste de lui l'ombre d'un nom. C'est que la poésie n'est pas érudition, pesanteur, mots forgés, dur effort. Qu'Érasme appelle Sidoine Apollinaire notre Pindare; que M. Hallam élève Sannazar au rang de Tibulle, ce sont caprices de critiques qui ne tirent pas à conséquence; la postérité qui juge en dernier ressort s'éloignera toujours des officines où des ouvriers patients élaborent leurs marqueteries et leurs pastiches; toujours elle reviendra vers les sources naturelles, vers Pindare, vers Tibulle, ou vers ce simple Burns qui, penché sur son sillon, laisse aller ses stances agrestes avec la chanson du rouge-gorge!

N'en restons pas avec Maurice Scève sur ce cruel jugement. Ce fut un fidèle et sérieux desservant de l'art, du style, de la poésie. On doit une pitié sympathique à cet athlète évincé qui, avec moins de labeur, eût sans doute réussi davantage. Dans l'un des dizains qu'on va lire, on trouvera le cri d'une généreuse tristesse à propos de cette mort de Thomas Morus, qui fut un deuil en Europe pour tous les amants de la justice. Ah! pourquoi Maurice Scève n'a-t-il pas plus souvent de tels élans d'âme? Gluck disait que, pour écrire un de ses plus beaux airs, il n'avait eu qu'à noter les clameurs d'une foule qui demandait du pain à Vienne, sous les fenêtres de l'empereur. Poëtes, artistes, faites ainsi! Sortez de vos bibliothèques, épanouissez votre esprit dans la nature et dans la vie familière; voyez les soldats qui combattent et les héros qui succombent; écoutez l'humanité en marche et qui fait sa rumeur, vous vous connaîtrez mieux vous-mêmes, vous serez préparés à votre œuvre; vous entrerez dans le chemin de la gloire!

Philoxène Boyer.

(On a tâché de rassembler ici les renseignements assez rares, épars sur Maurice Scève dans Étienne Pasquier (*Recherches de la France*, liv. vi, ch. vii); dans le *Tableau historique de la Poésie française au* xvie siècle, de M. Sainte-Beuve, dans l'étude du même auteur sur Louise Labé (*Portraits contemporains et divers*, tome iii); enfin, dans un excellent article du *London Magazine* (*The Early French Poets*, novembre 1822).

DIZAINS

Dans son jardin Venus se reposoit
Avec Amour, sa douce nourriture,
Lequel je vis, lorsqu'il se déduisoit,
Et l'aperçus semblable à ma figure :
Car il estoit de très basse stature,
Moi très petit ; lui pasle, moi transi.
Puisque pareils nous sommes donc ainsi
Pourquoi ne suis second dieu d'amitié ?
Las ! je n'ay pas l'arc et les traits aussi
Pour esmouvoir ma maistresse à pitié.

———

Amour perdit les traits qu'il me tira,
Et de douleur se print fort à complaindre ;
Venus en eut pitié, et soupira,
Tant que par pleurs son brandon feit esteindre :
Dont aigrement furent contrainctz de plaindre,
Car l'Archer fut sans traict, Cypris sans flamme.
Ne pleure pas, Venus : mais bien enflamme
La torche en moy, mon cœur l'allumera :
Et toy, enfant, cesse, va vers madame
Qui de ses yeux tes flèches refera.

———

Le doux sommeil de ses tacites eaux
D'oblivion m'arrousa tellement,
Que de la mère et du filz les flambeaux
Je pressentois estaintz totallement,
Ou le croyois, et specialement

Que la nuict est à repos inclinée.
Mais le jour vint, et l'heure destinée,
Où revirant, mille foys je mouruz,
Lorsque vertu en son zèle obstinée,
Perdit au monde Angleterre et Morus.

Quand quelquefois d'elle à elle me plaings,
Et que son tort je luy fais recongnoistre,
De ses yeulx clers d'honnestes courroux plains
Sortant, rosée en pluye vient à croistre.
Mais comme on voit le soleil apparoistre
Sur le printemps parmy l'air pluvieux,
Le rossignol, à chanter curieux,
S'esgaye alors, ses plumes arrousant :
Ainsi Amour aux larmes de ses yeulx
Ses ailes baigne, à gré se reposant.

Délie aux champs troussée et accoustrée,
Comme un veneur s'en alloit esbatant.
Sur le chemin, d'Amour fut rencontrée,
Qui partout va jeunes amants guettant,
Et lui a dit, près d'elle voletant :
Comment vas-tu sans armes à la chasse?
N'ay-je mes yeux, dit-elle, dont je chasse,
Et par lesquels j'ai maint gibier surpris?
Que sert ton arc qui rien ne te pourchasse,
Vu mesmement que par eux je t'ai pris ?

CHARLES FONTAINE

1515 — 1588

Charles Fontaine doit peu compter dans l'histoire de la poésie française, tant par son savoir et ses idées que par ses œuvres. Ses poésies, à part quelques cris éloquents sur la mort de sa sœur, sur la naissance de son fils, etc., ne sortent pas d'une médiocrité correcte, honorable pour un homme de lettres, mais insuffisante pour un poëte. Il s'y montre un élève trop sage de Clément Marot, qui fut en effet son maître et qu'il défendit contre les insultes rimées d'un sieur Leblond de Bronville, méchant homme et méchant poëte. Les sentiments de Charles Fontaine étaient sages et modérés comme sa verve. Il prit dans sa *Contr'amye de cour* la défense des amours honnêtes contre l'opinion de La Borderie, autre élève de Clément Marot, qui, sous le titre de l'*Amye de cour*, avait chanté l'amour libertin : véritable tournoi de galanterie, où Antoine Heroët, plus tard évêque de Digne, rompit la première lance en faveur de l'amour platonique [1]. Un débat plus sérieux, et où Charles Fontaine put manifester du moins avec quelque avantage ses qualités personnelles de jugement et de goût, est celui qu'il soutint contre Joachim Dubellay, en réponse à son discours de l'*Illustration de la langue françoise*. Dans ce discours, qui fut comme le manifeste de la grande école lyrique de la Renaissance, Du Bellay, injuste, comme

---

[1] On a rassemblé en 1544 dans un volume publié à Paris, chez Gilles Thibaut, les pièces de ce débat poétique, en y joignant l'*Androgyne de Platon*, du même Heroët; le *Despris de la Cour* et l'*Expérience*, de Paul Angiers, poëme apologétique pour Heroët contre La Borderie. (V. le *Catalogue* de Viollet-le-Duc, n° 25.) — En 1549, les mêmes pièces reparurent à Lyon sous le titre d'*Opuscules poétiques* et augmentées du *Nouvel Amour*, de Papillon, de ses *Discours* (en vers), et du *Voyage à Constantinople*, de La Borderie.

le sont tous les novateurs, envers ceux qui l'avaient précédé, proscrivait autant que les rondeaux et les ballades, virelais et chants royaux qu'il traite *d'épiceries*, les façons chevaleresques et les devises prétentieuses des poëtes de la cour de François Ier. Il prenait à partie Jean Bouchet, le *Traverseur des voyes périlleuses*, François Habert, le *Banni de sagesse*, et Michel d'Amboise, *l'Esclave infortuné*. Charles Fontaine, qui, par une allusion un peu naïve, avait intitulé ses poésies les *Ruisseaux de Fontaine*, figure dans la litanie. Il releva le goût, et, en homme qui, selon la juste expression de M. Sainte-Beuve, « possédait la didactique de son art mieux qu'il ne la pratiquait, » il fit sous le titre de *Quintil Horation* (évidemment inspiré de *l'Épître aux Pisons*), une critique un peu futile, mais souvent sagace, du manifeste de Du Bellay. Ce traité, que Goujet lisait avec plaisir, est un monument curieux de l'histoire de notre langue et de notre poésie. Charles Fontaine était né à Paris; on retrouve en lui les qualités que j'ai déjà signalées comme propres aux auteurs parisiens, la facilité, le goût, l'érudition sans pédanterie. La liste de ses œuvres, donnée notamment par Goujet dans sa *Bibliothèque française*, témoigne d'une instruction solide et variée. On trouve, à la suite de ses poésies, des traductions de différents auteurs latins, entre autres d'Ovide et de Seselome, une autre des *Mânes* de Publius Syrus, une autre encore des *Sentences* d'Ausone. Il a composé encore deux autres ouvrages d'une nature plus particulière d'érudition : le *Promptuaire des médailles présentées au roy* et les *Nouvelles d'antiques merveilles*, suivies d'un *Traité de douze lézards*, ouvrage traduit de l'italien. Peu de temps avant sa mort, un libraire de Lyon publia la troisième édition de son premier recueil de vers, le *Jardin d'amour et la Fontaine d'amour*.

Charles Fontaine vécut et mourut pauvre, après avoir vainement sollicité les faveurs de François Ier.

La date de sa mort est incertaine; nous donnons la plus probable.

CHARLES ASSELINEAU.

Consulter sur Ch. Fontaine : Baillet, *Bibliothèque poétique*, t. XI; M. Viollet-le-Duc, *Catalogue*; Sainte-Beuve, *Tableau de la poésie française au seizième siècle*.

A SON FILS

Mon petit fils qui n'as encore rien vu,
A ce matin, ton père te salue;
Vien-t-en, vien voir ce monde bien pourvu
D'honneurs et biens qui sont de grant value;
Vien voir la paix en France descendue,
Vien voir François, notre roy et le tien,
Qui a la France ornée et défendue;
Vien voir le monde où y a tant de bien.

Jan, petit Jan, vien voir ce tant beau monde,
Ce ciel d'azur, ces estoiles luisantes,
Ce soleil d'or, cette grant terre ronde,
Cette ample mer, ces rivières bruyantes,
Ce bel air vague et ces nues courantes,
Ces beaux oyseaux qui chantent à plaisir,
Ces poissons frais et ces bestes paissantes;
Vien voir le tout à souhait et désir.

Petit enfant! peux-tu le bien venu
Estre sur terre, où tu n'apportes rien,
Mais où tu viens comme un petit ver nu?
Tu n'as de drap, ne linge qui soit tien,
Or ny argent, n'aucun bien terrien;
A père et mère apportes seulement
Peine et soucy, et voilà tout ton bien.
Petit enfant, tu viens bien povrement!

De ton honneur ne veuil plus être chiche,
Petit enfant de grand bien jouissant,

Tu viens au monde aussi grand, aussi riche
Comme le roy, et aussi florissant.
Ton héritage est le ciel splendissant;
Tes serviteurs sont les anges sans vice;
Ton trésorier, c'est le Dieu tout-puissant;
Grâce divine est ta mère nourrice.

MARGUERITE D'ANGOULÊME

REINE DE NAVARRE[1]

1492 — 1549

Le trait le plus saillant de la période du xvi⁰ siècle que nous étudions, c'est l'incertitude avec ses conséquences logiques dans tous les sens : le contraste entre les divers personnages, et surtout la contradiction dans la même personne. Il devait en être ainsi dans une époque de transition où tout le passé était en voie de destruction sans que rien fût encore solidement réédifié, où les intelligences étaient actives sans un point d'appui stable. Les souvenirs et les aspirations se mêlaient confusément dans la même âme. Ainsi, dans l'art, les anciennes lois qui régissaient l'union de la tradition et de l'individualité sont non abolies, mais violemment ébranlées; les nouvelles méthodes sont entrevues, non pas conçues; une nouvelle tradition est non encore établie, mais désirée. L'imagination, pour peindre le même objet, a en elle deux couleurs différentes dont elle n'a pu former le mélange, et le poëte marche hardiment en avant sans autre richesse souvent qu'un tronçon de la vieille chaîne brisée. J'ai insisté là-dessus à diverses reprises, car je crois qu'on n'expliquera bien ce cycle qu'en se pénétrant des contrastes de cette période composite et des contradictions de ces intelligences hybrides.

[1] En plaçant ici Marguerite, nous avons, on le voit, négligé de suivre l'ordre chronologique; mais elle est le personnage le plus important de cette période littéraire, et nous parlons d'elle après avoir parlé des autres parce que nous avons cru trouver en elle le poëte qui résume le mieux soit le travail intellectuel, soit le trouble moral de l'école de François 1ᵉʳ.

Marguerite d'Angoulême, qui doit être considérée comme un des esprits directeurs de ce temps, comme un des maîtres de cette littérature, renferme toutes les contradictions que nous venons de signaler; chez elle, plus peut-être encore que chez les autres, il semble que tout soit heurté, désuni, discontinu, et procédant par inconséquence.

C'est à cela qu'il faut attribuer l'étrange diversité des jugements portés sur elle. Est-elle remplie de tous les vices ou de toutes les vertus? Sont-ils odieux, ceux qui l'accusent d'avoir été l'amante de François Ier, son frère? Sont-ils naïfs, ceux qui se contentent de répondre qu'elle fut une sainte immaculée? Aux yeux de l'histoire, selon que l'on consulte ses divers interprètes, elle a le cœur d'une courtisane italienne ou l'âme d'une matrone chrétienne; elle est la maîtresse du libertin Marot, ou la grande prêtresse des puritains; elle fut la complice de l'esprit dans son expansion la plus folle et la plus dépravée, ou la protectrice de l'intelligence dans son élan le plus métaphysique et le plus austère.

Il semble bien en effet que ce fut une nature, si je puis dire, de pièces et de morceaux, une personnalité factice dont la sympathie oscille de Boccace à l'*Imitation*; son cœur double est à la fois celui d'une grande coquette et d'une sœur de charité; son esprit, propre à la mascarade ainsi qu'à la politique, pousse la gravité jusqu'à l'ascétisme, et la joyeuseté jusqu'à cette limite du cynisme, infranchissable pour une reine française même au temps de la Renaissance. Intelligence du Moyen-Age, elle protége tous les novateurs; poëte selon le génie de l'école Louis XII, elle pousse, elle exalte les plus hardis poëtes du temps de François Ier; ainsi de tout; et ses œuvres nous présentent dans leur composition la réunion des plus divers efforts, dans leur exposition, l'assemblage des nuances les moins homogènes.

Pour expliquer ces contradictions, il faut non-seulement étudier les tendances diverses de son temps, les caractères généraux de sa nature, mais il est nécessaire de rappeler qu'elle est une femme de la race des Valois, une femme-Mécène à une époque complétement troublée, et il faut analyser les plus minutieuses circonstances de sa vie. Un point doit dominer toute critique, je veux dire le changement profond que l'âge mûr et les événements de cette période de son existence apportent en son âme.

Il y a deux personnes à étudier en elle, la protectrice des poëtes et le poëte. Elle est le plus actif et le plus important de tous les personnages qui s'agitèrent alors dans notre histoire littéraire. Elle produisit bien, je l'ai indiqué, un mouvement poétique d'un caractère contrastant avec la physionomie de ses propres œuvres, cependant c'est elle qu'il faut voir à la tête du mouvement et nul mieux qu'elle ne peut le résumer. On pourrait aussi bien dire l'école de Marguerite que l'école de Marot, l'âge de Marguerite que l'âge de François Ier.

Elle créa non pas la poésie, mais l'atmosphère poétique, le milieu dans lequel la poésie trouvait les conditions particulières qui la font exister et prospérer. C'est elle qui donne la flamme et le courage, elle qui donne l'enthousiasme et la récompense, elle était elle-même cette récompense; et je le dis dans le sens chevaleresque, en songeant qu'un sourire de cette fille de la *Lignée des dieux* était un don suprême pour les hommes de ce temps. Elle forma donc le lien entre les plus illustres poëtes et le don de son sourire était l'ambition des plus grands d'entre eux. Pour tous, même pour les plus petits, elle était encore le salut, puisqu'à elle, directement ou indirectement, ils devaient leurs modèles, et puisque, si élevée qu'elle fût au-dessus d'eux, elle s'était faite mortelle en cessant d'être reine pour se faire poëte et l'amie des poëtes. Puis il y avait encore cette autre émulation, qui était d'une énergie souveraine, quand sire Michel et sire Bonadventure, « et autres créanciers qui de dizains n'ont cure, » se lassaient de faire crédit : Mme Marguerite était généreuse, elle distribuait quelques pensions et elle était la sœur de celui qui les pouvait distribuer toutes.

Ce que Sainte-Marthe dit de sa charité pour tous les *désolés*, il le veut dire aussi pour tous les poëtes, les plus désolés serviteurs de *Plate Bourse*. « Somme, disait-il, les voyant à l'entour de ceste bonne dame, tu eusses dit d'elle que c'estoit une poulle qui soigneusement appelle et assemble ses petits poullets et les couvre de ses ailes. » Mais c'est surtout l'*Epistre* à elle adressée par Peletier qu'il est bon d'interroger, et d'interroger minutieusement[1].

>   Auprès de toi, en mille sortes,
>   Tu favorises et supportes
>   Ceux qui veulent aller avant,
>   Mais de toi le plus admirable
>   C'est la louange desirable
>   De ton temoignage savant.

---

[1] Je traduis, ou plutôt je me contente d'enlever à Peletier cette ort'hographe hérissée, dont j'ai plus haut cité des exemples.

Par douce force tu alliches
Les poëtes, pour tes dons riches
De faveur leur faire gouter;
Ainsi que par subtile traite
Du soleil l'humeur est attraite
Pour en terre la degouter.
Et celui qui de toi n'approche
Grossier ou trop ignorant est,
Ou d'ingrat encourt le reproche,
Celui-là qui de toi se tait.

Les poëtes qui aimer savent
Dedans soi tes beautés engravent,
Dedans toi cherchent leurs moitiés;
En toi leurs cœurs se passionnent,
En toi leurs cœurs s'affectionnent
Par leurs divines amitiés;
Car en eux une ardeur tu pousses
Du trait de tes célestes yeux,
Et de tes faveurs aigredouces
Toujours les contraints d'aimer mieux.
Leur desir vers toi les envoie,
Ta douceur leur ouvre la voie,
Ta majesté leur fait sentir
Un feu vif dedans leur poitrine,
Qui peu à peu les endoctrine
Pour de la peur se garantir;
Ainsi toujours ils se disposent
A l'instinct qui les fait mouvoir,
Et enfin tant et tant ils osent
Qu'ils peuvent en cuidant [1] pouvoir.

Tout ce passage est une bonne fortune pour l'histoire littéraire, mais il est surtout bon de noter ces mots : *tes faveurs aigredouces* qui donnent une complète explication de la conduite de Marguerite vis-à-vis des poëtes et principalement de ses relations avec Marot.

C'est là le point important de sa biographie; là, les opinions se montrent le plus diverses et ses amis comme ses ennemis ont été à l'extrême de l'enthousiasme ou de l'injure. Dans ce débat, l'honneur ou la honte de la reine de Navarre n'est en somme que d'un intérêt médiocre, il s'agit de l'honneur ou de la honte de la première protectrice du protestantisme français. Je comprends le sentiment qui pousse les Huguenots à defendre son équivoque sainteté; c'est une naturelle effusion de

---

[1] En pensant présomptueusement.

reconnaissance pour celle qui a protégé leurs premiers pères. Je sais bien que cette reconnaissance est sourde à tout argument, et qu'elle tourne à l'âpreté contre tout ce qui voudrait l'entamer, aussi est-ce en tremblant que je me hasarde à faire quelque réserve, à dire, par exemple, que Marguerite voulut tout d'abord protéger des esprits vifs, ardents, sortant des voies vulgaires, non pas des hérétiques. Mais au moins l'enthousiasme des réformés, si farouche et peu fondé qu'il soit, se montre logique. Je comprends moins l'excessive sévérité des écrivains catholiques. Ce que l'histoire dit authentiquement de Henri VIII, de Luther, de Bèze, de Calvin, de Hutten, ne suffit-il pas à leur légitime amour-propre ? Importe-t-il à la vérité catholique que cette femme, qui aida ses ennemis, fût une débauchée ? Je n'ignore pas que Marguerite, au temps de ses premiers efforts en faveur des novateurs, paraît plus près de la corruption que de la sainteté ; je sais que ces efforts furent surtout inspirés par des instincts peu philosophiques, par la vanité, par des hasards qui ressemblent à des intrigues amoureuses. Mais arrêtons-nous à la coquetterie, à la galanterie, si l'on veut, et n'allons pas jusqu'à la débauche. Rappelons-nous ces faveurs *aigres-douces* de Peletier, ce *nenny avec un doux sourire*, de Marot. Rien ne prouve que maître Clément reçut jamais beaucoup plus de son amie d'Alençon.

Constatons, afin de bien comprendre la conduite de Marguerite, cette position que les idées nouvelles faisaient aux poëtes, et rappelons-nous cet enthousiasme excessif de la Renaissance pour tout ce qui touchait à l'art. Les poëtes pour la première fois sont brillants et déifiés ; ils sont les *sacrés poetes* ; leurs conceptions sont *divines*, ils *portent eux aussi la couronne* ; ils sont des êtres d'une race différente, élevés au-dessus du vulgaire par le don de Dieu comme le sang royal était exalté au-dessus de tout lignage par l'onction divine. Marguerite, jeune, à l'esprit vif, au cœur tendre, à l'imagination libertine, était d'ailleurs portée, comme tous les Valois, à une extrême sympathie pour les artistes. Elle se laissait encore exalter, selon l'instinct propre à la femme, par le bonheur de protéger la pensée virile ; puis, coquette et légère, enfiévrée par l'admiration de ces hommes supérieurs, elle se trouvait flattée dans son orgueil de la perpétuelle sonorité de leurs éloges. Ainsi, sa vanité comme ses tendances artistiques la faisaient la protectrice de tout esprit élevé, tandis que sa coquetterie, enhardissant un cœur naturellement tendre, l'engageait à devenir l'amie des plus brillants écrivains. Jusqu'où allait-elle, lorsque poëte elle se faisait l'humble disciple de ces souverains poëtes? où s'arrêtait-elle quand, en dehors de cette atmosphère littéraire, elle se voyait reine et se rappelait que ces fils d'Apollon étaient les domestiques de son frère? Il est difficile de le dire; mais, encore une fois, tout s'accorde à montrer dans la duchesse d'Alençon une coquette aux lèvres faciles, aux regards bienveillants, à l'oreille indulgente; rien n'autorise à voir en elle ni une femme adultère, ni une veuve débauchée.

Dès son second mariage, sa conduite devint plus grave. Les tendances métaphysiques de sa nature se mêlèrent plus souvent aux impressions artistiques. L'âge, la tendresse pour un mari volontiers infidèle et naturellement ennemi de la rhétorique, la maternité, la préoccupation des hautes pensées de la politique, un meilleur jugement sur la pauvreté morale de ces poëtes brillants et sur la fréquente perversité de ces pensées éclatantes, puis la religion, enfin, comme elle le dit elle-même, le remords, la poussèrent aux idées sérieuses et aux conceptions austères. Son âme se rembrunit. Ce Souci tourné vers le Soleil, qui était sa devise et indiquait, j'imagine, sa sympathie pour tout ce qui resplendissait, lui devint un moins cher symbole; elle songea plus souvent au Lis entre les deux Marguerites, à la fleur pure entre deux fleurs amoureuses. Je ne sais si ce dernier symbole était un souvenir ou une espérance; peut-être voulait-il indiquer que son corps était resté pur, protégé qu'il avait été par les deux légitimes tendresses qui avaient partagé sa vie; peut-être était-il une promesse faite à Dieu et à Henri d'Albret, les seuls amours qui dussent désormais animer son existence.

A cette époque il semble, — le pauvre Bonaventure l'indique parfois amèrement — qu'elle fût fatiguée du rôle de Mécène, et qu'elle protégeât les écrivains par nécessité d'habitude, par charité, par politique. Elle comprenait, on peut du moins le supposer, que le mouvement donné par tant d'esprits hardis ne pouvait s'arrêter, et elle voulait dégager la royauté des haines et des querelles qui se préparaient.

C'est à cette période de sa vie qu'il faut attribuer la plupart des poésies qui nous restent d'elle.

Il paraît tout d'abord inutile de chercher dans un tel personnage autre chose qu'un spécimen des modes poétiques de son temps, une statue enguirlandée par toutes les mains artistiques de l'époque. Le plus grand roi, dans l'empire de l'art, n'est généralement qu'un roi fainéant; il est un écho et il répète malhabilement, mais expressivement, ce qu'enseigne le cycle des illustres poëtes contemporains. S'il laisse de bons vers, la critique peut lui savoir gré d'avoir choisi de bons modèles, elle doit l'admirer pour s'être fait le disciple des esprits puissants qui imposent le travail, plutôt que d'avoir imité les poëtes médiocres qu'on égale sans efforts; mais l'histoire ne voit presque jamais en lui qu'un Mécène qui récompense délicatement les écrivains en les copiant, ou du moins elle l'a jugé complétement quand elle a étudié les auteurs qui l'entourent. Marguerite, à cause des incertitudes de son époque, des influences diverses qu'elle accepta et des contradictions de sa nature, a échappé en partie à la loi de sa position royale.

Nous la voyons dans un cercle de lettrés : Du Moulin, Gruget, de La Haye, Boaistuau, Quantilly, Denizot, Sainte-Marthe, Peletier, Des Periers, Mellin, Marot; les uns sont ses secrétaires, elle leur dicte ses œuvres ou ils les recopient; les autres sont ses oracles, elle leur communique ses pensées et leur propose ses conceptions; tous sont donc consultés et quelques-uns travaillent à côté d'elle ou après elle. Il y eut là apparemment une suite de conseils qui peut être considérée comme une collaboration. Pourtant il faut constater dans Marguerite une personnalité poétique, composée, pour ainsi dire, de pièces rapportées, mais une personnalité; nous voyons une poésie de mosaïque, mais une poésie qui a une physionomie à elle. La mosaïque est arrivée à former un tableau différent de tout autre, et soit qu'il y eût en la Reine un instinct littéraire qui, tout en les acceptant finalement, luttait contre les influences, soit que ces influences se soient heurtées en elle d'après une loi particulière, Marguerite ne ressemble à aucun des autres poëtes contemporains.

Ce qui domine toute sa manière ainsi que toute son inspiration, c'est la tyrannie de l'ancien art, des méthodes et du style de l'école Louis XII. Elle essaie de secouer souvent cette tyrannie, mais sans y parvenir jamais complétement; et sur ce fond s'exercent les tentatives conseillées par la poétique du temps de François Ier. C'est bien là le caractère distinctif de son talent.

Elle nous indique son admiration naïve pour Alain Chartier au début de *la Coche:*

> Pensay en moy que c'estoit un subget
> Digne d'avoir un Alain Charretier.

En dehors de cette sympathie que l'éducation avait dû contribuer à former, son amour pour les pensées graves et pieuses, sa pratique de l'éloquence, sa tendance vers la science, la poussaient vers ces *pieux orateurs et grands rhetoricqueurs* qui avaient illustré le xve siècle. D'autre part les novateurs qui l'entouraient ne lui permettaient pas de s'abandonner exclusivement à cet entrainement naturel. Tous ses défauts viennent de là. Son mauvais goût ne naît pas de ces délétères émanations intellectuelles que produit toute réunion persévérante de poëtes médiocres et de courtisans, et qui, en désorganisant l'esprit, en lui enlevant son caractère instable et prime-sautier, produit le bel esprit. Elle devait ce mauvais goût au heurt de deux inspirations ennemies, l'une bourgeoise, l'autre quintessenciée. Sa simplicité un peu plate était combattue par la recherche; la trame presque banale était chargée d'ornements d'un autre style que le fond. Son esprit était foncièrement sérieux, riche de pensées plus que d'images; dans ses conceptions les lignes principales étaient nettes; la couleur manquait; elle le sentait, travaillait laborieusement, mais en consultant les deux rhétoriques qui se disputaient son intelligence. Elle arrivait à une versification hybride dont l'apparence générale était en désaccord avec chacune des nuances. Aussi n'évite-t-elle souvent la vulgarité ou la déduction syllogistique que pour se livrer aux antithèses et aux concetti.

Pour mieux expliquer son style, il faut se rappeler qu'elle composait ou travaillait dans sa litière, *en voyageant par pays*, c'est-à-dire, à bâtons rompus. Elle dictait des vers ou faisait de la tapisserie : je suis tenté de croire que pour elle c'étaient deux ouvrages analogues et qu'elle ne fut pas un écrivain, mais une brodeuse. On ne trouve rien de fondu, nulle unité dans ses œuvres; on voit toujours le canevas, je dirais presque, les reprises.

Elle travailla donc à détruire sa qualité naturelle qui est, selon moi, la fermeté dans la simplicité, à troubler la clarté de son style et à le surcharger de fausses couleurs. Elle trouva cependant des expressions fortes et belles, des traits prétentieux, mais concis, procédant non pas d'une vivacité naturelle comme ceux de Mellin, mais de la persévérance de l'intelligence. Disons aussi qu'elle rencontrait plus souvent l'obscurité, l'enchevêtrement des pensées, l'inégalité du ton, le manque d'équilibre dans la composition comme dans la phrase.

Elle avait toujours eu la volonté plus que la facilité de l'art. Je ne sais si au temps de sa galanterie elle fit des vers amoureux, j'ai peine à croire qu'elle ait jamais pu y déployer grande légèreté et je reste persuadé qu'elle ne devait pas briller par la spontanéité de l'esprit. Tout un côté de la poésie lui échappait, j'entends, la poésie de la nature, elle ne *voyait* pas, elle *pensait*, elle ne regardait qu'en elle ; le monde extérieur, — à ne consulter que ses poésies, — ne lui parlait pas ; ses qualificatifs sont réfléchis ; muets et mornes, si je puis dire. Elle se jeta dans la poésie pieuse où elle pouvait le mieux déployer les qualités de son âge mûr. Elle parvint à utiliser ainsi une intelligence tournée à la philosophie, un vocabulaire métaphysique d'une grande abondance. Son esprit joyeux d'autrefois avait disparu ; son âme tendre et gracieuse ne songea plus qu'à pleurer les fautes passées, la partie élégante de son intelligence ne s'employa plus qu'à polir des remords.

Là surtout se montrent les éternels contrastes de sa nature et la lutte de ces deux rhétoriques qui se disputaient son esprit. Tantôt apparaissent le pédantisme du scolastique, la roideur du prédicant ; quelques vers plus loin, on saisit une note d'une harmonie fine ; la femme se devoile, mais c'est la coquette sur le retour qui minaude involontairement ses gémissements, et qui, dans ses remords, découvre plutôt qu'elle ne maudit les entraînements de sa vanité. Elle fait la cour à Dieu, son dernier amour, en lui envoyant des sonnets, en lui affilant des jeux de mots, en lui offrant et les madrigaux et les fleurettes qui l'attendrissaient elle-même quand son cœur était sensible aux peines d'amour. Je constate et ne raille point. Il y a un élan touchant et poétique dans cet instinct qui nous montre le Seigneur plus facilement ému par les beautés qui nous exaltaient au temps où nous étions beaux, enthousiastes et pleins de générosité. D'ailleurs, malgré l'obscurité, la vulgarité ou la recherche de bien des détails, on peut entendre çà et là, dans ces vers, le cri d'un cœur sincère.

Que pensait-elle, au fond de son âme, non plus légère, mais mûrie par les longues réflexions et l'expérience, sur ces questions religieuses qui agitaient alors la plupart des imaginations poétiques ? Ses œuvres ne le disent pas bien clairement. On découvre en cela comme dans ses formules artistiques l'hésitation de son intelligence ; le sentiment catholique domine, mais troublé par les théories nouvelles. Son bon sens n'était pas assez énergique pour voir clairement la vérité ; elle inclinait au temps passé, mais le cercle des novateurs opprimait son instinct. Sa croyance équivoque comme son style hybride nous sont au moins une curieuse marque de l'état où se trouvaient alors les intelligences sincères et les caractères faibles.

Cette physionomie artistique et royale, cette nature hésitante et directrice, ce poëte mi-parti Moyen-Age et Renaissance, cette femme galante, puis mystique, cette mémoire tant aimée et tant honnie, et cette vie pleine d'étrangetés, demandaient une étude spéciale. J'ai dû me borner à indiquer les faits importants d'une telle biographie ; et pour ne pas trop étendre les bornes de cette notice, je me contente de citer sans commentaire les principaux de ses ouvrages.

Ce sont, — outre *l'Heptaméron*, des drames et des chansons spirituelles, — *le Miroir de l'Ame pécheresse*, *l'Oraison de l'Ame fidèle*, *le Debat d'Amour*, *la Coche*, *les Quatre Dames et les Quatre Gentilshommes*, *l'Épistre au Roy François Ier*, *l'Histoire des Satyres et des Nymphes de Diane*, enfin, la meilleure de toutes ses œuvres, *le Triomphe de l'Agneau*, auquel j'emprunte le morceau suivant qui pourrait passer pour une obscure et sombre amplication du douzième chant du *Paradis perdu*.

VISION D'ADAM

L'ANCIENNE LOI

Près des deserts où gist la terre morte
Sans que nulle fruit elle nourrisse ou porte
Et que jamais à ce ne fust induite,
Où tout est sec comme cendre recuite,
Où rien ne croit, — ainsi disent nos pères, —
Hors des dragons et aspics et vipères,
Un mont est mis, en langage hebraïque
Nommé Sina, Agar, en Arabique,
De hauts rochers eslevé jusqu'aux cieux
Tant qu'on ne peult sy hault lever les yeux.
Sa teste chauve, aspre, sterile et nue,
Semble en hauteur vouloir vaincre la nue ;
Hideux, pierreux et presque inaccessible,
Prodigieux à voir, et si terrible,
Que peu de gens en pouvoyent approcher
Et sans horreur de trop près y toucher
Pour le passer, car de peur tressaillir
Faisoit les cœurs, voire bien defaillir.

Là print la Loy, pour convenable place,
Lieu pour monstrer sa rigoureuse face.
Un siege donc au mylieu feut posé,
Riche et luisant, en tel art composé
Qu'à l'environ un grand feu s'espandoit
Qui largement ses flambes estendoit
Tant qu'il sembloit que le mont en ardist [1],
Voire le ciel; proprement on eust dit
Qu'en peu de temps le roc deviendroit cendre
Et qu'on verroit de l'ardeur le ciel fendre.
Cela sembloit une puissance esmue
De grand courroux et de fureur repue.
De là fumoit une espesseur sy trouble,
A ceux d'embas faisant la crainte double,
Que tout estoit circonfus et noircy
Meslé, troublé, tenebreux, obscurcy.
Plus haut estoit une obscure nuée
Qui rendoit fort la region muée [2],
Non autrement qu'à un plein jour d'esté
L'on voit souvent le tonnerre appresté
Non autrement qu'une très noire tache
Contre le Ciel, qui le Soleil nous cache.
Cela sembloit estre un ventre pesant
Prest d'enfanter, et monstre nous faisant [3]
Des jugementz de la divine main
Voulans soudain perdre le genre humain.
Là ne feut veu ce bel arc asuré
Luisant, pourpré, parfait et mesuré
Du souverain, qui pour un tesmoignage
De grâce et paix donné feut comme un gage.
Qui feut jadis, par divine ordonnance,
Du grand Noé donné par alliance;
Souvent aussi et à l'œil l'on peult voir
Que dessenfler la nue fait devoir

---

[1] Brulât. — [2] Changée. — [3] Nous donnant une démonstration

Pour en après la Terre alimenter
De son humeur, et les fruitz augmenter.
Mais ceste cy n'estoit de telle sorte,
Ains[1], comme un temps qui tous maux nous apporte.
De là bruyoient, esclattoient, tempestoient
Tonnerre et voix, et parmy se mettoient
Force flambeaux, luysans comme l'esclaire,
Tant que la nue en faisoit la nuict claire.

Au beau mylieu de ce divers prodige,
Assise estoit la Loy qui tous oblige,
Monstrant l'Escrit, par plusieurs ans secret,
Dit de peché chyrographe et decret,
Portant, disant, requerant franchement
La mort de tous, si la lettre ne ment.

. . . .

Oultre, le Roy de la ronde machine,
Auquel le Ciel et la Terre s'incline,
Qui fait partout sa force dominer,
Son nom valoir, sa dextre fulminer,
Ceint de justice et de zele vestu,
Auprès duquel tout ne poise un festu,
Pour acomplir et faire ce mystère
Assista[2] lors, en face moult austère,
Accompaigné de mille millions
De ses servans, tous plus fors que lions.
Adam, voyant tel spectacle, trembloit;
Mais d'abondant sa crainte luy doubloit,
Sans qu'un seul nom en ce lieu apperceust
En qui faveur ou grâce fonder sceust.

[1] Mais elle était. — [2] Se tint.

Toy, Israël, considère les titres
Qu'avoit ton Dieu, quand il tint ses chapitres.
« Je suis, dit-il, jaloux et courageux,
« Le Dieu gardant[1] le forfait outrageux,
« De père en filz, voire en telle memoire
« Qu'aux fils des fils fais mon courroux notoire;
« Je suis ton Dieu, qui cerche et examine
« Tous les pechés, et qui mande Famine,
« La Guerre et Mort, pour bientost me venger
« De toy, soudain que viendras au danger. »

. . . .

O povre Adam, quand tu vis telle monstre,
Ton cœur fondoit, comme la cire, contre
Un ardent feu, (j'en parle comme expert)
Et tout ainsi que l'eaue qui se perd,
Comme la fleur ou le fein[2] que l'on taille,
Tout abattu defaillois comme paille !

En 1549, Ronsard, enflant sa voix, chantait l'arrivée d'une jeune Reine dont « l'Arno d'un haut bruit orgueilleux fait résonner le nom contre les murs de Florence. » A la fin de cette même année, Marguerite d'Angoulême allait mourir, mais déjà la poésie à qui elle avait tant donné de son cœur et de son âme ne pensait plus à elle. Les jeunes poëtes louaient le jeune Roi; ils n'admiraient que la belle Catherine, « cette Vierge Astrée qui descendait du ciel. » Ils avaient oublié cette vieille Reine qui devait presque toutes ses fautes à l'amour de l'art, qui avait protégé si gracieusement leurs pères en poésie, et sans laquelle ils n'eussent jamais conquis ce surnom de *divin* qui s'attachait

---

[1] Le souvenir du. — [2] Le foin.

maintenant si aisément à tout nom de poëte. Ronsard ne songeait qu'aux splendeurs nouvelles.

> Jà du soleil la tiède lampe allume
> Un autre jour plus beau que de coustume ;
> Jà les forests ont pris leurs robbes neuves ;
> Et moins enflez glissent aval les fleuves.
> Hastez de voir Téthys qui les attend
> Et à ses fils son grand giron estend ;
> Entre lesquels la bienheureuse Seine,
> En floftotant, une joye demeine,
> Peigne son chef, s'agence et se fait belle,
> Et d'un haut cry son nouveau Prince appelle.

Ce que le grand Vendosmois disait ainsi, dans sa grâce solennelle, c'était une folle louange du règne nouveau, mais une prophétie véritable sur l'art qui venait de naître.

Il était lui-même le « Prince nouveau » pour lequel la Poésie allait s'agencer et se faire belle; et la Pléiade, la vraie lumière du jour qui s'annonçait, allait donner à la Nature « ses robbes neuves. » Les champs et les forêts s'animaient à la voix des Nymphes ressuscitées, les arbres jaseurs, les fleurs au doux langage et les oiseaux, instruits par la blonde Cythérée, repeuplaient les domaines depuis longtemps stériles de l'imagination. Les hommes venaient de découvrir les Iles Fortunées de la Poésie, et l'Amour, redevenu le dieu unique, colorait les horizons de l'art, rendait les lèvres plus sonores et les esprits plus flexibles.

Cette poésie sensuelle, mais fière, émue et variée, avec sa phrase souple et puissante, avec sa majesté cérémonieuse, ses emportements d'enthousiasme ou ses allures gracieuses, méprisait la versification sèche, la phrase froide, la rhétorique étroite, le *cheminement* sage, régulier et prudent qui avait distingué la poétique au temps de François Ier. Nous-mêmes, quand nous quittons ces esprits uniquement fins, ces artistes surtout réfléchis, et que nous nous trouvons en face de ce large et brûlant rayonnement produit par la Pléiade dès son aurore, nous sommes tentés de nous écrier avec Ronsard :

> . . . . L'homme n'a plus que faire
> D'estoiles au matin quand le jour est levé.

Il faut se faire violence pour ne point subir cette puissance d'entrainement qu'exerça sur ses contemporains ce poëte magnifique, dont « les plus menus vers sont voix sacramentales, » comme disait un de ses disciples.

Apaisons notre enthousiasme cependant, retournons froidement au milieu de l'histoire, et constatons que Ronsard poussa la poésie française dans les marais du Permesse, de l'Hippocrène et du divin Olmius. Ainsi força-t-il, par la richesse de son génie, notre instinct poétique à obéir à une rhétorique savante, hétérogène et complétement arbitraire. Il empêchait par là notre littérature, en ses périodes d'épuisement, de se retremper à ses sources naturelles, dans l'originalité plantureuse et grossière, mais vive, flexible et féconde, de l'esprit populaire et provincial. Notre poésie devenant uniquement une poésie de Cour, devait à l'avenir se jeter dans l'imitation de l'art aristocratique des autres peuples.

La poétique grecque ne fut pas le seul objet de l'admiration de Ronsard, il eût bien voulu nous persuader encore que la langue grecque était préférable à la langue française, autant que ses propres vers étaient préférables à ceux de Charles d'Orléans.

> Ah que je suis marry que la Muse françoise
> Ne peut dire ces mots, comme fait la Grégeoise :
> Ocymore, dispotme, oligochronien.

Il n'en vint pas jusqu'à cet excès de pédantisme, mais il s'en approcha aussi près qu'il put. J'ai toujours été effrayé du danger que faisaient courir à notre langue, alors encore hésitante, cette *toux ronge-poumon*, ce *Castor, fils d'œuf, dompte-poulain brillant*, cet Apollon *porte-perruque*, ce poëte *gosier-mâche-laurier*, ce ton emphatique, cette phrase bouffie, ce style arrondi parfois jusqu'à l'obésité. Notre phrase si ferme, si fine, si fièrement rebelle à tout esprit gauche, pesant et brutal, fût devenue de la cire molle entre les mains des pédants et des trabans de la littérature. Si Ronsard n'alla pas plus loin dans le mépris de notre génie national, si nous ne sommes pas, à l'heure qu'il est, plus empêchés à nous débattre contre les descendants d'ocymore et d'oligochronien, contre toutes les *verbocinations Latiales et Grégeoises*, nous le devons surtout à l'école de François Ier. Je l'ai dit au début de ce travail et je veux le répéter en finissant, car c'est là le point important de notre histoire littéraire durant la première moitié du XVIe siècle.

Il faut songer à cette série d'esprits puissants, de savants redoutables, de poëtes illustres qui, aidés par toute la suite des événements historiques, travaillèrent pendant deux siècles à nous accabler de latin et de grec. Et quand je compte tous ceux qui, depuis Alain Chartier jusqu'au commencement du xviie siècle, firent une guerre active à la langue française, je pense qu'il faut être reconnaissant pour les écrivains qui, comme Villon, Coquillart, Charles d'Orléans, Antoine de La Sale, la défendirent au xve siècle, pour les poëtes qui, écrasés entre Crétin et Ronsard, la protégèrent au xvie.

Ceux-ci, je les ai traités sévèrement, car ils sont de mauvais poëtes; mais je dirai pour eux, pour Bonaventure, pour Heroet, pour Charles Fontaine, pour Marguerite d'Angoulême, ce que j'ai dit pour Mellin, le plus vaillant de tous : n'oublions pas qu'ils ont défendu et peut-être sauvé la langue française.

C.-D. D'Hérigault.

FIN DU TOME PREMIER.

TABLE DES MATIÈRES

CONTENUES

DANS LE TOME PREMIER

	Pages.
AVANT-PROPOS. — (M. EUGÈNE CRÉPET)................	1
INTRODUCTION. — (M. SAINTE-BEUVE).................	IX

DOUZIÈME SIÈCLE

PRÉLIMINAIRES. — (M. LOUIS MOLAND)................. 1
    Premiers documents de la langue et de la poésie françaises..... 2
    Caractères de notre poésie primitive................. 3
    Tradition orale et tradition écrite.................. 4
    Cantilène en l'honneur de sainte Eulalie.............. 6

LES CHANSONS DE GESTE. — (M. LOUIS MOLAND)............. 9
    Origines des chansons de geste................... 10
    Cycle carlovingien......................... 10
    La Chanson de Roland ou de Roncevaux............... 10
    La Mort de Roland........................ 14

LES BESTIAIRES. — (M. LOUIS MOLAND)................. 29
    Source et caractère de ces compositions............... 29
    Le Bestiaire de PHILIPPE DE THAUN................. 30
    La Sirène............................. 32
    La Mandragore.......................... 34

TABLE DES MATIÈRES

	Pages.
LES CHANSONS. — (M. LOUIS MOLAND).	37
Chanson pour la croisade	38
Belle Érembor.	42
L'Enfant Gérard.	46
Chansonniers de la fin du XIIe siècle : AUDEFROY LE BATARD, COINES DE BÉTHUNE, HUGUES D'OISY, etc.	48
LES ROMANS D'AVENTURES. — (M. LOUIS MOLAND).	49
Définition du roman d'aventures ; comment il se distingue, par le fonds et par la forme, de la chanson de geste.	49
Groupe des romans de la Table ronde.	50
Poëmes sur Tristan et Yseult.	53
La Mort de Tristan et d'Yseult	56
CHRÉTIEN DE TROYES	63
Le Présent et le Passé au XIIe siècle	64
Romans du Chevalier au lion, d'Erec et d'Énide, de Cligès, de Lancelot en la Charrette	66
Roman de Perceval le Gallois	67
Roman de Guillaume d'Angleterre.	68
LES CHRONIQUES ET LES LÉGENDES DES SAINTS. — (M. LOUIS MOLAND)	69
WACE, les romans de Brut et de Rou	69
BENOÎT, chronique des ducs de Normandie	71
La Légende de saint Brandaines.	72
Légendes de WACE.	72
Le Drame d'Adam.	73

TREIZIÈME SIÈCLE

PRÉLIMINAIRES. — (M. LOUIS MOLAND)	75
Apogée de la société du moyen âge.	75
Richesse et éclat de la poésie française.	75
Sa prééminence et son influence européennes.	76
La France héritière de la Grèce et de Rome.	77
État organique de la langue française au XIIIe siècle.	77

	Pages.
Les Chansons de geste. — (M. C.-D. d'Héricault).	78
Division à établir parmi elles : matière de France, de Bretagne et de Rome ou de l'antiquité	78
Poemes empruntés à l'histoire de France.	78
Éléments dont ils se sont formés.	80
Influences nouvelles qui interviennent au xiiie siècle.	81
Influence politique : la Croisade.	81
Cycle des croisades.	82
Discours de l'évêque du Puy aux croisés.	84
La Bourgeoisie.	88
La Féodalité.	88
La Royauté.	88
Préparatifs du sacre de Louis le Debonnaire.	90
Influence ou période cyclique.	96
Formation des gestes.	96
La Geste du Roi.	98
La Geste de Doon de Mayence.	98
La Geste de Garin de Montglane.	98
Le Cycle lorrain et autres cycles de moindre étendue.	98
Aperçu sur les chansons de geste qui composent le cycle de Garin de Montglane.	99
Le Roman de Gérard de Viane.	102
Combat de Roland et d'Olivier.	104
Seconde partie du xiiie siècle et troisième période de la Chanson de geste.	125
Adam de Brabant, surnommé Adenez-le-Roi.	125
Roman de Berte aux Grands Pieds.	126
Berte égarée dans la forêt du Mans.	128
Poemes tirés de l'antiquité sacrée et profane.	135
Le Cycle d'Alexandre.	136
Les Romans d'aventures. — (M. Louis Moland).	137
Division qu'on peut établir parmi ces romans.	137
Romans se rattachant au cycle breton	138
Marie de France.	138
Le Lai du Rossignol.	140
Roman de Horn et Rimenhild, unique chanson de geste qu'ait produite la matière de Bretagne	145
Romans qui appartiennent à la matière de France	145
Roman d'Amadas et Idoine.	146
Amadas guéri de sa folie par Idoine.	148

Roman de Flore et Blanchefleur.	154
Flore et Blanchefleur devant leur juge	156
Roman d'Eustache le Moine.	160
Roman de Mahomet.	161
Romans d'aventures se rattachant au cycle de l'antiquité	161
La série des Siéges : le roman de Thèbes, le roman de Troyes, le roman d'Énéas ou de Rome, le roman d'Athis et Porphilias ou du Siége d'Athènes.	162
Roman de Partonopeus de Blois. DENIS PYRAMUS	163
Description du printemps	164
Contre la beauté chaste	170
Roman de Florimont.	175
Roman d'Éracle.	176
LES CHANSONS. — (M. LOUIS MOLAND).	178
THIBAUT, roi de Navarre	179
Chanson du roi de Navarre	182
Gasse Brulé.	184
Le Châtelain de Couci et la Dame du Fael.	186
Le Lai de la dame du Fael	188
ADAM DE LA HALLE.	192
Les congés d'ADAM DE LA HALLE, de JEAN BODEL et de BAUDE FASTOUL, trouvères d'Arras	193
Adieux à Arras	194
Le Retour	196
Théâtre d'ADAM DE LA HALLE	200
COLIN MUSET.	201
Chanson sur la vie de ménestrel	202
MONIOT DE PARIS	205
Pastourelle.	206
Ronde de la Reine d'avril.	210
LES FABLES ET LES BESTIAIRES. — (M. LOUIS MOLAND)	211
Ysopet de MARIE DE FRANCE.	211
Le Muset à la recherche d'une femme	212
Derniers bestiaires.	216
LES ROMANS DE RENART. — (M. LOUIS MOLAND).	218
Caractères et esprit des romans de Renart.	219
Point de départ et développement de l'action.	220
Les Funérailles de dame Copee	222

DU TOME PREMIER.

	Pages.
LES FABLIAUX. — (M. LOUIS MOLAND)	234
Caractères et esprit des fabliaux	234
Diverses catégories qu'ils présentent	235
Fabliaux composés pour les classes supérieures	235
Des Trois Chevaliers et de la Chemise, par JACQUES DE BAISIEUX	235
De Guillaume au faucon	235
Narcissus — Pyrame et Thisbé — le Court Mantel — la Mule sans frein	236
Le Fabliau d'Aristote	236
Fabliaux s'adressant plus spécialement aux classes moyennes	236
La Housse partie	236
La Bourse pleine de sens	236
La Bourgeoise d'Orléans — le Povre Clerc — le Vilain Mire — Brunain — du Prestre qui mangea les mûres	237
Merlin, Mellin, Mellot	237
Fabliaux ayant une destination populaire	237
Herberies — la Paix aux Anglais	237
Le Fabliau de Trubert	237
Du Vilain qui conquist Paradis par plait	237
Fabliaux se rapportant à la profession des trouvères et des jongleurs	246
De Saint Pierre et du Jongleor	246
Les Deux Bordeors ribaux	247
Le Jongleur d'Ely	247
LES SATIRES. — (LOUIS MOLAND)	248
GUYOT DE PROVINS	248
HUGUES DE BERZÉ	248
RUTEBEUF	249
Le Débat du croisé et du décroisé	258
CHRONIQUES, LÉGENDES ET TRAITÉS DIVERS. — (M. LOUIS MOLAND)	274
Chronique de PHILIPPE MOUSKES	274
Chanson des Albigeois	274
Les Miracles de la Vierge, par GAUTIER DE COINSY	275
La Vie des Pères	275
Le Purgatoire de saint Patrice	275
Le Roman de Robert le Diable	275
La Vie du pape saint Grégoire le Grand	275
Le Roman de Dolopathos	276
Le Roman des sept Sages	278

	Pages.
Le Castoiement d'un père à son fils	278
L'Image du monde	278
Derniers mots sur le XIIIe siècle	278

QUATORZIÈME SIÈCLE.

PRÉLIMINAIRES. — (LOUIS MOLAND).	281
Aperçu général sur la poésie de cette période.	281
Veines diverses qu'on y découvre.	282
La Continuation pure et simple du passé.	282
L'Esprit polémique et satirique.	282
Symptomes de réaction féodale.	282
Principe de la Renaissance.	283
État du langage.	283
LES ROMANS D'AVENTURES ET LES ROMANS ALLÉGORIQUES. — (M. LOUIS MOLAND).	285
Le Roman de la Rose.	286
Le Roi et le Portefaix.	290
Influence universelle du Roman de la Rose.	298
LES ROMANS DE RENART ET DE FAUVEL. — (M. LOUIS MOLAND).	300
Renart le Novel.	300
Excommunication de Renart.	302
Renart le Contrefait.	304
Fauvel.	305
LES FABLIAUX. — (M. LOUIS MOLAND).	305
Variétés du fabliau qu'on peut attribuer plus spécialement au XIVe siècle.	307
Advocacies, Jugements, Patrenostres, farcis, *Ave*, *Credo*, *Confiteor*, etc.	307
La Patrenostre à l'usurier.	308
LES CHANSONS. — (M. LOUIS MOLAND).	314
JEHANNOT DE LESCUREL.	315
Ballade de Jehannot de Lescurel.	316
GUILLAUME DE MACHAULT.	318
Le Voir dit.	318
Le rendez-vous dans le verger.	320
Rondeau.	324
Ballades.	324

	Pages.
JEAN FROISSART..	329
Rondeau.	330
Virelais.	330
Ballades.	334
Le Livre des cent ballades.	338
LES CHANSONS DE GESTE ET LES POEMES HISTORIQUES. — (M. LOUIS MOLAND).	339
Le Roman de Beaudoin de Sebourc.	340
Le Combat de trente Anglais et de trente Bretons.	343
Extrait de ce poeme.	344
La Vie de Bertrand Duguesclin.	348
La Rançon de Bertrand Duguesclin.	350
ŒUVRES DIVERSES DU XIVe SIÈCLE. — (M. LOUIS MOLAND.)	362
Chroniques, traités de piété et de morale, légendes.	362
CONCLUSION DES TROIS PREMIERS SIECLES DE LA POÉSIE FRANÇAISE. — (M. LOUIS MOLAND)	363

QUINZIÈME SIÈCLE.

IDÉES GÉNÉRALES. — (M. A. DE MONTAIGLON.)	367
EUSTACHE DESCHAMPS. Notice. — (M. A. DE MONTAIGLON).	373
Virelai.	378
Ballade.	380
Chanson royale.	381
Conseil à un ami sur le mariage.	383
CHRISTINE DE PISAN. Notice. — (M. A. DE MONTAIGLON.)	385
Ballades.	389
ALAIN CHARTIER. Notice. — (M. A. DE MONTAIGLON.)	393
Fragment du poeme intitulé : la Belle Dame sans merci.	397
Ballade.	399
CHARLES D'ORLÉANS. Notice. — (M. A. DE MONTAIGLON.)	401
Ballades.	412
Rondeaux.	415
MARTIAL D'AUVERGNE. Notice. — (M. A. DE MONTAIGLON.)	421
Fragment du poeme intitulé : les Vigilles de Charles VII.	427
Fragment du même poeme.	429
Fragment du poeme intitulé : l'Amant rendu Cordelier à l'observance d'Amour.	430

	Pages.
Guillaume Coquillart. Notice. — (M. A. de Montaiglon.)	435
Fragment du poëme intitulé : *les Droits nouveaux*.	439
Fragment du poëme intitulé : *l'Enqueste d'entre la Simple et la Rusée*.	441
François Villon. Notice. — (M. A. de Montaiglon.)	447
Fragment du poëme intitulé : *le Grand Testament de François Villon*.	456
Ballade. Des Dames du temps jadis.	461
Les Regrets de belle Heaulmière.	463
Ballade. De l'Appel de Villon.	466
La Requeste que Villon bailla a Monseigneur de Bourbon.	467
Henri Baude. Notice. — (M. A. de Montaiglon.	469
Les Lamentations de Bourrien, chanoine de Saint-Germain-l'Auxerrois.	473
Regrets en rondeaux, sur l'Éloignement d'une Demoiselle accomplie.	475
Octavien de Saint-Gelais. Notice. — (M. A. de Montaiglon.)	476
Fragment du poeme intitulé : *le Séjour d'Amour*.	481
Guillaume Crétin. Notice. — (M. A. de Montaiglon).	483
Ballade. A Christofle de Refuge.	486
Epître. Au Roy Louis XII.	487
Jean Molinet. Notice. — (M. A. de Montaiglon.)	491
La Renommée	493

SEIZIÈME SIÈCLE.

Idées générales. — (M. C.-D. d'Héricault)	497
Le Moyen Age sous Louis XII.	499
POÉSIE DE COUR. — (M. C.-D. d'Héricault).	505
Le Maire de Belges.	505
Chanson de Titirus.	506
Chanson de Galatée.	507
Regrets de poésie.	509
Sur la mort de ses serviteurs.	509
Simon Bougoing.	510
Le Véritable Amant.	511
POÉSIE BOURGEOISE PARISIENNE. — (M. C.-D. d'Héricault,.	513
Pierre Gringore. — (M. C.-D. d'Héricault)	513
Le Cry du prince des sotz.	514
Mauvais conseil.	516

La Dame de fol amour.	520
La Paix et la Guerre	526
JEHAN DU PONTALAIS. — (M. C.-D. D'HÉRICAULT)	531
La Femme.	533
La Noblesse.	536
Les Prêtres courtisans.	538
L'Argent	539
POÉSIE BOURGEOISE PROVINCIALE. — (M. C.-D. D'HÉRICAULT)	541

Bourgogne.

ROGER DE COLLERYE ET SES AMIS. — (C.-D. D'HÉRICAULT)	541
Bon Temps.	542
La Maîtresse de Roger Bon Temps.	543
Povreté de Roger Bon Temps.	544
Amour et Plate Bource	544
L'Infidélité.	545
Misère du povre infortuné.	547
PIERRE GROSNET.	548

Poitou.

JEHAN BOUCHET ET SES AMIS	549
PIERRE GERVAISE.	
GERMAIN ÉMERY	
PIERRE RIVIERE	
FRANÇOIS THIBAULT	551
JACQUES GODARD.	
JEAN BRESCHE	
FRANÇOIS RABELAIS.	

Anjou.

CHARLES DE BORDIGNÉ.	552

Beauce.

LAURENT DES MOULINS.	552
L'Église des yvrongnes.	553

Lyonnais, Languedoc, Comtat.

SYMPHORIEN CHAMPIER.	554
CHRISTOPHE DE BARROUSO.	554
GUILLAUME BUNEL	
GRATIEN DU PONT, SIEUR DE DRUSAC.	
FRANÇOIS CHEVALIER.	555
JEHAN D'ABUNDANCE	
ANTOINE PREVOST	

Ile de France, Picardie.

	Pages.
Robert Gobin.	556
Jean Droyn.	556

Artois.

Éloy d'Amerval.	556
Les Gens joyeux.	557

Normandie.

J. Parmentier.	560
Les Merveilles de la mer.	562
Raoul Parmentier. \	
Pierre Crignon. }	563
Pierre de Lesvauderie. /	

POÉSIE PIEUSE. — (M. C.-D. d'Héricault). 564

Guillaume Flamenc. \	
Jean du Chastel. }	564
Olivier Conrard. /	
Frère Estienne Damien.	564
Le Chevalier à sa dame la sainte Vierge.	565

POÉSIE GUERRIÈRE. — (M. C.-D. d'Héricault). 567

Desmoulins. \	
Yvon Galois. }	567
Pierre Vachot. /	
Le Cymetière des Anglois.	568

POÉSIE POPULAIRE. — (M. C.-D. d'Héricault). 569

Jehan Divry.	569
Le Moyen Age sous François Ier.	573

LES DISCIPLES DES POËTES BOURGEOIS. — (M. C.-D. d'Héricault). 574

Guillaume Telin. \	
Jean du Pré.	
Charles du Hodig.	
Jacques d'Adonville.	
Bertrand Desmarins de Masan. }	574
Sagon	
La Huetterie	
Jean Leblond	
Jacques Colin.	
Michel de Tours. /	

DU TOME PREMIER.

	Pages.
Michel d'Amboise	573
Le Printemps	573
Gilles Corrozet	577
François Habert	577
POÉSIES ANONYMES. — (M. C.-D. d'Héricault)	578
Clément Marot. —(M. C.-D. d'Héricault)	580
L'Amour au bon vieux temps	586
Plaintes d'amour	588
Épître à Lyon Jamet	590
Marot, prisonnier au Roy	592
Au Roy, pour avoir esté desrobbé	594
Le Lieutenant criminel et Semblançay	602
L'Abbé et son Valet	602
Marot à la royne de Navarre	603
Au roy de Navarre	603
Le Passereau de Maupas	604
A une dame	604
L'Amour de Marot	605
De sa Dame	605
De Ouy et de Nenny	605
De Soy-mesme	606
Mellin de Saint-Gelais. — (M. C.-D. d'Héricault.)	607
Douze Baisers gaignés au feu	611
Sonnet	612
A un importun	613
La Jalousie	614
Maistre Jean Thibaut	614
Le Cœur et les Saisons	614
Folie	615
Épigramme	616
Bonaventure des Perriers. — (M. C.-D. d'Héricault)	617
La Devise du poete	621
L'Amour	622
Les Roses	623
Antoine Heroet. — (M. C.-D. d'Héricault.)	626
La Parfaite Amante	629
Jacques Peletier. — (M. C.-D. d'Héricault)	632
Chant d'amour	637

TABLE DES MATIÈRES DU TOME PREMIER.

	Pages.
Tyrannie d'amour	639
Découragement	640
L'Alouette	641
Maurice Scève. — (M. Philoxène Boyer)	643
Dizains	647
Charles Fontaine. — (M. Ch. Asselineau.)	649
A son fils	651
Marguerite d'Angoulême. — (M. C.-D. d'Héricault)	653
Vision d'Adam	662
État de la poésie au milieu du XVIe siècle	665

ERRATA

Page 270, vers 2. — *Au lieu de :* dont l'arme, *lisez :* dont l'âme

— 370, ligne 21. — *Au lieu de :* autologiques, *lisez :* tautologiques.

— 397, note 2. — *Au lieu de :* ne à, *lisez :* ni à.

FIN DE LA TABLE DES MATIÈRES
DU TOME PREMIER.

PARIS. IMPRIMERIE DE J. CLAYE, RUE SAINT-BENOIT, 7.

Contraste insuffisant

NF Z 43-120-14

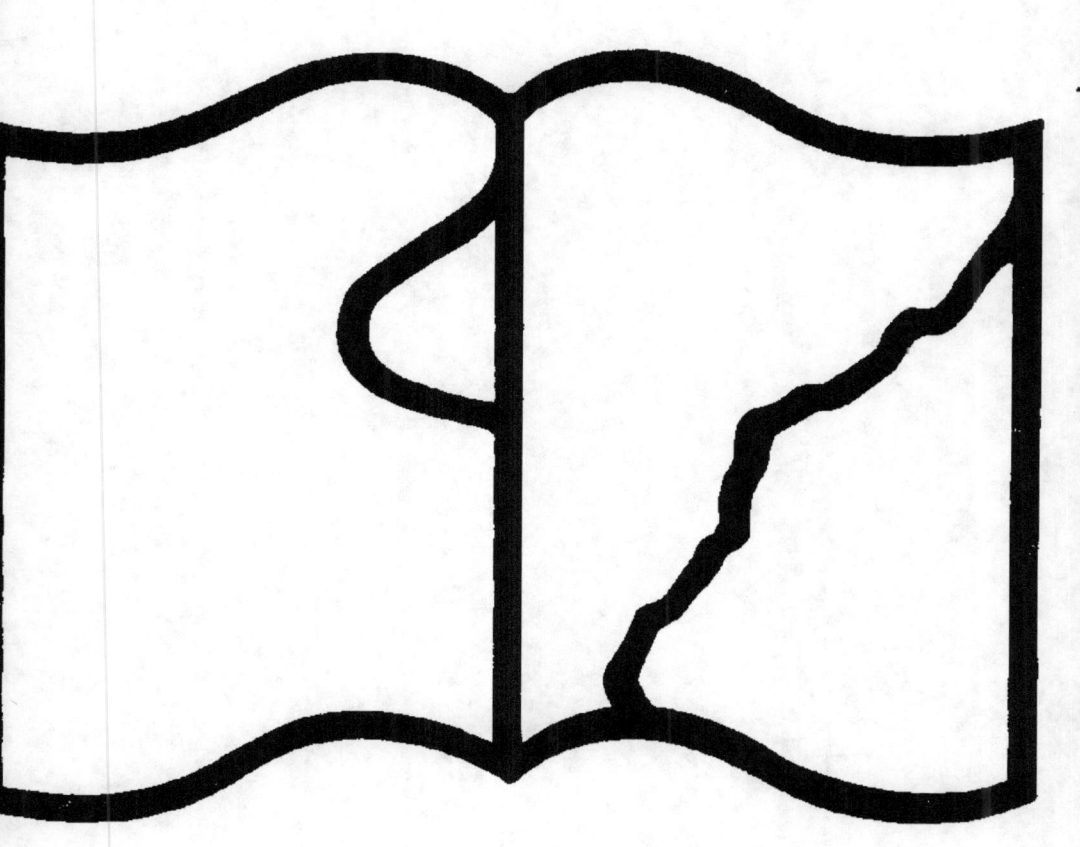

Texte détérioré — reliure défectueuse

NF Z 43-120-11

www.ingramcontent.com/pod-product-compliance
Lightning Source LLC
Chambersburg PA
CBHW071710300426
44115CB00010B/1369